論學叢稿

下

呂思勉全集

12

# 中國抗戰的真力量在那裏

## ——中日文化程度比較

真衹是真，假衹是假，這是最顛撲不破的話。

中國這一次抗戰的意志，極爲堅決。這種力量，是從那裏來的呢？日本人對此，有一個誤解。他們認爲：這是中國政府及國民黨，用抗日教育造成的。所以他們對於中國政府及國民黨，很爲不滿。在他現在力能控制的地方，要用種種方法，造成奴化的教育；又要用許多花言巧語，來引誘中國人；其理由都在乎此。然而這實在是一個很大的錯誤。

姑無論中國的教育，去理想還遠。即使在量之上再普遍些，質之上再堅實些，也無法把國民的意志，陶冶之使出於一型。這不是中國教育之無能，乃是其事本不可能。老實說：全國的國民，至少像站在廣場上的一大群人。一大群人各有其所站的不同地方，自然各有其不同的聞見；既有其不同的聞見，自然各有其不同的見解。想利用他人的人，手段最高妙些，亦豈能以一手掩盡天下目？這是歷來用人力硬造成的如火如荼之事，所以事衰運去，立即土崩瓦解的真原因。當其未崩解時，大家心中，還是一樣明白，不過劫於勢，無從開口而已。所以這成功是虛假的。所以一種政策，而能真爲大多數人所擁護，必是合於大多數人的意思的，必是與大多數人的利害相一致的，必非少數人用虛僞的手段所能造成。這是民治主義的立腳點。而要測量一個政策，到底爲大多數人所擁護與否，衹要看其中有無虛僞的宣傳迫脅等手段所造成的成分。中國現在，有若干實力控制不及之處，在此等地方，斷不能謂中國政府或國民黨的教育，尚能運用自如；相反的宣傳及迫脅，卻是有的；然而民心依然堅定，這就可見中國的抗日，是出於真正的民意，而並非少數人用教育手段所造成。

中國人這種堅決的意志，是從那裏來的呢？這用不著什麼甚深微妙的哲學，來做解答。衹要能近取譬而已足。凡一個人，在社會上，至少總有兩種感覺：

（一）知道自己是怎樣一個人。因而知道自己對於他人，當處於怎樣一個地位。因而對於他人的侵犯，其容忍當有一個最大的限度，超過這個限度之上，就不能不加以反抗。

（二）同時對於他人的力量，有一個正確的估計。據以決定反抗的時間和方法。

以上是就兩個處於敵對的關係而言之。如其以善意相處，則亦在此種情形之下，決定其合作的程度和方法。所以要講交情，亦有其先在的條件，決非單運用手段，所能拉攏的。這是個極普通的現象。除非有精神病的人，個個都有這種自覺。而且其對於自己及他人的估量，大致總不會錯誤。所以一個人能奴役他人與否，一個人將爲他人所奴役與否，以至這個人肯爲那個人所奴役與否，全不是臨時決定的事，而全是決之於這兩個人平時的程度，所謂“素所樹立者使然”。

一個人生在世界上，小虧總不免要吃些的，吃些小虧，並不能斷定這個人的無能力。因爲一個人所要顧的方面多著呢。要致力於最要緊的方面，就不得不犧牲較不要緊的方面。看見人家吃了若干次小虧，就斷定這個人始終祇會吃虧，就不免要蹈掩目捕雀之失了。在歷史上，中國確乎有幾次被外族侵入，當外族侵入時，少數喪心病狂的人，確乎還在忙於內爭，甚至借外力以爲助。而大多數人，也確乎祇能看著他們，而無加以制裁。據以往以測將來，也無怪日本人逆料中國的不能堅決抵抗；即使抵抗，也不能持久。然而今竟何如？須知人在非常時期所表現出來的能力，往往不能據平時的情形以爲測度，如在失火時，能搬運平時不能搬運的物件，即其一例，此等現象，拘於常態的人，往往以爲不可解。其實何不可解之有？這還不過是一個對己對人的估計。從前侵入中國的外族，他們的程度很低，決不足以動搖中國立國的根底。中國人，向來把平天下看做最高的目的。和異民族，異國家競爭，根本不看做最緊要的事，此等淺演的民族侵入，不能轉移其素定的宗旨，所以不免要吃虧。到現在，中國人的見解，卻改變了。所以其應付侵略的手段，也和前此不同了。這一次的侵略，和前此外族的侵略，有何不同之點呢？前此外族侵入，都被中國人同化了，這一次將被外族同化麼？不。以數量論，中國的人口，至少五倍於日本。以程度論，中國二千年來，久已脫離封建時代，而日本人則還帶有相當濃厚的封建臭味。要以一個日本人拉著五個中國人，違反時代潮流，走回老路上去，人類的歷史上，怕不會有這奇跡？然則中國人對於日本人這一次的侵略，視爲大禍臨頭，而不肯不拚命抵抗，其理由果安在呢？這是由於日本人至今未脫離封建時代的臭味，又自其明治維新以來，注全力於擴張軍備，軍人遂發達而成爲特別階級，於是其侵略的慾望，繼長增高，而有其所訂定的一套侵略計劃，這一套侵略計劃，雖不限於中國，卻開始於中國。所以要開始於中國，則因要想利用中國的人力及物力。所以中國而竟爲日本所征服，則將成爲日本侵略世界的貓腳爪，如此，侵略者，被侵略者，以及被利用作貓腳爪者，均將陷入於極大的慘境。這是中國人看得很明白的，所以不得不作拚命的抵抗。這是多年的事實很明白的，所給予中國人的觀感，美國的格魯大使説得好：“我們所根據的，乃事實而非宣傳。”日本人若要改變我們對於他的估量，要有更新的事實給我們看，若要我們改變對於自己的估量，則我們業已達到這個程度了，決非日本人有何神力，能使我們的程度降低，而我們的程度苟不降低，則我們估量我們自己，在世界上當立於何種地位，這一個觀念，也將不會改變。

署名：程芸，原刊一九四〇年一月二十一日上海《中美日報》

# 童書業《唐宋繪畫論叢》序

　　舉千百年來人事之蕃變，言其故，一一若別黑白而數米鹽，則可謂良史之材已。於政事風俗然，於一藝一術亦何獨不然。少知觀畫，偏好山水，聞人言，山水畫有南北宗，南宗始唐王右丞，而北宗始李將軍，予不習畫，故不知疑，接聞畫家議論，亦莫或以爲疑也。年逾五十，寄居上海，始識鄞童君丕繩。君善繪事，屢教授南北學校，久欲作《中國繪畫史》。一九三九年教授於上海之美術專科學校，乃卒成其業焉。讀其書，於他繪畫史臚舉名氏，罕詳事跡者皆畧之，而於畫法之變遷，畫家風氣之同異，則一一考其源流，而著其所以然之故，若別黑白而數米鹽，庶幾足當史之名，非徒鈔撮排比而已。君之書有曰：謂畫法有南北宗，而溯其原於王右丞、李將軍者，妄也。畫法固有南北之殊，蓋得諸自然景色之異。荊浩、關同、李成、范寬，北派也。董源、巨然、米芾、友仁父子，南派也。宋徽宗始兼採二派之長。南宋馬遠、夏珪皆襲其法。唐則未聞有是。南北宗之說，始於明之莫是龍，蓋以禪家宗派喻畫家宗派，本非述畫家行事，而後人誤議論爲史實，傅之唐代之王李，妄矣。又曰：世多言徐熙作没骨法，黄筌創勾勒法，并非也。熙畫實善勾勒，筌畫實工没骨，熙孫崇嗣之作没骨圖，實學諸黄筌，非繩其祖武也。列舉舊聞，證以前賢遺墨，其說爲人人之所說懌，而自君以前，曾莫之發，則君誠可謂才士也已。予又聞君言：米氏父子前，人莫言董源工寫意；米氏父子後，人罕知董源善青緑；海岳嘗言：山水畫法，今古相因，至予乃變，則其先不應有董源；疑海岳以源爲江南名畫家，而以己法依托之也。予聞其言而韙之。今讀此書，不見是語，以問君，則曰：其說太創，不欲遽出之也，予然後知君之審慎。君爲吳縣顧君頡剛弟子，讀書以善疑聞於世，而其立言，矜慎如是，則知其所疑者，皆斷然有以自信，而非漫然爲之矣。予又舉以告世之疑君之善疑者。一九四〇年一月二十六日，武進呂思勉謹序。

624

# 婦女就業和持家的討論

"不論我們喜歡或厭惡這種話,造物者總對原始的男子這樣說:你們的任務,是散佈於各地,你們應供養和保護你們的婦女孩子。對婦女說:你們的本分,是尋找保護你們的男子,看護他的孩子,預備他的食物,和看守他的洞穴。這是不易的實理,生理的定律,乃造物者所制定的自我懲罰。"——葉作林譯《婦女就業和持家的討論》,見《宇宙風(乙刊)》第二十期。

假使人類的原始,真是如此專以互相爭鬥爲事,一個男子,祇肯保護和供養他自己的婦女孩子,一個婦女,非找到一個供養和保護他的男子不可。於是每一個男子,各帶著自己的婦女孩子,占據了一個洞穴。而此洞穴與彼洞穴之間,各有其不可逾越的界限,正像現代的家庭一般。那怕人類早已滅絕了,因爲現代的家庭,在經濟上是有其聯繫性的,不能拆開了各自獨立。又許多家庭之上,還有一種更高的權力,不許各個家庭,互相爭鬥。假使人的本性,而祇有男女之愛和親子之愛,則此等家庭間利益上的聯繫及各個家庭之上的更高的權力,在原始時代必然無有,於是如著者所說的各個洞穴之間,勢必互相爭鬥。打死一個體力比我們弱的人,而奪取其食物,或即以其肉爲食物,決不較打死一個兇猛的野獸。而男子和男子之間,體力有強弱,性情的好鬥與否,亦有強弱,其相去的程度,並不下於男子和女子的相去,這也是生理的定律。

如其如此,至少在某一個時期中,多妻將成爲極普遍的現象,全社會中女子的數目,將遠超過於男子,因爲許多男子,因互相爭鬥而被殺了。既認爲人類原始的愛情,祇限於夫婦親子之間,而又說其競爭會祇限於異類,不施諸同類,或者說這時候人的智識,想不到殺害同類,而奪其所有,這是很難想象和理解的。社會學家論原始所以無奴隸制度,乃由其時的人,所生之利,僅足自養,並無剩餘可以掠奪之故,然此乃就不殺其人而言。若殺其人,則其肉即可以充食料,而其身外之物,不必論矣。以我所聞,野蠻人在任何飢餓的情形下,遇見食物,決沒有不招呼同伴而獨吃的。

說婦女必待男子的供養,即是說食物的材料,必待男子獲得,而婦女僅能在後方爲之預備，怕祇有某一個狩獵時代爲然，限於某種兵器，以男子運用爲較適宜的時候。捕漁民族，就不盡然，蒐採和農耕的民族，更不必説了，即使某一時期的狩獵民族，怕也是全體男子，動員到前方去狩獵，全體女子，公共地在後方做看護孩子、預備食物等事的。決不是每一個男子，各有其所屬的婦女孩子，各有其專有的洞穴。出去打獵時，是各爲自己及自己的婦女孩子，回來時亦各攜其所得，入於自己的洞穴。因爲我們從没有在古書上，或近代的人種志上看見過這種記載。也没有在一切制度上看見這種遺迹。

然則家庭決不是原始的制度，出於人的本性的。祇是社會發展到某一個時期，應運而生的一種組織，而其制度，亦因環境的不同，雖大同而仍有小異。

《宇宙風乙刊》，希望國人關於婦女應否就業，還是宜於持家，就我國現狀，加以討論，能憑自身經驗立論尤佳。這個意思，可以説得很好，但其所揭舉的論討的標準，似未甚妥。因爲凡事都應從進化的大勢上立論，若拘於現狀，未免有保守之嫌，亦且中國各地方社會的情形不同。如在偏僻的鄉村，婦女在家庭外就並無職業可就。若以通都大邑而論，其見解也是人人不同的。譬如甲，收入較多，孩子較少，留其妻在家庭中持家，自覺妥協。而乙，收入較少，孩子較多。固然，乙的家庭中也有家務，孩子也需要照顧。然而巧婦難爲無米之炊，家中太空空如也，家務也是無從料理起的。孩子也到底不能餓了肚子受教育。在這情形之下，自然還是讓婦女出去就業好些，在現在的社會中，處境誰亦没有保障。假使甲因遭遇的不幸，而收入減少了，或者因社會生活程度的提高，而收入相形而覺其少，則本覺婦女以留居家庭中爲妥的，至此，亦必感其有出外就業的必要。所以此等言人人殊的根據，並不能做討論的標準。勉强從事於討論，亦必不能獲有結果的。

我們對於一種制度，要想加以討論，總是覺得這種制度，有不甚妥帖之處，而後出此。倘使進種制度，更無弊病，人們是不會想到去討論他的。所以在討論之先，必須深究其弊之所在，然後考慮其究竟可以改良？抑或必須革命？

家庭制度，是一種弊壞而不適宜於現在的制度。人們不知其不適，而强欲維持之，而又終究不能維持，就生出現在關於家庭的種種問題了，請略述其説如下。

家庭的組織，是男子在外爭鬥，以獲得生活的資料，而婦女在後方，爲其做些補助工作，及看護孩子，此項組織，在生活的資料，須用體力鬥爭的方法取得時，現在生活資料，必須男子在外掙取，乃係社會組織使然。如烹調、縫紉，普通認爲女子之事，然飯館和成衣舖，多以男子爲主人。此由現在社會上，獲得金錢，帶有鬥爭的性質。如以女子爲店主，人將以爲可欺而立心欺之。多數人立心欺之，則其人果成爲可欺之人矣。然此全係社會組織使然，無所謂不易的實理、生理的定律也。在男女的分職上，頗爲適宜，然祇是一群中的男子，與一群中的女子的分職，並非一萬萬的男女相互間的分職。在人類生活困窘的時候，倘使其天性之愛，祇限於夫婦親子之間，除自己的女人孩子以外，再不肯招呼別人，而其時的女人孩子，除自己的丈夫和父親之外，亦再無他人肯盡保護和供養之責，人類是決不能生存到現在的，所以家庭決不是原始的制度。然則家庭是怎樣產生的呢？家庭制度的原始，乃在人類開始知道勞力可以利用的時候。在本群中的婦女，而不能視爲奴隸，加以非分的役使。然擄掠而來的婦女，則是視爲個人私有的財產的。古人之所謂人者，本限於其群以內。群以外的人，並不以人相待。所以由俘虜而來的奴婢，在古人是不承認其人格的。野蠻人的舉動，所以非極溫和，即極橫暴，常走兩極端者，即由於此。其溫和時，係以人相待；其橫暴時，係以物相待也。男子爲奴的，因社會的變動，而漸漸消滅了。女子則因內婚制的消滅，外婚制的盛行，而同群之間，男女平等相看的習慣，漸漸亡佚，祇賸了異部族之間互相奴役的關係。後來雖屢經改良，到底還不能平等，這是現在家庭制度之下男女關係不平等的原因，爲其根原上是一主一奴。西洋人的舊見解，以爲原始時代的女子，除依賴男子外，決不能取得食物資料，而亦非被許多人所欺凌不可，因此非尋得一個愛己的男子，藉以取得生活資料，而受其保護不可。這純粹是一種不究史實的空想。因爲（一）生活資料的獲得，祇有某種資料，在某種環境之下，是限於男子方能取得的。（二）而古人在同群之中，向來不分彼此，並沒有什麼供給食料的人，要多享些權利，而他人都祇能俯首聽命的道理。（三）而現在的家庭，是成立在主奴關係上的。既有主奴關係，則祇有主人剝削奴隸的勞力以自養，決無主人反供養奴隸的。所以男子在外勞動，以獲得生活資料而養活其妻子，其現象乃起於家庭制度成立之後，而非家庭制度成立的原因，爲在民族時代以前，本群中的女子，本來是本群中人，公共扶養的。女子亦扶養男子，並非專待男子扶養。並不指定某一個男子，對某一個女子負責，然從外婚制普遍成立以後，所謂本群中的女子，業已消滅無餘，因外婚制盛行，女子均出嫁異族。而祇賸從異族來嫁的女子，其形式上雖出於聘娶，其根原則是從俘虜而變爲價買的。此等屬於私人的奴隸，根本上無庸別人囑他負責，設若加以好意的扶助，反有向其挑誘，而意圖將其帶走之嫌，所以從現代的婚姻制度成立以後，爲妻的遂與家庭以外的人隔絕。養活她，成爲她的丈夫一個人的責任，而她也全處於她丈夫的權力支配之下了，如此，婦女因受壓制而不能自由，男子亦因要養活其妻故，而不勝負擔。

因爲在古代，生產上勞力的作用大，資本的作用小。勞力多，就可以致富，至少是易於自給的。在近代則工具日益複雜，不能自製。流動資本，又爲一部分人所錮，非出利息不能借得。而人口遂成爲貧窮的大原因。處此情勢之下：（一）男子一人在外勞動，以養活其妻子，能維持其本身及其後代的生活在水平綫以上的，非有幸運而獲處於社會上較優的地位的人不能。祇是幸運而已，並非由於才能。（二）如其女子亦出外就業，則家庭中事無人料理。（三）即使生活富裕之家，婦女無須出外工作，以補助生計。然而所謂家務，複雜萬端，在現今文化進步之時，非將婦女留在家庭之中，主持料理，所能勝任而愉快。（四）以上三端，爲談現在的家庭問題，很容易瞭見的弊病，而且是誰都可以承認的。若再說深遠些，則家庭的起原，如前所述，實係一種自私的組織。其先天既係如此，後天雖有變化，很不容易洗刷淨盡的，所以（A）家庭是把人分成五口八口的小團體使其利害互相對立的根原。（B）交換是使人人互相倚賴，而又互相剝削，相扶相助之實，必通過互相剝削之道而後行，使人忘却人和人互相倚賴的殷切，而祇覺得其利害對立很尖銳的根原。此等制度不變，世道人心，決無向上的希望，因爲實際的生活，到底是最大的教訓。空口說白話，除極笨的人外，決不肯聽。而此等極笨的人，在社會上，是並不能發生影響的。

　　限制婦女在家，主持家務，既爲勢所不能，獎勵婦女出外就業，使現在之所謂家務者，無人過問，勢又有所不可。所以目前的急務，在於造出家庭以外一種公共的生活，以替代現在的所謂家庭。於是女子可以解除束縛，男子亦得減輕負擔。而現在的所謂家事者，亦一一處置得更妥帖。

　　造成家庭以外公共生活的方法如何呢？我國最普遍的社會組織是農村，城市祇居少數。而且城市的組織和治理，也是模仿鄉村的，如在鄉村的組織稱爲里，城市的組織則稱爲坊或廂，坊廂與里，同爲自治團體，里長與坊廂之長，同爲自治之負責人員是。所以我們現在，有一種制度，確實能推行於鄉村，即可逐漸設法，推行於城市及大都會。真要改良治化，現在的大都會，必須斷而小之，不能聽其自然，此義甚長，當別論。各地方家庭以外的公共生活，逐漸成立，我們的文化，就從根本上改變了。

　　農村的公共生活，該怎樣組織呢？須知從歷史上說：中國的所謂家族，本有兩種：一種是比較大的。這是封建時代的治者階級。其族中組織的情形，略見於《禮記》的《文王世子》。其家族團體中，除血統有關的人外，還包括許多技術和服役的人員。如《周官·天官》所屬名官是。《周官》的規模，固然是最大的，然其餘規模較小的，性質亦仍相同。此等家族，是寄生階級，他們所消費的物資，根本上是農民的租稅。因爲此等必要的物資充足了，所以能養活許多技術和服役的人員。農田以外的地方，他們既可任意占爲己有，就可役使此等技術和服役的人員，替他們種植、畜牧，或利用材料，製造器具。如此，他們這家族，自然富裕了。此等封建時代的大家族，雖因封建政體的破壞而滅亡，然仍有若干存留的，如秦漢時的齊諸田，楚昭、屈、景是。而後來新興的富豪，也有模擬此等制度，而成立一個大家族的。此爲歷史上少數大家族的由來。他們的生產，他們的消費，固然都是大規模的。即多數的平民，他們的家庭，以一夫上父母下妻子爲限，大率自五口至八口。然其生活，亦是靠五口八口以外的人，互相幫助，纔能夠維持的。決不是各人自掃門前雪，莫管他人瓦上霜，對於五口至八口的團體以外的人，相視若秦人視越人之肥瘠，所能各遂其生的。現在在農村上，要借一兩塊錢，固然是很難的。此乃因貨幣實爲彼輩所闕乏，所以如此。至於自己有餘的東西，拿些給別人，還不算得什麽事。"彼有遺秉，此有不歛穧"，這種情形，是到處可以看見的。決非如上海里街之中，彼此各不相知，"昏暮叩人之門戶，求水火"，都使不得，"或乞醯焉"，更其不必説了。然現在農村的風氣和組織，業經敗壞廢墜了幾千年，若追溯到較古的時代，則當時的農村之中，並不是有無相通，有些簡直是共同生活。古代農村的組織，略見於《公羊・宣公十五年》的何《注》。《漢書・食貨志》之説全同，不過引來做證據的古書，彼此有異罷了。擄其説，則：

> 一夫一婦，受田百畝，以養父母妻子，五口爲一家，公田十畝，即所謂十一而税也。廬舍二畝半，凡爲田一頃十二畝半，八家爲九頃，共爲一井，故曰井田。……井田之義：一曰無泄地氣，二曰無費一家，三曰同風俗，四曰合家巧拙，五曰通財貨。因井田以爲市，故俗語曰市井。種穀不得種一穀，以備災害。田中不得有樹，以妨五穀。還廬合種桑、楸、雜菜。畜五母雞、兩母豕。瓜果種疆畔。女上蠶織。老者得衣帛焉，得食肉焉，死者得葬焉。多於五口，名曰餘夫。餘夫以率受田二十五畝。……司空謹別田之高下、善惡，分爲三品，上田一歲一墾，中田二歲一墾，下田三歲一墾，肥饒不得獨樂，墝埆不得獨苦，故三年一換土易居。……選其耆老有高德者，名曰父老，其有辯護伉健者爲里正……民春夏出田，秋冬入保城郭。田作之時，春，父老及里正且開門坐塾上。晏出後時者不得出，莫不持樵者不得入。五穀畢入，民皆居宅，里正趨緝績。男女同巷相從夜績，至於夜中，故女功一月得四十五日。作從十月，盡正月止。男女有所

怨恨，相從而歌，饑者歌其食，勞者歌其事。……十月事訖，父老教於校室，八歲者學小學，十五者學大學。……

這時候的農村，雖已以一夫上父母下妻子爲一個組織的單位。然（一）井田之制，所以合巧拙，通財貨，乃謂技術的優劣，可以互相補助，工具的有無、利鈍，可以互相借用。（二）耕種、收穫，都有一定的規則，還有人監督著。倘使其起原就是私事，則勤惰、巧拙，儘可聽其自然，何勞他人過問？公産的社會，執行公務，有一定的規則，而這種規則，也有專門執掌的人，這是據社會學家的紀錄，常有的事。（三）三年一換土易居，則每一農家，逐年的收入，多少不等。以當時管理規則的嚴密，豈不要干涉其儲種上田之年之所餘，以備種下田之年之不足，然而並未聞有此等規則。可見其原始之制，田土的收入，盡屬公有。《孟子·梁惠王下》篇引晏子的話，説“今也……師行而糧食”。糧同量，即留其日食所需，其餘盡括以充軍饟。這在晏子之時，雖成爲虐政，然推原其朔，則藏在某人家裏的糧，並非某人所有，不過借他家裏藏庋罷了。此種規則，亦是進化較淺的部落中所常有的。（四）《戰國·秦策》：甘茂對蘇子説：江上之處女，有家貧而無燭者。處女相與語，欲去之，家貧無燭者將去矣，謂處女曰：妾以無燭故，常先至，掃室布席。何愛餘明之照四壁者？幸以賜妾，何妨於處女？妾自以有益於處女，何爲去我？處女相語，以爲然而留之。此爲《公羊》何《注》男女同巷相從夜績的注腳。可見古代農村中工作，不論在邑中、在野外，通力合作的很多，實非一個個經濟單位的聯合，而其原始祇是一體。（五）十月事訖，父老教於校室，兒童教育，非一家之事，而係一個團體中公共之事，更不必説了。總而言之：古代農村的生活，決非一個個家庭聯結起來，而是本爲一體，後來纔分散爲各個家族的，雖然已經分散了，然本爲一體的遺規，存留的還有不少，在周秦之間，還很可考見，古人的生產能力，遠較後世爲低，然亦能安然生活下去，其生活有時且較後世爲寬裕，即由於此。孟子勸滕文公行井田制度，説：“死徙無出鄉，鄉田同井，出入相友，守望相助，疾病相扶持，則百姓親睦。”又説：“設爲庠序學校以教之。庠者，養也，校者，教也。序者，射也。夏曰校，殷曰序，周曰庠，學則三代共之，皆所以明人倫也。人倫明於上，小民親於下。”校者教也，即何休所云十月事訖，父老教於校室。庠者養也，是行鄉飲酒禮之地。序者射也，是行鄉射禮之地。鄉飲酒禮，鄉射禮的意思，和現在的懇親會、運動會等，有些相像。乃是教之以和親、遜讓，使其能互相親睦。古代的倫理有兩種：一種是注重於家族中的，如所謂父慈子孝、兄友弟恭、夫義婦聽、長惠幼順。乃是流行於貴族間的訓條。因爲此等家族,其生活本極優裕,所慮者是家族之中,自行爭鬥,則不但不能安享,而其家族且有滅亡之虞。所以要注重於家族中的互相和睦。若平民,則單靠家庭間的一團和氣,還是不夠生存的,所以非講究博愛不可。這兩種不同的倫理,流行於平民社會中的,實較流行於士大夫階級中的爲高尚。歷代傳播儒教的,究以士大夫階級中人爲多。蔽於階級意識,就不免舍連城而實碔砆了,然單靠家族組織,決不足以盡人類相生相養之道,而且是一個很大的障礙,則縱觀古今毫無疑義。

從古以來,有兩種文化:一種是自力自食的文化。一種是掠奪的文化。掠奪的文化,又分爲兩種:一種是靠武力掠奪的,是爲封建主義。一種靠經濟的力量,用交換的方法掠奪的,是爲資本主義。世界的"每每大聲",實由掠奪文化的盛行,自力自食的文化的日就萎縮。"撥亂世,反之正",必須提唱自力自食的文化,使自力自食的文化,逐漸建設,逐漸擴張,而掠奪的文化,逐漸爲其所淘汰。如此,則現在的家族制度,我們必須破壞之,而逐漸代以公共的生活。

此事進行的第一步,即須在農村之中,普遍的設立育兒所。育兒,似乎是和家族制度,最有關係的。因爲小兒非飲乳不可,而又以飲母乳爲最宜。所以一提起育兒,便使人有各親其親,各子其子,出於造物所安排而無可違逆的感想。然人是在很複雜的文化中生活的,支配人類的關係的,並不是簡單的某種生理關係。人類的生活,有一部分係根據於生理而來的,此等生活,大抵無可變更。然在人類的生活中,實不占重要的位置。此理不可不明。子女與母親生理上的關係,出生而後,不過到哺乳終了而止。此外更無甚必要,值不得誇張。與父親的關係,更不必說了。我們並非有意歪曲,説母親不適宜於撫育親生的子女。亦非爲要破除家族制度,而硬主張不要做母親的人,撫育他自己所生的子女。不過在現在的文化狀況之下,除乳哺之外,母親對於親生的子女,並不一定是適於撫育的人,這個無論如何,不能不承認是事實,所以小孩出生之後,即須有一住居之所。此住居之所,係爲一團體中所有的小孩公設,由最適宜於撫育小孩的人經管。小孩生身之母,除按時前往哺乳外,其餘一切不負責任。這正和小孩的教育,另有教育家司其事,不必要其父母負責相同。世人見遣子女從師,不以爲怪,聽說兒童公育,就驚怖其言,若河漢而無極,這祇是"見駱駝言馬腫背"而已,現在家庭的大弊,及於兒童的有三:(一)撫育之失宜。(二)經濟力的薄弱。窮困的家庭,固不必論。即較爲富裕的家庭,遇見特殊的事情,亦或爲經濟力之所限。我在十年前,曾在某醫院中,見一小孩,爲猘犬所噬,其母攜之至醫院,醫生命其注射恐水病血清,而此母親不能負擔四十五元的藥費，祇得含著眼淚，帶著孩子走了。不能替孩子負擔醫藥費的父母親怕很多，若合一個大團體而共籌，就不至有此患了。(三)則父母之不必適宜於教育兒童，亦與其不必適宜撫養於兒童同。尤其是愛慣家庭教育的兒童，從小就深深的，栽培下自私自利的性質的根株，長成之後，要拔掉他很難。所以小孩，我們希望他全不受現在的所謂家庭教育。現在的學校學生，比起從前的舊讀書人來，我們不敢說他有什麼長處。然而較能和人家合作，及組織之力較強，這兩點是不能抹煞的。這一部分是現代的教育者之功，一部分，亦是學校群居生活之賜。

育兒所乃代替家庭的公共生活的第一步。有此一步之後，青年公共的住所，以及養老堂、病院、公共食堂等，就可逐漸進行，到此等制度完全成立之時，家庭遂全被代替而消滅，男子放下千鈞的重擔，女子脫離奴隸的生活，彼此，呼吸自由的新空氣，打破家庭的障壁，而直接沐浴社會的陽光。

這些話，似乎是造端弘大、實行甚難的，然亦並非沒有實行的方法。依我說：最好是借此政治之力，強迫推行義務教育，既可強迫人家受；小學校既可強迫各地方設立；爲什麼育兒所不可以？所以現在，應當以法令之力，規定在某種情形的地方，必須設立育兒所，爲之籌集經費。由國家派人主持。強迫一切兒童，均須送入育兒所，在目前的情形之下，固然還辦不到。然設立之後，送兒童前來的，必然十分踴躍，怕祇怕機關太小，收容不下。因爲現在窮苦人家，養不起子女的很多。他們祇要有人肯替他們收養，就把子女送了，豈有公共的育兒所，撫養較私人爲善的，反不肯送來之理？次之，則現在社會上熱心公益的人，究亦不少，但他們的觀念太陳舊，祇會做些補苴罅漏的事情。若把革命的建設事業，看做善舉，則他們苦無此種智識。然亦祇是沒有知識而已，假使能說到他們明白，他們仍不失爲行動上有實力者之一。所以開發肯出資出力，從事於公益事業之人，使之走向革命的建設的途徑，實爲今後的要務，而育兒所將亦是其中重要的一項。以上兩端，是目前推行的方法。凡事切於需要的，總是易於風行的。推行之初，力量看似微薄，然不轉瞬，就附庸蔚爲大國了。

在上海言上海：若有人能以修士傳道的精神，出而改善家庭和兒童撫養的問題，里衙之中，就未嘗不可以倡辦育兒所，上海在現在，雖然是孤島，將來總有不孤的一天。到這時候，國家未嘗不可運用權力，強迫上海的住民，設立坊廂等組織，以盡其應盡的義務。

原刊《宇宙風(乙刊)》第二十一期，一九四〇年二月出版

# 武 士 的 悲 哀

出東門，不顧歸。來入門，悵欲悲。盎中無斗儲，還視桁上無懸衣。拔劍出門去，兒女牽衣啼。"他家但願富貴，賤妾與君共餔糜。共餔糜，上用倉浪天故，下爲黃口小兒。今時清廉，難犯教言，君復自愛莫爲非。……平慎行，望君歸。"

這一首古辭，見在《宋書・樂志》上。乃是寫一個遊俠，就是現在所謂白相人之流，看看家裏實在窮了，迫得無路可走，要想出去打劫，而他的家小勸止他的話。拔劍行劫，固然不是好事，然而所謂武士者，窮困至此，也是大可同情的了。

所謂武士階級，是從何產生的呢？原來當封建時代，所謂諸侯、大夫，往往豢養著一班人，專以戰鬥爲事。這班人既然受著人的豢養：其所以受人豢養，既是因戰鬥之故；自然養成一種好戰的性質，同時，他們確也有不避死亡，愛惜名譽，效忠於他的主人的美德。然而人總只是人，特殊的行爲，總只是特殊的環境養成。有意歪曲的人們，把某種風氣，看成天賦的美德；因爲説具有這種風氣的人，是個優越的種族；這只是夢囈。從前梁任公先生，著了一本書，名爲《中國之武士道》。把中國封建時代許多武士的遺事，搜集排比起來，在一篇長叙裏，列舉當時武士的信條，共得十幾種。他贊美他道："橫絶四海，結風雷以爲魂；壁立萬仞，鬱河岳而生色；以視彼日本人所自侈許曰武士道武士道者，何遽不逮哉？何遽不逮哉？"不錯，這是確有證據的，斷不能造謠言騙人。然而從封建時代過去以後，這種風氣，也就煙銷霧散了。到那裏去了呢？

這由於：（一）人類的文化進步了，爭奪相殺，不復爲人所歌頌，而且轉爲人所貶斥。（二）諸侯大夫的品性墮落了，專事淫侈，無心豢養武士，也無力豢養武士。（三）即有有爲的諸侯大夫，然戰争的規模大了，非訓練成國民軍不可，斷非少數的武士所能有濟。（四）亡國敗家相隨屬，已亡之國、已亡之家的武士，再爲新興的國家所豢養的，縱有亦屬極少數。因此，武士遂成爲流落無歸的人，稱之爲浪人，可謂名副其實。謀生的本領，他們是沒有的，亦不耐煩。然而人總只是人，總是要生存的，總是要快樂的，乃不得不迫而爲作姦犯科之事。

古以儒墨並稱，亦以儒俠並稱，可見俠即是墨。這並不是墨子造成遊俠，乃是社會上本有所謂遊俠的一個階級，而墨子從而感化之。而所謂遊俠，正是古代武士之遺，假使所謂遊俠者，而能普遍服膺墨子的教義，豈非極好的事？苦於人總只是人，在墨子當日，所感化的，怕就是極少數。社會的組織急變，聖賢的遺教就衰，自然更不可問了。所以《史記·遊俠列傳》説：當時的所謂遊俠，只是盜跖之居民間者。這正是今日所謂白相人和浪人。這等人，放縱了他，是於治安風紀，大有關礙的。所以當時的政治，不得不盡力加以懲治。漢朝所謂酷吏，其殘酷的手段，除彊宗巨家之外，就是用之於這一班人。

這一班人，迫得無可如何，乃多想向國外發展。後漢的班超，在西域卅一年，回國時，代他的任尚請教他：有什麼話，可以指教我？班超説：“塞外吏士，本非孝子順孫。”凡事只好模模糊糊，不可管束得他們十分嚴緊。這一席話，就説明瞭漢代征戍的人的性質。不但軍人，就當時的外交家，也是這樣的。《史記·大宛列傳》説：他們所以都想到外國去，不過貪圖帶了許多財帛去，而同來時並没有報銷。又仗着國家的聲威，到外國去，可以訛詐、剝削。而且可以帶私貨，做生意，逃避關税。口口聲聲看不起商人，自己所做的事，却比商人更不要臉。所謂武士，如此而已。人，總只是人，這原怪不得他們。所以一個國家，一個民族，所可以自夸的，乃是文化的進步，不該用什麼種族優越等話，來自欺欺人。

武士的性質，貴樸誠而賤狡詐。到外似武勇，內實姦刁，武士的道德，就一落千丈了。然而隨着時勢的變遷，亦終必至於如此而後已。因爲專取決於武力，只有爲小部族的時代爲可能。到鬥爭的規模大了，總要感覺實力的不足，就不得不濟之以手段。於是武士階級中的首領，非復樸誠之輩，全係狡詐之人。上行下傚，道德就不堪聞問了。在中國，魏晉之際，正顯示著這一個轉變。石勒説：曹孟德、司馬仲達，欺人孤兒寡婦，狐媚以取天下。把這話來説曹孟德，其實是冤枉的。曹孟德是磊磊落落的。司馬仲達，却無解於這個譏評了。《晉書·宣帝紀》説：明帝時，王導侍坐。明帝問他：前代是怎樣得天下的，王導乃具述宣帝、景帝，即司馬懿，司馬師之事。明帝羞得頭都抬不起來，只得把臉伏在床上道：“若如公言，晉祚復安得長遠？”哀莫大於心死，人格淪喪至此，這真是武士的悲哀呀！

原署名：野貓，原刊一九四〇年二月二十二日

《中美日報》堡壘副刊第四號

# 何謂封建勢力

人的本性，爭奪相殺的根源，以力相君和以財相雄，社會畢竟是進化的。

我曾經做了一篇《武士的悲哀》。所謂武士，乃是封建時代的產物。所以我不得不再做一篇文字，來説明封建時代的性質。

封建時代的特色，就是古人所謂"以力相君"。就是凡事都決之以腕力。此其根源，乃在於人類知識淺短，不能互相瞭解。人的本性，據社會學家所證明，乃是博愛的，是愛人如己的。因爲本無謂敵，故亦無所謂視敵如友。人，最緊要的是生命；維持生命，最緊要的是飲食。據社會學家所目驗：野蠻人無論飢餓到怎樣，遇見食物，從没有獨享的，總要走回去，招呼了同伴來，一同享受。即此一端，可以見人的本性。然則人，爲什麼會有爭奪相殺的事，馴至於以力相君，成爲普遍的現象呢？這是由於人們的知識淺短，不能互相瞭解。野蠻人往往祇認本群以内的人爲人，於本群以外的人，便視之如物。野蠻人的性質，往往趨於兩極端：仁慈的時候，異常仁慈；殘酷的時候，異常殘酷；就是爲此。當其殘酷的時候，他們對於所殘酷的人，是不曾以人相待的。此等心理，既積久而又普遍，遂成爲爭奪相殺的根源。人類的知識進步了，經濟上分工協力的范圍，亦愈擴而愈大，向來互相讎視的人，至此都互相倚賴，可以看作朋友了。於是爭奪相殺之事，再不能視爲正當。而古代的爭奪相殺，並不是一個人對一個人，乃是一個部族對一個部族的。隨着人類知識的進步，經濟上互相倚賴的程度的加深，一個個林立的部族，再没有分此角立的必要，乃不得不漸合而爲一。這就是古代的許多小國，合爲若干大國；若干大國，再進而統於一的原因。雖然表面上像是靠著政治的力量，然而這祇是表面。因爲政治的力量，總是大可以吞小，衆可以勝寡，若政治之外，更没有他種結合的力量，則小國寡民，將永遠祇是小國寡民，根本不會有較大較衆之國出現。即便徼幸，偶爾併吞較爲寡小之國，然政治的力量，不能無衰敝之時，一至其時，又將趨於分裂，統一將永無希望了。

人類的爭奪相殺，既是起於群與群之間的，則把許多小群，逐漸統一成爲大群；人類的黃金世界，就將於此出現了，爲什麼到現在還是蹙然若不可終日呢？這個仍可以說是由於人類知識的不足。人，本來是博愛的；在同群之中，是本無人我之分的；所以祇有替社會做事，本無所謂替自己做事；人人受社會養活，本無所謂自己養活自己。然而此等良好的組織，祇限於極小的團體以內。到諸小團體併合而爲一大團體，則人類未能運用理智，把舊組織拋棄了，而再成立一個新的合理的組織，而祇是聽其自然的變遷；而其自然的變遷，則是協力的范圍愈廣，分工的程度，亦即隨之而日加細密，在此情況之下，人與人的互相倚賴愈深，而其以我生産的供給你，你生産的供給我，則未能像古代的同群之内，不分彼此；各盡所能，各取所需；而反沿襲著異群之間的以其所有，易其所無。於是以力相君之局，變而爲以財相雄長。而因分工協力的范圍，愈擴而愈廣。古代較大的自給自足的團體，逐漸消滅了，祇剩了一夫上父母下妻子，或再從其中減去上父母一代的家庭；甚而至於祇剩了個人。

所以從封建時代進化到現在，人類祇把一個個團體以力相君的局面打破了，在別一方面，並未有所成就；而且轉因此而把古代許多不分人我的，有良好的合理的組織的較小的團體消滅了。

這是人類的進步呢？還是退步？我敢說是進步。因爲以力相君，到底是一件最惡的事。以財相雄長，固然也不是好事，然而二者相較，人類還寧取後者。所以有一個資本主義跋扈的區域，一個武力主義跋扈的區域。遙遙相對，人類還爭從武力跋扈的區域裏，逃到資本主義跋扈的區域裏來。觀於眼前的事實，我們就可以知道：數千年人們，爲什麼忍受資本主義的剝削，而再不肯回到封建時代去；而資本主義，當其初興之時，人類寧視爲較可歡迎之物；在目前，資本主義，固爲人們所咒詛；而封建主義，仍爲人們所更咒詛。

人類的歷史，截到現在，祇可說把封建主義大部分打倒了，而其根株還没有盡絶。觀於從前人們的以此爲首務，便可知其仍爲今日的急務。而凡世界上，從封建主義遞嬗而來的勢力，就是最惡劣、最陳舊的東西。我們必須首先將其打倒，而其本身，亦必自倒的。他的性質，正鑄定了他命運。

原刊一九四○年二月二十三日《中美日報》

# 思 鄉 原

　　章太炎有《思鄉原》之篇，就人之性行言之也，即以學問論，亦當思鄉原。

　　今日所謂文明之國者，其印行書籍之多，聞之誠足駭人。然細思之，彼之所謂著述，果皆卓然不朽者耶？如其然，彼之治化，當大異於吾，何以異其名不異其實也？往嘗與錢子泉論學生作論文事，予素不以爲然，以其實無所得，而徒教人以剿襲也。子泉曰：“不獨中國，即外國亦必如此，何者？人之才性，古今中外相同，謂甫當大學畢業之年，即能斐然有作，此必不可得之數。其所謂論文者，固不待閱，徒以理度之，而可知其程度如何者也。”予聞其言而韙之。二十六年四月三日，讀上海《大公報》，見所載周大玄《歐游通信》，頗有足相發明者。其大意若曰：“現在科學中一問題，如欲深究之，其論文動至數十百種；若并其相關涉之事而求知之，則其書可以逾千，又多不同文字；乍觀之似若可駭，實多無關緊要，只堪覆瓿者也。所以然者？今之求學，多爲謀生。欲謀生，必得業；欲得業，須有成績；又或可以得獎金；或可以易稿費。人至二三十歲時，有研究報告數十種，於其地位，極爲有益。故一人研究數題者，往往彼此各不相干，不過就取材之便，或則偶然興到耳。其天分高者，積久或能融會貫通，有所心得；低者則終身沉溺於破碎之中而已，於學既茫無所知，已亦絕無樂境，此學術之大弊也。學術如此，文章亦然，不過取悅他人而已。然以讀者所好之卑下，亦足邀一時之名。此社會之組織爲之，非生於其間者所能尸其咎也。不特此也，舉世以貲財虛譽判地位之高低，以利己損人爲人生之正鵠，自其孩提之時，既已習而與之俱化矣，非有過人之度量，又曷克自拔耶？”周君之言如此。昔嘗讀《明夷待訪錄》，其《學校篇》曰：“凡郡邑書籍，不論行世藏家，博搜重購。每書鈔印三册：一册上秘府，一册送大學，一册存本學。時人文集，古文非有師法，語錄非有心得，奏議無裨實用，序事無補史學者，不許傳刻。其時文，小說，詞曲，應酬，代筆，已刻者皆追版燒之。士子選場屋之文及私試義策，蠱惑坊市者，弟子員黜革，見任官落職，致仕官奪告身。"《取士篇》曰："以所著書進覽,或他人代進,看詳其書。足以傳世者,則與登第者一體出身。若無所發明,纂集舊書,且是非謬誤者,……部帙雖繁,卻其書而遣之。"苟以是爲准,今之書,其當拉雜摧燒之者幾何? 夫人之精力,當用之於有用之地。今合天下別有所爲而著書者計之,其精力之妄耗者,寧可勝計? 此非徒無益,而又有害者也。昔人偏任政治,凡事皆欲以此矯正之,其事固不可行,然安得不冀社會之組織,幡然丕變,而學術亦爲之奐然改觀也哉?

或曰: 今之所謂論文者,本不過以是指導初學,教以研術之法而已,原不足語於著述,子乃以著述之義繩之,過矣。是固然,然導人以研術之法;一當拓其才識,一當勉其功力。學問原有兩途: 有以才識勝者,會稽章氏所謂入識最初,而終身不可變焉者也,此不必其證據之周詳,亦不必其議論之無病,要視其有無獨至之處,深入之思而已。有以功力勝者,此則銖積寸累而後成,當觀其所積累者是否不誤謬,有歸宿。與其鈔集前人之成説百條,不如自能刺取一二條也,要之既立一題,乃取前人已成之作而觀之,集衆説以爲己有,是爲絶物。而今之所謂論文者,大率如是,安得不令人齒冷邪?

原刊光華文哲研究組編《文哲》第二卷第一期,

一九四〇年三月十二日印行

# 眼 前 的 奇 迹

作始也簡，將畢也巨，吾知五十年後，作世界史者，必以中國今日之開發西北西南，爲一大書特書之事，不下於哥倫布之尋獲新世界也。

語曰："作始也簡，將畢也巨。"又曰："後之視今，亦猶今之視昔。"蓋恒人之智，能知著而不能知微，是以驚天動地的事業，當其初興之時，世人恒淡漠視之，而不甚措意也。

中國今日，有一大事，足使世界煥然改觀者，西南西北之開發是也。世界之交通，便於海而塞於陸。是以人類知識極低之時，一水之隔，輒足爲其往來之障。逮其稍進，則向之阻人往來，此反能助人往來。且其阻人愈甚者，其後助人亦愈甚。財富之灌輸，文明之傳播，始於江河，進於緣海，終至大洋，職是故也。

然河海雖能助人交通，而人之居處，究在陸地，利原之待開發者，亦以陸地爲多，水雖能助人交通，而交通者之所求，終在於陸地也。陸地開發之難易，一視乎其地勢，一視乎其位置。地勢平坦，位置近於河海者，其開發易；地勢險阻，位置遠乎河海者，其開發難；立乎今日而觀往昔，其已事則然也。

世界最閉塞之區，時曰中央亞細亞。其地又分二區：一曰蒙古新疆高原。與西方亞細亞沙漠之地相接，爲先古一大內海。一曰西藏青海西康高原。雲南西境，實亦屬焉。全世界山嶺最高峻重叠之處也。此二區者，其距海皆遠，又少江河之利，故其開發較難。蒙古地雖瘠薄，尚稱平坦，便於馳騁，故爲遊牧民族所薦居，爲東洋史上之侵掠地帶。新疆土性又瘠，除天山之麓，藉雪水以資灌溉外，余僅散居於沙漠中之泉地。是故居國雖多，率皆寡小，自漢武之通西域，迄今幾二千一百年，雖常爲中歐文化傳播之樞，而其地迄未大開發。西藏青海西康，則閉塞尤甚。其地東境，爲一夫多妻之羌人所居，西境則爲一妻多夫之藏族所居。亙古荒寒，至唐初，距今約千三百年，印度雅利安族，北入雅魯藏布江流域者，始嶄然有聞於世，所謂棄宗弄贊者是也。然至今猶在政教合一之世，未能與世界文明，合同而化也。抑喇嘛教不僅馴服康藏之獷悍，而牖啓其智能，當明之叔世，距今約四百年之時，其化且推及青海蒙古焉。

三百年來，北邊晏然無風塵之警者，則喇嘛教之爲之也。然蒙古亦幾復返於政教合一之世，未能與世界文化同流也。持觀念論者，每好侈語精神。實則風俗之變遷，恒視乎人民之日用行習。設教施治，必循其俗者以此。今世界閉塞之地，非啓辟其利源，改變其人民之生活，必不能使其與世界之文化同流，而浸至於風同道一之境也。舊時之物質文明，開發此等閉塞之區，力實有所不足。是以數千年來，不能改其荒陋。今者科學昌明，人類制馭天然之力，遠踰於昔，本可開發此等地方而有餘。無如科學之昌明，爲社會組織不善而累。不以之開發未開發之地，而徒肆爭奪於已開發之區。把持其原料，壟斷其銷場，使向來自由獨立之區，一變而爲其殖民地。其究也，文明之傳播，終非人力所能阻隔。殖民地稍益進步，或不能供其本國之取求，或且轉而侵蝕其本國。於是強國之資本，又慮其瓠落而無所容，乃再藉兵力以事攘奪。其未得之也，患不得之；既得之，患失之。彼此相猜，競增軍備。強國恣肆於前，弱國追隨於後。其幸而稍能肩隨強國者，則又繼強國而思侵陵弱小焉。誰肯念及人之力，當用之以與天然爭，而不當用之與同類爭者？此帝國主義，所以造成先古未有之慘禍也。夫事，莫爲之先，則人皆冒昧而不知求。即有能見及者，亦或趑趄而不敢進。有爲之倡者，則一夫善射百決拾，從之者如流水矣。此又風氣之轉變，有時所以捷於桴鼓也。語曰：禍兮福所倚，福兮禍所伏。中國今者，緣江緣海，遍遭蹂躪，風塵澒洞，成爲遊擊之區，誠可謂先古所未聞，而極人世之悲憤矣。然因此故，揮全族之力，以開發一從古未開發之區，爲世界之挾有資本者，開一平和使用之途，即以殺其侵陵爭奪之禍。寧得謂非人類文化，辟一新途徑，而爲眼前之一奇迹耶？作始也簡，將畢也巨，吾知五十年後，作世界史者，必以中國今日之開發西北西南，爲一大書特書之事，不下於哥倫布之尋獲新世界也。國於員輿之上者，惟美國與中國爲最相類。然美之地形太平坦，實不如中國之取精而用弘；而當美開闢之初，人力寡少；其時機械之力，亦不今日若；而其福厚爲舉世所依賴，所震懾猶如此。中國寫遠荒蕪之區，倘使悉獲開發，其文明福厚，又將如何？強毅以御侵略，爲世界啓和平之門；英勇以辟荒蕪，爲世界增利樂之實；吾民族之大業，自有所在，而豈如喪心病狂者，頹然不振，日以眼前之兵禍，眩獲民聽，一若失數十百縣，遂蹙然不可終日者哉？

原署名：六庸，原刊一九四〇年三月十五日

《中美日報》堡壘副刊第十四號

# 上 海 風 氣

## （一）

　　風俗之轉變，有莫知其然而然者。三十年前，上海人以問路莫肯見告聞於世，猶憶丁未之歲，<sub></sub>1907年。予至上海。舊友唐君子權<sub>名駝</sub>。方設肆於公共租界，謂予曰：上海之商人，可謂無可救藥矣。予曰：何也？唐君曰：上海風氣，夥友之在櫃檯者，行人或來問路，必不肯告。予嘗殷勤誨之曰：日得一主顧，則年得三百六十主顧。一主顧更可招徠他主顧，所招徠之主顧，又可招徠他主顧，如是推之，其數殆巧曆不能算也。生意何以興隆？曰主顧多而已。主顧何以來？曰以此店爲可信。告人以路，若與生意無涉。然殷勤誠懇而告人，人必以其人爲可信，而下次之生意來矣，是不啻招來顧主也。諸君豈必終身爲夥友？他日者，設或自行設肆，凡在本肆中與諸君熟識者，必皆聞風而至，是今日爲本肆招來主顧也，即爲他日自設之肆招來主顧也，肆未設而主顧已千百其人，生意之興隆，寧可量哉！予之所以歆動之者，可謂至矣。而一歲有餘，聽者藐藐，積習之深痼，可勝歎哉？予亦歎息。予至上海頗早，旅上海頗久，生平不甚問路，路途有不識者，寧出門前查閱地圖，即由習於當時風氣使然也。今者此風已漸改變，向人問路，十九肯以相告，且有甚殷勤誠懇者，轉變之由，雖難質言，似與教育不無關係。以今商家夥友，學校畢業生漸多也。豈得謂教育全無效驗哉？

　　從前向人問路，多掉首不之顧，或惡聲曰不知，自不習於上海者視之，已可駭矣。然尚非其惡者，其惡者，問以何處，則曰向何處問去。<sub>如問以到大馬路向何方行，則曰向大馬路問去。</sub>自不習於上海者視之，彌可駭矣。然尚非其極惡者，其極惡者，當向東則指人向西，當向南則指人向北，雖極生疏愚蠢之鄉人，小足伶仃之老婦，不顧也。惡上海之風氣者，每謂其損人而不利己，由此也。今則此等事已罕見矣。

## （二）

默察上海風氣，學生恒逾於商人。身居工商之肆，然小時曾入學校者，大抵謙恭有禮，於力所能及之處，亦輒肯顧全公益。若出身工商之肆者，則多不能然。此教育之異也。惟有一種紈綺子弟，雖身居學校，其輕浮傲慢，較居肆之人爲尤甚。在學校中如此，出學校後，則不知若何矣。此則所謂互鄉難與言者也。

坐電車或公共汽車中，默察左右。凡見老弱婦女，或提挈器物，懷抱孩童之人，肯起立讓坐者，其人多似學生，若商工之流，則知此者甚鮮也。五六十以上之舊讀書人，非不恂恂有禮，然知此者亦寡，此亦教育之異也。

二十六年春間，予至某紙鋪買紙。見一人亦在買紙，所索閱之紙樣頗多。時紙鋪中人方忙，予即就此買紙者，詢以紙之用處及價目。第一語其人尚勉強相告。第二語即爲厭惡之色曰：問店中人可也。予知其無理可喻，且亦不足與較，一笑置之。此尚是二三十年前之舊風氣，今日此等人已罕見矣。設在二十年前，予亦決不向此人詢問也。

## （三）

南人應對，大率較北人粗率。故論者或謂江浙雖稱人文淵藪，特生計寬裕，讀書之人較多，以社會風氣論，猶是北文而南質也。然粗率可謂之質，刁猾傲慢，則不得謂之質矣。有北人從未到過南方者，初到上海，大惡之。既歸，蹙額向予曰：上海之風氣難矣哉！予曰：如何？其人思之俄頃，乃曰：凡一言一動，皆有意使人不快而已。予曰：善哉言乎！使予作一總括之語，以道上海之風氣，殊不能如君之簡明也。豈習焉而忘之乎？既而思之，此等風氣，亦有由來。其由來若何？曰：大者有二：一由於事務之繁。事繁則無暇與人多語。然不熟於上海情形者，往往絮絮致詰，而其所問之語，又非一二言所能使之瞭解，久於上海者苦之。乃思得一語以遮斷之，使其無從再問。習之既久，凡與人言，多以此法應付，其語既不可謂之誠，亦不可謂之僞。在彼之意，本亦無惡於人，不過求省力而已。然自不習於上海者視之，則覺其不誠矣。甚於此者，即爲置諸不理。則自不習於上海者視之，彌覺其可惡矣。一由於爭競之烈。善意惡意二名，今人慣用之，然實不自今日始。《三國志·張魯傳》："魯奔南山，入巴中，左右欲悉燒寶貨倉庫。魯曰：本欲歸命國家，而意未達。今之走，避銳鋒，非有惡意，寶貨倉庫，國家之有。遂封藏而去。太祖入南鄭，甚嘉之。又以魯本有善意，遣人慰喻。"又《杜畿傳注》載畿子恕答宋權書曰："天下事以善意相待，無不致快；以不善意相待，無不致嫌隙。"即今所謂善意惡意也：意之善惡，由於相熏。日與人爭競，而欲其胸中生意盎然，不可得也。故鄉僻之人，待人常厚；都市中人，待人常薄。夫日事爭競，則無復哀矜惻怛之仁，抑強扶弱之義；所畏者力，所歆者利而已。至於力不足畏，利無可歆之時，猙獰之面目即見，若曰：爾其如我何？夫人即無如我何，我亦何必如此？則以其日與人爭競，怨恨積於中，無可發洩，遂不擇地而施之，以求一快也，故曰不遷怒難。

原刊《宇宙風（乙刊）》第二十三期，一九四〇年四月一日出版

# 窖藏與古物

二十九年二月四日，讀《申報》，見其譯載前數日西報云："千八百二十年，清嘉慶二十五年。劇盜埋藏於可哥島之財寶，已爲美國加利福尼亞省發掘隊所得。"不禁感慨係之，歷代財寶，埋藏地下者何限？思發掘之者也不乏人，然能得之者卒寡。其事近而彰彰在人耳目者，如民國初年，南京掘天平天國之藏金則是也。近者成都掘張獻忠藏銀，唱其事者，自謂探索畢生，確堪自信，亦未聞其有所得，足證其事之難。珠玉金銀，或出深淵，或在窮谷，其取之也，不知靡人力幾何？既得之而又埋之，置之無用之地。既而又靡人力以掘之，而又不可必得。其所費者，皆可以治生，或自暇逸以領略人生真趣之時日也，豈不哀哉？加利福尼亞省發掘隊，何幸而能成前人所未成之功乎？然合天下之從事於發掘者言之，其所得與所喪孰多，則難言之矣。豈不哀哉？因憶外家有一段潛德，不可以弗彰也。譜牒等物，皆在游擊區中，不能言其詳，謹記其略。

予之外家，爲武進程氏。外曾王父知陝西省某縣，以廉潔名。與中朝某大臣有隙。一夕，夢白虎坐廳事。旦起，則聞此人已入軍機矣。懼罹禍，即告病歸，時年僅三十餘。居常州城內早科坊。旋卒。有丈夫子四人。外曾王母撫之，甚貧苦，一日，天雨，牆壞，躬身葺治，於牆根下得黃金一巨器，外曾王母祝曰：非分之財，非所敢取。天而哀念廉吏，使其四子皆克有成，則所願也。復掩之，外王父諱兆緒，字柚谷，次居三。昆弟俱以文名，而外王父與伯兄紱衡尤著。太平軍入常州，伯舉室殉難，以仲之子兼祧。諱運皋，字少農。亦以文名，書法尤秀骨天成，獨絶儕輩，客湖北藩司幕中數十年，晚官雲南寧州知州。民國初返里，十七年卒。舅亦工醫，宦遊所至，治驗頗多。晚猶讀醫書不釋手。外王父無子，有二女，次即吾母。外王父八歲，即能日課一詩。十三入邑庠，後中式咸豐某科順天鄉試，客京師。聞江南大營潰，南歸，至蘭山，道阻弗得行，助縣令某禦捻，戰没於湯家池。外王父經學湛深，於三禮尤精熟。嘗以說郊禘義爲某山長所賞，由是知名，亦工醫，又多藝事，時用鐘錶者尚不多，能修理者亦少，外王父拆閱數具，即能裝置修治，不假師授也。先母諱棳，字仲芬，號靜岩，小時避難山東，轉徙兵間，僅讀《論語》二十篇，又讀《孟子》，至齊桓晉文事章即輟學，然其後於經史古籍，無不能讀。亦能爲詩文。天資之高，並世所罕見也。外王父季弟蚤卒。有一子，諱運達，字均甫，兼祧外王父，性孤介絕俗，詩文皆法魏晉，書法北魏，又善畫。亦知醫，光緒庚寅辛卯間，佐旅順戎幕，其地無良醫，活人尤多。以不善治生，終生貧寠，常客遊四方以自給。歲癸卯，卒於江西之南安。予家舊藏有外王父鄉試朱卷，及先舅氏所爲墓銘一篇，今皆在游擊區中，存亡不可知矣。惟先舅氏南浦詞一首，予猶能誦之。詞曰："萬樹玉玲瓏，擁癡雲如墨，沈沈旋繞。暖閣幾圍爐？十年事，落葉西風都杳。寒光萬里，畫樓深處人初悄。白戰應嫌天地窄，誰取灞橋詩料？那堪凍雀群飛？任研珠屑玉，暗迷昏曉。敲碎滿天，愁堆三徑，一霎難融殘照，冷凝風帽。舉頭歲月催人老。臨鏡試窺窗外影，贏得鬢絲多少？"乃丁酉歲客廣信時雪中作也。

早科坊在常州城西南隅。今其坊巷猶在。外家舊居，今日雖難確指，然數十年前，則吾外家之人，及其親戚故舊，皆能歷歷指之也。即謂所指不甚確，而宅非寬廣，盡疑似之地而闕之，亦非甚難。外曾王母手葺壞牆而能得之，入土必不甚深。數十年間，變遷有限。外曾王母所見者，確爲黃金盈器，器且頗巨，傳者咸云如是，必非虛誣。苟欲掘之，什九可得，所費且不甚巨，此中智可以億決者也。然曾未聞有一人唱議發掘者。言及此，不過追憶先德，或以爲談助耳。固知好財非人之本性。抑好財而至於珠玉金銀，其去本性尤遠也。珠玉金銀，饑不可食，寒不可衣，人人知之，豈有舉世所好，乃在饑不可食，寒不可衣之物哉？今所以衆共好之者，乃以其持之可與凡物相易。非好其物，好其有泉幣之用耳。珠玉金銀，所以成爲泉幣者，《管子》曰："先王爲其途之遠，至之難，故托用於其重。"蓋古有凶兇札喪之際，雖或有庚財乞糴之舉，然究非可專恃，或不得不以所有易所無；而是時之求所無者，非於異邦之凡民，而於其君與大夫，如管子謂丁氏藏粟，足食三軍之師，而勸桓公以璧假焉是也。珠玉金銀，流行於貴族馹賈之間，久之遂成为習俗。若平民，則握粟出卜，抱布貿絲，且不用銅爲泉幣，而況珠玉金銀乎？銅所以爲貴人所好者，以其可以作兵，此猶今日日人之搜括鋼鐵耳。其愛珠玉金銀，則用爲器飾，猶今人之好金珠鑽石也。此惟淫侈之人爲然，淫侈豈得謂之本性？況雖淫侈之人，亦有不盡好此者乎？珠玉金銀，所以遂爲舉世所通用者，則以交易盛行，不可無值巨質微之物，以資輕齎而便收藏。使紙幣蚤興，人亦將捨珠玉金銀，而實桑皮故紙矣。積重難返，故金銀在今日，猶具泉幣之用，然亦其惰力耳。寢假人皆悟其無用，而交易者莫或肯受，則人亦將棄而弗之寶也，而豈有肯求之山淵，埋之地下，又靡日力以發掘之者哉？

　　好利雖非人之本性，然習焉即若性成。舉世好利，其所以相薰染者，亦至深矣。掘地而得窖金，其利豈凡胼手胝足，持籌握算者所可比？而從事於此者卒少，何也？利之本爲力，贏絀以所費之力之多少爲衡，此愚夫愚婦之所與知也。惟然，故利莫大於可必，獎券之利，奚翅窖金？然猶或滯銷。一職業出，所得或不給口實，人猶爭趨之，何也？一可必，一不可必也。窖金之事，流聞於世者甚多，其語亦非盡僞，而發掘之者卒寡，以此也。惟好厚葬者，既多其瘞藏，而又大爲丘隴，以明示其處，是不啻告人以發掘之必可以有所得也，故人爭驅焉，而其愚不可及矣。

　　二十三年十二月初，上海某報，載十一月十三日天津專電，云：大名西南四十五里張大堡，富戶趙連科，有樓房一所，高四丈，窖藏甚富，爲防竊取，埋有炸彈，日前長工取物不慎觸發，樓房全毀，樓上婦女，死者六人。所藏之物，飛散滿地，鄉民爭往拾取。藏物於無用之地，埋兇器以賊人，而卒以自賊，哀哉！捐金沈珠之風，何時見乎？

　　因論窖藏，予又不禁有感於古物。近數十年來，中國古物，流於國外者多矣，國人莫不深以爲恨。即外人，亦譏笑吾曹爲敗家子矣。而此次戰事既興，爲日人捆載而去者，尤不可以計數。孟子曰："所謂故國者，非謂有喬木之謂也，有世臣之謂也。"今舉世視此等物爲故國之表徵，安得不爲之深惜？然以予觀之，則亦無足深惜也。齊景公問政與孔子，孔子曰：君君，臣臣，父父，子子。公曰：善哉！信如君不君，臣不臣，父不父，子不子，雖有粟，吾得而食諸？有粟不得食，有物獨可終保邪？國與家，大小異耳，收藏之家，當其得之之時，孰不欣然色喜？然閱百年而不散失有幾何？記曰："言悖而出者，亦悖而入；財悖而入者，亦悖而出。"孟子曰："由今之道，無變今之俗，雖與之天下，不能一朝居也。"今之爭寶古物者，可謂知所寶乎？而不聞舉世知名之西奈聖經寫本，俄人乃以之易英國之機器乎？事在二十二年十二月？中國今日，所闕者莫如機器，尤莫如農業用之機器。俄國農業之渙然改觀也，由於集合農場。集合農場何時始哉？當民國十七年時，其國營農場經理馬克維次（Markevich），有餘機犁百架，集近地農民而告之曰：君等土地，苟肯共耕，吾當以此機器賃君等。農民之願公其地者，合之得九千餘畝。至秋，增至二萬四千餘畝，事爲共產黨所聞，增制機犁，並建使用機犁之動力場，推其法於全國，而集合農場於是始焉。夫事莫善於公，而萬惡皆起於自私。人苟不能不食；而其食之所自出，又不能無籍於農；則人民必以業農者爲多，農民之好公好私，實風俗人心升降之原，而亦即治亂之本也。世皆言農人最自私，最頑固，其實農人曷嘗自私、頑固，乃其所業使之然耳。農業之使人自私，則土地寸寸割裂，而佃者限於一夫一婦之爲之也。故欲拯救一世之人心，必自變土地之私有爲公有始。而欲變土地之私有爲公有，則必自變私耕爲公耕始。中國之民，固十之八爲農人，果有以機犂易我古物者，我當法俄人之所以處西奈聖經者乎？抑終閟而不出也？且即閟而不出，亦庸可終保乎？今者古物之散失，論者輒謂以其物在私家故，然即在公家，亦庸可終保乎？他且勿論，所謂故宮博物院者，蓋三年之中，而再以失物聞矣。第一次事在二十三年，事由院長易培基及秘書李宗侗之監守自盜，據是年十月十三日江寧地方法院起訴書，及十二月中中央古物保管會之呈報，其所失者：爲真珠千三百十九粒，以僞易真者九千六百有六粒，寶石五百六十二顆，以僞易真者三千二百五十一顆。又就原件內拆去珠寶者千四百九十六處，此外真珠、流蘇，及翠花嵌珠寶手鐲等整件盜去者，爲數甚巨。二十五年之失竊，事以是年夏間外聞，據六月十九日中央社電，所失者，爲大小白玉如意十二柄，青玉如意二柄，珊瑚如意一柄，銅如意頭一個，銅香爐、銅香鏟各一，法郎表十七個，摺扇三十五柄，中有沈煥、那彥寶等書畫，趙子昂畫馬一軸，其事則守護隊趙伯岩、王旭所爲，而收買贓物者，爲張永泉、傅成祥、王學謨、祁長碩四人。見北平地方法院起訴書，趙伯岩被捕，自戕受傷，旋即身死。王旭、張永泉定罪。傅成祥、王學謨、祁長碩以自行交出贓物，緩刑。易培基、李宗侗，則始終未能弋獲也。公家之力，果足恃乎？或謂此乃吾國綱紀廢弛使然。然綱紀者，人之所爲也。人之所爲，則所謂有爲之法也。一切有爲法，如夢、幻、泡、影，如露亦如電，而何國之綱紀可終保哉？豈不聞以醫學名於世，足以媲美德意志者，而挽近，其醫學文憑，乃或出於賄買乎？同處一群之中，利害正相反對，而欲以一造之力，維持其所謂綱紀者，使之永不潰敗，何異以只手障狂瀾哉？合觀二次所失之物，除第一次有帝后衣冠拆去珠寶者，足資考證；第二次所失書畫，可稱美術外；餘本皆淫侈之物，留之何爲？且即美術，亦豈真足寶乎？僞造書畫、骨董，舉世恃以衣食者，蓋不知其若干人。故宮所藏，寧必可信？即謂可信，而有史以來，少數人淫侈而喪心，多數人求活且不給，能有餘暇以從事於文學美術者，蓋少數中之少數耳。其所成就，自今日視之，誠若可貴，他日者，太平大同之盛，果獲成功，合一世之人，而從事於此，其所成就，必有非今日所能想象者。今之所有，在其時視之，祗堪覆瓿，無足疑也，而焉用固守之以窒社會之生機乎？

故宮兩次失竊案外，又有所謂出賣辟塵珠之案，事見二十三年十二月《申報》所載是月二十一日北平通訊云：月之十六日，東交民巷忽來一時髦少婦，舉止極華貴，自稱曰石靜芝，自上海來，同行者尚有一男子，年四十許，自稱姓張，住於崇文門外德國飯店，與美國古玩商人華克托兒往還甚密。少婦在平凡四日，未離飯店一步，十九日下午乃離平。事後，東交民巷某外國銀行華職員乃透出消息，知此少婦爲溥儀弟溥傑之妻唐石霞，十九年時，攜亡清攝政王府古玩財寶，價值三百餘萬，潛往上海，聲言與溥傑離異，載灃控諸北平公安局。且開列失單，請軍警當局追緝，不得。此次秘密來平，關係出賣辟塵珠。辟塵珠者，清宮所藏真珠，最寶貴者有二：一曰琥珀球，一曰辟塵珠，皆大如雞子，晶瑩皎潔。辟塵珠，據云佩之可辟風塵。風霾之日，孝欽后恒佩之，其後則溥儀之妻榮氏佩之。十三年，馮玉祥入宮，溥儀夫婦出走。榮氏攜二珠去，藏於攝政王府，遂爲唐石霞所得，十九年離平時，因乏現款，質諸東交民巷某外國銀行，得銀二萬元。茲在上海與美商議明，以銀九萬五千元出賣，故來平贖還，以畀美商。琥珀球，相傳能闢邪祟，溥儀在長春多病，故夏間由載灃送往長春云。珠能辟塵、闢邪，有是理乎？此所謂寶物之可寶，皆此類也，果足寶乎？

古物之不足寶，即謂足寶，亦不易終保；予夙懷此見。聞此類事，恒筆記之，有所見，亦録存之，今亦多存游擊區中，存亡不可知矣，偶翻行篋，得此三事，爰刪略存之，亦百世之龜鑑。二十九年二月六日。

原刊《宇宙風（乙刊）》第二十三期，一九四〇年三月出版

# 中國現階段文化的特徵

## （一）論中國文化變遷的大勢

文化到底是傳播的？還是各自獨立發生的？這是談文化的人所腐心考究的一個問題。其實這祇是歷史上的特殊事實問題。至於論文化的原理，則這個問題，並不十分緊要。文化是人所以控制環境的，而人的性質，大致是相類的，所以在同樣環境之下，會發生同樣的文化。人類的環境有兩種：一是自然，一即人類自己。自然環境，雖各地方時代不同，人和人的關係，則根本是一樣。固然，人和人的關係，會因自然環境的不同而不同。然人類控制環境的目的，是相同的。所以愈被控制後的環境，其相類愈甚，而人類自己的組織，亦即因之而漸漸接近。所以世界各民族的文化，雖有小異，畢竟大同。說什麼"中學爲體，西學爲用"；說什麼"全盤西化"，都祇是一偏之見。說甚麼"創造一種東洋特殊的文化"，更祇是夢囈。所以論中國文化的變遷，仍可根據文化進化的通例立論。

人最切要的環境，總是經濟，這是無可爭辯的。因爲人總是要求生存的，要求生存，就不能離開經濟。所以各種社會現象中，經濟的關係，最爲深刻而普遍，經濟是根本，其餘是枝葉。枝葉總是隨著根本而變動的。人類解決生活問題，共有兩法：一是合群力向自然鬥爭。一則掠奪他人之所有。掠奪他人之所有，不是原始的，乃是後來才發生的。所以在歷史上，廣大的史前史時期，人類都過著和平的生活。掠奪的盛行，祇是有史期前後的事。不幸，從前人類的知識，限於有史以來，就誤以爭奪相殺爲人的本性了。但是爭奪相殺，到底是不能持久的。爭奪相殺，到底不如和平合作的有利。所以封建主義，經過一定的階段，就要爲資本主義所替代，人類合力向自然鬥爭，人與人之間，則無分彼此，原始的時代，本來是如此的。苦於此等關係，祇存於本部族之內，而不存於各部族之間，各部族相遇，就不免演成爭奪相殺的慘劇，後來則代之以交換，交換的外表，雖然平和，其實利害互相反對，賣者的利益，就是買者的損失；賣者的損失，就是買者的利益；這是很顯而易見的。所以此種合作，祇可稱爲含有敵對性的合作，就是俗語所謂"面和心不和"，亦即古語所謂"以利交"。交易之始，是行於異部族之間的，因其能促進分工，能合各部族而爲廣大的分工，部族內部的舊組織，遂爲其所破壞，漸次分解爲五口八口的小團體，甚而至於一個人爲一個單位，各單位的利害，都互相依賴，而又互相反對，既不能徹底合作，又不能各奔前程，遂普遍的，造成佛家所謂"怨憎會苦"。

同時，前此因環境不同，又彼此不相往來所造成的語言風俗上的異點，此時也還殘留著一部分，於是民生問題之外，再加上一個民族問題，而其互相爭鬥乃益烈。

這是各個社會文化所以變動的真原因，而中國社會，亦不能自外於此。孔子作《春秋》，立三世之義：據亂而作，進於升平，更進於太平，這是孔子想把世運挽之向上使臻於郅治的，孔子此項見地，並非全出於理想，而實有其歷史的背景。試看先秦諸子，除法家原君之論，指無君以前爲野蠻外，其餘都承認遠古之世，有一個黃金時代可知。還不但中國，就古代的希臘，也有此等思想，然則《春秋》所謂太平，必是《禮運》所謂大同時代；所謂升平必是《禮運》所謂小康時代，而其所謂大同，必是今社會學家所謂部族共產時代；所謂小康，乃是封建制度完整的時代，亦無疑義。部族共產時代，社會內部的安和，人人皆知，不必說了。封建時代，雖然有一個武力階級，高居民上，而吮吸其膏血，但亦不過他們一幫人，成爲寄生階級而止，前此社會內部良好的規則，仍有存留。高居民上的人，並不去破壞它，有時候還扶植它，所以還得稱爲準健康體，而孔子謂之小康。到各地方的交換盛行，於是人類生利之力愈大，其繁殖率大增，而其淫侈亦益甚。有權力的，就要加緊剝削其下，還要攘奪之於鄰國。東周以後的諸侯大夫，所以暴政亟行，兵爭不絕，其真正的原因實在於此。這時候，團體的範圍，愈擴愈大，而其內部的矛盾，亦日益深刻。人之於環境，最親切的，不是自然，而實在是人類。人和人的矛盾，日益深刻，人自然要覺得苦痛了。而隆古時代，人和人毫無矛盾的境界，雖無正式的記錄，卻仍隱約在人記憶之中，人人深信有這一個時代，自然人人要想恢復它。先秦諸子，所以大都抱有一個大改革的希望，亦可謂之同具革命的志願者皆以此。其中最顯著的如儒家主張恢復井田；法家主張把大企業收歸國營，買賣借貸，都由公家加以控制；農家主張政府毫無權威；都是顯而易見的。但是階級的利害，總是相反的，希望壓迫階級自行放棄其特權，總是鏡花水月的事。當時諸家革命的情緒，雖然緊張，至其手段，則大都爲階級意識所蔽。想靠治者階級徹底實行，這自然是不會有的事。先秦諸子的理想，是到王莽然後見諸實行的。王莽的魄力，可謂極大，其手段，固然有拙劣之處，然其失敗的大根源，則仍在借治者階級之力，替人民操刀代斫。這其失敗，實在是先天注定了的，並怪不得哪一個人。自經此次改革失敗之後，人遂以社會爲不能由人力控制，祇想去泰去甚，再不想徹底改良了。所以小康之運，實至新莽的失敗，而後真正告終。

在現代的新工業未曾興起以前，商人常是社會上最活躍的階級。這因爲經濟既進步之後，大家非交換無以自存。而賣者要找買者，買者要找賣者都極難。祇有商人，專以買進賣出的事，可以從容應付，所以生產者、消費者都爲其所剝削。然近代新工業興起以後，情形就大不然了。前此生產者的出品，非靠商人買進不可。所以商人的意見，實暗中支配了生產者。至大工業興起以後，則勢成壟斷，商人非銷他的貨物不行。於是工業家剝削商人，祇給以一定的利益。名爲獨立經營，實不啻工業家的代理人了。現在的情形，固然還未盡至於此。然而由今之道，無變今之俗，終必至於如此而後已，則是無可諱言的。當這時代，因工業品要求傾銷，而要爭奪外國的市場，又要尋求原料。再進一步，則累積的資本，又要尋求投下的場所。內之既成騎虎，外之自然各不相讓，遂至經濟的鬥爭，繼之以武力，而形成所謂資國的帝國主義。近百年來的中國，不幸而適當其衝。於是一切情形，翻然大變；而身當其衝的中國人，亦雖欲不變而不可得了。這又是近百年來中國文化所以變動的真原因。

## （二）從民族問題觀察

人類當演進之時，一水一山之隔，就不能互相往來，於是在各別的環境下，形成其各不相同的文化。語言風俗，均大有差殊，遂分立爲許多民族，民族的分立，並不是永久的事，將來文化再向前進，總要把各族融合爲一，亦如中國古代有夷蠻戎狄，現在卻都混合了，分別不出來一樣，但此非一蹴可幾，所以在以往的歷史中，以及在現今，民族的爭鬥，總還在所不免。

中國在古代，是東方最文明的民族，控制自然環境的力量，遠較異民族爲強，決不怕人家來壓迫我。而因人類生而即俱的同情心，恒欲誘掖獎勸異民族，使之同進於文明。雖然社會組織方面，文明民族，或轉較野蠻民族爲劣，然此理決非昔人所能知。所以中國祇有世界大同，人類一體的平等主義，而絕無所謂國家主義。國家是以民族爲本質的，所以中國古代，民族主義，實不甚發達。觀其尚文德而不尚武功，便可見得。

秦漢以後，國家的環境變了。前此雜居內地的異族，都散佈在山谷之中，像後來西南的蠻族一般，所以不足爲患。秦漢以後，所鄰接的，是蒙古高原。蒙古高原，地味瘠薄，而地形平坦。地味瘠薄，則思向沃土侵掠。地形平坦，則便於集合指揮，遂成爲東洋史上的侵掠地帶。其影響，並及於關東三省的北部。從五胡亂華以來，而遼，而金，而元，而清，不斷的侵入中國。講歷史的人，都説中國民族，尚武的性質，太闕乏了，以致屢遭異族的蹂躪，其實不然。在從前的文化階段，文明民族，爲野蠻民族所蹂躪，乃是通常的現象。希臘的見滅於馬其頓，羅馬的不能敵日爾曼，印度的屢遭西亞民族的侵入，正是異地同符。像日本的亘古未被異族侵入，乃是地勢使然，乃是例外，並不關民族的能力。設使日本與高麗，易地而處，又安能終拒元師呢？當魏晉以後，中國確亦有振起武風的需要。但是一種文化，既已形成，往往有相當的固定性，不容易隨時轉變。而一個民族，在一個時期之中，亦往往祇能向著一個目標進行。所以魏晉以來，中國人所認爲光明的前途，而努力以赴之的，還是世界大同主義，而不是民族國家主義。雖因受異族的壓迫，民族主義，未嘗不稍稍興起，畢竟還放在第二位。

從南宋以後，情形才漸漸不同。稍讀中國歷史，便可見得：遼以前的異族，和金以後的異族對待中國民族，情形方不相同。自遼以前的異族，雖然憑藉武力，侵入中國，然無不以漢族爲高貴而思攀附之。試觀五胡，除羯族之外，無不自托爲漢族古帝王之後可知。金以後就無此事了。遼以前的異族，率視漢族的文化爲優越，而自視爲野蠻，極力想摹效漢族的文化。如北魏孝文帝的熱心，固然是一種極端的例，此外不能多見，然亦從未有想拒絶中國文化的，有之則自金世宗始，他竭力遏止女真人的漢化，而思保存其舊風。到清朝，就未曾入關，已經知道譯讀《金世宗本紀》，告諭其下，不可摹效漢人了。這實由遼以前的異族，附塞較久，濡染漢人的文化較深，金以後則適相反之故。

至此，中國人的民族主義，亦不得不因壓迫之烈，而漸漸加強，所以南宋以後，攘夷之論漸盛，宋明兩朝滅亡時，志士仁人，積極的、消極的反抗及不合作的行爲，尤使人可歌可泣。然而總還覺得不夠，所以到近代，太平天國崛起，還會有曾、胡、左、李等，甘爲異族效勞。這可見中國人還是把民族主義放在第二位。這是因爲：這時期的異民族，武力雖然強盛，文化程度，究屬太低，中國人看他，還覺得不甚可怕之故，再到近代，情形就更不相同了。

要知道中國近代，民族主義的進步，祇要有眼前的事實，便可明瞭。中國從前,本來並非力量敵不過外國,祇是誤於黨派的紛紜,和武人的驕蹇,不但不以禦敵為務,甚而至於為虎作倀。宋明兩代的已事,言之真可痛心。近代則不然,黨派摩擦之深,莫如國共。而自西安事變以來,竟能夠精誠合作。國內有力量的軍隊,在從前,和中央有過摩擦的,亦指不勝屈。而到現在,亦無不同立於抗戰旗幟之下,矢志不二。具有游移不定,甚至喪心病狂,認賊作父的,則全是些落伍而喪失信用,毫無能力的人,根本不會發生什麼效力。老百姓本來是意志最堅貞,行動最忠實的。不但不會為虎作倀,亦不會袖手旁觀。不過喪失政權已久,手無斧柯,眼看著統治者階級的出賣國家,出賣民族,而無可如何罷了。治者階級的文化,一經變動,而以民族為第一,國家為第一,以其力量,發動民眾,遂得於短時間內,造成雲飛風起之觀,莫輕視人的心力,凡事都在人為;而人要有所為,則必先具有志願,要具有志願,又必先對於其所做的事,能有真實的瞭解。到大多數人,都瞭解其事,而具有必成之志願,就斷非少數人所能夠愚弄或迫脅的了。我國現在,所以能不屈不撓,再接再厲,其真實原因實在於此。

民族主義,從少數志士仁人心中,滲透了向不接受的階層,更發動了向不參預的階層了。這是從南宋以後,八百年來,逐漸生長,至今日然後形成的,這是現階段中國文化的一個特徵。

## (三) 從民權問題觀察

孫中山先生的三民主義:民族主義,是所以對外而求自立的,民權和民生主義,則所以促進內部的文化。

民權主義的真諦,是怎樣呢?這自然不是淺薄的模倣西洋的代議政體而已足,這已經是將要沒落的制度了。然則民權主義的真諦,到底怎樣呢?

原來國家和社會,既不能說是一物,亦不能說是兩物。你說它是一物,則世界之上,分明是先有社會,後有國家;而且到現在,未曾建立國家的人民,還不是沒有。你說它是兩物,則現在世界較發達的社會,是沒有一個沒有國家的;而且此現象業已持續數千年;而國家在短時期中,亦還未易廢棄。所以就現在的情形說來,國家與社會,既不好說是一物,亦不好說是二物,然則到底如何呢?從人類的分工合作講起來,單有社會,本來就已經夠了。無如人類因彼此文化的不同,而有爭奪相殺之事。既有爭奪相殺,則必有征服者與被征服者之分。征服者遂握有統治之權,而壓迫被征服者以自利。國家遂於是形成,到封建主義凋零,則資本主義,又藉財力,起而代居統治者憑其的地位。

所以有人説：國家總不能離乎階級壓迫。這句話確有真理。但是當國家初成立時，治者階級和被治者階級的利益，是絕對相反。到後來，亦就漸漸的相合了。尤其在異族侵入的時候。如果被他侵入了，不管你是什麼階級，他都要剝削踐踏的，在此情形之下，治者階級和被治者階級的利害，遂全然歸於一致。這是近代各國，每有外患，總可消弭内爭；而民生主義，和民族主義，看似相反，需要調和的原因。國家是外骨，保護著柔軟的社會，在内生長發達的。而國家的力量，亦即靠社會支援供給。從表面上看來，國家所做的事，是消耗的。社會所做的事，是生產的。但無消耗的事業保護，亦將爲他人所掠奪。在此意義之下，則消耗的事業，亦成爲生產的。但當致謹於其程度。倘使國家所要求於社會的，超過了必要的限度，不但妄耗而不經濟，而且社會因不堪負擔而萎縮，而國家的事業，亦終將不能支持了。斟酌於二者之間，便是政治家最大的任務。但其支配能否得當，亦不盡繫乎政治家的巧拙，而當視其所處之環境以爲衡。環境實在惡劣了，最高明的政治家，有時亦祇得眼看其國家走入苦境，而無可如何。近來歐美的國家，因其競爭太劇烈了，國家要求社會的，不得不多。又因資產階級，發達太過，握權自私，積重難返。一時没有減輕社會的負擔，以遂其正常發達的希望。新興的日本，業已追從走上此路。即蘇俄，雖以拯救無產階級，扶助弱小民族爲宗旨，然因其地位的實逼於此，亦不得不從事於整軍經武。其大量生產，一半固能改善自己的生活，一半也是要和他人競爭。祇有中國，目前看似危急，然東洋的情勢，其實尚較西洋的簡單。祇要把我們當前的敵人打倒，太平洋中，就覺得風平浪靜了。中國既無侵略他人的野心；資產階級，亦迄今尚未發達，政權未操於大資本家之手；殘餘的封建勢力，在現在，是不值得一擊的。民權正好在通常的環境中，遂其正常的發達。而中國在這一方面，歷史上亦具有相當的根柢，這話怎麼説呢？

　　中國向來的文化，是偏重於社會發展的，歷來的議論，從没有以富國強兵，開疆拓土爲至上的主義。異族的同化，疆域的擴張，祇是社會發展自然的結果，間有戰爭，不過是防禦性質。所以國家所要求於社會的不大。向來談治化的人，所兢兢注意的，總是些寬裕人民生計，以及興起教化等問題。而其行之亦並不全要仰仗官力。宋學中關學一派，會是個好例，所以中國的社會，可以説是德莫克拉西的社會。苦於幾千年來，封建制度的餘毒，未能剷除淨盡，貴族衰落之後，復繼之以官僚，所謂官僚階級，乃合下列幾種人而組織成功的，即：（一）做官的人。（二）輔助官的人。其中又分（甲）高級、參與謀議的,或有專門技術的,即幕僚。(乙)辦例行公事的,即胥吏。(丙)供奔走使令的,即差役。(三)與官相結托的人,即士紳。這三種中,固然都不乏好人。然雖有好人,改變不了階級的性質。以階級的性質論,總是要求自利的。自利的方法,從理論上言,是權威力求其大,收入力求其多,辦事力求其少。在上級監督,社會制裁的力量所不及之處,便要盡力行之。社會的文化,因得官力的輔助而發展是例外,事業遭其壓迫,財力被其榨取,人才被其吸收,以致萎縮,倒是通常的現象。所以官僚階級,實在是社會文化發展向上的大敵。欲救此弊,惟有發展地方自治,其根本又在增加人民的知識能力。中國向來,亦未嘗不看重地方自治,但治者階級的理論,根本有一個偏蔽之處,以為天生人而有智愚,愚者必不能自謀,非靠智者為之代謀不可。其實國家的事務,有些複雜的、艱難的,非有特殊的才能,不易應付,若社會的事務,則根本不離乎日常生活,人民有何不能辦?而且向來也總是人民自行聯合,自行辦理,自行立法,自行制裁,何嘗真靠官家的力量來?所以提高人民的知識能力而擴大其自治許可權,乃是民權主義的真諦。向來因蔽於階級意識,以為人民是生而愚的,不肯加以教育;即或加以教育,亦祇是畏神服教的教育,其目的在於"小人學道則易使",而不肯認為自治的主力。對於官僚階級,其效用不過如此的,卻深寄其希望。這便是民權主義的大敵,把這種思想打倒,民權主義的前途,就現出光明來了,這無疑的,也是現代中國文化特徵之一。孫中山先生之民權主義的學說,以及八路軍深入民眾的力量,都是代表著他的。

## (四) 從民生問題觀察

講到民生主義,固然不該激烈的提倡階級鬥爭,然亦不該像鄉愚一般,嚇得連階級兩個字也不敢提。民生主義,祇是一種主義,用什麼方法去達到他,那自然是可以斟酌的,若諱疾忌醫,並階級兩個字而不敢提,那就不翅把民生主義,根本取消了。西洋的社會,是個工業發達的社會。所以其所謂革命,以工業問題為中心。激烈的則勞工專政,緩和的則為基爾特主義。中國新式工業,甫在萌芽,在全國的經濟中,並不佔重要的成分。解決了工業問題,算不得解決中國的經濟問題,而工人的力量,亦不足以做革命的前綫。至少在地域上分佈太偏枯了。憂慮中國的工業界,將有激烈的勞資鬥爭,祇是杞人憂天。中國民生問題的癥結,自然還在農民,但因中國的情形,又和俄國不同,也無須取激烈的手段,而自有較和平之路可走。中國的社會,不會有激烈的革命運動，而自有餘間，可以從事於平均地權，節制資本的平和手段，這是客觀情形所規定的。正無庸鰓鰓之過慮，更用不著嚇得像什麼似的。話說得太遠了，我現在，祇要說明民生問題在現在文化中的趨勢就夠了。

提起這一個問題來，卻是中國文化的一個大轉變。人，總是要求生的，要求生，則經濟問題，總要首先解決的。人，是聯合著求生的，不是單獨求生的，所以經濟問題，就是社會問題。這本是很明顯的道理，無人不可懂得，初無待於煩言。苦於在進化的途中，社會情形，日益複雜，顯明的道理，倒給遮蔽得陰暗了。此項道理的陰晦，實在新室滅亡之時。孟子說：無恒產而有恒心者，惟士爲能。若民，則無恒產，因無恒心，苟無恒心，放僻邪侈，無不爲矣。是故明君制民之產，必使仰足以事父母，俯足以畜妻子；樂歲終身飽，凶歲免於死亡。然後驅而之善，故民之從之也輕。今也，制民之產，仰不足以事父母，俯不足以畜妻子；樂歲終身苦，凶年不免於死亡，此惟救死而恐不贍，奚暇治禮義哉？這不是孟子一人的議論，乃是儒家通常的議論；還不僅儒家一家的議論，而是先秦諸子共通的議論。其中最有具體計劃的，要算儒法兩家，儒家主張平均地權，法家主張節制資本。這或因儒發達於魯，法家原起於齊；魯國祇有小商業，資本勢力無足言；齊國則有魚鹽之利，又冠帶衣履天下，資本勢力較爲興盛；環境不同之故，然具體方法雖異，其宗旨還是相同的，即其餘各家，亦是一樣。從沒有說普通人在惡制度之下，可以爲善；並沒有說惡制度不可改革，不該改革的。西漢時代，還是如此，試讀賈誼、晁錯、董仲舒、王吉、貢禹、翼奉、劉向等人的議論可知。到東漢以後，情形就漸漸的變了。鑒於惡制度，不甚加以攻擊，而專責人在現社會的秩序下爲善。這分明是孟子所說的，惟士爲能的境界。惟士爲能的士字，不可泥看。這士字不是以地位言，乃是以道德言，亦和君子兩字，有以地位言以道德言兩義一般。惟士爲能，就是說祇有生而道德性格外豐富的人爲能。而今偏要責之於一般人，這就是責一個平常人以曠世的高節了。殊不知人總是中材居多數。這個因爲在生物學上，上智下愚，同爲變態，惟中材爲常態之故。這是人力所不能變更的事實，而今要責中材以爲上智之事，那自然是鏡花水月了。所以以魏晉玄學譬喻利害的深切著名，以佛家哲學見地的精深，宗教感情的熱烈；以宋明理學態度的謹嚴，動機的純潔；接受的總祇有少數人。大多數人，實並未受其影響。因之，鑒於惡勢力的根柢，並未能有所動搖；而社會的情況，亦並未能因之而有所改善。這實是不注意於社會本身，而單注意於其中一個一個的主義的破產。

自西力東侵以來，西洋學術，輸入中國的不少，然都不足以動搖舊見解的根柢。像政治、法律等等，本來是彼此都有的，立説雖有不同，不過因環境不同，所研究的萬象，亦因之而異之故，並不足以判別優劣。至於科學，亦不過是程度問題，並不是中國全然没有。這亦無怪海通以來，業經三四百年，而中國的文化，還没有根本動摇了。惟近數十年來，足以轟動全世界，而動摇舊文化的根柢的，祇有社會學，這不是中國一國的問題，其實是全世界的問題。惟有社會能説明社會，而社會之能成爲研究的萬象，從前是不知道的。於是有許多惡劣的制度，都認爲和自然界的現象一般，惟有隨順他，利用他，更無徹底改革的餘地。近數百年來，因爲和蠻人接觸得多了，再加以史前史的發現，才曉得社會的組織，可以有多種，其價值都是一樣，並不見自命爲文明的，真比野蠻人高，再進一步，就知道文明社會的組織，盡有不如野蠻社會之處，於是開始向惡制度攻擊了。惟有社會學，示人以社會制度，無一是天經地義的，無不是人造的，無一不可徹底改革。惟有社會學，示人以無限改良之可能，惟有社會學，能鼓動人革命的熱情和勇氣。至此，則文化的方向大變了。人，總是要求生的，要求生，則經濟問題，不能不解決，而人是聯合求生的，不是單獨求生的，所以經濟問題，就是社會問題，這本是很明顯的道理，人人可以懂得，不過暫時陰晦罷了，外面的陰翳總是容易撥去的，近二十年來，社會學之在中國，風行草偃者以此。

　　這是中國古代文化的再生，其價值，較之歐洲的文藝復興，要大得多了，如其不信，請看將來。

原署名：乃秋，[①]原刊一九四〇年

四月五日《中美日報》

---

① 原刊誤爲"乃流"。

# 蔡 孑 民 論

蔡孑民先生死了。先生的事業，人所共知，無待叙述。先生的功績，亦衆所共見，不煩贅論。今論其較不爲人所注意者。

學術爲國家社會興盛的根原，此亦衆所共知，無待更行申説。然要研究學術，卻宜置致用於度外，而專一求其精深。此非謂學術可以無用；學術之終極目的，總不外乎有用，這是無可否認的。但以分工合力之道言之：則人之才性，各有所宜，長於應付實務者，既未必宜於探索原理。即就探索原理論，學術研究的對象，極爲繁多，長於此者，亦未必長於彼。又況研究愈精，則所搜集之材料愈多；各種學問之間，其相互關係亦益密；兼收并蓄，斷非一人之力所克勝。所以事功學問，不得不判爲兩途；而學術又不能不分科；抑且學問愈發達，則分科愈詳密。中國人對於學術，非不重視，然於此，頗嫌其未達一間。所以以學術事功，相提并論，總不免有輕學術而重事功之見。而且談起學術來，還要揭舉著"有用之學"四字。其實學問只分真僞，真正的學術，哪有無用的呢？我們做一件極小的事情，可以不假思索，想到就做，稍大的，便不能不先立計劃，豈能指計劃一段爲無用，實行一段爲有用？事功學術的所以要分途；學術之中，所以又要分立科目；也不過因其規模更大，要實行計劃，就得分人擔任；寢假而計劃之中，再分爲若干部分罷了。安得有貴彼賤此之見？又安得指其某一部分爲有用，某一部分爲無用呢？此等淺見，成爲興論，就不免盲動而無計劃，或則計劃粗而不精；甚且鑒於一切事物，自謂能知，實則浮泛而不確實；要想詳立計劃，亦苦無所據依了。

當國家社會遭遇大變局之時，即係人們當潛心於學術之際。因爲變局的來臨，非由向來應付的錯誤；即因環境急變，舊法在昔日雖足資應付，在目前則不復足用。此際若再粗心浮氣，冥行擿埴，往往可以招致大禍。昔人於此，觀念雖未精瑩，亦未嘗毫無感覺。所以時局愈艱難，人們所研究的問題，反愈接近於根本。五胡亂華時期，玄學、佛學，極其興盛；遼、金、元侵入時期，理學大爲發達；即由於此。向來的議論，都指此爲不切實際，空談誤國。其實學術之爲利爲害，正自難言。五胡的亂華，遼、金、元、清的侵入，其原因自極深遠複雜，即使當時的學者，盡棄其幽深玄遠之學不談，豈必其短期之間，必能有濟於事？而理學講尊王攘夷，嚴義利之辨，重君子小人之別，遂使中國之民族主義，植下深厚的根基，異族的壓迫愈甚，我族之反抗亦愈力。雖停辛竚苦，百折千回，而卒能達其目的，又安能不歸功於理學的栽培呢？試看明清之際，抗節不屈，以其心力，栽培光復的根基的，全是一班理學名儒，就可知無用之用了。

自西力東侵以來，新舊相形，情見勢絀，正是我國的文化，需要一個大變動的時期。中國卻遲遲未能走入此路。清代考據之學，極爲興盛。其人實自視爲無用之學，他們至多謂非借重於此，則不能知聖人之道而已，並不敢以知聖人之道自居。即此就比宋學家自視欿然得多了。不過因深嗜篤好，不能自己而爲之，此種精神，頗與近代科學精神相契合。倘使中國的學者，能本此精神，以治近代的新科學，必能有所發明，至少亦能盡量輸入。無如向來有學問的，多不通外國語言文字。教會所翻譯的書籍，則與國人機緣不相契，不能引起研究的興味。而盡瘁於舊學的人，因時局的緊張，反有捨棄其純粹治學的精神，而趨於應用之勢。試看嘉道以後，古文經之學，轉變而爲今文。由莊、劉而龔、魏，自龔、魏而廖、康；梁任公是最愛好考據的人，其早年的議論，卻力詆考據之學爲破碎無用，在清末，梁氏發行《新民叢報》時，此等見解，尚變化未盡。便可知此中消息。職是故，中國近代，需要純科學甚亟，中國近代學者的精神，其去純科學反愈遠。這是一個很嚴重的問題。看似無關實際，其實此爲整個民族趨向轉變的一個大關鍵。非此中消息先有轉變，時局是不會有轉機的。

當此之時，最爲需要的，是有力者的登高一呼。最適宜於負此責任的，自然是國立大學。然而國立的學校，往往奄奄無生氣，甚而至於守舊頑固，與新機爲敵。於此，子民先生的功績，就不可沒了。在他主持北京大學以前，全國的出版界，幾乎沒有什麼說得上研究兩個字的，自然指書店而言。私人自行刊印，在此時代，根本不會發生甚麼影響。不是膚淺的政論，就是學校教本，或者很淺近的參考用書。當這時代，稍談高深學術，或提倡專門研究，就會被笑爲不合時宜。此種風氣，在今日，年在三十左右的青年，都不會知道了。這就是受子民先生之賜。至於我，則是在三十五歲以前，時常聽到此項議論的。還記得在民國八九年之間，北京大學的幾種雜志一出；若干種書籍一經印行；而全國的風氣，爲之幡然一變。從此以後，研究學術的人，才漸有開口的餘地。專門的、高深的研究，才不爲衆所譏評，而反爲其所稱道。後生小子，也知道專講膚淺的記誦，混飯吃的技術，不足以語於學術，而慨然有志於上進了。這真是子民先生不朽的功績。《秦誓》曰："若有一介臣：斷斷兮，無他技。其心休休焉，其如有容焉。人之有技，若己有之，人之彦聖，其心好之，不啻若是其口出，實能容之，以能保我子孫黎民，當亦有利哉！"這幾句話，現在看來，似極陳舊了。其實所謂休休有容之度，不論做什麼事，都極緊要的。惟如此，才能用天下之才而不僅自用。須知一個人的聰明才力，總是有限的。"自用則小"雖出於僞《古文尚書》，確是名言至理。所以魯欲使樂正子爲政，孟子曰："吾聞之，喜而不寐。"問起他的理由來，則是"其爲人也好善"。再追問他的理由，則是"人將輕千里而來，告之以善"。子民先生主持北大，所以能爲中國的學術界，開一新紀元，就由其休休有容的性質，能使各方面的學者同流并進，而給與來學者以極大的自由，使其與各種高深的學術，都有接觸，以引起其好尚之心。講學看似空虛無用，其實風氣的轉變，必以此爲原因。風氣是推動時代的巨輪。風氣一轉變，就無論什麼事情，都轉變了。這真是昔人説璿機，所謂"其機甚微，而所動者大"。有康長素先生的私人講學，然後有甲午戰後風氣的轉變；有蔡子民先生的主持北京大學，然後有五四運動以來風氣的轉變。將來作中國史的，必以此兩位先生爲推動時代的巨擘，雖然現在各人的愛惡不同。

　　子民先生自己的學術，亦有其相當的價值。子民先生的宗旨，在於提倡美育。他説：人最緊要的是"化除小己"。小己怎樣化除呢？他説：人道主義的大阻力爲"專己性"，而美感爲專己性的良藥。爲什麼呢？因爲美感不獨曼麗的，又有剛大。人而能感覺剛大之美，則"小己益小益弱，寝至遁於意識之外"，而"所謂我相者，即此至大至剛之本體"。此項美育的宗旨，施之於一般人民，是無效的。因爲其太覺抽象了，多數人所能感到的，是現實的生活，誰知道什麼本體現象呢？況且子民先生的所謂美，不免囿於傳統的思想，偏於自然方面。我則以爲人最素樸的，而亦最真實的，是自己的生活。構成自己的生活的，就是環我而處的人，亦就是社會。所以社會的慘舒，社會上人的苦樂，是最足以激動我的感情，而亦是最足以培養人們的感情的。與其引導人以認識大自然的莊嚴，不如指示人以現社會的苦痛。積重如山，疾苦如海，苟能深切認識，自然視當世之所謂紛華靡麗者若土苴。既視當世之紛華靡麗者若土苴，自然能認識大自然的美麗了。歷代遁世的高人，無不有一段悲天憫人的苦衷，潛伏在樂水樂山之後，就是爲此。歷來偉大的宗教家，如釋迦，如基督，所以不講涵養性情，專講苦行，就是爲此。他並非不講美，而是他所激發的，便是天下至美的感情。

以上所說的，不過是我一個人的偏見，信筆亂寫罷了。但即謂我的偏見爲不誤，子民先生的學說，仍有其相當的價值。因爲子民先生是爲舊時的士大夫階級說法的。舊時的士大夫階級，自然沿襲着舊時的修養觀念，是偏於責人以明理的，對於感情的價值，未免太忽視了。先生的學說，適足以救其弊。在先生當日，原是針對此等風氣立說的，所謂言各有當，原不能抹殺其背景，而妄加議論。所以我以上的批評，亦不過是我在今日的意見，借此發抒而已。

子民先生的言行，我亦署有所知。但在此，可以不必叙述。因爲我覺得：一個人的事跡，總是在暫不發表的文字上叙述爲好。如是，則作者可以無恩怨之嫌，而讀者也能深信不疑了。但有一語可以特別提出的，則子民先生是有相當的儉德的。此語，是出於我的朋友汪君千頃之口。汪君是子民先生的弟子，而今，他已在游擊區域中，抗節不屈而成仁了。藉重汪君的人格，保證我此言之非私所好。

原刊《宇宙風（乙刊）》第二十四期，一九四〇年五月一日出版

# 塞翁與管仲

　　盲目而無所用心的習慣，以及重視實際工作，而輕視計劃工作的謬見，也是大足妨害我們的進步的。欲救此弊，則必不可不改良我們的教育。

　　《史記》的《管晏列傳》上，稱管子之爲治，善於"因禍而爲福，轉敗而爲功"。在《淮南子》的《人間訓》上卻有這麼一段話："近塞上之人，有善術者，馬無故亡而入胡，人皆弔之，其父曰：此何遽不爲福乎？居數月，其馬將胡駿馬而歸，人皆賀之。其父曰：此何遽不能爲禍乎？家富良馬，其子好騎，墮而折其髀，人皆弔之。其父曰：此何遽不爲福乎？居一年，胡人大入塞，丁壯者引弦而戰。近塞之人，死者十九。此獨以跛之故，父子相保。故福之爲禍，禍之爲福，化不可極，深不可測也。"

　　的確，我們若就身所經歷之事追想之，誠覺禍福之倚伏，深不可測。但是人之所以異於禽獸的，就在其不但能隨順環境，還能控制環境。而動物中，有的似乎亦能控制環境，然其所謂控制，非出於理智而由於本能，故其控制之力有限。人則不然，故能有無限的進步。未經控制的自然力，無不足以爲人禍。人類的控制自然，亦不能有成而無敗。所以"因禍而爲福，轉敗而爲功"，這十個字，最爲緊要。人類所以能控制自然，稱爲萬物之靈，而爲地球上的主人，其得力全在這十個字。

　　既然如此，人類就要時時運用其理智，而斷不可有一息之停。遇見了困難，便想法子，方能因禍而爲福，所想的法子不中用，失敗了，隨即重想，方能轉敗而爲功。

　　人類的進步，爲什麼如此遲緩，而在進化的中間，還要生出許多紛擾來，以致阻礙進化呢？其最大的毛病，就在無所用其心，而凡事祇會照老樣做。試舉兩事爲例：其一，古代饑餓的人，是什麼東西都吃的，後來進步了，知道牧畜。再進步，又知道耕種。耕種之始，還是各物雜吃的，所以古稱百穀。後來營養上的知識，漸漸的進步了，栽培的方法，也漸次進步，乃汰其粗而存其精。於是由百穀變而爲九穀，由九穀變而爲五穀。時至今日，我們所恃爲主食品的,實在祇有稻和麥兩種。這可以稱爲進步了。但是現在的營養學,證明了單靠米麥,營養是不夠佳良的,而衆視爲精品的白米、白麵尤劣。目前的急務,轉在研究如何利用雜糧。這本不是專爲對付米麵價貴的問題。而在今日,米麵價貴之時,欲圖救濟,利用雜糧,尤爲一良好的辦法。利用雜糧之法,不在於人們的信不信,而實在於其會製造不會製造。因爲窮人本來是無所不吃的。他們縱然相信米麵的營養較佳良,何嘗能常得到米麵吃?再比雜糧壞的東西,填飽肚子,也就算了。然而對於米麵以外的別種糧食,不會製成食品,卻是無可如何的。我們知道西餐中的三明治,有些人,誤以爲也是麵包的一種,其實不然。三明治是計算人身所須要的養料,都把它合製在一塊的。單吃麵包,營養要發生問題,單吃三明治,就不至於此。然則我們何不將目前能得而易得的食料,分析其養分,決定其配合之法,而製成一種普通人吃的三明治呢?然而我們卻祇會訂購洋米,要求麵粉平買。其二,衣著貴了,皮鞋尤甚。守舊的人,一定要説:你們爲什麼定要著皮鞋?他們的意思,以爲著皮鞋不過是學時髦而已,了無實益。其實不然,著了皮鞋,走起路來,較著舊式的鞋子要容易些,這是大家都覺得的。其故安在?乃由於其後跟之高,後跟高,則走路時腳尖著力,而腳跟不甚受影響,不至震動內臟。所以著皮鞋不但便於走路,而且有益衛生。以爲祇是學時髦,並無實益,就是無所用心,不察情實之談。然而皮鞋之優點,不在其幫而在其底。凡著鞋,底貴略硬,略厚,後高於前,而幫貴乎軟,軟則伸縮自如,不至束縛足部之肌肉,而妨礙其發育。所以皮鞋的底,舊式鞋子的幫,合起來,方是合乎理想的鞋。民國紀元前五年,我路過蘇州,確曾看見這樣的製品,在觀前或宮巷的鞋店裏,後來再過蘇州,就不見了。我更有好幾次,把這意思説向鞋店中人,他們卻一笑置之。我知道鞋並不是他們製的,技術上的話,向他們説也無益。又曾以此意向製鞋的人,他們也多憚於試驗。其實,在見皮鞋價貴的時候,此等製品,如有人肯試辦,一定可以爲衣著上開一個新紀元的。不但如此,鞋底的跟,並不一定要用現在皮鞋的跟,就是用木制,也是可以的。那價格又好便宜多了。而且可就地取材,絕不要銷耗外匯。以上就衣食兩端,各舉一事一例。其他各事,類此者尚多,不可殫述。我一人想到者如此,倘使一切人都肯這麼想,其可改革之處之多,自更無從計算了。古人説:"此言雖小,可以喻大。"政治、軍事、經濟等等一切重要的現象,都可類推。

崇古並不是中國人的特別脾氣,古代各國人,都是這樣的。希臘人説:君主須以最大哲學家爲之。正如中國人"天降下民,作之君,作之師"一樣。所以如此,則因人類的行動,不容盲目。而在一群之中,總有較爲聰明的人,大家的行動,都受這種人的指道,是合宜的,其結果必然有益。在古代小國寡民的社會中,此等需要,易於察知;而其功績亦易於見得;所以才智出衆的人,易於受人的推戴。古代的民主政治,所以能著成效者以此。到後世,就不是這麼一回事了。國大民衆,利害關係複雜,斷非一人或少數人所能盡知。而我們還祇會用老法子,希望有一個人或少數人,出而當指導之任,而我們大家都跟着他走。所以凡百事情,利弊都很難明瞭,興利除弊,更不必説了。古人稱君爲元首,就是頭腦的意思。一身的指導者是頭腦,一群亦不可以無頭腦,這意思是對的。惜乎局面廣大,情勢複雜,更無人能當此重任了。然而没有一個能做首腦的人,卻不能説一群之中,不能有一個首腦部,現在人類的舉動,所以不能合理,而往往闖下大禍,就是由於或無足稱爲首腦部的一群人,或則雖有之,而其行動先自誤謬,導其衆以入於盲人瞎馬,夜半深池之境。前者一切衰微之國都屬之,後者好侵略以致陷人泥淖,不能自拔者,便是個好例。

固然,人之才性,各有所長,首腦部中的人物,不是人人能做的,然而我們現在盲目而無所用心的習慣,以及重視實際工作,而輕視計劃工作謬見,也是大足妨礙我們進步的,欲救此弊,則必不可不改良我們的教育,那便是(一)指導大多數的人,使其凡事知道用心。(二)而且要改良其生活,使不至爲現實的勞作所困,而有用心的餘暇。(三)再要打倒以大多數無所用心爲己利的人,以除去使大多數人能用其心的障礙,這便是民治主義的真諦。

反乎教育者爲利用,教育是想改善其根本,利用則就現狀之下,加以驅使,以達某種目的,固然也有一時的成功;而且緊急之時,也不能不用;然而終不是根本之計,前者是原因療法,後者是萬症急救,前者如練兵,後者如以一時之策略,驅市人而用之,致亦有其價值和必要,然不能以此爲已足。

像塞翁一般的人,就是委心任運的代表。以一人而論,懷抱此等見解,固亦優遊自得;然使一群的人,個個如此,這一個群就危險了,就要控制不住環境,而反被環境所支配了。然而群之中,所以會有這一種人,亦仍由於其群的風紀,先自頹敗,因爲“人不群則不能勝物”,荀子語,勝字讀平聲,就是擔當得起的意思,事物二字古通用。人人委心任運,一個人就是要和環境奮鬥,也是徒勞無功的。久而久之,委心任運的主義,就漸漸的通行,漸漸的普遍了,所以要使天下的人,都能夠求其放心,非大變現在的文化不可。

原署名:小嚴,原刊一九四〇年五月二十四日《中美日報》

# 讀史隨筆·公厨、蔬食、民生簡便食堂、善舉

## 公厨　蔬食

古之種谷者,不得種一谷,(見公羊宣公十五年何注。)所以防荒歉也。今者米珠薪桂,無人不以口實爲尤,推厥遠因,所食之物太少,亦爲其一。蓋所食之物愈多,則可種植之地愈廣,而商人之欲操縱糧食亦愈難矣。人類之食物,本是疏食進於谷食,又有穀谷食之中,淘汰其粗者,而取其精者,(見《疏食》條。)故古稱百穀,繼稱九穀,又繼乃稱五穀。今則中人之家,皆僅以稻麥爲常食奚。墨子曰:古之民,素食(即疏食。)而分處。聖人作,誨男耕稼樹藝,以爲民食,其爲食也,足以增氣充虛,强體適腹而已矣。(《墨子·辭過》)此言疏食與穀食之殊也,《吕覽》曰:得時之稼,其臭香,其味甘,其氣章。百日食之,耳目聰明,心意睿智,四衛變强,(注:四衛,四支也。)凶氣不入,身無苛殃。黄帝曰:四時之不正也,正五穀而已矣。(《審時》。)此言嘉穀與雜穀之殊也。故自疏食進於穀食;自穀食之中,淘汰其粗者,而取其精者;確爲樂利生民之事也。然所食之物太少亦有弊,所謂過猶不及也,何者? 雖嘉穀,不必養身之質悉具;而其中所含之質,又有嫌其過多者。專食稻麥,不足養生,即其明證。昔人不明於飲食之理,誤謂人食穀而已足,徒以味淡不能下咽,乃以菜肴佐之,此實大誤。幸而專意攝生,偏於食穀者少耳,不則必且致疾矣。日食焉而不知其理,此孫中山所謂行易知難者邪?

然今人之偏食稻麥,匪由飲食之理未明,實由炊制之術未備。且如南人,向食稻麥,自去年米貴,亦有以麵粉代米者,然卒不能常食,或雖食而甚以爲苦,則由面不發酵,不易消化,味亦不美,而家人自製,往往不能發酵故邪。舉此一端,餘可類推。蓋食必求精者,惟富厚之家爲然。若常人,則往往僅求一飽,質之精粗,味之美惡,皆非所計。所以家必自炊者,特以其價廉耳。苟有制成之物,價不昂於自製者,未有不趨之若鶩者也。然則與其嘵音瘏口,勸人

多食雜糧,不如設一代制雜糧食物之所之爲得也,此公厨之所以亟也。

# 民生簡便食堂

凡事合則力強,分則力弱,飲食何獨不然?不論購買,烹飪,合衆人而爲之,未有不較諸人自爲謀,價廉而物美者也。夫如是,則吃包飯者,理應廉於自炊,而今適得其反,何哉?則由今之包飯作,其本意皆非所以代家庭炊爨,故其效如此也。苟有一種包飯作,專以代家庭炊爨爲宗旨,本此以立計劃,其能較諸家庭炊爨,價廉物美,固無可疑。此觀於民生簡便食堂而可知也。

本市民生簡便食堂之初興也,其地有二:一在西門唐家灣小菜場。(第一。)一在陸家邦路利沙小菜場。(第二。邦俗作浜。或以爲濱之轉音,誤也。古者土地分界之處,積土以爲識,謂之封。邦封一語,爲國之界,固皆累土以爲識者也。其後引申之,則凡分界之標識皆曰邦,不必累土,雖掘溝者亦可稱邦矣。更引申之,則溝亦稱邦。今遼寧有地名溝幫子,即上海洋涇浜,打礦浜之浜,亦即古之邦字封字也。)爲浦東凌君有先所創。(二十九年一月十日《申報》云:已故王君一亭合本市諸慈善家所創,見《善舉》條。)在戰前,食物售價:飯一大罐(《申報》云:合飯店二碗。)錢百文,中罐七十。蔬菜每碟三十。肉類八十。羹每碗三十。百數十文,可以一飽,日再食,不過國幣一角。較諸當時包飯之價,廉者九文,僅三之一;昂者十二元,十五元,僅四之一,五之一耳。此事見民國二十五年十一月四日之《大公報》。著者自署曰巴公。事係善舉,固非尋常公厨所可比擬。(《申報》云:其時月有所虧,全恃發起人與諸慈善家勉力支持。)然即尋常公厨,不能帖款,且須略有贏餘者,可較包飯廉二之一,三之一,則意中事也。如是,則較家自爲炊者,不昂而反廉矣。《大公報》載此事時,兩食堂開辦已年餘。就食者初日五六十人,後增至百餘人,不過八口之家十餘家耳。果有此等公厨興,謂不能得倍蓰於此之顧客,吾不信也。而顧客愈多,則其食物之價,可以愈廉,此又事之無可疑者也。然則人類所以疾首蹙額,日以口實爲尤,亦其自分界域,有以致之耳。

語曰:病從口入。貧苦之家,飲食不惟不暇求精,亦且不暇求潔。戶立之監,其事不可行也。若人皆就食於公厨,則營養質料之全,選擇,烹飪,收藏之慎,皆易於爲力矣。治國之日舒以長,愛國之日促以短。(王符語,見《潛夫論·愛日篇》)今之日不暇給者,尤莫甚於家庭中之婦女。試觀馬路,各種車輛,奔軼絕塵,小孩嬉戲行走其間,曾莫之顧,即可知其母姊之忙。婦女之所以忙。曰再炊，或且三炊，實爲其原因之大者。然則苟有公厨，他且勿論，小孩之死傷於車輛，失陷於拐匪者，即必可大減矣。何謂貧富？絶難以享用之厚薄爲衡。僅有素封之家，自奉不如寒素者。益奢侈原非人之本性，特習焉而若成爲性耳。惟非本性，故其成也，多由於踵事增華。而人人所習之絶殊，亦由於其互相睽隔。試觀昔日，富家子弟，性氣多與貧寠人絶殊，今則漸覺相近，由其在學校中，講習食宿，彼此相同故也。然則公共食堂等苟日興，富人奢侈之習，必可稍減；而貧者與富者，日用行習，亦必漸趣相近矣。此雖非治本之策，於風俗固亦不無小補也。

## 善　舉

　　二十九年一月十日《申報》，載有自署一難民者述民生簡便食堂現在情形云：自二十六年八月十三日戰事起，慈善團體聯合救灾會，廣設收容所，以收容無所歸之難民。其飯食，先由國際救濟委員會采辦，車送各收容所自炊。後因燃料時缺；各收容所時有遷移；或無築竈之地；亦有糧食燃料，不免妄費者；其年十一月，乃由該會核計，交民生簡便食堂代炊。二十七年，國際救濟會停給食糧，由上海難民救濟會供給。依每人每月所需之價，按人數交由慈善團體聯合救灾會自理。遂由該會采辦食米，與民生簡便食堂訂立合同，由其代炊。每米百斤，交飯二百二十斤。即由該堂分送各所。一難民云：米百斤可炊飯二百七十斤，最少亦當二百五十斤。而邇來各所飲食，頗多敗糙，赤花，雜穀，難於下咽。據聞會中采辦食糧，每擔價國幣三十六元，當不至於如此其劣。而米不淘，菜不洗，油不熟，尤數見不鮮。故一難民譏今之民生簡便食堂，已成商家營業性質云。夫在今日財産私有之世，一切分工協力之道，幾無不以交易行之。人人惟此之知，惟此之習矣。與之俱化，亦何足怪？然善舉之意，本欲以挽舉世互相剥削之風，而亦與之俱化，則終可傷。此予所以願爲今之慈善家進一言也。

　　所進之言惟何？曰：勿以出錢爲盡責而已矣。善人實不乏。然謂既出錢則吾責已盡，不復肯出力以從事於其事者實多，此所以所謂善舉者，困於無資者半，苦於有資而不能善其事者亦半也。夫辦理苟得其當，則微資可以成大事。若其不然，則雖有雄厚之資，亦或厭厭無生氣，甚且寢微寢滅矣。辦理之不善，多由於監督之乏人，監督之乏人，則由出資者之不肯出力。益凡百事業，能盡監督之責者，實惟出資創辦之人；亦惟能出資者多温飽有餘，不待力作以求生活，爲有此餘暇也。今此輩皆自棄其責，而望他人之代盡，不亦難哉？督責無人，則黑白不分，流弊百出。無怪任事其間者，善者奉身而退，不善者顧倚爲窟穴，深固而不可拔也。出資者之所以不肯出力，大抵非由惰氣，即由暮氣。蓋能出資者，非席豐履厚之家，習於暇逸；即垂老功成之輩，務求暇逸；故多憚於任事也。少壯而憚於任事者，無論矣，即垂暮者；吾猶願爲之進一言。暇逸本非樂境。試觀今日東西各國，有無所事事，但求休息，如吾國人之早者邪？不見世之大政治家，大學問家，大實業家，至七八十之年，猶勤勤懇懇，一如少壯邪？論者或曰：此今之世競爭激烈爲之，實非人性之自然。然求諸吾國古訓，亦豈有求休息如今人之早者邪？五十曰艾，服官政。古官宮字通，服官政，謂不必於役道路耳，（與五十不爲旬徒同理。）固非安坐而食。六十曰耆指使，亦應盡發踪指示之責也。七十曰老而傅，若無所事事矣。然《尚書大傳》所謂父師少師者，乃致仕之士大夫爲之，正七十以上人也。惡有如今之人，年未五十，已頹然不能自振，侈然自以爲當坐享者邪？生理學家言：人生最強壯之時，實在四十至六十之間。以至此，則四肢五官百骸，悉已長足，尚未就衰；而以今日世事之繁頤，人亦必至此，乃可謂其學已成，其智足用也，而吾國人甫及此輒頹然自放，豈非自棄其最有用之時也？

原刊《宇宙風半月刊》百期紀念號，一九四〇年六月出版

# 爲什麼成人的指導不爲青年所接受

我近來遇見許多教育界中人，他們都很注意於青年修養問題，對於教育部所頒佈的導師制，很覺得興奮，要想實力奉行。亦有一部分人，歎息於此制的不易收效。因爲在教部定章以前，他們先已試行了，未曾收到多大的效果。

的確，青年修養，是一個極重要的問題，因爲凡事都要人爲。中年以上的人，或者做事情的時期，已經過去了；或者雖在做事情，而方來的日子，已經比較短。不比青年，眼前無限的事情，都要希望他們抖擻精神，去奮力作戰呢。"青年是未來的主人翁"，這話的確不錯。沒有修養，怎能做事呢？

說到青年修養，成人的指導，也是必要的。因爲（一）人是成熟得遲的動物。（二）而其所處的環境，又特別複雜，剛剛入世的人，如何能瞭解？不有成人的指導，如何能應付一切呢？然而青年能接受成人的指導麼？從古以來，青年對於成人的話，就有些掩耳不欲聞的樣子。不過多過幾年，青年自己也做了成人，也就走上成人的舊路了。這時候，回想起從前成人的教訓來，也覺得津津有味，而自悔其聽從之不早。這足以證明：成人指導青年的路是對的。其應負的責任，至多祇是沒有循循善誘之法，使青年樂於聽從罷了。然這祇是安常處順時代的話，在近幾十年來，我們卻屢見青年人到成年時，未必再走前此成人的舊路了。這是爲什麼？

原來文化的性質，動靜無常。他在有的時代，可以呈著靜止的狀態，繼續若干年不變。在有的時代，則又呈著動盪的狀態，急劇的擺脫舊的，創造新的。當其靜止之時，前一輩和後一輩人，總是繼續著，走著同一的路綫。當其動盪之時，就不然了。當此之時，成人就非瞭解青年們所走的路綫，與己不同不可。若強要固執，令青年改走自己的路綫，就要不爲青年所接受了。我們原不能說，青年所走的路綫必是，而成人必非。但世事總是日新的，舊的往往是不能維持的，而當文化變動之時，成人所走的，往往是舊路綫，青年所走的，往往是新路綫。所以當這時代，隔了若干年，往往青年未曾改走成人的路綫，而成人反改走了青年的路綫。然則在此時代，不是成人領導青年，反是青年領導成人了。這是社會進化規律的自然，原也不足爲怪。但成人處此時代，卻不可不有深切的覺悟了。

今日是否文化變動的時代呢？這話怕無煩辯論，大家總會承認了罷。然則文化變動的方向，是怎樣呢？講中國文化史的人，各從其意，把中國的文化，分畫爲種種時代，我以爲都未得當。我的意思，以爲中國的文化，祇要劃分做三大時代：（一）新室以前，（二）自東漢至近世期以前的閉關時代，（三）自近世世界交通以來。而這三期文化的轉變，祇是拓都主義和么匿主義的轉變。何以言之？拓都、么匿，是沿用嚴幾道的譯名，么匿主義，係指重視構成團體的分子，過於團體。謂團體的好壞，由於分子的好壞，必先將分子改良，團體方有進步。分子的改良是因，團體的進步是果。故其論治化，恒著重於個人。以個人的改進，爲治化改進的第一義。拓都主義，則與之相反。以改良團體的組織爲第一義。謂團體的組織不好，分子在其中，實無法改良。所以其攻擊社會頗烈，而責備個人則輕。中國幾千年，文化的轉變，實不外乎這兩個主義的更迭。何以言之？

在有史以前，很遼遠的年代，人類社會的組織，大抵是正常的。此即孔子所謂大同，老子所謂郅治的時代。但是不幸，到了有史時期的前後，人類社會的組織，就漸漸的變壞了。在此時期，先之以封建勢力，憑恃武力，互相爭奪。繼之以資本勢力，在經濟上互相剝削。人類的命運，遂日入於黯淡。然當封建時代的初期，雖然多了一個榨取階級，盤踞於社會的上層，而社會的大部分，其規制，還是大同時代所留詒，還算得是個準健康體。所以孔子稱爲小康。到封建時代的後期，衆諸侯間的兵爭，格外劇烈了，則榨取人民亦更甚。而資本勢力，又於此時興起。藉工商兩業的力量，尤其是商業，向廣大的群衆，肆行剝削。前此社會保護個人，個人盡忠社會，二者相合無間的規制，遂逐漸破壞，而幾於一無存留。此即孔子所謂亂世。世運的遞降，雖然經過很長久的歲月，然社會的組織，本來是良好的，後來遂逐漸變壞，實爲人人所共知。當時的人，都視當時的社會爲變態，總想有以矯正他。先秦的學術，盡於九流。九流之中，雜家係綜合諸家以爲用，自己初無所有。名家專講哲學，名家本出於語，其講救世的一部分，仍在墨學中。縱橫家祇辦外交，與社會全體的關係較疏。其陰陽、儒、墨、道、法、農六家，則均有撥亂世反之正的思想。六家之中，農家所託最古，遙想回復大同時代的文化，觀許行之言可知。道家次之，老子所說的小國寡民，實即極簡陋、極閉塞，不甚和外界交通的部族。他所主張的無爲，非謂無所作爲，爲當訓化，乃謂不要變化。何謂不要變化呢？因爲文明有傳播之力。野蠻的部族,總喜歡摹做文明的部族。倘使物質文明輸入,而社會的組織,不爲之變壞,豈非極好的事情? 無如社會的組織,要和生産的機構相應。物質文明輸入,社會的組織,是不能不隨之而起變遷的。倘使人類的智識,足以控制自己,當物質文明輸入時,即改變社會的組織,以與之相應,原亦可以没有問題。無如人類的智識能力,不足以語於此。當物質文明輸入之時,初不能改變其社會的組織,以與之相應,而一任其遷流之所至。於是文明進步,而社會的組織,卻退步了。當時的人,不知此係人類不能改變社會的組織,以與新文明相適應之咎,而轉以此爲新文明之咎,以爲文明的本身,是有害的。與其招致新文明,而使社會的組織變壞,無寧拒絕新文明之爲得。而當時新文明的輸入,大抵不由民間,而由於在上者的提倡。其最易見得的,即爲宫室、衣服、車馬、飲食等奢侈之事。其實此等事,是不能使社會大起變化的。社會的大起變化,實由於民間經濟狀况的改變。然當時的人,不知此義,誤以爲風俗的薄惡,人與人間利害對立的尖鋭,全由在上的人,喜歡模做新文明所致,於是力勸之以無爲。這正和勸西南的土司,不要摹做漢人,更不要模效西洋人一樣。大抵農家之説,係想恢復神農氏時代的文化。道家之説,則似係黄帝時代的訓條,而老子把他寫出來的。所以古人多以黄老並稱。黄帝時是物質文明突飛猛進的時代。所以有深識的人,要戒之以無爲。黄帝的部族,似乎是一個好戰的部族,好戰的部族,往往因過剛而折,所以要戒之以知雄守雌。我們祇要看老子的書,(一) 所用辭類及文義的特别,(二) 與其思想的特異如有雌雄、牝牡字,而無男女字。全書幾全係三四言韻譬,其思想,女權皆優於男權。就可知其時代之早,而決非東周時的老聃其人所自作的了。再次的是墨子。墨子是法夏的。他所稱説的夏禹,在客觀上,固然未必都真實,然亦不能全屬子虛。觀孫星衍的墨子後序可知,墨家和農家、道家,所取法的雖異,然其想將社會組織,拉回早一期的時代則同。儒家及陰陽家,則規模更大,而其條理亦較完備。春秋三世之義,係從亂世進到升平,再從升平進到太平。此係鑒於不正常的社會,回復到正常,非一蹴可幾之故。較之農、道、墨三家的逕行直遂,手段要縝密一些了。儒家又有通三統之説。謂夏尚忠、商尚質、周尚文,各有其一套不同的治法,應當更迭行用。這亦可見其方案的完備。陰陽家五德終始之説,被後來的人看作迷信。然其本意,當亦是説治法該有五種,更迭行用的。所以《漢書·嚴安傳》載安上書引鄒子的話,説"政教文質者,所以云救也。當時則用,過則捨之,有易則易之。"然則陰陽家的治法,決非專做改正朔,易服色等無關實際之事。不過後人不克負荷,所模做者止於此罷了。

法家是最適應時勢的。所以專以富國强兵,監督臣下的營私作弊爲務。然亦注意到官山府海、輕重斂散。要把大工商業及借貸,都收歸國營。而且《史記·商君列傳》説:他見秦孝公,先説之以帝道,孝公不能用,然後説之以王道,孝公又不能用,然後説之以伯道。其説雖屬附會,然觀《管子》書所載道家言之多,則知法家並不以富國强兵爲已足。進一步,必能改變社會的組織。秦始皇既併六國,治法絲毫不知轉變,不能歸咎於法家,祇能説是秦朝對於法家的高義,未能瞭解,因而未盡其用了。以上所述六家,其手段雖各不同,其目的則初無以異,都視當時的社會爲變態,而思有以矯正之,使復於正常。且其終極的目的,亦可説初無所異。不過達之之方法,有逕直紆曲,急激緩慢的不同罷了。六家的議論,都是對於社會組織的不善,痛下針砭的。其注重於個人,以爲一個一個人的改善,可以使世界臻於大同郅治,而社會的組織,更無問題,則先秦諸家,從來無此思想。西漢之世,還是如此。細讀《漢書》所載賈誼、董仲舒的議論,以及王貢兩龔鮑,及睦兩夏侯京翼李傳可知。此等議論,旁薄鬱積,所以有新莽的大改革。新莽的改革,所走的是絶路。然而此後的人心不以爲他所走的路線不對,而以爲社會本不能徹底改革,太平大同之治,即人與人間毫無矛盾的境界,雖不敢逕行否認,至少以爲祇有未開化之世,纔有可能,物質文明一進步,就決難回復了。要想改革治化的,至於去泰去甚而止,再不能有更進一步的思想,而文化的方向一變。

　　人和社會,是有密切的聯結的。其實單説密切的聯結還不夠,二者簡直是一體。因爲我們實不能想象社會以外的個人,所以人之所謂環境看似自然,實係社會。除卻漂流絶島的魯賓孫,怕没有以個人之力,直接與自然搏鬥的。即使説人的環境,可以分做自然和社會兩項,而社會所及於個人的利害亦必遠較自然爲大切。既不能改革社會,個人在社會之中,是要想一個自處之法的。於是魏晉時代的玄學,和南北朝隋唐時的佛學,乃風靡一世。玄學有兩個重要的方面:(一)在政治和社會方面,注重於重道而遺跡。所謂道,即現在所謂原理。所謂跡,即現在所謂具體的事實。這是所以矯正兩漢時代治化的人,亂拘泥於古人的具體辦法之過。其時既值喪亂,説不上什麼根本的改革,他們亦未能根據原理,擬出什麼具體的方案來,這一方面,除矯正泥古的思想外,實可謂無大成就。(二)其給與社會以最大的影響的,倒還在其個人自處之法。此項方法,以莊子的思想爲其原理,而以孔子的所謂中庸爲其手段。莊子的思想,是承認環境的力量,偉大無倫。個人置身其間,決無力與之相抗。而環境變化不已,看似好的事,可以變而爲壞,看似壞的事,也可以變而爲好；根本是無從控制的。而且這一方面好，就是那一方面壞；這一方面壞，就是那一方面好；根本上好壞且沒有區別。所以人居其間，莫如委心任運，一切無所容心。因爲奮鬥根本沒有用，而且可以得到壞結果的。莊子的思想如此。倘使人所希望的，是誇父的逐日，是秦始皇、漢武帝的想長生，根本上沒有可能，熱心太過，徒招煩惱；把這種説法，給他做一服清涼散吃，原來始非計之得。而無如人的環境，實以人與人的關係，爲其重要的因素。此項關係，既非不可改變，人的環境，即非無可改良。而莊子認爲祇能聽其自然，就未免似是而非了。所以莊子的這一種議論，祇能説是革命戰場上，戰敗遁逃而抱著失敗主義者的議論。魏晉以後的人，專發揮此種思想，無怪其要流於頹廢了。所謂中庸，就是審察環境，以定所以自處之方。（一）環境變動不居，所以自處之方，要不絕的加以審察。（二）不論何時何地，自處之方，總有最適宜的一點，而亦祇有這一點，務須謹守勿失，可謂言簡而賅，含有很深的意義。然使我們懷抱高尚的目的，而以此爲選擇手段的方法是很對的。倘使我們想自全其身，而以此爲選擇手段的方法，那就率天下而入不革命了。中庸的言簡意賅，何人不知道？然而漢之世，迄無人竭力發揮此種學説，就由於當時革命的情緒，還相當濃厚，視個人的自全，並非唯一的急務啊！人是感情的動物，以莊周的思想爲體，孔子的手段爲用，勢必至於處處受理性的支配。雖其道確可以求福而免禍，然把許多人生不能免的慾望，一齊抑壓下去，終非人之所能堪，總不免於要決裂的。當此之際，決不可無以滿足其感情。而玄學祇是哲學，不是宗教，實不能肩此任務。而佛教乃應運而興，以彌補其缺憾。佛教之理，雖亦含有甚深的哲學思想，畢竟不脱宗教的臭味，所以能夠給與人以感情上的滿足。然從佛教興起之後，專使人從身心方面自求解脱。對於環境一味主張"隨順"，不想設法改革，革命的精神，更消失無餘了。佛教所以爲治者階級所歡迎，即由於此。佛教不知人與人的關係，本來是好的，特因現社會的組織，使之變惡，而認爲現世界的本體，本來是惡的。要求徹底的改善，非消滅現世界不可。所以其修行的宗旨，雖然千言萬語，五花八門，而歸根究底，到底不離於涅槃。而其對於人間的關係，則首欲敗男女之交，講佛教的，固然沒有説個個人都要做僧尼，然特取與現社會相調和。把佛教的宗旨，推行到極點，決不能免於此，今試設問："假如全世界的人，同時都願做僧尼，在佛教的立場上説，還是可歡迎的事呢？還是認爲不妥，而要設法禁止的呢？"聽取真懂得佛教的人真誠的回答，就可見得佛教對此問題的態度了。如此，則非使人類社會，全體消滅不可。使人類自行消滅決非人類所能接受的。所以佛學發達到極點，不能不轉變而爲宋代的理學。理學家承認人類社會的存在，係屬合理的，無庸加以消滅。在此點，確足以救正佛教之弊。但其以儒教爲基本，而其所知止於小康之義，遂認現社會的組織，均係合理的，均係天經地義而不可變，而要人犧牲生而不可免的感情，以求與之適合，這又走上了失敗的路了。所謂小康時代的治法，即係封建制度完整時代的秩序。孔子時已不能回復，何況到了宋朝呢？宋明兩代的理學，在哲學和道德學上，確有其甚大的成就。所以招人反對，而其道終不能行的，就在其完全承認現社會秩序這一點。總而言之，從魏晉時代，以至於近世的閉關時代以前，學術思想，雖有改變，而其認社會爲不可變，專想改造個人，以與之適合則同。這是其失敗的總原因。

　　到近世世界大通，情形就一變了。西洋文化，是我國向來未曾接觸過的。一朝接觸之後，其關係且步步加深，進而至於要融合爲一，自然要發生很大的變遷。西洋文化，影響於我們的，在什麼地方呢？科學的實用方面麼？汽船、汽車、飛機、電報等等，誠使世界煥然改觀了。然而我國物質文明的發達，雖云落後，究竟也並沒有真個把弓箭去抵禦人家的槍炮。而且這許多事情的做辦，其實是容易的。我們的東鄰，通知外情在我們之後，模倣成功反在我們之前，就是一個證據。我們爲什麼不能做辦呢？自然科學的本身麼？自然科學是最與世無爭的。其真相，最容易説得明白，而亦最容易引起一部分性之所近的人的興味。老實説：對於自然科學，祇要有了接受的預備條件，其易於輸入，是和技術無以異的。所以當明代，歐洲的傳教士東來，我們已經很歡迎其科學了。然而到後來，爲什麼反而深閉固拒起來呢？別種科學麼？老實説：政治、法律、道德、哲學等等，都是我所固有的。其立説或與歐洲不同，此乃由其萬象相異之故。各地方的此等現象，雖然大同，總有小異。所研究的問題，接近實際，總是就其小異之處立説的，所以難於全同。譬如關於商業和貨幣的學説，我國就不如歐洲之精。此乃由於我國的經濟觀念，本不重視交換之故。若合經濟學的全體而觀之，我國和歐洲，亦可説各有所長，各有其所注重的方面，所以此等科學，説能使我國人的觀念，根本爲之改變，也是無此情理的。西學輸入三百餘年，並没能在我國發生很大的影響，其原因亦由於此。然則西洋的學術，能使我國人的觀念，從根本上發生變化的，是什麼呢？這在西洋，亦非舊有的學科，而爲在最近數十年來才告成立的社會學。由於社會的組織，在一定時期之中，往往蹈常習故，不生變化，人們把前一期的事情忘了，同一時期的民族，其程度有與我前此相等的，則又鄙視之，以爲不屑研究。

這正和成人忘掉兒童時代的情形，而又不肯研究兒童一樣。其結果，遂至不知兒童自有其生活，而欲以成人的生活，強迫兒童，使之從同了。"大人者不失其赤子之心"，社會亦何獨不然。"凡惡，都是後來沒把鼻生的。"所以社會的進化愈深，其病態亦愈甚。撥亂世，反之正，正須參考淺演的社會，而我們反加以鄙視，遂至視病態爲常態，專從事於對證療法的研究，豈非極可痛心之事。西洋人在近世紀以來，因其足跡所至之廣，所接觸的程度不同的民族很多。初亦不過發於好奇之心，記錄之以爲談助，像中國的"海客談瀛洲"一般。後來得到科學的幫助。科學視一切事物的價值，都是平等的，但就客觀的從事於忠實的研究。久之，乃知我們視爲奇異的，在於它實極平淡。各種不同的文化，則各種不同的環境中，實各有其價值，而其價值亦正相等。才知道向所視爲天經地義，萬古不變的，實亦不過因緣際會所成，並非必不可變，且有時不得不變。又因機器發明以來，他們的物質文明，突飛猛進，而社會的變遷，不足與之相應，遂至尾大不掉，人反爲工具的奴役，其弊大著。蒿目時艱，關心民瘼的人，就覺得社會的組織，不可不變，且須以人力促進其變。而對於社會學的研究，就更進於高深了。我曾說：西洋近代史學的發達，煞是可驚，然其有益於人生的，實不在乎有史以來史事的搜考，而在乎史前史的發現，就是爲此。因爲祇有史前史，能昭示我們以現在社會組織的不正常，急須改變，而且能指示我們以改革的途徑啊！當教育部發佈大學課程草案，某大學會議改革課程時，我曾發表如下的意見，我說：文法兩學院的共同必修科目中，有社會學、政治學、經濟學，任選二科，各十二學分的一條。理學院學分減半。農工商學院則無，我以爲社會學當定爲各學院共同必修科。不但如此，我是教授歷史的人，現在談史學的，都說要注重客觀事實的研究，綜合事實，以發明原理。其實現在大學生的程度，並不足以語於此。現在史學教授的要義，倒是要給學生以一個清楚的社會進化觀念。如此，最好以史學與社會學相輔而行。雖不敢一定說是以歷史事實，爲社會學的注腳，然歷史教授，必須以社會學家所說的社會進化作骨干方可。否則一部十七史，從何說起？各從其意，擇其所視爲緊要的事實，摘舉若干以授之，就不免遊騎無歸，空記得若干事實，而其實並無益處之可言了。現在的中國通史，在大學課程草案中，定爲各學院共同必修科，我以爲其教授之法，正當如此，至於中小學，則老實不客氣，與其現在的歷史科，而其所得的知識，並不確實，無足寶貴，倒不如廢現在的歷史科，而代之以社會學，而以史料爲其注腳之爲善。史學固然未始不可使人獲得真確可寶貴的知識，然至於能達此目的，則其所教授的歷史，必已成爲社會學的説明書了。因爲史學教授的目的，不外乎使人知道社會進化的陳跡，因以發明社會進化的公例。然此實非臚舉若干事實所能得。除去專門研究史學的人外，實須給與一個社會進化的骨幹，以爲其認識的基礎。而此骨幹，非依賴於現已發明的社會學不可。即專門研究史學的人，亦預先有這一個概念，以爲之基本。然後其所研究的專門問題，才知其在全體之中，有何意義，而不致失之破碎。

我們所以要研究社會學，乃因現在的社會，不可以不革命。唯有社會學，能昭示我們以（一）革命的理由，（二）革命的可能，（三）革命的途徑。我們現在所奉爲革命的方針的，是三民主義。然三民主義，乃是一種主義。必先有學，而後術乃從之而生。所以非略知社會學，以及其餘的社會主義，對於三民主義，必不能瞭解。若不求其瞭解，而祇責以誦讀，則是宣傳而非教育。專靠宣傳，是最危險的事。因爲接受宣傳的人，實不瞭解其意義，則係迷信而非智信，易爲反宣傳者所利用。已受教育，自己明白的人，對於此點，就無足慮了。

各種學問，各有其所研究的物件，亦各有其用處。然皆祇是一節之用。必須有一種能運用各種學問的學問。《漢書・藝文志》推重道家爲君人南面之學，即由於此。運用各種學問的學問，在今日，唯社會學足以當了。因爲各種學問，所研究的物件，都是社會的一枝一節。必須明於全體，才知道一枝一節，有何等關係；其重要至於何種程度；與他部分的關係如何？現在的侵略國，過於重視軍事力量，以爲祇要兵力強盛，就一切問題，都可解決，其結果，因昧於全體的認識，不知道社會亦如人體然，要保持一個平衡，遂一部分過於發達，他部分均受其害，危機即在眼前。其病即由於此。故社會學在今日，實爲各種社會科學之王。治各種社會科學的人，都不可以不知道。譬如法律，固然是現在所必要，然而社會的秩序，必須要靠強力維持，已經是社會的病態，懂得社會學的人，就會知道刑期無刑之意，專研法律學的人，就不免把法律的價值，看得太大了。

不但如此，就是研究自然科學的人，對於社會學，亦不可以不知道。我國向來重視社會科學而輕視自然科學，這就是重視人與人的關係，而輕視人與物的關係。近幾世紀來，因爲靠自然科學之力，使世界煥然改觀，大家視我國人的舊觀念爲陳腐，甚至視爲背謬了。其實這個舊觀念，是沒有錯的。物的道理，在未曾發明以前，我們固無如物何。然既經發明之後，亦斷不會更有什麼爲難的問題，斷不會根據業經有效的方法，裝置電燈，而電燈忽然開不亮；製造火車，而火車忽然開不動。人和人的關係則不然。可以對付這個人的方法,未必能對付那個人。可以治理這個時代,這個地方的方法,未必可以治理那個時代,那個地方。然則從實用方法說起來,社會科學上智識,較諸自然科學上智識,獲得確更艱難,價值確更寶貴。而且從應用方面說,自然科學實不必人人皆通,社會科學則不然。因爲以一個人兼通各種學問,事實上決無此理,總不過享受他人所發明的成果。自然科學,是全不懂得這種學問,亦可以應用的。譬如全不懂電學的人,亦可以點電燈,打電話。電車不會開,則可以靠他人開。人與人的關係則不然。父子、兄弟、夫婦、朋友的交際,不能說我不會應付了,而請懂得倫理學的人代爲應付。然則人與人的關係,確是人人所必須的知識,而人與物的關係則不然。所以我們的舊觀念,重視人與人的關係,視爲首要,輕視人與物的關係,視爲次要,實在並没有錯。即謂二者的重要當相等,而人與人的關係的教育,當較人與物的關係的教育,更爲普遍,總是一個不磨的道理。而在現代一切人與人關係的科學,都須明白了社會學,才能夠認識其原理,而批判其是非。更顯豁言之,則相傳的道德、倫理、哲學、宗教等等,均須根據於現在的社會學,而重新估定其價值。我認爲社會學當作爲各學院共同的必修科,其理由即在於此。

民胞物與,一視同仁;使世界之上,無一夫一婦不得其所;這是我們最高的理想。此非革命不足以達之。惟有社會學,示人以革命的可能,且示人以革命的途徑。這才給現在被壓迫的人以新希望,而且能喚起壓迫者的同情心。現在世道人心,如江河日下,大家都覺得長此以往,人道或幾乎息矣,都要設法挽回它,然皆不得其術。於是變爲何健的提倡讀經,戴傳賢的崇奉喇嘛,段祺瑞的亦儒亦佛。其實此等方法,都不足以挽回世道人心。因爲何健、戴傳賢、段祺瑞等,都還是早一輩的人,他們對於經書、佛典,本有認識。所以今日追想起來,還覺得其足以救世。若在今日的青年,決不能接受此等條件。經書、佛典究能救世與否?我們姑置勿論,即謂其足以救世,而其物爲青年所不肯接受,則提出亦屬無益。我們既無法強青年以接受經書、佛典,則必須有以代之。惟有社會學,示人以無限改良的可能,達到太平郅治,使全世界中無一夫一婦不獲其所的大道,自能引起青年無限的熱心,而鼓勵其勇氣。所以一有社會學,道德教育的問題,就解決了。

還有:現在最爲教育和學術之累的,實爲國文。照現在社會上通行的國文,一個大學畢業生,需要能談晚周、秦漢的散文,看得懂謹嚴的法律文字,才夠應用。這實在不是普通人所能夠達到的。事實最雄辯,舊時私塾中,所讀的祇有國文一門,而且都是國文最基本的書籍。然其結果,通者亦不過十之一二。這就可見得此項國文的通，實在祇有少數有天才的人能夠。論者必說：既如此，各外國人治其本國的文字，何以會通呢？殊不知現在外國人所治的，都是語體文字，不似中國普通應用的文字，夾雜著與口語相離的前代語言；或僅少數人在紙上使用，而口裏從未看過的語言。須知大多數人，總是現實主義的。要他在口語之外，再學一種異時代的語言，其爲困難，實與學一種外國文相等。有一部分與口語相同，在此點較學外國文易。然此係一種高等用語，其意義較普通外國文爲深。所以現在的所謂文言，決非普通人所能通。然著書的人，以及公文信札的往來，用之者尚甚多。不通則不便應用。要通則所費的時間太多，而其結果仍不免於兩百五。這實在是現在教育上一個大難題。要求教育和學術程度的增高，非把國文的程度，降低一級，以節省精力不可。如此，則非全用白話不可了。廢棄文言，倒不是文學上的難題，而是一個道德倫理上的難題。我們現在，有許多做人的道理，都是從相傳的古訓中來的。如四書中的語句或道理，爲普通人所能瞭解而接受的便不少。此等古訓，決不能代之以俗諺或通行的格言，因爲其意義太淺了。又此等古訓，乃封建時代的遺物。封建時代的人，意氣感激，利他的意思較多。俗諺或社會上的格言，則是資本主義時代的產物。資本主義時代的人，計較利害之心重了。無論如何說得好聽，核其內容，總不免含有商業道德的意味。商業道德，雖名爲道德，實則是和道德正相反的。在哲學意味上，其高深超過於古書，而且絲毫不含利己的意義的，爲佛學及宋明的理學。但是佛學太偏於消極了，理學書文學太壞，不能刺激人的感情，使人因文學上愛好，在德育上亦受其薰陶而不自知。章太炎先生說。這話是不錯的。所以把古書一旦廢棄，在青年的德育上，頗可成爲問題。我以爲感動人的，到底是事實而不是言語。仁爲道德的根本，人能以仁存心，則大本已立，一切枝葉，都無問題了。而要啓發人的仁心，則須（一）先示之以世界上的苦痛而須要拯救，（二）次則示之以拯救之方。前者佛教亦優爲之，然其啓示的救世的方法，實係絕路而不能實行。祇有現在的社會主義，能兼二者之長。所以社會主義，一經成爲普遍的教育，道德問題，就不成問題了。以此代古訓，且可除去封建主義的副作用之害。

　　以上是我在當時，用講演式起立所述的言語。前後互一點多鐘，並未能引起什麼人的注意。但我仍深信此項見解，對於現在指導青年的問題，頗有參考的價值。因爲現在青年所希望的，是一種新理想，而欲以革命的手段到達之；成人所希望的，是一種舊秩序，而欲以實行舊訓條的手段回復之；以爲其不能投機的原因，在今日文化大變動的時代，不能希望青年再走成人的舊路,而祇希望成人瞭解青年的立場,贊同其宗旨,而以其豐富的智識和經驗,加以指導。

我的話,似乎是責備成人的意思居多。但在青年,亦有不可不自省的。其(一)社會亦是一物,他本身有許多條理,能利用而能抵抗,正和自然力一般。這種條理,在成年的人,無論如何,要比青年懂得多些,所以一個成年的人,即使其宗旨是不革命的,對於辦事的手段上,仍能給青年以許多裨益。其(二)在對於現代的局勢,認識得不甚清楚,而其宗旨本來高尚純正的人,則其對於青年,更能有一種很大的裨益,那便是中國人傳統的所謂克己工夫。近來的人,都説中國人對於自然,缺乏奮鬥精神,由於大講自克所致。這話是否真理,現在姑置勿論。而人對於人,則克己的工夫,決不能没有,天下的事決没一個人能做的,必須要群策群力。人若毫無克己的工夫,勢必至於引起内訌,其團體就要渙散敗壞,不但不能有成,甚至於爲敵人所利用。我現在追想起三十年前,梁任公先生的警告革命黨的話來,還不禁要下淚。這些話,從辛亥到現在,可説是一一應驗了。梁先生這一類的話,在當時,都刊佈於其所發行的《新民叢報》中,現在還有編入其文集内的。雖然事隔三十年,我以爲還是今日革命青年的金科玉律,很值得一讀。真正舊道德高尚的人,其克己的工夫,無有不深的。如能得到這樣一個人,作爲模範,實在是不可當面錯過的。其(三)至於舊道德既高尚,而對於新時代認識又充足的人,自然更不必説了。"三人行必有我師焉。"能自得師,就是能教自,望今日之青年,三復斯言。

原刊《青年》第六、七、八期,一九四〇年出版

# 中國民族精神發展之我見

民族是世界上早就存在着的，民族主義卻必待近世才發達；這就可見得民族主義的發達有一個客觀上必要的條件，那就是外力的壓迫。

中國民族主義的發達亦只是八百年來的事情。<sub>從南宋時代算起。</sub>而到近百年以來，尤其有可驚的進步。

話雖如此説，中國的民族主義植根是很久的。要講近百年來的發展，亦不能不追溯到既往。中國的民族主義可畧分爲四大時期：

第一期：自上古至秦漢，這一時期，中國民族與其餘諸民族雜居於神州大陸之上，而處置頭髮方法的不同，恰做了這三系民族不同的表徵，這是很有趣的事情，即北族編髮，<sub>即辮髮。</sub>南族斷髮，中原束髮。此等風習，古代民族守之頗固，<sub>如子路與石乞孟厴戰敗，曰："君子死，冠不免。"結纓而死。</sub>可見其由來甚久。於此可見近來有一派議論，説中國民族與夷蠻戎狄本非異族；中國民族即夷蠻戎狄中之進化者合併而成，無有是處。當這時代，我族的文化獨高，不斷的向四方擴展，正像光綫的輻射一般。試看當時較大的民族，北方的匈奴，其君長相傳爲夏后氏的苗裔，而其一切文化，亦極與中國民族相類。鮮卑，當周成王會諸侯於岐陽時，與荆蠻守燎，則本係南方民族。北族都是辮髮的，而據《後漢書》所載，鮮卑婚姻必先髠頭，可見南族之遺俗猶存。東北一隅爲朝鮮主要民族的貉族及爲滿族祖先的肅慎族；其本來居地不在今吉黑或朝鮮半島地方，在春秋戰國之世，當尚雜居於内地，或在諸國的北邊；戰國時，因燕人的拓土，被攘於遼東西塞外，乃改以吉黑及朝鮮爲根據地。從考證上看來，亦幾乎無可懷疑。這都是北系。至於南系，則自洞庭、鄱陽兩湖間蔓衍於五溪流域的爲蠻。<sub>近世稱爲苗族。</sub>其散處緣海一帶的，<sub>則即現在的馬來人。</sub>古人稱之爲越。<sub>亦作粵。</sub>其在豫西及湖北西境而後來退入雲貴一帶的，則爲今日的猓玀，古人稱之爲濮。在陝、甘、四川三省之間，南下及於雲南省西境，西出及於西康及青海境的爲羌。<sub>氐爲羌的一支。此段所説，詳見拙撰《中國民族史》，世界書局本。</sub>其受我族文化的熏陶，更是無疑的事實。

當這時代，我族因文明程度的獨高，並不慮異族的壓迫，中國民族之所憚者爲騎寇，至戰國之世，與匈奴等接觸始遇之。前此與我爲敵的異族，大率居於山地，和後世的苗蠻一般。論史者多謂趙武靈王胡服騎射，欲以取中山，非也。胡服騎射，自欲以鬭代北。中山則爲山國，取之當重步兵。所以其民族意識亦很模糊，只有一個自負自重其文化的觀念，對於異族能模效我族的文化的，則引爲同調；否則加以排斥。《春秋》的書法："諸侯用夷禮則夷之，進於中國則中國之"，正是一個絶好的表現。這種見解不啻替民族主義植下了一個根基。但其發榮滋長，則還有待於後來。

第二期：可説是民族主義生長的時期，這是五胡亂華的時代。這時代中國民族開始受異族的壓迫，但其矛盾還未極深刻。當時漢族和異族的對立，材料散見於史傳的，亦頗不乏。如沮渠蒙遜聞宋武帝滅後秦而怒。其時適有一個校書郎去見蒙遜白事，蒙遜曰："汝聞劉裕入關，敢研研然也？"竟殺之。又如崔浩在後魏，似乎是備受尊敬的，然亦曲盡小心。他是善於寫字的，有人請他寫《急就章》，《急就章》中有"馮漢彊"三字，他竟不敢寫，一定要改爲"馮代彊"。崔浩如此，下於崔浩的人就更不必説了。史稱北齊神武帝善於調和漢人和鮮卑人的感情，對鮮卑則説："漢人是汝奴，夫爲汝耕，婦爲汝織，輸汝粟帛，令汝温飽，汝何爲陵之？"對漢人則説："鮮卑是汝作客，得汝一斛粟，一疋絹，爲汝擊賊，令汝安寧，汝何爲疾之？"從這幾句話看起來，便可見得當時的漢人和鮮卑人儼然一爲農奴，一爲武士了。當神武帝起兵時，和推戴他的人相約，就有不得欺漢兒一條，可見鮮卑人對於漢人是欺陵慣了的。冉閔攻破石氏，令城內曰："與官同心者住，不同心者各任所之。"敕城門不復相禁。於是越人百里内悉入城，胡羯去者填門。此等民族的對立亦不算不利害了。怎説其矛盾還未極深刻呢？

須知當時異族的欺凌漢族，在民族對立之外，還另有一個原因，那就是兵權握在異族手裏。原來中國當戰國時代本來是舉國皆兵的，秦漢時代雖不甚用兵，其制度依然存在。惟國大則征戍之途遠，人民負擔加重。漢武帝以後，兵事頻繁，爲避免煩擾起見，實際上就多用謫發。東漢光武帝因欲與民休息，索性把民兵之制廢掉。於是招募與謫戍雜用，並漸用異族爲兵。三國以後，此風更甚。五胡多用其本族或其他異族人爲兵，而不甚用漢族。這惡例不盡是異族有意造成的，倒還是漢族自開的。兵權在手之人，要欺凌平民，便本族人也在所不免。所以當時漢族和異族的對立，民族間的矛盾只可算得半數。

試看當時的異族無不自托於古帝王之後，便可見其以漢族爲高貴而意圖攀附。固然，這或者也受些漢自托於堯後，魏自托於舜後的影響。然如魏孝文帝和朝臣論海內姓地人物，戲謂薛聰曰："世人謂諸薛是蜀人，定是蜀人否？"聰對曰："臣遠祖廣德，世仕漢朝，時人呼爲漢臣。九世祖永，隨劉備入蜀，時人呼爲蜀臣，今臣事陛下，是虜非蜀也。"帝撫掌笑曰："卿幸可自明非蜀，何乃遂復苦朕？"公然承認虜的種姓較漢爲賤，絲毫不以爲忤。我們看了這一段事情，才知道孝文帝所以能够廓然大公，以政令消滅鮮卑的文化而慕效漢族文化的原因。更觀當時的異族，雖亦有歧視漢族虐待漢族的，卻絕無拒絕漢化，或自保存其文化希冀和漢族對立的，就可知其民族意識不甚顯著了。人我的對立總是相激而成的，當時異族的民族意識蒙昧如此，無怪漢族的民族主義也未不甚光晶了。

　　第三期便大不相同了，這便是女真人侵入中原的時代。遼金二代緊相銜接，然女真壓迫漢族之深，遠非契丹所能比擬；其民族意識的發達，亦迴非遼人所能及，試觀金世宗的所爲可知。降及清代，其民族意識更爲顯著。清太宗尚未入關，就聚集諸王貝勒大臣，命弘文院官讀《金史·世宗本紀》，以同化於漢人爲戒。入關之後，則强迫舉國薙髮易服，以摧挫漢族的民氣；後來又大興文字之獄，以摧挫漢族的士氣；封鎖關東，使其本族不致同化於漢人；並且封鎖蒙古，又厚撫蒙族王公，希冀滿蒙聯合，以制漢人；此等深謀遠慮，和精密的佈置，又非金世宗所及了。人心之感召，正是如響斯應，微妙不過的。"自由猶樹也，溉之以革命之血而後生長焉。"有女真的歧視壓迫，而漢族的民族主義遂於此時形成。

　　民族主義鮮明的旗幟，無過於尊王攘夷之論。尊王是晚唐五代以來藩鎮跋扈裂冠毀冕的結果。攘夷則是燕雲十六州割棄，終北宋之世不能恢復，更加以女真猾夏的結果。這四個字原是從《春秋經》裏來的。尊王攘夷，孔門相傳，確有此義。然所以尊王，原是想一匡天下；而所以要一匡天下，則免於被髮左袵，就是其中一個最重要的原因。所以周天子尚在，而孟子力勸齊梁之君以圖王業，可見孟子是沒有扶翼周室之心的。如此看來，攘夷之義實更重於尊王。後來顧亭林先生分別"有亡國，有亡天下"，"國之興亡，肉食者謀之；天下興亡，匹夫之賤，與有責焉"。其所謂國，實指王室而言。所謂天下，似指國家，然中國人於國家的觀念，向來不甚晶瑩，亭林所云天下，與其說是指國家，無寧說是指民族。此義初非亭林所自創，自宋儒的言論推之，是當然要得出這樣的結論的，所以中國的民族主義實至宋而後形成。

　　民族主義必以民族爲至上，民族的利害，不是但就物質方面計較的，其尤所重的是榮譽。與其屈辱而生，毋寧光榮而死，在個人固當有此氣概，民族亦然。或説個人隸屬於團體，小的團體隸屬於大的團體，人道當犧牲小我以保全大我，故可論是非不論利害，至於國家和民族，在今日便是最大的團體，至此則利害與是非一致；申言之，則利害即是是非。宋儒論是非不論利害，談義理不審時勢，實未免激於意氣了。殊不知個人的生命，一失即不可復得，所以生死之際，有時當權其輕重，所謂"可以死，可以無死，死傷勇"。若民族則爲力至偉，況且以中國民族與異民族對抗，乃是以大民族敵小民族，果能萬衆一心，豈有不成而敗之理？所以宋代的恢復論，實不能謂其不審時勢，他們原未嘗説一無預備，即可以盲目前進。所以譏宋儒爲不識時勢，實在是無的放矢。宋儒的恢復論，就民族主義言之，實放了萬丈的光焰。此等議論，一時看似無甚效力，然潛伏人心，其力之大，實乃不可思議。明末遺老所以百折不回，事雖不成，然仍深藏着一個革命種子於民間，至近代革命時猶收其效力，還不能不説是此種議論的影響。所以説中國的民族主義是到宋代而後形成的。

清代的秘密結社，是有明朝的遺老投身其間爲之組織的，這是盡人皆知的事實。竊疑此等運動實不始於清。藉宗教之力以倡亂的，歷代都有，然皆無甚宗旨，因亦無甚規模。至元代則不然。劉福通雖亦藉宗教扇惑，然其舉動頗有規模。他是首先分兵北伐的，事雖不成，其非絶無宗旨，則是可以共信的了。清代的秘密結社，在北方以白蓮教爲大宗，在南方以三合會爲大宗，嘉慶初年的所謂川、楚教匪，其首領還是自托於明裔的，可見白蓮教反清復明的精神，並不下於三合會。三合會的始末，詳見日本平山周所著的《中國秘密社會史》，其精神就更爲偉大了。民族主義是發生形成於士大夫之間的，卻能深入民間，奠定其廣大深厚的基礎。可見只要客觀條件具備，民族主義是不怕其不能形成的。

第四期則爲近代西力東侵以後。近代西人的東來，最初是兩種人，一種是商人，一種是教士。商人惟利是圖，航海的水手更帶有海盜性質，所以除和通商有利益關係的人外，大都懷着反對的意見。教士的行爲又分兩方面：一爲傳播宗教，一爲輸入科學。凡文化多有傳播的性質，歐洲科學的輸入，論理是該受中國人歡迎的。的確，當時也自有歡迎的人，如徐光啓、李之藻等便是，但亦不能不接受其宗教。

近代西人的東來，和中國人之間，隔閡是頗深的，密雲不雨，見豕負塗，載鬼一車。其疑忌實久之而後釋。推其原因，亦有數端。其主要的，則自五胡亂華以來，中國人屢受異族的壓迫，民族主義漸次萌芽，而未得正當發展的途徑,遂至激而橫決。試觀中國人在漢代並不和外國爭什麼朝貢等禮節,其最顯著的,如呼韓邪單于入朝時,公卿議其禮儀宜如諸侯王,位次在下。蕭望之獨以爲單于非正朔所加,故稱敵國,宜待以不臣之禮,位在諸侯王上。外夷稽首稱藩,中國讓而不臣,此則羈縻之誼,謙亨之福也。如使匈奴後嗣,卒有鳥竄鼠伏,闕於朝享,不爲畔臣。元帝採其議,下詔以客禮待之。這是何等寬大務實的精神。在隋朝,日本人致書中國,自稱日出處天子致書日没處天子,隋煬帝覽之不悦,亦不過令鴻臚卿"勿復以聞"而已;而到近代,卻斤斤和外國人爭跪拜等虛文,便可見得。

但亦還有別種附隨的原因。其(一)爲對異教的畏惡。宗教本來是含有排外性的。兩漢之世,中國的大宗教還未成立,像一個空虛的瓶罍一般,所以佛教得以輸入,到近代就大不然了。何況基督教的禁止崇拜偶像,甚而至於禁拜祖先,禁拜孔子,更爲中國人所不能瞭解呢? 其(二)爲對於海盜的畏怖。中國歷代航海之業,亦不爲不發達,但都是民間的事業。至於國家,除間從海路運糧外,海面上的情形是全不熟悉的。軍隊和海洋更爲隔膜。所以對於海寇,特別畏怖。因爲陸上的寇盜,根據地無論如何窵遠深阻,總還能知其所在,可以爲掃穴犁庭之計。至於海上,則其情形全是黑漆一團,來不知其所從來,去不知其何所往,那就竟同神出鬼没一般了。何況在明代經過倭寇的大騷擾,而近代的西人,其船堅炮利,又使中國的軍隊望塵莫及呢? 其(三)是對於北族的畏怖。中國歷代的強敵都來自北方,畏忌北族,是無怪其然的。此等見解,至日俄戰前,中國人可説迄未化除。所以甲午以後,還有著論説俄國形勢酷類強秦的。見當時之《時務報》中。在此之前,此等見解的深入人心自無足怪了。具此諸因,所以西洋的科學,固然引起一部分人的歡迎,也未嘗不招致一部分人的疑忌,如楊光先就是一個好例。

從西力東侵以來,中國人早已處於另一個世界中了,然中國人迄未覺悟。中國人感覺到遭逢曠古未有的變局,實自鴉片戰爭以來。此戰爆發於民國紀元前七十二年,距今恰足一百年。此一百年之中,中國的變化比之以前任何一個時期,都要來得大,來得快。歷來議論的人,不論是中國人、外國人,大多數都説中國人進步遲緩,這是蔑視了歷史上社會進化的規律,其實以中國之大,文化根柢的深厚,内地偏僻之處和現代的新文化接觸的少,僅僅一百年,而能有如此的成績,也不算壞了。至於其效迄今似尚未能見,則因大器晚成之故。製造一種器具,必須將各部分合攏起來,裝置成功,然後其用乃見。社會的進化,亦係如此。各方面零零碎碎點點滴滴所做的工作,不到合攏的時候,其功是不見的。而今則正是一種合攏的工作,所以近百年來的歷史,在現今看來，固然只覺得其黑暗，然到將來看起來，則一定覺得其光明，因爲它是光明的前驅。所以中國的歷史，特別是近百年來的歷史，不論在哪一方面，都有追溯和檢討的價值。民族主義是國民活力的源泉，其發展的情形自然更值得追溯和檢討。

凡事要求發展，必先覓得一正當的途徑，近百年來中國民族主義的發展，正可以此眼光觀之。

近百年來民族主義的發展，其第一步還是沿襲着舊途徑的，那便是盲目的排外。號稱理學大家的倭仁，就是一個代表。當同文館設立時，倭仁方爲大學士，上疏諫阻，他說："天文算學，爲益甚微；西人教習正途，所損甚大。立國之道，尚禮義不尚權謀；根本之圖，在人心不在技藝。今求之一藝之末，而又奉夷人爲師，無論夷人詭譎，未必傳其精巧；即使教者誠教，學者誠學，所成就者，亦不過術數之士。古往今來，未有恃術數而能起衰弱者也。"依他的意見，一切外國的學術技藝都可以束之高閣，只要製梃以撻秦楚的堅甲利兵就好了。這種見解直到庚子年間，頑固的大臣還是保守着的，這自然是落伍的見解。

進一步，清朝所謂中興諸名臣，就知道西洋的軍事和製造不可不學；要學他的軍事和製造，其自然科學也就不能置諸不論了。自然不是真知道科學的意義。於是就有軍隊改練新操，學造船炮，仿辦鐵路、輪船、電報，和翻譯書籍，設立新式學校等事。然終於無效。戊戌維新，乃說要變法必須大變，所重者不在於藝而實在於政。政變以後，大家所擬議的，漸漸自政務而及於政體。於是有立憲之論，革命之說，到底有辛亥的革命。

民國成立以來，政制之爭雖然甚囂塵上，然自五四運動以後，國民的眼光又漸漸轉移到整個的文化，並不視政治爲救國惟一途徑了。國家是民族的保障，政治是國家有效的行動。天下事專務目前，而忘卻根本之圖，固然不對；專重根本，而忽畧了目前的急務，也是不對的。無今日安有將來？迂遠之論所以用不得，就是爲此。梁漱溟先生嘗說："西洋人近代的強盛是國家主義的發達。中國人一高就高到世界主義，一低就低到家族主義，這是中國所以不振的原因。"曠觀近代的歷史，不能不承認這話有相當的真理。近二十年來，我國民的精神似乎是注重於社會的變革，文化的改進，而輕視了政治的刷新的。這似乎民族主義的發展仍未能尋得正當的途徑了，然而不然。

曠觀世界的歷史，文明民族往往受野蠻的民族的武力蹂躪，遼、金、元、清的侵入中國是如此，馬其頓的征服希臘，日耳曼人的破壞羅馬，西亞民族的侵掠印度，又何嘗不是如此？這是什麼道理呢？那自古至今，有一個共同的回答。《史記・秦本紀》説：

> 戎王使由余於秦，秦穆公示以宫室積聚，由余曰：“使鬼爲之，則勞神矣；使人爲之，亦苦民矣。”繆公怪之，問曰：“中國以詩、書、禮、樂、法度爲政，然尚時亂。今戎夷無此，何以爲治？不亦難乎？”由余笑曰：“此乃中國所以亂也夫！自上聖黄帝作爲禮樂法度，身以先之，僅以小治，及其後世，日以驕淫，阻法度之威，以責督於下，下罷極，則以仁義怨望於上，上下交争，怨而相纂弑，至於滅宗，皆以此類也。夫戎夷則不然，上含淳德以遇其下，下懷忠信以事其上。一國之政，猶一身之治，不知所以治，此真聖人之治也。”

### 顧亭林先生《日知録》卷二十九説：

> 歷九州之風俗，考前代之史書，中國之不如外國者有之矣。《遼史》言契丹部族，生生之資，仰給畜牧，績毛飲湩，以爲衣食，各安舊風，狃習勞事，不見紛華異物而遷，故家給人足，戎備整完，卒之虎視四方，强朝弱附。《金史》：世宗嘗謂宰臣曰：“朕嘗見女直風俗，迄今不忘。今之燕飲音樂，皆習漢風，非朕心所好。東宫不知女直風俗，第以朕故，猶尚存之，恐異日一變此風，非長久之計。”他日，與臣下論及古今，又曰：“女直舊風，雖不知書，然其祭天地，敬親戚，尊耆老，接賓客，信朋友，禮意款曲，皆出自然，其善與古書所載無異。汝輩不可忘也。”乃禁女直人不得改稱漢姓，學南人衣裝，犯者抵罪。又曰：“女直舊風，凡酒食會聚，以騎射爲樂，今則弈棋雙陸，宜悉禁止，令習騎射。”又曰：“遼不忘舊俗，朕以爲是，海陵習學漢人風俗，是忘本也。若依國家舊風，四境可以無虞，此長久之計也。”《邵氏聞見録》言：“回紇風俗樸厚，君臣之等不甚異，故衆志專一，勁健無敵，自有功於唐，賜遺豐腴，登里可汗始自尊大，築宫室以居婦人，有粉黛文繡之飾，中國爲之虚耗，而其俗亦壞。”昔者祭公謀父之言：“犬戎樹惇，能帥舊德，而守終純固。”由余之對穆公，言：“戎夷之俗，上含淳德以遇其下，下懷忠信以事其上，一國之政猶一身之治。”其所以有國而長世，用此道也。乃乎薦居日久，漸染華風，不務詩書，惟征玩好，服飾競於無等，財賄溢於靡用，驕淫矜夸，浸以成習。於是中行有變俗之譏，賈生有五餌之策。又其末也，則有如張昭遠以皇弟皇子喜俳優姬妾而卜沙陀之不永；張舜民見太孫好音樂美姝名茶古畫而知契丹之將亡。後之君子誠鑒於斯，則知所以勝之之道矣。

《史記》言：匈奴獄久者不過十日，一國之囚不過數人，《鹽鐵論》言：匈奴之俗畧於文而敏於事。宋鄧肅對高宗言："外國之巧在文書簡，簡故速。中國之患在文書繁，繁故遲。"《遼史》言：朝廷之上，事簡職專，此遼之所以興也。然則外國之能勝中國者，惟其簡易而已。若捨其所長，而效人之短，吾見其立弊也。

此等議論，舉不勝舉，茲不過偶引兩事爲例而已。總括言之，以風俗論，則野蠻人樸實，而文明人虛僞；以政治論，則野蠻人簡捷，而文明人遲滯。兩者相遇，自然樸實簡捷者勝，虛僞遲滯者敗了。然政治的簡捷，實源於風俗之樸實。何者？風俗樸實，自然上下相見以誠，用不着繁縟的手續，其政治自然簡捷了。

然則風俗何由樸實呢？從來論風俗的人有一種誤謬的見解，他們以爲民智日開，則民德日薄；要求民德的淳厚，必須返之於上古不識不知之世。於是學問文藝都成爲要不得的東西；而物質文明亦在當毀棄之列。人既已日食大牢，而吾欲使之復茹其菽，其事遂終不可行。其實風俗的澆薄和知識的進步，毫無關係。若果兩者駢進，則諸葛孔明、張平子一定詭譎不堪，人家要不能和他們打交道了。然而事實並不如此。這是什麼理由呢？因爲自然科學以自然爲研究的對象；社會科學以社會爲研究的對象；都不是研究什麼人吃人的方法和自私自利的道理的。且如財政專家何嘗懂得重利盤剝？學識湛深之士，趨利避害、損人利己的手段，不如貪官汙吏、土豪劣紳，這是隨在可見的事。所以風俗的澆薄並不由於知識的進步，而實由於人與人間利害之矛盾。

一國之內，人與人之間利害雖有矛盾，然當外力來臨之際，由於文化的相異，總還能團結一致以禦侮的；但其團結緊密的程度，以及其赴機的遲速，就要看其有無矛盾，以及矛盾的深淺，以分優劣了。這是民族相爭，或勝或敗的大原因。文明愈進步之國，則其社會的矛盾愈深，這就是文明民族所以常爲野蠻民族所敗的理由。難者將說：如此，則文明民族將無往而不爲野蠻民族所敗了，何以世界上又常見野蠻民族爲文明民族所征服呢？殊不知民族競爭的勝敗，社會組織之有無矛盾，固然是一個原因，物質文明的發達與否，亦不能說不是一個原因。兩個社會，物質文明發達的程度一樣，則競爭起來，社會組織健全者必勝，固然毫無疑義，其實還不僅此。社會組織健全的民族，正不必文明程度進步到和社會組織不健全的民族相等，然後足以與之競爭，只要發達到和社會組織不健全的民族勉強足以相敵的程度就夠了。有許多民族，本來默默無聞，而在某一時期，忽然突飛猛進，其主要原因就在乎此。這也可見得社會組織關係的重要了。

中國人自處於世界交通的局勢中，對外的觀念逐漸改變，終至以全般的文化爲目標，正可説是探驪得珠。所懸的目標過於根本，而忽畧了目前的急務，固然不好，然而我民族亦未嘗如此。這可見得我民族所走的實是民族主義發展的正路。而我國近百年來民族主義的發展，其苦心孤詣亦正在這尋求到正當的道路上。

民族主義只要客觀條件具備了，總會得發達長成的。其所走的道路正當不正當，則全看該民族本來的文化程度，絲毫不能勉强。論民族主義的人，有一句名言是："異民族的相處，當如異宗教之相處。"即聽其文化自由發達，絲毫不加遇阻。這句話，西洋人從前是不知道的。現在積幾百年的經驗，知道了，然仍莫之能行。現在民族鬥爭之日益劇烈，其原因正在於此。論民族主義的人説得好："民族鬥爭之所以劇烈；非民族主義之過，乃遏抑民族主義之過。"

只有中國人對待異民族最爲合理，自古以來，就沒有壓製榨取異民族的事，貪汙土劣壓製榨取降衆，移殖之民壓迫榨取土著等事，亦非無有，然非國家之所爲，而國家於此等人亦恒視爲莠民，力所能及，無不加以懲治。只是把自己的文化陳列在他們面前，而從否聽其而擇。所謂"君子引而不發，躍如也，中道而立，能者從之"。而他人卒亦未嘗不從我。人心是好向反面想的。不强迫他時，他願意服從的事，一强迫，他倒要固執起來了。這就是中國人同化異族所以成功的原因。我國幅員的開展，不是靠政治的佔領，而是靠民族的同化。政治的佔領是假的，政治之力一解紐，即將叛離而去。民族的同化是真的，一旦達到成功之域，就一合而永不可分了。以政治所佔領之地論，世界各國確有大過中國的。以同一民族所佔領之地論，世界各國就無足以與我匹敵者了。此等現象，吾人習慣焉則不以爲異，一經比較，就可發見其是大成功。

人總是要求生存的。個人如此，團體亦然。要求生存，亦有兩法：一是向自然界開拓。一則攫奪他人的所有。西洋人的開闢殖民地，所走的是後一條路；中國人的開拓新土地，所走的是前一條路。世界現在正臨着禍福的關頭。現在充裕的資本，優良的技術，還是用來開發未開發的利源，向自然界尋求美利呢？還是用之於人與人爭奪相殺之路呢？由前之説，則由中國之開發西南西北。由後之説，則有四分天下之論，每一區中，各以一强國爲之主宰，統制其資源人力，以走上爭奪相殺之途。

原刊《學林》第二期，一九四〇年十二月出版

# 西南對外交通之始

　　《史記·貨殖列傳》言：番禺爲珠璣、玳瑁、果、布之湊。珠璣、玳瑁，後世固多來自南洋，果品亦南洋多饒。所謂布，蓋即木棉所織，是我國西南海路之交通，可考者以廣州爲最早也。其後我國之航海者自徐聞，大秦來獻自日南徼外，蓋今廣州、越南，久爲東南交流之孔道矣。然今滇緬之路亦早開，《後漢書·哀牢夷傳》言其土地沃美，宜五穀蠶桑，知染采文秀，罽㲲帛疊，蘭干細布，織成文章如綾錦。哀牢地極閉塞，而能有此文明，蓋自海道來者也。和帝永元九年，撣國王雍由調遣重譯奉國珍寶；安帝永寧元年，復遣使詣闕朝貢，獻樂及幻人，自言我海西人。海西即大秦也。撣國在永昌徼外，即今緬甸之地。張騫在大夏時，見邛竹蜀布，問："安得此?"大夏國人曰："吾國人往市之身毒。"後漢欲求身毒，發使出駹、冉、徒、邛、僰，莫得通。而傳聞昆明西千餘里有乘象國，曰滇越，蜀賈奸出物者或至焉。滇越，亦當在今緬甸竟。邛竹杖、蜀布，蓋自此入身毒也。然則漢朝未通西域及西南夷，民間之出是道者已久矣。撣國之來，當亦由海路，陳禪謂其越流沙，踰縣度，乃億度之辭，不足據也。

原刊《南鋒》第二期，一九四〇年十二月出版

# 孤島青年何以報國

　　蟄居孤島，倏忽三年了，望烽火之連天，欲奮飛而無路，我們究將何以報國呢？

　　報國宜於各人站定自己的更位，今作崗位。凡守望者必按時更易，故稱更。能就實際有所工作，固然是報國。如其所處的地位，暫時無可藉手，則潛心研究學術，亦不失爲報國的一端。這固然是老生常談，然行易知難，斷不容把難的工作反看輕了。

　　單説研究學術，似乎太空泛了些，我現在，指出青年研究學術應該注意的兩點：

　　其(一) 眼光要放大。大，不是空廓不着實際之謂，乃是不拘拘於一局部，則對於所專治的學問，更能深通，而出此範圍以外，亦不至於冥行擿埴。關於這一點，雷海宗先生的話，可謂實獲我心，此篇係《大公報》星期論文，題曰《專家與通人》，今據二十九年四月八日《中美日報》每周論選節録。他説：

　　　　專家的時髦性，可説是今日學術界的最大流弊。學問分門別類，除因人的精力有限以外，乃是爲求研究的便利，並非説各門之間，真有深淵相隔。學問全境，就是對於宇宙人生全境的探詢與追求。各門各科，不過由各種不同的方向和立場，去研究全部的宇宙和人生而已。人生是整個的，支離破碎之後，就不是真正的人生。爲研究的便利，不妨分工，若欲求得徹底的智慧，就必須旁通本門以外的智慧。各種自然科學，對於宇宙的分析，也只有方法與立場的不同，對象都是同一的，大自然界，在自然科學發展史上，凡是有劃時代的貢獻的人，没有一個是死抱一隅之見的。他們是專家，但又超過專家。他們是通人。這一點，總是爲今日的專家與希望作專家的人所忽畧。

　　　　一個科學家，終日在實驗室中，與儀器及實驗品爲伍，此外不知尚有世界，這樣一個人，可被社會崇拜爲大科學家，但實際並非一個全人，他的精神上的殘廢,就與足跛耳聾,沒有多少分別。再進一步,今日學術的專門化,不限於科。一科之內,往往又分許多細目。例如歷史專家,必須爲經濟史或漢史,甚或某一時代的經濟史或漢代某一小段。太專之後,不只對史學以外不感興味,即對所專以外的部分,也漸疏遠,甚至不能瞭解。此種人本可稱爲歷史專家,但不能算歷史家。片斷的研究,無論如何重要,對歷史真要明瞭,非注意全局不可。我們時常見到喜歡説話的專家,會發出非常幼稚的議論。他們對於所專的科目,在全部學術中所佔的地位,完全不知,所以除所專的範圍外,一發言,不是幼稚,就是隔膜。

學術界太專的趨勢,與高等教育制度,有密切的關係。今日大學各系的課程,爲求專精與研究的美名,捨本逐末。基本的課程,不是根本不設,就是敷衍塞責。而外國大學研究院的大部課程,在我國只有本科的大學內,反而都可找到。學生對本門已感應接不暇,當然難以再求旁通。一般學生,因根基太狹,太薄,真正的精通,既談不到,廣泛的博通,又無從求得。結果,各大學只送出一批一批半生不熟的知識青年。既不能作深刻的專門研究,又不能應付複雜的人生。抗戰期間,各部門都感到人才的缺乏。我們所缺乏的人才,主要的不在量而在質。雕蟲小技的人才,並不算少,但無論作學問或作事業,所需要的,都是眼光遠大的人才。

凡人年到三十,人格就已固定,難望再有徹底的變化。要作學問,二十歲前後,是最重要的關鍵。此時若對學問興趣,立下廣泛的基礎,將來工作無論如何專精,也不至於害精神偏枯病。若在大學期間,就造成一個眼光短淺的學究,將來要作由專而博的工夫,其難真如登天。今日各種學術,都過於複雜深奧,無人能再希望做一個活百科全書的亞里斯多德。但對一門精通一切,對各門署知梗概,仍是學者的最高理想。

這一篇話可謂句句皆如我之所欲言。以我所見,今日的青年,專埋頭於極狹窄的範圍中,而此外茫無所知的,正不在少。此其原因:(一)由於其生性的謹愿,此等人規模本來太狹,不可不亟以人力補其偏。(二)則由於爲現時尊重專家之論所誤,讀雷君此文,不可不瞿然警醒。(三)亦由迫於生計,亟思學得一技之長,以謀衣食。然(A)一技之長,亦往往與他科有或深或淺的關係。(B)而人也不該只想謀衣食,而不計及做一個完全的人。(C)而且苟能善於支配,求廣博的知識和求專門的知識技能,也並不相礙,而且還有裨益。所以現在在校的學生,固應於所專的科目以外,更求廣博的知識。即無機會受學校教育的青年,亦當勉力務求博覽。學問有人指導,固然省力,實無甚不能無師自通的。現在的學生，所以離不開教師，（甲）正由其所涉的範圍太狹，以致關涉他方面的情形，茫然不解。遂非有人爲之講解不可。（乙）亦由其看慣了教科書講義，要句句看得懂的書，方才能看，肯看，不然就擱起了。如此，天下豈復有可讀之書？若其所涉博，則看此書不能懂的，看到別一部書，自然會懂，屆時不妨回過來再讀這部書，何至於一有不通，全部停頓？須知一章一節，都有先生講解，在當時自以爲懂了，其實還不是真懂的。所以求學的初步，總以博涉爲貴，而無師正不必引爲大戚，況且現在孤島上的學校，能支持到幾時，根本還不可知呢。難道没有學校，我們就不讀書了麼？

其（二）是治學問要有相當的深入。歷史上有一件故事：漢宣帝是好法家之學的，其兒子元帝，卻好儒家之學。據《漢書·元帝紀》説：元帝爲太子時，“嘗侍燕，從容言：陛下持刑太深，宜用儒生。宣帝作色曰：漢家自有制度，本以霸王道雜之，奈何純任德教，用周政乎！且俗儒不達時宜，好是古非今，使人眩於名實，不知所守，安足委任？乃嘆曰：亂我家者太子也。”後來元帝即位，漢朝的政治，果自此而廢弛。這“使人眩於名實，不知所守”十個字，可謂深中儒家之病。儒家崇尚德化，自係指小國寡民，社會無甚矛盾的時代言之。此時所謂政治，即係社會的公務。爲人君者所發的命令，誠能行於其下；而其日常生活，亦爲人民所共見共聞，如其持躬整飭，自能使在下的人，相當的感動興起。有許多越軌的事情，在上者果然一本正經，在下者自然不敢做。因爲一本正經的在上者，對於在下者的不正經，必經要加以懲治的，而其懲治亦必有效力。舉一個實例：吾鄉有某鄉董，不好賭。當這鄉董受任以前，有一輩無賴，年年總是要在該鄉中開賭的，差不多已成爲慣例了。某鄉董受任以後，他們依舊前來請求。拒絶他，是要發生很大的糾紛的。某鄉董也就答應了。到開賭之期，某鄉董卻終日坐在賭場上。一班想賭的人，看見他，都望望然去之，這賭場竟無人來，不及期，只得收歇。古之所謂德化者，大約含有此等成分，而俗儒不察事實，以爲所謂德化者，乃係一件神秘的事，不論環境如何，也不必有所作爲，只須在深宮之中，闇然自修，就不論遠邇，都可受其影響了。還記得中日甲午之戰，中國屢戰屢敗，有兩個私塾學生，乘着先生出去，相與研究其原因。甲學生説不上來，乙學生想了俄頃，説道：“總還要怪皇帝不好，他爲什麼不修德呢？”甲學生聽了，甚爲佩服。這固然是極端的例，然而從前的迂儒，其見解大概是這樣的，至多是程度之差，而不是性質之異。此其受病的根原，即在於不察名實，不管眼前的景象如何，書上的學説背景如何，似懂非懂的讀了，就無條件的接受了，以爲書上具體的辦法，就可施於今日了。主張復古的人，至於要恢復井田封建，其主要的原因，就在於此。即不泥於事實而務推求原理，也還是要陷於同樣的謬誤的。因爲原理本是歸納事實而得的，不察事實，就不論怎樣不合實際的原理，也會無條件加以接受了。譬如一治一亂，是中國士大夫很普遍的信條，爲什麼會相信一治一亂，是無可變更的現象；而一盛一衰，遂成爲人間世無可彌補的缺陷呢？因爲治必須震動恪恭，而他們認人之性是一動一靜，緊張之後，必繼之以懈弛，因而勤勞之後，必繼之以享樂的，而人之所以如此，則實與天道相應，這是從《周易》以來相傳下來的觀念，可說是中國最高的哲學思想。其實易家此等見解，乃係歸納自然現象而得，根本不能施之於人事。因爲人是活的，自然界是死的。即欲推之於人事，亦只能適用於有機體，而不能適用於超機體。個體是有盛衰生死諸現象的，羣體何嘗有此？目今論者，往往指某民族爲少壯，某民族爲衰老，其實所謂衰老，只是一種病象罷了。生命既不會斷絕，病就總是要痊愈的。生命既無定限，亦沒有所謂盛壯及衰老？然則《周易》的哲學，根本是不能用之於社會現象的。而從前的人，卻以爲其道無不該，正可以說明人事，正應該據之以應付人事，這就是不察名實之過。因爲他們根本沒有把《易經》的哲學和社會現象校勘一番，以定其合不合，而先就無條件接受了。讀舊書到底是有益的，還是有害的？這個問題，很難得滿意的解答。平心論之，自然是有利有害。但對於先後緩急，卻不可不審其次序。對於現在的科學，先已知其大概，然後在常識完備的條件下，瞭解古書，自然是有益的。若其常識不完備，退化了好幾世紀，而還自以爲是，那就不免要生今反古，與以耳食無異了。所以我勸青年讀書，以先讀現在的科學書，而古書且置爲緩圖爲順序。

我所要告青年的話，暫止於此了。古語說：天道五年一小變，三十年爲一大變，所以三十年爲一世。這也不是什麼天道，不過人事相推相蕩，達到一定的期間，自然該有一個變化罷了。民國已經三十年了，希望有一種新氣象出來，這新氣象，我們不希望其表面化，立刻轟轟烈烈，給大家認識，而只望其植根於青年身上，爲他日建功立業之基。

原署名：駑牛，原刊《美商青年月刊》
第三卷第一期，一九四〇年出版

# 向慈善家進一言

慈善事業，舊稱善舉，慈善家舊稱善人。要求社會平等，被壓迫的人地位提高，是要他們自己能够奮鬥的，倚賴慈善家的代謀無用。歐文（Owen）是多麼偉大的人物？他的目光，何等遠大？計劃何等精密？然而要談社會革命，決不能以歐文的辦法爲已足，就是一個明證。但是蘧廬雖止有一宿之用，却不能並其一宿之用而否認之。社會是要謀建設的，本無懷疑，而在革命之後驟謀建設甚難，若先有種種建設，而後以革命竟其全功，則革命的成功較易，而破壞混亂的時間，可以縮短，這也是不能否認的，所以慈善事業，並不單是溫情主義，在大衆未有覺悟之時，實亦有領導之使之漸進於革命作用，我們於此，正不能抹殺慈善家的功勞。

慈善家的存心，是很可敬佩的。但是慈善家的辦慈善事業也有區別。有既能出錢，又能出力的；有只能出錢的；有既能辦慈善事業，而又有理想，有計劃的；有只會人云亦云，一切照舊辦去的。前者造福於社會很深，後者却未免美中不足。譬如鑒於有志求學而無力就學者之多，而設清寒學額，而斥資以充貸學金，豈不很好？然得補助而即能就學，總還不是社會上最窮苦的人，因爲研究學術，不是真正窮苦的人所能够辦得到的。在從前，也只有窮應科舉，並没有窮讀書，但現在有志求學而無力就學的，其大多數，也説不上研究學術，不過想求些普通知識，兼習得一技一能，以謀自立而已。這種人並無必須入學校之理。既然不入學校，將何以證明其學業呢？那麼，考試之法，還可以廣爲利用。現在各機關各團體的用人，往往自行考試，這固然亦是一種良法，勝於從前的隨意引用。但就被考試者而論，職業未可必得，而考試却不勝其煩，假如有一個人，應三處五處的考試而未被録用，其精力和財力的損失，就已經很大了。而有些較小的機關或團體，並無舉行考試的能力，則又想求一個可用的人才而不可得。倘使有一個機關，辦事絕對公正，而且規模廣大，能搜羅各種人才，舉行各種考試，經過一次考試之後，就能證明某人的品性如何？才能如何？學問技術如何？想得職業的人，只要經過這一次考試而已足。以後推薦出去，録用他的人，就只要以這一機關考試的成績爲憑，而不必自己舉行考試，而無能力考試自己所録用的人的機關，亦可就此機關考試的結果而覓得其所欲用的人才，豈不甚善？然則今之慈善家，何不設立一個大規模的職業介紹所，而即於其中，附設一個考試機關呢？現在有一種不肖的人，借考試以騙取應考者的報名費的，又有要出一本書，乃登報徵求，騙人家將稿子投寄去，他就攘爲己有，把他刊印出來的。假使考試都由職業介紹所舉行，而各機關各團體自行考試的事情，漸漸絕迹，此等騙術，就無所施其技了。此等考試之法，主要的雖在於鑒別技能，亦未始不可略寓獎勵學術之意，語云：“學而優則仕，仕而優則學。”惟有有學問的人，經驗了事實，才能够知其利弊之所在，才能够想出改良的方法來，這經驗才不枉然。亦惟其有經驗的人，所想出來的處事的方法，才不至於離事實很遠。現在的毛病，在於學問和經驗，太不調和，以致有學問的人，所要出來的方法，多不能行，而只有經驗的人，又不知現狀的不良，因而不想改革。我的意思：對於極端困苦的人，固須急授以一技一能，使之獲得謀生之路。對於已經獲得職業的人，亦可舉行一種考試，獎勵其研究學術。固然説不上高深，然使其能多讀幾門書，則於常識，可較豐富，而無形中即可使其覺得現行制度的不良，引起其懷疑批判，和要求改革的思想。革命的氣勢，自然潛滋暗長於不知不覺之中。地下的伏流，總有出現於地面的一日的。技術是最易判決其有無高下的，學術即較難，品性則更難，但此二者，不過其判斷不能如技術的精確而已，亦決非絕對不可能。職業介紹所的考試，固當以技術爲主，然亦不妨兼設一種學識試驗，使自量能考的人來考，如既有學識，又有技術的人，當推薦他出去之時，不妨於技術之外，再附以一個學識的條件。使録用他的機關，知道兼有學識的人，較之只有技術的人，更爲可貴，這亦是獎勵學術的一道。至於品性，則凡考試及格的人，亦可介紹其到各機關中實習，而聽取指導監督者的評語。明代的歷事監生，觀政進士，正是此意。屬於各機關中介紹實習，只要有大規模而辦事公正的職業介紹所，我想是不難辦到的。縱觀社會；總是愈窮苦的人，能力愈强；愈偏僻地方的人，能力愈强。現在的學校，無論如何，總是比較有錢的人才能進；而其分佈，亦總是偏重在通都大邑的，我們必須於學校之外，廣開獎勵人才之途，然後人才之量乃得大增，而人才之質亦可日進。

以上所論，係感於目前貸學金等的興盛，而姑借此以見意。其實一切事情，如此者不勝枚舉，譬如民食，在現在孤島上，就成爲絕大的問題。慈善家之能盡力於此者亦不乏。然亦只是因循固有的喫飯之法，爲求廉價之米而已。能於家家自炊之外，更想出爨炊的方法來的，已屬鳳毛麟角。至於對於食物之種類，更加研究，如以雜糧代米麥等，則從事於此者，可謂幾無其人。現在的白米，價貴而又不合格衛生。然在孤島，糙米之價，乃更貴於精米，而且非每一米鋪都有，求之頗難，我曾試用米皮粉和了米吃，味道確不甚高明，有些吃不來。後有人勸我改吃麩皮，我吃之乃大樂。以等量的麥粉麩皮相和而食，其味乃較之純吃麵粉者遠勝。麵粉不發酵，是不大能吃的，而酵要發得好甚難，此為一般人不能以麥代米的一個大原因。然以麵粉和麩皮相和，則不待發酵，自然鬆爽可口，且易消化。我相信：現在一切餅餌之類，如用麩皮面粉混合制成，其味必較純用麵粉者更美，而麩皮之價，僅及麵粉之半，價格已打了一個七五折了，而又獲得滋養，何樂而不爲？但這話，是無從向今之餅師或作場中人說的。他們這一個社會中，勞力者既未受過用心的訓練，加以終日勞碌，亦更無用心的餘暇；管理者雖較有餘暇，而亦沉浸於不想改革的空氣之中，向他提起改良兩個字，他可以付之一笑，甚至於充耳不聞。只有慈善家：大多數是士流，究竟是較有思想的。否則是實業界的成功者，其人的才力較優，亦必較有思想。一切隨事瑣細的改良，希望只有寄在他們身上，現在他們中的大多數；或者養尊處優慣了，或者年事已高，不肯再用心思，只以出幾個錢爲責任已盡；又或見解陳舊，改革有涉及社會組織的，如創辦公共食堂，育兒所，以破壞家庭之類，他們就不以爲然；以致所謂善舉，多數失之守舊，這亦是一種損失。我得希望當代的善人，既有仁心，又有仁術，能夠在社會革命中盡一分力量。這一篇文字，並無春秋責備賢者之意，更不要說對於善人，有所不滿了。

通觀今日的世界，人，倒還不是缺乏勞力，而是缺乏頭腦，以致有許多事情辦不好，而且禍患相乘，這一類，不可以不猛省。

原署名：駑牛，原刊《青年月刊》第三卷<br>第九、十期，一九四〇年出版

# 光華大學十五週年紀念感想

古人有言：天道三十年一小變，果如所言，則光華大學成立以來，業已經過這小變的一半了。天道遠，人道邇。天道即有變動，夫豈區區三十年之內，所能察知？然則古人之爲此言，亦不過覺察到人事時有變動，然後附會到天道上去而已。人事時有變動，則我們不可無以應之。要有以應之，自然不該盲人瞎馬；亦不可以摭埴索涂；要時時對於本身和環境，加以檢討。

中國現在的大學，所應當負起的，是什麼責任呢？自非淺陋如予者所能知。即就予之意想所及，亦非一二言，所能盡。今姑就感觸所及略言之。

我以爲現在社會上最大的毛病，是學問和事業的隔絕。這倒不是像二十年前講職業教育的人所說的：學校畢業學生，文不能拆字，武不能當兵，以致畢業即是失業。老實說：畢業即是失業，是社會問題的成分多，教育問題的成分少。教育再偏重實際的技術，也不能保證人人得業的。我所說的，倒是現在的人，學問太不够，即以學校畢業生論，亦是技術有餘，而學問不足。職是故，現在所謂公務員的一群中，就充滿了從前所謂"俗吏"，知其然而不知其所以然。自己所辦的事情，根本有何意義？辦到怎樣算做好？怎樣就算壞？他們茫無所知。這不獨公署中如此，一切團體中，莫不如此。所以任何一件事情，很少有身任其事的人，發見其闕點而要求改良，或者因其策畫而得改良。改良都要靠不任事的學者，那自然論利弊不免有些隔膜，擬方案亦難於盡合實際了。欲救此弊，在於：（一）辦事的人，都要有相當的學問。（二）既任事之後，仍須予之以閒暇，使能從事於學問。且須有以督責之，誘掖之，使之不得不從事於學問，且樂於從事學問。後者非學校所能爲，前者則正學校所有事。而學校從事於此，則當注意於每一個學生，都不徒習熟於其應用之技術，而皆須明於其所學學科的原理；而且不論所學的是那一科，對於社會國家，都要有一個相當深刻的認識。於此點，主張人文教育者的理論，仍有其可取之處。不過此派學者的見解，總不免太傳統一些而已。

復次：社會當過渡時代，往往有新舊二説並行。這二者是有聽其並行的必要的。在此情形之下，私立學校，宜代表較新的學説，以與官立的學校相輔相成。這話理論的根據，事實的佐證太多了，一時不能詳説。然其理自易明，亦不待詳説也。

原刊《光華大學十五週年紀念特刊》，一九四〇年出版

# 漢人訾産雜論

## 一、論古人日食之率及漢代訾産利率顧直

《史記·貨殖列傳》引計然之言曰："夫糶，二十病農，九十病末。上不過八十，下不過三十，則農末俱利。"《漢書·食貨志》載李悝盡地力之教曰："今一夫挾五口，治田百畝，歲收畝一石半，爲粟百五十石；除十一之稅十五石，餘百三十五石。食，人月一石半，五人終歲爲粟九十石，餘有四十五石，石三十，爲錢千三百五十。除社閭嘗新春秋之祠，用錢三百，餘千五十。衣，人率用錢三百，五人終歲用千五百。不足四百五十。不幸疾病死喪之費，及上賦斂，又未與此。此農夫所以常困，有不勸耕之心，而令糶至於甚貴者也。"案計然言糶，以三十爲最下之價。而李悝言農家之入，以石三十爲率。蓋糶糴之利盡歸商賈，農夫所得，僅此區區而已。假使取三十、八十之中，石得五十，則四十五石之糶，可多得九百錢，反贏四百五十，足勉支疾病死喪之費矣。故知農夫之困，商賈實爲之也。

李悝言食人月一石半，是日五升也。趙充國《屯田奏》："願留萬二百八十一人，用穀月二萬七千三百六十三斛。"則日八升八合餘。嚴尤諫王莽伐匈奴，計一人三百日食，用糒十八斛。則日六升。蓋屯田者皆壯男，而一家五口，兼有婦女老弱，故其數不同。《三國志·管寧傳注》引《魏畧》：官廩焦先、扈累寒貧，皆日五升。蓋自戰國至後漢，計人日食之率如此。扈累以五升不足食，頗傭作以裨糧。寒貧則頗行乞。蓋官給廩或不足，或兼以粟易他物，故然。非老弱者五升猶不得飽也。莊周述宋鈃、尹文之言曰："五升之飯足矣。先生不得飽，弟子雖飢，不忘天下。"亦指壯者言之，非老弱也。見《天下篇》。《三國魏志·鄧艾傳》：艾言：淮南北屯田，六七年間，可積三千萬斛。此則十萬之衆五年食也。則人年六十斛，月得五斛。

如李悝所計，一夫五口之家，終歲之用，不足四百五十。粟石三十，是當更得十五石，乃可足其用也。疾病死喪之費，歲以四百五十計，亦至觳矣。然

則五口之家，必得粟百八十石，乃可勉支。以一人言之，養生送死之費，當歲得粟三十六石。秦漢一石，約當今之二斗，則以今之量言之，當得七石二斗也。《後漢書・伏湛傳注》引《九章算術》曰："粟五十，糲率三十。一斛粟得六斗米爲糲。"然則一人養生送死之費，當得今粗米四石三斗二升。石以五元計，不過二十一元六角。一家五口，僅百有八元而已。亦云儉矣。

　　粟價自六國至兩漢，似無大差。觀《後漢書・明帝紀》，書永平十二年，粟斛三十。又《劉虞傳》言："虞爲幽州牧，民悅年登，穀石三十。"皆以三十爲下糴可見。兩漢之錢，當遠多於六國時，然其流通，亦當遠在六國時上。姑以幣賈無甚升降言之，則自戰國至漢末，人民生計，可謂未曾大變也。如此，則可推論漢人之訾產焉。如計然說，取其中價，粟石五十計之，則漢時有訾千者，等於有粟二十石，即等於今之粟四石。石以五圓計，猶今有訾二十圓也。黃金一斤直錢萬，漢世亦似無大變，則有一金者，等於有粟二百石，猶今有訾二百圓矣。文帝言："百金中人十家之產。"是一中人之家，其訾產，等於今之二千圓也。《漢書・景帝紀》：後二年五月詔："今訾算十以上乃得官。"服虔曰："十算，十萬也。"《哀帝紀》：綏和二年，"水所傷縣邑及他郡國災害什四以上，民訾不滿十萬，皆無出今年租賦。"《平帝紀》：元始二年，"天下民訾不滿二萬，及被災之郡不滿十萬，勿租税。"揚雄自謂家產不過十金。《後漢書・梁統傳》：統曾祖橋，以訾十萬徙茂陵。蓋皆以中人之家爲率。

　　《漢書・伍被傳》：被爲淮南王畫策，詐爲丞相御史請書，徙家產五十萬以上者朔方。此猶今之有訾產萬圓者也。《酷吏傳》：尹齊病死，家直不滿五十金。以是爲儉，知漢世官吏，訾產多在今萬圓以上矣。劉德家產過百萬，則以振昆弟賓客食飲，曰："富，民之怨也。"此以今之二萬圓爲率也。卓王孫分與文君錢百萬，亦猶今分與二萬圓矣。《平當傳》：祖父以訾百萬，自下邑徙平陵。此在民間已爲高訾。漢世諸陵，所以多鬥雞走狗之徒也。多於百萬者：《武帝紀》：元朔二年，"徙郡國豪傑及訾三百萬以上於茂陵。"《王章傳》："妻子徙合浦，以採珠致產數百萬。"《後漢書・劉盆子傳》："吕母家素豐，訾產數百萬，"《樊宏傳》：族曾孫准，以先父產業數百萬讓孤兄子。《前書・張湯傳》："湯死，家產直不過五百金。"又云："皆所得奉賜，無他贏。"足見漢時奉賜之厚。《後書・和帝陰皇后紀》：永初四年，鄧太后詔赦陰氏徙者歸故郡，還其訾財五百餘萬。《前書・楊敞傳》：子惲，"初受父財五百萬，及身封侯，皆以分宗族。後母無子，財亦數百萬，死皆予惲；惲盡復分後母昆弟；再受訾千餘萬，皆以分施。"《王嘉傳》：嘉奏封事言，"孝元皇帝時，外戚訾千萬者少。"又言："成帝時，史育家訾不滿千萬。"《酷吏傳》：王温舒死，家累千金。《貨殖傳》："成都羅裒賈京師，隨身數十百萬，爲平陵石氏持錢，往來巴蜀，數年間，致千餘萬。"《叙傳》：班況訾累千金，徙昌陵。《後書·梁冀傳》："客到門不得通，皆請謝門者，門者累千金。"周燮等《傳》：苟恁訾財千萬，父越卒，悉散與九族。《獨行傳》：李元訾財千萬。見《李善傳》。《种暠傳》：父爲定陶令，有財三千萬。《前書·竇嬰傳》：灌夫家累數千萬。《杜周傳》：子延年，居九卿位十餘年，賞賜賂遺，訾數千萬。《酷吏傳》：寧成稱"仕不至二千石，賈不至千萬，安可比人乎！乃貰貸陂田千餘頃，假貧民，役使數千家。數年，致産數千萬"。《貨殖傳》：宛孔氏家致數千金。刁間起數千萬。臨淄姓偉訾五千萬。《後漢書·樊宏傳》：父重年八十餘終。"素所假貸人間數百萬。"貸於人者至數百萬，其所有者亦必數千萬矣。《前書·張良傳》：良自言"不愛萬金之訾，爲韓報仇强秦"。《貨殖傳》："師史能致十千萬。師古曰："十千萬，即萬萬也。"王莽時，維陽張長叔薛子仲，訾亦十千萬。"又曰："自元成迄王莽，京師富人，杜陵樊嘉、茂陵摯綱、平陵如氏苴氏、長安丹王君房、豉樊少翁、王孫大卿，爲天下高訾。嘉五千萬，其餘皆巨萬矣。"《楚元王傳》："功費大萬百餘。"《注》引應劭曰："大萬，億也。大，巨也。"案《詩·伐檀》毛《傳》，以萬萬爲億。鄭《箋》以十萬爲億。《疏》云："今數萬萬爲億，古十萬爲億。"蓋毛《傳》雖自名古學，實爲時人所僞托，故不覺露出馬脚也。《後漢書·鮮卑傳》，言："青徐二州，給歲錢二億七千萬。"此語當本漢時計帳，知漢世以萬萬爲億，巨萬即萬萬矣。《遊俠傳》言："石顯訾巨萬。"《佞幸傳》言："其賞賜賂遺，訾一萬萬。"亦巨萬即萬萬之徵也。《梁冀傳》言："扶風人士孫奮，居富而性吝嗇，冀因以馬乘遺之，從貸錢五千萬。奮以三千萬與之。冀大怒，乃告郡縣，訊奮母爲其守臧婢，云盜白珠十斛，紫金千斤以叛。遂收考奮兄弟，死於獄中，悉没訾財億七千餘萬。"《方術傳》：折像父國，有訾財二億。此又逾於萬萬。梁冀之誅也，收其財貨，縣官斥賣，合三十餘萬萬。董賢之誅也，縣官斥賣其財，凡四十三萬萬。則合今六千餘萬、八千餘萬矣。

　　家訾之少者：《漢書·元帝紀》：初元元年，"以三輔大常郡國，公田及苑可省者振業貧民，訾不滿千錢者，賦貸種食。"《貢禹傳》：禹自言"家訾不滿萬錢"是也。案《枚乘傳》言："乘在梁時，取皋母爲小妻。乘之東歸也，皋母不肯隨。乘怒，分皋數千錢，留與母居。"枚皋分訾不過數千，貧民家訾之不及千宜矣。然貢禹又自言有田百三十畝，則漢時計訾者，田畝不與焉。蓋距井授之世猶近，未以土田爲人所私有也。《遊俠傳》言："石顯當去，留牀席器物數百萬直欲以與萬章。"《後書·和帝紀》：永元五年詔，言"郡國上貧民，以衣履釜鬻爲訾。"亦漢世計訾以財物而不以田畝之證。衣履釜鬻，雖云瑣屑，然較之後世之併計田宅，甚或專計丁糧者，則其取民爲已寬矣。故知政之流失，久而愈甚也。

《貨殖列傳》言："封者食租稅，歲率戶二百。千戶之君，則二十萬。"又言："子貸金錢千貫者，比千乘之家。"則漢世利率通行者爲什二。故曰："他雜業不中什二，則非吾財。"言其不足事也。又曰："貪賈三之，廉賈五之。"此三五即參伍，乃動字。《漢書音義》謂"貪賈未當賣而賣，未可買而買，故得利少而十得三。廉賈貴而賣，賤乃買，故十得五"，非也。未當賣而賣，未可買而買，此乃拙，非貪也。又曰："吳楚七國兵起時，長安中列侯封君行從軍旅，貰貸子錢。子錢家以爲侯邑國在關東，關東成敗未決，莫肯與。惟無鹽氏出捐千金貸，其息什之。三月，吳楚平，一歲之中，則無鹽氏之息什倍"，此什倍乃子母相倰。《索隱》云："出一得十倍"，非也。如李悝所計，穀石三十，農民之家，終歲所費，爲百五十石，不足四百五十，都計錢四千九百五十耳。是訾二萬四千七百五十之息也。更益以疾病死喪及上賦斂之所費，亦以四百五十計，是訾二千二百二十之息也。然則農夫五口百畝之入，等於事末業者二萬六千九百七十之訾耳。農夫安得不困，末業安得不抒。中人之產十金，以什二計，歲得息二萬，四倍於農夫終歲之入而有餘矣。但所謂訾者，衣履釜鬻牀席器物之類，不皆可以生息耳。

《漢書・王貢兩龔鮑傳》云："嚴君平卜筮於成都，裁日閱數人，得百錢，足以自養，則閉肆下帘而授《老子》。"夫日得百錢，則歲三萬六千矣。是八農夫終歲之所入，猶得爲儉乎？《詩》言："握粟出卜。"《三國志・陶謙傳注》引謝承書，言："趙昱年十三，母病，握粟出卜。"一似襲用成語者。然《鹽鐵論・散不足篇》，訾當時飲食之侈曰："負粟而往，易肉而歸。"蓋時錢賈貴，所費不能及一錢也，亦曷怪出卜者之握粟乎？君平日閱數人而得百錢，則來卜者人必出錢二三十，倰於下糴一石之賈矣，猶得曰居貧乎？然則君平江湖術士之豪耳。不然，何山不可居，而必於成都之市邪！

《史記・蕭相國世家》："高祖以吏繇咸陽，吏皆送奉錢三。何獨以五。"《集解》引李奇曰："或三百，或五百也。"顏師古注《漢書》亦曰："他人皆三百，何獨五百。"案下文又言高祖益封何二千戶，以帝嘗繇咸陽時，何送我獨贏奉錢二也。曰二，曰三，曰五，文甚明白，何以知三謂三百，五謂五百？《索隱》引劉氏曰："時錢有重者一當百"，何所據邪？或曰，《高祖紀》："呂公善沛令，避仇從之客，因家沛焉。沛中豪傑吏聞令有重客，皆往賀。蕭何爲主吏，令諸大夫曰：'進不滿千錢，坐之堂下。'"夫令有重客，賀錢猶及千，豈有故人饋贐，乃以錢三五者歟？不知本紀述高祖微時事，皆怪異之談，非故爲是以惑人，則傳者所增飾耳，安可據爲典要邪！不獨《高祖紀》，凡古書所謂百金千金云者，固有實事，亦未嘗無恢侈之談，要當分別觀之，不可盡信爲實然也。

《漢書·昭帝紀注》引如淳曰："更有三品：有卒更，有踐更，有過更。古者正卒無常，人皆當迭爲之，一月一更，是謂卒更也。貧者欲得顧更錢者，次直者出錢顧之，月二千是謂踐更也。天下人皆直戍邊三日，亦名爲更，律所謂繇戍也；不可人人自行三日戍，又行者當自戍三日，不可往便還，因便往，一歲一更，諸不行者出錢三百入官，官以給戍者，是謂過更也。"《溝洫志》："治河卒非受平賈者，爲著外繇六月。"蘇林曰："平賈，以錢取人作卒，顧其時庸之平賈也。"如淳曰："律說，平賈一月得錢二千。"《卜式傳》："乃賜式外繇四百人。"蘇林曰："外繇，謂戍邊也，一人出三百錢，謂之過更，式歲得十二萬錢也。"《平帝紀》：元始元年，"天下女徒已論歸家，顧山錢月三百。"如淳曰："令甲，女子犯罪，作如徒六月。顧山遣歸，一說以爲當於山伐木，聽使入錢顧功直，故謂之顧山。"蓋准過更之直。然則漢世顧功，平賈月二千，惟戍邊及山伐者，月三千也。君平居肆之人，侔於遠行作苦者矣。此江湖遊食之士所以多歟？

《後漢書·和熹鄧皇后紀》："舊大官湯官經用，歲且二萬萬。太后敕止日殺，省珍費，自是裁數千萬。"《宦者傳》：呂强上疏，言"後宮采女，數千餘人，衣食之費，日數百金"。夫歲二萬萬，則是下糴六百六十六萬六千六百六十六餘石之賈也。家致百五十石，四十四萬四千四百四十四家，乃足奉之矣。數人而食一金，是人食數千錢，若以爲三千，則是日食下糴百石之價也，亦云侈矣！

《後漢書·循吏傳》：劉寵爲會稽大守，"征爲將作大匠。山陰縣有五六老叟，自若邪山谷間出，人賫百錢以送寵。寵爲人選一大錢受之。"《吳志·劉繇傳注》引《續漢書》云："爲選受一大錢，故會稽號寵爲取一錢太守。"案《續書》之說是也。《後書》蓋措語偶誤。若人選受一大錢，則當云取五六錢太守矣。送太守不過百錢，安得送一亭長，乃人人三百錢邪？或曰：送劉寵者，山谷間叟也；送高祖者，豪吏也。多少縣殊，又何足怪？不知秦漢間吏民之所以贈遺官吏者甚厚，竟有借之以定産業者，《漢書·遊俠傳》："原涉，父哀帝時爲南陽太守。天下殷富，大郡二千石死，官賦斂送葬，皆千萬以上。妻子通共受之，以定産業。"又《後漢書·張禹傳》：父歆，終於汲令。"汲名人贈送，前後數百萬，悉無所受。"縣令如此，況於太守邪？又《田叔傳》："爲魯相，卒，魯以百金祠，少子仁不受。"百金，亦百萬錢矣。安得與尋常贈遺比。《後漢書·朱暉傳》："爲郡吏。太守阮況，嘗欲市暉婢，暉不從。及況卒，暉乃厚贈送其家。人或譏焉。暉曰：'前阮府君有求於我，所以不敢聞命，誠恐以財貨汙君。今而相送，明吾非有愛也。'"《注》引《東觀記》曰："暉爲督郵，況當歸女，欲買暉婢。

暉不敢與。後況卒，暉送其家金三斤。"夫金三斤，亦不過三萬錢耳，而人以爲厚，暉亦自謂不薄矣。安得送一亭長，人人致錢三百邪？或曰：郭解徙茂陵，諸公送者出千餘萬，明當時豪傑致饋賕頗厚，高祖固亦其倫也。然高祖雖曰豪傑，其交遊似尚非郭解之比。且解之致千餘萬，亦以贈送者多，非必人人所遺皆厚。又解所與往還，必多長者，亦非如高祖，所狎者不過刀筆吏之類也。

## 二、論前漢賞賜

漢世金錢，準諸穀賈，實較後世爲貴。故其饋遺賞賜所用之數亦微。如前辯高帝縣咸陽，吏皆送奉錢三，蕭何獨以五，爲三錢五錢是也。《景帝紀》：遺詔賜吏二千石黃金二斤，吏民戶百錢。當下糴之賈三又三分石之一。此已爲厚惠。《武帝紀》：大始三年，"賜行所過戶五千錢"。則必以供億勞費特甚耳。隨蘇武還者六人，以老歸家，不過人賜錢十萬。征大宛者，士卒賜僅直四萬錢。然則韓信王楚，召下鄉亭長賜百錢，亦不爲菲矣。而哀帝賜董賢家蒼頭奴婢，至人十萬，何其侈也。《丙吉傳》："掖庭宮婢則，令民夫上書，自陳嘗有阿保之功。詔免則爲庶人，賜錢十萬。"《王嘉傳》："嘉奉封事，言元帝嘗幸上林，後宮馮貴人從，臨獸圈，猛獸驚出；貴人前當之。元帝嘉美其義，賜錢五萬。"然則董賢家蒼頭奴婢之功，倖於微時之阿保，而倍於冒死以免其君者邪！

韓信予下鄉亭長錢百，而賜所從食漂母千金。此等厚意，固不可以尺度量，其報之，自亦不可以多寡計也。元帝賜馮貴人錢五萬耳。而《外戚傳》言："趙飛燕譖許皇后、班婕妤挾媚道，咒詛後宮，詈及主上。考問婕妤。婕妤對曰：'妾聞死生有命，富貴在天，修正尚未蒙福，爲邪欲以何望？使鬼神有知，不受不臣之愬；如其無知，愬之何益？故不爲也。'上善其對，憐閔之，賜黃金百斤。"成帝之淫侈，固非元帝之恭儉，然亦豈有善妾媵一言，而賜以百金者？使其愛憐之如此，亦不終棄之長信宮矣。此殆班氏自誇之辭，非其實也。古人言語，好舉成數，而傳述故事者，又多好張大其辭，所謂百金千金，未必皆係實數。武帝欲褒卜式以諷示天下，不過賜金四十斤。見《食貨志》。本傳同。桑弘羊亦不過黃金再百。亦見《食貨志》。趙食其、常惠、遂成賜金百斤，見《衛青傳》。以有軍功。昭帝時，雋不疑賜錢百萬，則以發覺劉澤之叛耳。見本紀始元元年及本傳。蘇武著節老臣，賜錢不過百萬。見本紀始元六年及本傳。其後尹翁歸、朱邑子皆賜黃金百斤，以奉祭祀。黃霸亦賜黃金百斤。見本紀元康四年、神爵元年、四年及本傳。元康四年，又賜功臣適後黃金人二十斤。則以宣帝特重循良故也。召信臣循聲倖於霸，裁賜黃金四十斤。趙充國有平羌之功，及乞骸骨，賜黃金六十斤。陳湯建不世之勛，累遭挫折，亦僅賜黃金百斤。《元帝紀》竟寧元年及本傳。段會宗即誅烏孫番丘，賞與湯同。劉常爲大常，病免，賜金百斤。《百官公卿表》綏和四年。王延世以治河功、賜黃金再百。《溝洫志》。杜延年爲北地太守，璽書賜黃金二十斤，徵入爲御史大夫，賜黃金百斤。疏廣受青宮師傅，乞骸骨，加賜黃金二十斤。皇太子贈以五十斤。薛廣德與於定國、史高俱乞骸骨，皆賜黃金六十斤。彭宣之免，賜黃金五十斤。貢禹爲御史大夫，數月卒，賜錢百萬。韋賢乞骸骨，賜黃金百斤。夏侯勝遷太子太傅，賜黃金百斤。卒官，太后賜錢二百萬。以師傅之恩故也。張敞徵拜膠東相，孫寶拜廣漢太守，皆以綏靖地方，皆賜黃金三十斤。蕭育望之子。以江中多盜賊，拜南郡太守，加賜黃金二十斤。馮奉世平羌，賜黃金六十斤。子野王，以王舅不宜備九卿，出爲上郡太守，加賜黃金百斤。張禹成帝師，與王鳳并領尚書，乞骸骨，不許，賜黃金百斤。及罷，又賜黃金百斤。孔霸，元帝師，徵爲給事中，加賜黃金二百斤。子光爲尚書，以周密謹慎，賜黃金百斤。史丹病乞骸骨，賜黃金五十斤。傅喜上將軍印綬，以光祿大夫養病，賜黃金百斤。嚴延年爲涿郡太守，三歲，遷河南太守，賜黃金三十斤。陳立徙天水太守，勸民農桑，爲天下最，賜黃金四十斤。《西南夷傳》。許嘉爲車騎將軍，輔政，策免，賜黃金二百斤。《外戚傳》。王商乞骸骨，賜錢百萬。《元后傳》。和親侯王歙使匈奴，購求得陳良、終帶，賜錢二百萬。《匈奴傳》。是知漢世，無論有勛勞，抑係親戚師友，賞賜罕逾百金者。王莽乞骸骨，哀帝賜黃金五百斤，已非常典矣。其以一時應對之善而受賜者：袁盎引卻慎夫人坐，慎夫人賜金五十斤。虞丘壽王對汾陰得寶鼎，賜黃金十斤。東方朔諫起上林苑，賜黃金百斤。諫內董偃宣室，賜金三十斤。王閎數奏昌陵不可成，爲天下除大害。成帝借以侯淳于長，賜黃金百斤。《成帝紀》永始二年。郅都諫景帝毋自持兵救賈姬。上與太后亦不過各賜金百斤而已。乃《高帝紀》，田肯說非親子弟莫可使王齊者，賜金五百斤。太公家令說太公，上朝，擁彗迎門卻行，上賜黃金五百斤。《荊燕吳傳》：劉澤用金二百斤爲田生壽。太后賜張卿千金，張卿又以其半奉田生。《鄒陽傳》：梁孝王賚以千金，令求方署解罪於上。而《高帝紀》及《項籍傳》、《陳平傳》且謂帝出黃金四萬斤與平以間疏楚君臣。以口舌得金，何其易也，曷怪士之競騖於遊說哉！竊謂此等皆古人言語，好舉成數，遊士喜以多金相誇耀。傳說者又從而侈之，非其實也。其稍稍賜與，以致積多，自然不在此例。如《張禹傳》言："天子數加賞賜，前後數千萬"是也。韓安國解梁王於上，太后更賜直千金，亦非一時事。《東方朔傳》言："朔之詼諧逢占射覆，其事浮淺，行於衆庶，童兒牧豎，莫不眩耀。而後世好事者，因取奇言怪語，附著之朔。”竊謂正非獨朔如此也。

《漢書・武帝紀》：“元狩六年，賜丞相以下至吏二千石百金。”宋祁曰：“新本無百字。”案無之者是也。自丞相至二千石不得無差等。

漢世賞賜，亦有甚多者，皆非常典也。高后崩，遺詔賜諸侯王各千金。文帝元年，賜大尉勃金五千斤，本傳同。丞相平、將軍嬰金二千斤，各千斤，見本傳。本紀云：“邑各三千户，金二千斤。”各字但指邑言。朱虛侯章、襄平侯通金千斤，《高五王傳》云：“益封朱虛侯、東牟侯各二千户，黃金千斤。”案此亦當各五百斤也。典客揭金千斤。昭帝時，燕刺王旦賜錢三千萬，廣陵王錢二千萬，黃金二百斤。紀元鳳五年。本傳同。宣帝地節元年賜廣陵王黃金千斤。本傳云：“賜胥黃金前後五千斤。”諸侯王十五人，黃金各百斤。列侯在國八十七人，黃金各二十斤。蓋直人心搖動之時，厚賜以事要結也。其時霍光賞賜，前後黃金七千斤，錢六千萬，雜繒三萬匹。蔡義爲丞相，亦以定策功，加賜黃金二百斤。案平帝時，中山衛姬拜爲中山孝皇后，上書謝恩，因陳丁、傅舊惡。是時人心亦動搖殊甚；王莽秉政，豈不可厚賜以事要結？然莽裁以太后詔加賜中山王及太后黃金各百斤而已。制節謹度之君，究非不學無術者比也。

《外戚傳》：“武帝賜異母姊錢千萬，奴婢三百人，公田一頃。”此以其起自貧賤，爲立產業，與尋常橫賜，小有不同。宣帝賜舅無故、武，旬月間以巨萬計，亦然。昭帝時，外祖順成侯姊君姁賜錢才二百萬，視此則甚薄矣，可見霍光之專也。竇嬰，吳楚反時拜大將軍，賜金千斤。此亦非常典。又蘇武嘉兄，爲奉車都尉，從至棫陽宮，扶輦下除，觸柱折轅，劾大不敬，伏劍自刎。賜錢二百萬以葬。蓋以死非其罪，故有此厚賜也。

嬖幸之賞賜，有不可以常格論者。文帝賞賜鄧通，巨萬者以十數。武帝寵韓嫣，賞賜擬鄧通。新垣平賞賜累千金。欒大妻衛長公主，齎金十萬斤。公孫詭初見梁孝王賜千金。皆嬖幸，非術士也。衛青以母昆弟貴，數日間賞賜累千金。此時之青，特外嬖耳。後雖爲大將軍，而史稱其以和柔自媚，蓋仍以嬖幸自居。定襄之役，功不多不益封，猶賜千金，亦以嬖幸視之，非以軍法論也。張放賞賜以千萬數，徵爲侍中光禄大夫，爲丞相翟方進所奏。成帝不得已，遣就國，賜錢五百萬。亦凡諸侯所無。然帝崩，放思慕哭泣，遂至於死。犬馬戀主之誠，賢於衛青之猥瑣，霍去病之驕縱者遠矣。霍光奏昌邑王罪狀，謂其使中御府令賜昌邑侍中君卿金千斤，取十妻，恐轉失之誣也。

《高帝紀》：“帝疾甚，呂后迎良醫，賜黃金五十斤，罷之。”《外戚傳》：傅太后誣馮太后，謂馮太后女弟習，寡弟婦君之謂醫徐遂成曰：“武帝時，醫修氏刺治武帝,得二千萬耳。今愈上,不得封侯,不如殺上,令中山王代,可得封。"案呂后所迎醫,高帝未嘗令治疾。修氏雖治武帝獲愈,賞賜亦不能至二千萬。此等傳説,疑亦不足信也。

漢時國家有事賞賜臣下者:惠帝即位,外郎不滿二歲,賜錢萬。謁者、執楯、執戟、武士、騶比外郎。賜給喪事者,二千石錢二萬,六百石以上萬,五百石二百石以下至佐史五千。視作斥土者,將軍四十金,二千石二十金,六百石以上六金,五百石以下至佐史二金。昭帝自建章宮徙未央宮,大置酒,賜郎從官帛及宗室子錢,人二十萬。元帝初元二年,立皇太子,賜列侯錢各二十萬,五大夫十萬。其加惠功臣後嗣者:元康四年,酇成制侯周緤、赤泉嚴侯楊喜、猗氏敬侯陳遬、吳武嚴侯楊武、昌圉侯旅卿之後,各賜黃金十斤,復家。《高惠高后文功臣表》。惟衛青之孫,賜錢五十萬。《外戚恩澤侯表》。

《漢書·陸賈傳》言:賈使南越,趙佗賜賈橐中裝直千金。它送六千金。賈有五男,乃出所使越橐中裝賣千金,分其子,子二百金。令爲生產。蓋時重南方之物,故賈能以立產業。佗所贈者,在南中未必甚貴也。傳又言賈爲陳平畫呂氏數事,平用其計,乃以五百金爲絳侯壽。厚具樂飲太尉,太尉亦報如之。平乃以奴婢百人,車馬五十乘,錢五百萬遺賈,爲食飲費。太尉是時,未必貪平金,平遺賈亦不能如此之厚,此皆策士傳説,不足信也。

## 三、論後漢三國禄賜及賜人民

讀史者率言兩漢之世,黃金多於後世。其實後漢與先漢不同,先漢之世,賞賜多用黃金。後漢則僅建武五年,賜竇融璽書,賜黃金二百斤。《融傳》載王恭時漢兵長驅入關,王邑薦融,拜波水將軍,賜金千斤。是時光武以融爲涼州牧,所賜反裁及恭時五之一。朱祐破延岑,賜黃金三十斤。肅宗即位,諸貴人當徙居南宮,明德馬后各賜白越三千端,雜帛二千匹,黃金十斤。太后崩,肅宗所生母賈氏策書加貴人,御府奉雜帛二萬匹,大司農黃金千斤,錢二千萬。建和二年,桓帝加元服,賜河間、渤海二王黃金各百斤,彭城諸國王各五十斤。公主、大將軍、三公、特進、侯、中二石、二千石、將、大夫、郎、吏、從官四姓及梁鄧小侯、諸夫人以下帛各有差。朱儁爲交趾刺史,定梁龍之亂,賜黃金五十斤而已。餘賜皆用錢穀布帛。《三國魏志·文帝紀注》引《魏書》:延康元年二月辛亥,賜諸侯王將相以下,大將粟萬斛,帛千匹,金銀各有差等。黃初三年,黃龍見郟西漳水,其時中山恭王袞爲北海王,上書贊頌。詔賜黃金十斤。齊王芳嘉平五年,賜刺費褘之郭修子銀千鉼,絹千匹。《蜀志·張飛傳》：益州既平，賜諸葛亮、法正、飛及關羽金各五百斤，銀千斤，錢五千萬，錦千匹。《吳志·呂蒙傳》：破關羽，賜錢一億，黄金五百斤。諸葛恪東興之捷，賜金一百斤，繒布各萬匹。餘亦多以錢穀布帛。蓋金銀以聚而見其多，散而見其少。每經一次喪亂，府藏金銀，必散之民間，不易復聚也。

士大夫禄賜，經制可考者：《續漢書·百官志》百官受奉例：大將軍三公奉月三百五十斛，中二千石奉月百八十斛，二千石奉月百二十斛，比二千石奉月百斛，千石奉月八十斛，六百石奉月七十斛，比六百石奉月五十斛，四百石奉月四十五斛，比四百石奉月四十斛，三百石奉月四十斛，比三百石奉月三十七斛，二百石奉月三十斛，比二百石奉月二十七斛，一百石奉月十六斛，斗食奉月十一斛，佐史奉月八斛：凡諸受奉者皆半錢半穀。《注》引荀綽《百官表注》曰：“漢延平中，二千石奉錢九千，米七十二斛，真二千石月錢六千五百，米三十六斛，比二千石月錢五千，米三十四斛，千石月錢四千，米三十斛，六百石月錢三千五百，米二十一斛，四百石月錢二千五百，米十五斛，三百石月錢二千，米十二斛，二百石月錢一千，米九斛，百石月錢八百，米四斛八斗。”《禮儀志》：“立春，遣使者賫束帛以賜文官。”《注》引《漢官名秩》曰：“賜司徒司空帛四十匹，九卿十五匹。”又引《古今注》曰：“建武八年立春，賜公十五匹，卿十匹。”又引《漢官名秩》述臘賜之制曰：“大將軍三公臘賜錢各三十萬，特侯十五萬，卿十萬，校尉五萬，尚書丞郎各萬五千，千石六百石各七千，侍御史謁者議郎尚書令五千，郎官蘭臺令史三千，中黄門羽林虎賁士二人共三千。”《何敞傳注》述臘賜之制則曰：“大將軍三公錢各二十萬，特進侯十五萬，卿十萬，校尉五萬，尚書三萬，侍中將大夫各二萬，千石六百石各七千，虎賁羽林郎二人共三千：以爲祀門户直。見《漢官儀》也。”《百官志注》引蔡質《漢儀》曰：“侍郎遷縣令，詔書賜錢三萬。”《光武十王傳》曰：“自中興至和帝時，皇子始封薨者，皆賻錢三千萬，布三萬匹。嗣王薨，賻錢千萬，布萬匹。”《章帝八王傳》曰：“自永初以後，戎、狄叛亂，國用不足。始封王薨，減賻錢爲千萬，布萬匹。嗣王薨，五百萬，布五千匹。”《羊續傳》云：“舊典，二千石卒官賻百萬。”布帛賈難審知。穀，漢世斛石相近，斗食歲百三十二斛，佐史歲九十六斛，不足農夫一家五口之入。百石歲百九十二斛。如前所計，農家歲得百八十斛，可足衣食社閭嘗新疾病死喪之費。然居城市者，所費不能無稍多，則下吏之禄頗薄。大將軍三公歲奉四千二百斛，當農夫二十八家之入。一家五口，足食百四十人。

後漢特賜，宗室最厚。東平憲王永平五年上疏歸職，加賜錢五千萬，布十萬匹。六年，帝幸魯，征蒼，從還京師。明年，皇大后崩，既葬，蒼乃歸國，特賜布二十五萬匹。十五年，行幸東平，賜錢千五百萬，布四萬匹。建初元年，地震，蒼上便宜。報書，賜錢五百萬。六年，求朝，特賜裝錢千五百萬。其餘諸王悉千萬。及歸，車駕祖送，賜錢布以億萬計。薨，賜錢前後一億，布九萬匹。阜陵質王延，建初中以逆謀貶爲侯。章和元年，復爲王，加賜錢千萬，布萬匹。中山簡王焉之薨，以竇太后爲東海出，而焉與東海恭王彊同母，加賻錢一億。又《明德馬皇后紀》："廣平、巨鹿、樂成王車騎樸素，無金銀之飾。帝以白太后，太后即賜錢各五百萬。"

其賞賜羣臣，唯軍功爲稍褒，餘則穀罕逾千斛，錢罕及百萬者。吳漢平蜀，振旅，還至宛，詔令過家上冢，賜穀二萬斛。馮緄平荊州，詔書賜錢一億。度尚破朱蓋、胡蘭，賜錢百萬。張綱定廣陵之亂而卒，拜子贖爲侍郎，賜錢百萬。陳球斬朱蓋，段熲破太山、琅邪賊，皆賜錢五十萬。張奐督幽、并、涼三州，三州清定，論功當封。奐不事宦官，故賞不行，惟賜錢二十萬。董卓以六郡良家子爲羽林郎，從中郎將張奐爲軍司馬，共擊漢陽叛羌，破之，拜郎中，賜縑九千匹。《後漢書》、《三國志》本傳同。其死事者：溫序爲隗囂別將苟宇所拘劫，伏劍死，賻穀千斛，縑五百匹。馬賢及二子皆戰歿，賜布三千匹，穀三千斛。《西羌傳》。九真太守兒式戰死，賜錢六十萬。《南蠻傳》。

開國之初，割據之國來降者，竇融賜金二百斤，已見前。盧芳降，賜繒二萬匹。

《明帝紀》：永平六年，王雒山出寶鼎，賜三公帛五十匹，九卿二千石半之。《章帝紀》：建初七年，飲酎高廟，禘祭光武皇帝、孝明皇帝，賜公錢四十萬，卿半之。此爲國有慶典行賞者。

以勤勞而賜者：《韓棱傳》：竇氏敗，棱典其事，深竟黨與，數月不休沐。棱時爲尚書令。帝以爲憂國忘家，賜布三百匹。《文苑傳》：黃香出爲東郡太守，復留爲尚書令，賜錢三十萬。

以清廉賜者：祭彤在遼東幾二十年，衣無兼副。永平十二年，徵爲太僕。顯宗既嘉其功，又美彤清約，拜日，賜錢百萬，馬三匹，衣被刀劍，下至居室什物，大小無不悉備。此亦以軍功，非但以清廉也。《張堪傳》："帝嘗召見諸郡計吏，問其風土及前後守令能否。蜀郡計掾樊顯進曰：'漁陽太守張堪，昔在蜀漢，仁以惠下，威能討姦。前公孫述破時，珍寶山積，卷握之物，足富十世。而堪去職之日，乘摺轅車，布被囊而已。'帝聞，良久嘆息，方征堪，會病卒。帝深悼惜之。下詔褒揚，賜帛百匹。"《賈逵傳》："逵母嘗有疾。帝欲加賜，以校書例多,特以錢二十萬,使潁陽侯馬防與之。謂防曰:'賈逵母病,此子無人事於外,屢空,則從孤竹之子於首陽山矣。'"則純以清廉被賜者也。

以循良賜者:祭肜遷襄賁令,政清,增秩一等,賜縑百匹。《循良傳》:衛颯爲桂陽太守,征還。光武欲以爲少府,會颯被疾,不能拜起。敕以桂陽太守歸家,須後詔書。居二歲,載病詣闕自陳困篤,乃收印綬,賜錢十萬。《南蠻傳》:武陵太守李進,在郡九年,得其情和。梁太后臨朝,賜錢二十萬。《酷吏傳》:樊曄,永平中,顯宗追思曄在天水時政能,以爲後人莫之及,詔賜家錢百萬。此則恩及其身後者已。

湖陽公主奴殺人,董宣治之。光武初欲箠殺之,後乃賜錢三十萬。《酷吏傳》。而明帝時,館陶公主爲子求郎,不許,賜錢千萬。强項令冒死以存國法,不如婦人一言,如何不令志士氣短也。光武解畧陽圍,置酒高會,賜來歙妻縑千匹。歙守畧陽誠有功,然不曰賜歙而曰賜其妻,則知此非軍賞也。樊宏卒,子儵嗣。儵弟及從昆弟七人賜錢合五千萬。元和三年,肅宗北巡,過真定,會諸郭,賜粟萬斛,錢五十萬。知漢於姻戚亦至厚。

以諫諍及啓沃賜者:光武時,郅惲上書諫獵,賜布百匹。又賈逵條奏《左氏》大義長於二傳者,賜布五百匹。桓榮以說《尚書》,賜錢十萬。劉毅上《漢德論》、《憲論》,賜錢三萬,拜議郎。《鍾離意傳》:顯宗即位徵爲尚書。時交阯太守張恢,坐臧千金徵,遂伏法,以資物簿入大司農,詔班賜羣臣。意得珠璣,悉以委地,而不拜賜。帝嗟嘆,更以庫錢三十萬賜意。此雖非直諫,亦以口舌蒙賞者也。

以隱逸廉退賜者:鄭均不應辟舉。建初六年,公車特徵,再遷尚書。後以病乞骸骨,拜議郎,告歸,因稱疾篤。時前安邑令毛義,比徵辭病。元和元年,詔告廬江太守東平相,賜穀各千斛。見《均傳》,亦見劉平等《傳》首。淳于恭不應辟舉,隱黔陬山數十年。建初元年,肅宗下詔美恭素行,告郡賜帛二十四,遣詣公車,除爲議郎。後遷侍中騎都尉,卒官,亦賜穀千斛。江革爲諫議大夫,病歸,詔齊相,縣以見穀千斛賜巨孝。及卒,詔復賜穀千斛。劉般以束脩至行,建武十九年,賜錢百萬,繒二百匹。索盧放,建武末徵不起,光武使人輿之,見於南宮雲臺,賜穀二千斛,遣歸。樊英拜五官中郎將,數日,稱疾篤。詔以爲光禄大夫,賜告歸,令所在送穀千斛。《方術傳》。周黨,建武中徵爲議郎,以病去職。復被徵,著短布單衣穀皮綃頭,待見尚書。及引見,伏而不謁,自陳願守所志;許之,賜帛四十匹。時博士范升奏毀黨。詔曰:"自古明王聖主,必有不賓之士。伯夷叔齊,不食周粟;大原周黨,不受朕禄,亦各有志焉。"夫隱逸之士，其行誠高，然此乃鄉黨所宜稱式；政事則當食功，不當以虛名濫廩祿也。且虛譽隆洽之士，往往非行之至者；行之至者，必其悃愊無華，名不出於鄉里者也。本欲以砥厲廉隅，或反至崇獎虛僞，故風聲所樹，不可以不慎。

以忠義見賜者：永初二年，劇賊畢豪等入平原界，縣令劉雄討之，戰敗。賊執雄，以矛刺之。小吏所輔，以身代雄。賜錢二十萬。又肅宗賜朱勃子穀二千斛，亦以其能終於伏波也。

免官時賜者：韋彪爲大鴻臚，策免，令中臧府賜錢二十萬。劉愷以司徒致仕，加賜錢三十萬。第五倫罷司空，加賜錢五十萬。鄧彪、張酺以大尉乞骸骨，皆賜錢三十萬。

賜裝錢者：張酺以侍中虎賁中郎將出爲東郡太守，意不自得，上疏辭，詔賜裝錢三十萬；才及建初中東平王裝錢五十之一耳。太守與國王尊等，此何理也。

諸王賻典已見前。安帝永初四年，新野君薨，賻錢三千萬，布三萬匹。《皇后紀》及《安帝紀注》引《東觀記》同。桓帝母孝崇匽皇后。崩，賻錢四千萬，布四萬匹。楚王英母許太后薨，賜錢五百萬。樊宏卒，賻錢千萬，布萬匹。鄧弘卒，遺言悉以常服，不得用錦衣玉匣。太后追思弘意，不加贈位衣服，但賜錢千萬，布萬匹。梁商薨，賜錢二百萬，布三千匹；皇后錢五百萬，布萬匹。其非宗戚，則錢無滿百萬者。宋弘爲大中大夫卒，賜錢十萬。郭賀以河南尹卒，賜車一乘，錢四十萬。韋彪卒，賜錢二十萬，布百匹，穀三千斛。承宮以侍中祭酒卒，肅宗賜以冢地。妻上書乞歸葬鄉里，復賜錢三十萬。杜詩爲南陽太守徵，會病卒。司隸校尉鮑永上書，言詩貧困無田宅，喪無所歸，詔使治喪郡邸，賻絹千匹。劉愷以太尉乞骸骨卒家，賜錢五十萬，布萬匹。鍾離意以尚書僕射卒，賜錢二十萬。宋均欲以爲司徒而病篤，賜錢三十萬。周榮爲山陽太守，以老病乞身，卒於家，詔特賜錢二十萬。周舉以光祿大夫卒，加賜錢十萬。戴憑以侍中領虎賁中郎將卒，賜錢二十萬。其楊震，順帝即位，賜錢百萬，孫賜薨於司空，賜錢三百萬，布五百匹，則爲罕見之舉。馮煥以怨者詐作璽書死獄中，玄菟太守姚光則被殺，見《馮緄傳》。僅各賜錢十萬而已。歐陽歙以臧罪死獄中，歙掾陳元上書追訟之，乃賻縑三千匹，蓋其獄亦實冤。

張綱言："文明二帝，中官常侍，不過數人。近幸賞賜，裁滿數金。"然桓帝時，單超、徐瑝、具瑗賜錢各千五百萬，左悺、唐衡各千三百萬。雖曰謀誅外戚有功，亦已侈矣。然猶曰誅外戚有功也。左雄乞歲以千萬給奉阿母，而罷山陽君之封，則尤爲無名矣。竇武之誅，朱瑀賜錢五千萬，而桓榮玄孫典，獻帝即位,三公奏其前與何進謀誅閹宦,僅賜錢二十萬。

　　賜人民者:穀以十斛帛以十匹爲最多。後漢之世,屢有賜鰥寡孤獨篤癃貧不能自存者穀之事。明帝永平十二年、十七年、十八年,章帝即位,和帝永元三年十二年,殤帝立爲太子,安帝元初元年五年,建光元年,延光元年,皆三斛。光武建武三十年,明帝永平三年,章帝建初三年四年,元和元年,和帝永元八年,順帝永建元年,鴻嘉元年,永和二年,行幸長安所過。桓帝建和元年皆五斛,建武三十一年六斛。惟明帝即位時十斛。順帝永建四年則賜帛人一匹。又有加賜貞婦者:安帝元初元年帛人一匹,五年穀十斛。延光元年,順帝永建元年,桓帝建和元年,皆三匹。此外惟桓帝延熹二年,至自長安,賜長安民粟人十斛,園陵人五斛,行所過縣三斛而已。以偏災賜者:和帝永元十三年,安帝延光元年,桓帝永康元年,皆人三斛。永壽元年二斛。養老者:順帝陽嘉二年,賜民年八十已上米人一斛,肉二十斤,酒五斗;九十以上,加賜帛人二匹,絮三斤。桓帝建和二年,加元服,賜年八十已上米酒肉;九十已上,加帛二匹,綿三斤。賜孕婦者:章帝元和二年詔曰:“令云:人有産子者,復勿算三歲。今諸懷妊者,賜胎養穀人三斛,復其夫勿算一歲,著爲令。”又有以祥瑞賜者:章帝二年五月,以比有鳳皇黃龍鸞鳥等瑞,賜天下高年鰥寡孤獨帛人一匹,令天下大酺五日。賜洛陽人當酺者布户一匹,城外三户共一匹,賜博士員弟子見在大學者布人三匹。九月,詔鳳皇龍所見亭部,先見者賜帛人二十匹,近者三匹,太守三十匹,令長十五匹,丞尉半之。和帝永元三年,賜京師民酺,布兩户共一匹。十二年,賜博士員弟子在大學者布人三匹。安帝延光三年,濟南上言鳳皇集臺縣丞霍收舍樹上,賜臺長帛五十匹,丞三十匹,尉半之,吏卒人三匹。

　　小吏之賜:明帝永平十五年,賜天下郎從官,二十歲已上帛百匹,十歲已上二十匹,十歲已下十匹。官府吏五匹,書佐小吏三匹。十八年,賜郎從官視事十歲已上者帛十匹。章帝元和二年,耕於定陶,詔賜三老孝弟力田帛人一匹。衛颯征還引見,賜食於前,從吏二人,亦不過賜冠幘錢人五千而已。

　　人民以移徙賜者:前漢景帝五年,募民徙陽陵,賜錢二十萬。武帝建元三年,賜徙茂陵户錢二十萬。昭帝始元四年,徙三輔富人雲陵,賜錢户十萬。後漢明帝永平元年,募士卒戍隴右,賜錢人三萬;五年,發遣邊人在內郡者,賜裝錢人二萬;九年,詔郡國死罪囚減罪,與妻子詣五原、朔方,佔著所在,死者賜皆妻父若男同産一人復終身;其妻無父兄獨有母者,賜其母錢六萬,又復其口算。

三國時賞賜可考者：魏文帝賜北海王，先主賜諸葛亮、法正、張飛、關羽；孫權賜呂蒙金已見前。文帝將篡位，黃龍見譙，召見殷登，賜穀三百斛。本紀《注》引《魏書》。南陽郡山賊擾攘，欲劫質太守東里袞。功曹應余，獨身捍袞，遂免於難。余顛沛殞斃。太祖賜穀千斛。《高貴鄉公紀》甘露三年《注》引《楚國先賢傳》。陳留王景元元年，賜司馬文王錢千萬。帛萬匹。固讓乃止。文帝遣鄃弘使公孫康，賜車牛絹百匹。見《公孫度傳注》引《魏名臣奏議》。袁渙卒，太祖賜穀二千斛。一教以大倉穀千斛賜郎中令之家，一教以垣下穀千斛與曜卿家。外不解其意。教曰："以大倉穀者官法也，以垣下穀者親舊也。"脂習見，太祖問其居處，以新移徙，賜穀百斛。《王修傳注》引《魏畧》。劉放稱疾免，賜錢百萬。本傳《注》引《張資別傳》。邯鄲淳作投壺賦千餘言，奏之。文帝以爲工，賜帛千匹。《王粲傳注》引《魏畧》。孫禮與全琮戰芍陂，賜絹七百匹。滿寵以不治產業，家無餘財，賜田十頃，穀五百斛，錢二十萬。徐邈身後，嘉平六年，與胡廣、田豫并賜家穀二千斛，錢三十萬。吳士燮子廞爲質，病卒，妻寡居，詔所在月給奉米，賜錢四十萬。呂蒙禽黃祖將陳就，賜錢千萬。甘寧以健兒百餘人入曹公營，賜絹千匹。本傳《注》引《江表傳》。朱據典軍吏劉助發呂壹罪，賞百萬。又蜀後主降後，晉封爲安樂公，賜絹萬匹。譙周卒，賜錢十五萬。《本傳注》引《晉陽秋》。孫皓降晉，賜號歸命侯，歲給穀五千斛，錢五十萬，絹五百匹，綿五百斤。

# 四、論漢世贈遺

漢世非獨賜與，士大夫之間，其相贈遺亦頗厚。《漢書·朱建傳》：建母死，貧未有以發喪。陸賈爲見辟陽侯。辟陽侯乃奉百金稅。列侯貴人，以辟陽侯故，往賻凡五百金。《韓安國傳》：坐法失官家居。以五百金遺田蚡。《主父偃傳》：大臣皆畏其口，賂遺累千金。《後漢書·楊震傳》：遷東萊太守，當之郡，道經昌邑。故所舉荊州茂才王密爲昌邑令，謁見。至夜，懷金十斤以遺震。震子秉，自爲刺史二千石，計日受奉，餘祿不入私門。故吏齎錢百萬遺之，閉門不受。觀此數事，即知當時士大夫間相饋遺之厚。所以然者，一則仕途奔走，互相結托；一則爲遊俠者，好以施與立名也。《後漢書·方術傳》：富人王仲，致產千金，謂公沙穆曰："方今之世，以貨自通。吾奉百萬與子爲資，何如？"此奔走結托之倫也。《第五倫傳》：倫上疏言："竊聞衞尉廖，以布三千匹，城門校尉防，以錢二百萬，私贍三輔衣冠，知與不知，莫不畢給。又聞臘日，亦遺其在洛中者錢各五千。"此貴遊之以施與立名者也。《漢書·東方朔傳》，館陶公主近幸董偃，推令散財交士。令中府曰："董君所發，一日金滿百斤，錢滿百萬，帛滿千匹，乃白之。"此或言之過甚，然士之可以貨取則信矣。此慕榮利者所以多喜奔走與。

《宣元六王傳》，言淮陽憲王欽，遣人持黃金五十斤送朱博。博與王書，言趙王使謁者持牛酒黃金三十斤勞博，博不受。復使人願尚女，聘金二百斤，博未許。博之言不盡可信；然當時貴遊之間相贈遺之數，則畧可考見矣。《後漢書·獨行傳》：言雷義嘗濟人死罪。罪者後以金二斤謝之，義不受。《續漢書·五行志注》引《風俗通》，言洛陽男子夜龍，從兄陽求臘錢。陽與錢千。龍意不滿。民間饋遺假貸，則其數不過如此耳。又《張奐傳》，言董卓慕之，使其兄遺縑百匹。奐惡卓爲人，絕而不受。

# 五、論漢世購賞

秦漢時賞賜人民者雖微，而有所購求，則其爲數頗巨。項籍言："吾聞漢購我頭千金，邑萬戶。"《張耳陳餘傳》言："秦滅魏，購求耳千金，餘五百金。"《韓信傳》："令有生得廣信君者，購千金。"《季布傳》："項籍滅，高祖購求布千金。"讀者或疑千金五百金等爲擧成數或誇張之辭。然吳王遺諸侯書曰："能斬捕大將者，賜金五千斤，封萬戶。列將三千斤，封五千戶。裨將二千斤，封二千戶。二千石千斤，封千戶。皆爲列侯。其以軍若城邑降者：卒萬人，邑萬戶，如得大將：人戶五千，如得列將：人戶三千，如得裨將：人戶千，如得二千石"，則必非傳述約畧之辭矣。《後漢書·西羌傳》：購得杜琦首封列侯，賜錢百萬。羌胡斬琦者，賜金百斤，銀二百斤。漢陽太守趙博，遣刺客杜習刺殺琦。封習討姦侯，詔錢百萬。《周亞夫傳》：漢購吳王亦千金。《趙充國傳》："斬大豪有罪者一人，賜錢四千萬。中豪十五萬。下豪二萬。大男三千。女子及老小千錢。"《後漢書·齊武王傳》：王莽購伯升邑五萬戶，黃金十萬斤。《李忠傳》：從世祖攻巨鹿。王郎遣將攻信都。信都大姓馬寵等開城內之。世祖言："將軍可歸救老母妻子，宜自募吏民，能得家屬者，賜錢千萬。來從我取。"《三國蜀志·關羽傳注》引《蜀記》："羽與徐晃宿相愛，遙共語，但說平生，不及軍事。須臾，晃下馬，宣令：得關雲長頭，賞金千斤。"《吳志·鍾離牧傳注》引《會稽典錄》：揭陽縣賊率曾、夏等，衆數千人，歷十餘年。以侯爵雜繒千匹，下書購募，絕不可得。觀此，知購募之重者，大約爲金千斤。惟王莽之購伯升爲獨侈也。

## 六、論漢世喪葬之費

李悝計農家之用，歲不足四百五十，而疾病死喪之費及上賦斂不與焉。疾病死喪之費，似頗難預計者。然疾病之費不可知；死喪之費，則求之於史，猶畧有可考也。《漢書·成帝紀》：河平四年，"遣光禄大夫博士嘉等行舉瀕河之郡，爲水所流壓死，不能自葬，令郡國給槥櫝葬埋，已葬者予錢人二千。"《哀帝紀》：綏和二年"河南潁川郡水出，賜死者棺錢，人三千"。《平帝紀》：元始二年，"郡國大旱蝗，賜死者一家六屍以上，葬錢五千。四屍以上三千。二屍以上二千。"《後漢書·光武帝紀》：建武十二年，"地震，南陽尤甚。賜郡中居人壓死者棺錢，人三千。"《安帝紀》：元初二年，"遣中謁者收葬京師客死無家屬，及棺椁朽敗者。其有家屬尤貧無以葬者，賜，錢人五千。"建光元年，京師及郡國二十九雨水，郡國三十五地震，或坼裂。遣光禄大夫案行，賜死者錢人二千。延光元年，京師及郡國二十七雨水，大風殺人。詔賜壓溺死者，年七歲以上錢人二千。《順帝紀》：永建三年，京師地震。濮陽地陷裂。詔實覈傷害者，賜年七歲以上錢人二千。一家被害，郡縣爲收斂。陽嘉元年，望都蒲陰狼殺女子九十七人，詔賜狼所殺者錢人三千。永和三年，京師及金城、隴西地震，二郡山岸崩，地陷。遣光禄大夫案行金城、隴西，賜壓死者年七歲以上人二千。一家皆被害，爲收斂之。《桓帝紀》：建和三年，詔京師厮舍，死者相枕，郡縣阡陌，處處有之。其有家屬而貧無以葬者，給直人三千，喪主布三匹。永壽元年，詔被水死流失屍骸者，令郡縣鉤求收葬，及所唐突壓溺物故，七歲以上，賜錢人二千。永康元年，六州大水。渤海海溢。詔州郡溺死者，七歲以上錢人二千。一家皆被害者，悉爲收斂。合此諸文觀之，似棺賈三千，槥價二千，葬費千餘。<sub>據元始二年詔六屍者葬錢人八百餘，四屍者七百餘，二屍者千。元初二年詔云，尤貧無以葬者，賜錢人五千。除棺價三千外，尚餘二千，當係葬錢也。建和三年所給，似仍係棺錢。</sub>蓋衣率用錢三百；死者之衣，若悉如生者，則千錢尚餘七百，以給他費，亦粗足矣。《後漢書·獨行傳》：王忳嘗詣京師，於空舍中見一書生，疾困。愍而視之，書生謂忳，要下有金十斤，願以相贈。死後乞藏骸骨。未及問姓名而死。忳即粥一斤，營其殯葬。一金直錢萬，書生葬費，當稍浮於貧民也。《前漢書·王莽傳》：徐鄉侯劉快起兵敗死，莽命弔問死傷，賜亡者葬錢五萬。似不應如此之厚。豈五萬爲五千之誤，抑故施厚惠，以要結人心與？

## 七、論漢世臧盜振恤

漢世黄金一斤直錢萬。而文帝言百金中人十家之産，則一家之産，不過錢十萬耳。而當時爲臧盜者，乃動至百千萬。案《漢書·蕭望之傳》：丞相司直緐延壽奏望之受所監臧二百五十以上。師古曰：“二百五十以上，當時律令坐罪之次。若今律條言一尺以上，一匹以上矣。”《王子侯表》：承鄉侯德天，“坐恐猲國人受財臧五百以上免。”《景武昭宣元成功臣表》：梁期侯當千，大始四年，“坐賣馬一匹，價錢十五萬，過平臧五百已上免。”《高惠高后文功臣表》：希泉侯毋害，“坐詐紿人，臧六百免。”《陳萬年傳注》引如淳曰：“律主守而盜，直十金棄市。”故薛宣謂楊湛，念十金法重，不忍相暴章。翟義出爲南陽都尉，以他事召宛令劉立，至，以主守盜十金，賊殺不辜，收縛傳送鄧獄。然則匡衡爲人劾奏監臨盜所主守直十金以上，亦危矣。《後漢書·吴祐傳》，嗇夫孫性，私賦民錢，市衣以進其父。《注》引《續漢書》曰：“賦錢五百，爲父市單衣。”蓋漢世錢貴，故其論臧之數亦微。《光武紀》：建武十八年，詔“今邊郡盜穀五十斛，罪至於死，開殘吏妄殺之路，其蠲除此法，同之内郡”。夫明帝時粟斛三十，則五十斛才千五百錢，此固爲下糴。然即李悝所云上糴八十計之，亦僅四千錢耳。《三國吴志·顧雍傳注》引《吴書》，言：“雍母弟徽嘗出行，見營軍將一男子至市行刑，問之何罪，云盜百錢。”法雖酷，固有由也。乃《前》、《後漢書》所載臧不過萬六千者，僅一獄掾之妻。《漢書·薛宣傳》：“池陽令舉廉吏獄掾王立，府未及召。聞立受囚家錢，宣召讓縣。縣案驗獄掾，乃其妻獨受係者錢萬六千，受之經宿，掾實不知。”大臣爲人劾奏賣買私所附益不過十萬三千者，僅一蕭望之。餘則皆在數十百萬以上。《後漢書·第五倫傳》：曾孫種，遷兗州刺史，收中常侍單超兄子濟陰太守匡賓客親吏四十餘人。六七日中，糾發其臧五六十萬。此僅六七日中所舉發耳，其全數必不止此。《漢書·景武昭宣元功臣表》：湘成侯益昌，“坐爲九真太守，盜使人出買犀奴婢，臧百萬以上，不道誅。”《張湯傳》：皇太后同母弟荀參，爲水衡都尉，死。子伋爲侍中。參妻欲爲伋求封；湯受其金五十斤，許爲求比上奏。弘農太守張匡坐臧百萬以上，狡猾不道，有詔即訊。恐下獄，使人報湯，湯爲訟罪，得踰冬月，許謝錢二百萬。《王尊傳》：爲安定太守，出教告屬縣，言治五官掾張輔，盡得其百萬姦臧。《後漢書·冲帝紀》：永嘉元年，中郎將趙序坐事棄市。《注》引《東觀記》曰：“取錢三百七十五萬。”《漢書·宣元六王傳》：“朱博詐淮陽憲王，言已見中書令石君求朝，許以金五百斤。”《外戚恩澤侯表》：平丘侯王遷，坐平尚書聽請受，臧六百萬，自殺。《後漢書·朱儁傳》：太守尹端，以儁爲主簿。熹平二年，端坐討賊許昭失利，爲州所奏，罪應棄市。儁乃羸服閒行，輕賷百數金，到京師賂主章吏，遂得刊定州奏，端坐輸作左校。此皆在千萬以下者也。《漢書·周勃傳》：下廷尉，以千金與獄吏。《韓安國傳》：王恢下廷尉，當逗撓，當斬；行千金丞相蚡。《丙吉傳》：子顯，爲大僕十餘年，與官屬大爲姦利，臧千餘萬。《何並傳》：潁川鍾元爲尚書令，領廷尉，用事有權。弟威爲郡掾，臧於金。《佞幸傳》：淳于長受許后金錢乘輿服御物，前後千餘萬。《後漢書·鍾離意傳》：交阯太守張恢，坐臧千金，徵伏法。《章帝八王傳》：清河孝王慶中傅衛訢，私爲臧盜千餘萬。《蓋勛傳》：拜京兆尹。時長安令楊黨，父爲中常侍，恃勢貪放。勛案得其臧千餘萬。《杜喬傳》：漢安元年，使徇察兗州，表奏陳留太守梁讓，濟陰太守氾宮，濟北相崔瑗等臧罪千萬以上。《黨錮傳》：蔡衍遷冀州刺史，劾奏河間相曹鼎臧罪千萬。《董卓傳注》引《典畧》，載卓表張讓等，一書出門，高獲千金，下數百萬。《儒林傳》：歐陽歙在汝南，臧罪千餘萬。邵陵令任嘉，在職貪穢，因遷武威太守；後有人奏嘉臧罪千餘萬。《逸民傳》：林丹，建武末，沛王輔等五王居北宮，皆好賓客，更遣請丹，不能致。信陽侯陰就，詭説五王，求錢千萬，約能致丹，而別使人要劫之。《西羌傳》：任尚與鄧遵争功，又詐增首級，受賕枉法，臧千萬以上，檻車征棄市。《漢書·公孫賀傳》：子敬聲。征和中，擅用北軍錢千九百萬。《外戚恩澤侯表》：陽城侯田延年，坐爲大司農，盜都内錢三千萬，自殺。《酷吏傳》："茂陵富人焦氏、賈氏，以數千萬陰積貯炭葦諸下里物。昭帝大行時，方上事暴起，用度未辦。延年奏言商賈或預收方上不祥器物，冀其疾用，欲以求利，非民臣所當爲，請没入縣官。奏可。富人亡財者皆怨。出錢求延年罪。初，大司農取民牛車三萬兩爲僦，載沙便橋下，送致方上，車直千錢。延年上簿，詐增僦直車二千，凡六千萬，盜取其半。焦、賈兩家告其事，下丞相府。丞相議奏延年主守盜三千萬，不道。《後漢書·蓋勛傳》：中平元年，北地羌、胡與邊章等寇亂隴右。刺史左昌，因軍興斷盜數千萬。《章帝八王傳》：蠡吾侯悝，自勃海王貶爲癭陶王，食一縣。後因中常侍王甫求復國，許謝錢五千萬。《皇甫嵩傳》：中常侍張讓私求錢五千萬，嵩不與。《楊震傳》：光和中，黃門令王甫，使門生於郡界辜榷官財物七千餘萬。此皆在千萬以上者也。《冲帝紀》：永嘉元年，南陽太守韓昭坐臧下獄死。《注》引《東觀記》曰："强賦一億五千萬。"《徐璆傳》：遷荆州刺史。時董太后姊子張忠爲南陽太守，因勢放濫，臧罪數億。璆到州，舉奏忠臧餘一億。《橋玄傳》：大中大夫蓋升，與靈帝有舊恩；前爲南陽太守，臧數億以上。此皆在萬萬以上者也。惟《陳蕃傳》載王甫讓蕃之言曰：竇武"旬月之間，貲財億計”。武即非清廉，斷不能於旬月之間，致此巨訾，當係誣詆之辭耳。《前書·翟方進傳》：“爲昌陵令。是時起昌陵，營作陵邑。貴戚近臣子弟賓客，多辜榷爲姦利者。方進部掾史覆案，發大姦臧數千萬。”《後書·虞詡傳》：遷尚書僕射。是時長吏二千石聽百姓謫罰者輸贖，號爲義錢。托爲貧人儲，而守令因以聚斂。詡上疏曰：“元年以來，貧百姓章言長吏受取百萬以上者，匈匈不絶。謫罰吏人，至數千萬。”此皆非一人所得，然一人所得，亦必不少矣。

顔師古注《蕭望之傳》：言二百五十以上，爲當時律令坐罪之次。《匡衡傳注》亦曰：“十金以上，當時律定罪之次。若今律條言一尺以上，一匹以上。”《薛宣傳注》曰：“依當時律條，臧直十金，則至重罪。”然則張忠臧罪數億，而徐璆僅奏其臧餘一億者，蓋亦據律令而言。當時律令，蓋無二億以上之條也。《後書·桓帝紀》：建和元年，詔“長吏臧滿三十萬而不糾舉者，刺史二千石以縱避爲罪”。《王龔傳》：子暢，拜南陽太守，豪黨有釁穢，莫不糾發。更爲設法，諸受臧二千萬以上不自首實者，盡入財物。則論官吏豪右臧罪，律令之條，遠較論小吏以下爲寬。然猶無二億以上之條，可見當時臧盜爲數之多，遠出情理之外也。以布帛論臧者，不過尺匹。而《三國魏志·曹爽傳注》引《魏畧》，言蔣濟爲護軍時，有謡言，欲求牙門，當得千匹；百人督五百匹。其爲數亦不菲矣。論臧之數曰二百五十，曰五百，而翟宣爲相府辭訟例，不滿萬錢，不爲移書，重責人之罪，而輕爲人平反，何其戾也。

《蓋勛傳注》引《續漢書》曰：中平元年，黃巾賊起。故武威太守酒泉黃雋被征失期。梁鵠欲奏誅雋。勛爲言，得免。雋以黃金二十斤謝勛，終辭不受。事後之謝，雖與要挾受臧者不同；然使其風稍長，羣冀事後之謝，而爲人道地，亦開臧穢之路也。

官吏臧穢雖可鄙，然《貨殖傳》言吳楚兵起，長安中列侯封君行從軍旅，齎貸子錢。貢禹上書元帝，言陛下過意征臣，臣賣田百畝，以共車馬。《後漢書·朱俊傳》：同郡周規，辟公府，當行。假郡庫錢百萬，以爲冠幘費。則漢時服官從軍者，私所費亦不少矣。

聽謫罰者輸贖而號爲義錢，托爲貧人儲，是以爲振恤之款也。漢時從事振恤，其數可考者：成帝永始二年詔曰：“關東比歲不登，吏民以義收食貧民，入穀物助縣官振贍者，已賜直。其百萬以上，加賜爵右更；欲爲吏，補三百石；其吏也，遷二等。三十萬以上賜五大夫，吏亦遷二等，民補郎。十萬以上，家無出租三歲。萬錢以上一年。”此雖云賜直，且有加惠，然當其收食及入穀物之初，或未嘗計及於此，所以稱爲義舉也。《卜式傳》：式持錢二十萬與河南太守，以給徙民。

亦屬義舉。

## 八、論漢世賣爵贖罪

《史記·平準書》："請置賞官，命曰武功爵，級十七萬，凡直三十餘萬金。"臣瓚引《茂陵中書》，爵止十一級。師古疑《茂陵中書》説之不盡。案《茂陵中書》無説之不盡之理。"級十七萬，凡直三十餘萬金"，此十一字顯有訛誤；然則級數當從臣瓚説爲十一也。《漢書·惠帝紀》元年，民有罪，得買爵三十級以免死罪。《注》引應劭曰："一級直錢二千，凡爲六萬。若今贖罪入三十匹縑矣。"《漢書·食貨志》：文帝從晁錯之言，令民入粟拜爵。孝景時，上郡以西旱，復修賣爵令，而裁其買以招民。《成帝紀》：鴻嘉三年，令民得買爵，級千錢。較惠帝時適減半，蓋亦所謂裁其買者。武功爵有罪得減二等。若按惠帝時入錢六萬之制減半，則級得三萬。十一級凡三十三萬。疑"級十七萬"四字，爲"級十一"或"級三萬"之誤。"凡直三十餘萬金"之"金"則衍字也。《索隱》引顧氏案"或解云：初一級十七萬，自此已上，每級加三萬，至十七級，合成三十七萬也"。似近鑿空。

或曰：《漢書》言文帝從晁錯言，令民入粟邊，六百石爵上造，稍增至四千石爲五大夫，萬二千石爲大庶長，各以多少級數爲差。夫四千石，以下糶石三十乘之，爲錢已十二萬；以上糶八十乘之，則三十二萬矣。萬二千石，以石三十乘之，爲錢三十六萬；以八十乘之，則九十六萬矣。明武功爵級十七萬不爲多，而各級糶買，不得相等也。然昔時，穀物買賣不甚盛，民之入粟與出錢大異，不可不知。或又言靈帝賣關內侯至五百萬。見《後漢書》本紀中平四年。《續漢書·五行志》同。明武功爵級十七萬不爲多。然漢人重侯封，關內侯與武功爵，又不可併論也。

漢世贖罪之制：《淮南王傳》載膠西王端議：贖死金二斤八兩。《後漢書》：明帝即位，詔"天下亡命，殊死以下得贖論。死罪入縑二十匹，右趾至髡鉗城旦舂十匹，完城旦舂至司寇作三匹，其未發覺詔書到先自告者，半入贖"。章帝建初七年詔同。明帝永平十五年詔，二十匹作四十匹，三匹作五匹。章帝章和元年詔，右趾至髡鉗城旦舂七匹，餘同。皆與《惠帝紀注》引應劭之言相近。《武帝紀》，天漢四年，大始二年，令死罪入贖，錢五十萬，減死一等。《蕭望之傳》："望之言：聞天漢四年，常使死罪人入五十萬錢，減死罪一等。豪強吏民，請奪假貸，至爲盜賊以贖罪。"蓋一時之苟政，不可以常法論也。《景帝紀》：元年，廷尉與丞相議："吏受所監臨財物,賤買貴賣,無爵罰金二斤。"《張釋之傳注》引如淳曰:"宫衞令:諸出入殿門公車司馬門者皆下,不如令,罰金四兩。"又曰:"乙令蹕先至而犯者,罰金四兩。"二斤二萬錢,四兩錢二百五十耳。《景武昭宣元成功臣表》:將梁侯楊僕,元封四年,坐爲將軍擊朝鮮畏懦,入竹二萬箇以贖。完爲城旦。新疇侯趙第,大始三年,坐爲大常鞫獄不實,入錢百萬贖死。完爲城旦。皆非常法。《東方朔傳》:隆慮公主病,以金千斤錢千萬爲昭平君豫贖死罪。《後漢書·獨行傳》:公孫述欲殺譙玄。玄子瑛,願奉家財千萬,以贖父死。則更不可以常理論矣。

靈帝時賣官,公千萬,卿五百萬,二千石二千萬,四百石四百萬,<small>《後漢書·靈帝紀》光和元年及《注》引《山陽公載記》。《山陽公載記》曰:"其以德次應選者半之,或三分之一。"《後書·崔駰傳》:崔烈因傅母入錢五百萬,得爲司徒。及拜日,天子臨軒,百僚畢會。帝顧謂親幸者曰,</small><small>"悔不小斬,可至千萬。"程夫人於旁應曰:"崔公冀州名士,豈肯買官;賴我得是,反不知姝耶。"此所謂以德次應選減半者也。又《羊續傳》:中平六年,靈帝欲以續爲大尉;時拜三公者,皆輸東園禮錢千萬,令中使督之,名爲左騶。</small>關内侯五百萬,<small>假金印紫綬,傳世。見《靈帝紀》中平四年及《續漢書·五行志》。</small>刺史二千石及茂才孝廉遷除,皆責助軍修宫錢。大郡至二三千萬,餘各有差。<small>《後漢書·宦者傳》。《三國魏志·公孫瓚傳注》引《魏畧》曰:"吏遷補州郡者,皆責助治宫錢,或一千萬,或二千萬。"《後書·宦者傳》曰:"巨鹿太守河内司馬直新除,以有清名,減責三百萬。"則以德次應選減責之法,亦與公卿同。《劉陶傳》云:"徙京兆尹,到職,當出修宫錢直千萬",則京兆亦與州郡無異也。《續漢書·五行志》曰:"詣闕上書佔令長,隨縣好醜,豐約有賈",則並粥及令長。</small>而曹嵩且以貨賂中官及輸西園錢一億萬,<small>《後書·宦者傳》。</small>位至太尉。


## 九、論漢世穀帛之賈


自戰國至兩漢,粟賈無甚差殊,大率爲三十至八十,已見前。今舉其異常者。

《漢書·高帝紀》:二年,"關中大饑,米斛萬錢。"《食貨志》:"漢興,以爲秦錢重難用,更令民鑄莢錢。黄金一斤。而不軌逐利之民,畜積餘贏,以稽市物,痛騰躍。米至石萬錢,馬至匹百金。"《貨殖列傳》:宣曲任氏,其先爲督道倉吏。秦之敗也,豪傑爭取金玉,任氏獨窖倉粟。楚漢相距滎陽,民不得耕種,米石至萬。而豪傑金玉,盡歸任氏。三説符會。然《食貨志》又云:"漢興,接秦之弊,諸侯并起,民失作業而大饑饉,凡米石五千。"則堇得其半。蓋古人言數,不甚精確,浮於五千,則以萬言之耳。然即以五千論,亦已百六十餘倍於下賈,六十餘倍於上賈矣。

《食貨志》:"宣帝即位,用吏多選賢良,百姓安土,歲數豐穰,穀至石五錢。”本紀書其事於元康四年。然《趙充國傳》，充國言今張掖以東，粟石百餘，芻稿束數十；則張掖穀賈，二十倍於關中矣。

《食貨志》：“元帝二年，齊地饑，穀石三百餘。民多餓死。琅邪郡人相食。”

《馮奉世傳》：永光二年，“是時歲比不登，京師穀石二百餘，邊郡四百，關東五百。”

《食貨志》：“王莽末年，雒陽以東，米石二千。”《王莽傳》田況上言同。《後漢書·范升傳》：“王莽大司空王邑，辟升爲議曹史。升奏記邑，言穀價騰躍，斛至數千。”《光武紀》建武二年曰：“王莽末，天下旱蝗，黃金一斤，易粟一斛。”《第五倫傳注》引《東觀記》，言時米石萬錢，人相食。倫獨收養。漢世黃金一斤直錢萬，則二説符會也。

《後漢書·張暉傳》：“建初中，南陽大饑，米石千餘。”

《安帝紀》：永初二年，廩河南、下邳、東萊、河內平民。《注》引《古今注》曰：“時州郡大饑，米石二千，人相食。老弱相棄道路。”

《龐參傳》：“永初四年，羌寇轉盛，兵費日廣；且連年不登，穀石萬餘。”《西羌傳》：“永初湟中諸縣，粟石萬錢。”

《虞詡傳》：遷武都太守。《注》引《續志》曰：“詡始到，穀石千，鹽石八千。視事三歲，米石八十，鹽石四百。”

《循吏第五訪傳》：遷張掖太守，“歲饑，粟石數千。”

《西南夷傳》：景毅爲益州太守，“初到郡，米斛萬錢。少年間，米至數十。”

《董卓傳》：“又壞五銖錢，更鑄小錢，貨賤物貴，穀石數萬。”《三國魏志》本傳作穀一斛至數十萬。案《後書·卓傳》述李傕、郭汜在長安時情形云：“穀一斛五十萬，豆麥二十萬，人相食啖，白骨委積。”《獻帝紀》興平元年，亦有是語。則其事自在傕、汜入長安後，卓鑄小錢時，尚未至此。《三國志》蓋要其終言之也。

《三國魏志·武帝紀》：興平元年，“是歲穀一斛五十餘萬錢，人相食。”案此指兗州之域言之。

兩漢穀賈，見於史者，畧具於此。興平時之情形，非復可以常理論。然一兵荒動至數千。而如宣帝時，張掖穀賈二十倍於關中。可見其不相流通之狀。宣帝時穀石五錢，耿壽昌以此立常平倉於邊郡，而永光二年，京師穀石二百餘，邊郡四百。可見公家制馭之無術，商賈操縱之可畏也。漢初穀賈之翔踴，蓋非獨民失作業，亦與更半兩爲莢錢有關。元和中，穀貴，縣官經用不足。尚書張林言，穀所以貴，由錢賤故也。可盡封錢，一取布帛爲租，以通天下之用。《後漢書·張暉傳》。林必有所見而云然。惜史載其語不詳，而漢世錢賈升降，亦不盡可考耳。

《三國魏志·胡質傳》引《晉陽秋》：質之爲荆州也，其子威自京都省之。十餘日，告歸。臨辭，質賜絹一匹，爲道路糧。當時絹價幾何不可知，度必不能甚貴。然足爲道路糧者，威之來也，無車馬僮僕，自驅驢單行；其去也，每至客舍，自放驢取樵炊爨，食畢，復隨旅進退。往還如是。蓋誠以爲易食之資耳。然則絹一匹可足自許至荆州之食也。

《三國魏志·閻温傳注》引《魏畧·勇俠傳》：言趙岐逃之河閒，常於市中販胡餅。孫賓碩問之曰：“自有餅邪？販之邪？”岐曰：“販之。”賓碩曰：“買幾錢？賣幾錢？”岐曰：“買三十，賣亦三十。”然則一胡餅之賈，等於粟一石之下糴矣，可見熟食之貴。《鹽鐵論》所以以熟食遍市爲侈也。見《散不足篇》。

《食貨志》：新莽時，羲和魯匡，請法古令官作酒。一釀用粗米二斛，曲一斛，得成酒六斛六斗。是則酒四升，當用粗米一升一合餘也。《昭帝紀》：始元六年，“賣酒升四錢。”

穀賈往史多有記載，布帛之賈則難知。今案《三國魏志·田豫傳注》引《魏畧》云：“鮮卑素利，數來客見，多以牛馬遺豫。豫轉送官。胡以爲前所與物顯露，乃密懷金三十斤遺豫，豫受之。胡去之後，皆悉付外，具以狀聞。詔褒之，賜絹五百匹。豫得賜，分以其半藏小府。後胡復來，以半與之。”豫分絹之半以與胡，似計其賈與金三十斤畧相當者。此説如不誤，則金一斤直絹八匹餘，黃金一斤直錢萬，則絹一匹，直錢千二百也。

## 十、論漢世馬賈

《漢書·食貨志》言：“馬至匹百金。”此蓋以成數言之，不必其果直百金也，然其賈必已甚貴矣。《後漢書·靈帝紀》：光和四年，“初置騄驥廄丞，領受郡國調馬，豪右辜榷。馬一匹至二百萬。”視漢初之賈又倍之。《武帝紀》：元狩五年，“天下馬少，平牡馬，匹二十萬。”亦僅光和賈十之一耳。《景武昭宣元功臣表》：梁期侯當千，大始四年，坐賣馬一匹，賈錢十五萬，過平臧五百已上免。則大始時馬之平賈，又不及十五萬也。是知漢初之賈，乃因幣制驟變，人心不安；光和之賈，則因在上者誅求過急，皆去常情甚遠。《吳志·孫皓傳注》引《江表傳》，言何定使諸將各上好犬，皆千里遠求，一犬至直數千匹。御犬率具纓，直錢一萬，與靈帝事頗相類。可見誅求之害。《後漢書·杜林傳注》引

《東觀記》云:"馬援從南方還時,林馬適死。援令子持馬一匹遺林。林受之。居數月,林遣子奉書,送錢五萬。"五萬之數,蓋與馬一匹之賈畧相當。然則馬一匹之價,侔於下糴千六百六十六石有餘。一夫挾五口,治田百畝,得粟百五十石。十一家力耕,猶不能奉戰馬一匹之費也。此古人所以重用兵歟。

原刊《齊魯學報》第一期,一九四一年一月出版

# 狗　　吠

“客自故鄉來，應知故鄉事。來日綺窗前，寒梅著花未？”這是太平時代的詩人，有此閒情逸致，想到故鄉窗外的梅花。在亂離時，則別來三日，已不知故鄉是何情狀了；“煮葵持作飯，采葵持作羹。羹飯一時熟，不知遺阿誰？”還有什麼心情，懸念到梅花呢？

我是抱著孔子“君子居之，何陋之有”，屈原“何必懷此都也”的志願的。“我不入地獄，誰入地獄？”我覺得越是淒涼寂寞的地方，越該有人發大誓願前去。“豈鹿豕也，而常聚乎？”我難道有什麼依戀故鄉之心？然而數十年來雖然背離了，歲時伏臘，總還回去走走的地方，闊別三年有餘，見了來人，問一聲：“現在的情形怎樣？”總還是情所不免。

他回答得很幽默。他說：“現在狗吠的聲音，比從前利害了。”

這是什麼話呢？我楞著。

他續說道：“狗不知道時勢變了，還祇認得向來所見慣的人。而今異樣的人多了，狗見著他就叫。白天裏不打緊。在深夜，他們得了慰安回來的時候，就要逢彼之怒了。或者拔出刀來刺，或者以現代的武器相對付。以現代的武器相對付，倒也罷了。被刺刀所刺的，傷而不死，真慘痛啊！我曾見一隻狗，腸拖腹外，還慘切叫號了兩三天。然而狗見了他們還是叫，不但沒有受過傷的，就是受過傷的，甚而至於還帶著傷的，也是如此，態度絕不改變。狗真有氣節啊！現在的家鄉，絕不是從前的情形了。從前，我們聯床情話時，夜深人靜，亦或聽得狗吠的聲音，開門出視，祇見一條深巷，月明如水，行人絕跡而已。這種情形，在當時雖覺得慘澹，現在想起來，倒也幽閒有致。現在再沒有這種情景了。夜深人靜，聽得狗吠時，再也沒有人開門去看。”

他說著歎息，我也歎息。我想著：狗不是人最早的朋友麼？任何考古學家，都知道在史前史上，畋獵是人類社會最普通的一個階段。尋覓、追逐的技倆，人是萬萬及不上狗的。所以人類在打獵時，多需要狗的幫助。然而狗也有需要人幫助的地方。有種動物，狗雖然能尋着、追着，卻不能制伏他，就成了人的食品，人在饜足之餘，亦剩些零頭碎肉，投與狗吃。狗自以爲得着人的豢養，就認常相依附的人爲主人，而更願效忠於他了。我們知道：優勝的階級，總是不受任何約束的，屈伏的階級，却須守一定的義務；所以男人可以取妾、通姦，女人却絶對不可，甚而至於再嫁也算做不道德，雖然不甚受法律的制裁，而社會的制裁，比法律還要嚴厲。而臣道，在經書上，也和妻道一樣。人和狗的利害不相一致時，負心的自然是人。“高鳥盡，良弓藏，狡兔死，走狗烹”，這固然是寓言。然而在古書上，我們祇看見狗屠，却從不曾見過豬屠，就可見古人的吃狗，遠較吃豬爲多。這並不是今人對狗的同情心忽然擴大了，乃是距畋獵之世遠了，畜狗之風已衰，所以没有人把狗當作日常的肴饌。古人則不是如此的。所以“狡兔死，走狗烹”的諺語，並不是隨意造作，在這一句諺語裏，正反映出古人食狗者之多來。以公道論，我們不該替狗叫屈麽？狗正是忠臣，尤其是武士的象徵啊！然而屠和烹，却是狗必然的命運。爲什麽呢？因爲世界上的事，到底是要鬥智的，不能專靠鬥力。狗，固然很靈警，亦不能説不刁狡，然而總祇是狗的靈警刁狡，真正要用起智力來，他這種靈警刁狡，就非另有指揮運用他的人不可了。所以遠在二千年前，專制君主論功行賞時，就有功狗功人的比喻。既然如此，一個忠實武勇之群，就不得不推一個陰險狡猾的人做首領。既然推了這種人做首領，功成事定之後，那得不受其宰割呢？如其功不成，事不定，那自然狗是犧牲，而人先逃避了。我們不真要替狗叫屈麽？然而誰使你依賴了人以謀食來？你要向外謀食，就非倚賴陰險狡猾的人不可，既依賴了陰險狡猾的人，就非被他犧牲宰割不可。狗的命運，還是狗自己鑄定的啊！

原署名：談言，原刊《青年月刊》第三卷第二期，
一九四一年二月出版

# 柳存仁《上古秦漢文學史》序①

“絲不如竹，竹不如肉，何也？曰：謂其漸近自然。”天下惟自然爲最美，人工修飾之物，總不如自然的有天趣，所以文章要貴天籟。但是自然之美，發達到一定程度時，加以人工的修飾，又是勢所必至的。這個，正代表着自上古至兩漢文學發展的趨勢。

最古的文字，我們現在已經看不見了，或者也可以説現在還没有發見。我們所看得見的最古的文字，大約可分爲三類：一種是金石刻文和《尚書》中真正出於古書的一部分，這是散文。一種如《老子》之類，這是口訣。一種如《詩經》中較古的一部分，詩歌的初起，其美只在其音節，辭句並無甚意味，而且往往三重四複，並没有説出什麽話來，如《詩經》中的《苤苢》即是。這是詩歌，都是很質樸的。散文要到《戰國策》，歌訣要到《易·文言》，韻文之類要到《楚辭》才算較爲發達。此以大體言，《詩經》中較後起的一部分，自亦包括在内。大抵《詩經》中，《風》是較元始的，《頌》、《雅》是較後起的。這都是春秋戰國時代的事。秦漢之世，還是循着這個趨勢前進。散文如賈、晁、董、司馬氏等，固然是意無不盡，詩歌出於較通文墨的人的，則由四言發展爲五言，其存於農夫野老婦人孺子之口的，則爲漢武帝時採的趙、代、秦、楚之謳，後人以其機關之名稱之，謂之樂府。

這時候的文章，完全是出於自然的，出口成章，並不加以修飾。然而經過一個時代，人工的修飾，就要隨之而起了。這一個運動，使文字的數目，大大增加。又把一部分古語，代替了當時的語言，使言文漸漸分離。這一個運動，把文字的内容擴大了，卻使其趣味減少。

秦漢時代的字書，我們所知道的，有李斯所作的《倉頡篇》，趙高所作的《爰曆篇》，胡毋敬所作的《博學篇》，合計三千三百字。其中本有復字，後已被揚雄換去。揚雄所作的《訓纂篇》，二千四十字。班固所作的十三章，七百三十二字。

---

① 原題《論上古秦漢文學的變遷——序柳存仁〈上古秦漢文學史〉》。

合計六千七十二字。現存的《說文解字》，則其總數爲九千三百十三，可見字數的逐漸增加。這種增加的字，果何從而來呢？我們試看東漢、魏、晉時崇尚古文學的人，每每訾議人家不識古字。如尚書僞孔安國傳序說："科斗書廢已久，時人無能知者。"這固是野言，然其說亦必有所本。篆隸之異，只是筆畫形狀，識隸書的人，斷無不識篆書之理。然則所謂時人不識古文者，與其說是字體的改變，還不如說有許多廢而不用之字，又給好古的人去搬出來了。《漢書·藝文志》說：元始中，徵天下通小學者以百數，各令記字於庭中，揚雄取其有用者以作《訓纂篇》，而《揚雄傳》說：劉棻嘗從雄學作奇字。所謂有用，就是日常使用的，所謂奇字，就是不甚行用的，如現今所謂業經死去的文字了。這許多文字，給做文章喜歡博洽和生僻的人，又通統搬了出來。然而還不止此。《三國吳志·虞翻傳》《注》引《會稽典錄》說：孫亮時，有山陰朱育，少好奇字。凡所特達，依體象類，造作異字，千名以上。可見當時好奇字的人，還有自造新字的。當時好辭賦者，多稱其能多識鳥獸草木之名，此等名詞中，必多新造之字。把已廢不用的古字，通統搬了出來，再加以自己之所造作，其所做的文章中，人家不認得的字，自然多了。我們現在讀漢賦，生僻的字極多，就是爲此。這種趨勢，在做文章的人，除使人震驚其博洽，及感覺一種生僻之趣外，並無別種意味。

還有一種，便是所謂爾雅運動。雅與夏即係一字。大概古代音讀之殊，以楚夏爲兩大宗，亦即如今南北方言之異。因國家文明程度的高低，在古代，趨勢上早就以夏言爲正。所以《論語》上說子所雅言，詩、書、執禮，而孟子譏許行爲南蠻鴃舌之人。然而到漢代，所謂爾雅者，已非復近於夏言之謂，而爲合於古語之意。公孫弘請置博士弟子說："詔書律令下者，明天人之際，通古今之義，文章爾雅，訓辭深厚，恩施甚美，小吏淺聞，不能究宣，無以明布諭下。"《史記·樂書》說："今上即位，作十九章，通一經之士，不能獨知其辭，皆集會五經家相與共誦講習之，乃能通知其意，多爾雅之文。《漢書·王莽傳》：莽頌符命四十二篇於天下，"其文爾雅依托，皆爲作說"。這所謂爾雅，明明都是近古之義。雅字何緣有故字之義呢？顏師古說："爾雅，近正也。"蓋初以雅言爲正，而雅字遂引伸而有正字之義，其後改以古語爲正，爾雅之義，就從近正變爲近古了。在此趨勢之下，修辭造句，都可以古爲準，不顧其與口語合否，不但不以之自謙，而且還以之自矜，而言文遂漸漸分離。

言文的分離，和作文爲用冷僻之字，不過使人見於覺得有一種新奇之感，順此趨勢，遂有造句亦求其特別的。譬如揚雄諫止哀帝拒絕烏珠留單于來朝書說："往者嘗屠大宛之城，蹈烏桓之壘，探姑繒之壁，藉蕩姐之場，艾朝鮮之斾，拔兩越之旗，近不過旬月之役，還不離二時之勞，固已犁其庭，掃其閭，郡縣而置之，雲徹席捲，後無餘菑。唯北狄爲不然。真中國之勁敵也。三垂比之縣矣，前世重之茲甚，未易可輕也。"此中屠城，蹈壘，探壁，藉場，艾斾，拔旗，句句變換；以及犁庭，掃閭，雲徹，席捲等，都是有意選用的新奇可喜、富於刺激性的字眼；而句調亦極整飭；這都是有意爲之的。這種文字，在當時，大約惟懂得小學，而又擅長辭賦的人，乃能爲之，"達而已矣"的文學家，都不能爲。我們讀此等文字，亦未嘗不激賞其組織的精能，極人工修飾之美，然而比諸冲口而出，純任自然的文字，總還覺得天趣的不如。文章最精微之處，在於聲調。聲調之美，無過於太史公，這大約是講舊文學的人，十之八九，可以承認的。太史公的文章，聲調之美，原因何在呢？我敢説全在其基於口語。我們讀古書，覺得在先秦時代，句子的冗長，無過於《墨子》，在兩漢時代，則無過於《史記》。足與《史記》并稱的，其實不少，如王充《論衡》，其辭句亦甚冗蔓。《墨子》書句子所以冗長，即因其上説下教，只求人之易解，而不求其美麗之故。《史記》句子之冗長，是人人所知，其實已經鈔寫的人删節過了。真正《史記》的原文，比現在我們所看見的還要冗長一些，試看《史通·點煩篇》所引可知。史公文字句子的冗長，無疑的，乃由其按照當時的口語寫出。此等文字，在言文業經分離，行文力求簡潔之世，文學家怕多數覺得其該删改的，不過拘於尊古的習慣，少有人敢繼劉知幾之後而言點煩罷了。然而文章筆調最美的，卻亦出於《史記》之中。試看《太史公自序》："遷生龍門，耕牧河山之陽。年十歲則誦古文。二十而南游江、淮，上會稽，探禹穴，窺九疑，浮於沅、湘，北涉汶、泗，講業齊、魯之都，觀孔子之遺風，鄉射鄒嶧，戹困鄱、薛、彭城，過梁、楚以歸。於是遷仕爲郎中，奉使西征巴、蜀以南，南畧邛、筰、昆明，還報命。是歲，天子始建漢家之封，而太史公留滯周南，不得與從事，故發憤，且卒，而子遷適使返，見父於河、洛間。"此中"年十歲則誦古文"一句，崔觶甫《史記探原》疑爲後人竄入，我亦頗有同感。今即置此等考據問題於弗論，而這許多句子之中，除"年十歲則誦古文"，"於是遷仕爲郎中"，"是歲天子始建漢家之封"，"故發憤，且卒"數語而外，無一句不有地名。使有意於做文章之人爲之，其聲調豈復可誦？即使勉強做到可誦，亦至多不至於棘口，要求誦之而覺其和諧宛轉，必不可能了。而太史公卻能之。此豈其別有繆巧，不過即本於當時的口語罷了。無論哪一種語言，都有其自然的聲調，自然的聲調，無不和諧宛轉，曲盡其妙，爲學做文章的人窮老盡氣所不能至，此即所謂天籟，此即所謂自然，爲人工修飾不能及。現在守舊的人，極力反對語體文字，而不知其所認爲最美，奉爲典型，終身學之而不能至的，正即若干年前的語體文字，而現在的語體文字，過若干年後，其中精美的，亦必爲後人所欣賞，一如吾儕今日之於先秦兩漢之書，但鄙倍者除去，此則古文中亦有鄙倍者，不獨白話也。雖事非吾儕所能見，而理卻可以預決的了。

　　然當時的人，讀了此等文字，不過如我們今日之視語體文字，或者淺近文言，並不覺其如何美妙，而其所視爲美妙的，倒是加以人工修飾，使之與自然相遠的。於是用字務求新奇，造句務求齊整，遂漸形成漢、魏時代的駢文了。駢文初興之時，去口語尚不甚遠，未至完全不適於用。到後來愈離愈遠，不但不適實用，而且其所謂美者，亦實在覺得索然了。於是又有所謂剗除浮靡的運動，而韓退之遂被稱爲文起八代之衰。上古時代，文學漸次萌芽，到東周、西漢之世而達於極盛。其時人工修飾之弊漸興，亦即自然之文體漸壞。至於文體之壞達於極點，而文學上之所謂美者亦全亡，只剩些人工修飾的部分，索然無生氣了。自上古至南北朝之末，文學的變遷，實具有佛法上成、住、壞、空四種相，而先秦兩漢的文學史，該括著其中的前三種。

　　此時期的文學史，是非在文學上有相當修養的人不能做的。不懂舊文學不好，不懂新文學又不好。而且講到此時期的文學，非畧通古書義例不可，這又是不能不懂得考據的。要這三方面兼擅之才，卻真不易得了。而這一部書，內容讀後自然見得，無煩我的徵引了。民國三十年一月，武進呂思勉識。

原刊《宇宙風（乙刊）》第三十九期，<br>一九四一年二月十六日出版

# 漢世亭傳之制

　　交通猶人身之血脈；血脈當無所不通，交通之道亦當無所不達。近世交通利器雖多，然欲其徧於山陬海澨，則必非旦夕之功，端賴有舊式之道路及交通之具，與之互相銜接。吾國今日方事重脩驛運，非徒曰緣江緣海交通便利之地多受封鎖，而姑以是救急云耳；即使海疆安謐，江河百川互相灌溉，而欲深入乎山陬海澨，舊式之通路及交通工具仍不可以不脩。必如是，乃能與用新式器具之大道相銜接，而成完密之交通網，如血脈之無所不通也。此篇詳考漢代亭傳之制，知國小而爲治纖悉之世，交通制度之完備，絕非政事疏闊之世所能想像。然則，《周官》等書所述之制，必非盡誣矣。人力所脩之事雖廢墜，必可以人力恢復之，讀之可使從事於驛運者自壯；而其所言館驛廢墜之由，及其與邊陲關係之重，尤足資今日之藉鑒而發人深省也。

　　古代人民往來少，而其爲治纖悉，故凡行旅之所資，如宿息、井樹等，無不由公家爲之措置。兩漢去古近，其遺制猶有存焉者。漢高祖至高陽傳舍，使人召酈生。及出成皋，東渡河，獨與滕公俱，從張耳軍脩武。至，宿傳舍，晨自稱漢使，馳入趙壁，奪其軍。《史記・淮陰侯列傳》。王郎兵起，光武趣駕南轅，晨夜不敢入城邑，舍食道旁。至饒陽，官屬皆乏食，光武乃自稱邯鄲使者，入傳舍。及至信都，亦入傳舍，與任光定謀。更始之敗，劉恭步從至高陵，入傳舍。當造次顛沛之際，行旅惟傳舍是依如此，承平時更不必論矣。霍光至平陽傳舍，遣使迎霍仲孺。何武爲刺史，行部必先即學宮見諸生，然後入傳舍，出記問墾田頃畝、五穀美惡，已乃見二千石。韓延壽守左馮翊，行縣至高陵，有昆弟訟田者，延壽即移病入臥傳舍，閉閤思過。《後漢書・陳寔傳》："大守高倫被徵爲尚書，郡中士大夫送至輪氏傳舍。"《史弼傳》："出爲平原相，時詔書下舉鉤黨，惟弼獨無所舉，從事坐傳責問。"《方術傳》："任文公，州辟從事，哀帝時有言越嶲大守欲反，刺史大懼，遣文公等五從事檢行郡界，潛伺虛實，共止傳舍。時暴風卒至，文公遽起，白諸從事促去。"《黨錮傳》："建寧二年，大誅黨人，詔下急捕范滂等，督郵吳道至縣，抱詔書，閉傳舍，伏床而泣。”可見官吏行止，無不惟傳舍是依，即其家屬亦然。《桓榮傳》：“榮曾孫鸞子曄，尤脩志介。姑爲司空楊賜夫人，鸞卒，姑歸寧赴哀，將至，止於傳舍，整飾從者而後入，曄心非之”是也。又有意圖構亂，詐稱官吏，止於傳舍者。周丘以漢節馳入下邳，至傳舍，召斬令。《史記·吳王濞列傳》。桑弘羊客詐稱御史，止傳。《漢書·魏相傳》。公孫勇與客胡倩等謀反，倩詐稱光禄大夫，從車騎數十，言使督盜賊，止陳留傳舍，太守謁見，欲收取之。《漢書·酷吏田廣明傳》。鮑永，太守趙興署爲功曹。時有矯稱侍中止傳舍者，興欲謁之，永疑其詐，諫，不聽而出。興遂駕往，永拔刀截馬當胸，乃止。後數日，莽詔書果下，捕矯稱者，永由是知名。皆其事。光武遣陳副、鄧隆征劉揚，揚閉門不内，乃復遣耿純持節行赦令於幽、冀，所過并使勞慰王侯。密敕純曰：“劉揚若見，因而收之。”純從吏士百餘騎，與副、隆會元氏。俱至真定，止傳舍，因揚至，閉閤誅之。亦其類也。傳舍與驛相依附，驛路所不經，即不能有傳舍，若鄉亭則更爲普徧矣。《漢書·百官公卿表》言：“漢承秦制，十里一亭，十亭一鄉。”《續漢書·百官志注》引《漢官儀》則云：“十里一亭，五里一郵，郵間相去二里半。郵亦有亭。”《漢書·循吏傳》言黄霸使郵亭鄉官皆畜雞豚，以澹鰥寡貧窮，又言吏出不敢舍郵亭是也。《續志注》又引《風俗通》云：“亭，留也。蓋行旅宿舍之所館。”然則，十里之間，凡得宿息之所四矣。《志》引蔡質《漢儀》曰：“雒陽二十四街，街一亭；十二城門，門一亭”，此皆在都邑之中。《史記·司馬相如列傳》：“相如往臨邛，舍都亭。”《漢書·酷吏傳》：“嚴延年母從東海來，欲從延年臘，到雒陽，適見報囚，母大驚，便止都亭，不肯入府。”此則在近郭之地。若十里一亭之亭及郵亭，則皆在郊外，故亦謂之鄉亭。鮑宣遷豫州牧，丞相司直郭欽奏其行部乘傳，去法駕，駕一馬，舍宿鄉亭，爲衆所非。召信臣躬勸耕農，出入阡陌，止舍離鄉亭。《漢書·循吏傳》。後漢劉寬，歷典三郡，每行縣，止息亭傳，輒引學官祭酒及處士諸生執經對講；見父老，慰以農里之言；少年，勉以孝弟之訓。此與何武所爲絶相似。足見鄉亭與傳舍，同爲行旅所依。《後漢書·趙咨傳》：“拜東海相，之官，道經滎陽，令敦煌曹暠，咨之故孝廉也，迎路謁候。咨不爲留，暠送至亭次，望塵不及。”《第五倫傳》：“拜會稽太守，坐法征，老小攀車叩馬，啼呼相隨，日裁行數里，不得前，倫乃僞止亭舍，陰乘船去。”《三國志·劉繇傳注》引《續漢書》云：“繇伯父寵，除東平陵令，視事數年，以母病棄官，百姓士民攀輿拒輪，充塞道路，車不得行，乃止亭輕服潛遁。”此二事亦絶相類。《後漢書·楊震傳》：“有詔遣歸本郡，行至城西夕陽亭，飲酖而卒。”《張晧傳》：“子綱，漢安元年，選遣八使，徇行風俗。餘人受命之部，綱獨埋其車輪於洛陽都亭，曰：'豺狼當道，安問狐狸？'遂劾奏大將軍冀、河南尹不疑無君之心十五事。"《黃瓊傳》："永建中，公車征，至綸氏，稱疾不進。詔下縣以禮慰遣，遂不得已。李固以書逆遺之曰：'聞已度伊、洛，近在萬歲亭，豈即事有漸，將順王命乎？'"《循吏衛颯傳注》引《東觀記》："茨充初舉孝廉，之京師，同侶馬死，充到前亭，輒舍車持馬還相迎。"此皆以亭爲止頓之所。《獨行傳》："王忳除郿令，到官，至斄亭。亭長曰：'亭有鬼，數殺過客，不可宿也。'忳不聽，入亭止宿。夜中，有女子訴曰：'妾夫爲涪令，之官，過宿此亭，亭長無狀，枉殺妾家十餘口，埋在樓下，悉盜取財貨。'忳問亭長姓名。女子曰：'即今門下游徼者也。'明旦，召游徼詰問，具服罪。"此事誠涉荒怪，然或忳知其事而借此發之，亭長殺人越貨，事必不誣。《獨行傳》又言張武父業，爲郡門下掾，送太守妻子還鄉里，至河內亭，盜夜劫之，業與賊戰死。可見當時鄉亭自有此等殺人越貨之事也。傳又言范冉與王奐親善，奐爲考城令，境接外黃，<small>冉，外黃人。</small>屢遺書請冉，冉不至。及奐遷漢陽太守，將行，冉乃與弟協步賚麥酒，於道側設壇以待之。冉見奐車徒絡繹，遂不自聞，但與弟辯論於路。奐識其聲，即下車與相揖對。奐曰："行路倉卒，非陳契闊之所，可共前亭宿息，以敘分隔。"皆可見往來者以亭爲宿息之所也。《續書·郡國志注》引《東觀記》："永興元年，亭萬二千四百四十三，郵之數倍之，當二萬四千八百八十六，合之凡三萬七千三百二十九。"固不必其皆輪奐，亦豈能盡爲丘墟？則當時行李之便安爲何如也！不特此也，史言黃霸使郵亭鄉官畜雞豚，師古曰："鄉官者，鄉所治處也。"此未必然，蓋凡鄉間官舍皆屬之。《史記·盧綰列傳》言陳豨告歸過趙，賓客隨之者千餘乘，邯鄲官舍皆滿。千餘乘必非傳舍所能容，故凡官舍均爲其所占居矣。然則亭傳之外，又有官舍可以借居也。行李之便安又何如乎！古代爲治之纖悉如此，無怪後世之論者有所激而欲以封建代郡縣也。

漢世亭傳之制美備如此，然後來卒以廢墜者，何也？則以民間之往來者日多，而公家之所守猶是三代以前之成規，未能隨時擴充，與行旅之殷繁相副也。又當時之亭傳，似徒供士大夫之用，而平民之能蒙其惠者甚鮮。《漢書·兩龔傳》云："昭帝時，涿郡韓福以德行征，至京師，賜策書束帛遣歸。詔行道舍傳舍，縣次具酒肉食從者及馬。王莽依故事白遣龔勝、邴漢。"《後漢書·章帝紀》："建初元年，詔三州<small>兗、豫、徐。</small>郡國流人欲歸本者，其實稟令足還到，聽過止官亭，無雇舍宿。"舍傳舍而有煩特詔，止官亭而須雇舍宿，當時亭傳不供平民之用可知。《後漢書·趙孝傳》："父普，王莽時爲田禾將軍，任孝爲郎。每告歸，常白衣步儋。嘗從長安還，欲止陲亭，亭長先時聞孝當還，以有長者客，掃灑待之。孝既至，不自名，長不肯內，因問曰：'聞田禾將軍子當從長安來，何時至乎？'孝曰：'尋到矣。'於是遂去。"《三國志・劉龐傳注》引《續漢書》，言劉寵弊車羸馬，號爲窶陋。往來京師，嘗下道脫驂過，人莫知焉。寵嘗欲止亭，亭吏止之曰："整頓傳舍，以待劉公，不可得止。"寵因過去。《後漢書・循吏寵傳》所載略同。《後漢書・逸民傳》："桓帝以安車聘韓康，康辭安車，自乘柴車，冒晨先使者發。至亭，亭長以韓徵君當過，方發人牛脩道橋。及見康，柴車幅巾，以爲田叟也，使奪其牛，康即釋駕與之。"此三事絕相類，原不能保其無附會；然當時必多有此等事，然後有此等附會之語。此徵君之舍傳舍，流民之止官亭，所以有煩特詔歟？事非衆人之所需，而特以虛文應故事，其不能持久而日即於陵夷，夫固無足怪矣。

漢宣帝元康二年，詔曰："吏務平法。或擅興繇役，飾廚傳，稱過使客，越職逾法，以取名譽，譬猶踐薄冰以待白日，豈不殆哉？"則知館驛之病民，由來舊矣。《後漢書・陳寵傳》："安帝數遣黃門常侍及中使伯榮往來甘陵。寵子忠上疏言：'長吏發人脩道，繕理亭傳，多設儲跱，征役無度，老弱相隨，動有萬計，'"則其屬民尤甚矣。《三國志・杜畿傳注》引《魏略》，言孟康出爲弘農，時出案行，皆豫敕督郵、平水，不得令屬官遣人探候，脩設曲敬。又不欲煩損吏民，嘗豫敕吏卒，行各持鐮，所在自刈馬草。不止亭傳，露宿樹下。又所從常不過十餘人。郡帶道路，其諸過賓客，自非公法，無所出給。若知舊造之，自出於家。能如是者，有幾人哉？

《續漢書・百官志注》引永元十年大匠應順上言："郡計吏觀國之光，而舍逆旅，崎嶇私館。"《後漢書・張霸傳》："子楷，門徒常百人，賓客慕之，自父黨宿儒，皆造門焉。車馬填街，徒從無所止。黃門及貴戚之家，皆起舍巷次，以候過客往來之利。"《楊震傳》："侯覽弟參爲益州刺史，累有臧罪，暴虐一州。震子秉劾奏參，檻車征詣廷尉。參皇恐，道自殺。"《注》引謝承書曰："京兆尹袁逢，於長安客舍中得參重車三百餘乘，金銀珍玩不可勝紀。"《後漢書・宦者傳》與此略同。《獨行傳》："陸續詣洛陽詔獄就考。續母遠至京師，作饋食，付門卒進之。續對食悲泣，不能自勝。使者怪而問其故。續曰：'母來不得相見，故泣耳。'問何以知母所作乎？續曰：'母截肉未嘗不方，斷蔥以寸爲度，是以知之。'使者問諸謁舍，續母果來。"皆當時京師逆旅衆多之證。《續漢書・五行志》言："靈帝數遊戲西園中，令後宮采女爲客舍主人，身爲商賈服。行至舍，采女下酒食，因共飲食，以爲戲樂。"亦習俗之移人也。《後漢書・黃憲傳》：

"荀淑至慎陽,遇憲於逆旅,時年十四,竦然異之。"《黨錮傳》:"夏馥剪須變形,入林慮山中,爲冶家傭,親突烟炭,形貌毀瘁。後馥弟靜,乘車馬,載縑帛,追之於涅陽市中。遇馥不識,聞其聲,乃覺而拜之。馥避不與語。靜追隨至客舍共宿。"此又僻左之處亦有逆旅之證也。逆旅之盛如此,晉初之人,猶欲廢之而設官樀,見《晉書·潘岳傳》。豈可得哉?

　　風氣淳樸之世,無逆旅之地,行人往往就人家借宿。此等風氣,近世猶有之,古代更不必論矣。《後漢書·儒林傳》:"周防父揚,少孤微,常修逆旅以共過客,而不受其報。"猶此風氣之遺也。《三國志·王脩傳》:"年二十,遊學南陽,止張奉舍。奉舉家得疾病,無相視者,脩親隱恤之,病愈乃去。"此亦就人家止宿者,雖不必其不報,然其人當亦非以舍客爲業者也。自逆旅盛而此等風氣日微矣。

　　鄉亭爲行旅所依止,亦氓庶所聚集,故凡欲示衆之事,皆於是乎著之。王景守廬江,訓民蠶織,爲作法制,著於鄉亭。王渙爲洛陽令,病卒,民思其德,爲立祠安陽亭,皆見《後漢書·循吏傳》。以此也。竇武死,宦者梟其首於洛陽都亭,亦以此。

　　内地逆旅盛而亭傳微;邊徼之地,則猶不如是。蓋其地人民寡少,行旅亦希,道出其間者,非亭傳無所依止,則非善治亭傳,不能保其交通之不絶也。《漢書·武帝本紀》:"元光五年,發巴、蜀治南夷道。"《史記·漢興以來將相名臣年表》:"元光六年,南夷始置郵亭。"可見郵亭與道路相依之切。趙充國策西羌曰:"計度臨羌東至浩亹,其間郵亭多壞敗者,欲以閒時下所伐材,加以繕治。"永光羌亂,詔書言其燔燒置亭;見《漢書·馮奉世傳》。和帝永元四年,漊中、澧中蠻之叛,《後漢書·南蠻傳》亦言其燔燒郵亭;可見亭傳所繫之重。《三國志·陳羣傳》:"青龍中,羣上疏曰:'昔劉備自成都至白水,多作傳舍,興費人役,太祖知其疲民也。今中國勞力,亦吳、蜀之所願,此安危之機也。'"案《先主傳》:"建安二十四年,先主自漢中還治成都,拔魏延爲都督,鎮漢中。"《注》引《典略》曰:"備於是起館舍,築亭障,從成都至白水關四百餘區。"羣之所言,即是事也。先主豈不知其疲民?蓋有所不得已也。《張嶷傳》:"漢嘉郡有舊道,經旄牛中至成都,既平且近。自旄牛絶道,已百餘年,更由安上,既險且遠。嶷開通舊道,千里肅清,復古亭驛。"可見控馭邊方,必以亭驛爲首務矣。

　　《漢書·高帝紀注》引應劭曰:"舊時亭有兩卒:一爲亭父,掌開閉掃除;一爲求盜,掌逐捕盜賊。"《史記集解》引同。而《續·志注》引《風俗通》曰:"亭吏舊名負弩,後爲長,或謂亭父。"《史記索隱》引應劭亦曰:"舊亭卒名弩父,陳、楚謂之亭父,或云亭部,淮南謂之求盜也。"二説乖違,未知孰是。要之其初必重於禦暴,則可知也。漢世亦間有能舉其職者。《後漢書·酷吏周紆傳》:"皇后弟黄門郎竇篤從宫中歸,夜至止姦亭,亭長霍延遮止篤。篤蒼頭與争,延遂拔劍擬篤,而肆罵恣口。"不畏强御,足與止李廣之霸陵尉并傳矣。

原刊《學林》第四輯,一九四一年二月出版

# 關於中國字的一個提議

　　使用中國字,最苦難者,爲檢查字典。邇來籌補救之法者甚多,然其所創之法,卒亦未見其便,何哉?曰:杜定友一言破的矣。杜君之言曰:"中國字乃用偏旁造成,非用筆劃積成。"故剖析中國字,依其偏旁,乃合乎自然之條理者也,據其筆劃,則背乎自然之條理者也。背乎自然條理者必無成,而今之創新法者,乃皆以筆劃爲據,是以其法終不能盡善也。

　　檢查字典,本不能成爲一事,而有待於學。舊日依偏旁分部之法,固自有其難知者在,然特睹其形而不能知其當屬於何部者爲然耳。除此之外,既通文字者,固皆一望而知其字之當屬於何部,不待學也。而今之所謂新法者,則非學不可。無論其如何簡便易學,亦已多此一學矣,況不真簡便易學乎?故今之新法,必不能謂爲盡善也。

　　然則中國字檢查字典之難,終無策以免之歟?曰:否,諸家創法之不當,實由其皆有所蔽。其蔽惟何?曰:未一思今日爲印刷時代,而非鈔寫時代也。識字者固不能一日不作書,然試自思:終日誦讀之物,出於鈔寫者幾何?出於印刷者幾何?手寫誠不能作兩種筆劃,印刷則何難之有?故欲免檢查字典之難,祇須改革印書之字。每一字中,用爲部首之偏旁,均以雙鉤出之,如山作山,<sub>雙綫鉤出</sub>。嵩作嵩,"山"部雙綫鉤出。則字字一望而知其屬於何部,所小難者,則不爲部首之偏旁;筆劃之數,間或難審,不能定其在某部中算作幾畫耳。然此較之今日之難,微不足計,雖仍用舊法分部,亦無不可矣。不特此也,求檢查之便者,每一部中之字,利其少不利其多。舊時字典,因部首難知之故,不得不勉強省并,於是分部少而一部中同畫之字,因之而多。今求部首不難,則分部可多,而每部中同畫之字,即隨之而減。而其分部且可更合於自然之條理,免致如《康熙字典》等詒鹵莽滅裂之譏也。

　　中國文字,尚有不如歐美文字之便者,打字是也。欲求中國文字打字之便,與歐美文字相等,此爲必不可得之數,然謂其繁難必如今日中國打字機之甚,則亦必無此理也。中國字固多形狀特異,不能與他字相通者,亦有將其偏旁拆開，可與他字通用者。如人不能作亻，水不能作氵，然什字仃字，固同用一人旁，汁字汀字，亦同用一水旁，而什之與汁，仃之與汀，亦未嘗不同用一十旁、丁旁也。日常使用之字，形狀各異，不能通用者必少，偏旁拆開，可以通用者必多，雖未詳稽，然大致必不謬。今若將字分爲兩部：不能與他字相通者，一一刻之，偏旁可與他字相通者，即但刻其偏旁，如是，打字機之字數，必可大省。即無打字機，用木戳或橡皮戳，以印泥印之，亦必較鈔寫爲捷，且工整清楚也。又可使不工書法者，亦可任鈔胥之役，而與工書者同其功。一舉而三善備焉。

古人多以傭書爲生。傭於公家者，若班超是也。傭於私家者，若闞澤是也。日事鈔書，於學問亦可略有所得，在寒士生涯中，尚不爲最惡，且不須臂力，雖老弱婦女，亦可以之自活焉。所苦者，書欲求工，亦非易事耳。如余之說，但得木戳或橡皮戳數百千枚，印泥一盒，即可傭書以自活矣，亦爲寒士而不工書法者，開一生路也。抑能代人鈔寫者多，則述作者之精力可省，文藝必更興盛，又不徒有益寒士之生計矣。惟今鈔胥所難者，不但書法之不工，亦在所鈔之稿字跡之難辨，而所鈔之稿字跡之難辨，由於塗乙者尚少，由於既無暇作正楷，而其草體又漫無標準，致難辨識者實多。故制定草體，實爲今日當務之急。

中國字之意義，多繫於其所屬之部首，而凡作別字，由於偽其部首者亦多。今使每字部首之筆劃，與其餘畫之形狀不同，似於辨別字義，亦有裨益也。

此等策劃，在印刷之業，不爲牟利起見之社會中，試之甚易。在今日則頗難，以於牟利初無大益，莫肯斥資耳。然有兩事，試之似尚不難者，一曰小學國文教科用書，一曰習字範本。

原刊《宇宙風（乙刊）》第四十期，一九四一年三月出版

# 史學上的兩條大路

　　現在講起新史學來，總有一個不能忘掉，而亦不該忘掉的人，那便是梁任公先生。梁先生的史學，用嚴格的科學眼光看起來，或者未能絲絲入扣。從考據上講起來，既不能如現代專家的精微，又不能如從前專講考據的人的謹嚴，他所發表的作品，在一時雖受人歡迎，到將來算起總帳來，其説法能否被人接受還是有問題。但他那種大刀闊斧，替史學界開闢新路徑的精神，總是不容抹煞。現在行輩較前的史學家，在其入手之初，大多數是受他的影響的，尤其是他對於政治制度，社會情形，知道的很多；他每提出一問題，總能注意其前因後果，及其和現在的關係，和專考據一件事情，而不知其在全部歷史中的關係的，大不相同；所以其影響學術界者極大。還記得前清光緒末年，他辦《新民叢報》時，本來是主張革命的，在《新民叢報》第十八期以前，宗旨頗爲激烈。到第十九期，刊載出一封康有爲的信來，亟言革命之事，易發難收，不可不慎。從此以後，他的宗旨，也就漸漸的變了，而成爲君主立憲派，和辦《民報》的胡漢民等人，辯論得很爲激烈，這是當時政見不同的問題，在今日，自不必再去論其誰是誰非。但我還記得他的一句話，他引俗話的"相見好，同住難"以言當時革命黨的内部，不能無問題。照他們那種急功近利的見解，徑行直遂的手段，一定要招致危險的。果然，自辛亥以來，問題起於革命黨内部的極多，影響於大局的亦極大，老實説：二十年來的内爭，所喪失的人力物力何限？所招致的外患又何限？直到今日，還有因私人的恩怨，而不卹倒行逆施的人。他當日所顧慮的，有一部分，就竟和預言無異了。到宣統初年，他改辦《國風報》了。我在他的發刊詞裏，也還記得一句話。他説："照我們中國歷史上的情形看起來，每到九州擾攘，蜩螗沸羹之際，而非常之才出焉。所以前途決無所慮。"果然，最近三年來，我們遇見曠古未有的危難，亦自有曠古未有的英雄出來，領導我們奮鬥。他的希望，又和預言一般的應驗了。然則一切事情，都給已往規定了，只要知道歷史，就能夠預測未來麼？然而當西力東侵之時，我們所以應付他的，又何嘗不本於歷史上的智識？其結果又是如何呢？

歷史是這樣的：你要拘泥着他，説將來的事情，一定和已往的一樣，我們可以抄襲老文章來應付新環境，那一定要上當的。因爲社會是刻刻在變動的，並不和自然現象一般，翻來覆去的專走老路。從前的人，認一治一亂爲循環，只是把自然界的現象誤推之於人事。中國人循環的觀念，其根原是從《易經》上來的，《易經》上此項思想，其根原乃從觀察寒暑晝夜等而得，根本是自然界的法則，並不是人事的公例，此正不獨《易經》爲然。古今中外的哲學，誤將自然界的法則，硬推之於人事的很多，此等籠統虛緲的觀念，看似根據堅强，實多牽强誤謬。將來社會科學進步，必須要純粹從社會現象上歸納出原理原則來，將此等籠統玄妙的觀念，一掃而空之然後可。從社會現象上歸納出來的原理原則，固然仍可和自然現象的原理原則相通，然兩者各有其獨立的立場，而後會通之以建立更高的原理則可。若於社會現象，實無徹底的研究，而姑借用自然現象的原理原則則不可。此意，好學深思之士，必能知之。你要是把他抹煞了，一切眼前的問題，即本於一個人的見解，即所謂私智者來應付，那又是要上當的。因爲社會雖不是一成不變，而其進化，又有一定的途徑，一定的速率，並不是奔軼絶塵，像氣球般隨風飄蕩，可以落到不知哪兒去的。所謂突變，原非不可知之事，把一壺水放在火爐之上，或者窗户之外，其溫度之漸升漸降，固然可以預知，即其化汽結冰，又何嘗不可預知呢？

然則世事之不可預知，或雖自謂能知，而其所知者悉係誤謬，實由我們對於已往的事，知道得太少，新發展是沒有不根據於舊狀況的。假使我們對於已往的事情，而能够悉知悉見，那末，我們對於將來的事情，自亦可以十知八九，斷不會像現在一般，茫無所知，手忙脚亂了。但是社會的體段太大了，對於已往的事，悉知悉見，幾乎是不可能；即求大體明白，亦和我們現在的程度，相差很遠。假定地球上之有人類，是五十萬年，我們所有的歷史，遠的亦不過五千年左右，而其中的强半，還是缺佚、錯誤，不可依據的。這好像一個人，已經一百歲了，我們所知道的，只是他一年來的事，而還不完全、確實，我們如何能瞭解這一個人呢？現在史學家工作之難，就是爲此。人類已往的事情缺佚錯誤的，那是由於人類從前文化程度的低下，不知道把該記録的事情記録下來之故，現在史學家的工作，就是要把從前所失去的事情，都補足，所弄錯的事情，都改正。這是何等艱巨的工作？現在史學家的工作，簡言之，是求以往時代的再現。任何一個時代，我們現在對於它的情形，已茫無所知了，我們卻要用種種方法鈎考出這一個時代的社會組織如何，自然環境如何，特殊事件如何，使這一個時代，大署再現於眼前。完全的再現，自然是不可能，可是總要因此而推求出一個社會進化的公例來，以適用之於他處。如此，所積者多，互相補足，互相矯正，社會進化的途徑，就漸漸明白了，這才是用客觀的方法，從人類社會的本身，鈎求出來的進化的原理原則，和從前的人，貿然把自然界的原理原則等，硬推之於人事界的不同。於是有收集材料的人；有根據他種科學從事解釋的人；有匯集衆人研究所得，觀其會通的人；萬緒千端，隨在都可以自見，承學之士，正可各就其性之所近而致力；而其中大概可分爲通史和專門史兩門。專門史是注重於搜羅某種材料的，通史是注重於觀其會通的。專門之中又有專門，通之上又有通，其層累曲折，難以一言盡，而其性質則不外乎此，這是史學上的一條大路。

　　史學的意義，在科學的立場上講，固然是很爲嚴格的；從應用一方面講，其意義都又極其廣泛。我們現在，再説什麼以史事爲前車之鑒，以古人的行事爲法戒，怕畧知史學的人，都會笑我們見解的陳腐。可是嚴格地依科學方法研究歷史的人少，和歷史有接觸的人多，我們不能禁止不治史學的人和歷史接觸，我們就希望其從歷史上得到些益處。一種學問，可以裨益於人之處，是很廣泛的，所謂開卷有益。仁者見仁，智者見智，其方面原不能限定。在《三國志·吕蒙傳注》裏，曾有這樣一段記載："初權（孫權）謂蒙及蔣欽曰：'卿今并當塗掌事，宜學問以自開益。'蒙曰：'在軍中常苦多務，恐不容復讀書。'權曰：'孤豈欲卿治經爲博士邪？但當令涉獵見往事耳。卿言多務，孰若孤？孤少時歷《詩》、《書》、《禮記》、《左傳》、《國語》，惟不讀《易》。至統事以來，省三史、諸家兵書，自以爲大有所益。如卿二人，意性朗悟，學必得之，寧當不爲乎？宜急讀《孫子》、《六韜》、《左傳》、《國語》及三史。孔子言終日不食，終夜不寢以思，無益，不如學也。光武當兵馬之務，手不釋卷；孟德亦自謂老而好學；卿何獨不勉勖邪？'蒙始就學，篤志不倦。其所覽見，舊儒不勝。後魯肅上代周瑜，遇蒙言議，常嘆受屈。肅拊蒙背曰：'吾謂大弟但知武畧耳，至於今者，學識英博，非復吳下阿蒙。'權常嘆曰：'人長而進益，如吕蒙、蔣欽，蓋不可及也。'"不論在什麼時代，學問之家，總有其所當循的門徑，當守的途轍，此即所謂治學方法，在昔人，不過不如現在科學昌明時代之謹嚴細密而已。必不是隨意領畧，就可以算做正確的，所謂開卷有益者，則全異乎此，不過因此觸悟而已。其所心得，給正式治學問的人聽了，或者竟是一場笑話。然而斷不能説他們未曾因此而得益，此學問之道所以廣大。一個人要想做一番事業，總不免有些艱難困苦。這種艱難困苦，來自社會一方面的，比之來自自然方面的，要加出幾倍。因爲一種是有一定的規律，可以預料的，一種卻不能，然而人能瞭解此種道理的很少。他們看見社會現象的規律，不如自然現象的簡單死板，不因此而悟到其更難應付，卻以爲既然活動，總好商量，存着一種希冀僥幸的心理，其意志便不堅強，思慮便不精密。又人事是容易激動人的感情的，和自然現象無恩無怨的不同。感情一經激動，步伐就更形凌亂，手段就更不適當了。初出茅廬的人，氣吞江海，一受挫折，就頹然不能自振，多半由此。欲救此弊，惟有增加閱歷，從事鍛煉，然人生不過數十寒暑，又所遭的境遇，各有不同，玉汝於成的機會，能够遇到的人，是很少的。不得已，惟有求之於書籍，見前人所遭的危難，百倍於我，所遭遇的事情的離奇變幻，亦百倍於我，然後知人事之難於應付，乃是當然之理，不期其易，自然不覺其難，本視爲當然，自然無所怨怒，意志就自然堅强，思慮就自然精密了。固然，書本上的話，和事實總還隔着一層；真正的經歷、鍛煉，總還要從事實上來，然而當其入手之初，得以此打定一個底子，總和空無所有的，大不相同。而在經歷鍛煉之中，得史籍以互相證明，亦愈覺其親切而有味，古來建立事功的人，得力於此的，實在不少，這雖非純正的學術的立場，亦不能說不是史學上的一條大路。

這兩條路，一條是對治學的人說的，一條是對治事的人說的。人總不外乎走這兩條路，而史學都是能給你以益處的。讀史本是一件有趣味的事情，我們當入手之初，正不必預存成見，盡可隨意泛濫，到將來，你自然會因性之所近，而走上兩條路中的一條的。

原署名：田力，原刊《正言報》史地副刊第十三號，
一九四一年三月六日

# 讀《崔東壁遺書》

《崔東壁遺書》，近人盛稱其有疑古之功，此特門徑偶然相合，其實崔氏考據之學，並無足稱。漢、宋二學所以不同者，宋學重理，漢學重事。宋學家先有其所謂理者，橫亙於胸中，然後覓事實以佐成其說。漢學家則本無成見，蒐採事實，排比考索，而其說乃出焉。此今人所謂主觀、客觀之殊，亦即歸納、演繹二法之異，漢、宋學之不同，其本在此。若夫參伍錯綜，而知前人記載之不審，讀書勤苦精密者，類能爲之，未必遂堪以考據名家也。崔氏考證，雖若深密，然其宗旨實與宋人同，故其見解多不免於迂腐。雖能多發古書之誤，實未能見古事之真。陳履和跋《古文尚書辨僞》，謂其於梅、閻二氏之書，皆未嘗見，其於考據，非專門名家可知。《國語・晉語》云，“少典娶於有蟜氏，生黃帝、炎帝。”韋昭云：“神農在黃帝前，黃帝滅炎帝，滅其子孫耳。言生者，言二帝本所生出也”，說本不誤。乃崔氏謂《國語》所云生者，本謂一父一母所生，則於古書文義，尚或誤解，其不能當專門名家之目，更無疑矣。崔氏所疑，雖若精審，然皆以議後世之書則是，以議先秦之書則非。何者？先秦之書，本皆如是也。崔氏所疑，實甚淺顯，前人豈皆見不及此？所以不言者，以此爲先秦古書之通例，不待言也。然則崔氏之多言，正由其未達古書義例耳。其能見古書闕誤，正得力於宋儒。其中最善者，爲論《洪範》闕文錯簡；然蘇子瞻已引其端，則亦非其所獨得。故謂崔氏之考據，並無足稱也。然則其書遂無足取乎？曰：否。宋學本有用之學，內致謹於身心，外勤求於政治風俗，而欲措之當世，實非漢學家所及。讀宋儒之書於今日，其論古事處不足取，此兩端則仍有益也。讀崔氏之書，亦當如是。試條舉之，以明吾說。

《豐鎬考信錄》云：“三代以上之治，皆恃人而不恃法；三代以下之治，則恃法而不恃人。由是不務擇人，惟期變法，是以其弊終不能革。何以言之？宋時州縣，皆以民供役，大户往往有破家者。執政者不知其由於任人之失也，而以爲法之過，遂改爲免役之法。民出錢而官自召役，歷代因之，以爲善矣。然吏胥遂横行於州縣,魚肉小民,而官又信任之,遂至事權旁出,獄訟顛倒。民有資産者,咸與交歡,以圖自保;無賴者結以爲援;而風俗遂大壞。明初州縣之賦,皆使大户輸之京師。其後大户亦多破家。執政者不知其由於任人之失也,而以爲法之過;遂改而令官自督賦,以爲善矣。然追呼煩擾,官吏更藉以侵漁,閭閻因之雕敝。此無他,得其人則法皆可行;不得其人,則用此亦弊,用彼亦弊,雖歲改而月易之,無益也。"案此條囿於昔人有治人無治法之見,非是。然謂民之有資産者,咸與吏胥相結以圖自保,無賴者結以爲援,而風俗遂大壞,則於貪官污吏、土豪劣紳互相勾結之爲害,若燭照而數計矣。

又曰:"後世惟務省費,省費則必省官,月減日少,遂至於數萬户而止付之一人;即有賢令長,亦不能以遍理;況賢者不可多得;非假手於吏胥,則置民事於不問耳。假手吏胥,故吏胥横行;賦斂獄訟,何一非吏胥操其權?倡賭盜賊,何一非吏胥爲之主?吏胥富而閭閻日以雕瘁矣。置民事於不問,則强陵弱,衆暴寡,良民日困,非兇悍無以自全;於是里巷之間,相率習爲豪强爭鬥,以自保其身家;無怪乎民日貧而俗日敝也。"案後世之縣,即古之國,縣令即國君也。漢世之三老,有秩、嗇夫、游徼,皆古之大夫,其里魁及什伍之長,則士也。後世此等人對官則淪爲厮役,在民間則儼然惟辟作福,惟辟作威,而於民事一無所與,興利除弊,一責之於令長。然則一國之大,下無士大夫之佐,惟責一孤立之君以爲治;而又多縱虎狼於民間,而責其以一手一足之盡捕治之也,其可得乎?政事日以廢弛,豪暴日以横行,固其所矣。其論民非兇悍無以自全,因而習爲豪强爭鬥,尤其洞見癥結之論。故風俗一壞,遂若頹波之不可復挽也。

《易卦圖説》云:"法行既久,人多習而安之;不革固足以害民,革之或反以擾民,甚有害更甚於未革者。余爲吏,凡前任弊政,當革者,必與衆共議之;先自擬一章程,以咨於人;或言某條未善,則再擬之,務使盡善無弊,然後試行之;行之而人便之,然後悉取而革之;故余每變一法,常歷數月之久,然人皆以爲便。"此言在今日百端待理之秋,尤足爲任事者之殷鑒。

《讀風偶識》論《蟋蟀》之詩云:"大抵人情處貧困則思慮多周,處安樂則奢佚易起。唐自叔虞至此,蓋不下數世百有餘年,太平日久,年豐人樂,正縱恣怠惰之時,而其言乃如是,則其居安思危,循分守義,不待言矣。後世人情頹薄,不耐處約,亦復不耐處樂,衣食饒足,則侈蕩頓生。乾隆四十三年,余鄉大饑,人不自存,甫豐收三年,而民即恣意暴殄。貧者亦美衣食,憚勤苦。近西山處,俗尚尤侈。婚葬之費,常至巨萬;城中演劇,幾無虛日;尤好爆竹之戲,聲常盈耳。每歲放烟火於城南，男女駢肩累跡，蠡屯蟻聚。有娶妻者，則姻友助以炮，緣途聲常不絶。其以繁華相尚若是，其居且不之思，況於思外？又況於思憂乎？然强者皆取人財以自奉，黠者百計謀人之財，而愚弱者一遇荒饑，即逃外郡，困踣道路間。烏乎！吾不知其何心而必如是然後快也。使能如《唐風》之好樂無荒，則皆有以自給，可以不必害人，亦不至於窮餓。然勇威怯，智欺愚，橫暴鄉里，人皆習以爲常，而不之怪。數十年不葬者，十家而九；而少節浮費，則衆共非之。故諺曰：笑貧不笑倡，吾願爲政者慎所以導民，使風俗漸臻於淳厚，庶幾無愧於學詩也。"夫人生必有軌範，有規範，然後可久可大，此尤今日有治民及牖民之責者，所當常目在之者也。

　　讀書最忌買櫝還珠。讀崔氏之書，徒知激賞其疑古之處，而於其論政論俗處，瞠目若無所見，則不翅買櫝而還珠矣。静夜偶億及之，輒舉斯義，以爲青年告。

原署名：駑牛，原刊《美商青年月刊》第三卷第三期，

一九四一年三月十五日出版

# 廣 西 女 子

　　客有自廣西致書於其寓滬之友人者，勸其遣去傭人勿用，曰："寓桂之士大夫，家有傭人者甚鮮。桂小工工資以日計。昔日三角，近皆增至二元。擔荷步行，五六十里，可得三元。誰肯爲傭？"又曰："在廣西，擔荷者多女子。年十二三，擔水一石，其行如飛，上坡下坡，了無顧慮。惟如是，故其男子無後顧之憂，而可作汪錡。"又曰："弟到桂兩年，往來城鄉，從未聞女子啜泣聲。舍親用一婢，待之甚苛，時以木柴毆打，雖皮破血出，此婢不哭一聲。男子出門兩三年，音訊全無，女子在家力田，安之若素。舉國如是，尚何畏乎？"予讀之有感焉。人恒言北強南弱者，觀於此南方之強，果遜於北方乎？俗所謂北強南弱，乃因吾國政治中心本在北方，喪亂之際，英雄之乘時崛起，龍爭虎奪者率於是，而南方則不甚與。雖有乘時割據者，多爲保境息民之圖，如趙佗是也。或則以兵爭不烈，偷息苟安，流爲驕淫，亡不旋踵，如後蜀、南漢是也。人見其無赫赫之功，遂謂其風氣較北方爲弱。而不知此特政治之關係，與社會之風氣無涉也，苟有能用之者，其剽鋭豈遜於北方哉？盧循、徐道覆起自嶺南，幾覆晉祚，陳霸先亦起自嶺南，卒支江東危亡之局；業已小試其端矣。近世文化漸被日廣，政爭之範圍，隨之擴大，南方遂亦有繫於大局的輕重。前後三藩之抗清，太平天國之崛起，雖無成功，已非復一隅之事矣。至國民革命，策動於南；抗建又以西南爲根據；而西南遂爲國命之所繫。西南以開發較晚，交通較閉塞，經濟較落後之地，而能肩此重任者，豈偶然哉？其勤樸耐勞之風，實使之克膺艱鉅矣。

　　語曰："禍兮福所倚，福兮禍所伏。"抗戰以來，緣江緣海之遭破壞至矣。即內地，當軍興之際，軍需之供給，軍役之負擔，敵機之轟炸，其所損失，亦寧易以數計？然如客書之所言，小工昔得三角者，今可得二三元，是有七倍十倍之利也。此等人率皆勤儉，必能善用所有，投之生利之途。凡資本愈缺乏之地，其效力愈弘。有七至十倍之資本，必不止七至十倍之贏利，是又隱伏富裕之機也。人患大病時，其身體決不能無所損耗。然藉病理之作用，使新陳代謝之機能，爲之旺盛，則病癒之後，身體必反較未病以前爲壯健。剥極必復，貞下起元，由是也。易曰："知幾其神乎？"當風雨如晦之時，而清明之在望，非億之也，事固有可見者在也，特以其微，爲衆人之所忽耳。

署名：駑牛，原刊《美商青年月刊》第三卷第三期，

一九四一年三月十五日出版

# 從我學習歷史的經過說到現在的學習方法

## 一、少時得益於父母師友

《堡壘》的編者,囑我撰文字一篇,畧述自己學習歷史的經過,以資今日青年的借鑒。我的史學,本無足道;加以現在治史的方法,和從前不同,即使把我學習的經過都説出來,亦未必於現在的青年有益。所以我將此題分爲兩橛,先畧述我學習的經過,再畧談現在學習的方法。

我和史學發生關係,還遠在八歲的時候。我自能讀書頗早,這一年,先母程夫人始取《綱鑒正史約編》,爲我講解。先母無暇時,先姊頌宜諱永萱。亦曾爲我講解過。約講至楚漢之際,我説:我自己會看了。於是日讀數葉。約讀至唐初,而從同邑魏少泉景徵。先生讀書。先生命我點讀《綱鑒易知録》,《約編》就沒有再看下去。《易知録》是點讀完畢的。十四歲,值戊戌變法之年,此時我已能作應舉文字。八股既廢,先師族兄少木諱景端。命我點讀《通鑑輯覽》,約半年而畢。當中日戰時,我已讀過徐繼畲的《瀛環志略》,並翻閱過魏默深的《海國圖志》,該兩書中均無德意志之名,所以竟不知德國之所在,由今思之,真覺得可笑了。是年,始得鄒沇帆的《五洲列國圖》,讀日本岡本監輔的《萬國史記》,蔡爾康所譯《泰西新史攬要》,及王韜的《普法戰紀》;黃公度的《日本國志》則讀而未完,是爲我畧知世界史之始。明年,出應小試,僥幸入學。先考譽千府君對我説:你以後要多讀些書,不該競競於文字之末了。我於是又讀《通鑑》、畢沅的《續通鑑》和陳克家的《明紀》,此時我讀書最勤,讀此三書時,一日能盡十四卷,當時茫無所知,不過讀過一遍而已。曾以此質諸先輩,先輩説:"初讀書時,總是如此,讀書是要自己讀出門徑來的,你讀過兩三千卷書,自然自己覺得有把握,有門徑。初讀書時,你須記得《曾文正公家書》裏的話:'讀書如畧地,但求其速,勿求其精'。"我謹受其教,讀書不求甚解,亦不求其記得，不過讀過就算而已。十七歲，始與表兄管達如<sub>聯第</sub>相見，達如爲吾邑名宿謝鍾英先生之弟子，因此得交先生之子利恒，<sub>觀</sub>。間接得聞先生之緒論。先生以考證著名，尤長於地理，然我間接得先生之益的，卻不在其考證，而在其論事之深刻。我後來讀史，頗能將當世之事，與歷史上之事實互勘，而不爲表面的記載所囿，其根基實植於此時。至於後來，則讀章太炎、嚴幾道兩先生的譯著，受其啓發亦非淺。當世之所以稱嚴先生者爲譯述，稱章先生爲經學、爲小學，爲文學，以吾觀之，均不若其議論能力求核實之可貴。

蘇常一帶讀書人家，本有一教子弟讀書之法，繫於其初能讀書時，使其閱《四庫全書書目提要》一過，使其知天下<sub>當時之所謂天下</sub>。共有學問若干種？每種的源流派別如何？重要的書，共有幾部？實不啻於讀書之前，使其泛覽一部學術史，於治學頗有裨益。此項功夫，我在十六七歲時亦做過，經史子三部都讀完，惟集部僅讀一半。我的學問，所以不至十分固陋，於此亦頗有關係。<sub>此項工夫，現在的學生，亦仍可做，隨意瀏覽，一暑假中可畢。</sub>

十七歲這一年，又始識同邑丁桂徵<sub>同紹</sub>。先生。先生之妻爲予母之從姊。先生爲經學名家，於小學尤精熟，問以一字，隨手檢出《説文》和《説文》以後的字書，比我們查字典還要快。是時吾鄉有一個龍城書院，分課經籍、輿地、天算、詞章。我有一天，做了一篇講經學上的考據文字，拿去請教先生，先生指出我對於經學許多外行之處，因爲我畧講經學門徑，每勸我讀《説文》及注疏。我聽了先生的話，乃把《段注説文》閱讀一過，又把《十三經注疏》亦閱讀一過，後來治古史畧知運用材料之法，植基於此。

## 二、我學習歷史的經過

我少時所得於父母師友的，畧如上述，然只在方法方面；至於學問宗旨，則反以受漠不相識的康南海先生的影響爲最深，而梁任公先生次之。這大約是性情相近之故罷！我的感情是強烈的，而我的見解亦尚通達，所以於兩先生的議論，最爲投契。我的希望，是世界大同，而我亦確信世界大同之可致，這種見解，實植根於髫年讀康先生的著作時，至今未變。至於論事，則極服膺梁先生，而康先生的上書記，<sub>康先生上書，共有七次：第一至第四書合刻一本，第五第七，各刻一本，惟第六書未曾刊行。</sub>我亦受其影響甚深。當時的風氣，是沒有現在分門別類的科學的，一切政治上社會上的問題，讀書的人都該曉得一個大概，這即是當時的所謂"經濟之學"。我的性質亦是喜歡走這一路的，時時翻閱《經世文編》

一類的書,苦於掌故源流不甚明白。十八歲,我的姨丈管凌雲諱元善。先生,即達如君之父,和湯蟄仙壽潛。先生同事,得其書《三通考輯要》,勸我閱讀。我讀過一兩卷,大喜,因又求得《通考》原本,和《輯要》對讀,以《輯要》為未足,乃捨《輯要》而讀原本。後來又把《通典》和《通考》對讀,並讀過《通志》的二十畧。此於我的史學,亦極有關係。人家都說我治史喜歡講考據,其實我是喜歡講政治和社會各問題的,不過現在各種社會科學,都極精深,我都是外行,不敢亂談,所以只好講講考據罷了。

年二十一歲,同邑屠敬山寄。先生在讀書閱報社講元史,我亦曾往聽,先生為元史專家,考據極精細,我後來好談民族問題,導源於此。

我讀正史,始於十五歲時,初取《史記》,照歸、方評點,用五色筆照錄一次,後又向丁桂徵先生借得前後《漢書》評本,照錄一過。《三國志》則未得評本,僅自己點讀一過,都是當作文章讀的,於史學無甚裨益。我此時并讀《古文辭類纂》和王先謙的《續古文辭類纂》,對於其圈點,相契甚深。我於古文,雖未致力,然亦畧知門徑,其根基實植於十五歲、十六歲兩年讀此數書時。所以我覺得要治古典主義文學的人,對於前人良好的圈點,是相需頗殷的。古文評本頗多,然十之八九,大率俗陋,都是從前做八股文字的眼光,天分平常的人,一入其中,即終身不能自拔。如得良好的圈點,用心研究,自可把此等俗見,祛除淨盡,這是枝節,現且不談。四史讀過之後,我又讀《晉書》、《南史》、《北史》、《新唐書》、《新五代史》,亦如其讀正續《通鑑》及《明紀》然,僅過目一次而已。聽屠先生講後,始讀遼、金、元史,並將其餘諸史補讀。第一次讀遍,係在二十三歲時,正史是最零碎的,匆匆讀過,並不能有所得,後來用到時,又不能不重讀。人家說我正史讀過遍數很多,其實不然,我於四史,《史記》、《漢書》、《三國志》讀得最多,都曾讀過四遍,《後漢書》、《新唐書》、《遼史》、《金史》、《元史》三遍,其餘都只兩遍而已。

我治史的好講考據,受《日知錄》、《廿二史札記》兩部書,和梁任公先生在雜誌中發表的論文,影響最深。章太炎先生的文字,於我亦有相當影響;親炙而受其益的,則為丁桂徵、屠敬山兩先生。考據並不甚難,當你相當的看過前人之作,而自己讀史又要去推求某一事件的真相時,只要你肯下功夫去搜集材料,材料搜集齊全時,排比起來,自然可得一結論。但是對於羣書的源流和體例,須有常識。又什麼事件,其中是有問題的,值得考據,需要考據,則是由於你的眼光而決定的。眼光一半由於天資,一半亦由於學力。涉獵的書多了,自然讀一種書時,容易覺得有問題,所以講學問,根基總要相當的廣闊,而考據成績的好壞，並不在於考據的本身。最要不得的，是現在學校中普通做論文的方法，隨意找一個題目，甚而至於是人家所出的題目。自己對於這個題目，本無興趣，自亦不知其意義，材料究在何處，亦茫然不知，於是乎請教先生，而先生亦或是一知半解的，好的還會舉出幾部書名來，差的則不過以類書或近人的著作塞責而已。以類書爲線索，原未始不可，若徑據類書撰述，就是笑話了。不該不備，既無特見，亦無體例，聚集鈔撮，不過做一次高等的鈔胥工作。做出來的論文，既不成其爲一物，而做過一次，於研究方法，亦毫無所得，小之則浪費筆墨，大之則誤以爲所謂學問，所謂著述，就是如此而已，則其貽害之巨，有不忍言者已。此亦是枝節，擱過不談。此等弊病，非但中國如此，即外國亦然。抗戰前上海《大公報》載有周太玄先生的通信，曾極言之。

## 三、社會科學是史學的根基

我學習歷史的經過，大畧如此，現在的人，自無從再走這一條路。史學是說明社會之所以然的，即説明現在的社會，爲什麼成爲這個樣子。對於現在社會的成因，既然明白，據以猜測未來，自然可有幾分用處了。社會的方面很多，從事於觀察的，便是各種社會科學。前人的記載，只是一大堆材料。我們必先知觀察之法，然後對於其事，乃覺有意義，所以各種社會科學，實在是史學的根基，尤其是社會學。因爲社會是整個的，所以分爲各種社會科學，不過因一人的能力有限，分從各方面觀察，並非其事各不相干，所以不可不有一個綜合的觀察。綜合的觀察，就是社會學了。我嘗覺得中學以下的講授歷史，並無多大用處。歷史的可貴，並不在於其記得許多事實，而在其能據此事實，以説明社會進化的真相，非中學學生所能；若其結論係由教師授與，則與非授歷史何異？所以我頗主張中等學校以下的歷史，改授社會學，而以歷史爲注脚，到大學以上，再行講授歷史。此意在戰前，曾在《江蘇教育》上發表過，未能引起人們的注意。然我總覺得畧知社會學的匡廓，該在治史之先。至於各種社會科學，雖非整個的，不足以攬其全，亦不可以忽視。爲什麼呢？大凡一個讀書的人，對於現社會，總是覺得不滿足的，尤其是社會科學家，他必先對於現狀，覺得不滿，然後要求改革；要求改革，然後要想法子；要想法子，然後要研究學問。若其對於現狀，本不知其爲好爲壞，因而沒有改革的思想，又或明知其不好，而只想在現狀之下，求個苟安，或者撈摸些好處，因而沒有改革的志願；那還講做學問干什麼？所以對於現狀的不滿，乃是治學問者，尤其是治社會科學者真正的動機。此等願望，誠然是社會進步的根原；然欲遂行改革，非徒有熱情，便可濟事，必須有適當的手段；而這個適當的手段，就是從社會科學裏來的。社會的體段太大了，不像一件簡單的物事，顯豁呈露地攤在我們面前，其中深曲隱蔽之處很多，非經現代的科學家，用科學方法，仔細搜羅，我們根本還不知道有這回事，即使覺得有某項問題，亦不會知其癥結之所在。因而我們想出來的對治的方法，總像斯賓塞在《羣學肄言》裏所説的："看見一個銅盤，正面凹了，就想在其反面凸出處打擊一下，自以爲對證發藥，而不知其結果只有更壞。"發行一種貨幣，沒有人肯使用，就想用武力壓迫，就是這種見解最淺顯的一個例子。其餘類此之事還很多，不勝枚舉，而亦不必枚舉。然則没有科學上的常識，讀了歷史上一大堆事實的記載，又有何意義呢？不又像我從前讀書，只是讀過一遍，毫無心得了麽？所以治史而能以社會科學爲根柢，至少可以比我少花兩三年功夫，而早得一些門徑。這是現在治史學的第一要義，不可目爲迂腐而忽之。

對於社會科學，既有門徑，即可進而讀史，第一步，宜就近人所著的書，揀幾種畧讀，除本國史外，世界各國的歷史，亦須有一個相當的認識；因爲現代的歷史，真正是世界史了，任何一國的事實，都不能撇開他國而説明。既然要以彼國之事，來説明此國之事，則對於彼國既往之情形，亦非知道大概不可。況且人類社會的狀態，總是大同小異的；其異乃由於環境之殊，此如夏葛而冬裘，正因其事實之異，而彌見其原理之同。治社會科學者最怕的是嚴幾道所説的"國拘"，視自己社會的風俗制度爲天經地義，以爲只得如此，至少以爲如此最好。此正是現在治各種學問的人所應當打破的成見，而廣知各國的歷史，則正是所以打破此等成見的，何況各國的歷史，還可以互相比較呢？

## 四、職業青年的治學環境

專治外國史，現在的中國，似乎還無此環境。如欲精治中國史，則單讀近人的著述，還嫌不夠，因爲近人的著述，還很少能使人完全滿意的，況且讀史原宜多覓原料。不過學問的觀點，隨時而異，昔人所欲知的，未必是今人所欲知，今人所欲知的，自亦未必是昔人所欲知。因此，昔人著述中所提出的，或於我們爲無益，而我們所欲知的，昔人或又未嘗提及。居於今日而言歷史，其嚴格的意義，自當用現代的眼光，供給人以現代的知識，否則雖卷帙浩繁，亦只可稱爲史料而已。中國人每喜以史籍之豐富自誇，其實以今日之眼光衡之,亦只可稱爲史料豐富。史料豐富,自然能給專門的史學家以用武之地,若用來當歷史讀,未免有些不經濟,而且覺得不適合。但是現在還祇有此等書,那也叫没法,我們初讀的時候,就不得不多費些工夫。於此,昔人所謂"門徑是自己讀出來的","讀書之初,不求精詳,只求捷速","讀書如署地,非如攻城"等等説法,仍有相當的價值。閱讀之初,仍宜以編年史爲首務,就《通鑑》一類的書中,任擇一種,用走馬看花之法,匆匆閱讀一過。此但所以求知各時代的大勢,不必過求精細。做這一步工夫時,最好於歷史地理,能够知道一個大概,這一門學問,現在亦尚無適當之書,可取《方輿紀要》,讀其全書的總論和各省各府的總論。讀時須取一種歷史地圖翻看。這一步工夫既做過,宜取《三通考》,讀其田賦、錢幣、户口、職役、征榷、市糴、土貢、國用、選舉、學校、職官、兵、刑十三門。歷史的根柢是社會,單知道攻戰相殺的事,是不够的,即政治制度,亦係表面的設施。政令的起原即何以有此政令。及其結果,即其行與不行,行之而爲好爲壞。其原因總還在於社會,非瞭解社會情形,對於一切史事,可説都不能真實瞭解的。從前的史籍,對於社會情形的記述,大覺闕乏。雖然我們今日,仍可從各方面去搜剔出來,然而這是專門研究的事,在研究之初,不能不署知大概。這在舊時的史籍中,惟有叙述典章制度時,透露得最多。所以這一步工夫,於治史亦殊切要。此兩步工夫都已做過,自己必已有些把握,其餘一切史書,可以隨意擇讀了。正史材料,太覺零碎,非已有主見的人,讀之實不易得益,所以不必早讀。但在既有把握之後讀之,則其中可資取材之處正多。正史之所以流傳至今,始終被認爲正史者,即由其所包者廣,他書不能代替之故。但我們之於史事,總只能注意若干門,必不能無所不包。讀正史時,若能就我們所願研究的事情,留意採取,其餘則祇當走馬看花,隨讀隨放過,自不慮其茫無津涯了。

考據的方法,前文業經署説,此中惟古史最難。因爲和經子都有關涉,須署知古書門徑,此須別爲專篇乃能詳論,非此處所能具陳。

學問的門徑,所能指出的,不過是第一步。過此以往,就各有各的宗旨,各有各的路徑了。我是一個專門讀書的人,讀書的工夫,或者比一般人多些,然因未得門徑,繞掉的圈兒,亦屬不少。現在講門徑的書多了,又有各種新興的科學爲輔助,較諸從前,自可事半功倍。況且學問在空間,不在紙上,讀書是要知道宇宙間的現象,就是書上所説的事情;而書上所説的事情,也要把他轉化成眼前所見的事情。如此,則書本的記載,和閱歷所得,合同而化,才是真正的學問。昔人所謂"世事洞明皆學問,人情練達即文章",其中確有至理。

知此理,則閲歷所及,隨處可與所治的學問相發明,正不必兢兢於故紙堆中討生活了。所以職業青年治學的環境,未必較專門讀書的青年爲壞,此義尤今日所不可不知。

原刊《中美日報》堡壘副刊第一六〇至一六三期自學講座,
一九四一年三月十六日至十九日

# 魏晉"科斗文"原於蟲書考

科斗之名,昉見於東漢之季,而魏、晉後人承之。《後漢書·盧植傳》載植上書曰:"古文科斗,近於爲實,而實抑流俗,降在小學。中興以來,通儒達士班固、賈逵、鄭興父子,并敦悦之。"《書序疏》引鄭玄曰:"《書》初出屋壁,皆周時象形文字,今所謂科斗書。"《家語後序》曰:"天漢後,魯恭王壞夫子故宅,得壁中《詩》、《書》,悉以歸子國。子國乃考論古今文字,撰衆師之義,爲《古文論語訓》十一篇、《孝經傳》二篇、《尚書傳》五十八篇,皆所得壁中科斗本也。"又曰:"子國孫衍上書曰:'臣祖故臨淮大守安國,仕於孝武皇帝之世。時魯恭王壞孔子故宅,得古文科斗《尚書》、《孝經》、《論語》,世人莫有能言者,安國爲之今文讀而訓傳其義。'"《尚書僞孔傳序》曰:"至魯共王好治宮室,壞孔子舊宅,以廣其居,於壁中得先人所藏古文虞、夏、商、周之書,及傳《論語》、《孝經》,皆科斗文字。王又升孔子堂,聞金石絲竹之音,乃不壞宅,悉以書還孔氏。科斗書廢已久,時人無能知者,以所聞伏生之《書》考論文義,定其可知者,爲隸古定,更以竹簡寫之。"杜預《春秋經傳集解後序》曰"太康元年三月吳寇始平,余自江陵還襄陽,解甲休兵,乃申抒舊意,修成《春秋釋例》及《經傳集解》。始訖,會汲郡汲縣有發其界內舊冢者,大得古書,皆簡編科斗文字。發冢者不以爲意,往往散亂。科斗書久廢,推尋不能盡通。始者藏在秘府,余晚得見之。"《疏》引王隱《晉書·束晳傳》曰:"太康元年,汲郡民盜發魏安釐王冢,得竹書漆,字科斗之文。科斗文者,周時古文也。其字頭粗尾細,似科斗之蟲,故俗名之焉。"今《晉書·束晳傳》曰:"太康二年,汲郡人不准盜發魏襄王墓,或言安釐王冢,得竹書數十車,漆書,皆科斗字。"《水經·泗水注》曰:"自秦燒詩書,經典淪缺。漢武帝時,魯恭王壞孔子舊宅,得《尚書》、《春秋》、《論語》、《孝經》。時人已不復知有古文,謂之科斗書。漢世秘之,希有見者。"合觀諸文,可見自東漢至南北朝,皆稱古文字爲科斗。然觀鄭玄、王隱、酈道元之説,則其名明明晚起,且出於流俗也。

俗何以名古文字爲科斗？《書序·釋文》曰："科斗，蟲名，蝦蟆子，書形似之。"《正義》曰："形多頭粗尾細，狀腹團圓，似水蟲之科斗，故曰科斗也。"説皆與王隱合。然則古書筆畫真若此歟？曰：否，時人所見者，乃史書家所作之蟲書也，何以言之？案《漢書·藝文志》曰："古者八歲入小學，故《周官》保氏，掌養國子，教之六書，謂象形、象事、象意、象聲、轉注、假借，造字之本也。漢興，蕭何草律，亦著其法，曰：太史試學僮，能諷書九千字以上，乃得爲史。又以六體試之，課最者以爲尚書御史史書令史。吏民上書，字或不正，輒舉劾。六體者，古文、奇字、篆書、隸書、繆篆、蟲書，皆所以通知古今文字，摹印章，書幡信也。"此文爲後人竄改，非其朔。云"亦著其法"，亦者，亦上六書，若所試之六體，截然與六書異物，安得云爾？故知"謂象形"云云十八字，必後人竄入也。《説文解字序》曰："秦書有八體：一曰大篆，二曰小篆，三曰刻符，四曰蟲書，五曰摹印，六曰署書，七曰殳書，八曰隸書。《尉律》：學僮十七以上始試，諷書九千字，乃得爲史。又以八體試之，郡移大史并課，最者以爲尚書史。書或不正，輒舉劾。"説漢律與《漢志》大同，而六體八體絕異。又曰："及亡新居攝，使大司空甄豐等校文書之部，自以爲應制作，頗改定古文。時有六書：一曰古文，孔子壁中書也，二曰奇字，即古文而異者也；三曰篆書，即小篆，秦始皇帝使下杜人程邈所作也；四曰左書，即秦隸書；五曰繆篆，所以摹印也；六曰鳥蟲書，所以書幡信也。"與《漢志》六體大同。使《漢志》之説而確，則秦書八體亡新改制，悉成虛語矣，有是理乎？案《漢志》有八體六技。八體，《注》引韋昭即以許《序》秦書八體釋之，六技則無説。竊意篆隸本非異物，大小篆之名，尤至後來始有，《漢志》尚無。故此三體實爲同物。若合三者爲一，則與刻符、蟲書、摹印、署書、殳書，適得六體，此蓋即《周官》所謂六書，自戰國至漢未之有改，《周官》爲六國時書。至亡新乃更制也。事物新舊相嬗，初起時恒無大異，歷久乃截然殊科。別篆隸爲二體，又別大小篆爲二，蓋後來小學家之説，許氏叙之周、漢之間，又改六體爲八體，遂若秦人真有是制而史實爲之淆亂矣。六體之名，《漢志》蓋嘗叙述，而後人以"謂象形"云云十八字易之，古制遂不可見。然小學家雖分別篆隸及大小篆，史書家則仍守其師師相傳之舊，大小篆與隸書，初無二法，故體雖八而技止六，留此一隙之明，以待後人之審訂也。蔡邕《篆勢》曰："體有六，篆爲真。"亦以書體爲六。知此，則科斗書之由來，可以推測矣。《後漢書·宦者蔡倫傳》曰："自古書契，多編以竹簡。其用縑帛者，謂之爲紙。縑貴而簡重，並不便於人。倫乃造意，用樹膚、麻頭及敝布、魚網以爲紙。元興元年，奏上之，帝善其能，自是莫不從用焉。故天下咸稱蔡侯紙"元興爲和帝年號，自光武建武元年至此，已歷八十一年，則蔡侯紙之成，已在東京中葉。"莫不從用"，"天下咸稱"，乃史家之侈辭，其實東漢之世，用者必不能多也。

《後漢書·光武帝紀》建武元年《注》引《漢制度》曰："帝之下書有四：一曰策書，二曰制書，三曰詔書，四曰誠敕。策書者，編簡也。其制長二尺，短者半之。篆書，起年月日，稱皇帝，以命諸侯王。三公以罪免亦賜策，而以隷書，用尺一寸，兩行，惟此爲異也。"《陳蕃傳》：蕃上疏曰："尺一選舉委尚書三公。"《注》，"尺一，謂版長尺一，以寫詔書也。"《漢書·高帝紀》："十年，上曰：'吾以羽檄徵天下兵。'"《注》曰："檄者，以木簡爲書，長尺二寸，用徵召也。其有急事，則加以鳥羽插之，示速疾也。"《魏武奏事》云："今邊有警，輒露檄插羽。"《史記·匈奴列傳》："漢遺單于書牘以尺一寸，中行説令單于遺漢書以尺二寸牘。"《後漢書·循吏傳》言："光武以手跡賜方國，皆一札十行，細書成文。"此詔令用簡牘者也。《史記·秦始皇本紀》："三十五年，侯生、盧生相與謀，言始皇以衡石量書，日夜有呈，不中呈，不得休息。"此即《漢書·刑法志》所謂自程決事，日縣石之一者，其所量必簡牘可知。《滑稽列傳》："褚先生曰：'東方朔初入長安，至公車上書，凡用三千奏牘，公車令兩人共持舉其書，僅然能勝之。'"説雖荒誕，仍足徵漢人奏事用牘。《漢書·司馬相如傳》："請爲天子游獵之賦，上令尚書給筆札。"《注》曰："札，木簡之薄小者也。時未多用紙，故給札以書。"《酷吏郅都傳》："臨江王欲得刀筆爲書謝上，而都禁吏弗與。"《後漢書·劉隆傳》："建武十五年，諸郡各遣使奏事，帝見陳留吏牘上有書，視之云：潁川弘農可問，河南南陽不可問。"《三國魏志·張既傳注》引《魏畧》曰："既爲郡門下小史，而家富。自惟門寒，念無以自達，乃常畜好刀筆及版奏，伺諸大吏有乏者，輒給與以是見識焉。"此奏對用簡牘者也。《漢書·陳遵傳》："畧涉書記，贍於文辭。性善書，與人尺牘，主皆臧去以爲榮。"此書問用簡牘者也。《朱博傳》："召見功曹，閉閤，與筆札，使自記，積受取一錢以上，無得有所匿，欺謾半言，斷頭矣。功曹皇怖，具自疏奸臧，大小不敢隱。博知其對以實，乃令就席受敕，使改而已，投刀使削所記。"又《原陟傳》："人嘗置酒請陟，陟入里門，客有道陟所知母病避疾在里宅者，陟即往候。叩門，家哭，陟因入弔。問以喪事，家無所有。陟曰：'但潔掃除沐浴待。'陟還至主人，對賓客嘆息曰：'人親卧地不收，陟何心鄉此？願徹去酒食。'賓客爭問所當得。陟乃側席而坐，削牘爲疏，具記衣被棺木，下至飯含之物，分付諸客。諸客奔走市買，至日映皆會。"此尋常疏記皆用簡牘者也。《後漢書·曹褒傳》："褒撰新禮，寫以二尺四寸簡。"《周磐傳》："磐令其二子曰：命終之日，編二尺四寸簡，寫《堯典》一篇，并刀筆各一，以置棺前，示不忘聖道。"

《吳祐傳》：“父恢爲南海太守，欲殺青簡以寫經書。”《論衡·量知篇》曰：“截竹爲簡，破以爲牒，加筆墨之跡，乃成文字；大者爲經，小者爲傳記。斷木爲槧，枳之爲版，力加刮削，乃成奏牘。”《謝短篇》曰：“二尺四寸，聖人文語。漢事未載於經，名爲尺籍短書，比於小道。”此寫經典用簡牘者也。《後漢書·劉盆子傳》：“臘日，樊崇等設樂大會。盆子正坐殿中，黃門持兵在後，公卿皆列坐殿上。酒未行，其中一人出刀筆書謁欲賀，其餘不知書者起往請之。各各屯聚，更相背向。”《袁紹傳》曰：“韓馥往依張邈，後紹遣使詣邈，有所計議，因其耳語，馥時在坐，謂見圖謀，無何，如廁自殺。”《注》引《九州春秋》曰：“至廁，因以書刀自殺。”則時人刀筆，無不隨身，足見簡牘爲用之廣。縑帛則遠非其比。《續漢書·百官志》：守宮令一人。《本注》曰：“主御紙筆墨及尚書財用諸物及封泥。”《後漢書·和熹鄧皇后紀》曰：“是時方國貢獻，競求珍麗之物，自后即位，悉令禁絕，歲時但供紙墨而已。”《賈逵傳》：“章帝令逵自選《公羊》嚴、顏諸生高才者二十人，教以《左氏》，與簡、紙經傳各一通。”《竇融傳注》引馬融與融玄孫章書曰：“孟陵奴來，賜書，見手跡，歡喜何量？見於面也。書雖兩紙，紙八行，行七字。”蓋惟帝王及貴戚之家，能多得紙。《潛夫論·浮侈篇》，訾巫者刻畫好繒，以書祝辭，則佞神者流，於財物非所顧惜，不可以恒情論也。《後漢書·延篤傳》言：“篤少從唐溪典受《左氏傳》，旬日能諷誦之，典深敬焉。”《注》引《先賢行狀》曰：“篤欲寫《左氏傳》無紙，唐溪典以廢箋記與之，篤以箋記紙不可寫《傳》，乃借本諷之。”《三國吳志·闞澤傳》曰：“家世農夫，至澤好學。居貧無資，常爲人傭書，以供紙筆。所寫既畢，誦讀亦遍。”皆可見紙之難得。《漢書·薛宣傳》曰：“性密靜有思，思省吏職，求其便安，下至財用筆研，皆爲設方畧，利用而省費。”合《後漢書·循吏傳》、《劉隆傳》、《三國志·張既傳》之事觀之，知當時簡牘亦非易得，而縑帛無論矣。張芝家之衣帛，必書而後練之，《四體書勢》。《後漢書·張奐傳注》引王愔《文字志》同。蓋亦以其難得故也。《四體書勢》言：“師宜官甚矜其能，或時不持錢詣酒家飲，因書其壁顧觀者以酬酒，討錢足而滅之。每書，輒削而焚其柎。據《晉書》本傳。《三國魏志·武帝本紀》建安十三年《注》引作札，下同。梁鵠乃益爲版而飲之酒，候其醉而竊其柎。”然則漢末工書者，所書仍是簡牘也。《後漢書·杜林傳》謂：“林於西州得漆書《古文尚書》一卷，常寶愛之，雖遭艱困，握持不離身。”古簡策言篇，篇之義蓋本於編。《漢書·路溫舒傳》：“父爲里監門，使溫舒牧羊，溫舒取澤中蒲截以爲牒，編用寫書，”可見漢時多用編簡。縑帛言卷，《傳》云一卷，其爲縑帛所寫可知。簡策亦非可握持。林之寶愛，蓋緣其物之難得，而其物之所以難得，則正以其時用縑帛者希故也。六書果如吾説，其中似惟鳥蟲書一種，施諸縑帛。漆性澀滯，縑帛亦不滑易，蘸漆書之，落筆之初，漆則豐盈，至其後半，則漸形不足，遂成頭粗尾細之形。蔡邕《篆勢》云：“或輕筆內投，微本濃末，”可知其時之人作書，一畫之中，用墨自有深淺。《四體書勢》曰：“魏初傳古文者，出於邯鄲淳。恒祖敬侯，覬。寫淳《尚書》，後以示淳，而淳不別。至正始中，立三字石經，轉失淳法，因科斗之名，遂效其形。太康元年，汲縣人盜發魏襄王冢，得策書十餘萬言，案敬侯所書，猶有仿佛。”而《三國志·王粲傳注》引《魏略》，言邯鄲淳善《倉》、《雅》、蟲篆，科斗書即蟲書可知。《書序疏》言：“六書古文與蟲書本別，則蟲書非科斗，”蓋未窮其原委矣。鳥蟲二書，蓋大同而小異。蟲書畫圓，鳥書畫方，畫圓者頭粗尾細則似蟲，畫方者頭粗尾細則如鳥喙，其筆畫形狀不同，其由漆性澀滯，縑帛亦不滑易，以致頭粗尾細則一也。《後漢書·蔡邕傳》言：“靈帝好學，自造《皇羲篇》五十章。因引諸生能爲文賦者。本頗以經學相招。後諸爲尺牘及工書鳥篆者，皆加引召，遂至數十人。侍中祭酒樂松、賈護，多引無行趣勢之徒，并待制鴻都門下。”《酷吏傳》：“陽球奏罷鴻都文學曰：或獻賦一篇，或鳥篆盈簡。”知東京之季，工爲鳥書者，亦不乏其人。特二者相較，鳥書似不如蟲書之盛，故古文之名，遂爲俗所謂科斗者所擅耳。衛覬之技，蓋與邯鄲淳伯仲，然必待汲郡書出案之，而後知其猶有仿佛，其非有真知灼見可知。而魏初言古文者，上溯僅止邯鄲淳，至正始中而復失其法，則所謂科斗書者，實爲史書家相傳之技，又無足疑矣。

　　書法之成爲藝事，實自東漢以還。西漢稱人善史書，無專指書法者。《漢書·貢禹傳》：“禹言當時郡國，擇便巧史書，習於計簿，能欺上府者，以爲右職。”《王尊傳》：“少孤貧，歸諸父，使牧羊澤中，尊竊學問，能史書。年十三歲，求爲獄小吏。數歲，給事太守府。問詔書行事，尊無不對。”《嚴延年傳》：“尤巧爲獄文，善史書。所欲誅殺，奏成於手中，主簿親近，不得聞知。”所謂史書，皆指文法。《張安世傳》：“少以父任爲郎。用善書給事尚書。上行幸河東，嘗亡書三篋，詔問莫能知，惟安世識之，具作其事。後購求得書，以相校，無所遺失。”此正王尊之類。《外戚傳》：“孝成許皇后善史書，載其疏辭頗美。”此則嚴延年之類也。《西域傳》：“楚主侍者馮嫽能史書，習事，嘗持漢節爲公主使，行賞賜於城郭諸國，敬信之，“敬信之”上，當奪“城郭諸國”或“諸國”字。號曰馮夫人。”亦許后之類也。陳遵尺牘皆見臧去，似耽玩其書法，然《傳》亦言其“贍於文辭”，其爲河南太守，至官，當遣從史西，召善書史十人於前治私書謝京師故人，遵憑几口占書吏，且省官事，書數百封，親疏各有意，則臧去之者，未必非耽玩其文辭也。史稱元帝善史書，亦未嘗非指文法，其委任弘恭、石顯，蓋正由此。

至後漢則異於是。《安帝紀》言：帝年十歲，"好學史書。"《和熹鄧皇后紀》曰："六歲能史書。"《順烈梁皇后紀》曰："少善女工，好史書。"童稚之年，安知文法爲何事？其必指書法無疑矣。《齊武王傳》言其孫北海敬王睦"善史書，當世以爲楷則。及寢病，明帝驛馬令作草書尺牘十首。"其指書法尤爲明顯。《四體書勢》上溯善書之家，曹喜、杜度并在章帝之世，亦其一證。文字始於象形，象形文字原於圖畫，推本言之，實爲藝事，其技之寖昌寖盛，原無足怪。然當時好樂文字者，亦非皆限於書法。《後漢書·孝明八王傳》言樂成靖王黨"善史書，喜正文字，"此小學之家也。班固、賈逵、鄭興父子，蓋亦其流。《章帝八王傳》言安帝所生母左姬善史書，喜辭賦，則文學家也。司馬相如作《凡將》，揚雄成《訓纂》，亦夙開其原。而《魏略》言邯鄲淳博學有才章，又善《倉》、《雅》、蟲篆，許氏《字指》，黄初初，作《投壺賦》千餘言奏之，文帝以爲工，賜帛千匹，則實以一身而兼小學、文學、書法三家之長。凡事原遠則流分，史書一家，分爲三派，本無足異。然則小學興於西京末造，正猶書法盛於東京中葉耳。作鳥蟲書者不必親見蒼頡之文，言小學者又豈真有見於孔子、左丘之跡邪？

原刊《學林》第五輯，一九四一年三月出版

# 論青年的修養和教育問題

　　事情畢竟是青年做的，還記得我當十餘齡時，正是戊戌維新的前後，年少氣盛，對於一切事，都是吾欲云云，看得迂拘守舊的老年人，一錢不值了。後來入世漸深，閱歷漸多，覺得青年雖然勇銳，却觀察多失之浮淺，舉動多失之輕率，漸漸不敢贊同。然而從辛亥革命，以至現在，一切事業，畢竟都是青年幹出來的。中年以上的人，觀察固然較深刻，舉動固然較慎重，而其大多數，思想總不免於落伍，祇會墨守成規，不肯同情變革，假使全國的人，都像他們的樣子，進步不知要遲緩多少？進步一遲緩，環境壓迫的力量就更強，現在不知是何現狀了？

　　世間的事物，是無一刻不在變動着的，而人每失之於懶惰，不肯留心觀察，懶惰既久，其心思就流於麻木了。外面的情形，業已大變，而吾人還茫然不知，以致應付無一不誤，青年的所以可貴，就在他胸無成見，所以對於外界的真相，容易認識，合時的見解，容易接受，雖亦不免錯誤，而改變也容易，每一時代之中，轉旋大局的事情，總是由青年幹出來，即由與此。

　　既如此，青年對於環境，就不可不有真確的認識。如其不然，就和老年人一樣了。

　　朱子説：“教學者如扶醉人，扶得東來西又倒。”一人如此，一個社會亦然。任何一種風氣，都失之偏重。中國的讀書人，向來是迂疏的，不足以應世務，而現在的一切事務，又多非有專門技術不行，因此，遂養成一種重技術而輕學問的風氣，多數人認爲技術就是學問。

　　而真正有學問，或從事於學問的人，反而受到人的非笑。其實技術祇是依樣葫蘆，照例應付，外界的情形，已經變動了，而例不可以再照，技術家是不會知道的。譬諸跛盲相助，學問家是跛者，技術家却是盲人，跛人離盲人，固不能行，盲人無跛人，亦將不知所向。而在社會的分工中，做盲人較易，做跛者較難。所以古人重道而輕藝，其見解並沒有錯。不過後來的所謂道，並不是道，以致以明道自居者，既跛又盲罷了。古人所以分別功狗功人，現代的人之所以重視領袖，亦是爲此。

我並不是教個個人都做領袖，亦不是説祇有做領袖的人，方才可貴，構成一所大廈，棟梁與磚石，原是各有其用，而其功績亦相等的，但是做局部工作的人，對於自己所做的事情，也要通知其原理，而不可如機械般，祇會做呆板的工作，則該是現代的文化，所以不同於往昔的。然一看現在社會上的情形，則此種新文化，絲毫未有端倪，而偏重技術，造成一種刻板機械的人的風氣且更甚，許多青年，就在此中斷送了。古人的錯誤，不在其重道而輕藝，乃在其誤解道的性質，以爲過於高深，爲一般人所不能解，雖教之亦無益，於是不得不贊同"民可使由之，不可使知之"一類的議論了。其實人的能力，蘊藏而未用，或錯用之者甚多，普通的原理，絕非普通的人所不能解，愚笨的人所以多，祇是教育的缺陷罷了。

這所謂教育，並非指狹義的學校教育，乃指一般社會的風氣和制度。且如現在：（一）既有輕學問而重技術，又或誤以爲技術即學問的見解。（二）而高居人上的人，大都是志得意滿的，甚或驕奢淫佚，祇有頤指氣使之習，更無作育人才之心，所以祇愛護會做機械工作的人。"堂上有懸鼓，我欲擊之丞卿怒"，倘使對於所做的事情，有深切的瞭解，因而對於現狀有所不滿，而要倡議改革，那反會遭到忌妒和斥怒的。（三）又因生計艱難，年青的人，都急求經濟上有以自立，而要在經濟上謀自立，則技術易而學問難。或且陷於不可能，輿論的是非，其實祇是他本身的利害，於是父詔其子，兄勉其弟，以致宗族交遊之所以相策勵者，無一非謀食之計而已。（四）及其既得之後，有些人遂不免以此自足，不肯深求，到機械工作做慣了之後，就心思漸流於麻木，要圖進取而亦有所不能了。久之，遂至對於環境，毫無認識，雖在年富力強之時，亦與老耄之人無異，此即程子所謂"不學便老而衰"。所以説：現在的社會風氣和制度，把許多有爲的人葬送了。不但如此，人是離不開趣味的。一個研究學問的人，看似工作艱苦，其實他所做的事情很有趣味，工作即趣味，所以用不到另尋刺激，作機械工作的人，就不然了。終日束縛之馳騁之於勉強不得已之地，閒暇之時，要尋些刺戟，以消耗其有餘而被壓迫著不得宣泄之力，以生心理的要求而論，是很正當的，現代都會之地，淫樂之事必多，即由於此。因爲都會就是機械工作聚集之所啊！現代的社會或政治制度，實不可不大加改革，其要點：是（一）無論研究何種學問的人，對於一切學問，都不可不有一個普遍的相當程度的認識，尤其是社會科學。（二）對於其所專治的一門，不可祇學技術，而置其原理於不顧。（三）因爲如此，所以用人者，不可竭盡其力，當使其仍有餘閑，以從事於學問。依我的愚見，不論公務員或其他團體的職員，皆當使其從半日辦事，半日求學，辦事幾年之後，再令其求學幾年；其所學，當以更求深造或博涉爲主，不可但求技術的熟練，或但加習某種技術。如此，仕與學同時並進，再更迭互進，自然公務員階級和職員階級的氣象，和現在大不相同。這才是真正的民主教育。凡物散之則覺其少，聚之則覺其多。把現在坐井觀天的人，都引而置之井上，使其一見天似穹廬，籠罩四野的景象，社會的情形，自然煥然改觀了。無論封建主義或資本主義，所要求於大多數人的，總是安分。這所謂分，並不是其人應止之分，祇是統治者所指定的分罷了。這時代所謂安分的人，是受人家的命令而安分的，爲什麼那一塊地方是我的分？爲什麼我要安於此。他自己是茫然不知道的，此乃迷的安分。依我的說法，則是人人明白了全體，從全體中算出自己的分地來的，可謂之智的安分。惟其如此，才能人人各安其分，而不致有爭做領袖的事情，這就是民治主義深根固蒂之道。社會制度，是不易一時改革的，青年在今日環境之中，却不可不思所以自處，因爲現在正是解人難索的時代呀！

孔子以知仁勇爲三達德，前篇所言，祇說得一個知字，人本不該以知字足，而且知和勇，都是從仁中生出來的。所以古人說："若保赤子，心誠求之，雖不中不遠矣。"西哲說："婦人弱也，而爲母則強。"孔子說：仁者必有勇。王陽明說："知而不行，祇是未知。"就是這個道理。

如其一個人志祇在於豐衣足食，大之則驕奢淫逸。試問這個人，會懂得經濟學財政學否？經濟學是替社會打算的，財政學是替國家打算的？志在豐衣足食，或驕奢淫逸的人，對於社會國家的問題，如何會發生興趣呢？如此，經濟學財政學所說的，就都是話不投機的了，你如何會讀得進去？尋常人總以爲人是讀了某種書，然後懂得某種道理的，其實人是對於某種道理，先有所懂得，然後對於某種事實，會發生興趣；然後對於某種書籍，才讀得進去的。如其不然，就該同樣研究的人，成績都是同樣的了，安有此理？

學問從來沒有替個人打算的，總是替公家打算的，替公家打算，就是所謂仁。所以不仁的人，決不能有所成就。你曾見真有學問的人，爲自私自利的否？你曾見真有學問的人，而陰險刻薄，凶橫霸道的否？這一個問題，世人或亦能悍然應曰：有之。而舉某某某某以對。其實此等人並不是真有學問，不過是世俗所捧罷了。世俗所以捧他，則正由世俗之人未知何者謂之學問之故。所以真的學問，和道德決無二致。

德行的厚薄，似乎是生來的，其實不然，古人說彝秉之良，爲人所同具，此言決非欺人。其所以或則僅顧一身一家,或則志在治國平天下,全是決之於其所受的教育的。不然,爲什麼生在私有制度社會中的人,祇知利己,生在社會主義社會的人,就想兼利社會呢? 我們現在的社會,在原則上,其相視,是如秦人視越人的肥瘠,然而雲南南境的猓玀還有保存公產制度的習慣。他們的耕地,是按人數均分的。我們要加入他們的社會,祇要能得到他們的允許,他們便立刻把土地重新分配一下,分一分給我們。而且相率替我們造屋,供給我們居住,這較之我們今日的人情,其厚薄爲何如? 難道是"天之降才爾殊"麼? 仁不仁屬於先天抑後天,可以不待辨而明瞭。

我們所處的環境,固然不良,然而我們既受到了較良好的教育,斷没有人能禁止我們不自擇良好的環境。良好的環境安在呢?

還記得清丁酉年(公元一八九七年),梁任公先生,在湖南時務學堂當教員,他教學生一種觀法。他説:"人誰不怕死? 死其實不足爲奇,你試閉着眼睛想着:有一個炮彈飛來,把你的身子打得粉碎,又或有利刃直刺你的胸腹,洞穿背脊,鮮血淋漓,此時你的感想如何? 你初想時,自然覺得害怕,厭惡,不願意想。想慣了,也就平淡無奇了。操練能改變觀念,久而久之,就使實事來臨,也不過如此。"讀者諸君,這並不是梁先生騙人的話。明末的金正希先生,和人同遊黃山,立於懸崖邊緣,脚底祇有三分之一在山上,三分之二,却空懸在外,同游者爲股栗,先生却處之泰然。問他爲什麼要弄這狡獪以赫人? 他説:"這並不是弄狡獪,乃所以練習吾心。"他平時有這種功夫,所以後來守徽州時,臨大節而不可奪。讀者諸君,這並不是金先生獨有的功夫,此項方法,乃自佛教中的觀法,承襲變化而來,宋明儒者是看作家常便飯的。所以這一個時代,氣節獨盛。他們在當時,雖不能挽回危局,似乎無濟於事,然其一股剛正之氣,直留詒到現代,還大放其光輝。此所謂"城濮之北,其報在邲"。正如大川之水,伏流千里,迂回曲折,而卒達於海,正不能不謂之成功。

讀者諸君! 這種議論,你們或還以爲迂闊,則請你們看看,現在街頭巷尾,餓死凍死的,共有若干人,再請你到貧民窟中去看,他們所過的生活是什麼樣子? 是不是所謂非人生活? 你再回到繁華的都市中,看看驕奢淫佚的樣子,你心中作何感想? 你還覺得這些事快樂否? 你雖不看見,你總還能耳聞,現在有些地方,你的同胞,受人欺凌踐踏,比奴隸牛馬還不如,這些人中,或者有你的親戚朋友,甚而至於父母兄弟妻子在内,你心中作何感想? 佛爭一炷香,人爭一口氣,你覺得我們有求一個揚眉吐氣的日子的必要否? 還是以在目前你能够頤指氣使的地方頤指氣使爲己足。想到此,不但志在豐衣足食,或者驕奢淫逸，是不成氣候，就是有一絲一毫功名之念，亦豈復成其爲人？讀者諸君，人最怕太忙，把性靈都汨没了，不但馳逐於紛華靡麗之場爲不可，就是沉溺於故紙堆中，弄得頭昏腦脹，把我們該怎樣做人的一個問題，反省的功夫，都忙得没有了，也不是一回事，孟子説得好："雖存乎人者，豈無仁義之心哉？其所以放其良心者，亦猶斧斤於木也，旦旦而伐之，可以爲美乎？其日夜之所息，平旦之氣，其好惡與人相近幾希，則其旦晝之所爲，有梏亡之矣，梏之反覆，則其夜氣不足以存，夜氣不足以存，則其違禽獸也不遠矣。"從來非常之才，每出於窮僻瘠苦之鄉，而必不生於粉華靡麗之地，就是爲此，不可以不猛省啊！

原刊一九四一年四月七日《正言報》

# 論 禄 米 之 制

四月七日,《中美日報》載有章榴先生《論禄米制度》一文,大意説：禄米並不是解決薪俸階級生活困難問題的根本方法,因爲現代的生活繁複了,並不是專靠米,所以解決薪俸階級生活的困難,是按生活費指數津貼,而不但是米貼,即以米貼論,亦應以貨幣爲支付的手段,因爲米久已不在政府手中了,如果用穀物來發薪水,則每個機關,勢必須有穀物的儲藏,或者由糧食管理機關專責辦理,然而這種辦法,能不能解決糧食問題呢？回答是不能的,在禄米制度下,受的一方面,(問題)或者看不見了,授的一方面,(問題)卻同樣的嚴重,所以根本的辦法,還在管理貨幣和調整食糧。章先生這些話,固然無可非難,我卻還要從別一方面,補苴一些。

獻議施行禄米制度之人,我們固未聞其説如何,然而揣度起來,恐不會以此爲經常普遍的辦法,不過處於今日,物價問題,尤其是食糧問題,已極嚴重,而管理貨幣,調整食糧,非一蹴所能奏效,乃姑以是爲救急之策罷了。假以時日,管理調節,業經生效,或者抗戰勝利,物價的嚴重問題,隨之消滅,此種辦法,自然是可以取消的。至於今日,因根本的辦法,勢不相及,而不得不爲治標之計,則在田賦征收實物的情形下,禄米制度似不失爲治標辦法之一。

但是我還有一個愚見。我以爲即使抗戰勝利、物價安定之後,以實物支給薪俸的辦法,還是不妨聽其存在的,不過是隨時隨地審察情形,定其施行廢止或改變,而不是全國一律罷了。我説出這句話來,聞者或將以爲奇談,我卻有一個怪迂的理由。

我以爲一切事情,最壞的是實際的情形,尚未能臻於劃一的程度,而要强取劃一的辦法,如是,有許多不妥的問題,就起於其中了。姑以法律爲喻。法律的根本是風俗,有許多行爲,在這種風俗之下做,是犯罪的,在那種風俗之下做,卻並不是犯罪,甚而至於是好意。如食人之族之食人,即其一例。所以在古代"君子行禮,不求變俗",禮在古代,是具有法的作用的,行禮不求變俗,就是十分尊重習慣法，直到後世，法律上還有化外人犯罪，各以其法治之的條文，因爲必如此，才可以情真罪當，而達到維持善良風俗的目的。不幸在後世，此種辦法，只能施諸化外人了，其在本國，各地方的風俗，還未能真正統一，而政治先已統一了，國法不可異施，不得不强令全國一律，在這種情形之下，法律就成爲不近人情之物，不過能勉强維持某種秩序，並不能真正維持風俗了。以貨幣論，亦是如此。在古代，貨幣的作用，是很微弱的，《說文解字》說："古者貨貝而寶龜，周而有泉，至秦廢貝行錢"，可見所謂"郁郁乎文哉"的周代，還不過是行金屬貨幣的開始，貝幣還没有全廢。秦漢之興，貨幣的作用，仍遠較後世爲微弱，《漢書·食貨志》載李悝盡地力之教，估計當時粟價，每石不過錢三十文，《史記·貨殖列傳》亦說：穀價上不過八十，下不過三十，則農末俱利。而漢宣帝時，穀價之賤，至於石僅五錢，漢朝的一石，約當今之二斗，然則自戰國至漢，現在一石穀，最貴不過四百錢，最賤時乃二十有五，漢時的錢價，其貴如此，零星貿易，如何還能使用？所以《鹽鐵論·散不足篇》說：當時買肉的人，是"負粟而往，易肉而歸"，可見當時的銅錢，在社會上流行的數量，很爲微小，惟其如是，故其時的貨幣，和人民生活的關係，遠不如後世的密切，當時所以屢次有人要廢貨幣而代之以粟帛者以此。到後世，雖然隨着生活程度的進步，貨幣數量逐漸增加，然而中國是不看重商業的，所以貨幣制度，發達得不甚完善，政治上和社會上，總還殘留着一部分實物支付的遺跡。直到宋、金、元、明四朝鈔法大行之後，貨幣的數量，驟然大增，社會上的支付，才逐漸多用鈔爲手段；在政治上，則直到明中葉以後，禄田之制，無形廢棄，才將實物支給之制，完全取消，這在大體上，雖可以說是進步，然賦税的征收，利用折色的名目，而加人民以剥削，則自此大爲普遍，而因幣價變動，致按貨幣所給的工資猶是，而實際購買力減削之弊，亦逐漸嚴重，近代官俸和兵餉的奇薄，都是一個好例，不過在清末濫鑄銅元以前，幣價的變動，不甚急劇，所以大家不甚注意到罷了，在今日的中國，我們要知道：這樣的情形，還是存在着而要注意的。

（一）調整食糧，在最短的時間内姑勿論，即有較長的時間，恐亦未易遽收普遍和徹底的效果，在已往和現狀之下，新穀登場和青黄不接的時候，糧價的相差，可以甚大，賦税必收貨幣，迫得農民將新穀出賣，到將來再出錢買米吃，利盡入於操縱囤積之徒，這是向來議論國計民生的人，所視爲最嚴重的一個問題。

（二）幣價在一個時期之内，逐漸上升，農民以穀易幣，以幣納賦，無形之中，負擔即逐漸加重。如其逐漸下降，則國家的收入，即無形減少。此等變動,雖説可加以管理,究不易曲折入微,臻於毫髮無遺憾之境。尤其在今日,後述之弊,是頗爲顯著,而也相當嚴重的,財政固受損失,農民雖有餘資,無法善於運用,在社會上的潤澤並不大,而且因此發生藏穀而不肯出賣等情形,於穀物之調劑,貨幣的流通,反生障礙。

(三)在一個短時期之內,貨幣的價格,固有上升下降,然畫一個較長的時期而觀之,則總是下降的,這在最近的貨幣史上,各國都是如此,中國恐亦不能免,於此,實際工資的逐漸下降,即成爲嚴重的問題,雖可藉法律政治及社會的力量,逐步加以調整,究與實際的情形,不易相副。

凡事當其興起之始,總是有利無弊,至少是利餘於弊的,發達到某一程度,就不免利弊不相掩,甚至弊餘於利了,這是一切制度,都是如此的,而貨幣亦莫能外,所以用實物收入支出,看似陳舊,或者倒是今後值得考慮的事情,現在國際的貿易,有一部分,幾於回到物物交換,就透露着這一個消息。話不要説得太遠,在目前情況之下,國家一部分的賦税,如能兼收實物,確是於國於民,兩有利益的,而尤其是田賦,所以此項辦法,已在考慮實行之中了,但是國家若只以穀物收入,而不能以穀物支出,則勢將不免於賣米之煩,以官僚而賣米,其弊害,恐怕是不易究詰的。在此情形之下,則禄米制度,似乎也很值得考慮。

大凡生活程度愈低的人,則食在其支出之中,愈佔重要的部分,今日的公務員,其大多數,怕未必是生活寬裕的人罷? 不但今日,漢景帝改革貲選的詔書説:"人不患其不富,患其無厭"、"其惟廉士,寡欲易足",這兩句話,我們承認他是在政治上有深切經驗之談,我們若肯細察事實,便可見得巧取豪奪,貪贓枉法,敗名喪檢的,不是節儉而窮困的人,乃是收入較多,而生活程度仍與其收入不相稱的人,"民之輕死,以其奉生之厚",此事看若相反,其理實甚平常,所以我們今後,也決不希望家資充裕,而享受較優的人來做公務員,倒希望多得家境清寒,而能勤儉自將的人。如其做公務員的人,大多數都是家境清寒的,食在其生活費用中,即佔一極重要的部分,食糧的供給固定,使其不致因糧價的變動而感覺到生活的受威脅,至少是使他能够安心服務的一個理由。社會上靠薪工生活的人,其生計,大多數也自然並不寬裕,食在他的支出中,自然也是極重要的一部分。如其薪工的收入,一部分是食糧,自可感到生活的比較安定。實際工資低降的問題,也可説是業經解決了其中的一大部分了。"一人之身,而百工之所爲備",在今日,固然不能凡物皆自爲而後用之,單是有了米,還是解決不了生活問題。其餘一部分,則當逐漸採用生活指數,使其由臨時的津貼，轉變爲固定的工資。還記得我國因討論貨幣問題而聯帶及於工資問題的熱烈，是在距今二十餘年以前。當時朱執信、胡漢民、戴季陶諸先生所主持的《建設雜志》，曾經譯載一篇日本人所做的文字，即主張按米價的升降，以增減薪工之額。這個日本人，是一個事務家而不是經濟學家，所以其思想不免簡單。主持《建設雜志》者的主張，是并用若干種生活必須品。食物如油鹽，以及燃料，衣着的材料等，都包括在内。亂後藏書都已化爲煨燼，恕我不能引證原文了。然即章先生生活費用指數之説，則無可疑。我們要知道：官俸在前代，本是貨幣和實物并給的。所謂實物，包括的種類很多，並不限於食物，政治上的制度，總是以社會上的制度爲根基的。如此，可以推想當時社會上的薪工資，亦必貨幣和實物併給，而且實物所佔的成分，還較官俸爲多。所以我們現在的薪工，有些地方，甚而至於是大多數地方，盡可以錢穀并給，而所給的錢數，則依若干種生活必須品的指數而升降。這種生活必須品，亦不必全國一律，盡可隨各地方情形的不同而有出入，如在上海，薪工階級的支出，房租往往佔其中的大部分，内地的薪工階級，多住在自己屋子裏，房租支出，不成問題，如此，不論臨時的津貼，或平時的工資，都可將房租一項除去，便是一個例子，此項理想，固非短期間内所能實行，然總是解決工資問題比較根本的辦法。我們現在，是抗戰與建國同時進行，固然軍事第一，勝利第一，然如有遠大的目光，定出一種計劃來，既有利於目前的抗戰，又有裨於將來的建國，豈不更爲圓滿？如此，則官俸和薪工制度的改良，正宜努力向遠大的計劃上邁進。

官俸和薪工資，一部分以穀物支給，授受兩方面，在損益上實都不成問題，因爲這是使兩方面的收入支出，在長時間之中，都比較趨於固定的，凡是在長時期中能比較趨於安定，都可視爲有利的。所難的，倒是在於授受之際的公平和便利，如其不能達到這兩點，則必糾紛時起，而且逐漸擴大，此制即根本不能行，於此，即當連帶而及於倉庫制度。穀倉的利弊，非一言所能盡，亦非此篇所及詳，若求以穀物支給官俸和薪工資的公平和便利，則第（一）當能詳辨穀物的品質，隨其品質的優劣而分別保管，第（二）於其發出之際，則注意於其包裝，務使按其包裝而可定其品質，如此，公平便利兩點，就都可以達到了，至於貯藏的良好，以及推陳出新，則因現在的倉穀，非如昔日的死藏不出，在倉中的時間較短，倒比較的不成問題。所當注意的，倒是在現代戰争規模和破壞力都極大的時代，貯藏要預計搬遷的便利和轟炸的避免，這亦非此篇所能詳論了。

以上所說的辦法,所當注意的,是要隨時隨地斟酌情形實行,並不是要限定時間,全國一律辦理,辦理的地方、辦法亦不必一律。中央對此,固宜有一種立法,然只可很寬廓的,爲原則上的規定。其具體的辦法,當與各地方以很大的自由。

隨時隨地的施設,自然窮鄉僻壤行之者多,通都大邑行之者少。然而要注意,在通都大邑,如能推行此制,正是我們所希望的。因爲經濟上根本的問題,總不能不講節儉,所謂節儉,就是一切費用,用之於必要有益之處者多,用之於不必要而無益之處者少。按必須品的指數以給官俸和薪工資,似乎可使受之者生活安定,但在通都大邑,往往是誘惑甚多的地方,倘使受者以其所得之貨幣,移而用之於不必要之途,其生活即不免仍受威脅。所支給的一部分爲實物,即不啻使其這一部分收入的用途固定,而不能至少是不易流用之於他途,對於受者儉德的養成,亦即社會節儉風俗的養成,不能說沒有相當的裨益。這一節,是實物支給的優點,但按生活費指數而以貨幣爲支給的手段,不能達到的。

蔣委員長說:全國的糧食,不苦於不足,而苦於調節的不勻。這句話,章先生也承認其是事實。這句話的是事實,怕沒有人能加以否認罷? 我們所尤須注意的,則是這種事實,恐非短期間所能徹底變更,因爲此中最大的問題,是運輸和關於食糧分配的組織,而此兩者,都不是在短期間之內,可以百廢俱舉的。我有一個朋友,他的哥哥,住在湖南辰溪縣,親丁四口,至今生活費用,每月不過六十圓,因爲真正的必要品,並沒有劇烈的漲價。湖南還有一處更偏僻的地方,至今米只四圓一石,煤油卻貴到一百三十八圓一箱了,該地方的人,對於食的問題,絲毫不感受威脅,對於起居,則大多數日出而作,日入而息了。這兩件,都是千真萬確的事情。管子之爲治,貴於"因禍而爲福,轉敗而爲功"。我們因爲什麼東西,都沒有一個整個的市場,所以不容易運用物資,和人家在短期間之內爭勝負,而要調節物資,以解決一部分國民生活的困難,亦覺不易收效,然我們雖受到空前的侵害,始終只是許多局部的創傷,而不致引起全身症狀者亦以此。知此,就知道我們現在補救和整頓的辦法,都不宜侈言總樞紐,而要逐一分別處理的理由了。

這一篇文字,對於章先生的大作,只是補充,並非駁議,合并申明。

原署名:野貓,原刊一九四一年四月十三、十四日《中美日報》

# 改良鹽法芻議

前代之法，有甚善而爲今日所可仿行者，中鹽是已。中鹽之法，起於宋，而其效大著於明。宋世之入邊，初以鹽與芻粟相易。商人入芻粟於邊者，則國家與之以鹽。其後益以茶與香藥、寶貨，謂之“三説”。説，今兌換之“兌”字。又或益以緡錢，謂之“四説”。蓋在貨幣推行未遍之時，度支每資實物，役民運輸則勞人，和雇則傷財；且皆不能無弊，故以是濟其窮也。其他官買之物，商人納資於京城榷貨務，與以憑證，令其自往取物者，謂之入中錢帛，入中入邊之法立，則中央不勞漕運以濟邊；而官買之物，散在各地者，錢帛亦自集於中央，而不勞地方之轉運；實理財之良策也。明人躪而行之，而其利又有多於宋世所收之外者。宋代之入邊芻粟，其所謂邊，實不過陝西、河北；本非不產芻粟之地，商人收買，不虞其不可得，運致亦不甚勞；國家行此，僅能省漕運之費而已。明所命商人納粟者，則爲開平等邊荒之地，芻粟無多，收買既艱，運輸尤困。商人惟利是圖，計其所獲，實不如就地墾闢之多，遂有出資招民往墾者，於是有所謂商屯。明中葉以前，邊儲充實；而塞下人烟，亦漸稠密；實於此重有賴焉。其後户部移開中之鹽以易銀，入諸内庫，而商屯始漸撤廢；邊儲既匱，邊備亦虛；讀史之人，未嘗不爲之廢書而之嘆也。今日貨幣通行，收入支出，無復實物，一電匯劃，瞬息千里，入中入邊之法，以財政論，自可不必仿行；然明代因入中而啓商屯，則有可師其意以實邊者。蓋殖民之難，在於有移殖之志者，無自致之力，國家出資招募，徒得浮浪怠惰之人，不耐苦而逃歸，或且流爲盜匪；設官管理，既益行政之煩，亦或不能切實。人所惡於資本主義者，以其剝削，而非以其經營。以計劃精詳，管理嚴密言之，私家企業，斷非官吏所能逮。今若能使有資本者出其財，有才力者任其事，招貧民以實邊，而國家但爲之監督，則事半而功倍矣。監督之道如之何？一曰嚴平均地權之法。耕者有其田，本爲當今所跂望。惟在内地，華離既甚，矯正甚難。若在邊方，則土地本來無主，但爲制定分授之法，杜絶兼併之端，即可收平均之效矣。

農田水利，相依爲命，旱潦無憂，端資溝洫。今日已開闢之區，皆隨人所佔而爲之封畛，尖斜屈曲，無復定形，整理之難，職由於此。若在邊方，則可因地之宜，先爲分畫，後以授人，阡陌溝渠，斠若畫一，交通既便，水利亦修。又內地佔田，面積太小，使用機械，殊爲不易，合小成大，慮始又艱。邊方區劃整齊，即無此患。商人資本較充，鑒於獲利之豐，自樂購置使用。成效既著，仿辦甚多，此則邊荒之開闢，不徒移民以實邊，並可爲內地整理土地之示範也。一在防止商人剝削農民。商人爲資本家，農民爲勞力者；資本家強，勞力者弱，中外同然，古今一轍。邊荒招墾，多係窮民，其弱尤甚，國家固不可無以保護之。此則但於有屯之處，設立監督之官，妙簡良吏，以充其任，斯可矣，事非甚難也。今當鹽法改革之際，似可指定某處之鹽，提出若干，專與墾闢所收之糧相易，鹽既大利所在，必有出其資本，以從事於此者。將來推行漸廣，或官賣之物漸多，並可益以他物，如宋人所謂"三說"、"四說"者，初不必限於鹽也。今日社會雖云困窮，擁資而無所用之者，實尚不乏；其有才力若專門智識，慷慨欲有所爲者，亦未嘗無人；特苦無所藉手耳。國家之法令一定，而人才資本，咸得所以自奮之途；外收固圉之功，內有富民之效；抑且藉資本主義之策畫，以漸進於民生主義的實現；蓋一舉而三善備焉，亦何憚而不爲者？

《大學》曰："有人斯有土"，此至言也。凡邊地空虛者，雖得之，甚不能守，以遣兵勞費也。漢唐盛時，開疆拓土，非不廣遠，兵力一衰，旋後淪喪，即由於此，故守邊以實邊爲本。然邊既實，守之策，亦不可不豫籌。孔子曰："以不教民戰，是爲棄之。"自來論民兵之善者，皆歸結於非其人不能守其地，然苟爲不教，則亦猶之無人。不徒非固圉之謀，即以地方治安論，邊荒初闢，防衛必不如腹地之完，一有變故，外爲鄰敵所乘，內爲盜賊所掠，坐視其束手而無以自衛，亦罔民之道矣。晁錯移民塞下之策，所謂教養兼施。事雖有今古之異，其理固無不同。此又屯墾之初，所當早爲之計者也。

明人官賣茶之法，亦有與宋人異者。宋世茶之供三說，資入中，徒計實邊，省漕運；間或於邊垂立茶馬之司，亦以夷人嗜茶，交易有利，以此給邊軍而省籌餉，爲財政計而已。明則以茶易西番之馬，意欲使其馬少而弱，實馭夷之一策也。今者六族一家，合諸民族而成國族，此等猜防之策，業已無所用之，然馬既有利於交通，亦有裨於戎事；無牛之鄉，兼資耕作；雖云火車汽車通行，爲用較少，究之其利猶甚溥也。內地既盡墾闢，無廣大之牧場；天時地利，本亦不如邊方之善。生利固應各視土宜。今若能師明人之意，以內地之茶，與邊垂之馬相易，既可推廣茶之銷路，又可以獎勵畜牧，亦一舉兩得之道也。

原署名：駑牛，原刊《美商青年月刊》第三卷第四期，

一九四一年五月五日出版

# 生活的規範①

## 上

　　禮教到底是救人的？還是吃人的？從前的人，都以爲禮教是救人的，所以説："夫禮，先王以承天之道，以治人之情，故失之者死，得之者生。"《禮記·禮運》。他們的意思以爲人生活，是該有一種規範，而這種規範，是出於自然的，人要遵守着這種自然的規範的，才能够相安無事生活下去。從理論上説，這種見解是不錯的。但是生活的規範，極難發見，因爲生活的規範，是要隨着生活的情形變化的，而人的見解，總不免陳舊，生活的情形，業經改變了，而人還固執着舊來的規範，而强人以必行，這等於削足以適履，在此情勢之下，禮教就變做吃人的了。但是與人所固執的禮教條件，雖然非是，而人的生活該有一個規範是不錯的。不過到所謂規範者，太不適合時，不可不考察現狀，探求原理，將他改革一番罷了。傳統的道德宗教，都漸漸失其權威，其重要的原因，即在於此。

　　要根據自然的條理，以制定生活的規範，其中最重要的因素，是什麽呢？在現今，幾於人人都知道是經濟，這因爲經濟是最深切最不間斷和個個人都有關係的，不比別種社會現象，和某一部分人有關係，其餘的人就沒有關係，而其關係亦不深切，而又時有間斷，所以現在世界，亂源雖多，而民生問題，總是其中最重要的一個因素。

　　現在的生活方法，可説是種種不合理，以致全世界上，每一個人，幾於生活都不安定，而尤以號稱文明發達之地爲甚。遂至直接間接，釀成了許多亂源，生活的不合理，其原因安在呢？心地糊塗的人，乃歸咎於科學的發明，機械的出現，以爲它改編了人類的生活狀況，以至於此。其實現代科學的發明，機器的出現，較諸前代，只是程度問題，若説非將它摧毀不可，那真將如列子

---

① 　原編者按云：本文爲本市某名教授所著，精湛透澈，語重心長，謹向讀者鄭重推薦。

所言，"棄桔橰而抱瓮以汲了。"安有此理？此種人思想太落伍，我們也不必和他們辯論了。思想較新的人，則以爲由於分配的不均。這固然是不錯的，但是除此之外，我以爲還有一個大問題。

我們知道：人類元始的性質，總是有福同享，有難同當的，決沒有大家刻苦，一個人獨樂之理，許行説"賢者與民並耕而食，饔飧而治"，就是爲此。見《孟子·滕文公篇》，《後漢書·烏桓傳》説：烏桓人人，各自畜牧營產，不相徭役，就是許行的話一個證據。據社會學家説："野蠻人無論如何飢餓，發見了食物，總是要回去招呼了同伴來同吃的，決無一個人獨享之理。"所以説人類的性質是自私自利的，根本上只是誤病態爲常態而已。到後來，因爲各個部族，處境不同，有的就專以掠奪爲事；本來平和的部族，亦因抵禦外族之故，產生出一個戰鬥階級來，社會遂有治者和被治者之分，其享受遂大不相同，然因其時去平夷無階級之世還近，同甘共苦的遺規，還沒有破壞淨盡，所以統治階級的生活，亦不能毫無規範，此即古人之所謂禮。在毫無階級，人人同甘共苦之世，其舉動都自然合理，用不着講什麼規範，到這時計，就不然了。孔子説時運由大同而降爲小康，就隱示着這一個遷變。老子所以要貴道德而賤仁義，尤其看不起禮，以爲是"忠信之薄而亂之首"，也是爲此。然而有所謂禮，則到底不能毫無規範，而古人所謂禮，其中含有同甘共苦之意也還很多，尤其是當憂患來臨之日，所謂憂患，一爲天災，以爲人禍，因天災而改變生活的，如《禮記》所説的，"歲凶，年穀不登，君膳不祭肺，馬不食穀，馳道不除，祭事不縣，大夫不食粱，士飲酒不樂。"《禮記·曲禮》。至於"八月不雨，君不舉"《禮記·玉藻》。等都是。因人禍而改變生活的，則如春秋時楚大饑，庸人和群蠻，百濮都來伐，則自廬以往，振廩同食；《左氏》文公十六年。衛文公大布之衣，大帛之冠；《左氏》閔公二年。齊頃公七年不飲酒，不食肉，《公羊》成公八年。都是。勾踐的臥薪嘗膽，怕也是因此而傳僞的。此即古人所謂變禮，墨子的貴儉，號是因爲當時的天下，到處都是兵荒世界，所以要勸王公大人，改變其經常的生活，並不是國無內憂外患，又無兇旱水溢，而作無病之呻，專教人積蓄物資，像守財虜一般，荀子在《富國篇》中痛駁他，實在是無的放矢了。

現代的文明國民，每説到戰爭，無不疾首蹙額。他們固然汲汲於備戰，然其備戰，正是畏敵的表示。張伯倫的綏靖政策，所以能够得到多數人的歡迎，就是爲此，即極權國和準極權國，看似發揚蹈厲，所向無前；張脈僨興，至死不悟；怕也不過是迫於少數人的淫威，未必真出於人人的願意罷？現代的人，爲什麼畏戰如此？那與其説是怕死，還不如説是怖懼生活的異常。因爲死神是未必降臨到個個人的頭上的，而憨不畏死之徒，也不少，而生活在戰時，却是没一個人不要改變的。戰時的生活,是否真足使人畏布呢?既然同稱爲人,其生理上的需要,總該不甚相遠。即謂少成若天性,習慣成自然,而同一社會之中,其所需要,仍當不甚相遠。然而現在生活程度較高之國,戰時的生活,還有非生活程度較低之國平時的生活能及,此何能於前一説?而在生活程度較高之國以內,一般戰時的生活,亦盡有貧苦的人,平時求之而不得的,又何能於後一説呢?然則現代的人,因生活的不安而畏布戰爭,倒不是戰時生活的反常,而是其平時生活本不合理。違反自然界的規律,是沒有不受到懲罰的。不合理的生活,不論環境是否相容,即能得之,亦未必是受者之福。若再擴大些説,則人總是依存於社會的,到自己所依存的社會滅亡,就整個生活問題,都皮之不存,毛將焉附了。然而因平時生活的不合理,以致不能忍受戰時的苦痛,對於競爭,實在是最爲不利的。歷來的戰爭生活程度較低之國恒易於獲勝,歷史上遊牧民族,往往能戰勝高度文明的國家,即由於此。文化是有傳播性的,現在的野蠻人,如其文明程度,進步到勉强足以和文明之國相敵時,現代的文明國家,就很有危險,整個的世界風雲變色,並不是不可能的事,不過狃於目前者不知警惕而已。因其戰時的生活和平時相去不甚遠,人民的精神,較爲安定之故。我國大戰三年有餘,遭着空前的蹂躪,而民心依然振奮,民族的自覺,固然是一個原因,國民的生活,本來刻苦,也不能説不是一個原因。

我國民的生活狀況,固然足以支持現在的戰事而有餘。然而戰勝之後,經濟是一定要發達的。假使我們亦和現代的所謂文明國民一般,視消費爲絕對自由之事,漫無規範,則隨着經濟的發達,人民的生活,即將增加其不合理的程度。現在的世界,要希望戰爭絕迹,總還是一時間的事,我們難道一戰之後,就不要預備再戰了麼?況且爲促進世運大同起見,不合理的生活,亦總是要加以改革的。所以確立生活的規範,並不是爲一時之計,而實是一種永久之圖。古人之爲治,貴因禍而爲福,轉敗而爲功,因一時的需要,確立永久的規模,高瞻遠矚的政治家,和有志於改良社會的人,都不可不視爲急務了。

講起生活的規範來,老生常談,總不外乎説要戒奢而崇儉,這種道德上的訓條,幾千年來,早已證明其無效了,現在再説這種話,又有什麼用呢?殊不知向來所以無效者,乃由其徒爲道德上的訓條,而乏强制執行之力之故。除非社會組織,十分良好,人人的利害,互相一致,決無不藉法律力而可以爲治之理;而此等毫無病態的社會,去今實已太遠了,斷非一日二日之間所能恢復;所以要確立一致規範,斷不能無借於强制執行之力,須知古代的禮,原是和法相一致的。略讀古書的人，都知道先秦諸子論禮的話，多和論法的話相出入。其實這已非其朔了，在更古的時代，禮和法是全然一致的，所以到後來還是"出於禮者入於刑。"社會已發生矛盾，舊來的生活規範，已不盡適宜，而國家用強力維持。然則禮本是具有強制執行之力的。所以我們今日要使生活入於規範，倒不在於軟性的勸導，而在於能産生一種強制執行之力。

講起禁奢即生活不能不有規範來，歷代的禮律上，本來都有條文的，不過不實行罷了。其所以不能實行，則由其所謂規範者，係屬階級性之故。須知大同時代，萬人平等之時禮，早成過去了，古禮流傳到後世的，只是小康時代，即已有階級時代的規範。雖說大同時代，同甘共苦的遺制，猶有存者，究竟已經摻進了許多榨取的性質去。握有治權的人，根本上視淫侈而實不合於生理上的要求的享受爲幸福，而憑自己實力的所及，加以攫取，再想出種種理論來，替自己辯護。對於被治階級的人，亦以此爲賞罰，這正是嚴安所說的，"以此觀欲天下"，見《漢書》本傳。如何使天下的人，不欣羨奢侈，而捨死忘生以求之呢？到了資本主義時代，人民一種畏神服教，承認上級的人與己不同科的性質，早已消散無餘了，此等規範，如何還能推行？這實在是從前的禮律等所以成爲具文的大原因。所以現在要立起一個生活的規範來，非全國一律不可。這雖非一時所能辦到，斷不可不懸此爲鵠的，而努力向其進行。斷不可以講調和折衷。推行雖極艱難，目標却不能變，一講調和折衷，就要逐漸變質，而馴致於無有了。有人說：從事高等職業的人，其所消耗，不能不校尋常人爲多，乃係事實使然。譬如一個大學教授爲要從事於研究，不能不多買書籍，多費紙筆，其供給，豈能和一個工人一樣？殊不知書籍紙筆，乃其研究之所需，並非其所享受，這正和一個紡織工人需要一具紡織機一樣，再推廣言之，郵政局裏送快信的郵差，不能不有一輛脚踏車，軍政或外交機關中人，因爲急於奔馳，而不能不要一輛摩托車，其理由也是一樣。從古以來，也沒有一種道理，說驛夫在平時也當乘車或騎馬，而平民則應該步行的。德國戰時規制，不論什麽人，都以勞動者生還爲標準，正合此意，若說照勞動者的享受，你就不能生活下去，這就只足以證明你的生活不合理而已。

經濟上終極的目的，總是在消費的。有錢財而消費不能自由，還要貪求何用？這固然不是使人類的生活合理的徹底的辦法，却不能不說是矯正人類的生活，使之趨於合理的一種有效的手段。商君治秦，無功者雖富無所紛華，並不剝奪他的財産，而只是限制他的消費，正是一個先例。

# 下

現代的禁奢，要從法律方面着想，具有强制執行之力，而不該像從前一般，偏於軟性的勸導，上篇業經證明瞭。但是推動法律，使之實行的，則仍有藉於社會的力量，而不能專恃政治，這又是什麽理由呢？

現在論政之家，往往痛心疾首於所謂政治者，"紙面上有而實際上無"，此非今日之中國所獨有之弊，乃古今中外官僚政治之通弊，官僚政治，為什麽會有這種弊病呢？那我們不能不先瞭解所謂官僚政治者，是怎樣一回事。

通常所謂政治，實已含有兩種性質：一種是群中的公務，公舉若干人來辦理的，這和我們隨意組織的團體公舉出若干人來辦理事務的一樣，竟不含强制的性質。又一種，則是以這一群人征服那一群人，或者一群之中，劃分出一部分人來，專操治理之權，此即所謂封建勢力。這兩種政治，性質絕不相同，而我們現在，同蒙以政治之名，無論何種實際政治，總是兼含這兩種性質的，國家之成立，必與階級之成立俱，這句話是顛撲不破的，但凡政治亦含有第一種性質，這一點亦不可忽視，否則只看到其黑暗一方面，立論就要流於偏激。不過其成分有多少，屬於前者的成分多，則其社會較為安和而國家盛强，後者的成分則反是。所謂官僚階級，乃是從封建政治進化到君主專制政治時產生的。這時候，所謂貴族者，實在驕淫矜夸，不甚再用了。內而人民怨恨，外而敵國憑陵，都起因於這一班人的絕無本領而掌握政權，英明的君主出，以國為家，想要拯救人民，利用人民，抵禦敵國，侵略敵國，便不得不別有所任。戰國時代的所謂遊士，便是這一種人被任用的。在這時代，他們的才具，確較貴族為優；其利害，較之貴族，亦較能與人民和國家相一致。所以韓非書中，説起法術之士來，總不勝其欣慕讚嘆。英明的君主，靠着他們的力量，把貴族打倒了，專制政治建立起來，而治理之權，就轉換到這一班人手裏，此即所謂官僚階級。凡階級，在其被壓迫時，其利害，總是和大多數人相一致的，在其勝利之日，即其利害又開始和大衆相反，而自成為壓迫階級。官僚階級，自亦不能例外。官僚階級的私利如何呢？那便是所盡的責任力求其少，而所享的權利力求其多，這即是經濟學上"以最少的勞費，得最大的效果"的原理，原無足怪。我們並不否認官僚階級中有若干好人，情願犧牲自己，以利國利民，然這和階級的性質無涉。任何階級中，總有才德出衆，超出乎階級利害以外的人，然絕不能改變階級的性質；凡階級的性質，總是中庸的；這該是深切觀察事實的人所能够共認的。中國所謂官僚階級，若剖析其内容則如下：

```
        ┌ 作官的人
        │                ┌ 有高等知識的——幕友
        │ 輔助官的人 ┤ 辦通常公務的——胥吏
官僚階級┤                └ 供奔走使令的——衙役（此三行前有一括號）
        │ 官的預備軍——包括凡志願做官及以官爲職業的人
        │                ┌ 紳士
        └ 與官相結托的 └ 豪民（紳士、豪民與前一行有一括號）
```

他們專剥削被治者，以自謀其利益。要制裁他們，只有兩種方法：一係上級的監督，是爲法律制裁；一爲人民的反抗，是爲實力制裁。官官總是相護的，這是因爲階級利益相同之故，從前官場中，往往有人説：“某官把弊竇除盡了，叫後任怎麼做呢？”最足代表此等意識。所以上級官的監督，不甚可靠。最上級的監督，就是君主，他是以國爲家的，國亡則其本身及其親族中人亦都失其地位，論理，該竭力保護人民，使其不受官僚階級的剥削，因爲國家的盛衰、强弱，總是和人民的苦樂相一致的。然而一個人的爲力有限，而且君主亦是壓迫階級中人，不過因其地位的特殊，而其性質和凡官僚有點不同罷了。他並不能純粹代表人民的，君主的性質，世系立於官僚和人民之間，而保持其平衡的，而究竟還略偏於官僚一方面，所以其監督之力，終不能徹底。至於人民，則有（一）抵抗，（二）自己亦加入壓迫階級的兩條路可走。人的趨向，總是望著抵抗力較小的一方面去的，把上述兩條路比較起來，顯然前一條路的抵抗力大，而後一條路的抵抗力小。希望做官和與官相依附結托的人的所以多，就是爲此。較有能力的人，都昇入官僚階級之中，平民社會中抵抗的力量，就更薄弱了。除掉天災，人禍，迫得大多數的平民，不得不起而破壞秩序外，在平時，就只得靠法律的制裁。所謂法律者：（一）以上級之人，動於秉彝之良，不忍坐視自己所監督的人，橫行不法；（二）則上級者又有其上級，至於最上級，則其利害有一部分與人民相一致，不得不盡其力之所及，爲必不得已的監督；爲其力量的限度。凡實力制裁，總是特殊現象，在通常狀況之下，不得不籌於上級的監督而力事防禦，防禦之法，最重要的，就是“不求有功，但求無過”。於是盡力修飾官方文書，使從事於法律制裁者無懈可擊，乃成爲官僚惟一的要務，而其餘皆在其次。於是一切政治只是紙面上有而實際則無之弊以成。

俗話説：“只有千日做賊，没有千日防賊。”官僚階級大利之所在，而要專靠上級的監督去防止他，老實説，這是等於以只手障狂瀾。有監督之責之人，積之久，乃亦因經驗而發明一種方法，即可以不辦的事情一切不辦。因爲剥削人民，總得有個藉口。根本没有叫你辦的事，而你擅行興辦，藉以剥削人民,這是勢所不行的。所辦之事愈少,則監督者的責任愈輕,氣力愈省,而人民被剝削的機會亦愈少。這是歷代的政治所以趨於放任的原因。官辦之事,固然如此,人民自辦之事,亦因土豪劣紳,胥吏衙役,布滿民間,有機可乘,即肆行剝削,人民積此經驗,在通常情況之下,就亦都不敢自謀,積之久,遂成爲不能自謀,再要推動什麼政治,就不得不成爲紙面上有而實際則無的想現象了。

現在的禁奢運動,是非實際推動不可的。若仍如官僚政治,只是紙面上有,那幾千年來,紙面上早經有了,又何必現在再多費掉幾張紙呢?這是現在的一切事情,都是這樣的,亦不是禁奢運動一項。然而如何實際推動,使其能行且無弊呢?羅素曾説:"要有一萬個爲公而不爲私的青年,分佈於各處地方,中國就可以有救了。"這句話,就是黨治的原理。"有治人,無治法。"這種道理,實在是顛撲不破的。因爲法總還是人造出來,要人去維持,去推行的,一個政治清明,或者風俗蒸蒸日上之世,總有一班在知識上則能够先知先覺,在感情上則儼若己饑己溺的人出來擔負責任,君主專制之世,所以要盡力於舉賢任能;立憲政治的命運,則全看中堅階級的才德;都是這一個道理,而黨治的原理,亦不外乎此。專制或立憲政治,所恃爲中堅階級的人物,都偏於富裕而年長者流,易流於不革命。黨治下的黨員,則青年和貧苦的民衆較多,其知識自較新,意氣自較盛,這是黨治的優點。但是要造成一個黨易,要維持一個黨,使之不變質難,黨之中如何能防止有官僚性質的人的混入,實在是一個大問題。人,最切近的總是自己的生活。人,總是要求解決其生活問題的。在現今的生活組織之下,政治家的生活,總還較平民爲優裕,黨部固然不是官署,黨員固然不是官員,然以官僚的性質做黨員,以官僚的手段辦黨務,未嘗是不可能的。如此,黨員就要官僚化,而黨務也就和官僚政治無異了。今日一切改良社會,動員民衆之事,以黨爲推動的機關,是再好不過的。不過如何防止黨員官僚化,黨務成爲官僚政治,也是一個極大的問題,即非徒無益而又有害;而其害且可以至於極大,縱在抗建時期,能爲人民所忍受,將來亦必仍成爲問題。然則有何良策,可以防止黨員的官僚化呢?於此,我就不能不有望於黨中的元老。

説到改良社會,動員民衆,主持其事的人,最好能有下列三種資格:(一)有相當的地位聲望,則能爲大衆所信服,而阻力自少。(二)要其人的生活問題,業經解決,不再汲汲於謀生,然後能有餘暇以從事於公務。(三)要有相當的知識能力,才能够瞭解其所推行之事,而不至於有誤繆的舉動;而其力亦足以推行之。此項資格，固不敢謂普通的黨員不能具備，然以第一二條而論，似皆不如黨中之元老爲佳。現在黨中元老，固多身任軍國要務的，然其中亦有性質並不長於政治及軍務的，厠身於高級黨部之中，列席於機關公署之內，所裨益於黨國者少，若能翩然下野，與比閭族黨之長爲伍，則不獨一切改良社會，動員民衆之事，易於推行，且可使民間的疾苦，官僚政治的弊竇，易於上聞，固然，黨員中具有此項資格的人，亦不甚多，然得數十百人，以分佈或巡行於各處地方，社會的精神，即可爲之一振，甚者風紀且可爲之一肅。譬如楊全宇槍斃了，潛伏在各地方的楊全宇，怕還很多，此等事，要責普通的人民以舉發，是很難的，因爲舉發要具有相當的證據，而此等人犯罪的證據，是不易爲他人所獲得的，大概懲辦此等人，由官方查辦較易，由人民舉證則極難。若多得黨中的元老，分佈民間，則以其人的地位聲望，發動官方去查辦就較易，豈不較之厠身高級黨部之中，列席機關公署之內，所裨益於黨國者爲多麽？舉此一端，餘可類推。

　　凡政治，總只能利用社會上固有的物質的，精神的理論，以應付一時的局勢，至於造成這種物質的精神的儲能，以供給政治上的運用，則總是社會的本身。所以社會實際上是在政治的背後，做了更廣大更基本的事情。但論作戰，業已相需孔殷，何況作戰之外，還要建國？何況作戰勝利之後，建國大業，只可說方才開始？政治有兩種性質，其中第一種性質，原係社會的事務，前已言之。此等事務，惟有社會的本身能辦，使第二種性質的政治來操刀代斲，實在是不行的。所以真正良好的政治，必以自治爲其基礎。自封建勢力鴟張，官僚政治又繼之而起，社會固有的規制，日以廢壞；人民自治的能力，亦日趨萎縮了，我們現在，就要把此等規制，重行建立；此等能力，再行恢復過來，此可名之曰社會的再生，使人民的經濟生活入於規範，不過其中的一事，却不能不說是其中最緊要的一事，《禮記·禮器篇》說：“年雖大殺，衆不恇懼，則上之制禮也節矣。”可見臨事的從容，實原於平時的有備。“七年之病，求三年之艾，苟爲不蓄，終身不得。”已當戎馬倉皇之際，又何可不爲懲前毖後之圖呢？

原署名：程芸，原刊一九四一年六月《正言報》

# 中國歷代之選舉制度

　　中國選舉之法，亦嘗數變矣。三代以上，平民貴族，等級釐然。雖《王制》有升之於學之說，《周官》有興賢興能之法，然自大夫以上皆世官，不在選舉也。<small>俞正燮說，見《癸巳類稿·鄉興賢能論》。</small>七雄並峙，競爭激烈，入治出長，皆不能不用賢才，於是世族漸替，遊士以興。秦有商鞅，楚有吳起，燕有樂毅，而儀、衍之徒，亦或出其縱橫捭闔之謀，以濟一時之急。"卑逾尊，疏逾戚"，固非無因而然，降逮漢初，遂開"命官以賢，詔爵以功；先王公卿之胄，才則用，不才則棄"之局。<small>柳芳語，見《唐書·柳沖傳》。</small>此實戰國以來相沿之例，積漸而致，初非以漢祖及其將相皆出身微賤也。然貴族擅權，由來舊矣。一時雖見抑壓，其聲望勢力固仍在。凡物之具有實力，而爲他力所抑者，抑之之力一衰，其力必乘機復起，故雖以漢之世用人之不拘門第，猶有所謂七相五公者，拔自豪族焉。<small>亦柳芳說。</small>東京末葉，海宇分崩，士流播遷，詳覆無所。陳群創九品官人之法，於郡置中正，州置大中正，品評當地人物；尚書選用，據以參詳。於是"上品無寒門，下品無世族"，而六代門閥用人之弊起矣。論者皆謂門閥之興，實九品官人之法階之屬，其實國家制度之力恒弱，社會風氣之力恒強。制度與風氣背馳者，非廢罷，則有名無實。謂喪亂暫行之制，能逆風氣而行之數百年，且以造成風氣，無是理也。故知六朝士庶，等級之嚴，實由門第之見本未劃除，閱時復盛，而九品官人之法轉依附之以行耳。然則自上古至南北朝，用人實分等級；雖經中衰，旋即復盛。覽其全局，實可謂分等級者其常，不分等級者其變也。至隋廢中正，肇開進士之科，而其弊乃革。

　　抑九品中正之法，所以能行之數百年，就政治而論，亦有其由。蓋取人之道有三：曰德，曰才，曰學。三者之中，又以德爲最重，才次之，學又次之。何也？學有不足，猶可藉助於人；才則臨事措置，有非他人所能代謀者；而二者又皆以德爲本，德不足，才與學或適以濟其奸也。才德非臨時試驗可知，必徵之於素行，於是鄉評重焉。鄉評必有司訪查之人，與其寄諸客籍之官吏，孰若託之當地之士人？此九品中正之法所由立，原不能謂爲無理。特才德皆難拘於形跡，而辨別真僞尤艱。衡鑒之才，先自難得；即能得之，亦不能必其忘恩仇，遠名利，專爲國家舉賢去奸。其法遂致有名無實，不徒不足一核才德，反並學之實有徵驗者，而亦豁免之，此則九品中正之法所以弊，然固非立是法時所能豫燭也。弊積久而漸著，則法之因革隨之，而九品中正之法廢，而科舉之制興矣。故科舉起於隋唐，非晚也，德與才無可徵驗，與欲考其德與才，轉並學之實有徵驗者而亦豁免之，尚不如專考其學，而德與才則留俟考課時彌其闕之爲得，此理固必積久而後明也。

　　科舉之法，非始於隋唐也，其原實爲漢世之郡國選舉，而郡國選舉之法，則又遠原於古代之諸侯貢士者也。郡國選舉之議，發自董仲舒，其言即如此。前代用人，在選舉者，本偏重其經驗，漢世之吏道及訾選是也。此皆尋常辦事之才，不可以當大任。今日政務官之職，春秋以前，多用貴族；戰國以後，則雜以遊士。士之立談而取卿相者皆是也，其取之初無常法，亦無常途，郡國選舉之法立，各地方之賢才始有登進之階，而中央取材之途亦廣，實選法之一變也。法歷久而彌詳，向者選舉之權專操之於官吏者，變而許士人投牒自列；向者舉至即用，專憑舉主之一言者，變而更加以考試，即成科舉之制矣。吏道等從經驗拔用者，法本視爲常才。惟郡國選舉，則本所以求非常之士，故歷代視科舉最重，其用意本亦不誤，特所立科舉之法，不盡善耳。

　　求非常之才之法，本亦有學校、貢舉兩途。學校自魏晉後多有名無實，徒爲粉飾升平之具而已。拔取非常之才，遂惟科舉是賴。自唐以降，行之逾千年，理宜得才甚多，而其實殊不克副。由此出身者，固未嘗無才士，然此乃才士得科舉，非科舉得才士，昔人譬諸探籌取士，行之久，才士亦必有出於其中者也。不徒不足以得士也，抑且有敗壞人才之誚焉。觀於唐代士習之浮華，近世學風之固陋，夫固不容爲諱。是何也？則所以試之者非其道也。夫昔日科舉之得士，欲以官之，則其事，實今日之文官考試也。所試必以其所用，然歷代之所試，則有可異者焉。唐世科目甚多，常行者爲明經進士。明經試帖經墨義，僅責記誦；而其所記誦，又爲無用，進士試詩賦，所業自難於明經，其無用則更甚。宋王安石鑒於此弊，乃廢諸科，獨存進士；去詩賦，改試經義、論策；所謂經義，亦易墨義以大義。據理衡之，實遠較舊制爲善，其後所取亦多不學之士。即安石亦歎"本欲變學究爲秀才，不圖變秀才爲學究"。則士習苟簡，徒騖進取，非立法之不善也。惟人才選拔，宜多其途。盡廢諸科，獨存進士，未免失之於隘。此則立法之未盡善者。後來新舊之法屢變，士子所業不同,至南宋,遂分進士爲經義、詩賦兩科。元明又合爲一。其合之也,乃并兩科之所試者,責之於一人之身。既須通經,又須工辨章;而三場之策問,尤茫無畔岸。學力真堪應試者,舉國蓋無幾人,則責人以所不能矣。責人以所不能者,人將並其所能者而亦逃之,此明清之世,科舉所以名有三場,實則徒重首場之制藝,而其所謂制藝,又不必通經而後能,而士子遂至一物不知也。此科舉致弊之大原也。

科舉尚有一弊不易免者,曰易於僥幸。蓋所試雖多,終有限極,在十餘篇文字中,學業優劣,究不易辨也。唐代無糊名易書之法,考官與士子交通,亦非所禁。可以采取譽望,參考平時著述,尚可稍資補救。宋以後,考試之法日嚴,去取專憑場屋中所作文字,而其弊大著矣。於是有學校科舉相輔而行之議。其事始於范仲淹。仲淹始限應試者必在學三百日,舊嘗充試者百日,其法旋廢。王安石欲以學校代科舉,事亦無成,然終開明代之法。明制:非學校生徒,不得應科舉;而郡縣學生,非入國學若得科舉者,亦不能得官。論者稱爲“學校儲才,以待科舉”,蓋曾肄業學校,則可知其研求有素,非徒善爲應舉文字,思冒進於一旦。學校雖亦有考試,然恐行之不能嚴密,如今所謂畢年限而不畢業者,故必又別決之以考試而後用之也。此制立法之意可謂甚密。惟昔時入學,雖無所費,究之坐監即不能自營生業,故宋明太學之法,貧者病之。科舉所以能嘉惠寒畯,使其進取之途不讓富有之士者,轉以入學徒有其名,士子實仍各事其事也。此亦科舉盛而學校衰之一因也。

今日文官考試之法,規條嚴密,所試亦皆有用,似已集科舉之長而去其短。然前世之事,仍有可資借鑒者。文官考試,所得亦僅常才。擬之前世,則明法之科耳。非常之才,固不數數覯;有之亦非可以繩尺較量,然實爲國家所想望,不可無以求之。是則前世制科之法,可采取也。子夏曰:“學而優則仕,仕而優則學。”前世監生歷事,進士觀政,及庶常之館,頗得此意。今之實習,即前世之歷事試政也。然使仕者更從事於學,如庶常館之意尚缺焉,似亦可斟酌定制,俾已仕者可以暇補習;或從政若干年,則給假幾年,許更就學,以資深造。又凡登庸之途,限於學校畢業,固足以杜冒進。然學校爲貧者所病,古今則同,今者不平之聲,亦已囂然起矣。如何斟酌定制,使寒畯不至向隅,亦宜計議及之也。

漢代用人,爲後世所豔稱者曰辟舉,此近後世之幕僚;曰吏道,此即後世之吏員也。歷代用人,大都重視學校貢舉,而輕視吏員。蓋以學校貢舉所取者,皆有學識之士,吏員則僅有經驗。有經驗者,不過能奉行故事;惟有學識者,乃能明乎立法之原,行之而時得法外之意,且能知其末流之弊,而立法以拯之也。是説也,以理言之,自亦無以爲難。然事實不必盡與理想相符。正途出身之士,往往迂疏無用,甚且一物不知,反不如有經驗者之幹練。此論政之家,所以又慨想夫古之吏道也。然雖有此議而卒不能立一法焉,使有經驗之才,皆進而爲國家之用,亦選舉之一弊也。

　　唐劉晏嘗言:"士有爵祿,則名重於利;吏無榮進,則利重於名。"故檢劾出納,一委士人,吏但奉行文書而已。世皆以爲美談。其實此就行政言之,則可謂善於措置,若立法者亦奉爲楷模,則誤矣。何也? 人之情不甚相遠,予以榮進之途,則人思自奮;否則未有不自甘溺没者。絶其榮進之途,而顧以其人不可用,而其事又卒不可廢,乃更立嚴法以監督之;監督者不勝其勞,而仍不能舉監督之實。則立法之不善,固彰彰明矣。

　　吏與士之懸隔,至明清而大甚。明初選法,三途並用。所謂三途者:薦舉,一也;進士監生,二也;吏員,三也。見《日知録》、《明史》。分進士、監生爲兩途,而無薦舉,乃後來之事,非其朔。薦舉所以求非常之才,進士監生重其學,吏員則重其經驗,立法之意,實最周至。然太祖設科舉,民間俊秀,皆得與選,惟謂吏胥心術已壞,不許應試,以啓輕吏之端。英宗時,言者謂吏員鮮或不急於利,不宜用爲郡守,則歧視彌甚。後遂立法以限其所至,與科第出身者,判若天淵矣。此實士大夫之偏見,生以害政者也。清代因循,卒莫能革。而吏之弊,亦至清而大著,論者交相指摘。末葉變法,遂下詔裁撤,欲代以士人,然迄不能行,蓋積重之勢難返也。何以使之積重? 則法之輕吏者爲之。作始也簡,將畢也巨,有創制之責者,可不引爲深鑒乎?

　　抑晚近之詆吏胥者,雖中其弊,實亦不免於誤會也。議者之言曰:"天下之事,壞於例而實壞於吏。"以例多不切事情,而吏辦事惟能按例也。夫不切事情,則誠不善矣;然此乃例之弊,非吏之過。何也? 有例固不可不奉行也,抑例亦本不可無。夫國家之事,有政務焉,有常務焉。政務固當因時制宜,常務則宜按例舉辦。政務廢弛,不過陵夷不振而已;常務廢弛,則事非凌亂,即阻滯,將不可以一朝居。且政策既定,勢必奉行歷若干時,當其遵循未改之時,政務即成常務矣,常務可無例乎? 常務而不視例,則今日如此者,明日可以如彼;甲地如此者,乙地可以如彼。民復何所措乎手足,而奸弊亦安所窮乎? 向之詆吏者,多謂其倚例以行奸弊。其實爲奸弊而必倚例,則例仍爲有效;監督之者,苟能明習於例,弊即無自而生,較之肆意爲之,絶無忌憚者,仍不可以同日而語也。監督之者,於例多不明習，則例之太繁爲之。太繁與不切事情，皆立例之不善，而非例之過，更非奉行例者之過也。

吏之弊在其學習及任用之法之不善。國家於吏之所事，既未嘗設學以教之，又未嘗明定考試之法，使人自學而拔取其能者。從事於此者，皆由父子兄弟若親戚徒党，互相傳授；更無可以代之之人，遂至名爲由官任用，而實則成爲世襲。歲月愈深，專門愈甚，奸弊亦愈滋，抉剔無從，憤激者遂一怒而欲去之矣。然今日公務員之所爲，其高者實即向之幕僚，低者實即向之胥吏所有事。政治學家所稱道之官僚政治，亦即向者幕友吏胥各司其職，循例之事無不舉，所舉之事亦無不循例之謂。特在歐美，政事較修飭，立法較切事情，而行之亦較敏捷耳。猶物然，良楛異，其爲物固無不同也。觀於今日公務員之重，而向之幕友吏胥，本無可廢之道明矣。昔之論者，多譏官無所能，徒倚幕友吏胥以集事，惡知事本非一人所能爲；而條例之繁，長官或不如專司其事者之明習，亦初不足爲怪乎。

向者吏胥之弊，在其所學私相傳授，寖成世襲，故今後之公務員，取之必由於考試。向者吏胥之弊，由其更無榮進之途，故今後之公務員，考績不可不嚴，升擢不可不優。向者吏胥之弊，由其祿之者太薄，非爲奸弊，即無以自存，故今後之公務員，奉給不可不厚，此皆事理顯然，人人能言之者也。猶有進者：夫謂公務員之責，止於奉行文書，乃不得已姑止於是，而非以是爲已足也。爲公務員者，固當奉行長官之命令，然同一奉行也，深知其事之意，與夫不知其意者，則固有間矣。況公務員雖不宜自作聰明，然苟能詳悉利弊，陳述於上，俾司行政之權者，有所藉以資改革，亦事之至便者也。故公務員不能皆有學識，乃限於事，無可如何，而非國家所冀望者，遂止於是也。夫公務員不能皆有學識者何也？蓋由學理精神，苟欲研求，必須時日，而公務員事務繁冗，多無暇晷之故。又人之心思，不能不爲其執業所蔽。公務員習於奉行故事，久之，遂至但求無過，而不思改革之方焉。吏員中鮮非常之才，亦或由此。此固不可不爲改進之計也。改進之計奈何？首在拔取時程度之高。於其所辦之事，必能通知其意，而不以照例奉行爲已足。錄用之後，又宜多與餘暇，使克從事研究。任事若干年，則給假若干年，使專從事於修習，以轉換其心思。此於財政雖若少費，然無形之間，有裨於政治者，必不少也。昔之論者，多病儒吏之隔，其欲以儒爲吏，亦不過求通知法意者多，奉行成法更善，而法且可資以修改耳。今若能使舉國之公務員，皆有相當學問，而其學問，又皆切於實用，而非昔時虛而無薄者比，則吏治之美，又不止於西京所謂文學彬彬者矣。

至於辟舉之法，則本非盡善。隋世改革，一命以上，皆由吏部，亦良有其不得已者。食肉不食馬肝，未爲不知味，置諸不論不議之列可也。

原刊《美商青年月刊》第三卷第六期，<br>一九四一年六月十五日出版

# 《古史辨》第七册自序

　　童君丕繩，撰次《古史辨》第七册既竟，而于役淮南，屬思勉終其校讎之役。疑古之説初出，世人大共非訾，然迄於今日，其理卒有不可誣者。蓋吾國古籍，著之竹帛者，大率自東周以來。其所稱述夏、殷、西周之事，蓋《荀子》所謂官人百吏，父子相傳，以持王公，以取禄秩者。閲世長遠，都邑屢遷，方策散佚，豈必其創制顯庸之舊？後世文物，無數十百年不遷變者，而故書述三代制度，大率斠若畫一，有是理與？自孔子已言杞、宋文獻不足，明其非故物也。堯、舜、禹身相接，古人億度，以爲其治法與夏無殊，故《尚書》虞、夏同科，而《堯典》列於虞書。世言孔子删《書》斷自唐虞，非孔子有意爲是限斷，《書》之存者，固止於是也。抑執筆者追述，不能甚遠，自此以前，不知其果嘗有書焉否也？莊周、鄒衍之倫，緬懷皇古，不以三代之治爲已足，乃盛稱容成、大庭諸君，又謂自黃帝已降，五德轉移，治各有宜焉。蓋述散無友紀之事者，往往以意爲之連綴，若貫珠然，後世史家之矜慎者不免，況於古人之輕事重言者乎？古史之傳於今者，探其原，蓋有神話焉，有十口相傳之辭焉，有方策之遺文焉，有學者所擬議焉，且有寓言無實者焉。其物本樊然淆亂，而由今觀之，抑若畧有條貫者，皆節經損益潤飾而成。其人不必相謀，而其事一若相續，此顧君頡剛所由謂古史爲層累造成。抑又未嘗無逐漸剥蝕，前人所能詳，而後人不能舉其事者，此其所以益不易董理也。先秦古籍既如此，其傳於今者，又皆漢人所爲。西京中葉以前，其同然稱述，不求其審，蓋一如先秦人。及其末葉，乃有病舊説之淆亂，欲求其真者。然既不知求是之法，而措辭又不審諦，以意是正古事，不曰我以爲當如是也，而輒有所定，一若古事本如是者，則治絲而益棼之矣。魏晉以降，儒者多病篤謹，徒爲馬、鄭、賈、服作功臣。彌縫匡救，於理或不可通。宋儒病之，據其所謂理者以爲説，去古既遠，揣度彌艱。其摧破舊説處，或能妙解人頤，其所立説，則亦不足信也。清世儒者又病之，稍比古事而求其真。後人讀之，頗覺其犁然有當。何也？言皆有徵，則理若可信也。

然徒能剖析漢、宋同異，更進則剖析漢人同異而已，未能舉先秦舊説，一一審正之也。今之所謂疑古者，特更進一步，辨析及於先秦而已。溯流者必窮其原，理固宜然，抑亦勢所必至，幾亦循前人之途轍而更進而已，又奚足怪？民國三十年三月九日，武進吕思勉識。

原刊《古史辨》第七册，上海開明書店一九四一年六月出版

# 秦漢移民論

## 上

《王制》言地邑民居，必參相得。《管子》曰："地大而不爲，命曰土滿；人衆而不理，命曰人滿。"《霸言》。若是乎，人之與地，不可不加以調劑也。然欲事調劑，必不免於移徙，而移徙之事，行之無弊甚難。故自晉以後，能行之者遂寡；惟秦、漢去古近，其事尚時有所聞耳。

秦、漢時之移民，其首要者，蓋爲强幹弱枝之計。秦始皇甫定六國，即徙天下豪富十二萬户於咸陽。漢人論議，凡事皆懲惡亡秦，獨於此則承之。高祖甫滅項氏，即徙諸侯子關中；五年後九月。後復以婁敬言徙齊、楚大族是也。九年十一月。《漢書·地理志》曰："漢興，立都長安，徙齊諸田，楚昭、屈、景及諸侯功臣家於長陵。後世世徙吏二千石，高訾富人及豪傑併兼之家於諸陵，蓋亦以强幹弱枝，非獨爲奉山園也。"則婁敬之策，漢且世世行之矣。章邯破邯鄲，皆徙其民河內，夷其城郭，見《張耳陳餘傳》。此則所謂弱枝之策也。

非獨王室如此也，即諸侯亦競務徠民以自强。《史記·吳王濞列傳》曰："孝惠、高后時，天下初定，郡國諸侯，各務自拊循其民：吳有豫章郡銅山，濞則招致天下亡命者，益鑄錢；煮海水爲鹽；以故無賦，國用富饒。"又曰："其居國以銅、鹽故，百姓無賦；卒踐更，輒與平賈。歲時存問茂材，賞賜閭里。佗郡國吏欲來捕亡人者，訟共禁勿予。如此者四十餘年，以故能使其衆。"《淮南衡山列傳》亦言：淮南厲王"聚收漢諸侯人及有罪亡者匿與居。爲治家室。賜其財物、爵禄、田宅，爵或至關內侯。奉以二千石所不當得。欲以有爲"。二王之所爲，誠屬別有用心。然如歲時存問茂材，賞賜閭里；爲治家室，賜以財物、爵禄、田宅；則固拊循其民者所應爲。《高祖功臣侯表》言："天下初定，大城名都散亡，户口可得而數者十二三，是以大侯不過萬家，小者五六百户。後數世，民咸歸鄉里，户益息，蕭、曹、絳、灌之屬，或至四萬。小侯自倍。"其所以能如此者,諸侯王之各自拊循,必有力焉。此雖非移民,其效亦與移民等。齊悼惠王之封也,諸民能齊言者皆與齊,廣强庶孽之謀,固與强本弱枝無二致矣。

移民實邊之事,漢世亦屢有之。文帝始從晁錯言,募民徙塞下。武帝元朔二年,募民徙朔方十萬口。元鼎六年,分武威、酒泉地置張掖、敦煌郡,徙民以實之。平帝元始四年,置西海郡,徙天下犯禁者處之。皆規模頗遠。案《食貨志》言:武帝徙貧民於關以西,及充朔方以南新秦中七十餘萬口。應劭曰:"秦始皇遣蒙恬攘卻匈奴,得其河南造陽之北千里地,甚好。於是爲築城郭,徙民充之,名曰新秦。"則武帝所行,實踵始皇成規。漢高祖立趙佗詔曰:"前時秦徙中縣之民南方三郡,使與百粵雜處。今天下誅秦,南海尉佗居南方長治之,甚有文理,中縣人以故不耗減。"則秦於北胡、南越之地,皆嘗移民以實之矣。實非全用謫戍也。

《後漢書·明帝紀》云:"永平八年,詔三公募郡國、中都官死罪繫囚,減罪一等,勿笞,詣度遼將軍營,屯朔方、五原之邊縣。妻子自隨,便占著邊縣。父母,同產欲相代者恣聽之。其大逆無道、殊死者,一切募下蠶室。亡命者令贖罪各有差。凡徙者賜弓弩衣糧。"又云:"九年,詔郡國死罪囚減罪,與妻子詣五原、朔方,占著所在。死者皆賜妻父若男同產一人復終身。其妻無父兄獨有母者,賜其母錢六萬。又復其口賦。"其所以待之者頗優,欲相代者恣聽,且賜及其妻父母,無非冀其占著所在,勿萌去志耳。

後漢舊制,邊人不得內移,見《後漢書·張奐傳》。建武時,徙雁門、代、上谷、定襄、五原之民以避胡,建武九年、十年、十五年、二十年。蓋有所不得已也。故南單于甫降,即命雲中、五原、朔方、北地、定襄、雁門、上谷、代八郡之民,歸於本土。二十六年。明帝永平五年,發遣邊人在內郡者,賜裝錢人五萬。所以待之者亦頗厚。

移民之政,最爲根本之計者,則調劑土滿與人滿也。漢景帝元年,詔曰:"間者歲比不登,民多乏食,夭絕天年,朕甚痛之。郡國或磽狹,無所農桑畜,或地饒廣,薦草莽,水泉利而不得徙,其議民欲徙寬大地者聽之。"可謂知本矣。然徒曰欲徙者聽,民尚未必能自徙也。《漢書·武帝本紀》元狩四年,有司言關東貧民徙隴西、北地、西河、上郡、會稽,凡七十二萬五千口,《平準書》云:"徙貧民於關以西,及充朔方以南新秦中,七十餘萬口。衣食皆仰給縣官,數歲。假予產業。使者分部護之,冠蓋相望。"其後"山東被河菑,及歲不登數年",又令"饑民得流,就食江、淮間,欲留留處。遣使冠蓋相屬於道護之"。平帝元始二年,罷安定呼池苑,以爲安民縣。募徙貧民。縣次給食,至徙所，賜田宅什器，假與犁牛種食。則其所以維護之者，可謂周至矣。然其行之果善與否，亦殊難言也。伍被爲淮南王劃策，欲詐爲丞相御史請書，徙郡國豪傑任俠；及有耐罪以上，赦令除其罪；家產五十萬以上者，皆徙其家屬朔方之郡；《淮南衡山列傳》。以恐動其民。可知漢世移民之弊深矣。

漢世恩澤，莫如徙諸陵者之厚。據《漢書·本紀》：武帝元朔二年，徙郡國豪傑及訾三百萬以上於茂陵。大始元年，又徙吏民豪傑於茂陵、雲陵。宣帝本始元年，募郡國吏民訾百萬以上徙平陵。元康元年，徙丞相、將軍、列侯、吏二千石訾百萬者杜陵。成帝鴻嘉二年，徙郡國豪傑訾五百萬以上者五千户於昌陵。其所徙者多高訾。豪傑訾或不必中徙。然郭解徙茂陵，諸公送者出千餘萬，豈有豪傑任俠，而以乏財爲患者哉？然其所以賜之者：則景帝五年，募民徙陽陵，賜錢二十萬。武帝建元三年，賜徙茂陵户錢二十萬，田二頃。昭帝始元三年，募民徙雲陵，賜錢、田宅。四年，徙三輔富人雲陵，賜錢户十萬。宣帝本始二年，以水衡錢爲平陵徙民起第宅。是繼富也，國何賴焉？徒使"五方雜厝，風俗不純"而已。"其世家則好禮文，富人則商賈爲利，豪傑則遊俠通姦"，《漢書·地理志》語。秦人敦樸之風，自此散也。

秦、漢時之移民，本有爲化除惡俗者。《史記·貨殖列傳》言秦末世遷不軌之民於南陽；《漢書·地理志》云：秦既滅韓，徙天下不軌之民於南陽。武帝元狩五年，徙天下姦猾吏於邊是也。所忠言世家子弟富人，或鬥雞走狗馬，弋獵博戲，亂齊民，乃征諸犯令，相引數千人，名曰株送徒，《平準書》。其行之雖虐，其意則猶是也。主父偃説武帝曰："天下豪傑兼并之家，亂衆民，皆可徙茂陵，内實京師，外消姦猾，此所謂不誅而害除。"成帝時，陳湯言："天下民不徙諸陵三十餘歲矣。關東富人益衆，多規良田，役使貧民。可徙初陵，以強京師，衰弱諸侯。又使中家以下，得均貧富。"是則充奉陵邑之意，亦欲以摧浮淫兼并之徒。然《漢書·宣帝紀》言：帝微時喜遊俠，鬥雞走馬，數上下諸陵，周遍三輔，則弋獵博戲之風，有愈甚耳。即以摧兼并論，亦豈易言哉？《後漢書·賈復傳》：子宗，建初中爲朔方太守。舊内郡徙人在邊者，率多貧弱，爲居人所僕役，不得爲吏。宗擢用其任職者。與邊吏參選，轉相監司，以謫發其姦。或以功次補長吏。故各願盡死。匈奴畏之，不敢入塞。徙人貧弱者爲居人所僕役，徙人富豪，而國家又優假之，則又將僕役居人矣。不能齊之以禮，裁之以法，雖日事遷徙，奚益哉。《漢書·李廣蘇建傳》言：李陵征匈奴時，關東羣盜妻子徙邊者，隨軍爲卒妻婦，大匿車中。亦可見徙邊者之流離失所。

《後漢書·光武帝紀》：建武十六年，郡國大姓及兵長羣盜，處處并起。攻劫在所，害殺長吏。郡縣追討，到則解散，去復屯結。青、徐、幽、冀四州尤甚。冬，十月，遣使者下郡國。聽羣盜自相糾擿。吏逗留、回避、故縱者皆勿問，聽以擒討爲效。其牧、守、令長，坐界内盜賊而不收捕者，又以畏愞捐城委守者，皆不以爲負，但取獲賊多少爲殿最。唯蔽匿者乃罪之。於是更相追捕，賊并解散。徙其魁帥於它郡，賦田受稟，使安生業。自是牛馬放牧，邑門不閉。史言其效或大過，然一時有摧陷廓清之功，則必非盡誣。所以然者，惡人必有黨與，黨與不能盡去，故惡人雖其居，即無能爲也。吳漢平史歆、楊偉、徐容之亂，徙其黨與數百家於南郡、長沙；趙熹守平原，平原多盜賊，熹討斬其渠帥，餘黨當坐者數千人，請一切徙京師近郡；可知當時多以此爲弭亂之策，然亦特弭亂之策而已，久安長治之規，要當別有在也。

《後漢書・樊宏傳》：族曾孫准，永平初，連年水旱災異，郡國多被飢困。准上疏曰：“伏見被災之郡，百姓雕殘，恐非振給所能勝澹。雖有其名，終無其實。可依征和元年故事，遣使持節慰安。尤困乏者，徙置荆、揚孰郡。既省轉運之費，且令百姓各安其所。今雖有西屯之役，宜先東州之急。如遣使者與二千石隨事消息，悉留富人，守其舊土。轉尤貧者，過所衣食，誠父母之計也。”征和元年之事，漢書不載。觀此，知其曾有徙貧民而留富人之舉，其所以撫綏之者，亦頗備也。

## 中

後漢之末，喪亂弘多，疆場之役，一彼一此，乃競務移民以自利。《三國・魏志・張遼傳》：從攻袁尚於鄴，尚堅守不下。太祖還，使遼與樂進拔陰安，徙其民河南。《鍾繇傳》：自天子西遷，洛陽人民單盡；繇徙關中民，又招納亡叛以充之；數年間，民戶稍實。太祖征關中，得以爲資。是太祖初基，實務移民以自益也。《張既傳》：張魯降，既説太祖拔漢中民數萬户，以實長安及三輔。《和洽傳》：太祖克張魯，洽陳便宜，以時拔軍徙民，可省置守之費。太祖未納。其後竟徙民棄漢中。《杜襲傳》：隨太祖到漢中。太祖還，拜襲駙馬都尉，留督漢中軍事。綏懷開導，百姓自樂出，徙洛、鄴者八萬餘口。是當時之視得人，實重於得地。《張郃傳》云：别督諸軍降巴東、巴西二郡，徙其民於漢中；而《蜀志・張飛傳》云：郃别督諸軍下巴西，欲徙其民於漢中，則郃意本僅欲得其民，非欲得二郡之地也。其後三國相爭，視民亦不減於視地。《曹仁傳》：仁入襄陽，使將軍高遷等徙漢南附化之民於漢北。《王基傳》：襲步騭於夷陵，納降數千口。於是移其降民，置夷陵縣。《陳留王紀》：咸熙元年，勸募蜀人能内移者，給廩二年，復除二十歲。《蜀志·後主傳》：建興六年，諸葛亮拔西縣千餘家，還於漢中。十四年，徙武都氐王苻健及氐民四百餘户於廣都。延熙十七年，姜維出隴西，拔狄道、河間、臨洮三縣民，居於綿竹、繁縣皆是。吳人當初興時，地狹民寡，尤以虜掠爲急。孫策破皖城，得袁術百工及鼓吹部曲三萬餘人，皆徙詣吳。《本傳》注引《江表傳》。策表用李術爲廬江太守。策亡之後，術不肯事權，而多納其亡叛。權移書求索。術報曰：“有德見歸，無德見叛，不應復還。”權大怒，攻屠其城，徙其部曲三萬餘人。《孫權傳》建安五年注引《江表傳》。建安十二年，西征黄祖，虜其人民而還。十三年，復征黄祖，虜其男女數萬口。權傳於建安二十五年，特書南陽陰、酂、築陽、山都、中廬五縣民五千家來附。赤烏六年，諸葛恪征六安，破魏將謝順營，收其民人。恪傳言恪欲出軍，諸大臣同辭諫恪。恪乃著論以諭衆意，言“今以魏比古之秦，土地數倍；以吳與蜀比古六國，不能半之。今所以能敵之者，以操時兵衆，於今適盡，而後生者未悉長大，正是賊衰少未盛之時。自本以來，務在産育。今者賊民歲月繁滋，但以尚小，未可得用耳。若復十數年後，其衆必倍於今。而國家勁兵之地，皆已空盡。惟有此見衆，可以定事。若不早用之，端坐使老，復十數年，畧當損半，而見子弟，數不足言。若賊衆一倍，而我兵損半，雖使伊、管圖之，未可如何”。此時用兵形勢，與户口登耗關係之大，可以想見。無怪袁淮欲捐淮、漢以南，以避吳之鈔掠矣。見《魏志·齊王紀》正始七年注引《漢晉春秋》。

　　此時移民，頗多一切不顧利害之舉。《魏志·辛毗傳》：文帝欲徙冀州士家十萬户實河南。時連蝗，民饑，羣司以爲不可，而帝意甚盛。毗與朝臣俱求見。帝知其欲諫，作色以見之；皆莫敢言。毗曰：“陛下欲徙士家，其計安出？”帝曰：“卿謂我徙之非邪？”毗曰：“誠以爲非也。”帝曰：“吾不與卿共議也。”毗曰：“陛下不以臣不肖，置之左右，厠之謀議之官，安得不與臣議邪？臣所言非私也，乃社稷之慮也，安得怒臣？”帝不答，起入内。毗隨而引其裾。帝遂奮衣不還。良久乃出，曰：“佐治，卿持我何大急邪？”毗曰：“今徙，既失民心，又無以食也。”帝遂徙其半。觀毗諫争之切，可知當時移徙詒患之深。《盧毓傳》：文帝以譙舊鄉，故大徙民充之，以爲屯田。而譙土地磽瘠，百姓窮困。毓愍之，上表徙民於梁國就沃衍。失帝意。雖聽毓所表，心猶恨之。遂左遷毓，使將徙民，爲睢陽典農校尉。毓心在利民，躬自臨視，擇居美田，百姓賴之。觀此，而文帝之愎諫可知矣。《張既傳》：爲雍州刺史。太祖徙民以充河北。隴西、天水、南安三郡民相恐動，既假三郡人爲將吏者休課，使治屋宅，作水碓。

民心遂安。《楊阜傳》：轉武都太守。劉備取漢中，以逼下辯。太祖以武都孤遠，欲移之，恐吏民戀土。阜威信素著，前後徙民、氐，使居京兆、扶風、天水界者萬餘戶。徙郡小槐里，百姓襁負而隨之。《蔣濟傳》：太祖問濟曰："昔孤與袁本初對官渡，徙燕、白馬民，民不得走，賊亦不敢鈔。今欲徙淮南民，何如？"濟對曰："百姓懷土，實不樂徙，懼必不安。"太祖不從，而江、淮間十餘萬眾皆驚走吳。案事在建安十八年，見《吳志·孫權傳》。俱見移民之非易也。

《杜襲傳》：爲西鄂長。縣濱南境，寇賊縱橫。時長吏皆斂民保城郭，不得農業。野荒民困，倉庾空虛。襲自知恩結於民，乃遣老弱各分散就田業，留丁强備守。吏民嘆悅。會荊州出步騎萬人來攻城。襲乃悉召縣吏民任拒守者五十餘人，與之要誓。其親戚在外，欲自營護者，恣聽遣出。皆叩頭願致死。於是身執矢石，率與戮力。吏民感恩，咸爲用命。臨陳斬數百級。而襲眾死者三十餘人，其餘十八人盡被創。賊得入城。襲帥傷夷吏民，決圍得出。死喪畧盡，而無反背者。遂收散民，徙至摩陂營。吏民慕而從者如歸。此喪亂之際，民無所依，故易與之俱徙。《管寧傳》言：胡昭居陸渾山中，縣民孫狼等作亂，縣邑殘破，陸渾長張固，率將十餘吏卒，依昭住止，招集遺民，安復社稷，同此理也。當時士民，率多流竄山谷，所謂山越，實多華人，予別有考。《鄭渾傳》：遷左馮翊。時梁興等畧吏民五千餘家爲寇鈔。諸縣不能禦，皆恐懼，寄治郡下。議者悉以爲當移就險。渾曰："興等破散，竄在山阻，雖有隨者，率脅從耳。今當廣開降路，宣喻恩信。而保險自守，此示弱也。"乃聚斂吏民，治城郭，爲守禦之備。遂發民逐賊，明賞罰，與要誓，其所得獲，十以七賞。百姓大悅，皆願捕賊；多得婦女財物。賊之失妻子者，皆還求降。渾責其得他婦女，然後還其妻子。於是轉相寇盜，黨與離散。又遣吏民有恩信者，分佈山谷告喻。出者相繼。乃使諸縣長吏，各還本治，以安集之。令長亦欲徙而守險，無怪民之爭保山澤矣。此亦亂世民之移徙者也。惜開闢山澤之法，尚未盡善，亂定旋復棄之耳。然山澤之因此而開闢者，亦當不少也。

下

安土重遷，人之情也。然當喪亂之際，死亡迫於眉睫，人亦孰不欲遷徙以自安？所以猶不樂徙者：則以上之所利，非必民之所利；或雖爲民所同利，而迫蹙驅遣，所以徙之者非其道耳。職是故，喪亂之際，民之自行移徙者，實較官所移徙爲多。觀後漢之末，民徙交州及遼東西者之多而可知矣。邊方之開闔充實,實有賴焉。自清之季,喪亂頻仍,民之移居關東者日益衆。至今日,都計關東之民,漢人居十五分之十四。日本強據關東,國際聯盟派員調查,其所撰報告,猶以是爲關東當屬中國之證焉。是則喪亂於內,而拓殖於外也。故曰:禍兮福所倚,福兮禍所伏。

　　秦、漢距部族之世近,故其人民之移徙率成羣,而其士大夫亦多能爲之率將。田疇入徐無山,數年間,百姓歸之者至五千餘戶。邴原在遼東,一年中,往歸者數百家。皆見《三國志》本傳。管寧至遼東,廬於山谷。越海避難者,皆來就之,旬月而成邑。《三國志》本傳注引《傅子》。王烈之在遼東也,東城之人,奉之若君,《管寧傳》注引《先賢行狀》。皆以此也。然士大夫究有黨援,故亂平後多復歸;小民則不然。《管寧傳》曰:"中國小安,客人皆還,惟寧晏然,若將終焉。"客人指士大夫言,不該凡細民也。此邊徼之開闔,所以多食貧居賤者之功與?

　　當時士大夫之流徙者,族黨之間,亦率能互相救恤,此宗法社會之遺風也。許靖之在交趾也,袁徽與荀彧書,稱其每有患急,常先人後己,與九族中外,同其飢寒。《三國志》本傳。晉世陽裕,爲慕容皝所擒。史稱其性謙恭清儉,剛簡慈篤。士大夫流亡羈絶者,莫不經營收葬,存恤孤遺。士無賢不肖,皆傾身待之。是以所在推仰,猶有其遺風焉。諸賢之於齊民,所以能爲之立約束,興教化者,亦以其去部族之世近,民素聽從耳。故知社會必固有綱紀,然後賢者能因而用之。若真一盤散沙,雖有管、商,亦無以善其後也。慕容廆之據遼東西也,流亡士庶,襁負歸之。廆乃立郡以統流人。冀州人爲冀陽郡,豫州人爲成周郡,青州人爲營丘郡,并州人爲唐國郡。及皝,罷成周、冀陽、營丘等郡,仍以渤海人爲興集縣,河間人爲寧集縣,廣平、魏郡人爲興平縣,東萊、北海人爲育黎縣,吳人爲吳縣,悉隸燕國。所以必如其故郡區處之者,亦以其民固有綱紀也。觀此,可知僑置郡縣之所由來。

　　《漢書·地理志》:京兆尹新豐縣,高祖七年置。《高帝本紀》:十一年四月,令豐人徙關中者,皆復終身。《注》皆引應劭曰:"大上皇思土欲歸豐,高祖乃更築城市里如豐縣,號曰新豐。徙豐民以充實之。"此乃傳說繆悠之辭。實則豐人之從高祖入關者,與以田宅,爲築市里耳。高祖之爲漢王而之國也,楚與諸侯子慕從者數萬人,豐人安得不成市里? 又高祖稱蕭何之功曰:"舉宗而從我",高祖戚黨之從者,又安得不多邪? 此亦喪亂之際,民之成羣遷徙者也。

　　《地理志》言河西諸郡,"酒禮之會,上下通焉,吏民相親,是以其俗風雨時節,穀糴常賤,少盜賊,有和氣之應,賢於內郡,此政寬厚,吏不苛刻所致。"夫豈天之獨厚於邊郡? 亦豈吏至邊郡則賢? 蓋地廣民希,水草宜畜牧使然也。

《鹽鐵論·未通篇》：御史曰："內郡人衆，水泉薦草，不能相澹。地勢溫濕，不宜牛馬。民蹠耒而耕，負檐而行，勞罷而寡功。是以百姓貧苦，而衣食不足。老弱負輅於路，而列卿大夫，或乘牛車。孝武皇帝平百越以爲囿圃，卻羌、胡以爲苑囿，是以珍怪異物，充於後宮。騊駼、駃騠，實於外廐。匹夫莫不乘堅良，而民間厭橘柚。"由此觀之，邊郡之利亦饒矣。以珍怪異物、騊駼、駃騠爲利，未之敢聞。匹夫乘堅良，民間厭橘柚，恐亦言之大過。乘者厭者，豈真齊民邪？文學曰："往者未伐胡、越之時，繇賦省而民富足。溫衣飽食，藏新食陳。布帛充用，牛馬成羣。農夫以馬耕載，而民莫不騎乘。當此之時，卻走馬以糞。其後師旅數發。戎馬不足，牸牝入陳。故駒犢生於戰地，六畜不育於家，五穀不殖於野。民不足於糟糠，何橘柚之可厭？"案《平準書》言孝武初之富庶曰："衆庶街巷有馬，阡陌之間成羣，而乘字牝者，擯而不得聚會。"而元狩四年，衛青、霍去病之擊胡，漢軍馬死者十餘萬匹。《匈奴列傳》言：匈奴雖病遠去，而漢亦馬少，無以復往。其軍如此，況於民間騎乘？故知御史之言，必非其實也。然其言畜牧之利則真矣，可與《漢志》之言參觀也。近世關東之民，自山東徙者最多。其勤苦不如其在故鄉之時，而富樂過之，亦以新土地廣民希，利源未盡辟也。

　　然新土之利，亦有未易言者。《三國·魏志·倉慈傳》：太和中，遷敦煌太守。郡在西陲，以喪亂隔絕。曠無太守二十歲。大姓雄張，遂以爲俗。前太守尹奉等，循故而已，無所匡革。慈到，抑挫權右，撫恤貧羸，甚得其理。舊大族田地有餘，而小民無立錐之土。慈皆隨口割賦，稍稍使畢其本直。豪强兼併，豈二十年中所能爲？則敦煌土地之不均舊矣。此即先漢之末，"穀糴常賤，有和氣之應"之地也。故知無政，則舊邦汙俗，漸染新邦，若置郵而傳命也。《倉慈傳》又曰：西域雜胡，欲來貢獻，諸豪族多逆斷絕。既與貿遷，欺詐侮易，多不得分明，胡常怨望。慈皆勞之。欲詣洛陽者，爲封過所。欲從郡還者，官爲平取。輒以府見物，與共交市。使吏民護送道路。由是民夷翕然，稱其德惠。然則中外交市之利，亦爲豪右所專矣。而曰：匹夫乘堅良，民間厭橘柚，乘者果匹夫？厭者信齊民邪？《梁習傳》：領并州刺史。時承高幹荒亂之餘，胡、狄在界，張雄跋扈。吏民亡叛，入其部落。邊方無政，吾民有反爲人用者矣。楚、漢分爭，而冒頓控弦之士三十餘萬；隋末雲擾，而突厥控弦之士至百萬；其中豈無華民歸之者邪？耶律阿保機立漢城以併八部，德光遂用之，以反噬燕、雲矣。

　　　　原署名：呂克由，原刊《齊魯學報》第二期，一九四一年七月出版

# 道教起原雜考

## 一、黃　老　君

　　道家之學,與神仙家之言,相去亦遠矣,而後世併爲一談,何也? 曰:道家之學,托諸黃帝,而老子傳之,世遂以黃、老并稱,方士崇奉黃帝,耳熟黃、老之名,遂自附於老子耳。

　　曷言乎道家之學,托諸黃帝,而老子傳之也? 案《老子書》辭義最古;全書皆三四言均語,一也。間有散句,乃後來所加。書中但有牝牡雌雄字,無男女字,稱名特異,二也。全書之義,女權皆優於男權,三也。此必非東周後人所能爲,蓋自古相傳之辭,至老子乃著之竹帛者耳。其辭出於誰某不可知,然必托之黃帝,故漢人恒以黃老并稱。今《列子書・天瑞篇》引《黃帝書》二條,黃帝之言一條,《力命篇》亦引《黃帝書》一條。《天瑞篇》所引,有一條與《老子書》同,其餘亦極相類。《列子》雖僞物,亦多採撦古籍而成,非盡僞造也。故知道家言必自古即托之黃帝者也。

　　曷言乎方士耳熟黃、老之名,遂自附於老子也? 《三國志・張魯傳》《注》引《典略》,謂張修使人爲奸令祭酒,主以《老子》五千文使都習。夫張修之道,與老子何涉? 此誠令人大惑不解者也。讀《後漢書》之《靈帝紀》,乃恍然矣。《紀》云:延熹八年正月,遣中常侍左悺之苦縣祠老子。十一月,使中常侍管霸之苦縣祠老子。九年七月,祠黃、老於濯龍宮。《論》曰:前史稱桓帝好音樂,善鼓琴,飾芳林而考濯龍之宮,設華蓋以祠浮屠、老子,斯將所謂聽於神者乎? 前史,謂《東觀記》也。《襄楷傳》:"楷上疏曰:聞宮中立黃、老、浮屠之祠。此道清虛,貴尚無爲;好生惡殺,省欲去奢。今陛下嗜欲不去,殺罰過理,既乖其道,豈獲其祚哉? 或言老子入夷狄爲浮屠;浮屠不三宿桑下,不欲久生恩愛,精之至也;天神遺以好女,浮屠曰:此但革囊盛血,遂不盼之。其守一如此,乃能成道。今陛下淫女艷婦,極天下之麗;甘肥飲美,單天下之味;奈何欲如黃、老乎？"又《楚王英傳》：晚節更喜黃、老學，爲浮屠齊戒祭祀。永平八年，詔令天下死罪皆入縑贖。英遣郎中令奉黃縑白紈各三十匹詣國相，國相以聞。詔報曰：楚王誦黃、老之微言，尚浮屠之仁慈。潔齊三月，與神爲誓。何嫌何疑，當有悔吝？其還贖，以助伊蒲塞、桑門之盛饌。然則是時，黃、老、浮屠，繆葛不清舊矣。然《續漢書・祭祀志》曰：桓帝即位十八年，好神仙事。延熹八年，初使中常侍之陳國苦縣祠老子。九年，親祠老子於濯龍。文罽爲壇飾，淳金鋦器，華蓋之坐，用郊天樂也。此與《後書》所紀同，而濯龍之祠，《紀》言黃、老，《志》但言老子，則除苦縣爲老子鄉里，故特祠之之外，《三國・魏志・倉慈傳》《注》曰：案《孔氏譜》：孔乂，字元儁，孔子之後。曾祖疇，字元矩，陳相。漢桓帝立老子廟於苦縣之賴鄉，畫孔子像於壁。疇爲陳相，立孔子碑於像前。今見存。疑老子廟成於延熹八年，故特祠之也。其餘皆當兼祠黃、老。八年一年之中，而遣祠老子者再，則其祠黃帝必甚數，必不止九年一祭。史特記九年之祭者，以其禮獨隆耳。《東觀記》考濯龍與祠老子對舉，則濯龍之祠，所重當在黃帝。其因黃帝而牽及老子之跡，猶隱然可見也。《三國・魏志・武帝紀》："建安二十五年，王崩於洛陽。"《注》引《世語》曰："大祖自漢中至洛陽，起建始殿，伐濯龍祠而樹血出。"《曹瞞傳》曰："王使工蘇越徙美梨。掘之，根傷，盡出血；越白狀。王躬自視而惡之，以爲不祥，還，遂寢疾。"則濯龍實爲妖妄之府，至漢末，猶有此等妖言也。黃帝無書，而老子有五千文，故張修使其下習之耳。其取五千文，蓋特取其爲老子之書，而非取其書中之義。抑其所取者，亦方士神巫之所謂老子，非道術之士之所謂老子也。《後書・逸民傳》曰："矯慎，少學黃、老，隱遁山谷，仰慕松、喬道引之術。汝南吳蒼遺書曰：蓋聞黃、老之言，乘虛入冥，藏身遠遁。亦有理國養人，施於爲政。至如登山絕跡，神不著其證，人不睹其驗。吾欲先生，從其可者，於意何如？"此道術之士，隱遁之流，神仙之家，並自托於老子之證。仲長統《卜居論》曰：安神閨房，思老氏之玄虛，呼吸精和，求至人之仿佛，亦以老子與神仙家并稱。漢世方士，雖多以飛升遐舉爲言，然其道實雜而多端。言登山絕跡者可以自托於老子，固不能禁祠祭巫鬼者不之托。抑言他道者可自黃帝而及老子，又不能禁祠祭巫鬼者不因此而及彼也。此黃、老所由以道術之名，一變而爲神巫方士之祖也。

　　《後書・陳愍王寵傳》：景平二年，國相師遷，追奏前相魏愔，與寵共祭天神，希冀非幸，罪至不道。檻車傳送愔、遷北寺詔獄。愔辭與王共祭黃老君，求長生福而已，無他冀幸。劉攽《刊誤》曰：黃老君不成文，當云黃帝、老君。《刊誤補遺》曰：《真誥》云：大洞之道，至精至妙，是守素真人之經。昔中央黃老君秘此經，世不知也。則道家又自有黃老君。《真誥》未必可信，中央黃老君似指天神言之，正合遷之所奏。然遷以誣告獲罪，足徵愔與愍王所祭，實非《真誥》所云。云求長生福，所祀者蓋亦方士所謂黃、老也。黃老君固不成文，增一帝字，黃帝二字，則成文矣，老君何人乎？蓋方士之譾陋者，初不問黃、老爲誰，貿然於其下加一君字耳。史言黃、老道者甚多，乍觀之固似成文，然果以黃爲黃帝，老爲老子，其道又豈可奉祀者邪？

《後漢書·循吏傳》云：延熹中，桓帝事黃、老道，悉毀諸房祀。惟特詔密縣存故大傅卓茂廟，洛陽留王渙祠焉。又《欒巴傳》云：好道。遷豫章大守。郡土多山川鬼怪，小人嘗破資產以祈禱。巴素有道術，能役鬼神。乃悉毀諸房祀，翦理奸誣。於是妖異自消。百姓始頗爲懼，終皆安之。《三國·魏志·武帝紀》《注》引《魏書》，言大祖擊黃巾時，黃巾移之書曰：昔在濟南，毀壞神壇，其道乃與中黃大乙同，似若知道，今更迷惑。《後漢書·皇甫嵩傳》言張角奉事黃、老道，則角與桓帝，所事正同，即欒巴之所好，恐亦不外乎此也。《三國志·張魯傳》言：魯以鬼道教民，大都與黃巾相似。魯之治，頗留意於人民生計，豈唱此道者以淫祀無福，妄耗民財，思有以革除之，乃爲是以毒攻毒之計與？然桓帝則必非能知此義者也。

觀於桓帝、欒巴、楚王、陳王、張角、張魯等所奉，而後漢之世所謂黃、老者可知已。然竊疑其猶不始此。《史記·儒林列傳》曰："孝景不任儒者，而竇太后又好黃、老之術，故諸博士具官待問，未有進者。"《魏其武安侯列傳》言："太后好黃、老之言，而魏其、武安、趙綰、王臧等務隆推儒術，貶道家言，是以竇太后滋不說魏其等。"竇太后多與政事，助梁王以謀繼嗣，絕非知足知止之人。《儒林列傳》又曰："竇太后好《老子書》，召轅固生問《老子書》。固曰：此是家人言耳。太后怒曰：安得司空城旦書乎？乃使固入圈刺豕。景帝知太后怒而固直言無罪，乃假固利兵。下圈刺豕，正中其心。一刺，豕應手而倒。太后默然，無以復罪，罷之。"太后所問，果爲今老子書，固雖不好道，豈得目爲家人言？疑太后所問老子書，亦有巫鬼之辭，羼雜其中矣。怒而使之刺豕，理亦殊不可解。豈其所謂家人言者，有刺豕之戒，而固不之信，乃以是困之與？然則《老子書》之爲人所附會也舊矣。

《後漢書·獨行傳》云：向詡，性卓詭不倫。恒讀《老子》，狀如學道，又似狂生，好被髮著絳綃頭。徵拜侍中。會張角作亂，詡上便宜，頗譏刺左右，不欲國家興兵。但遣將於河上北向讀《孝經》，賊自當消滅。中常侍張讓讒詡：不欲令國家命將出師，疑與角同心，欲爲內應。收送黃門北寺獄，殺之。案《三國·吳志·孫策傳》《注》引《江表傳》，言策欲殺于吉，諸將連名陳乞。策曰：昔南陽張津，爲交州刺史。捨前聖典訓，廢漢家法律。嘗着絳帕頭，鼓琴燒香，讀邪俗道書，云以助化。卒爲南夷所殺。此甚無益，諸君但未悟耳。《注》考桓王前亡，張津後死，謂策以此曉譬諸將，自不可信。然特托之於策爲誣，述張津事必非虛語。詡好着絳綃頭，津則著絳帕頭；詡欲讀《孝經》以滅賊，津則讀道書以助化：其所爲亦頗相類。抑張角譌言蒼天已死，黃天當立，無論從相生相勝之説，黃皆不得代蒼，蓋本言赤天已死，漢人奏報諱之，乃改赤爲蒼。《靈帝紀》曰：角自稱黃天。其部帥三十六萬，皆着黃巾。《續漢書·五行志》注引《物理論》曰：黃巾被服純黃，不將尺兵，肩長衣，翔行舒步，所至郡縣無不從。夫其着黃巾者，以黃天既立也。然則向詡着絳綃頭，張津着絳帕頭者，漢行猶未改也。角之起也，殺人以祠天，亦見《皇甫嵩傳》。此東夷用人之舊，而被髮亦東夷之俗。然則張讓疑向詡與角同心，不爲無因。謂其欲爲角內應固誣，而詡所好之道，是否即張角所事之黃、老道，則殊難斷其不然矣。又《三國魏志·管寧傳》《注》引《魏略》曰：寒貧者，本姓石，字德林，安定人也。建安初，客三輔。是時長安有宿儒樂文博者，門徒數千，德林亦就學。始精詩書，後好内事，於衆輩中最玄默。至十六年，關中亂，南入漢中。不治產業，不畜妻孥，常讀《老子》五千文及諸内書，晝夜吟咏。此人所信何道，亦殊可疑，而與向詡皆常讀《老子》，此又老子爲邪教牽引之一證矣。

《論衡·道虛篇》曰：世或以老子之道，爲可以度世。恬淡無欲，養精愛氣。夫人以精神爲壽命，精神不傷，則壽命長而不死。老子行之，逾百，度世爲真人矣。此亦神仙家附會老子之一證。

# 二、于吉神書

《後漢書·襄楷傳》：延熹九年，楷自家詣闕上疏，有云：臣前上琅邪宮崇受于吉神書，不合明聽。十餘日，復上書曰：前者宮崇所獻神書，專以奉天地，順五行爲本，亦有興國廣嗣之術。其文易曉，參同經典。而順帝不行，故國胤不興。孝沖、孝質，頻世短祚。《傳》曰：初順帝時琅邪宮崇詣闕上其師于吉於曲陽泉水所得神書百七十卷。皆縹白素朱介，青首朱目，號《太平清領書》。其言以陰陽五行爲宗，而多巫覡雜語。有司奏崇所上妖妄不經。乃收藏之。後張角頗有其書焉。此文頗相矛盾。楷前疏明言自上，何後疏又云宮崇獻神書而順帝不行邪？疏云其文參同經典，而傳謂其多巫覡雜語，亦又不讎。楷前疏臣前上云云十六字，語意未完；且與上下文皆不銜接。後疏前者宮崇云云五十二字,盡删之,於文義亦無所關。蓋作史者於成文每多删併。當時必有偽爲楷文,稱揚于吉神書者,范氏不察,誤合之於楷疏也。

于吉爲孫策所殺,見《三國·吳志·孫策傳》《注》引《江表傳》。《後漢書·襄楷傳》《注》亦引之,而其文不全。《注》又引《志林》曰:初順帝時,琅邪宮崇指闕上師于吉所得神書於曲陽泉水上。白素朱界,號《大平青領道》。凡百餘卷。順帝至建安中,五六十歲。于吉是時,近已百年。年在耄悼,禮不加刑。又天子巡狩,問百年者就而見之。敬齒以親愛,聖王之至教也。吉罪不及死,而暴加酷刑,是乃謬誅,非所以爲美也。記于吉事與《後漢》署同,而卷數互異。似是書卷帙,後來又有增加。自稱百歲,乃方士誣罔之辭,吉安能授宮崇於五六十歲之前,又惑吳人於五、六十歲之後?古書卷帙率少;又縑帛價貴,無論其爲百餘卷,抑百七十卷,皆不易造作。然則謂吉以是書授崇,崇以是書上順帝,恐皆子虛烏有之談也。《後漢書》《注》曰:神書即今道家《大平經》也;其經以甲乙丙丁戊己庚辛壬癸爲部,每部一十七卷。恐即造作是書者,妄托之於宮崇、于吉,並附會之於襄楷耳。于吉之死,《三國志》《注》又引《搜神記》,與《江表傳》大相徑庭。又《江表傳》記策語:謂昔南陽張津,爲交州刺史,捨前聖典訓,廢漢家法律,常著絳帕頭,鼓琴燒香,讀邪俗道書,云以助化,卒爲南夷所殺。而《志林》推考桓王前亡,張津後死。裴氏案大康八年廣州大中正王范上《交廣春秋》,亦謂建安六年,張津猶爲交州牧。孫策死於建安五年。足見此等記載之不足憑矣。范氏書雜採之,又安可信邪?

襄楷事跡,亦見《三國·魏志·武帝紀》《注》引《九州春秋》。云:陳蕃子逸,與術士平原襄楷,會於冀州刺史王芬坐。楷曰:天文不利宦者,黃門常侍當族滅矣。逸喜。芬曰:若然者,芬願驅除。於是與許攸等結謀,欲因靈帝北巡行廢立。據其所記,則楷仍《後漢書》所稱善天文陰陽之術者耳。楷兩疏皆端人正士之言;陳蕃舉其方正,鄉里宗之;中平中,與荀爽、鄭玄俱以博士徵;豈信于吉神書者耶?

《楷傳》言:楷疏上,即召,詔尚書問狀。楷曰:臣聞古者,本無宦官。武帝末春秋高,數遊後宮,始置之耳。後稍見任。至於順帝,遂益繁熾。今陛下爵之,十倍於前。至今無繼嗣者,豈獨好之而使之然乎?尚書上其對,詔下有司處正。尚書承旨奏曰:宦者之官,非近世所置。漢初張澤爲大謁者,佐絳侯誅諸呂。孝文使趙談參乘,而子孫昌盛。楷不正辭理,指陳要務,而析言破律,違背經藝,假借星宿,偽托神靈,造合私意,誣上罔事。請下司隸,奏楷罪法,收送洛陽獄。帝以楷言雖激切,然皆天文恒象之數,故不誅。猶司寇論刑。案《漢書·成帝紀》：建始四年，春，罷中書宦官。《注》引臣瓚曰：漢初中人有謁者令。孝武加中謁者令爲中書謁者令，置僕射。宣帝時，任中書官弘恭爲令，石顯爲僕射。元帝即位數年，恭死，顯代爲中書令，專權用事。至成帝，乃罷其官。《百官公卿表》記成帝建始四年更名中書謁者令爲中謁者令，而不記武帝加中謁者令爲中書謁者令之事，然《蕭望之傳》言：望之以爲中書政本，宜以賢明之選，自武帝遊宴後庭，故用宦者，非國舊制，則贊言確有所據。武帝所用，乃中書宦官，而非宦官始自武帝，宦官實自古所有，楷不應並此不知。且宮崇之書，順帝時有司既奏其妖妄不經矣，楷果嘗上其書，豈得云所言皆天文恒象之數邪？《楷傳》之不足信，愈可見矣。

## 三、太平道五斗米道

《三國志·張魯傳》：祖父陵，客蜀，學道鵠鳴山中，造作道書，以惑百姓。從受道者，出五斗米，故世號米賊。陵死，子衡行其道。衡死，魯復行之。益州牧劉焉，以魯爲督義司馬，與別部司馬張修將兵擊漢中大守蘇固。魯遂襲修殺之，奪其衆。《後漢書·劉焉傳》曰：與別部司馬張修將兵掩殺漢中大守蘇固，斷絶斜谷，殺使者。魯既得漢中，遂復殺張修而併其衆。案《靈帝紀》：中平元年，秋七月，巴郡妖巫張修反，寇郡縣。《注》引劉艾《紀》曰：時巴郡巫人張修療病，愈者雇以五斗米，號爲五斗米師。則修先嘗反叛，後乃降於焉。焉死，子璋代立。以魯不順，盡殺魯母家室。魯遂據漢中，以鬼道教民，自號師君，其來學道者，初皆名鬼卒。受本道已信，號祭酒，各領部衆。多者爲治頭大祭酒。皆教以誠信，不欺詐。有病，自首其過。大都與黄巾相似。諸祭酒皆作義舍，如今之亭傳。又置義米肉，縣於義舍。行路者量腹取足。若過多，鬼道輒病之。犯法者三原，然後乃行刑。不置長吏，皆以祭酒爲治。民夷便樂之。雄據巴、漢，垂三十年。《注》引《典畧》曰：熹平中，妖賊大起。三輔有駱曜。光和中，東方有張角，漢中有張修。駱曜教民緬匿法。角爲大平道。修爲五斗米道。大平道者，師持九節杖爲符祝。教病人叩頭思過，因以符水飲之，得病或日淺而愈者，則云此人信道。其或不愈，則爲不信道。修法畧與角同。加施静室，使病者處其中思過。又使人爲奸令祭酒。祭酒主以老子五千文使都習。號爲《後漢書》《注》引無此字。奸令，爲鬼吏，主爲病者請禱。請禱之法：書病人姓名，説服罪之意。作書三通：其一上之天，著山上；其一埋之地；其一沈之水；謂之三官手書。使病者家出米五斗，以爲常，故號曰五斗米師。實無益於治病，但爲淫妄。然小人昏愚，競共事之。後角被誅，修亦亡。及魯在漢中，因其民信行修業，遂增飾之。教使作義舍，以米肉置其中，以止行人。又教使自隱，有小過者，當治道百步，則罪除。又依月令，春夏禁殺，又禁酒。流移在其地者，不敢不奉。《後漢書·劉焉傳》及《注》引《典略》均畧同。裴松之云：張修應是張衡，非《典略》之失，則傳寫之誤。案此言誤也。魯之教既云因修而增飾之，安得又云受諸父祖？修之事跡，信而有徵。陵、衡若父子相傳，其道不爲不久，何以《典略》數妖賊不之及？且陵、衡之道，果行之何地乎？行之漢中歟？何以漢中人但知有修？行之蜀中歟？何以蜀中轉不聞有是法也？疑魯增飾修法，諱所自出，自謂受諸父祖，傳者誤信之，承祚亦誤採之耳。《蜀志·二牧傳》、《後書·劉焉傳》均云魯母挾鬼道，出入焉家，不云其父。疑魯之左道，幼即受諸其母，故能增飾修法也。

魯，沛國豐人，則是東方人也，何以陵學道於蜀？此亦可疑之一端。或曰：流移訪道，事所恒有。《三國志》謂魯之道大都與黃巾相似，正足徵其原出東方，謂其傳自父祖，或不誣也。然魯之道，實與角並不相似；角言蒼天已死，黃天當立。《後漢書·皇甫嵩傳》。自稱黃天泰平。《三國志·孫堅傳》。蒼天疑當作赤天，漢人諱而改之，然則角所依托者，實當時五德終始之説，而修則於天之外兼事地水，可謂絶不相蒙。《後漢書·皇甫嵩傳》云：角遣弟子八人，使於四方，以善道教化天下。《孫堅傳》云：托有神靈，遣八使以善道教化天下。青、徐、幽、冀、荆、揚、兖、豫八州之人，莫不畢應。遂置三十六方，方猶將軍號也。大方萬餘人，小者六七千，各立渠帥。及其事露，則馳敕諸方，一時俱起。《楊震傳》言：角等執左道，稱大賢，以誑耀百姓。天下襁負歸之。震孫賜，時在司徒，召掾劉陶告曰：張角等遭赦不悔，而稍益滋蔓。今若下州郡捕討，恐更騷擾，速成其患。且欲切勒刺史二千石：簡別流人，各護歸本郡，以孤弱其黨；然後誅其渠帥；可不勞而定，何如？陶對曰：此孫子所謂不戰而屈人之兵，廟勝之術也。賜遂上書言之。會去位，事留中。后帝徙南宮，閲録故事，得賜所上張角奏，及前侍講注籍，乃感悟，下詔封賜臨晉侯，邑千五百户。《抱朴子·道意篇》言：張角、柳根、王歆、李申之徒，錢帛山積，富逾王公，縱肆奢淫，侈服玉食。伎妾盈室，管弦成列。刺客死士，爲其致用。威傾邦君，勢陵有司。亡命逋逃，用爲窟藪。然則角乃漢時所謂豪傑大猾之流，專以誑誘流移爲事。而魯則修其政教，頗有與民相保之規。《典略》云：流移在其地者，不敢不奉，明其道本行諸土著。魯之敗也，左右欲悉燒寶貨倉庫。魯曰：本欲歸命國家，而意未達。今之走，避銳鋒，非有惡意。寶貨倉庫，國家之有。遂封藏而去。其本無覬覦非分之心審矣，安得與角之欲代漢而興者同日語邪？符咒治病，左道所同，以是而謂修之法與角相類，亦見卵而求時夜者流也。或曰：角奉黃、老道，而魯使人習老子五千文，此亦其相類之一端也。然黃、老道爲時人信奉已久，故角與魯皆從而依附之，亦不足爲其相類之證也。別見黃老君條。

原刊《齊魯學報》第二期，一九四一年七月開明書店出版

# 論《詩》與歌謠

　　《詩經》，在從前科舉時代，不過因其爲五經之一，考試起來是要出題目的，不得不讀，所以大家讀讀而已。他的趣味何在，怕除少數所謂古典主義的文學家外，是不會懂得的。乃自新文學興起以來，一方面連唐宋人的詩，還嫌他難懂，而要提倡用白話做新體詩，一方面，倒又極崇拜《詩經》。這到底是由衷之言，還是門面話，我就不能無惑。

　　從前的人，把《詩經》上的詩，看作並不是自述其衷曲的話，而首首都有其政治上的關係，這是最要不得的。這種見解，可以說都是中的《小序》的毒。《詩》分風、雅、頌三體，其中最主要的，自然是風。風是什麼呢？根本不過是婦人孺子，農夫野老脫口而出之作。須知古人有一個喜歡歌唱的習慣。所以說：“鄰有喪，舂不相；里有殯，不巷歌；適墓不歌；哭日不歌。”《禮記·曲禮》。可見歌只是家常便飯。而其所歌的句子，都是臨時做出來的，直到漢朝，還有此等風氣。試看《史》、《漢》所載：項羽的“力拔山兮氣蓋世”，漢高祖的“大風起兮雲飛揚”，戚夫人的“子爲王，母爲虜”，朱虛侯的“深根溉種，立苗欲疏”，漢武帝的“瓠子決兮將奈何”，燕刺王的“歸空城兮狗不吠鷄不鳴”，廣陵厲王的“欲久生兮無終”，李陵的“徑萬里兮絕沙幕”等歌，便可見得。漢人如此，三代以前，更不必說了，惟其如此，所以一聽見就知道他是說的什麼，知道他胸中有何抑鬱不平之處。古人說：天子巡守的時候，要“命大師陳詩，以觀民風”。《禮記·王制》。其在平時，則“男年六十，女年五十無子者，官衣食之，使之民間采詩，鄉移於邑，邑移於國，國以聞於天子”。所以“王者不出牖戶，盡知民之所苦；不下堂而知四方”；正因他們所唱的，都是“飢者歌其食，勞者歌其事”的臨時作品啊！《公羊》宣公十五年注。乃自《小序》說起來，則這一首是美某王也，那一首是刺某公也，我不懂這些婦人孺子，農夫野老，是否會個個人離開他的生活本位，而來管到政治？更不懂這些人何以都能穀懂得政治？

　　至於雅。太史公說：“大雅言王公大人，德逮黎庶；小雅譏小己之得失，其流及上。"《史記·司馬相如傳贊》。這不過是官民互有關係,人民口裏説到官,就可以知道這個官對於人民有什麼影響;人民口裏説到自己,也可以因此而知道其時的官好壞如何。看的人雖然涉及政治,做的人還只就他自己的生活本位,説自己的話,安知他是鑿指的某一人某一事呢?但做《小序》的人,居然能一首首的説得出來,而且鄭玄還能斆用旁行斜上之體,替《詩經》做了一本譜,表明某詩是在某時,某地,爲何事,對何人而作,這不是更可懷疑的麼?

從前的人,此等穿鑿附會之説,現在的人,自然是沒有了。他把傳、箋、小序等,都一掃而空。三家詩中,有少數説得出其本事的,如《柏舟》、《苤苢》之類,也視爲不足信。赤裸裸的,一味據著《詩經》本文推度。這似乎是很可靠的了,因爲一切障翳,都一掃而空了。然而專據本文推度,必須時間相近,環境畧同,才有所施其技。若地之相去也,千有餘里;時之相去也,千有餘歲;則一切環境,彼此大不相同,又安能以意逆志?我小時候所聽民歌,現在還有幾首記得的,試舉兩首爲例:

> 高田水,低田流。伯母叔母當曙上高樓。高樓上,好望江。望見江心渡麗娘。麗娘:頭上金釵十八對,脚下花鞋廿四雙。金漆籠,銀漆箱。青絲帶,藕絲裳。問鴛鴦。團團排一轉,排到癩痢郎。只圖癩痢生得好,不圖癩痢藏珍寶。

> 石榴花,紅簇簇,三個姐兒同牀宿。那個姐兒長?中間姐兒長。留着中間姐兒伴爹娘。伴到爹娘頭髮白,金漆籠,銀漆箱,嫁與山村田舍郎。咸魚臘肉不見面,苦珠蠶豆當乾糧。一封書,上覆娘。一封書,上覆媒婆老花娘。長竹槍,槍槍起,槍脱媒婆脚蹯底;短竹槍,槍槍出,槍破媒婆背脊骨。

這兩首詩,是一看就知道他的意思的。前一首是金錢的勢力,支配了婚姻,以致把生物界兩性之間自然的選擇作用倒轉來了。第二首則是既傷婚姻的失時,而又受世俗所謂"亂説媒人"之害。誰也不會不懂,誰也不能曲解。試問今之所謂赤裸裸的研究,能如是歟?譬如説"月出皎兮",明明是一首情詩之類,我不知其是何所見而云然啊!

一定有人要駁我道:"你所舉的,乃是民歌中意思極顯豁的兩個例。民歌固然有如此的,但其意思含糊,無從解釋;或者可以這樣解釋,又可以那樣解釋的,正多著呢。"不錯!這是事實。這樣的民歌,我也能舉得出一兩首:

> 丁丁頭,起高樓。高樓上,織絲綢。絲綢織得三丈八,送去哥哥做雙

襪。哥哥自有黃金帶，嫂嫂自有縐羅裙。縐羅裙上一對鶴，鶴來鶴去鶴到丈母家。丈母牀上紅綾被，阿姨牀上牡丹花。

搖大船，打大鼓，鑼鼓船上客人多，爲底弗搭我？

這兩首歌，就是説不出它是什麼意思的。因此，此等歌謠，就祇有從前説詩的人所謂"誦義"，而没有其所謂"作義"。何謂誦義？誦義是念它的人，把它當作什麼意思的。何謂作義？作義是做它的人，懷著什麼意思去做的。作義祇有個人有意的作品能有，個人無意的作品，就不能有的，何況歌謠，大多數不是個人的作品呢？然則何從據其本文以推度意思呢？以不可知之物，而必謂其可知；以本無意之物，而必謂其有意；今人説詩之法，自謂能一掃前人之謬，其實和前人正犯著同一的毛病。

古人的意思，<sub>無論其爲誦義、作義。</sub>既不可知，若説我們讀了古人的詩，而引起一種感想，則即是我們的誦義，這誠然是足以欣賞的。然而讀了古人的詩，引起自己的感想，亦必時代相近，環境畧同，然後可能。在這種條件下，《詩經》比之唐、宋人的詩如何？所以現在人的崇拜《詩經》，我總有些疑心他是門面話。

《小序》，我以爲絕不足信，至於三家詩中所説的一小部分詩的本事，我以爲倒是有幾分確實性的，譬如《芣苢》，據魯詩和韓詩説，是宋國人的女兒，嫁給蔡國人，而其夫有天閹之疾，其母勸其改嫁，而其女不肯，"乃作芣苢之詩"。這個固然很難保證其確實，然而古人所説詩的本事，本有兩種，一種是某人爲某一件事，做了一首詩，我們知道這件事，所以把它記述下來，成爲這一首詩的傳。還有一種，乃是我們知道某一個人有某一件事，而替他做了一首詩，如《孔雀東南飛》爲焦仲卿妻作，就是一個好例。我們定要説《芣苢》是宋人之女，嫁爲蔡人之妻者所作，其確實性小，若擴而充之，兼包或人聞宋人之女嫁爲蔡人妻者之事而爲之做一首詩，其確實性就較大了。芣苢就是現在的車前子，據《本草》，其物確生於蔡國附近，然則蔡國一帶，可以有這一件事的傳説，其確實性就更大了。所以古人的傳説，要分別觀之，盲從固非，一筆抹煞，也不是這麼一回事。

一切事物，最美的總是自然的，人工做出來的，無論如何精巧，總不免矯揉造作，有些斧鑿的痕跡，所以論文要以天籟爲貴。天籟是文人學士，窮老盡氣所不能到的，因爲這不是可以用工力的事啊！姑以前舉的四首民歌爲例。"高田水，低田流，伯母叔母當曙上高樓，高樓上，好望江，望見江心渡麗娘"，在表面上看起來，只是叙事，然而所適非人之意，已寓乎其中，此即古人之所謂比興。比興之所以可貴，乃因其意在此而言在彼，可以避免直接的過分的刺激，而且能引起豐富的想象。此義原非詩人所不知，後世的論詩，也貴寓言情於寫景，而不貴直率言情，就是爲此。然而文人學士做起來，能如此之自然麽？這就是天籟和人籟之別。"頭上金釵十八對，腳下花鞋廿四雙，金漆籠、銀漆箱，青絲帶、藕絲裳"，讀來覺得非常綺麗，然而極其明白易解，絕不要用什麽字眼、古典塗澤，此乃所謂不著色之艷。祇有不著色之艷，濃淡能恰到好處。用字眼、古典塗澤，好的也不免失之太濃，有意求聲希味淡，又不免失之太淡了，這也是人籟不及天籟之處。"問鴛鴦"以下，音節突然短促。凡是短促的音節，總是含有悲憤凄楚之意的。此調用於此處，恰甚適宜，這也是天籟。有一位化學家對我説："中國文字的程度低極了，萬萬不彀用的。"我問他："何以見得？"他説："即以顏色字論。現在的顏色，奚翅數百千種？中國卻祇有青、黃、赤、白、黑等幾十個字，如何彀用呢？"我説："你怕調查錯了古話了罷？要曉得中國的顏色字，共有幾個，是不能專據字書的，請你到綢緞鋪子裏去看看有許多顏色字，單看字書，是不會知道他有顏色的意義的。如妃字湖字即是。"他説："雖然如此，比外國還少得多。"我説："這是由於中國的顏色比外國少，不是語言的貧乏。倘使有新的顏色產生，或者輸入，中國人自然會替他造出新名詞來，用不著你著急。"他的意思，到底不很信。從前有一個人，對一位英國的貴婦人説："倫敦人頭髮的總莖數，一定比世界上的總人數爲多。"貴婦人雖不能駁他，卻總不很相信。這位化學家，也未免有些像這位倫敦的貴婦人了。這些旁文，且不必説它。"藕絲裳"的"藕"字，在古典主義的文學中，就不能用作顏色字。如其用之，那也是參用白話的，決不是嚴格的古典主義文學。遇到此等情形，自然的口頭話，做古典主義文章的人，就不能説；要説，也要遵守許多規律，不能自然地説了；這是天籟、人籟之所由分。第二首中，"咸魚臘肉不見面，苦珠薑豆當乾糧"，咸魚臘肉是兩種實物，苦珠卻無其物，只是用來形容薑豆的，兩物還只是一物。用文人的格律評論起來，一定要説對得不勻稱了。然而讀起來絕不覺其不勻稱，這亦是天籟的自然之妙。可見得文人學士的格律，有些是自尋窄路的。詩的好處，全在乎怨而不怒。一怒就僋父氣了。"長竹槍，槍槍起，槍脱媒婆腳蹋底；短竹槍，槍槍出，槍破媒婆背脊骨"；可謂怨毒之於人甚矣哉；然而讀來仍覺其怨而不怒。這是因爲竹槍並不是殺人的凶器，而只是小孩的玩具。用竹槍去刺人，根本只是小孩兒無意識的話，聽來並不使人精神緊張，而反覺得有些滑稽的意味，就不致有累美感了。這也是言語自然之妙。

第三、四首，都是無所指的，可以隨意解釋的。第四首顯而易見，無待辭說。第三首，若把舊時説詩的法子説起來："丁丁頭，起高樓"，我們可以説：喻自處之高潔也。"高樓上，織絲綢"，喻靖獻之勤也。"絲綢織得三丈八"，而不過"送哥哥做雙襪"，卑以自牧也。"哥哥自有黃金帶，嫂嫂自有縐羅裙"，送去做襪的絲綢，必不見省錄矣。疾君之蔽於親暱，不察疏遠之行也。"縐羅裙上一對鶴，鶴來鶴去鶴到丈母家，丈母牀上紅綾被，阿姨牀上牡丹花"，傷君爲近習所蔽，耽於游樂，失其威儀也。如此解釋，固然決非作者的意思，然而在君主時代，行吟澤畔的孤臣，卻不能禁其不作如是想，此即所謂誦義。於此，可以知道《小序》致誤之原。緣古人好談政治，歌謠本不關政治的，念到他們的口裏，都發生出政治上的意義來。一變，就説做詩的人也是如此，把誦義變成了作義。再一變，就把什麼人爲什麼事而作等等，都附會上去了。所以致誤總是逐漸的，非一朝一夕之故。

有人説："你既贊成天籟，天籟是要使用口語的，爲什麼你又不贊成白話詩呢？"殊不知詩是原於歌謠的，歌謠和普通的語言，根本是兩物，不是一物。現在的白話詩，只是語言的調兒嘽緩一些的，根本只是散文，至多有些像賦，決不會發達而成爲詩。把他和民歌比較，就顯然可見。現在的民歌，和二千多年前的樂府，還顯然無甚異同，可見得一個民族，口中歌唱的調兒變革之難。老實説：倘無外來的新物事攙入，怕其變化的速度，要緩慢得出乎想象之外的。幾千年的時間，真算不得什麼。中國人歌唱的調兒，衹有詩到詞是一變（詞之仍原於詩者除外），曲和詞還只是一物。詞的來路，乃是外國音樂的輸入。外國的音樂，其根本，就是外國人所歌唱的調兒。現在外國的音樂，爲中國向所未有的，正在逐漸輸入，新詩體自有產生的可能，不過現在提倡新詩的人所走的，卻不是創造詩體的路。

文人學士所做的詩，雖然把天籟失掉了，卻亦有其不可掩之美。其一是精工。這是代表人工美的。恰與天然美對峙。其二是詩境的擴大。即歌謠中所不曾有的意思，未説及的事物，它都有了，這不能不説是技術上的進步。所以文人的功力，也不是白花的。不過話太説得盡了，就覺其意味淺薄，因爲所刺激起的想象少了。雕琢過於精工，亦不免要因此而犧牲真意。西崑體和江西派的詩，終落第二義；近代人競學宋詩，到底無甚意味，而如何蓮舫，易實甫一類的詩，更其要不得，就是爲此。

雖然如此，歌謠也並不都是好的，盡有庸劣無味的，甚而至於有惡濁的。這是因爲歌是大衆作品，大衆之中，未嘗無鄙夫儈夫之故。於此，知《史記·

孔子世家》説古者詩三千餘篇。孔子删取其三百五篇，並無甚可疑之處。古人好舉成數，估計起來，覺得百位還嫌其小，而要進到千位，就説一個千字；以千位計，還覺得其不止一數，就加上含有多數意義的三字，而説三千。民歌本是重重複複的，古詩自然也是如此，所以《史記》也説孔子“去其重”。假使把現在的民歌，統統鈔出來給我看，我也一定要把它删過一番的。至於重複的應該除去，那更無待於言了。所以孔子删詩之説，實無可疑，後人所以懷疑，乃因拘於要向古書中去搜集佚詩，而未一察當前的事實，推之於古代。現在的報紙中，也時時載有民歌，我總覺得好的很少。卻記得清末，大約是丁未、戊申、己酉三年之間，《時報》曾載有各地方的歌謡，好的卻極多。現在《時報》是停刊了，總還有藏著舊報的人，倘能把它鈔集起來，印成一本，倒也是文藝界一件盛事。

原刊《文林月刊》第三期，一九四一年八月五日出版

# 中國歷代兵制之變遷

　　中國兵制，蓋嘗數變矣。隆古之世，諸族互鬩。有征服人者焉，有服於人者焉，征服人者爲兵，服於人者則否。江永《群經補義》論春秋之世，兵嘗居近國都，士鄉與工商之鄉，判然各別，實無兵農合一之制。蓋征服人者，居近國都而爲兵，服於人者則否。此一時期也。然野處之氓，非不能爲兵也，特不使事征戍，僅保衛鄉里而已。鞏之戰，奇侯見保者曰："勉之，齊師敗矣。"此軍大敗於外、保衛鄉里之兵嚴於內之徵。降及戰國，爭鬥益烈，用兵益多，乃舉向者保衛鄉里之兵，悉從征戍。故蘇秦説齊王，謂"臨淄七萬戶，每戶不下三男子，不待發於遠縣，而臨淄之卒，固已二十一萬"，又謂"韓魏戰而勝秦，則兵半折，四境不守"也。民罹鋒鏑之災，蓋於是爲酷，然真舉國皆兵者，莫此時若矣。此又一時期也。漢世郡國，皆有輕車、騎士、材官、樓船，民年二十三爲正。一歲爲衛士，一歲爲材官、騎士，習射御馳騎戰陳，年五十六乃免。守邊之責，亦人人有之。律所謂更戍。雖不能人人自行，然不行者必出庸直，給次直者，或入官，由官給願往者。此仍是戰國之世舉國皆兵之遺制。惟疆域既廣，途路太遠，資糧既多，往返尤久。舉國皆兵之制，遂勢不可行，二法亦隨之潛變。漢武帝時之八校尉，論者以爲募兵之始，期門、羽林則以爲長從之始，而征討又多用謫發。至後漢光武，罷郡國都尉，廢講肄課試，而民兵之制盡矣。關塞間或設置，實同後世之招募；戰守兼用羌胡，則以異族爲奴役。此又一時期也。循此遺規，遂生大弊。黃巾賊起，中央號令不行，卒致裂爲三國，歷百年而後定，則州郡擁兵爲之梗也。五胡云擾，莫之能制，則異族操兵屬之階也。此皆民兵之廢爲之也。然自此至南北朝，其弊卒莫能革。當晉武初定天下，改州牧爲刺史，盡罷州郡之兵，意亦欲改漢末之弊矣。然內亂旋起，外兵遂不可省。於是有所謂都督軍事者，以一人兼制十數州，雖無州牧之名，其實固無以異。東晉荆揚，互相猜忌，四朝入據，莫非强藩。坐視北方之喪亂而不能乘，間或乘機收復而不能守，實仍州郡擁兵爲之。而北方五胡割據，多用其本族若他胡人爲兵，自非石趙東征，苻秦內犯，用兵太多，胡人以兵權握於異族之手故也。此又一時期也。府兵之制，迫於勢不得已而後起焉者也。周齊乘胡靈后、爾朱氏喪亂之餘，民生凋敝，而戰爭甚烈，兵少則不足於用，兵多則無以食之，乃不得不令其耕屯以自養。此制無養兵之費，而獲多兵之用，自有一日之長，故隋唐皆因焉。唐制尤稱美備。然人心每隨事勢爲轉移：世際承平，教閱必徒有其名，兵籍逐漸多不實。此實無可如何之事。至玄宗之世，遂至不能給宿衛，而府兵之實蕩焉矣。此又一時期也。民兵亡則募兵代之，漢世州郡之兵，起於平內亂；唐世藩鎮之兵，起於禦外侮。其所以興起者不同，其爲偏重則一。特牧守即理民之官，節度使本統兵而已。然至武夫擅權，支郡悉夷爲隸屬，則名雖殊而其實亦無以異矣。節度握兵，肇於天寶之初，盛於至德以後。大勢所趨，莫之能挽，終至裂爲五代十國，其事蓋與東漢之末極相類。此又一時期也。宋興，鑒唐藩鎮之弊，外兵強者，悉隸三衛，謂之禁軍；其留州者，名曰廂軍，給役而已。地方戍守，悉遣禁軍，以時更代，謂之番戍，以革邊將專兵之弊，且使禁軍習勞，意至善也。然其後兵不悉地形，亦不與當地人民相習，動輒敗衄。仁宗時西夏之叛，陝西屯兵數十萬，卒仍藉鄉兵之力以禦敵。而禁軍之數，隨世而增。開國時不滿二十萬，英宗時乃逾百萬。番戍既有衣糧之費，郊祀復以賞賚爲憂。竭海內之力以養兵，而曾不可以一戰，遂爲募兵之極弊。此又一時期也。王安石起，主用民兵，而先之以保甲。初使徼備盜賊，後乃教保長以武藝，使其轉教保丁。時於募兵，業已大加裁汰。後來闕額，則封樁其費，以供民兵教閱之資。益自元豐以後，募兵衰而民兵寖盛矣。然在神宗之世，民兵已多徒有其名，而教閱且不免於騷擾。崇寧以後，教閱又罕，遂並其名而不存。末年汴京被圍，以陝西多兵之區，种師道括以入援，不足二萬。而前此具數之民兵，亦未聞按籍可稽，召以禦侮。兵多甲於歷代者，及其用之乃終至於無兵，名實之不副不亦重可懼哉？北宋民兵之制，行之無幾時，效亦渺不可覩，然以定制論，固不得謂非一變。此又一時期也。南渡之初，王旅寡弱，將帥招群盜以爲用，其時兵之強者，有所謂四大將，韓、岳、張、劉是也。劉光世死，其兵叛降齊。時則韓、岳、張並爲宣撫司。兵皆屯駐於外，餉由自籌，頗有尾大之勢。和議既成，乃罷三宣撫司，改其軍名御前，間冠以某州駐札字樣。特設總領，司其餉項，而禁其自籌。蓋其受中央節制與北宋同，而屯駐有定地，而無番戍之制則異。此又一時期也。元以異族入主中原，兵事頗守秘密。密院兵籍，非漢人所得窺。是以竊據百年，無知其兵數者。然其大要，亦有可言。世祖以蒙古及諸部族之兵戍河洛山東，以滅金所得之漢軍、滅宋所得之新附軍戍江淮以南，而以宗藩鎮邊徼。其取兵各有制。

蒙古及諸部族軍，今姑勿論，漢人之爲兵者，則皆天下未定，嘗有兵籍者也。蓋亦如府兵之制，民有爲兵，有不爲兵，而孰爲兵，孰不爲兵，則決之於其故籍。此制爲明人所沿。其命萬戶千戶，分屯各方，則又與清代旗兵之駐防，異世而同揆者也。此又一時期也。明制遠紹府兵，實亦近循元法，其有軍籍者，曰從征、曰歸附、曰謫發。從征者，開國之兵。歸附則群雄之兵之降者也。謫發即俗所謂充軍，以犯罪者爲之。並刑法與軍事一談，身死則句其子孫，子孫絕者句其親族，累及無辜，實爲秕政之尤。然以句軍之嚴，清軍之亟，闕額不至如唐代府兵之甚。此又一時期也。清兵綠營取諸有明，八旗來自關外，入中國後，遣旗兵分防各處，則元萬戶分屯之法也。蒙藏與新疆回疆，皆命旗兵駐防，亦元宗藩守邊之意也。事不必其相師，而措施若合符節，則遭直之同爲之也。元萬戶分屯者，至於末造，絕無能爲，乃藉察罕、擴廓爲之枝拄，清中葉後亦然。川楚教匪，已資鄉勇；洪揚亂起，尤借湘淮之軍。雖起兵相助者，有其本族與漢人之殊，其功亦有成敗之異，然其事則極相類，亦可異也。同、光以後，言兵力者，惟數湘、淮、八旗、綠營，同於南宋之三衙、北宋之廂軍矣。此又一時期也。蓋自新軍興起以前，歷代兵制之變遷可得而言者如此，其不相因襲，截然可指其異者，凡十有二，而綜括之則不過五端。民或爲兵，或不爲兵，其孰爲兵孰不爲兵，則國有經制，一也，春秋以前及唐之府兵、明之衛所是也。舉國皆兵，二也，戰國及秦漢之法是也。強藩擁兵於外，三也，東漢至南北朝之州郡、唐之節度是也。專用募兵，集其權於中央，四也，兩宋是也。募兵徒有其名，民兵起而勘亂，後遂視同經制之兵，五也，清是也。更綜括之，則民兵、募兵二者而已。其利害得失，亦有可得而言者焉。有名無實，或並其名而不存，民兵之弊也。養兵太多，財力不及，強臣擅之，恣睢於外，不足禦侮，轉以召亂，募兵之弊也。夫兵可百年不用，不可一日無備，故必豫之於平時。然人心每隨事勢爲轉移，當承平無事之時，孰肯視征戰爲急務？文恬武嬉，勢不免流於廢弛，而知勇之士，顧不出於其間，遂至於有名而無實，或並其名而不存。此府兵、衛所之所由弊也。事積久而多含垢，所謂軍營積弊也。人串習不能無玩，所謂軍營習氣也。兵至於是，則不可用矣。然欲免之極難，故歷代所謂強兵者，往往名雖舊而實則新，軍名如故也，士卒將弁，則時時更易。不然，必有欲用之而不可，欲去之而又不能者。讀《明史·李成梁傳》，可爲寒心。然募兵皆無告之窮民，即藉糧餉自養。盛年既逝，執業無從，且亦不樂更事生産；裁遣既難，終必至於陳腐。此則自漢唐之州郡藩鎮，以至於宋之禁軍，其弊不同，而其致弊之由，初無以異也。夫事不豫於平時，則臨事無由取給，而非造之於臨事，則又陳舊而無以應當時之變。故兵不可不豫也，然不當豫之於兵，而當豫之於民。何謂豫之於民？曰：造成能戰之民，至臨事，乃編之爲兵而已。戰事定，則散之；需用，則又召而編之。此制似與府兵、衛所同，其實大異。彼爲兵者有定籍，將校亦多世其家，明制如此，唐亦多任勳戚子弟。雖非募兵，其不能不隨風氣爲轉移，實與募兵無異。今合全國之人，臨時簡選，則可擇其有朝氣者而用之，而軍營之習氣亦無由生。時時罷遣，不常屯駐，則軍營之積弊無由成。將校兵弁，多來自田間，忠勇樸實，身家可念，孰敢擾民？名譽是重，孰肯奔北？軍紀既飭，士氣復張，得智勇之帥以統率之，亦足以靖亂禦侮，爲國捍城矣。今世戰陣，益重械器。普通兵士之技藝，體力強壯者，學之實不甚難。今當於體育中，寓教戰之道。技藝之無須在軍營中學習者，悉於平時養成之。臨時召集，少施訓練，即可成軍。此德國掀起大戰時，出兵所以神速，抑亦我國古者，作内政寓軍令之征權也。特其行之當務實，不可徒有其名，尤當嚴戒騷擾。此則宋代之民兵保甲，又足爲鑒戒之資矣。

原刊一九四一年《美商青年月刊》第三卷第八期，

一九四一年八月出版

# 追論五十年來之報章雜誌

孤島沈沈，靜夜獨坐，鄒君武風以書來，曰："《正言報》之出版一年矣，不可無一言以爲之祝。"予惟古者，頌不忘規，承平之世尚然，況在蒙難艱貞之際。語曰："前事之不忘，後事之元龜也。"敢就睹記所及，報章雜誌之影響於社會者，述其崖略，以爲《正言報》諸君勖，並以告當世之士，有志於以言論淑世者焉。

予之知讀報也，自民國紀元前十七年上海之有《時務報》始也。是時海內情勢，晦盲否塞，政俗之有待改革日亟，而莫或能爲之倡者。《時務報》出，風運甚速，銷數至萬七千份，此在今日誠不足爲異，然在當時，則創舉也。讀《時務報》者，雖或持反對之論，究以贊成者居多，即反對者，亦咸知有改革之說矣。記曰："運會將至，有開必先。"時勢造英雄，開創之功，固亦因乎運會，然其奮起而圖開創，其功卒不可没也。越二年，辦《時務報》諸君，復在澳門辦《知新報》、《時務》、《知新》，雖名爲報，實皆今日之雜誌。當時無雜誌之名，或但稱報，或則以其出版之期，稱之曰旬報、半月報、月報云爾。別雜誌於報章而稱之曰叢報，蓋自《新民叢報》始。見後。然其後辦雜誌者，亦仍或但稱爲報也。是時海內之辦雜誌者不乏，而《時務》、《知新》及天津之《國聞報》，湖南之《湘學報》稱巨擘焉。司撰述最有名者《時務》、《新知》則梁任公、麥孺博、徐君勉、章太炎，《國聞》則嚴幾道，《湘學》則譚復生也。日報本止《申報》、《新聞》兩種，歲丁酉，《時務報》同人又籌辦《時務日報》。明年變法，上諭改《時務報》爲《時務官報》，主《時務報》之汪穰卿，以報爲商股，拒不受命，改其名曰《昌言》，並改《時務日報》爲《中外日報》。《昌言報》改名半年許而停，《中外日報》則繼續頗久，在當時日報中，議論稱平實而新穎者焉。而在政變以後，能奮筆以與舊勢力抗者爲《蘇報》。要之自甲午戰後，變法維新，成爲一時之輿論者，此諸報之功也。

戊戌變法以後，海內言論，不甚自由，新機乃移於海外，梁任公走日本，辦旬刊曰《清議報》。力詆孝欽，主扶德宗親政，而保皇遂成爲一時之輿論。顧

《清議報》在當時爲禁書，得見者較少，其爲力不如《時務報》之弘也。《清議報》凡百期而止。民國紀元前十年，任公復辦旬刊曰《新民叢刊》，則其流行頗廣，其初出時，注重民德之當改造，故曰新民。亦時鼓吹革命，其後康長素移書與之辯，任公遂改從其師之主張。是時興中會已改爲同盟，胡漢民在日本辦《民報》，主張革命，而《新民叢報》主張君主立憲，兩家論戰之文字，多有精彩，雖間有溢出論旨之外者，而大體皆以至誠惻怛之意出之，在後來言論界中，辯論能如是者，亦殊鮮見也。當時《民報》嘗提出某問題，梁任公以就此問題，更加辯論，將使滿人感覺立憲於己不利，於大局有礙，寧受屈而避不作答，此等風格，實負言論之責者，所當奉爲模範也。《新民叢報》後半期中，鞭策民德之語，多凜然於有志之士，舉措失之輕躁，且意氣太盛，私見未除，易以內爭，致敗大計，則革命以後，其言之若燭照數計者不少，革命黨人之能深長思者，多回溯其言而怦然有動於其中焉，若章行嚴即其一也。《新民叢報》中又多論學之作，在今日觀之，雖多膚淺不足觀。然在當日，固能輸入新知識，且導人以新方法治舊聞者，其有影響於學術界，殊不在後來新文化運動之下也。當《新民叢報》刊行時，留學東瀛之士稍多，定期刊物，一時風起雲湧，其組織多以省別，如《湖北學界》、《浙江潮》、《江蘇》等是也，其稿多出課餘湊合，瑕瑜互見，諸刊物又皆不持久，故其影響較微。上海亦有出雜誌者，《新大陸》、《新世界學報》，其較著者也，亦乏精彩，而不能持久。惟《東方雜誌》，以有商務印書館爲之主持，故初雖無甚精彩，而能繼續不輟，逐漸改良，成爲有名之雜誌焉。《新民叢報》歷若干期後，梁任公之興趣復移，好論實際政治制度，而尤注意於財政。民國紀元前三年，出旬刊曰《國風報》，其議論即集中於是，至革命軍起乃停。要之，以言論牖啓國民者，任公實爲首功，而甲午之後，至辛亥之前，約二十年中之功績尤鉅。章行嚴稱其當風雨如晦之時，"獨爲汝南之晨雞，亙十餘年，叫喚不絕"者也。

　　國體改革以後，言論界之勢力，一時仍操諸舊人物之手，以新起者多淺薄無足觀也。是時梁任公在北京辦一雜誌曰《庸言》，康長素在上海，以一人之力獨出一種雜誌曰《不忍》。《庸言》停後，任公不復自辦雜誌，其論著刊於上海中華書局所出之雜誌，曰《大中華》。《不忍》、《庸言》、《大中華》中，康梁二人，針砭時弊之作，可謂深切著明。然時社會之機運，方當捨舊謀新，而二人皆以舊觀念相箴規，欲釋其新而反之於舊，故其機卒不相契。惟任公論財政及幣制之語，頗多深切。而袁氏叛國時，任公撰《異哉所謂國體問題者》一文，刊諸《大中華》中，尤爲時論所歸仰焉。自民國紀元以來，以政論著稱者爲章行嚴，其議論初見於《民立報》，復見於《甲寅雜誌》。顧章氏政治學說雖深，而其智識不如梁任公之廣博；又其所論偏於學理，不能如任公之專就現實問題立論，故解者較少；而其影響於社會之普遍深刻，遂遠落任公之後。

二次革命以後，言論界頗覺沉沉有死氣，其時能稍留一綫之生機者爲《新青年》，然亦不甚爲人注意也。五四運動以後，社會之新機乃大啓，《新青年》乃一時若執言論界之牛耳，而北京大學所出之《新潮》，亦殊虎虎有生氣，惜《新潮》未久即停，其後内容最切實者，爲胡漢民、朱執信、廖仲凱等所辦之《建設》，惜閲時亦不甚久。自是以後，雜誌日多，而勢力分散，足稱言論界之重心者無聞焉。而指陳時事，爲國民向道之功，乃稍移於日報，如北伐初成功時之《時事新報》，近數年來之《大公報》其選也。雜誌之佳者，則漸趨於精深，或專研究學術，或雖論時事而偏重於學理方面，不復足當指導一般人之任矣。

以上所論五十年來報章雜誌之情形，奚翅掛一漏萬，區區之意，蓋就其影響於社會廣大而深刻者言之，而其餘則在所略耳。竊謂五十年來，領導社會，使之前進者，實以報章雜誌之功爲最鉅，而譯著之書籍，皆遠在其後。蓋（一）書籍易偏於學理，不如報章雜誌之多就現實問題立論，使人易感興趣，且易瞭解；（二）而其按時而出，不翅督責讀者以必讀；（三）又其繼續不已，又不啻強聒不捨也。當辛亥革命之後，至五四運動以前，革命之主義方略，實未爲人所瞭解，管理貨幣之制，在今日行之而收大效者，孫中山先生早創之於民國紀元之初，其時聞者十九驚怖之若河漢，甚者以爲譏笑之資，而國民黨中人，迄未有能起而闡明之，使人人瞭解者。直到民國九、十年間，《建設》雜誌乃從而闡明之，其理既明，世人亦不復以罵譏笑侮加之矣。舉此一端，餘可類推。二次革命之失敗，袁世凱之敢於帝制自爲，張勳之敢於復辟，其後軍人之敢於橫行無忌，其原因固多，而當時國民之反對革新，趨向復古，實有以助成之。人心何以反對革新，趨向復古？則無人能闡明革命之真義，實其原因之大者，余嘗謂使得國民黨中而有一梁任公其人，革命前途之艱難，必不至是。斯言也，凡身歷五十年來之事變，而能平心以思靜氣以道者，決不以爲虛誣。夫宣傳則豈非黨員之天職。關於此點黨員實不可不深自省。抑革命豈惟黨員之職？則凡在國民，又皆不可以不自省，而其稍有知識，在國民中處於先知先覺之地位者，尤不可不時時痛自刻責也。

原刊一九四一年九月二十一日《正言報》

# 活的史學研究法

學風革新了，主持編輯的先生要我寫一篇關於史學研究法的文字，這一類文字，我生平寫過已有好多篇了，而且別人寫的，也不少。老實說，談方法開書目，總也不過如此。如果有此必要，我將來或再綜括他人的和我自己的意見，作一個總報告，向讀者請教，現在却懶得說這一分話。

我覺得空談方法，終究不甚親切；而開書目，亦不是第一項要緊的事。因為學問在空間不是在紙上的。紙上所載入的，還是空間的某一種現象。你要是對於這一種現象，沒有興味，不能瞭解，那就再把好的書，依著頂好順序介紹給你看，也是無益。教育是祇能發達其性所固有，不能增益其性之所本無的。

雖然社會現象，不比自然現象那麼刻板。他永沒有再現的機會，因而沒有真正相同的事情，然而以事論雖不同，以理論却是可以相同的。而且較大的事情，你永遠沒有整個的直接觀察的機會，總祇是"比量"，總祇是"推知"。要是你對於社會上天天發生的事情，不感覺興味，覺得其中沒有什麼可供研究的問題，你就根本不必研究社會科學，不如善用其所長，研究自然科學去。

然則我要談歷史，正不妨借社會上現行的事實來談談。

近來最聳人耳目的，怕要算電車賣票員推墜乘客跌死車下這一件事了。這一事情，諒來大家都已知道，都還記得，不必再行敍述。關於這一件事情的議論也很多，有報館主筆的議論，有社會人士的意見，亦有電車賣票員的陳述和剖辯。我以為其中最足以資研究的，是九月二十二日《中美日報》所刊自署禾水者的《我是一個電車賣票員》。我且節錄其一段如下：因元文字句繁夥，隨手略有刪節，以求簡明，然自問不失其意。

> ……揩油問題，我也有公開的必要，最初，我因為心地的純潔，並不實行，二星期後，因受……環境的壓迫，也就實行……了。
>
> ……揩油習慣，……已有數十年，公司中的不良職員及溺職查票等，皆以賣票為搖錢樹，一輛車子，從早上開出，每一賣票員，要拿出所謂茶

錢、照會、開車、開門、結帳以及寫收條等等名目的費用。一個包頭賣票，也得一元餘的開支，倘使一毛不拔，……保你有說不出的大事將在你的頭上發生。還有大亨賣票的開支，幾倍於上。他們更有電臺等等名目的費用，因此包頭賣票，爲著飯碗而揩油，而大亨賣票，爲著進益增加而揩油；但……革職處罰的事，大亨們是受不到的。因爲有幾個查票先生的威嚴，是看在花鈔票上的。

　　如要做查票，有時祇要有本錢，也極容易。……不管有無學問，程度如何，甚至等於零，祇要化上幾百元的運動費，也居然可以做到。

　　賣票員收進的鈔票，分散到許多人……衣袋裏，而頂著社會罪人的惡名的，祇有賣票員。

這一段自白，依我的眼光判斷，大致是可信的。因此，我們鑒於所謂揩油的問題，才得知道其内容的一部分。雖然所知道的祇是一部分，已經和一味望空猜想的不同了。於此，我們才知道不論什麼事情，都有一個深切的社會制度在其背後發生作用，我們平時的思想，幾乎以爲全是個人的自由意志問題，個人有自由，而亦應該負全責的，實在是"翻其反而"。於此，我們才知道，報端所載讀者想出來的種種對付賣票員的方法，以及電車公司在車輛中張貼廣告，請乘客幫忙，監督賣票員的幼穉，讀者不足責，因爲社會科學，實在還少有人懂得。這不但中國如此，就外國也是如此。任何一個社會現象，要公衆對於他有正確的識認，想出正當的處置方法來，實在是很困難的。但是公司中的管理員是專門家，我們雖不必恭維他有甚麼高深的知識，然謂公司中的人對禾水所述的事，茫然不知，則決無此理。既已知之矣，仍想出請公衆合作監督賣票員等幼穉的方法來，却是爲何？增加查票員，較之請公衆合作監督，其辦法，似乎比較切實些，然使禾水所述之言而皆實，則增加查票員，又有何益？假使禾水之言而實，則欲根絶賣票員揩油之弊，自非改革公司之制度不行，何故公司中人鑒此決無籌畫？禾水之文，最驚心動魄的，是"假使一毛不拔，保你有說不出的大事，將在你的頭上發生"。當禾水所述壓迫賣票員的組織初成立，豈能遽有此膽量？有此力量？然其後竟推波助瀾，至於如此，却是爲何？人的性質，總是在其所處的社會中養成的，既然他們這一社會中，賣票員一毛不拔，就可以有說不出的大事發生，可知他們有的所謂"大事"並算不得什麼，至少不如普通人看得嚴重，這是其所以能把乘客隨手一推的原因，所謂"其所由來者漸矣，非一朝一夕之故也"。古語又說："此言雖小，可以喻大。"然則我們用普通的眼光看了覺得奇怪的事情，你祇要深入於此社會之中,而加以調查,以推求其所以然,都可以毫不奇怪。這正像突然看了一個人,覺得他的生理構造非常奇妙,回到進化論上,有其發展之所由,就覺得平淡無奇了。一切社會現象,如貪官汙吏,何以敢肆意誅求? 土豪劣紳,何以敢擅作威福? 囤積的商人,為什麼看了公衆受生活的壓迫而漠然無所動於其中? 江湖上的好漢,為什麼人家看了他們是作奸犯科,他們自己看了却是替天行道? 都要在這一種情形之下瞭解,方覺得正確,徒歎息痛恨於人心之不古,世風之日下,是無益的。《中庸》說:"詩云:伐柯伐柯,其則不遠。執柯以伐柯,睨而視之,猶以為遠? 故君子以人治人,改而止。"這與孟子認惻隱、羞惡、辭讓、是非之心為二所同具,因而人人可以為聖人,正是同一誤謬,他們祇知道從根本上立論,人心是相同的,而不知道人心在不同的環境之下,祇能發展成不同的樣子。他們所謂"以人治人",上一個人字,所包含的人的環境,實在太簡單了。祇知道一兩種環境,却閉門空想,以為在如此條件之下,人就可以做好人,因而用我所想出的方法,就可以治天下,天下之所以不治,祇是世人未知或者不能,或者不肯用這方法之故。方法是没有錯誤的,這種思想,實在十分危險。自古相傳的哲學所以不足用,現在要以科學代之,其理由就在於此。

　　既然現在公衆對於社會科學的知識非常低劣,中外皆然,對於某一問題,公衆所發表的意見、想出來的處置的方法幼穉可笑,原是不足怪的。然而以實行民主主義論,這確是一個非常嚴重的問題。公衆所發表的意見的可笑,祇要看"倘使因賣票員揩油而公司的利潤減少,因此又要加價,羊毛出在羊身上,還是乘客當災"這種意見,幾乎成為普遍的議論,便可知道。關於這一點,九月二十六日的《申報》載有賣票員吳光、吳聲等的來函,倒是說得非常明白的。他說:"上海的公用事業,哪一項不是一漲再漲,法商、電車售票員,……誰都知道是不揩油的,為什麼他的車價,並没有比英商便宜呢?"我還可以替他補充一句,如果電車公司……都祇要一定的利潤,那麼,現在因外幣高昂而漲價,當第一次歐戰之時,外幣曾經低落,那時候為什麼不減價? 公衆所想出來的方法的可笑,祇要看乘客"一致團結對付",幾乎成為普遍的議論,便可知道。人,豈有在做電車乘客的情形下,可以一致團結之理? 如其有之,還何必組織什麼國民黨共產黨? 臨時看有什麼人,便把他團結起來,應付當前的問題,豈不簡便? 如其有之,韓信驅市人而戰之,便要背水為陳,這件事,又當如何解釋? 老實說,電車賣票員揩油,侮辱乘客,公司是該負十足的責任的。如其電車賣票員揩油而可責成乘客監督,那麼,從來一切商店裏,對於店員作弊，爲什麼不訴請買客的公正問題，而要自己設法來監督。假使如電車賣票員侮辱乘客，而公司可不負全責，那麼，買客和店員對打，非強有力者，非成群結黨，不能走進店門買物，早將成爲通行的風俗，公認的秩序，而法律上處置買賣兩方面爭鬥的條文，亦將早和現在不同了。賣票員侮辱乘客，而公司可不負全責，然則乘客侮辱賣票員乃至公司其他職員，公司可否向其交涉？這種該由公司十足負其全責之事，而公衆的議論，並不能嚴切的課公司以全責，甚至竟不知道課公司以責任，公司中人聞，豈不欣然獨笑？"此言雖小，可以喻大"。凡一切該負責而能夠不負責的事，都該在這個理由下加以瞭解。

後此吳光、吳聲等的來函，雖有可採，有一節，卻是說不過去的。他說："售票員的……態度……我們相信，在同是中國同胞面前，來談這個問題，是較容易的。在這裹，乘客可以細細的想一想：在車廂內乘客少的時候，我們的態度，不是非常和氣麼？在乘客擁擠的時候，稍有一些不好態度，是有的，但這不好的態度，並不是有意同乘客作對。又不是同乘客有什麼深讎。況乘客……優劣不等，有的上車不購車票，致被查票員發覺，因此而遭公司之處罰，往往不下一二十元。此項痛苦，社會人士，…是否瞭解？我們的隱痛，絲毫沒有得到一些社會人士之體諒和同情。"於此，乘客可以細細想一想，賣票員也可以細細的想一想。在乘客少的時候，賣票員的態度是果真和氣，而且非常和氣麼？不好態度，是否限於乘客擁擠的時候？而且是一些，還不過少有？乘客優劣不等，是有的，但可否因劣者而累及優者好加以侮辱？因乘客不購車票，致遭公司的處罰，是否該取償於揩油？不好的態度，既非有意同乘客作對，是否都是無意識的舉動；如非無意識的舉動，則其所有之"意"爲何？既非同乘客有什麼深讎，何以有一個售票員，竟會把乘客推墜車下？墜車而竟至於死，庸或在推下之時，未能料到，然被推墜必有危險，豈其身爲賣票員而竟不能知？若説一時忘卻，則除非盛怒之下，心情改常，不能有此，既無深讎，何以要發此盛怒？齊宣王對孟子説："詩云：他人有心，予忖度之，夫子之謂也夫！我乃行之，反而求之，不得我心。"自己做的事，自己不能瞭解，是常有的。賣票員這種改常的舉動，不如我來替他釋解罷。人們心理上，本來有個弱點，喜以優越自居而侮慢他人。然優越的地位，不能人人皆得，有時乃想憑藉甲的優越以傲乙。所謂"屈於一人之下，伸於萬人之上"。向來狐假虎威的人，多數是有這種心理。《史記·管晏列傳》所載，晏子的御者，做了晏子的御者而洋洋自得，就是一個好例。居移氣，養移體；"久假而不歸，惡知其非有也？"到這時候，再有冒犯他假來的威的人，就要一怒而不可遏，甚至於"一轉之急忘其身"了。古人説："能驕者必能陷，能陷者必能驕。"有時能降志辱身，乞憐暮夜的人，有時又往往以事意氣，爭面子而敗，都要在這一理由下加以瞭解。畏强陵弱，也是人們的一個弱點。乘客不購車票，不被查票員發覺的，怕是很少數。既經發覺了，如其别無長技，怕賣票員不會無法對付，而至於自己受罰。賣票員無法對付而至於自己受罰，怕這不購票者，亦決非等閒之輩。我曾親見，手持五元鈔，令賣票員找，賣票員找不出請其下車則不肯，相持數站，卒至其所欲至之地而後下，而賣票員竟無如之何。又曾見一言不合，邊將賣票員毒詈，賣票員亦不敢與之認真交涉，略辯數語之後，顧而之他而已。我曾問一個人："上海人爲什麽喜歡拜老頭子，做白相人？"他列舉幾種理由，而"孤立之人，言語辭色之間容易受人欺侮，尤其是有所恃的人，喜歡欺侮人，自己亦有所恃，則可强硬與之對抗"亦爲其理由之一。此種情形，恐不僅今日上海的白相人，即追溯到紀元以前，晚周、秦、漢之有的所謂"遊俠"，也可在這條件之下，加以瞭解。此等實際勢力，往往非政治之力所能裁抑，而況於一公司？賣票員至多對公司有不揩油的義務，決無置生命、健康……一切不顧，而對公司效忠的義務。遇此等不購票者，賣票員做得模模糊糊，既不能與之爭鬥，又不能停車鳴捕，我們十分能體諒和同情。然謂其非畏强陵弱不可得也。既已畏强陵弱矣，在今日之上海國人强乎？外人强乎？賣票員平日對待外人與國人，孰較恭敬？這又是乘客可以細細的想一想。賣票員亦可以細細想一想的。到今日却説"我們相信，在同是中國同胞面前，來談這個問題，是較容易的"。豈有如此無根的同情，能發生於頃刻之間者邪？賣票員果曾顧及中國同胞，何以當罷工甚久，與公司爭持甚烈之時，不提出增加賣票員、開門人等以爲復工的條件，俾事務少閒，而對於乘客，得保其非常和氣的態度？何不提出減少行車一二次的條件，使停車之時間稍長，乘客上下，可減少困難與危險？當此之時，乘客，亦即社會人士，何以絲毫得不到賣票員的體諒和同情？而且得著冰山，即以爲可恃，倚之以與人對抗，絶不計及替雖非全體，却是最大多數的艱貞蒙難的同胞，稍爭體面？我不欲將吳光、吳聲等的話加以駁詰，但要借此開示體史的方法，使讀者知道：同一賣票員的自白，而其見於《中美日報》者，誠實可信如此，見於《申報》者，不免於遁飾巧辯如彼，則知每一事件出，必有紛然淆亂的播言，辨别其是非頗難，而辨别之得當與否，其出入頗大，古人之所以重"聽受"、"摘發"者以此。

九月二十四日《正言報》載：有一記者，走訪蔣靖之家："據蔣靖之母云：蔣自出而作證後，家中時來情狀怪奇之男子，出言恫嚇。且有揚言：如不改證言將無死所。現蔣已不敢家居。又……人言：公司賣票，約有三千人，每人出十元，屬於此事，何愁應付無法？"公司賣票三千人，能每人十元，以應付一事，我不信其在今日已有此組織。但"事勢之流，相激使然"，一種惡勢力，如其發榮滋長，而社會無以阻遏他，其結果，更大於此的組織，也有成就的可能的。古人所以說："爲虺弗催，爲蛇若何？涓涓不塞，將成江河。豪毛不拔，將尋斧柯。"

話說得多了，祇得姑止於此。我之意，非欲就賣票員推墜乘客致命之事，有所論列，不過借此以示讀書之法而已。其實社會上現行之事，可與書籍上的事互相參證的，不知凡幾，我不過就目前衆所注意之事，偶舉其一；而屬於這一件事的推論，亦未盡十之一二也。

原署名：程芸，原刊《學風》第二卷第三期，

一九四一年十月十五日出版

# 國文教學貢疑

　　某君對我説："現在學校的教授國文,殊不得法,因爲他們既不肯放棄,又不能深入。依我看: 不研究舊文學則已,既研究,就要求其深入,多用功,多讀書,否則不如其已,省些功夫下來;用在別種科學上。把現在拘文牽義的見解,一掃而空。行文老實以口語爲主,寫在紙上,就成文字。各人所治的學術不同,所就的職業不同,有些人,是終身得不到舊文學之用的,而似通非通的舊文學,亦決無用處。選讀數十百篇古文,摘講若干章《論語》、《孟子》、若干段《左傳》……其結果還是和不讀一樣,功力真是浪費。"

　　這一段話,我深表同情。古語雖不如外國語之難學,然因時間相暌隔,學起來,畢竟亦有相當的困難。真通古語的人,必能徑以古語爲其思想之表象,不必要譯成今語。如此,讀古書才能真通;做古典文也才能真通。此其原因,一半由於個性;一半亦由於生活。在科舉時代,讀書的人所讀的全是古文。其結果,大多數人還是不通。所以我們現在,雖不必像歐洲人,於希臘文、羅馬文之外,別造出新的民族文學來,然把現代語和古語分開,把學習古語視爲專門之業,這種道理,是不能不要求大家都瞭解的。若能如此,則現在所謂"寫別字","用錯字眼","句法不通",見了極普通的古典成語而不懂,大家以爲笑柄的,根本不成問題。因爲超出乎口語的範圍以外,根本非多數人所該通。如此,所做的文字中,不過攙雜古文的成分減少些而已。其內容的精湛,還是會隨着其學識而進步的。文學的趣味,亦仍能隨口語而發揮盡致,不過見解陳腐的人,看得不太入目而已。世界總是進化的。這是決不該也決不能以少數人的偏見而阻遏的。但教授國文,卻不大容易了。句法、篇法、會説話時早已學得,亦即隨其説話的進步而進步,根本不大要學。只要把現代文字,選好的給他看看,大畧講講,寫出來的文字,只要替他畧爲修整即可。除掉低能的人,決不會做出全然不通的文字來。這正所謂"師逸而功倍"。而如現在的所爲,則不啻"師勤而功半"。所以並非國文難學,只是國文的教學法太陳舊了。

　　人們意見的陳舊，有些地方，是著實可驚的。如到現在，還要維持毛筆，反對鋼筆，便是其一端。我在戰前，以一元半法幣，買了一枝自來水筆。二十六年十月九日，佩在身上，跑到孤島來，到現在，已近四年了。雖已不成其爲自來水筆，然蘸了墨水仍可寫。這枝筆，我在戰前，已用過相當的時間了。假使能用五年，則每年所費，不過三角，而用毛筆，則在戰前之價，是每月一元，其相去爲四十倍。毛筆誠有其優點及特殊的用途，非鋼筆所能代，然大都是有閑階級才要用才能用的。非毛筆不能作成，或雖作成而不能優美的作品，大多數人，本來無緣享受，此乃眼前鐵一般的事實，豈能否認？以極煩難的手工製品與機器所製之品竟其價廉，以毛和麻與金屬所製的筆頭競其經久，何異夸父逐日？若説："這是優美的，值得保存的，"則現在有這優裕的生活麽？如德國，如蘇聯，甚至現在還在隔岸觀火的美國，豈能放下武器的製造，而從事於製造美術工具呢？況且毛筆寫的字，只是美術品的一種，焉知用別種工具不能造成有同樣價值的美術品？秦以前的古文籀篆，均非毛筆所書，何以後人亦視爲美術品呢？

　　有人説："讀外國書要通外文，不能靠翻譯，讀中國古書，豈能反靠翻譯？"這是不錯的，但要承認這句話，先得承認古書爲人人所必讀而後可。這本非事實所能，已如前文所述，而亦非事實所必要。以爲必要的人，不過以爲"做人的道理"，"立國的精神"，都在古書裏，所以不可不讀。其實此二者是當受最新的學術指導的。讀古書，我們不能否認其有相當的好處，亦不能否認其有相當的害處。甚至兩者比較起來，中毒的副作用，還較營養分量多。此理甚長，當別論。

　　　　原署名：程芸，原刊一九四一年十一月《中美日報》

# 田賦征收實物問題

　　爲什麼幾千年來視爲國家最重要的賦稅，國民政府於民國十七年，曾把它改作地方稅？這並不全是財政上的理由，實緣田賦爲積弊之所叢，上損政治收入，下妨人民生計，改爲地方稅，則本地方的行政官吏，熟悉本地方的情形，又無鞭長莫及之慮，易於整頓之故。但是十幾年來，地方政府，並没有能够就田賦加以整頓。這（一）緣經費和人才，兩感不足；（二）亦由於政務叢脞，力有不及之故。不但如此，田賦既爲積弊之所叢，非有極大的力量，自不易加以整頓。幾千年來把田賦列爲中央最重要的稅收，固緣其時他種賦稅，尚未發達，亦緣田賦爲貪官汙吏，土豪劣紳，朋比爲姦，剝削人民以自利的對象，臨之以中央之大權，可使之較不敢肆之故。明乎此，則知最近八中全會議決將各省田賦改歸中央接管，也不僅爲戰時財政上的理由了。

　　管子言治國之道，貴於“因禍而爲福，轉敗而爲功”。我國今日，抗戰與建國，同時并進。不但要打退强敵，一切政事，亦正要趁這戰時緊張的時候積極整頓，立起一個規模來。田賦既爲積弊之所叢，上妨國計，下礙民生，如能積極整頓，即於國計民生，兩有裨益，自當成爲吾人努力的對象。

　　“卑之毋甚高論，令今可行也。”則整頓田賦的方法，第一在於丈量。因爲必先經界不正，（一）然後可以漏稅；（二）然後有田者可以不出稅，而將稅轉嫁諸無田之家；（三）然後可以佔公田爲己有，使地方的公共事業，大受影響，而尤其是水利。丈量的技術，並不甚難；所難者，（一）不能切實奉行，（二）則既經丈量清楚之後，不轉瞬又復淆亂。此（一）由地方之無人才，（二）由其事爲積弊之所叢，奉行丈量者，經管圖籍者，非自欲作弊，即懾於惡勢力而不能與之對抗之故。近代田賦的立法起於明，其法：有黄册以記載各户所有之田，有魚鱗册以詳記一地方的田的地形地味，及其屬於誰某，册首並附之以圖，其用意原極周詳。但行之未久，魚鱗册即漫漶不可問，甚有竟至失亡的。張居正當國時，令全國通行丈量，因此而喪失私利的人，大爲不滿。雖然無法反對,卻譏之以詩。詩云:量盡山田又水田,只留滄海與青天。而今哪有閑洲緒,寄語沙鷗莫浪眠。看似悱惻纏綿,實則全爲著非公正的發憤。我們看這幾句詩,就可以知道整頓田賦,受貪官汙吏、土豪劣紳的反對,至於如何程度了。所以要整頓田賦,必須臨之以中央的大力(一) 則勢在必行,(二) 則既經丈量之後,製成詳明的圖籍,必須有法以守之,使其不再混淆失實,或竟亡失。丈量的技術並不難,由中央分派人員,勢必不給,其進行即將遲緩。現在的地方自治,係以鄉鎮及保爲基層。鄉鎮保長,以鄉鎮中心小學,保國民學校校長兼任爲原則,各項事務,亦由小學教師分任,二十九年九月十九日公佈之《縣各級組織綱要》。其知識程度和地位之高,自非從前的里長可比。明朝的立法,黃册和魚鱗册,是歸里長經管的。州縣官署和里長身邊,各存一册。半年一換,半年之中,黃册所載的丁口,如有增減,各户的田地,如有取得及喪失,黃册中須隨時改記,魚鱗册也隨之改注。半年期滿,里長將存在身邊、業經改記的黃册,送呈縣官,將在縣署的一册取回改正。這半年中,就把這一本留在身邊,隨時改記。滿半年,再送縣署掉換。此項立法,固甚精密,然從前里長的知識,能否勝任愉快?殊成問題。里長在一百十二户中,雖係較爲殷實之家,里分十甲,每甲十户,甲長在十户之外,共爲一百十户,正副里長,又在此一百十户之外,故爲一百十二户。然其對於貪官汙吏、土豪劣紳,是毫無抵抗能力的,而正是其壓榨的對象。此皆其失敗原因之大者。今日既無此慮,則目前的清厘田畝,似仍以責之鄉鎮及保爲宜。因爲(一) 分而易舉,可以速速圖功。(二) 而本地方的人,對於本地方情形熟悉,進行自較容易。竊謂今日中央,可先養成一批丈量人才,令其分赴各縣教練。各縣則令各鄉鎮保保送人員到縣受訓。此項技術,不過三月,就可養成。養成之後,令其回到本鄉鎮從事丈量。先將各地方的田畝,製成圖籍。目前收稅,即可用爲根據。以後用此爲底本,再求精詳,使種種地政設施,均可用爲根據了。在今日,自然不過是大路椎輪,粗粗造成一個輪廓。然即此輪廓的造成,亦已不易,而須要精心毅力以赴之了。造成的圖籍,亦宜縣署與鄉鎮各存一份。地形的改易,不論人爲的或天然的。田畝所屬之人有改變,均須隨時記注或更製。此須明定責成。如有失於記注和更製的,發覺之後,追溯到其應該記注或更製之日。怠慢者或有意舞弊者,須負較嚴重的責任。

田賦征收實物,是有的地方業經舉辦,而正在力謀推廣的新政事。據報載:三月十八日行政院第五○七次會議,業經將內財經農四部會擬的《田賦改征實物暫行通則》通過了。此項辦法,亦非僅因穀價昂騰,田賦征收貨幣,稅收無形減少之故,穀價與物價,時有變動,調節管理,一時不易收效,即在長時期之中,亦不易徹底收效。農民所有者穀,所乏者幣,賦稅必收貨幣,迫得農民以穀易幣,穀價往往於此時下落,而利遂歸於兼併之家。這是向來議論農村經濟、賦稅政策的人,所視爲最嚴重的一個問題。田賦改征實物這一個問題,就得到根本解決了。其難仍在穀物的不易遷移。如此,則田賦征收實物之法,必須與禄米等制度,同時并行。國家支出,可以穀物給付者,皆盡量使用穀物。穀物在征收之地存儲,亦即在征收之地使用,就不以難於遷移爲病了。如此,則又連帶而及於倉儲的問題。用穀物支出,有一難題,即穀物的品質不一,其價格隨之而有低昂,不如貨幣之畫一。此問題,亦可藉倉儲爲之解決。今日之穀倉,決非如從前立法的粗畧,將各種穀物,草草入倉收藏。當其入倉之初,先須聘人鑒定,把穀物品質,分作數等,然後按一定之分量,加以包裝。務使看其包裝,即能知其内容的品質及數量,然後入倉儲藏。至支出時,則只須按其包裝發給。據其所收受之品質及數量,即可算出其等級。如此用實物支給不便計算的弱點,也就可以除去了。倉儲之設,是利於分不利於合的,因爲分則便於管理,即有弊竇,亦不至甚大,而易於清厘。況在今日空襲猛烈,用兵又多以掠奪物質爲目的的時代。所以穀倉宜設於鄉鎮保之地,而地方官吏,只管理其帳籍。如此,倉儲之制,亦非致謹於品質的辨別,再按準確之分量,加以包裝不行。貨幣之起源,本爲量物價之尺。其時亦幾於僅用爲量物價之尺。無論何人,決無將尺度大量儲藏的。因爲除了度長短以外,其本身並無效用。當此時代,幣價若有變動影響於人的生活者甚小。無如貨幣雖是物價之尺,而其作用又不盡乎此。到後來,其各種作用愈顯,即其爲用愈弘,就有專門儲蓄貨幣視爲財産的。又有別無他種收入,而專以貨幣爲其收入的。在此情勢之下,幣價若有變動,其影響於生活者就大了。有財産者姑不必論,其創巨痛深者,實爲工薪階級之人。這是現在全世界上大多數人生活不安定的一個大原因。而如我國,物價幣價不易調節者,其感威脅爲尤巨。賢明的經濟政策,早該推行按生活指數以定薪工資的制度。生活所須,固非僅穀物,然穀物究係其中最重要的一項。食糧問題而獲解決,生活的威脅,就可解除過半了。禄米之制,雖不能就算按生活指數來支給薪工,至少是按生活指數支給薪工的制度,立下了一個基礎。於此,以禄米制度與田賦征收實物的制度,同時并行,實在是一個賢明的遠大的政策,並不是專顧目前。若能善爲推行,正有合於因禍爲福、轉敗爲功之旨。

　　穀物的征收,自較貨幣爲難。於此,則義囷之制,必不可以不提倡。其原有義囷之處,尤宜盡力維持。義囷之制,原於義役。乃因人民不堪貪官汙吏的誅求,因而一地方的人民,自行團結,以團結的資格,對官吏負責。將一地方該納的賦稅,自立規約,限期收足,交納於官。如此,貪官汙吏,即無從再肆誅求。此法之立,原僅爲人民消極自衛之計。然因此而賦稅之征收,易於集事,且可將征收費減至最小限度,於國家行政,裨益甚大。在今日,若能善爲推行,可使田賦所收之穀物,不勞官力而盡入於當地之穀倉,官吏只須派員加以點驗,到支出之時,亦僅須以一紙命令,付給穀倉,成爲一種理想的財政制度。

於此,我更想到眼前的問題。上海的居民,受食糧問題的威脅,可謂久矣。最近,幸得工部局自運港米,而食糧問題的威脅,乃得稍稍解除。然工部局所運之米,如何售給居民,實仍成爲一問題。售給居民之法,不外兩端:(一) 直接發售,(二) 則仍售諸行號,由行號售給居民。由前之說,固然最爲徹底,然手續太繁,不易實行,故現在仍用間接之法。然抬高價格、攙和雜質、減低品質、減少分量等弊,實不敢保其必不發生。雖云可派員調查,然查之安可勝查? 雖云可由人民舉發,然消費者之勢力,不足以與商人敵,亦已久矣。又況人民各有職業,安有暇日與米商興訟? 有此暇日之有閑階級,則又滿不在乎,不肯招此麻煩矣。又或人民之知識,尚不足以語於檢舉。亦且除硬行抬高價格一端,人人知爲舞弊外,其餘弊端,人民或且不能發覺,米商又何必取此拙劣的手段,而必欲顯然抬高價格邪? 米商之剝削消費者,並不自今日始。語其手段,則今昔初無二致,總不外在質量兩方面設法。

辨別商品之質與量,在今日,實非人人之所能,此乃無可如何之事。行政者之責,實在賦難辨之物,以易辨之形,使巧者無所售其欺,而拙者不至於上當。金屬貨幣,須由秤量進於鑄造,即由於此。如何賦穀物的質量以易辨之形,則只有從事於包裝的一法。假使今日,工部局能將一升米裝成一包,上加精細的符號,使人不易仿造;再加嚴密的封裝,使人不易拆換。如此,米則與凡百貨物一樣,到處可以寄售,而米商壟斷發售之技窮,而其剝削消費者之技,亦即無所施了。此法固適用於今日之上海,亦可適用於後方之大都市。而如其倉儲之制,與包裝之法,同時騈進,則更有益於米的分配問題,真所謂因禍而得福,轉敗而爲功了。

原署名:駑牛,原刊《美商青年月刊》第三卷第五期,

一九四一年五月五日出版

# 論學術的進步

　　學術，豈是區區一兩年間，所能説得出其進步的？何況在這變亂的時代？然而學術的成就，雖不是短時期的事，學術方向的轉變，則往往是導源於短時期中的。後人繼之邁進，其成績就非始願所及了。燎原始於星火，大江原於濫觴，驚天動地的事業，其根源，總祇是一個方向的轉變。古人論旋機玉衡道："其機甚微，而所動者大。"正是這個道理。

　　學術是在空間的，不是在紙上的。然其流失，則往往限於紙上的。學術至此，就要停滯不進了。爲什麼學術會限於紙上呢？這因人類的作事，恒有其惰力性。前人既有所發明，當不受環境逼迫之時，就率由舊章，就不肯再向別一條路上想了。固然，紙上的學術，原是從空間來的。然而（一）宇宙間現象無窮，偏於紙上，所研究的，就不能出於昔人所搜集的材料以外。（二）前人設有誤謬，就不易加以矯正。（三）學術沒有純客觀的，前人之所敍述，無論如何忠實，總不免羼雜些主觀。後人於利用材料之時，受其暗示，其心思就不容易想到別一條路上去。（四）而且前人從空間搜集材料，其觀察是深切的，後人求之於紙上，其程功就爲容易，其心思，遂不能如前人的深入，甚有並前人的意見而亦不能瞭解的，學術至此，自然要停滯不進了。

　　宇宙之間，可供研究的現象，大別言之，不外乎自然與社會兩端。我國自古以來，輕視自然現象，不甚加以探討，至於社會現象，則因幾千年來，事勢無急劇的改變，研究者的思想，總不免爲前人成説所囿。世事業經大異，而我們所以解釋之，應付之者，大體上還是相傳的舊觀念。這是學術思想停滯不進的大原因。自和歐化接觸以來，我們向不注意的自然現象，他們乃窮加探討，而做成了驚天動地的大事業。其社會現象，自然不能與我國盡同，根據之研究所得的結果，自亦不能無異。因其所用材料的廣博：（一）史前史的發見，（二）蠻人風俗的研究，（三）工業資本發達以後及於社會組織的影響，都是我國談社會科學的人所不知道的。且藉助於研究自然科學的方法之故，其精密又非吾人所能逮，我國受其刺激，學術就漸起變化了。但是歐美的學術，不是短時間能儘量輸入的，而我國固有的學術，確亦説得上精深豐富。凡事有其所固有的，總不能本無所有的，易於捨己而從人。所以歐化的東來，還不能大革我們學術偏於紙上的積習。洋八股的譏評，實由此而來。直到現在，非常的局勢，逼迫著我們，才開始走上一條新途徑。

自然科學，誠然不是以應用爲目的的，然未嘗不可由應用之途引入。若不講應用，則除非生來有興趣，而又有適於研究環境的人，方能加以研究。我國現在，這樣的人是不多的，因向來不重視此學，所以空氣不甚濃厚，能引起人興趣的機會較少。一個天才，很少是單方面的，往往能對好幾方面，同時能感覺興趣，這一方面空氣較稀薄，就轉到別一方面去了，這是我國現在，研究自然科學者，畢竟不如研究社會科學或文藝者興盛的一因。而雖有興趣，而沒有研究的設備，迫之使不得轉入他途，亦是其一因。到艱困的物質環境，迫使我不得不向自然界討生活時，情形就大變了。徐中玉先生《考察西南學術界的感想(上篇)》中說：“我國近年來，在實科上，能有所發明，發見，使國家獲得生產和節流之利者頗多。”見十月二十四、二十五日《中美日報》。我們蟄居孤島，固無由知其詳。然如煤炭代油爐的發明，本年三月間，曾在陪都交通人員訓練所的車場，加以試驗，其成績殊爲滿意。又如某種食品的發明，用若干種原料混合製成，能使其價廉而營養仍無妨礙。此項食物的發明，據報載共有四種，其中三種，嘗味亦頗佳良，祇一種稍遜。又據某生物學家告我：近兩年來，對於除去桐樹害蟲的方法，有不少的發明，祇可惜沒有大資本，未能盡量舉辦。這些，就我所知道的，亦足以窺豹一斑。固然這些不就算做科學，然而研究科學的門徑，是可以此而開的，廣大的内地，向來未被注意的自然現象何限？時代的鞭策和鼓勵，驅使著我們向研究之路進行，程功既久，積多數之發見、發明，自然會有純正科學上的新收穫，這是理可預決的。

至於社會科學，則我國幾千年來，本來是很注重的，其所有的成績，亦不能不謂之精深豐富，然前人之所發明，有一點，很不適宜於今日的，即今日的事勢，無論其在國家民族求禦侮自立方面，或社會企求進步方面，都要全體動員，而舊日的文化，卻總是以治者階級支配被治者階級的。元始的政治，總是民主的，這時候所謂政務，就是社會的公共事務，利害既無矛盾，凡有意見，總是全體一致，多數法祇是文明社會之法，野蠻社會的議事，往往是要全體一致，然後能通過的。凡有動作，亦必全體盡力，假使以今日，其實當遠在今日以前，團體範圍之廣，物質憑藉之豐，而社會還有如此良好的組織，人類作事的力量，不知要增加若干倍，其所享之幸福，自亦不知要增加到若干倍。無如團體的範圍漸廣，物質的憑藉漸豐，社會的組織卻隨之而變壞了，內部的矛盾既日益深刻，應付某種事件，就祇有某一階級人感著必要，其餘大多數人對之都無熱心。然以一階級人而應付一種事件，其力量總是感覺不夠的，於是不得不求所以驅使大多數人之術。幾千年來，政治上所謂前驅勢迫，所謂智取行馭，無非是一階級人驅使大多數人的手段。然而勉強的事情，總是勉強的，任你用何手段，總發揮不出多大的力量，甚至還要引起別的問題。這是從壞一方面說。從好一方面說，確亦有民胞物與的仁人，想把社會改革，使之臻於上理的，然自階級對立以來，治者階級和被治者階級，所處的地位既屬不同，所受的教育亦復互異，階級的偏見障礙著真理。不知道氣質之殊由於環境之異，誤以爲人生而有智愚賢不肖之不同，愚者不肖者是不能自謀的，非藉賢者智者爲之代謀不可，於是不教導被治階級使之明白，策勵被治階級使之自動，而一切操刀代斲。殊不知真正的智愚賢不肖，不限於階級的，少數的上智，治者階級和被治階級中都有其人。論其大多數，亦不論那一個階級，都是中人，這是生物學上的事實。在生物學上，上智和下愚，同爲變態，惟中材是常態。中人而期其爲上智之事，就善者不過坐嘯畫諾，不善者並將作威作福，利用其地位以謀自利了。自封建制度廢絕以後，所謂政治，是握在官僚手中的，普通人聞說官僚二字，都以爲是指做官的人，其實不然。一個人是做不成功什麼事情的，而且以舊日情形論，做官的人，大抵不會辦事，真正辦事的人，倒是輔助他的人。其中又分爲：（一）有高等知識技術的，此種人可稱爲幕僚。（二）辦例行公事的，這種人謂之胥吏。（三）供奔走使令的，其人謂之衙役。除此之外，還有從好一方面說，則爲官之輔助，從壞一方面說，則是與官相勾結，狼狽爲奸的，此即所謂士紳。合這許多人，乃成爲一官僚階級。官僚階級中，固然亦有好人，想替人民圖謀福利，解除痛苦的，然這總祇是少數，其大多數，總是以自己的身家爲本位的。從前的制度，既使其不得不法外營求，祿薄和地位無保障。又無嚴密的監察制度，以隨其後，那就中人也不免要多要錢，少作事了，何況其本爲貪暴者呢？如此，無論怎樣的良法美意，都可以詒害於民，王莽、王安石等所以被人詬病者以此。少數處於監督地位的人，既然力有所不及，自然祇好一事不辦，這是中國的政治，陷於消極的真原因，至於人民，則（一）因其日受剝削，（二）則凡才智之士，都爲自己的地位起見，竭力夤緣，升入官僚階級中。非必蠅營狗苟，暮夜乞憐，放開眼光觀之，發憤讀書以求上進等亦當屬於此。而平民社會，遂日貧日弱，百事皆廢弛而不舉。這又是中國社會，所以凡事皆廢弛的真原因。中國社會是靜的，而現在的局勢，要動才能應付，這是中國所以貧弱的真原因。積習是非受到相當的壓力，不能改變的，正和靜止的物體，不加以外力不能動一樣。外力是壓迫，足以推動全社會，而滌除其死氣的，是什麼呢？那便是民族的存亡問題。現代的社會，我們斷不能諱言，說其內部都沒有矛盾，祇有到民族存亡問題臨頭時，利害才會趨於一致。所以這幾年來，我們談政治和社會問題的人，也漸漸的鞭辟近裏。譬如川康視察團，在去年所作成的報告，對於自然的利用方面，固然多有建議，對於政治及社會方面，痛切的建議也很多，我國的社會現象，本來不能與各國盡同的，近年來尤為顯著。如因戰事傷亡之多，而全國的意志，一致堅強不屈；國際收支，在戰前本處逆勢，而戰後反能保其平衡；以及法幣的受到多方面的迫害，而仍屹然特立等，凡此，都有非己發明的學說，所能完全解釋的。近來對這些問題加意研究的，亦非無其人，雖其所論著，不敢據為定論，然社會現象，有出於前人所注意的以外，亦正和自然界有新發見的資料一般，有此新刺激，其成績，亦是可以預期的了。

燎原起於星火，大江原於濫觴，其機甚微，而所動者大，我們願珍視這機緘，以預卜將來的成就。

原刊一九四一年《中美日報》堡壘副刊第一一三期

# 學校與考試

我在前清末年學校初興時，就主張考試不可偏廢，我的理由是：（一）凡政治之道，必不能廢督責。現在的學校，雖有私立，究以官公立爲多，不能不說是政治。政治既不能廢督責，而督責之道，實以考試學生的成績爲最簡單而確實。如視學即手續繁而無實效，雖甚腐敗者，豈不能矯飾於一日之間耶？（二）又凡政治之道，莫要於執簡以馭繁。以中國之大，待教育之人之衆，行政之軟弱無力，而要一一由國家代謀，其勢必不可得。惟有用一種獎勵的方法，使人民自動，而獎勵的方法，實以考試爲最有效。參看下文引梁任公、康南海、葛洪的話。（三）教育本係社會事業。官辦的事情，總不免流於形式，即所謂官樣文章，不能和社會的進化相應。中國政治上的習慣，雖說是很民主，然既云政治，總不免有幾分不自由。如前清末年，斷不能在學校中提倡革命，而私立學校，則事實上是有的，如愛國學社即是。最新的學說，或不能在學校中提倡，私立學校則無此弊。（四）教育不徒貴有形式，而尤貴有精神。教育的精神，是存乎其人的。先秦諸子、佛學大師、宋元諸儒，皆其好例。此等教育巨子，在官立學校中，格於功令，或不能發揮其所長，在私立學校中則不然。此可以前人講學爲例。我持此等議論，每向人道及，贊成者甚少，度不能爲時人所聽，所以未曾公開發表。十幾年前，曾在某大學年刊中發表過一篇文字，因係非賣品，見者甚少。近讀《宇宙風》乙刊第三十六期，載有四川李宗吾先生著作序四種，其中的一種爲《考試制之商榷自序》。雖僅序文，亦足略見李先生的主張，不禁觸動了我的舊念，爰復略加申說。

李先生說："我所主張的考試，有兩種意義：（一）因各校內容窳敗，用一種考試以救其弊。（二）現在的學制，太把人拘束了，因主張徹底解放，而以考試匯其歸。現行的會考制，祇有前一種意義，後一種則無之。"李先生的第一種主張，和我第一條意見，可謂相同。現在的會考制度，總算已經實行了。其方法是否盡善？行之是否切實？自可足爲另一問題。李先生的第二種主張，和我第二三四條意見，可謂聲氣相通，則實行尚絕無端倪。李先生和我的意見，都是要提倡私塾和自修的。私塾和私立學校，在理論上，實不能說有何種區別。駁他

834

的人，偏說萬一私塾發達，學校中的學生，豈不減少？招生必感困難。即反駁者八種理由的第四種。李先生駁得他很痛快，說："私塾未受公家金錢，學校是受了公家的金錢的。如果一經考試，而私塾遂發達，學校之學生遂減少，則學校辦理之不善可知。在此種情形之下，尚欲抑制私塾，學校豈不愈趨窳敗。學校不是專商，爲甚怕人與之競爭？站在國家立場上觀之，私塾與學校，同是造就人才的地方，學校具何理由，取得專商資格？各縣每有一種規定，學校附近，如有私塾，即予查封，我真百思不解。"老實說："盜憎主人，民怨其上。"凡做事情的人，總是怕人家督責的，而自私自利，亦總是一個階級的特性。以學校與私塾言之，實不能不說是兩個相等的階級。民主政治的精義，就在於能持各階級之平，使其無畸重畸輕，而各得遂其自然的發達。助學校以抑私塾，就是偏袒這一階級，去壓制那一階級了。從理論言之，殊不合理，而亦是中國歷史上向來不曾有過的事情。至於李先生說："把現行的學制打破了，使全國的教育家，把各人心中所謂良好辦法，拿出來實行，分頭並進，教育才能儘量發展，我們設一個考試制統轄之，考試標準，由衆人公共擬定，如此，則散漫之中，仍寓畫一之意，"那更非希望私塾和自修發達不可了。自修者亦必有指導之人，所以私塾和自修，根本上亦無嚴密的區別。

李先生所舉反對者的理由，共有八端。其中（二）（四）（五）（六）（七）五端，都無甚意義，可以勿論。第四種駁議已見上。較有意義的，是第（一）端說：考試偏重在知識方面，把德育拋棄了。第（三）端說：學校中學科繁多，又須種種設備，豈是私塾和自修所能辦到？第（八）端說：施行考試以後，必發生如何如何的弊端。關於第（一）端，李先生的答復是：我嘗聽見許多教員說道：成都這地方真壞，許多外縣學生，初來是很誠樸，眼見他一天一天的壞。我說道：你曾看見壞學生入校，變成好學生否？聞者無辭以答。我每遇教職員就問：據你的實地經驗，壞學生入校變成好學生的，屈指能數幾個？竟無人能答。由此知關於德育，另是一回事。這"關於德育另是一回事"九個字，真說得痛快。老實說：在現社會制度之下，通常教育所能造成的，總不過是商業道德，而商業道德，是正和真正的道德相反的。這是指多數人而言。至於少數超出水平綫以上的人，即在感情上具有己餓己溺，先憂後樂的精神，而在行動上，亦能苦幹實幹的。這種人，固然多能自教自育，和環境搏鬥，不隨環境爲轉移，然亦多少要受點環境的影響。老實說：養成這種人物的環境，在窮鄉僻壤的多，在通都大邑的少。我所以主張學校最好設在名山之中，次之亦宜在郊外清静之地，斷不宜在舟車交會，湫隘囂塵之處。小學、初中，自然不在此例，高中即當以此爲原則。大學專門，更不必論了。抗戰軍興，學校内移，使向來偏僻之區，亦能接觸現代的文化，固然是好事，然而我也憂慮著：現代通都大邑，驕淫誇詐，柔靡的習氣，隨之而内移。這件事情的爲禍爲福，爲功爲罪，是要等將來的事實證明的，現在不能預言。然人才出於窮鄉僻壤，而不出於通都大邑，這個原理，總是顛撲不破。因爲窮鄉僻壤中，風氣誠樸，其人看得事情認真。通都大邑的人，就看得凡事都是虚假，祇想在人事上敷衍過去了。這是一切事情切實與否最重要的原因，決不可以忽視。又窮鄉僻壤之中，驕奢淫佚之事少，其人的頭腦是清醒的，體格是堅實的，在通都大邑之中，則適得其反。這一層，和人的志氣的消沉和振奮，實力的堅强和柔脆，也大有關係，同樣不可忽視。現在的學校教育，我們固不敢説他不重德育，也不敢説許多教育家的知識能力，不足以提倡德育，更不敢説他們本身的德育，就不足信賴。然而所謂德育，決不是單靠耳提面命，感人以言的，必須要造出一個優良的環境。而這種優良的環境，是在窮鄉僻壤造成易，在通都大邑造成難。所以今後的人才，我們亦對於沿江沿海的希望少，對於偏僻的内地希望多。這是説真正的人才。有一技一能的，不在其列。技能雖切於應用，然斷不容以冒才和學問同的。要使窮鄉僻壤的人，都躍登舞臺，推行考試制，也是一個最好的辦法，再者，通都大邑的學校，進的都是比較富裕的人，而人才也是出在富裕階級裏的少，出在窮苦階級裏的多，其理由和地方的繁盛或貧瘠相通，不必更贅。關於第（三）端，我從前曾把考試制的主張，和一位教育家商榷過，這位教育家是不贊成的，他的理由是："現代的讀書，非少數人力量所及，其實從前亦然，祇有窮應科舉，没有窮讀書。因爲科舉之士，本來空疏，所以用不到什麽供給設備。至於真有學問者，雖或家境清寒，然祇是享受不充足，書籍和師友往還等，並不是没有。無論購買書籍儀器，延請教授指導的人，莫不皆然。不立學校，有志鄉學的人，還是要大家聯合辦理的，一聯合辦理，那就是學校了。私家的力量微薄，所聯合辦理的，規模必失之於小，進行亦必失之於緩，所以仍不如由國家設立之爲得。"這一篇話，自然是有理由的，但我並没主張不設學校，不過主張學校之外，須兼存考試制而已，即李先生的主張，亦係如此。然更當注意的，則公家設立的學校，就是政治，政治不能廢督責，前文已言。在督責之法未備之日，公家所立的學校，就不能謂其款不虚靡，私立學校則無此弊，"不憤不啓，不悱不發，舉一隅不以三隅反，則不復也"，"人恒立於其所欲立的地位"，"天助自助者"，人而不肯自己研究，是誰也没有法子想的，歷代官私立的學校中，至少一大部分的學額，爲此輩所佔據。具有私立學校性質的書院則不然，而且易於有真正研究的精神，置名利於度外，所以居今日而言學術，書院制實在有恢復的價值的。從來的書院，多數設於名山之中，景物優美，風氣誠樸之地，現在西北西南，正在開拓，適宜於書院之地，不知凡幾？若能使一縣或數縣，即有一個私家設立的書院，對於文化，豈不大有裨益？而要提倡書院，考試之制，亦是很適宜的。因爲人的求學，到後來，雖然爲學問而學問，其初入手時，往往是雜有名利的動機的。有考試制以資推動，窮鄉僻壤的好學之士，樂善之家，自然會競出錢穀，從事組織了。不過要籍考試之制以提倡學術，則考試之法，亦不可不有一番研究。考試之意，是要測度被考試者之學識的。所謂學識，就是因學問而得到的智識，達於何種程度。更申言之，即是其對於現代的情形，瞭解到如何程度，並不是要他把所讀的書都記牢了。把所讀的書都記牢了，是並無用處，而事實上亦不可能的。我曾見參與考試的學生，臨時抱佛腳，成績很好，然不過兩三天就忘掉了。即使多記得些時候，也總是要忘掉的，不過時間問題而已。祇有明白了書中的道理，却能永不忘掉，而且隨着將來的進修和閱歷而加宏，所以讀書是要求明理，不該責人以死記事實的。但歷來的考試方法，總不免流於死記事實。這也有個原因，因爲專看人的明理與否，未免太不着邊際，無從措手，而且應試者也易流於空言闊論。你說他無實際，他似乎是有實際的，說他有實際，他又其實是濫調，擷拾模仿人家的話，而自己並沒有懂得，這是考試的歷史上所證明必不能免之弊。所以從來考試之法，總不免偏重記憶一些。中國從前，學問的重心是經學，經學考試之法，在後漢時，本是各以意說的。見《後漢書・徐防傳》。當時論者，就極言其弊，所以有後來的帖經墨義，專責記憶。帖經墨義之式，見《文獻通考・選舉考》。帖經就是責人背誦經文，墨義就是責人背誦經注而已。專責記憶之弊太顯著了，於是有王安石的廢帖經而改墨義爲大義，這就是八股文的前身。八股文的初意，何嘗要取虛浮無實的人？不過既不責記憶，而祇要看人家的明理與否，其結果是勢必至於如此的。所以向來的考試，是循環在偏重記憶和偏重明理兩條路上，而迄無以善其後。我以爲這兩者都是極端的辦法，折衷其間，而向來沒有施行過的法子，就是朱子的分年考試之法，現在似乎大可一試。依據朱子所提倡的方法，不妨將證明一個人達於何種程度所必須考試的科目，分爲幾組，每次考試一科或幾科。能及格，即給予一種證書。到所該考試的科目，完全及格了，則另給予一種總證書，證明其達於某種程度。如此，應試者修畢若干科，即可先行應試，免得像現在的會考一般，將幾年來所修的科目，責諸一旦，生吞活剝，無益實際，而有礙衛生。欲考核學校成績，亦祇宜就學校本有的考試，加以審核，現在會考的制度，實不相宜。考試起來，祇要不出過於瑣碎的題就行，也不必要過於落空,使出題閱卷的人,茫無把握。似足以袪向者偏重記憶,和偏重明理兩極端之弊而折其衷,不失爲一種良好至少值得試行的法子。而在承學者則難於得師,或無設備的,可以先修習若干科。設教者亦可各就其所長,各就其所有,而專從事於若干科。辦理即易,教育事業,必然更爲興盛了。梁任公先生在清末曾説:"科舉制度的優點,在不待教而民自勵於學。"康南海先生在民國初年亦曾説:"在科舉時代,任何偏僻小縣,都有一兩個懂得學問文章的人,才知道科舉之有其無用之用。"其實這話並不要等到康梁在清末民初才説,在一千多年以前,葛洪就説"若試經法立,則天下可以不立學官,而人自勤學"了。見《抱樸子外篇·審舉》。這一種功效,自唐朝實行科舉之法以來,的確是收到了。苦於向來的科舉,祇是一種文官考試,所以其效祇能及於社會的上層。今用考試之法以證明學識,則可以推廣及於社會的各階層,其收效必然更大了。不但如此,從前科舉時代,西南的苗族等,也有讀書應試的,所以考試之法,還可以收同化異民族的偉績。至於第(八)端,則李先生説:"考試的法子,應詳加討論,這是不待説的,施行考試,有種種流弊,也是當然的事。我的意思:先把考試制度確定了,才能討論考試的法子和救弊的方法。"可謂言簡而該,意義已極周匝,無待我的再説了。

當此非常時代,一切事情,都不能拘守經常的法子,所以政府早就定有私人講學的辦法。這種辦法,可以替教者和學者,造出一種自由的環境,誠然是很好的,惜乎未能推廣及於各級教育,而實際也未能推行盡利。現在須要把此法推廣和切實推行,已經更爲迫切了。現在有些受不良的不自由的教育的人,難道真願意受這不良的不自由的教育? 不過因(一) 除此之外,更無處受教育。(二) 而凡受教育的,亦總想得一個證明,以爲將來自立之地。而在現制度之下,除學校畢業外,又無處可得證明而已。這實由於私塾和自修的學生沒有出路之故。再者,教育者對於被教育者的感化,力量是非常偉大的。感化不單是好一方面,壞的方面,亦捷於影響,所謂"堯舜帥天下以仁而民從之,桀紂帥天下以暴而民從之"。而感化並不是靠騰其口説,全看教育者的行爲如何,所謂以"以身教者從,以言教者訟";所謂"下之於上也,不從其令而從其意"。現在到處風行着校長剝削教員的事情,這簡直因教員無資本,不能自設學校,而不得不受雇於人,因而利用其弱點,加以剝削,和資本家的剝削勞動者一樣,這就是最反教育的。在學校裏,實際上有這榜樣,其餘一切效果,就都不必説了。如其私塾和自修的學生,一樣可得出路,我想此弊亦必可大爲減少。所以采用考試制以證明學業,現在孤島上的教育環境,實在是相需孔殷的。不過照前文所説，則考試制本來是值得提倡的，也並不是專爲一時之計。所以我讀李先生之文，而抒其積感如此。

原署名：野猫，原刊一九四一年上海《中美日報》
堡壘副刊第一四五、一四六期

# 改進史學系之一說

　　貴切實，戒浮泛；貴求心得，戒鶩聲華；此凡學問之所同，史學自亦莫能外。

　　近數十年，好治史者頗多，史學似極興盛，然夷考其實，實鮮足觀，治外國史而足語於專門研究者，殊鮮其人，治本國史者似多矣，然或拾人牙慧，陳陳相因；或徒事鈔撮，支離破碎；真能卓然自立者蓋寡也。此其何故哉？圖書之不備也，研究之鮮暇也，境實爲之，固也，然治學者之浮泛而好鶩聲華，亦不能不分屍其咎也。

　　治學之道貴專，專則必各精一門，固也。然常識必不可以不具。故基本之書，必不容不細讀。基本之書，衆説之所自出也，必明乎此，然後於前人之説，乃能真實瞭解，此非謂墨守，即欲批評前人，矯正前人，亦非如此不能無誤。不則無的放矢，而其自矜創辟者，亦必不免誤入歧途矣。邇來之治學者，有一病焉，學者於基本之書，尚未卒讀，常識尚未完具，而先使之擇一專題，從事搜集材料。夫研究之可貴，在能發人所未發。常識尚未完之人，安能得有價值之題目？則亦人云亦云而已。據人云亦云之題，求共見共聞之料，即所翻檢，均爲原書，搜採極博，亦必無所心得，不過較勝高等鈔胥而已。況乎搜採亦不易博，又爲速成之見所中，乃據前人已成之作，匯合剿取，略事補苴，據爲己有，是伯宗之攘善也。以此教人，豈不壞人心術？使後生小子，誤以爲所謂學問者，即係如此，又安肯切實用功，尚安有入門之日乎？

　　欲治一種學問，基礎必不可不立。植基之道：（一）與本科相關之學科，當有普通之瞭解。（二）則本科中基本之書，必須細讀一過。由前之説，在於普通必修科目之認真，在於輔係之選擇。由後之説，在於本科之學程中，有若干注重自習。本校史學係課程史籍名著研究、史學名著研究，皆重閱讀元書，其意即在乎此。但今此兩學程，仍偏重於講授，尚未合設科元意。最好能辦到讀書在教室外，教室中注重析疑問難，即以此代考試，而積平時之札記，以代畢業論文。如此，看似零碎，而其人必有心得，可以略知門徑，與泛泛聽講，芒芒鈔撮者不同也。然至大學畢業，亦不過略有門徑而已，真欲精研，端在舉業之後。如畢業生能繼續進修者，留居校中，將凡基礎之書，一一細讀；他科與本科有關係之書，亦於此時肆意泛濫。如此更四五年，即可以卓然自立，然後真可以語於研究矣。此四五年中，當專力於讀書，不必鶩心於述作；指導者當抑其速成之見，勉以於根本上用功，與相切磋。若設立如此之研究制度，雖不足以馳鶩聲華，然養其根，竢其實，真正之學者，能於此植其基者，必不少也。

原刊《光華大學十六週紀念特刊》，一九四一年出版

# 呂誠之先生講經世

經世二字，見於《莊子》。經之義爲經綸，爲經營，乃將一切事，措置得無一不妥帖之謂。夫能將天下事措置得無一不妥帖，即無一夫不獲其所矣。此等情狀，古人謂之大順。《禮記·禮運》曰：故事大積焉而不苑，並行而不繆，細行而不失，深而通，茂而有間，連而不相及也，動而不相害也，此順之至也。以眼前之事譬之，屯貨者置貨物於無用之地，而欲用者求無所得，此大積焉而苑也，欲作弊者，每喜將各事互相牽纏，若係一事，則將其各部互相牽纏，使其頭緒紛繁，欲清釐者無從下手，此並行而繆也；整頓一事者，往往不能查究到底，以致無從徹底清厘，此細行而失也；稍高遠之計畫，即爲衆所非笑，格不能行，強行之則中途變故百出，論者不貴行之者不得其當，反咎始謀之不臧，此深而不通也；室無空虛，則婦姑勃谿。今海上之居，幾於如此矣，不有苑囿污池乎，何以不能化之爲廛裏也？此茂而無間也；少年喜謗前輩，非以求名，則以謀利，此連而相及也；人亦孰不欲求利，不求利何以自存？然今之世，有能利己而不損人者乎？是求利者有所生，亦必有所殺也，此動而相害也；不但亂世然也，不但貧弱之國然也，雖號稱治平如漢文帝唐太宗之時，富強如今歐美之國，亦曷嘗能免於不順之譏乎？革不順者而使之順，使天下無一物不協其宜，因之無一夫不獲其所，夫是之謂經世。古人所謂經世之術，果足以致大順矣乎？此殊難言，然其懷經世之志，則不可誣也。

自吾有知識以來，五十年矣。小時所遇之讀書人，其識見容或迂陋可笑，然其志則頗大，多思有所藉手以自效於社會國家，若以身家之計爲言，則人皆笑之矣。今也不然。讀書者幾皆以得一職求衣食爲當然，一若人之所求，更無出於此之外者。人誠不能無衣食，然謂所求僅僅在此可乎？人之所求，僅在衣食，是率天下皆自私自利之徒也，聚自私自利之人，而欲爲利國利民之事，不亦蒸沙而欲成飯乎？誰爲爲之，其因有二：（一）二十年來所謂職業教育者，幾以爲人人皆有飯吃，即天下可以安寧，人人皆有所謂職業，即人人可有飯吃。而不知所謂人人皆有飯吃，其義至深奧，決非如彼之所謂有飯吃。

欲使人人皆得職業，其道至艱難，必非有如彼之所謂教育，而人遂可得職業也，徒使人皆以自謀衣食爲當然，更無餘事而已。凡今所謂技術家者，皆是也。試與之言，有所知乎？有所志乎？率此等人而謀革命，不亦遠乎！

（二）如今之所謂科學家者，其知識偏而不全，就一門之中，其所知誠極精深。然事物恒同時并存，因力有不及，而專考求一端則可，謂專憑一端，而可以解決全局，謂措置一端之時，他端可以不起作用，待我各別解決，皆必不可得之數。此九流之學，所以雖精而不能自用，而必運之以道家，合之以雜家也。故今者非徒有專精一門之士之可貴，而有兼通各方面之大略，能策畫全局之士之可貴。此等人甚易爲策括之士所冒充，然不能因其有其僞而遂廢其真也。且如今之言遺傳學者，幾以爲能以人力鼓勵優者多生子孫，絕其劣者，弗使能殖，則社會可以煥然改觀。姑無論其所謂優者，不必果優，劣者不必果劣也，即果優矣果劣矣，亦何以使之多生子孫，絕弗能殖乎？所謂鼓勵者，果足以鼓勵人，使願生子孫乎？即謂其能之矣，能使受鼓勵者，果克受其鼓勵乎？能保無徇情受賄之弊，當絕者皆見絕乎？能保無挾嫌報怨之舉，而不當絕者反見絕乎？要之使人之情而簡單如動物，則有自然科學已足治之。人之情，其難知也甚於眩，其難理也過於棼絲，殆非徒有自然科學所克有濟也。

社會科學其本在識。當識人事之萬象紛紜，而能明其理，知其所以然之故，然後知所以治之之方，而識之本，尤在於志，必有己饑己溺之懷，然後知世有饑溺之事，不然饑溺者踵接於前，彼視之若無所見也。張橫渠見餓莩輒咨嗟，對案不食者竟日。嗟乎，見此餓莩者，獨橫渠也哉？

人之志量，固有大小，然未嘗不可以學而擴充之。日與第一流人相接，熏其德而善良。入芝蘭之室，久而與之俱化，未有志徒在乎身家衣食者。第一流人或不易遇，尚友古之人，則其道也。今之時事艱難極矣，有大志者，理宜風起雲涌，而顧寂然，是則士之恥也。

或曰：治科學者，曷嘗遺棄世務？彼其於學，誠嗜之深而好之篤，於世務遂有不暇及耳。此於自然科學，理或可通，於社會科學，則未聞有漠然不知人之苦樂，而猶克有所知能者也。多欲而避事，乃藉口於學者不當與世務，以自逃責，而於權利之爭，爭先恐後，未見其無所知不暇及也。然則所謂遺棄世務者，得無其自蔽之烟幕彈乎？是則學者之恥也。

原刊《光華學刊》，一九四一年出版

# 龔定庵先生百年祭

　　民國三十年十月二日，爲龔定庵先生亡歿百年之期，孤島名士王瑗仲（蓮常）等相約致祭，這確是値得紀念的事。

　　教育之要，在於精神，現代之科學家，其研究非不精深，然能激發人之志氣者闕焉。人徒任感情，而闕於理智者固必敗，然爲是非善惡之準，而定人之去就之途者，感情也。感情之所好，理智從而求其到達之方，感情之所憎，理智從而求其避免之術。感情是目的，理智特其手段耳。學術價値之大小，實亦於是乎判之。衆人之所同欲而口不能言，衆人之所同惡而口不敢言，而有一人焉從而言之，則歸之者如水赴壑矣，此學術之上焉者也。此等人之所言，庸或偏於感情而闕於理智，有時遂爲人所詆訾。然繼起而彌縫其闕，匡救其灾者，卒止辭修正其趨避之方，而不能易其是非之準，則此人卒不失爲先驅領導者也。

　　定庵之學，感情作用極盛，其思力雖極深沉，而鮮實證，今之言科學者，或將目笑存之。然梁任公先生言：“維新時代之人物，當其承學之時，無不讀定庵之書，而大受感動者。”開五十年來之學風者，實定庵也，其力亦可謂大矣。

　　　　署名：程芸，原刊一九四一年十月《大美晚報》午刊

# 柳存仁《俞理初先生年譜》序

世皆稱清儒長於考證之學，此語實似是而非。考證者所以爲學，而匪曰考證即學也。清儒之事考證者，亦有兩科：一身有所發見，而舉事實以明之者；一則但就前人已發之義，爲之收集證佐，或則彌縫其闕，匡救其菑而已。由前之說，乃漢世所謂通人，由後之說，則其所謂經生。夫能身有所發明者，必其更歷世故，心知勝義，或者讀書之際，曠然有得，知今古之同符，然後能之，此佛家所謂緣覺；其徒能爲前人搜遺補闕者，則其所謂聲聞而已矣，其貴賤之殊科亦審矣。清世名儒若俞理初，則無愧於通人緣覺者也。孟子曰："誦其詩，讀其書，不知其人可乎？是以論其世也，是尚友也。"予年弱冠，即讀俞氏之書而好之，欲考校其行事，忽忽未果。柳君雨生於此致力甚勤，搜採排比，裒然成帙，受讀之下，歡喜何如？柳君又嘗得《癸巳類稿》，眉端細書，皆補正正文語，蓋俞先生於刻成正文之後，續有所得，欲事補正而未竟者，柳君皆輯錄之，既可使讀是書者知先生最後所改定，又可見先賢治學，銖積寸累，自强不息之風，亦可寶矣！是書流落市肆，蓋閱百年，而柳君後邂遇之。物恒聚於所好，其亦俞先生之靈，有以陰相之歟！而柳君則可謂能尚友矣。三十年一月五日讀竟，武進呂思勉。

原刊《文史教學》第四期，一九四二年出版

# 都　會

　　《王制》曰："司空執度度地居民。山川沮澤，時四時，量地遠近，興事任力。""凡居民材，必因天地寒煖燥溼，廣谷大川異制。民生其間者異俗，剛柔輕重遲速異齊，五味異和，器械異制，衣服異宜。修其教不易其俗，齊其政不易其宜。""凡居民，量地以制邑，度地以居民。地邑民居，必參相得也。無曠土，無遊民，食節事時，民咸安其居，樂事勸功，尊君親上，然後興學。"古之居民者，其審於天時地利人事之宜如此，非如後世，浸無規制，聽人走集；繁庶之區，聚集至數十百萬人，飲食居處，咸失其宜，作奸犯科，無可究詰，而偏僻之區，則行數百千里而無人煙，廣田自荒，貨棄於地也。

　　度地居民，所以必有規制者，其始蓋以制御自然，蓋必合若干人之力，守一定之法，然後足以相生相養，否則人力不足，將爲天行所淘汰矣。此自古昔交通未便，各地方之生業，皆近自給自足使然。後世交易既興，山陬海澨之人，亦相通功易事，似無籍乎此矣。然人與人之關係，亦有不得不致謹焉者。孟子論井田之法曰："死徙無出鄉。鄉田同井。出入相友，守望相助，疾病相扶持，則百姓親睦。"《滕文公上》。管子作内政寄軍令之法曰："五家爲軌，故五人爲伍，軌長率之。十軌爲里，故五十人爲小戎，里有司帥之。四里爲連，故二百人爲率，連長率之。十連爲鄉，故二千人爲旅，鄉良人帥之。五鄉一帥，故萬人爲一軍，五鄉之帥帥之。内教既成，令勿使遷徙。伍之人，祭祀同福，死喪相恤，禍災共之。人與人相疇，家與家相疇。世同居，少同遊。故夜戰聲相聞，足以不乖，晝戰目相見，足以相識；其歡欣足以相死。居同樂，行同和，死同哀。是故守則同固，戰則同彊。"《國語·齊語》。蓋不論平時戰時，爲治之道，皆存於民之相親。《郊特牲》述社祭之典，繼之以君親誓命，以習軍旅，而終之曰："我戰則克，祭則受福。"用是道也。若如後世之所謂都會者，萬人如海，親愛之情，無自而生，而且與接爲構，日以心關，稱患不相恤，毀譽失其權，而欲民之遷善遠罪，難矣。

　　《曲禮》曰："鄰有喪，舂不相。里有殯，不巷歌。"民之能相愛，以其朝夕相見，禍福相共，而親愛之心，自然而生也。《論語曰》："孝哉閔子騫，人不間於其父母昆弟之言。"《先進》。曾子曰："君子之所謂孝也者，國人稱願然曰：幸哉有子如此，所謂孝也已。"《祭義》。毀譽之所以有權，亦以其人之相知也。孟子述鄉原之言曰："行何爲踽踽涼涼？生斯世也，爲斯世也善，斯可矣。閹然媚於世也者，是鄉原也。"惡矣，猶未敢如近世之不恤人言，公然陵弱暴寡，詐愚欺法也。故欲謀善治，必自劃除都會始。

論都會之惡最早者，莫如王符。符之言曰："今舉俗捨本農，趨商賈。牛馬車輿，填塞道路。游手爲巧，充盈都邑。"又曰："今察洛陽：資末業者，什於農夫；虛偽游手，什於末業。天下百郡千縣，市邑萬數，類皆如此。本末不足相供，民安得不飢寒？"試案今日各地方之情形，有以異乎？無以異乎？此尚以舊日之都會言之，若今之所謂新都會者，則舊都會之比之，又如小巫之見大巫矣。不正其本，何以爲治？

都會可去乎？自今之人言之，必曰難，或且曰不可。其實不然。人孰不欲居處之得其宜？孰不欲子孫之習於善？二者皆與都會不相容，則苟有策焉，使之去危就安，改邪歸正，孰不順悅而從之乎？雖有作奸犯科，淫佚侈靡，非居都會則無以爲生，不以爲樂者，終不如順悅之者之衆也。荀悅論井田之法曰："土地布刊在豪強，卒而革之，並有怨心，則生紛亂，制度難行。若高祖初定天下，光武中興之後，人衆稀少，立之易矣。"度地居民之制，易立於兵燹之餘，不猶之井田乎？衛嗣君曰："治無小，亂無大。教化喻於民，三百之城，足以爲治。民無廉恥，雖有十左氏，將何以用之？"爲治之道，在教化明，法令行，有爲法令教化之梗者，雖毀之非所惜也，況其既毀也，而勞復建乎？抑豈可不爲之制，便不轉眴而復如其故乎？夫教非可以空言施也。堯舜帥天下以仁而民從之，桀紂帥天下以暴而民從之，其所令反其所好而民不從。是故以身教者從，以言教者訟。今日都會中人，所習見習聞者何事？而望其遷善遠罪乎？

或曰：今之人，所以好聚居都會者，非以是爲善，亦以荒陋之地，盜賊公行，生命財產，皆不可保，都會則財富所聚，防衛較周，欲託庇焉以爲安耳。然庸足恃乎？董卓之入洛陽也，洛中貴戚，室第相望，金帛財產，家家殷積。卓放縱兵士，突其盧舍，淫略婦女，剽掠資物，謂之搜牢。此即王符之所欲悼者也。魏文帝以王昶爲洛陽典農，都畿樹木成林，昶乃斫開荒萊，勤勸百姓。自董卓之亂至此，亦既三十年矣，而其荒蕪猶如此，多藏者必厚亡，詎不信歟？

《三國·魏志·國淵傳》言：大祖欲廣置屯田，使淵典其事，淵屢上相土處

847

民、計民置吏之法。《鄭渾傳》言：渾爲京兆尹，以百姓新集，爲制移居之法，使兼復者與單輕者相伍，温信者與孤老爲此。後爲魏郡大守，以郡下百姓，苦乏材木，乃課樹榆爲籬，並蓋樹五果。榆皆成藩，五果豐實。入魏郡界，村落齊整如一。又注引《魏略》言：顏斐守京兆，令屬縣整阡陌，樹桑果。皆頗得度地居民之意：師其意而行之，邑居可以漸整，而教化亦可徐施矣。天造草昧，宜建侯而不寧，肇體國經野之規，於救死扶傷之際，儻亦管子所謂因禍而爲福，轉敗而爲功者與？

　　或曰：古之民，生事單簡，故可以比伍之法聯之。今都邑之民，生業複雜，其相聯也，不徒以其地，而實以其業，則《王制》、管子之法，有不足用者矣。殊不知比伍之法，古亦惟農民用之，從事他業之民，未嘗不各以其業爲比，仲山父謂"牧協職，工協革，場協入，廩協出"是也。《漢書·高帝紀》：二年，五月，蕭何發關中老弱未傅者悉詣軍。《注》引如淳曰："律：年二十三，傅之疇官，各從其父疇學之。高不滿六尺二寸以下爲罷癃。"《國語》述内教曰："人與人相疇，家與家相疇。"則疇官即軌里連鄉之長。又曰："政既成，罷士無伍，罷女無家。"無伍即莫與相疇之謂也。如淳此注，專以軍制言。其注《律曆志》"疇人子孫分散"云："家業世世相傳爲疇。"蓋疇之義本爲匹爲類，古者士之子恒爲士，工之子恒爲工，商之子恒爲商，農之子恒爲農，業既世而不遷，則子孫所與爲匹類者，自與父祖無異，故疇又引申爲世業之稱，而其職亦不限於軍事矣。然則凡百事業，莫不可以綱紀其民，而納諸軌物，由來舊矣，豈必限於農民之比伍哉？

原刊《大衆》第一期，一九四二年出版

# 莊育民《喉科真髓》序

記曰：醫不三世，不服其藥。三世，説者皆以爲祖孫父子相繼，殆非也。古之業，多守之以世，醫蓋未有不累葉相傳者，若三世即指祖孫父子言，則不待著爲是戒矣。《義疏》引舊説云：三世者，一曰黄帝針灸，二曰素女脈訣，三曰神農本草。蓋醫家之三科，必兼通於是，然後其術爲可信，其説蓋有所受之。理可以御萬事，然事必先理而彰。解剖二字，見於《靈樞經・水篇》，新莽時猶有其事，莽最泥古，知其事必有由來。而古人未知穀食之先，恃疏食以爲養。《管子》言萬家以下，則就山澤，可見其養人之多。古之人所食蓋極雜，故本草之學於是發明焉，此皆事之先理而彰者也。徐靈胎先生嘗言，一地方之病，惟其相傳之方藥可以瘳之，以意處治者皆無驗。夫一地方之方藥，不過農夫野老，十口相傳，其人初不知書，更不知所謂醫理，顧所試輒驗，而醫家之自謂極深研幾者乃不能，然則舍事而言理者之不足恃，又可見矣。然徒執其事而不能推求其理，則其爲用不弘，故吾嘗謂國醫與鈴醫之技，合之則兩美，離之則兩傷，何者？必就鈴醫相傳之技，以國醫極深研幾之法，推求其所以然，然後其所得之理爲不虚，而亦非如相傳之技，祇施之一事也，此殆醫學演進所必由之大道乎？吾邑莊君育民，少患喉痺，醫家治之年餘不效，後其族子世琛授以專家所傳《喉科精選》一書，如法施治，未幾即愈，由是發憤於醫，專理喉科，積之二十餘年，乃原本經文，旁搜驗案，益以方技家之所傳，著成一書，名之曰《喉科真髓》，其體例之精，擇言之雅，不愧述作之林，而其翔實，則遠非空談理氣者之所能逮也。合國醫鈴醫之技而爲一，其庶幾乎！展讀既終，歡喜讚嘆，敢識數言，以告來哲。

寫於一九四二年

# 兩 年 詩 話

　　我於民國二十六年十月十三日，避地下江。① 三十一年八月一日，回返我的故鄉下邑。② 到今年七月三十一日，恰是兩週年。有友朋寫信問我這兩年來的生活狀況。我的生活狀況，其何足述？ 但當此世變紛紜，而各地方的情形，又各有不同之際，正不妨就所記憶的，寫出一些來，聊供讀者諸君茶餘酒後的談助。

　　我自到下江之後，不但足跡未出從前所謂華圈，③亦且未過越柏河④一步。到這年——三十一年——八月初一日，才同我的女孩，乘車過越柏河。在河南⑤，還見著頹垣敗壁，到火車開出後，就兩旁禾黍油油，和二十六年以前所見，無甚異同了。我想：這是我所見的如此，別的地方，該未必盡然罷？ “遺民定已種桑麻，敗將如聞保城郭”，誦易安居士的詩，真要不勝感慨了。

　　我的家庭，本極簡單，祇我和我的妻，我的女孩三個人。當亂離之際，各自提著一隻破敗不堪的箱子，內中盛着些單袷衣服，同到下江，一住便住了五年。這五年中的生活，自然是非常苦楚，那麼爲什麼久留不去呢？ 這也有個原故。我的朋友武隱文⑥説得好：“到處都見得鵲巢鳩佔的現象，祇有在下江，還看不見這些。雖然‘四海皆秋氣，一室難爲春’，當四邊風波震撼之際，據守着一個孤島而自以爲安，原不免於自騙自，但畢竟眼不見爲淨。”但是到我離開下江之前半年有餘，下江的情形，也大變了。“撐住東南金粉氣，依舊舞衫歌扇，空贏得猿啼鶴怨”，金迷紙醉之場，一變而爲荆天棘地，還何足留戀呢？ 於是我的妻和我的女孩説：“既然萬方一概，又何不暫回我們的故鄉，再

---

① 當時爲避免日僞檢查，呂思勉先生在寫此文時將人名、地名隱去，改用代名。下江係指上海。
② 指常州。
③ 指租界。
④ 指蘇州河，又名吳淞江。
⑤ 指蘇州河北岸。
⑥ 此人爲誰不詳。

作道理？究尚略有田園可守呢。"議既定了，她倆先回下邑。我在下邑，本有住宅兩所，南北連接。①戰前自居北宅，將南宅租賃與人。北宅幾於全遭炸毀，南宅卻僅略有損傷，修理之後，依然完好。租賃期限早滿，這時正好收回自住。無如在戰時，下邑房屋毀壞的，超過百分之六十。這時候，房客堅不肯出屋，自己反去向人租賃房屋：（一）者不易得，（二）者即使得之，亦恐湫隘異常，我的生活程度，一時壓縮不到這樣低，（三）者如得可住的房屋，亦恐不能久居。於是我的妻和我的女孩商量，收拾燼餘的磚瓦。木料呢？我有一個同居的堂房兄弟，早把它賣給一個木匠了，我們此時，反出高價，買回其一部分。即在北宅廢基之上，搭蓋小屋兩間和竈屋一間，約共費去國幣五千元。我的妻帶着我的女孩，住在她的母家，於炎天烈日之下，奔走往來督工。這其間一切事情，又大得我的舅嫂的幫助。到七月中旬，工程粗畢，我的女孩乃從下邑再到下江，幫助我收拾五年中在下江之所有，於八月一日，回向下邑。

當我還在下江之時，我的女孩從下邑寫信給我，說："故鄉的風俗人情，比下江要好些。大家都還以爲在一個異常的時期，不以爲就此可以苟安。"她又說："這也有個原故。如我們所住的五女巷，在南段②，本是一個紳士的住宅區。在戰前，是沒一家不有兩三個傭人的，到現在，情形大不相同了。祇我家南宅的房客，還有一個走散工，即每日僅按一定時間，來作一定事務的女傭，其餘都是自己操作。環境是最深刻的教育，生活是最親切的環境，這怕是使異常時期的人，長不忘其所處的爲異常時期的原因罷？"我看了這封信，頗引起了思歸之念。因爲我在下江五年，對於下江的風俗人情，已經厭倦極了。到上了火車之後，我又覺得乘客的情形，和五年前頗不相同。大家都很沉默，似乎有些陶唐氏的遺民，憂深思遠的樣子。這沉默，就是堅決、鎮靜的表示了。我又覺得其頗能互助。即如我，年老力衰，隨身所帶的行李，舉不起來，就有人助我舉起。當時乘客已滿，我和我的女孩，雖然各覓得一個座位，卻是相去很遠。我女孩對面的坐客，便起而和我互換，他因此距離他的行李頗遠，也在所不惜。我在當時，覺得很爲感動。後來在日記中說："中路嬰兒失其母，則鴒原急難之情生。"這是使我初上歸途時，感極欲涕的一端了。

車到下邑車站，所見自然都大異於昔時。我同居的堂房兄弟的媳婦，和我妻的侄兒，都在車站相接。下車後，便直走我的妻家。我的舅嫂爲我設着

① 實爲東西相接。
② 此"五女巷"即十字街，"南段"即東段。

饌甚豐。我一時感激，也説不出什麼話來，祇説得一句：“從我下邑的寓處到你們這裏，直如從荒歉的地方，走入豐收的境界了。”雖然，獨食又何能下咽呢？這一天，“有酒旨且多”，我也本能略飲幾杯，然終未能開懷暢飲者以此。這一夜，我便宿在我的妻家。

到明天——八月初二日——和我的妻、我的女孩同到新造的小屋中看視，見其已略堪居住，乃遂留宿焉。臥室之外，本已成爲瓦礫之場，我的妻和我的女孩雇人把瓦礫挑去，又雇人種了些菜蔬，成爲圃地了。我有一個朋友，喚作殷威頌，①在戰前，曾帶着他的兒子來訪問我。那時正值暮春，我曾在院子中花架下，留他吃過一頓晚飯。這院子，已和廳堂同變成菜圃了。威頌的兒子業已成爲鬼雄，威頌則不知流落何所。巡行舊地，真乃不勝感慨。我因此口占了五律七絶各一首：

卅年華屋處，零落倚茅廬。猶是傷離亂，遑云賦遂初？衰時思學圃，非種欲先鉏。荷棘心方壯，秋風病合蘇。

同啓瓊筵醉羽觴，當時曾是並華堂。羹葵飯薺知誰餉？欲向城南弔國殤。

我從此以後，就定居在這兩間小屋中了。從進城之後，我就沒再到過車站，別説乘車到別的地方去了。如聞現在火車上的情形，和我兩年前乘車時大不相同，我以爲這祇是浮面上的情形罷？

安居才一日，我的堂房姊姊死了。這堂房姊姊，就是上文所説的堂房兄弟的胞姊。我這位堂房兄弟，是幼而無父，由我的父親撫養成立的。他還有好幾位同胞姊妹，都和我們同居。祇有這位姊姊，年紀最大，出嫁最早，所以未曾同居過。雖然如此，往來也很親密。從我到下江之後，和她已有五年不相見了。這一年，她聽得我有回鄉的消息，非常喜歡，急欲和我相見。可是這幾年，她心臟有些毛病，不宜於行動。我回鄉之後，他家裏的人，未敢即日告訴她。我也因三日之中，事務繁冗，未能即去省視。誰知道初三晚上，她就得了病，到初四日的辰時，天尚未明，就與世長辭了，竟沒有再見一面的機會！後來想起來，不見面倒也罷了。相見之後，也免不得一番悲愴，於她也無甚益處罷？她的棺木，是戰前預先製造的，計值國幣四千元，却至多抵得戰前國幣二百元的貨色。衣衾臨時添製了些，並非全新。單以料論，即費去當時通行

---

① 此指周畏容。

的鈔票一千元，工還在外。物價較戰前，至少增加了二十倍了。

此後幾天，我便上街去看看親友。親友是稀少了，也有死亡的，也有流離在外的。街道都已改觀。有些連街名也改變了，雖然直到現在，在最大多數人的口裏，街名還沒有改變，在路牌上的名稱，這時候却已早經改過。街旁的房屋，大半毀壞。有些新造的，多半祇有一個門面。走進去看，後面便是瓦礫之場了。這直到現在，還是如此。主人也多改變了，很多鵲巢鳩佔的，且如吾鄉，有一處著名的市場，名爲義正渡。① 在這義正渡口，有一家著名的茶館，名爲秋圃，賣的包子最有名。我垂髫時候，我的父親，請我的先生吃包子，挈帶着我同去。那時候的包子，是每個小平錢四文。我父親祇帶五百個大錢去，三個人吃飽回來，還剩二百數十文。這一家茶館，房屋雖然簡陋，可是因爲生意興隆，房租的收入，也着實可觀。到我回鄉之前一年，房主人坐在茶館裏，偶然發了幾句牢騷說：“這個年頭，生活艱難，我這所屋子，也祇好賣掉了。”在他不過是隨口的牢騷話。誰知道回家不久，就有人去找他，說：“聽得你秋圃茶園的屋子要賣？”他説：“這是我隨口的話。”來的人說：“話哪有隨口說的？”便出了一筆低價，把他秋圃的屋子，强迫買去了。這便是鵲巢鳩佔的一例。這還是勉强的，還有真正的鵲巢鳩佔。“莫過烏衣巷，是別姓人家新畫梁”，真使人凄然欲泣了。所見的人物，風度也都和以前不同。我親見一個上等人，赤著脚，著了犢鼻褌，出來泡開水。可是這種人實在是安分的，他初無害於人。豪橫的就無從說起了。我回里的第一天，我的堂房兄弟便囑咐我：“上街走路，須要小心，不可同人家碰撞。碰撞了了不起的人，是可以惹出大禍的。”我自然祇得循牆而走了。我這次回鄉，本打算隱姓埋名，混在如海的萬人中，使人家不再注意到我。誰知道一到故鄉，黃包車夫認得我，理髮匠認得我，我又何從說起呢？在亂後的故鄉，買什麼東西，都不容易。初一日到家，就向送報的人定報，直到初十日才送來，知道小沼的四周，已都在舉辦清鄉了。這幾天中，所見所聞，有詩爲證：

　　短裋赤足漫提壺，察察應譏楚大夫。差勝車轅垂足坐，當筵使酒氣豪粗。

　　見獵心猶喜，從鯖意未平。野人不爭席，何處託吾生？

　　稍覺朱顏改，相逢白眼多。觀書今懶甚，縱酒奈愁何？節物驚蕭艾，生涯翳薜蘿。五湖妖霧遍，未許覓漁簑。

———————

① 此指仁育橋。

觀書無從説起了。我在戰前，原有書一百三十六箱。其中大箱極多，一箱可抵得人家兩三箱。戰後存在的，共有五十七箱，但非完整保存，都是給人家打開了箱子，將書拋散在地，事後經一個不甚識字的人，替我拾起來，胡亂裝在業經破壞的箱子的裏的。自己的房屋毁壞了，分作兩批，一批寄在我的妻家，一批寄在我的族侄屋裏。回鄉之後，因所居距離妻家，路途較遠，自己又祇有兩間屋子，寄存的書籍，依然未能取回。寄存在族侄家的，則因他的住宅，即在我北宅之北，兩家互相毗連，乃揀書箱破壞得厲害的，先行取回幾箱。一經發現，零亂，破碎，幾於不成樣子。要想整理，簡直無從下手。我當時想：連這些都毁滅掉，倒也痛快。我賦詩一首：

> 讀書益耶損？此事殊難計。少年寡思慮，謂書益神智。信哉六籍中，所言有倫紀。其如世異變，陳數非其義？庸夫墨守之，名實乃眩異。紛然喪所守，舉武輒傎躓。生心害於政，必或承其敝。信哉自擾之，天下本無事。安得祖龍焚，蕩然返古始？萬蔽一時除，勿復寶糠秕。失馬庸非福，塞翁達玄旨。

我這首詩，並不全是牢騷。我覺得讀書的爲利爲害，確是很難説的，尤其是社會科學。假使在堯、舜的時代而發明了火車，不會到現在照它的法子忽然開不動；在周公的時代而發明了電燈，不會到現在，照他的法子忽然開不亮。至多是淺陋陳舊些罷了。那麼，讀古人自然科學的書，決不至於全上當。社會科學就很難説了。且如現在，經商成爲學問，貨幣也成爲經濟的大問題。今人大都笑古人愚昧，不知道商業的重要，而要講什麼賤商、抑商；又不知道貨幣之不可無，而欲廢之而代以穀帛。好像現在所謂經濟學理，恒存於天壤，祇是古人沒有發明。試想沒有交換之世，安得有商業？無商業，安得有貨幣？當這時代，現在所謂商業的學理、貨幣的學理，却存在何處呢？然則古人所説的活，安能適合於今日？然而人，不讀書則已，既讀書，別説墨守，即極得魚忘筌的人，也不免先入爲主。一件事情橫在面前，明明有問題的，也以爲前人業經發明，更無問題；即使用心去想，其所得的結果，也不易越出前人的範圍；而且世界上有許多該注意的現象，祇因前人未曾提及，也就不知道其該注意了。天下有許多事情，往往出乎人們意料之外，使人們手足失措，就是爲此。我嘗説：世界所以有大事，正和我們的屋子，住了一年要大掃除一次一樣。灰塵垃圾，都是平時堆積下來的。堆積了一年，掃除自然費力了。誰能使他不堆積起來呢？天天掃除，使其絕不堆積，或者也並非辦法，誰能按著堆積的情形，決定掃除的次數，並把他排列在適當的日期，使掃除亦成爲生活的節奏呢？屋子住了一年要掃除，是沒人反對的，而且大多數人認爲必要。社會上堆積着千萬年的灰塵垃圾，却贊成掃除的人少，反對掃除的人多，甚而至於把灰塵垃圾，視爲寶物，死命的加以保存。世界之所以多事，豈不以此？以上一番話，讀者諸君，若肯平心細想，讀書的爲利爲害，豈不眞成爲問題嗎？

理書眞是無從理起，然而枯坐無聊之時，總得拉兩本來，姑作消遣。所拉的，自然要求其不殘缺、不破損。在這條件之下，所拉到的，乃是一八八〇年，即前清光緒六年慕維廉所撰的《大英國志》，經人翻譯出來的。這是木刻大字本。這部書的年齡，比我還大。我倒把他讀了一遍，眞堪一笑。

這幾天之內，有個朋友，請我到茶館裏去吃點心。下邑有名的點心，除前述的包子外，尚有一種光餅。① 光餅又分大小兩種：大的甜、鹹餡心，小的則沒有，可是亦極松香可口。據我所記憶：大光餅最初是六文一個，小光餅兩文。大光餅的價格，可以自由漲落，小光餅却不能。故老相傳，説“曾遇凶年，有些飢民，專恃此以活命。所以曾經官府禁約，非經稟準，不許擅自增價”。所以下邑的小光餅，從前有個別名，喚作“老荒”。禁約雖不知在何年；後來的官府，或亦不知此事；然在未有銅圓之前，小光餅的價格，確實始終維持不變。到銅圓通行以後，大光餅才增爲每個十文，小光餅也從十文四個，十文三個，五文一個，逐漸漲價。到戰前，大光餅漲至每個法幣四分或五分，小光餅則二分三個。到這位朋友請我吃點心的時侯，則大光餅每個一元，小光餅每個四角了。歸途買筆，從前一角二分的，此時增至兩元。到我寫這篇文字的時候，則增至五十六元了。

當我還沒有回鄉的時候，就有鄉間的學校，邀請我和我的女孩去教書。我們因爲鄉間的學校，宗旨尚屬純正，就應允了。我兼兩處的課：一處地名泊堤鎮，②一處名小虔廟。③ 我女孩所在的地方，名爲馬堤鎮。④ 半年之後，我的女孩也從馬堤鎮轉到泊堤鎮了。又半年，我倆把泊堤鎮的事情辭掉了。我在小虔廟，又勾留了半年。我女孩則至一處地方，名爲履尾的，⑤教了一年書，今

---

① 此處指麻糕。
② 指湖塘橋。
③ 指阪上大劉寺，亦稱大泖寺。
④ 指牛塘橋。
⑤ 指步頭，或名埠頭。

後又想轉往走馬村。① 我則離開小虔廟以後，就姑安家食了。我們在各處，都就住宿在學校裏。祇有在泊堤鎮時，父女倆同僦居於韋姓的小樓上。房主人的父母，在戰時均已年過七十。隨衆走至湖南，他母親間關而歸。父親則走至貴陽，到達後沒半個月就死了。房主人至今不敢告知他的母親，也不敢帶孝。好在他的母親是不識字的，所以並不以他的父親沒有信來而生疑，至今還眼巴巴望着他的丈夫從萬里外歸來呢！我又感賦五律一章：

> 干戈滿天地，垂老惜分飛。腸斷猶縈夢，眼穿終不歸。椎心營野祭，忍淚着萊衣，多少蟲沙化，何必爲爾悲？

到鄉間不久，我同居的堂弟，因外科中毒，猝然辭世了。這是三十一年十月初六的事。這時候，我在泊堤鎮，我的女孩在馬堤鎮，兩處相距不遠，家人派急足報告我，我便趕到馬堤鎮告訴她。可是倆人均無證件，不得入城。在馬堤鎮設法不成，又同到泊堤鎮，費盡九牛二虎之力，才得被人帶挈入城，替他把後事辦了。此時市上，起碼可用的棺木一具，價自四千元至六千元。幸有親戚婁君，認得一個七十一歲的木業中人，他現在雖不營業，而某木肆主人還是他的徒弟。仰仗他的大力，才得以二千五百元成交。入殮之日，不及多知會親友。少數的至親密友，所吃的飯菜是幾家親戚的婦女們，替我們上街買來，動手做的。可是飲食和一切雜費，也用至四千元。然而如今又非昔比了。在我寫這一篇文字以前約一星期，我這堂兄弟的內侄死了，棺木價格是五萬元，亦和我堂房兄弟所用的棺木，無甚上下。

其餘一切物價，繼長增高，亦大致如此。可知在今日，生存和死亡，同一不易了。去年夏間，我妻在病中買食大光餅，價格是每個十二元。到十月十三日，因證明文件要更改，我和我的妻，同到照相館裏照相，歸途順便在茶館裏吃些包子、光餅。那時候，包子是每個四元；大光餅每個二十四元；茶兩人一壺，每壺五元。現在，大光餅增至四十元至五十元；小光餅自六元至十元；包子每個十元；茶每壺十六元，連小帳二十元。若到飯店吃豬肉一碗，我回鄉之歲，係廿四元，後增至三十六元；去年夏間一百五十二元；現在是三百五十二元了。我的女孩，有一個女友，流落在異鄉。多人傳說："她那地方的物價，已經漲起四十五倍了。"我和我的妻在上茶館的歸途中，不勝惦念著她。"她一個女孩子，流落在物價那麽貴的地方，怎樣過活呢？"誰知不久得到她的來

---

① 指奔牛鎮。

信：她在那裏吃包飯，每月僅四百五十元，每餐有兩葷、兩素、一湯。一個月之中，有三天加膳，她那裏的俗名，稱爲"牙祭"，葷素菜都加倍。並説在她那裏的人，到星期日，夫婦兩個，可以换着新衣，上館子去吃一頓。較諸我們兩口子，僅能偶然上街，吃幾個光餅、包子的，幸福得多了。人言之不可信，於此可見一斑。

南宅的房客，雖然百端狡賴，到三十二年底，終於出屋了。我將其大部分分租與人，自己也留着一小部分。我在兩間屋子之外，才多了五間屋子。這一所屋子，我小時候本來住居在内的。後來隨宦江南，①再歸故鄉，此屋因離鄉時租賃與人，就始終住在北宅。今年正月十八日，我再歸南宅，屈指離開這屋子，已經五十年有餘了。感賦兩絶：

> 五十年餘始復歸，鄉關零落悵何依？雲飛佇看金風起，扶杖猶思駐
> 夕暉。

> 乘風破浪成虚語，合笑當年志事衰。差喜青燈黄卷在，尚應有味似
> 兒時。

我本是除讀幾句書之外，一無所能的。我的妻也衰老了，而且年來多病。這兩年來，家計的支持，田園的整理，倒靠著我的女孩，奔走擘畫。而我的女孩，也已屆三十之年了。我在她的生日，又做了五律兩首：

### 榮女三十　癸未

> 汝大知吾老，家貧長苦飢。心應隨鵠舉，迹笑似犧縻。播越漸江海，
> 稱名愧斗箕。榛苓今在望，畏約豈無涯？

> 井里全墟日，衰遲欲逮年。經營吾愧拙，枝柱汝維賢。寄意丹青外，
> 娱情沼沚邊。豐顔宜善惜，休遺换華顛。

### 再示榮女　癸未②

> 束髮受詩書，頗聞大同義。膝前惟汝存，喜能繼吾志。人生貴壯烈，
> 齗齗安足齒。壯烈亦殊途，輕俠非所幾。嗟嗞天生民，阨窮亦久矣。蒿
> 目豈無人，百慮難一致。聖哉馬克思，觀變識終始。臧往以知來，遠矚若
> 數計。鳥飛足準繩，周道俯如砥。愚夫執偏端，諍詰若夢寐。庶幾竭吾
> 才，靖獻思利濟。太平爲世開，絶業爲聖繼。人何以爲人，曰相人偶耳。

---

① 實指江北。
② 此首原刊時未載。

行吾心所安，屋漏庶無愧。任重道復遠，成功安可冀。毋忘子輿言，彊爲善而已。

"洛陽親友如相問，一片冰心在玉壺"，我兩年來的生活狀況，大略都在這幾首詩中了。"此身合是詩人未?"

原刊《兩年·文藝春秋叢刊之一》，上海永祥印書館，

一九四四年十月十日出版

# 沈延國《周書集釋》序

古之言文學者必稱鄒、魯，然魯之學非齊敵也。古人之著書也，非以要名利，而特欲以傳其道。故有不自名而求人名之者，《史記》言諸侯客進兵法者，魏公子皆名之是也。後人所指爲依托者，亦如是耳，非作僞以欺人也。信如是也，齊人著書，所欲依托者，宜莫如太公、管、晏。《戰國策》言，蘇秦發憤，得太公《陰符》之謀，伏而誦之。《陰符》之制，見於《六韜》，乃君與將所以陰相告語而不洩其機。兵法之家，謂其術微渺，可獨喻而不可共喻，故以是名其書。後人以蘇秦所揣摩者，有辭可誦，而指《六韜》是篇爲僞作，非也。《六韜》文辭，誠多平近，然古書之辭，較之《六韜》尤平近者，則有之矣。其所述度制，或非甚古，則古書孰無後人附益？要之謂非齊之言兵者依托太公之書，不可得也。《管子書》極雜，殆兼該九流；《晏子書》亦合儒、墨，其非一家言可知，蓋亦齊之學者所依托。抑古之承學者必守家法，非必暖暖姝姝於一先生之言也。交通未啓，民之相往來者少，學術之傳播非易，其勢固難於兼綜。故其所言，多彼此不能相通，觀其言，則可以知其流別焉，而於制度尤易見。《周官》及《大戴禮記》，言制度多與《管子》合。《考工記》，後人謂《周官》亡《冬官》，河間獻王以千金購之不得，乃以是補其處，夫《周官》六官，其屬各六十，今五官所屬，實不止三百，故或謂《周官》有錯簡而無亡篇，其說是也。即不論此，而《考工記》與《周官》不同物，安可相補？而其書多齊言。蓋二書并齊地學者所傳，故獻書者連類獻之，著録者亦連類舉之耳。《周書》七十一篇，其可見者：《職方》同《周官》，《文傳》、《大匡》、《糴匡》辭義類《管子》。王莽行六筦之詔曰："《周官》有賒貸，而《樂語》有五均。"《樂語》，鄧展謂亦出河間獻王，今其書不傳，而五均之制，實見於《周書》之《大聚》。然則參伍句考，謂此諸書皆齊之學者所傳可也。言治者莫亟於厚民生。厚民生之道，均土田、抑末業而已。鄒、魯之學，徒言井地，於關市則欲譏而不徵，而《管子書》獨懃懃於輕重斂散。何者？魯有桑麻之業，亡林澤之饒。其衰也，雖曰好賈趨利，甚於周人，亦苟爲負販，以給朝夕而已，非能豪奪吾民也。而齊，自太公已來，即已勸女紅，通魚鹽，極技巧，人物歸之，繦至而輻湊，齊冠帶衣履天下。《漢書》謂太公爲周立九府圜法，退又行之於齊。據《史記》，則九府實出管氏。秦據周舊壤，其行錢，乃在惠文王二年，安在其爲周立者？然則齊之富商大賈，其能豪奪吾民不疑也。此輕重斂散之說所由興歟？漢世今古學，相疾如仇。推其原，則今學專於魯，古學兼用齊而已矣。所以必兼用齊者？以漢世儒生，多守魯學，徒知井地之亟，而不知裁抑厚資事末業者之併兼。王莽欲大革敝俗，則必兼斯二者，故必有取於《周官》、《樂語》也。今文言五等之封，大國百里，次國七十里，小國五十里。古文則諸公之地，方五百里，侯伯已下，遞損百里，至男邦，猶侔於今文之公侯。蓋今學出於魯，所欲復者爲周初之制，古學所據，則東周後事。孟子言“周公之封於魯，太公之封於齊，皆儉於百里，今魯方百里者五”；管子亦謂桓公“齊之地方五百里”，其明徵也。今學家所言制度，皆不越百里之封，《周官》之制，則地方數圻，非復鄒、魯之士所知矣。其所托之國則然也。孔子言“吾學周禮，今用之，吾從周”；又曰“周監於二代，郁郁乎文哉！吾從周。”與《公羊》家通三統之說不類，而《史記》述鄒衍之學，五德轉移，治各有宜，其說顧極相似者。韋賢、夏侯勝、史高皆言：“穀梁子本魯學，公羊氏乃齊學也。”蓋《春秋》之學，傳之於齊，業已稍變其故矣。孔子序《書傳》，始《帝典》，而《尚書》虞、夏同科，蓋堯、舜治法，實與夏后氏同，故禮所損益，不過三代。而鄒衍之學，以黃帝已來爲學者所共術。太史公言：孔子所傳宰予問《五帝德》及《帝系姓》，儒者或不傳宰予者，闕止，嘗右齊君抑陳恒。功雖不成，齊之人蓋猶思慕之，故言五帝者托焉。又以明大戴爲齊學也。然而齊學之所知，視魯學爲恢廓矣。九流之學：雜家無所創獲，名家深玄而不切於人事；從衡家僅效一節之用；思以其道移易天下者，陰陽、儒、墨、農、道、法六家而已。神農之言，欲使人君與民并耕而食，饔飱而治，其所謂君，則烏丸大人，各自畜牧營産，不相繇役之類耳。道家之恉，在於無爲。無爲者無化；無化者，戒辟陋之邦，無效文明之俗，猶今語西南土司勿學漢人，教中國人勿隨逐歐美耳。由余之告秦繆公，則斯恉也。人日食大牢，而欲使之復茹其菽也，不亦難乎？墨子背周道，用夏政，視許行、老聃，所欲法者，已爲後王。然人既知天道遠，人道邇矣，而日聒之以天志、明鬼；人既已各親其親，各子其子矣，而强要之以兼愛、非攻；其道亦有不易行者。兼衆條貫，金聲而玉振之者，惟儒家之通三統，陰陽家之言五德終始，而最切於時務者，則莫如法家之觀鄉而順宜，因事而制禮；可以強國，不法其故，可以利民，不循其禮。鄒子齊人，儒學入齊而恢廓；前已具說。法家顯學，莫如管、韓、申、商，其學亦有精粗。中子卑卑，施之名實，未足稱也。商君《耕戰》、《開塞書》，最得富國強兵之要，故秦用之，卒併天下，然狹隘酷烈已甚，民弗堪也，故孝公以是興，始皇亦卒以是亡。韓非《孤憤》，術兼申、商，而要眇究極之言猶少，惟《管子書》最深遠矣。豈稷下學士所會，齊之承其流者，取精用弘，競以其學托之管氏，故其怪偉有如是歟？學者莫不欲以其道移易天下，亦恒爲世所移易而不自知。言佛教者至於大乘，高矣美矣，蔑以加矣，然小乘實於佛說爲近，治其學者無異辭也。希臘大哲：曰柏拉圖，曰亞里斯多德。柏拉圖作《理想國》，欲率己意，編制其羣，若一家然，亞里斯多德則不敢，惟日汲汲求知人物自然之則而已。非其知有淺深，柏拉圖所居者，希臘之小邦，亞里斯多德所相者，馬其頓之大國也。孔子慨慕大同，蓋猶柏拉圖之志；《管子書》多因勢利道之言，則亞里斯多德之倫也。儒學入齊而漸變，亦猶佛教流衍於北而大乘興也。齊學其可不措意乎？《周官》、《戴記》，皆列經部，治之者多，章句粗備。《周書》、《管子》，則極難讀。往常恨之，欲致力而未果。杭縣沈君子玄，家學淵源，最長於校勘、訓釋。發憤治此二書。蒐採粗備矣。而瑞安陳君繩父，亦發憤肆力於《管子》，成集釋二十四卷。介吳縣顧君頡剛，求予校理。予於此愧非專門，乃轉以屬沈君。而沈君之《周書集釋》先成。方將以其全力，校理陳君之書。而陳君則遭逢兵燹，轉徙流離，以今年二月歿矣。易簀之際，猶殷殷以所著書爲念，豈不哀哉！冒君疚齋，序沈君書已詳，予更畧述所見，俾讀是書者有以相發焉；又以趣沈君亟爲陳君校理其遺著也。中華民國三十一年六月二十日，武進呂思勉序。

今古文之學，自武、宣之世，迄於建安，聚訟者逾三百年。魏晉以降，其別漸煙。清中葉後，學者乃復張皇幽眇。其搜剔之細，分別之精，至矣。然能言其異，不能言其所以異也。蓋分別今古文家數者，至井研廖氏而始詳，其言今古學所以分家，既詭異不足信；南海康氏，歸安崔氏等，一蔽罪於莽、歆之僞爲，近世言辯僞者，頗揚其波，然其說，亦有未能使人共信者。此篇上溯先秦，下逮漢季，闡發今古文所以分家之故，犁然有當於人心，使千載疑團，煥然冰釋，實經學、子學一大發明也。其文春容淵懿，媲美匡、劉。昔陳蘭父稱何邵公："注《公羊》言井田，穿穴成文，如自己出，故人稱爲學海”。其實古人自有此一種文體，如賈思勰之《齊民要術序》尚然，非韓昌黎等徒矜文辭之士所知也。讀此篇，乃復見此高誼。誠亂離中一快事。六庸謹識①

原刊《兩年・文藝春秋叢刊之一》，一九四四年十月十日出版

---

① 此段識語，系刊於《兩年・文藝春秋叢刊之一》時所加。

# 論沮渠牧犍之死

　　史事之委曲難知,無如元魏之甚者。《魏書·沮渠蒙遜傳》云:世祖遣李順迎蒙遜女爲夫人,會蒙遜死,牧犍受蒙遜遺意,送妹於京師,拜右昭儀。世祖又遣李順拜牧犍使持節侍中都督涼、沙、河三州西域羌、戎諸軍事車騎將軍,開府儀同三司,領護西戎校尉涼州刺史河西王。牧犍尚世祖妹武威公主。牧犍淫嫂李氏,兄弟三人傳嬖之。李與牧犍姊共毒公主,上遣解毒醫乘傳救公主,得愈。上徵李氏,牧犍不遣,厚送,居於酒泉。上大怒。既克,猶以妹婿待之。其母死,以王太妃禮葬焉,又爲蒙遜置守冢三十家,改授牧犍征西大將軍,王如故。初,官軍未入之間,牧犍使人斫開府庫,取金銀珠玉及珍奇異物,不更封閉,小民因之入盜,臣細蕩盡。有司求賊不得。真君八年,其所親人及守藏者告之,上乃窮竟其事。搜其家中,悉得所藏器物。又告牧犍父子多畜毒藥,前後隱竊殺人,乃有百數。姊妹皆爲左道,明行淫佚,曾無愧顏。始罽賓沙門曰曇無讖,東入鄯善,自云能使鬼治病,令婦人多子,與鄯善王妹曼頭陁林私通,發覺,亡奔涼州。蒙遜寵之,號曰聖人。曇無讖以男女交接之術,教授婦人。蒙遜諸女、子婦,皆往受法。世祖聞諸行人言曇無讖之術,乃召曇無讖。蒙遜不遣,遂發露其事,拷訊殺之。至此,帝知之。於是賜昭儀沮渠氏死。誅其宗族,惟萬年及祖皆牧犍兄子。以前先降得免。是年,人又告牧犍猶與故臣民交通,謀反,詔司徒崔浩就公主第,賜牧犍死。牧犍與主訣良久,乃自裁,葬以王禮,謚曰哀王。及公主薨,詔與牧犍合葬。公主無男有女,以國甥親寵,得襲母爵爲武威公主。此中疑竇甚多。夫以魏法之酷,使牧犍早有毒公主之事,降下之日,待之安得如是其厚? 河西中毒,聞於代北,遣醫往救,猶獲全濟,毒藥殺人,有如是其緩者乎?《外戚傳》言:世祖平涼州,頗以公主通密計助之,故寵遇差隆,詔李惠之父蓋尚焉。然主死之後,仍詔其與牧犍合葬,則其恩義未絕可知。牧犍之亡,自以兵力不敵,何待密計? 公主亦未聞其聰敏能與聞政事,又何密計之能通? 然則太武伐牧犍時,詔公卿爲書讓之,以烝淫其嫂、公行酖毒、規害公主爲其罪狀，乃誣罔之辭，抑此書辭猶不知其果爲當日原文，抑出後來附益也？府庫所藏，巨細蕩盡，有司求賊不得可也，並斫開府庫者而不知，無是理也。所親人及守藏者欲告牧犍，豈不能於此時告之？即謂不然，有司豈不能拘而問之？《本紀》言：太武入姑臧，收其府庫珍寶不可勝計，然則《蒙遜傳》語純爲虛辭矣。《釋老志》言曇無讖習諸經論於姑臧，與沙門智嵩等譯涅槃諸經十餘部，又曉術數禁咒，歷言他國安危，多所中驗。蒙遜每以國事諮之。神䴥中帝命送讖詣京師，惜而不遣，既而懼魏威責，遂使人殺讖。讖死之日，謂門徒曰：今時將有客來，可早食以待之。食訖而走使至，時人謂之知命。智嵩亦爽悟，篤志經籍，後乃以新出經論於涼土，教授辯論幽旨，著涅槃義記，戒行峻整，門人齊肅，知涼州將有兵役，與門徒數人欲往胡地，道路饑饉，絕糧數日，弟子求得禽獸肉，請嵩强食，嵩以戒自誓，遂餓死於酒泉之西山，弟子積薪焚其屍，骸骨灰燼，惟舌獨全，色狀不變，時人以爲誦説功報。《釋老志》之言固難盡信，然與所謂發露其事，拷訊殺之者，何大不相類也？況蒙遜諸女、子婦皆與讖淫通，蒙遜欲殺讖，何患無辭，而必發露其淫佚之事乎？諸行人亦何敢以此術聞於世祖哉。《李順傳》言讖有方術，世祖詔順令蒙遜送之京邑，順受蒙遜金，聽其殺之，世祖克涼州後聞而嫌順。與前文所言世祖克統萬賜諸將珍寶雜物，順固辭，惟取書數十卷者，未免判若兩人。《傳》又言順凡使涼州十有二返，世祖稱其能，而蒙遜數與順遊宴，頗有悖慢之言，恐順東還洩之朝廷，尋以金寶納順懷中，故蒙遜罪釁得不聞報，崔浩知之，密言於世祖，世祖未之信。大延五年議征涼州，順議以涼州乏水草，不宜遠征，與崔浩廷諍，浩固執以爲宜征。世祖從浩議，及至姑臧，甚豐水草，世祖與恭宗書以言其事，頗銜順，謂浩曰：卿昔所言，今果驗矣。浩曰：臣之所言虛實，皆如此類。《浩傳》言涼州之役，世祖命公卿議之，奚斤等三十餘人皆曰其地鹵斥，略無水草，大軍既到，不得久停，彼聞軍來，必完聚城守，攻則難拔，野無所掠。於是尚書古弼、李順之徒皆曰自溫圉河以西，至於姑臧城南，天梯山上，冬有積雪，深一丈餘，至春夏消液，下流成川，引以溉灌，彼聞軍至，決此渠口，水不通流，則致渴乏，去城百里之內，赤地無草，又不任久停軍，奚斤等議是也。世祖乃命浩以其前言與斤共相難抑，諸人不復餘言，惟曰彼無水草。浩曰：《漢書·地理志》稱涼州之畜爲天下饒，若無水草，何以畜牧？又漢人爲居，終不於無水草之地築城郭立郡縣也。又雪之消液，才不斂塵，何得通渠引漕溉灌數百萬頃乎？李順等覆曰：耳聞不如目見，吾曹目見，何可共辯。浩曰：汝曹受人金錢，欲爲之辭，謂我目不見，便可欺也。世祖隱聽聞之，乃親出見斤等，辭旨嚴厲，形於神色，羣臣乃不敢復言。然則謂順受賕者，崔浩之辭也。抑此説亦非其實。夫浩所言者，涼州不得無水草，所該甚廣，而順等則專指姑臧城外而言，所攻在於姑臧城外，若無水草，軍馬自難久停。涼州水草縱饒，何益於事？至於雪之消液，究竟才不斂塵，抑可通渠引漕灌溉，更不待辯而自明矣。況言涼州無水草，發自奚斤，主之者三十餘人，又安得獨責順也。然則世祖果嫌順，必非以涼州無水草之議，順之受金，自屬虛誣，而識之死，是否以其有男女交接之術，更不待辯矣。然則牧犍果曷爲死哉？曰牧犍之死在真君八年三月。是時蓋吳之亂方定，蓋吳者，盧水胡，與沮渠氏同族。《蒙遜傳》：蒙遜子秉以父故，拜東雍州刺史，險詖多端，真君中與河東蜀薛安都謀反，送至京師，付其兄弟，扼而殺之。安都者，與薛永宗同舉義，永宗則與蓋吳同舉義者也。沮渠氏與西域關係頗密。魏晉以降，所謂胡者，種類極雜，而要以西域胡之程度爲最高。蓋吳之黨曰白廣平，白亦西域姓也。蓋吳之舉義也，應之者有散關氐，有李閏羌，有屠各，有蜀，有新平安定諸夷酋，吐京朔方諸胡及諸山民，蓋幾合北方諸族而與魏爲敵矣。《釋老志》言涼州自張軌後，世信佛教，敦煌地接西域，村塢相屬，多有塔寺。大延中涼州平，徙其國人於京邑，沙門佛事皆俱東，像教彌增矣。世祖即位，富於春秋，鋭志武功，每以平定禍亂爲先，雖歸宗佛法，敬重沙門，而未存覽經教，深求緣報之意，及得寇謙之道，帝以清净無爲有仙化之證，遂信行其術。時司徒崔浩博學多聞，帝每訪以大事，浩奉謙之道，尤不信佛，與帝言，數加非毀，常謂虛誕爲世費害，帝以其辯博，頗信之。會蓋吳反杏城，關中騷動，帝乃西伐，至於長安。先是長安沙門，種麥寺内，禦騶牧馬於麥中。帝入觀馬，沙門飲從官酒，從官入其便室，見大有弓矢矛盾，出以奏聞。帝怒曰：此非沙門所用，當與蓋吳通謀，規害人耳。命有司案誅一寺，閲其財產，大得釀酒具及州郡牧守、富人所寄藏物，蓋以萬計。又爲窟室，與貴室女私行淫亂。帝既忿沙門非法，浩時從行，因進其説，詔誅長安沙門，焚破佛像，勑留臺下四方，一依長安行事。然則佛法之廢，實因蓋吳舉義而見疑忌，謂由崔浩進説者，亦誣。牧犍之見殺，其故更不問可知矣。所以誣之以淫亂者，以是時沙門適有淫亂之跡，而曇無讖先以見召爲蒙遜所殺，遂以是誣牧犍而并及於讖。其實讖之見召及其見殺，自以其與聞國政，或借佛教之力以結援於柔然及西域故也。此與所謂斫開府庫多畜毒藥者，同爲莫須有之辭。鮮卑習於淫亂，太武既以是誣沮渠氏，後人乃又億測讖之見求，必以其通於房中術之故，誣人者轉以自誣矣，豈不詭哉！

牧犍之平也，《本紀》言徙涼州民三萬餘家於京師，則其所徙者頗衆，而涼州人多不服魏。據《魏書》、《北史》列傳，宗欽、段承根皆與崔浩同死，承根父暉以欲南奔見誅，張湛與浩甚密，贈浩詩、頌，浩常報答，及浩被誅，湛懼，悉燒之，閉門卻掃，慶弔皆絶，僅而得全。湛兄銚，浩禮之亦與湛等。浩乃蓄志反魏者，牧犍既有異圖，其故臣民與之交通，宜也。秉無論矣，即萬年與祖，初雖背國，後仍以謀叛魏見誅，然則沮渠氏之不服魏者，亦非牧犍一人也。牧犍死，魏仍以王禮葬之，則雖以與故臣民交通見誅，而實未嘗聲其罪。所以然者，魏自知竊據，最諱言人之叛之，其殺崔浩以史事爲名，亦由是也。

# 崔　浩　論

　　往讀史，嘗怪五胡入據中原，中國士大夫，皆仇仇倪倪而爲之下，曾未有處心積慮，密圖光復者；今乃知崔浩則其人也。浩仕魏歷三世，雖身在僞朝，而心存華夏，虜欲猾夏時，恒詭辭飾説，以謀匡救；而又能處心積慮，密爲光復之圖；其智深勇沈，忍辱負重，蓋千古一人而已。徒以所事不成，遂致所志不白，尚論者徒以虜朝名臣目之，豈不哀哉！

　　浩之敗，《魏書》云以史事，此説實不待深思，即知其非實。何者？魏史之作，始於鄧淵，而浩繼之。浩初與史事，在神䴥二年，同作者有浩弟覽、高讜、鄧穎、晁繼、范亨、黄輔等，秉筆者非浩一人也。平涼州後，以浩監祕書事，而高允、張偉，共參著作，則浩不過“總裁而已”。《高允傳》允之言如是，此非虛語也。魏於史事，忌諱最甚，而其誅戮最酷，孰敢顯揭其惡？浩書果觸其忌，閔湛、郗標，安敢以刊石爲請？恭宗素謹慎，亦安得而善其請？浩也内文明而外柔順，爲人寫《急就章》以百數，必稱“馮代强”，以示不敢犯國，其謹也如此，而豈輕於一擲者哉？史稱浩述國事，備而不典，而石銘顯在衢路，往來行者，咸以爲言，此《魏書》之辭。《北史》云：北人咸悉忿毒，相與構浩於帝，其辭較《魏書》爲重。可見浩事情形，傳者并不深悉，後人以其見戮之酷，億測其觸怒北人必深，加重其辭，延壽遂據之以竄易《魏書》耳。一似浩舉北人不可告人之隱，盡行宣泄者。然事發之後，浩僅伏受賕，是有虛美之辭，而無癉惡之實也。浩之見誅，同作史者一無所問，僅高允於浩被收時召入詰責，終亦見釋。後允久典史事，所續者仍浩故事也，其犯觸者安在？或曰：浩之死，僅吏已上死者百二十八人焉，安得云無所犯觸？此亦不善讀史之過。《北史·允傳》載游雅之言，謂浩被詔責時，聲嘶股戰，不能一言；而允敷陳事理，申釋是非，辭義清辯，音韻高亮。夫允之爲人，豈强於浩？而是時能如是者，浩之所坐，本非史事，允實明知故也。世祖勑允爲詔，自浩已下僅吏已上百二十八人，皆夷五族，允持疑不爲，頻詔催切，允乞更一見，及見，則曰：“浩之所坐，若更有餘釁，非臣敢知。直以犯觸，罪不至死。”觀此言，浩案之真情，躍然可見矣，允徒以史事見詰，又何懼焉？

《宋書・柳元景傳》：元景河東解人。曾祖卓，自本郡遷於襄陽。從祖弟光世，先留鄉里，魏以爲河北太守。光世姊夫爲司徒崔浩，魏之相也。元嘉二十七年，拓跋燾南寇汝、潁，浩密有異圖，光世要河北義士爲浩應。浩謀泄，被誅。河東大姓坐連謀夷滅者甚衆。光世南奔得免。《魏書・浩傳》言：浩之誅，清河崔氏無遠近，范陽盧氏，太原郭氏，河東柳氏，皆浩之姻親，盡夷其族。《盧玄傳》言：玄，浩之外兄。玄子度世，以浩事，棄官逃於高陽鄭羆家。羆匿之。使者囚羆長子，將加捶楚。羆戒之曰："君子殺身以成仁，汝雖死勿言。"子奉父命，遂被考掠，至乃火爇其體，因以物故，卒無所言。度世後令弟娶羆妹，以報其恩。度世四子：淵、敏、昶、尚。初玄有五子，嫡惟度世，餘皆別生。崔浩之難，其庶兄弟常欲害之，度世常深忿恨。及度世有子，每戒約令絶妾孽，以防後患。至淵兄弟，婢賤生子，雖形貌相類，皆不舉接，爲識者所非。鄭羆之於度世，交義未知如何，然亦何至殺其子以全亡命之人？疑浩之義圖，度世與羆皆與焉。元丕謀逆，子隆、超皆與，而其後妻之子，絶不與聞。《魏書・神元平文諸帝子孫傳》。楊侃與莊帝圖尒朱榮，尒朱榮入洛，侃時休沐，得潛竄歸華陰。後尒朱天光遣招之，立盟許恕其罪。侃從兄昱，令侃出應，假其食言，不過一人身殁，冀全百口。侃往赴之，遂爲天光所害。《魏書・楊侃傳》。當時士大夫之見地，固如是也。北朝嚴適妾之別，因之適庶兄弟，忮刻亦深，讀《顏氏家訓・後娶》篇可知。度世之誡妾孽，蓋實由其隱痛之深，非之者未識其苦心耳。《宋書》之爲實錄無疑矣，而信之者絶少，司馬公作《通鑑》，亦不之取，見《考異》。豈不異哉？

浩稱虜魏名臣，然細觀所言，便見其無一不爲中國計者。神瑞二年秋，穀不登，王亮、蘇垣勸明元遷鄴，浩力阻之，蓋不欲虜薦居中國，抑亦慮其因饑而至，詒害於民也。宋武之伐姚秦，魏外朝公卿，咸欲發兵斷河上流，勿令西過。又議之內朝，咸同外計。明年，晉齊郡太守王懿降魏，上書勸絶宋武後路，明元因欲遣精騎南襲彭城、壽春。以宋武當日兵鋒之銳，姚秦衰弱之甚，魏即發兵，亦未必能爲晉害，然究多一敵。浩又力阻之，其以存中國，更顯而易見。明元使太武監國，意自別有所在，説詳另條，浩之力贊之，則似以其母爲漢人之故。是時太武年尚少，逮其成長，其氣質乃純乎爲一鮮卑人，則非浩所能逆料也。時適聞宋武之喪，明元因欲取洛陽、虎牢、滑臺，浩又力阻之。歆之以南金象齒羽毛之珍不求而至之利，怵之以裕新死，黨與未離，兵行其境，必相率拒戰，功不可必之害，其爲中國計，又情見乎辭矣。明元不聽，遂遣奚斤南伐。議於監國之前，曰：先攻城也？先略地也？公孫表欲先攻城，而浩請先略地。曰：分軍略地，至淮爲限。列置守宰，收歛租穀。滑臺、虎牢，反在軍後，絶望南救，必沿河東走。若或不然，即是圍中之物。讀史者觀虜馬飲長江之役，六州荒殘，河南遂不可守，以此爲猾夏之上策，謂浩爲虜計甚深，殊不知虜是時之兵，絶非太武自將時比。宋雖將多怯懦，兵力亦尚充足。魏處代北，聲援縣隔，偏師南下，安能列置守宰，至於淮上？是時之爭河南，必也力攻數大鎮，以破南朝設守之局。《公孫表傳》言：明元欲先略地，蓋嘗動於浩之議，然其後自將而南，亦力攻虎牢，蓋用兵形勢實如是。浩之言似爲虜計，實爲中國計也。太武欲用兵於僭偽諸國及北狄，浩無不力贊之，蓋引其力以他向，使不專於中國；抑亦欲疲之也。攻赫連昌之役，《浩傳》言：世祖次其城下，收衆偽退。昌鼓噪而前，舒陳爲兩翼。會有風雨從東南來，揚沙昏冥。宦者趙倪進曰：今風雨從賊後來，我向彼背，天不助人；又將士飢渴，願陛下攝騎避之，更待後日。浩叱之曰：是何言與？千里制勝，一日之中，豈得變易？賊前行不止，後已離絶，宜分軍隱出，掩擊不意。風道在人，豈有常也？世祖曰善，分騎奮擊，昌軍大潰。然據《昌傳》：則昌軍行五六里，世祖衝之，其陳尚不動；及分騎爲左右以掎之，世祖墜馬，流矢中掌；則是役實爲幸勝。不顧風雨及將士飢渴而徼幸於一決，此豈用兵之法？浩殆以是誤虜與？神䶂二年，議擊蠕蠕，朝臣内外，盡不欲行，孫太后尤固止之，而浩堅主宜出。是時宋方議北伐，浩蓋欲分魏兵力，而此役遂至大捷，柔然遠遁，高車降者甚多，反爲魏之大利，則宋不能乘機，魏太武之雄勇實爲之，非浩謀之不臧也。俄魏南藩諸將，表宋大嚴，欲犯河南，請兵三萬，先其未發逆擊之，因誅河北流民在界上者，絶其鄉道，足以挫其鋭氣，使不敢深入。先聲奪人，實用兵之長策。浩乃訾諸將欲南抄以取貨財，爲國生事，非忠臣，蓋欲一舉而杜武臣之口矣。太武聞赫連定與宋文帝遥分河北，欲先事定，諸將以宋師猶在河中爲疑，浩又決宋無北渡意，豈能灼知其然？其欲分虜兵力，猶素志也。太武之伐沮渠牧犍也，奚斤等三十餘人阻之，浩贊之。世皆多浩讀書能致用，此亦爲史籍所誤。當時之所爭者，軍行有無水草，古弼、李順等言：“自溫圍河以西，至於姑臧城南，天梯山上，冬有積雪，深一丈餘，至春夏消液，下流成川，引以溉灌。彼聞軍至，決此渠口，水不通流，則致渴乏。去城百里之内，赤地無草，又不任久停軍馬。”浩則曰：“《漢書・地理志》稱：涼州之畜，爲天下饒。若無水草，何以畜牧？又漢人爲居，終不於無水草之地築城郭立郡縣也。”夫李順等所言者，乃姑臧城外之事，浩所言則涼州全州。所攻在於姑臧，城外果無水草，他處縱極豐饒，何益於事？立城郭者誠不於無水草之地，然自漢至魏，水道豈無變遷？然則太武之幸成，亦以沮渠牧犍未能決渠以困敵耳。浩之所以教太武者，實爲危道，浩豈不之知，蓋亦欲以是誤虜也。涼州既平，浩勸不徙其民，太武不聽。後蒐於河西，詔浩詣行在所議軍事。浩仍欲募徙豪强大家，以充實涼土，軍舉之日，東西齊勢，以攻蠕蠕，此仍是引魏外向以疲其力之志，其爲中國計，豈不深且遠哉？

　　《浩傳》言：浩從太宗幸西河太原，登憩高陵之上，下臨河流，傍覽川域，慨然有感，遂與同寮論五等郡縣之是非，考秦始皇、漢武帝之違失，好古識治，時伏其言。寇謙之屬其撰列王者治典，并論其大要，浩乃著書二十餘篇，上推太初，下盡秦漢變弊之跡。大旨先以復五等爲本。兩晉以降，善封建者固不乏其人，然浩之言此，則似别有深意。當時世家大族，在各地方之勢力頗强，其心未嘗不惡異族而欲驅除之，然皆手無斧柯，故終無所成就。拓跋氏設用浩説而行封建，代北之族，受封者固必多，然必亦間以漢族之名臣宿將。客族在中國，雖據數百里之地，必無能爲，而漢族之世家大族，向僅爲郡縣之長，堡塢之主者，各獲君其土而子其民，則情勢大異矣。《高允傳》言：浩薦冀、定、相、幽、并五州之士數十人，各起家郡守。恭宗謂浩曰：“先召之人，亦州郡選也，在職已久，勤勞未答，今可先補前召外任郡縣，以新召者代爲郎史。又守令宰民，宜使便事者。”浩固爭而遣之。允聞之，謂東宮博士管恬曰：“崔公其不免乎！苟逞其非，而校勝於上，何以能濟？”以浩之深沈，豈不知爲危道？然必固爭之者，得毋爲登高一呼四山響應之計邪？郡縣雖無根柢，亦時或爲合從討伐之資，而況於封建乎？浩之言此，必别有深意矣。

　　不獨崔浩，即寇謙之亦有心人也。《魏書·釋老志》：謙之自言，嘗遇仙人成公興，將之入嵩山。歷年，謂謙之曰：興出後，當有人將藥來，得但食之，莫爲疑怪。尋有人將藥而至，皆是毒蟲臭惡之物。謙之大懼，出走。興還問狀，謙之具對。興嘆息曰：先生未便得仙，政可爲帝王師耳。又言：有牧土上師李譜文，來臨嵩岳，云老君之玄孫，爲牧土宮主，領治三十六土人鬼之政，地方十八萬里有奇。其中爲方萬里者有三百六十方，以嵩岳所統廣漢平土方萬里授謙之。而《浩傳》載謙之謂浩曰：吾行道隱居，不營世務，忽受神中之訣，當兼脩儒教，輔助泰平真君，繼千載之絕統。其非忘情於世可知。《釋老志》言：謙之以始光初奉其書而獻之，時朝野聞之，若存若亡，未全信也，崔浩獨異其言，因師事之，受其法術，上疏讚明其事。《浩傳》亦言：謙之每與浩言，聞其論古治亂之跡，常自夜達旦，竦意歛容，無有懈倦。既而歎美之曰：斯言也惠，皆可底行，亦當今之皋陶也。但世人貴遠賤近，不能深察之耳。二人之互相標榜，果何爲哉？太武之攻赫連昌，太尉長孫嵩難之，乃問幽徵於謙之，謙之對曰必克。神䴥二年攻蠕蠕，謙之亦贊之，且固勸太武窮討。其於浩，可謂如驂之靳矣。浩不好老、莊之書，尤非毀佛法，而獨信謙之，寧有是理？浩在道武之世，不過以工書在左右耳，及明元世，忽與軍國大謀，豈真以其嘗授經書哉？明元好陰陽術數，而浩中以《易筮》及《洪範五行》，彼墮其術中，固其所也。太武好用兵，浩則以征伐中其欲，然亦未嘗不侈機祥。浩之毀佛法也，《釋老志》謂其以爲虛誕，爲世費害。謙之之虛誕，未知視佛爲何如？《志》又言：恭宗見謙之奏造静輪宮，必令其高不聞雞鳴狗吠之聲，欲上與天神交接，功役萬計，經年不成，乃言於世祖曰：“人天道殊，卑高定分，今謙之欲要以無成之期，説以不然之事，財力費損，百姓疲勞，無乃不可乎？必如其言，未若因東山萬仞之上，爲功差易。”世祖深然恭宗之言，但以崔浩贊成，難違其意，沈吟者久之，乃曰：“吾亦知其無成，事既爾，何惜三五百功？”於佛則病其費害，於老則助其怪迂，浩之悖至是哉？二人之相比周，其意居然可見矣。毛脩之雖終没於魏，實未嘗忘華夏。《傳》言朱脩之俘於魏，（毛）脩之經年不忍問家消息，久之乃訪焉。（朱）脩之具答，并云：“賢子元矯，甚能自處。”（毛）脩之悲不得言，直視良久，乃長嘆曰：“嗚呼！”自此一不復及。亦可哀矣。《南史·毛脩之傳》。而其得不死，實以謙之營護故。謙之豈無心於中國者哉？

《崔玄伯傳》云：始玄伯因苻堅亂，欲避地江南，於泰山爲張願所獲，本圖不遂，乃作詩以自傷，而不行於時，蓋懼罪也。及浩誅，高允受敕收浩家，始見此詩，允知其意，允孫綽録於《允集》。然則浩之乃心華夏，實不自浩始。即其藏機於密，亦不自浩始，而終於泄露。其事因魏人諱飾之深，遂無可考見，然仍有可微窺者。《盧玄傳》云：浩大欲齊整人倫，分明姓族，玄勸之曰：“夫剏制立事，各有其時，樂爲此者，詎幾人也？宜其三思。”浩當時雖無異言，竟不納，浩敗頗亦由此。然則浩謀之泄，似仍是漢人發之也。

浩所擁右者爲王慧龍。慧龍，《傳》言其自以遭難流離，嘗懷憂悴，乃作祭伍子胥文以見意。生一男一女，遂絶房室。布衣蔬食，不參吉事。時制：南人入國者，皆葬桑乾；而慧龍臨没，乞葬河内。雖重私讎，亦非昧於民族大義者。魯軌謂其非愉之子，殆不足信。又北方諸國中，最不服魏者爲涼州人，而張湛、宗欽、段承根，皆與浩善。欽、承根皆與浩俱死，湛亦僅而得免。浩之所善者如此，其爲人不彌可見哉？

原刊《星花：文藝春秋叢刊之二》，一九四四年十二月一日出版

# 上海人的飲食——辟穀

上海是中國第一大商埠，富豪之所萃，其飲食，自然是講究的了。然而以爲就是滋養的，則恐未必。美味與滋養，係屬兩事，此人人之所知。中國人有一個傳統的觀念，以爲穀物是最滋養的，飲食的目的，本來只在穀物。至於菜肴，不過因穀食太淡，不能下咽，用以"下飯"而已。這種觀念的非是，在今日，自亦無待深論。多吃肉類，自然是不對的。至於植物，則較之穀類爲滋養的，正不知凡幾。這也無待多説了。

吾人以穀類爲主食，在穀類之中，又特重米麥；怕不過是（一）經濟上（二）嘗味上的原因。即合此二者而論之，在某一時代之中，穀類是適者；在某一時代之中，米麥又是穀類中之適者，穀類競相栽培，競相食用，久之，就成爲習慣了。實則以穀類，尤其是以米麥爲主食品，所攝取的養料，怕遠不如疏食時代之多。

"疏食"與穀食，係相對的名詞，即除穀物以外，凡植物性的食物，總稱之爲疏食。在後世，此類食物，只有荒年才用作主食品，如《救荒本草》等書所載的便是。在古人則用作主食品的很多。所以管子説"萬家以下，則就山澤，萬家以上，則去山澤。"山澤就是疏食出産地的地名，它所養活的人口，可至一萬家之多。

而我還有一個奇想。這似乎是空想，其實不是空想，因爲有事實做證據。當民國十五年，國民革命軍到達武漢時，武昌城被圍頗久。其時有一個藥店的學徒，受店中之命，去運許多何首烏回來。未及到店，砲彈已臨，路途阻斷了，只得將何首烏運至自己家中。他家中只有一個老父，久已癱瘓不能行動了。城圍既久，食物斷絕，父子兩人，只得把何首烏當飯吃。約莫一個月，他父親癱瘓的病，竟爾痊癒了。此事見於當年上海某報的新聞欄，並非無稽的傳説。某學徒之父癱瘓病之獲愈，其間別無他種原因，斷不能謂非何首烏之功效。

我因此想到：《本草》上所謂某物久服則輕身延年等，並非騙人的話，不過他所謂"服"，一定是用作主食品，不是當藥吃的。還有，我們在説部中，往往看見某人隱遁山中，不食人間烟火之食，久之則身輕能飛行等語，總以爲是無稽之談了，其實亦不盡然。在光緒丙午或者是丁未年的《時報》中，曾載有譯聞一則，説瑞典國有一人，入山迷路不得出，即以山中某種果實爲食。三四年後，有人入山遇之。他已體上生毛，身體甚輕，能在許多大樹的頂上，竄來竄去。

這兩條新聞，我在當時，都曾經剪下保存的，可惜現在都遺失了。古人有所謂"辟穀"的，就是不吃穀類。據古人的記載，大約吃肉類是有流弊的，而且流弊很大，吃植物，則多有良好的結果。

在今日萬般皆重實驗的時代，此事似乎值得一試。但在今日，此等穀料，較穀物爲貴，窮人自然無力去試，有力量去試的，自然是通都大邑的富豪了。這在今日，自亦無從説起，而得待諸掃盪廓清之後。

原署名：程芸，原刊《上海生活》第一期，一九四四年十二月

# 上海人的飲食——烹調

　　喫飯，真是件麻煩的事。主婦做了廚房的奴隸幾千年，到現在，還有人提倡，要驅逐她們回到廚房裏去。家有廚役的主婦，固然没有這個麻煩，然而廚役的工夫，也一樣可惜。

　　然而烹調的技術，太專門化了，做慣廚房奴隸的主婦和廚役往往菜還做不好，何況毫無研究的我呢？

　　我曾對人說："到時局清明之後，我所要做的事，也大略做成了，我一定來研究做菜。我來研究做菜，一定大有發明，卻是要一筆相當的資本。"

　　人家問我："你這話怎樣講呢？"

　　我說："這道理容易明白得很。現在做菜所以成爲專門的技術，實因所做的菜，種類甚多，而供給做菜的器具太少。譬如煮、炒、灼、……所用不過一只鍋子而已。總而言之，一種器具，要做幾十幾百種用處。器具簡單，技術自然複雜了。倘使一種做法，有一種器具。某種菜放到某種器具裏去，使用一定的火力，經過一定的時間，菜就自然會成功。如此，則做菜根本不成其爲技術。但是要技術簡單化而至於極平凡，器具非進於極複雜不可，不得不多儲煤鐵等物以備用；而且要養着匠人，時時新造或改制器具；安得不要一筆資本？"

　　我這種試驗而逐漸成功，廚房中的奴隸，就逐漸解放了。

　　我這話，曾兩次在學校的宴會席中提出。有一校的教職員，頗能接受，又一校的教職員，則没有反響。其中有一位資格最老的外國語教員接着說："烹調之妙，運用在乎一心。所以許多名廚，各有他的拿手菜。"他又接着說：某地方有某種著名的菜，某名廚有某種拿手的菜，說得眉飛色舞。他並未有心駁我，不過興之所至，言之不啻若是其口出而已。我聽之，卻只有苦笑而已。

　　我這種說法，上海人是最有試驗的機會的。因爲這種烹調法，最喫緊的，是有一定的火力,這自然最好是電竈了。然而在今日,誰還有電力供給你試驗烹調呢? 自然只好俟諸異日了。

原署名:程芸,原刊《上海生活》第二期,一九四四年十二月

# 論疑古考古釋古——爲徐永清作

語曰：理事不違何也？曰：即事而求其所以然，是之謂理，事之外無理也。昧者不察，以爲所謂理者，恒存於天壤之間，古人特未之知，遂以是譏古人，祇見其昧於今古之辨而已。夫一人之身而百工之所爲備，我之所爲者，既無餂奉諸人人，而人之所爲者，亦莫或能致之於我，如是，其勢安得無交易，有交易矣，安能無泉幣，此固理之易明者也。然追溯夫大道之行，人不獨親其親，不獨子其子，貨惡其棄於地也，不必藏於己，力惡其不出於身也，不必爲己。當是時也，且無交易，皇論泉幣，後世所謂商業幣制之理，又安所依而存？即至大道既隱之世，有交易矣，有泉幣矣，然其時之法俗，猶與今日大異，經商製幣之法，自亦與今日大異。世異變，則所以爲備者不同，顧譏古人崇本抑末之論廢，貴五穀而賤金玉之説爲大惑不解，可乎？世變日新，理之新者，即隨事而日出無窮，今人與古人所見自不能同，聽見異，於古説安能無疑。而古書之訓詁名物，又與後世不同，今人之所欲知者，或非古人之所知；或則古人以爲不必知；又或爲其時人人之所知，而無待於言，而其所言者又多不傳；幸而傳矣，又或不免於訛誤。如是求知古事者，安能廢考釋之功？然於今日之理，異於古人者茫無所知，則讀古書，安能疑？即有所疑亦必不得其當，而其所考所釋，亦必無以異於昔之人，又安用是喋喋爲哉？故疑古考古釋古三者必不容偏廢。然人之情不能無所偏嗜，而其才亦各有所長。於三者之中，擇其一而肆力焉可也。而要不可於餘二者絶無所知，而尤不可以互相詆排，此理亦灼然，而世之人多蹈其失何也？曰：此由其靳用真功力而急於小成。《孟子》曰：博學而詳説之，將以反説約也。欲守約必先求博聞，不然，則陋而已矣。今之人往往通識未之具也，必不可不讀之書，讀之未嘗遍也，而挾急功近名之心，汲汲於立説，説既立矣，則沾沾爾自喜。有箴之者，雖明知其是，亦護前而不肯變，捨正路而弗由，安得不入於叢棘乎？徐子永清英年好學，居家日以治史爲務，搜求既廣，研覽尤勤，誠史學界中後起之秀也。以今人所謂疑古考古釋古者爲問，輒述所見，以廣其意焉。民國三十三年十月二十三日武進吕思勉。

# 蠹魚自訟

"臣朔猶饑，侏儒自飽，畢竟儒冠誤"，這種感慨，從前讀書人，是常有的，我卻生平沒有這一種感慨。

我覺得奮鬥就是生命，奮鬥完了，生命也就完了。從前文人的多感慨，不過悲哀於不遇，奮鬥是隨時隨地，都有機會得的，根本無所謂遇不遇。況且我覺得文人和學人的性質，又有些不同。文人比較有閑，所以有工夫去胡思亂想，學人則比較繁忙，沒有什麼閑的工夫。我雖沒有學問，卻十足做了半生的蠹魚，又何從發出什麼感慨來呢？

然而我也說"被讀書誤了"，這又是何故？

這話倒也是站在學人的立場上說的。學問之道，貴乎求真，"真的學問，在空間不在紙上"，這個道理，是容易明白的。自然，最初寫在紙上的，是從空間來的，不然，他也不會有來路。然而時間積久了，就要和實際的情形不合，所描寫的，不是現在的情形了；所發表的意見，也和現在不切。然而時間積久了，就使他本身成為權威，以為除書所載而外，更無問題，而一切問題，古人也都已合理地解決了，所苦者，祇是我們沒有能了解古人的話，或雖了解而不能實行。即有少數人，覺得書之外還有問題，古人解決問題的方法，亦未為全是的，然而先入為主，既經受了書的暗示，找出來的問題，還是和古人相類，而其所謂解決的方法，也出不得古人的窠臼，和現在還是隔著一重障壁。所以從來批評讀書人的，有一句話，叫做"迂闊而遠於事情"。"情"是"實"，"事情"就是"事實的真相，""迂"是繞圈子，"闊"是距離的遠，你不走近路而走遠路，自然達不到目的地，見不到目的物的真相了。這一個批評，實在是不錯的，讀書人的做作事，往往無成，就是為此。

然而不讀書的人，作事也未必高明些，這又是何故？固然，他們有成功的，然而祇是碰運氣。運氣是大家可以碰到的，就讀書人也未必不能碰到。不學無術的英雄，氣概是好了，也未嘗不失敗，就是為此。老實說：他們的作事，比讀書人也高明不出什麼來，甚而至於還要低劣些，因為讀書人還有一個錯誤的計算，他們則並此而無之了。

做事情要有計算，畢竟是不錯的。讀書人的錯誤，並不在於他們的喜歡研究，而在於所研究者之非其物。研究的物件錯了，自然研究的結果，無一而是了。別人我不敢說，我且說我自己。我亦不敢說得遠，且說這兩年來的事情。

我是半生混跡於都市之中的，近兩年來，卻居住和往來於鄉間有一年半之久，這是我換了一個新環境了，我卻得到些什麼呢？

近幾年來，時局大變了。時局的變化，是能給人以重大的刺激和親切的教訓的，就鄉下人也該有些覺悟，然而大多數人，混沌如故。他們對於時局的認識，倒底如何？感想倒底如何？

離開時局說，一個人總有他的世界觀和人生觀的。有些人，以爲哲學是高遠絕人之物，這根本是一個誤解。每一個人，總有他的世界觀和人生觀，這就是他的哲學了。哲學雖看似空虛，實在是決定人生的方向，指導他的行爲的。然則他們哲學上的見地，究竟如何？自然，他們哲學上的見地，也不能一致。然則老的如何？少的如何？男的如何？女的如何？莊稼人如何？做手藝的如何？足迹不出里閈者如何？常往來於城市者如何？……

以上的話，似乎太籠統了，說得具體些。這幾年來，鄉間實在有一個嚴重的現象，那就是人口，而尤其是壯丁的減少。工資騰貴了，以今日的幣價而論，或亦可說其實並沒有騰貴，然而就使你真提高了工資，也還是雇不到人。事業比戰前，並沒有擴充，而且顯著地減少了，人浮於事的現象，則適得其反，這能說是人口至少是壯丁沒減少麼？然而你問起人家來，人家總說並沒有減少。甚而至於說還有增加。他或者看見他的親戚、朋友、鄰里，新添了一兩個丁口，而老的也沒有死去罷？

農產品騰貴了，鄉里人的生活，究竟如何？有一個比較留心的人對我說：“最好是三十年。這時候，農產品已經比較騰貴了，別種物價的騰貴，卻未至如今日之甚，稅捐的剥削，也還未至如今日的属害，幣價卻低落了。我們鄉間，有一種‘活田’，就是名爲賣，而有了錢，依然可以出原價贖回的。據說在這一年，鄉下人這種田，幾乎贖去了十之八九，佃農變作自耕農了，這是一個生活較好的鐵證。近兩年來，各種物價，都騰貴了，稅捐的剥削，也更属害了，就鄉下人也大呼生活艱難，然而生活必要的資料，尤其是食料和燃料，他們手裏畢竟有一些實物，和城市中人動輒要買，而且還不易買到的不同，所以他們的生活，比城市中人，畢竟要好些。”以他們向來勤儉的習慣而論，處這極其危險,而還未至於絕無可爲的地位,該格外奮勉向上。然而有一部分人,卻因手中貨幣虛僞的數量上的增多,或者交易上一時的有利,而露出驕氣,其實是暮氣來了。譬如,有一個佃戶,找他的田主要借錢。田主道:"我借給你,也不過兩三千元。"佃戶便哼的一笑道:"兩三千元麼?我上茶館天天帶著的。"這所謂上茶館,並不是真去喝茶,你袛要午後走過市集,便可見得所謂茶館裏,並沒有一個人在那裏喝茶,你如走得口渴,要想泡一碗茶喝,他也可回說沒有。真的,他的火爐中並沒有火。然則茶館開著做什麼呢?你再一看,就可見一桌一桌的人,在那裏叉麻雀了,叉麻雀還算是文氣的,還有更武氣的賭。茶館裏也算是比較優等的地方,劣等一些,便在人家簷宇下,安放一張桌子,或者還是凳子,四面圍著些人,便在那裏擲骰子,推牌九了。落在後排的,便自己帶了凳子來,高高地站在上面,在人背後奮勇參加。

這還是不至於淪落的人,淪落的人,就更無從說起了。有一個佃戶,因爲替田主照應墳墓的關係,既不交租,又不完稅,而且還住了田主的屋子。然而他窮得了不得,穀未登場,已非己有,有錢在手裏就賭。近兩年而且害起病來了,不能耕種,十畝倒荒掉五畝以上,那五畝不到,還是他女人勉力種的。他卻天天站立在門外,負手逍遙,見有收捐的人來,便從屋後向田野中溜掉了,讓他的女人去支吾。

這種人,或者可以說是生來就能力薄弱的,然亦有向來勤儉的人,在這幾年中,環境也逼迫他,或者引誘他,使他墮落。有一個城市中人,在戰前,是相當勤儉的。他產業的收入不多,靠親戚貼補些,又自用縫衣機器縫衣,也還圖個溫飽。戰時房屋燒掉了,他便把地皮賣掉,到鄉間買了二十多畝田。這時候,還很有勤儉自持的樣子。不知如何,忽而把毒品吸上了。從此漸漸地不像個人。一兩年後,身體也衰弱得不成話了。有一天,吃了晚飯,勉強走出去過癮,竟因心臟的工作忽而發生障礙,就死在售吸之處,僅有的餘款和田地契等,被和他有同嗜的人,回到他寓處擄去了。

這是鄉間的情形,至於城市之中,則我在兩年前回鄉時,覺得大家還有些震動恪恭的意思,未忘其所處者爲非常時期,今則此等人幾於不可復見了。變節不會變得這麼快,或者是"賢者辟地"了罷。否則"萬人如海一身藏","衆裏尋他千百度,驀然回首,那人卻在,燈火闌珊處",自然也是不容易遇見他的。眼前數見不鮮的,則不是想發橫財,就是且圖享樂。再不然,就是刺激受得過度而麻木了。什麼事情,也刺激他不動,正像耳朵給砲聲震聾了,再也聽不見什麼一般。現在的環境,真能使人墮落麼?然而不靠白血球和病菌苦戰一番,安能使新陳代謝的作用旺盛,而收除舊佈新之效呢?

　　迷信事項,不論在城市在鄉,都見其盛行,且如現在是九秋天氣,我們家鄉的風俗,從舊曆九月初一日起,到初九日止,是有所謂"拜斗",亦謂之"禮斗"的一種舉動的。那便是道士,或者雖非道士而著了道士的衣服,念著一種"斗壇經",向所謂北斗星君者,磕頭禮拜,求其增加壽算,或者不剋減。拜斗之處,明明是一所屋子,其名稱卻謂之壇。在敝處小小的一個城市中,所謂壇者,卻也有好幾處。最初,拜斗的人,都自以為是功德。他們有一種公款,以作開支,並不靠人家補助的。然而"螻蟻尚且貪生,為人豈不惜命"? 增加壽算,或者不剋減的事,豈怕沒有同志? 而況"南斗注生,北斗注死",這傳説業已不知其幾何年,豈怕沒人相信? 於是有害了病,去請他們拜斗,以求不死的;也有雖然無病,而亦去請他們拜斗,以期更享高齡的。久而久之,拜斗也逐漸地商業化了,雖然抱著做功德之念者,今日亦非遂無其人。在戰前,禮斗一次,不過花上二三百元,現在則起碼萬元,多的到萬五千元以外。然而從初一到初九,應付這些主顧,還是來不及,而不得不把拜斗之期,延長到初十以後,這是眼前的即景,追想幾個月前,關帝廟中的廟祝,説某日是關帝的生日了,托人四出募捐。旬日之間,所得計有二十萬。一天工夫,據説都花消完了。經手的人不必説,佈施的人,該是"誠發於中","義形於色",必不容人家有什麼不端的行為的了,然而就是關帝生日這一天,關帝廟裏,就呼盧喝雉了一夜,他們竟熟視若無睹,無可如何麼? 或者也有之,然又何苦踴躍輸將於前呢? 還有所謂什麼道的,所崇拜的物件,不知是什麼。所講的道理,更其非驢非馬,聽得要使人"冠纓索絕"。然而相信他的人,也是不遠數百里而來,所捐輸的款項,據説亦在數十百萬以上。

　　墮落的為什麼墮落? 頹放的為什麼頹放? 發狂的為什麼發狂? 癡迷的為什麼癡迷? 這都各有其所以然的,斷不是坐在家裏,用心思去測度所能夠知道。發憤罵人,總説人家不應該如此,那更可笑了。"世界上是沒有一件事情沒有其所以然的,即無一件事情是不合理的,不過你沒懂得他的理罷了。"怎樣會知道許多道理呢? 那就要多多和事實接觸,且如今日,人口倒底減少不減少? 如其減少,是怎樣減少的? 所減少者專在壯丁,還是連老弱都受到影響? 其減少的原因,又是為何? 我固然沒有法子,像調查戶口般逐戶去調查,然使周歷鄉間,多和各種人物接觸,難道沒有機會,知道其中一些真相麼? 這是一端,其餘可以類推。總而言之,和各種事實接觸得多了,和各種人物接觸得多了,自然你易於知道一切事情真相,向來知其然而不知其所以然的,自然有許多，你能夠知其所以然了。這裏頭，一定有許多嶄新的材料，爲你向來所夢想不到的，使你見所未見，聞所未聞，不徒能增加知識，而且還饒有趣味。

這事情難麼？我是有資格可以去訪問鄉間的所謂鄉先生的，城市中人，熟識的更多了。他們或者都以爲我是一個無用之人，然亦都知道我是個老實人，別無作用，一切事情的真相，對我盡情吐露，並無妨礙。聽他們的說話，或者一時不易得到要領，然而我自有法子去探問；聽了他們的話，我自會推測、補充、參證、綜合的。至於城市中素未認識，而又談話比較有條理的人，鄉間的農夫野老、婦人孺子，你要和他接觸，而使你得到一個滿望的結果，那更容易了。總而言之，祇要你有決心，有耐心，去和他們接觸，決不會無所得，而且所得一定很多。在交通上，周歷各處，在今日或者是比較困難的，而且還冒些風險，然亦未至於不可通行。我們從前讀書，不常看見亂離之時，交通困難，要避免了某種特殊勢力，或者要結托了某地段的豪傑，才能夠通行無阻麼？在今日，正可親歷其境，以知道所謂亂離之世的真相，不但活生生的事實，不放他眼前空過，就是讀書時候所見到的許多事實，知其然而不知其所以然，百思不得其解，就自以爲解，其實也是誤解的，也可因活事實的參證，而知道其所以然了。喜歡讀說部的人，爲什麼多？喜歡讀正書的人，爲什麼少？豈不以說部的敍述比較詳盡，容易瞭解，又其材料都爲現代的，親切有味麼？其實說部的内容，就使都從閲歷得來，和實際的事實，總還隔著一層；也是閉門造車的，更不必説了。活生生的事實，比起說部來，又要多麼易於瞭解，親切有味？何況乾燥無味的正書呢？

此時此地，是何等獲得知識，饒有趣味的好機會？然而我竟輕易地把他放過了，我還祇做了兩年的蠹魚。

我爲什麼如此說呢？一者，讀書讀得太多了，成爲日常生活的習慣，就很怕和人家交接了。這實在是自己的畸形發展，倒總覺得和人家交接，淺而無味，俗而可厭。於是把僅有的外向性都消磨盡，變成極端的内向性了。二者，在書上用過一番功夫，而還無所成就，總覺得棄之可惜，於是不免賡續舊業，鑽向故紙堆中。從前梁任公先生歎息於近代史的寥落，他說：“我於現代的史實，知道的不爲不多，然而我總覺得對於現代的興味，不如古代。”任公先生，現在是與世長辭了，他所知道的，甚而至於是身歷其境的，怕百分之九十幾，都沒有能寫出來。任公先生是比較能作實事的人，尚且如此，何況我這真正的蠹魚呢？

然而我畢竟不能不算是一個錯誤。

　　然而“往車已覆，來軫方遒”。我在鄉間學校裏，曾發憤，每天提出一個鐘點來，和學生談話。我所希望的，是不談書而談書以外的事實，有機會時，把他引到書上去，使書本和事實，逐漸地打成一片。然而來的都是喜歡讀書的人，所談的也都是書上的話。要想把他引到現實上去，因爲有許多問題，離現實太遠了，竟無法引而近之。不但學生，即教育者亦大多數以爲“讀書就是教育，教育就是讀書”，家長更不必論了，到現在，中等學校教員中，還有要講桐城家法，聽得我會寫語體文而驚訝的。這或者是迂儒，然我親見實業上比較成功的人，請人在家講《孝經》。又有一個某實業團體的會，請了兩位先生，排日講《書經》、《禮記》。他們説：“這兩位先生，隔日要講一次，未免太累了。”託人致意於我，想我也去講一種古書，“如此就每人可以隔兩天”，被我笑謝了。

　　我們的社會，和現實相隔太遠了，這未免太不摩登了罷？我並不説讀書不是學問。書，自然也是研究的一種物件，然而書祇可作爲參考品，我們總該就事實努力加以觀察，加以研究的。不但自然科學如此，社會科學，更該如此。因爲社會科學，現在所達到的程度，較之自然科學，相差得太遠了，在紛紜的社會現象中，如何搜集材料？如何加以研究？一切方法，都該像現在的讀書一般，略有途轍可循，略有成法可以授人，而隨時矯正其謬誤，這才是真正的教育。至於把書本作爲物件而加以研究，這自然也是一部分的事業，也有一部分性質適宜於此的人，然而適宜於此的人，怕本不過全體中一小部分。因爲人的性質，自能因關係的親疏，而分別其興味的濃淡的。書本較諸現實，關係當然要疏遠些，感覺興味的人，自然少了。現在把一小部分人能做的事業，強迫全體的人都要這麼做，這亦是現在的教育所以困難的一個原因罷？

　　會説讀死書是無用，學問要注重現實的人，現在並非沒有，而且算是較摩登的。然而這種人，往往並無所得，較諸祇會讀書的人，成績更惡劣了。這是由於現在説這一類話的人，大都是沒有研究性質的人，把他們來和讀死書的對照，還祇是以無研究的人和所研究者非其物之人相對照而已，並不能作爲讀死書的人的藉口。

原署名：程芸，原刊《春雷：文藝春秋叢刊之三》，
上海永祥印書館，一九四五年三月十五日出版

# 連丘病案

"出郭門六七里,坐在豆棚瓜架之下,和農夫野老閒談,這班人有何知識?然而地方官的好壞,卻從他們的口裏,可得而知。"

這是從前人的話,這話確有道理,地方官所懷抱的政策,庸或非愚民所知,然語其究極,總不外爲人民興利除害,這是人民自己的事,自己的利害,當然祇有自己可以覺得。固然,犧牲目前的小利,以謀將來的大利,忍受目前的小害,以避將來的大害,庸或非愚民所知,爲地方官者而果懷抱如此政策,一時或不免轉以召謗,然而這不過是一時之事,假以時日,利害總要予人以共見的。況且大家喜歡用"愚民"兩個字,其實人民那裏真愚? 更無盡愚之理,所以見其爲愚,祇是苦於他們沒有受教育的機會罷了。爲地方官者,果能剴切勸導,他所行的政策,無論理論如何深奧,利害如何複雜,人民也總可以明白得幾分的,還有一句話說得好:"話的爲人所信與否,不在乎其所說的話的好壞,而看說話的人信用如何。"同是一句話,這個人說了,沒人相信,那個人說了,就大家奉爲金科玉律,這是常見的事,所以做地方官的人,要是真有愛民之心,清勤之實,他所行的政策,即使人民不能瞭解,亦會因其人格的信仰,而信仰及其政策的。所以人民決非不能批評地方官,而地方官的好壞,到底要以人民的批評作標準。這正是民治主義的原理,地方官的可以民選,就是爲此。

同理,醫學是專門之學,診斷和治療,自然非(一)病人、(二)病人的家屬、(三)親友,即所謂"病家"者所知。然而病家的責任,本不在乎診斷和治療,而在乎醫生的去取。決定醫生的去取,固然不能離開醫學,究與醫生所應知的醫學不同,況且醫生的去取,並不是專決之於醫學的好壞,也要看其(一)人格的高低,(二)對病者有無同情心,(三)治病肯負責任與否,(四)是否不過於貪利等待。這些,都和醫學知識無涉。所以病家雖無專門的醫學知識,還是可以去取醫生的,而就舐衡的原理立論,去取醫生之權,還正應操諸病家之手,老是抱著一種夷然不屑的態度,對於病家的批評,一句也不肯接受，不是自私，便是無知了。醫案是供給醫生的參考，做治病的殷鑒的，固然有很大的價值，病案是供給病家的參考，做去取醫生的殷鑒的，我以爲也有同等的價值。

我的故鄉，今名下邑，①古號連丘。② 我從兵災起後，避居下江③者六年，到三十一年八月一日，才從下江回到連丘。這在我所做的《兩年詩話》中，已經説過一個大概。我的家庭，極其簡單，衹有我和我的妻、我的女孩三個人。從回到故鄉之後，就住在連丘城裏。我和我的女孩，卻又到鄉間學校裏去教幾點鐘書。這話，在《兩年詩話》中，也已經説過了。三十一年八月二十二日，我們將要下鄉，因爲鄉間的飲食，未必潔淨，想打一次霍亂和傷寒的預防針，或則內服些伐克辛。在戰前，我們是有好幾位相熟的醫生的，這時候，都已飄零異地了，更不知有哪一位醫生可找。有一位姓申的醫生，小時候，住在我堂房弟媳婦的母家的，這時候在連丘城裏，也還説得著，我和我的女孩，就同去找他。

當我們找到他的時候，他説：“注射的疫苗已無。内服的伐克辛，是有兩服在這裏，可是距離失效的期間，已經没有幾天了。失效的期間，未必能扣得真準。在失效期間以前幾天的藥，我不願意賣給你們。”我們覺得他的態度，很爲誠實，從此，我們就認得了這位申醫生。

疫苗没有注射，伐克辛也没有服，因爲我們對於飲食，十分小心，霍亂、傷寒，都給我們避免了。然而鄉間的蚊子實在多，這較諸虎列拉和腸窒扶斯，更難預防，我終於害起瘧疾來了。這事在三十一年十一月初七日。

説到瘧疾，我就要追溯到四十年以前，説幾句老話。醫家的習慣，稱人第一次所害的瘧疾，謂之“胎瘧”，總是較重而且歷時較久的；第二次以後，就不然了。我的害胎瘧，還在我七歲的時候，是和我的姑母，同時發作的。我的姑母，年紀雖比我大許多，所患的卻也是胎瘧，兩個人的病，差不多同時而作，也同時而止，都是起於初秋，而愈於冬季，實足有五個月。當時替我們治病的，有好幾位，都是連丘的名醫，而竟束手無策，坐視其歷時如此之久，人都病得虛弱不堪。那時候聽人家説：“這還不算久，瘧疾竟有害到兩三年的呢。”十四五歲以後，漸漸見患瘧的人服奎寧或者奎寧丸，都是不久即止的。我以爲中國是没有治瘧的藥的了。二十一歲，我和我的妻結婚。我的丈人，是喜歡讀

---

①　即常州。
②　即蘭陵
③　即上海。

醫書的。他雖不行醫，卻因他隨處留心，經驗也很豐富。他少年時候，是住在浙江的。他和我說：“中國治瘧的藥，祇有常山、草果是靈的，但其性質極爲剽伐，不可輕用。”我才知道常山草果之名。後來我的女孩，在三歲半的時候，害起胎瘧來了。奎寧末他怕苦不肯服，奎寧丸則咽不下去，尋常治瘧的中國藥，是明知其無效的。正在無可如何的時候，恰好我有一個表弟，是學中醫而生長在福建的。他對我說：“常山、草果，浙西的醫生，見得害怕，福建的醫生，是用慣了的。從沒見服常山、草果的人，寒熱發到三次以上，也從沒見有什麽流弊。你別膽小，我可保險。”因爲他膽大，我和我的妻，膽也大起來了。就請他開了一張方子，給我的女孩服下去，果然，寒熱應手就住了。我才知道常山、草果之靈。後來我有一位族叔，也害起瘧疾來。他的瘧疾，幾乎近於惡性。服奎寧丸無效，服中國藥也無效。我又有一位族祖姑丈，他在少年時，是落拓不羈的，人都稱他爲“水五爺”。晚年家道中落了，乃藉行醫以自給。他的診務頗忙，然因習慣所在，每天總得到茶館裏去喝碗茶，和不相干的人，談些不相干的話。有些人，就到茶館裏去找他看病，他倒也不拒絕。我這位族叔，也是到茶館裏去找到他的，事有湊巧，這一天，我也因有事情到這茶館裏，祇見水五爺對我的族叔說：“你的病，柴胡是無用的了，非用常山、草果不可。”一句話觸動了我的好奇心，隔一天，便去省我的族叔，問他服藥的結果，果然，寒熱又住了。這時候，我很相信常山、草果，以爲其效力還在普通的奎寧以上，因爲普通的奎寧，是不能治惡性瘧的，這一次我族叔的瘧疾，雖不能斷定其爲惡性，然曾服奎寧丸而無效，則是事實。

避地下江之後，奎寧漸漸地貴起來了，雖然比現在還便宜許多，窮人害瘧疾的，已經覺得吃不起來了。我有一個朋友，喚做秦君和，他是在老泰西藥廠裏服務的。有一次因飯局遇見，我便把以上的話，述給他聽。我說：“現在奎寧貴了，你們何不就常山，草果，研究研究呢？”他說：“常山、草果麽？日本人早研究過了。草果是無用的，能治瘧的祇有常山，但其治療之有效率，祇百分的六十餘，而奎寧之有效率，爲百分之八十餘，所以日人便棄而不用了。”他這話自然是不錯的，但是我以爲：“當這奎寧價貴的時候，有這功效稍遜的常山，總還勝於別種藥。而且《本草》本說常山是治凡寒熱的，並沒說專治瘧疾，或者於治瘧之外，還有別種用處，亦未可知。”所以對於常山想遇機會則加以研究之心，依然未改。

到這一年十一月初六日，就是我害瘧疾的前一天了。我在小虔廟我任課的學校裏，和同事鐵儉明君夜談。鐵君是患瘧新癒的，他卻並沒有服奎寧。

他和一位泉醫生同住，泉醫生的兒子，是拜鐵君做幹爺的。這種關係，連丘話稱爲"寄兒親"，是頗爲親密的。泉醫生這一次，共給鐵君開了三張方子，第一二張都是用草果的，服後無效，第三張方子用常山做引，服下去寒熱就止了。我聽了鐵君這一番話，異常興奮。在這醫荒藥貴的時代，而有能用常山的醫生，出現於浙西，那真是患瘧者的福音了。

到明天，就是我害瘧疾的這一天。午後課罷，我到離小虔廟一里半路的下隰鎮去看一位朋友，這位朋友，喚做嚴位人，也是一個醫生，他就留我吃晚飯，他又約到一位朋友，喚做韓貢倫，是在下隰鎮上開設藥鋪的。席間談起常山、草果的問題來，韓君説："常山確能治瘧。"他背得出一張常山治瘧的方子。他説："這張方子，鄉民力不能延醫而患瘧的，很有服他的人。現在鄉間買奎寧丸，起碼三元一粒，並不是好的。這種奎寧丸，要吃到瘧疾不至再發，至少要六十粒，就得一百八十元，若吃這張方子，無論如何，藥價不會滿十五元的，這是不及十二分之一了。"我聽了這話，也覺得很興奮。在當時，本想席散之後，把他這張方子錄下來，無如席尚未終，忽而覺得全身倦怠，食思不振，連終席都是勉強的，更説不到席散之後，鈔錄醫方了。當時匆匆回到學校裏，不到半小時，就大發其寒熱，直到明日黎明才退。

這一次的寒熱，在自覺的徵候上，是很容易辨明其爲瘧疾的。我在鄉間，本來兼兩處學校的課，一處是小虔廟，一處是泊堤鎮。我每逢星期四，從泊堤鎮到小虔廟去，星期日則從小虔廟回到泊堤鎮。這一天正是星期日，我依舊回到泊堤鎮去。到晚上，又發了一個寒熱，初九日依然如故，那更明是瘧疾無疑了。初十日早寒熱退後，我便回到連丘城裏。這時候，我雖抱病，依舊非常興奮，我頗有以身試藥的決心。到家後，吃了兩條油條，便直走到泉醫生家裏。我知道醫生的通病，非有特別關係，或者他是初行醫道，要巴結生意，是不肯多談話的，甚至連聽話也厭煩。泉醫生我是素不認識的，他也行醫道有年，頗有名譽，決不在乎做這個把病人的生意，我知道這種關係，所以特先走到鐵君家裏，這時候鐵君不在家，我便請鐵君的夫人，鄭重介紹，説明"鐵君的瘧疾，經其用常山治癒，我也患了同病，所以特地前來請教的"，然後請他診視。這時候，我要請教泉先生的，是（一）在學課及經驗上，常山到底主治何種寒熱？其應用的範圍如何？（二）《本草》説它有毒，又説中虛的人不宜服，這大概是大家畏忌常山的原故，究竟其説確否？又何種現象，謂之中虛？（三）醫家每言寒熱不可輕截，即常人亦知道此説，依我的意思，寒熱無不可截止之理，且以能截止爲佳。醫家所以有不可截之説，而常人也多相信，似乎是因寒熱雖止，其餘的徵候，不能忽然全愈之故。但何故不可先治其寒熱，然後徐理其餘諸症狀？這到底容易了，人也少受些傷。我想發這三條疑問，自然先得把我對於常山之所知，即前文所敍述的，先説一個大略，我的説話，自信是簡明而有條理的，前文所敍述的，口説起來，不過五分鐘到十分鐘罷了。經過鐵夫人的鄭重介紹，我以爲總有一個給我發表意見，解決疑問的機會。誰知話未及半，泉先生已經露出不耐煩的樣子，他伸手便要替我診脈，依我的性質，這時候實在要拒絕他，説等我説完了再行診脈。然而這在禮貌上未免有些不宜，祇得伸手給他診視。他一面診，我仍一面説。他似乎不甚注意。我受了這個挫折，説話自然要慢一些了。到我把對於常山的所知敍述完畢，他已在提筆開方了。我知道三條疑問，沒有提出的機會了，祇得坐著靜候。他把方子開完，遞給我，説"吃兩帖"。我把方子一看，其中並無常山，我便問他："我的病，爲什麼不能吃常山？"他説："先得使你的病成爲瘧疾。"這句話，真使我如墮五裏霧中了。醫生還有使某病成爲某病的能力？而且還有使某病成爲某病的必要麼？我自然要問他："如何叫成爲瘧疾呢？"他説："那便是成爲瘧疾。"這我更糊塗了。我笑著問他："不成爲瘧疾，則如何？"他説："那要成爲温病的。"我知道沒得説了，便懷了藥方告辭。我想他給鐵儉明吃的藥，是第三劑用常山的，對於我或者也是如此。我先吃了兩帖藥，到第三帖藥，至少是換過一張方子，到第三張方子，總得使用常山，我的寒熱，總該可截止了罷。回家路過藥鋪，便把那張方子，贖了兩帖。回到家中，我的妻，本來是反對在奎寧之外，別覓治瘧之藥的，我也想：即使要研究常山，也沒理由用如此愚笨的法子。我就再跑到藥鋪裏，把兩帖藥退掉，回家自服奎寧，當天就把寒熱截住了。

這時候，我追想到小時候所讀的古文，有幾句説："江河所趨，百川赴焉，蛟龍生之，及其去而之他，則魚鱉無所旋其體，而鯢鰍爲之制。"覺得很有味。所謂風會，確乎是有的。一種學問之將廢，並非其學問的本身遂無可取，而祇是人才不出於此途，其學問遂不能刷新，與時俱進，久之就變爲無用的了。爲什麼人才不出於此途呢？那便是風會爲之。且如現在，對於一切科學，肯置諸不聞不問，而祇以讀幾句舊醫書爲已足，這種人豈能成爲人才？聚集這種人以從事於中醫，中國的醫學，就有無窮的寶藏在內，又何能發揚光大呢？

我是素有偏信西醫之名的，其實不然。"西醫有西醫的長處，中醫也有中醫的長處"，這兩句話，我是深信不疑的。這兩句話，似乎是調停兩可的話，其實又不然。西醫的長處，祇是受過科學的洗禮。但是（一）科學的範圍太大了,一時談不到應用的問題,所以西醫的科學方面,雖然日有進步,而其治療方法,並不能與之俱進。(二)而西醫,因其以科學爲立足點之故,不免稍偏於物質方面;又因其分科太細,不免偏於局部的各別治療,而缺於綜攬全局的通盤計畫。無生命的機械,可以如此修理,有生命而各部關聯又極其微妙的人體,似乎是不能的。(三)因其以科學爲立足點之故,極注重於攻擊病原,這固然是極徹底的辦法,但有時攻擊病原,人體亦因之受傷,而其弊又見於別一方面,反不如對證治療,而聽其病原自行消滅之爲得。中醫雖然不知生理,更無從知道所謂病原;物理、化學等科學,也一無所知,其議論的荒謬,有時候聽了要令人失笑,然而(一)積幾千年的經驗,(二)聚集各地方的方術和藥物,在治療上,確是不無可取的地方。理論雖然荒謬,事實確有可取,這正合著孫中山"行易知難"的一句話,天下事這樣子的很多,正不獨醫學。平心而論,現在的西醫,除有特效藥和需用手術的病,其治療成績,是並不會勝於中醫的,而且還有不及的地方。這都是近代已通西醫,覺得不滿足,回過來再研究中醫的人的話,其説確有道理,並非夜郎自大之談。所以中西醫各有長處的話,我是深信不疑的。但是就中西的醫學,加以比較,是一句話,比較眼前的中醫和西醫其人,又是一句話,這截然是兩回事。誰説中國的文學,不如西洋?然而取一個僅識之無的人,來和西洋的文學家比較,而説其作品一定互有短長,有是理乎?現在的西醫,固多學識淺陋,技術拙劣,然除護士出身和藥房夥友外,要是正式在學校裏畢業的,到底要讀幾年書,略知道一些科學的門徑;而其診斷和治療,也略有規矩法度可循。在中醫,就連這點最小限度的限制,也沒有了。兩利相衡取其重,兩害相衡取其輕,所以我害了病,是寧可請教西醫,不請教中醫的。這實在和中西醫學的評價無涉。然而旁觀的人,就都説我是偏信西醫的了。

　　瘧疾愈後,不久,我又害起胃腸病來,這是三十二年二月二十一日的事,大致是因舊曆歲尾年頭,飲食不免過量之故。先幾天,身體就略有違和的狀態,我也未以爲意。這一天,我從家裏到泊堤鎮學校裏去,到校之後,就覺得疲乏,吃了晚飯就睡下,昏昏地睡了一夜,到明天,又是如此的一天。此時的溫度,其實很高,不過自己也不覺得有什麼,二十三日晨起,熱稍退,乃回到連丘城裏家中。這一次的病,是請申醫生診治的。他初診時,疑心我是肺結核病。這是去題萬裏,無論從哪一方面看,都不會有這道理的。於此,我不能不批評現在的西醫,在診斷上的常識太缺乏了。這使我記起一件事,當十六年秋冬,我在下江,昭夏學校的時候,①有一位同事,喚做殷俊孫,他是有肺結核的,可是症狀並不嚴重,他自己也不甚在意,還是接受我的勸告,才延醫診治的。十七年春末,他又害起麻疹來了。未曾發疹之前,先發了兩天高燒。這時候,固然沒人知道他是什麼病,然就其症狀而論,決不是肺病的熱,則是人人可以知道的。替他診視的,是一位昭夏學校的校醫,替他診視肺病,已有多時了,卻固執著是肺病的熱。好幾個人對他說:"決不是的。"他都夷然不屑。到第三天,麻疹發現了,他才承認是誤診,然亦並不視爲重大的錯誤。據我看來,則這種誤診,已屬奇怪,已經發覺其錯誤,而還看得這種錯誤很平常,就更奇怪了。閒話休提,言歸正傳。申醫生替我診視了三次,才疑心我是胃腸病,他試用一次甘汞,一瀉之後,果然熱勢低減了許多。再進一服,寒熱就全止了。這一次的病,雖然是治好了,我卻祇認爲碰運氣,而其間還有一件很危險的事。

當我服甘汞的時候,是申醫生寫了方子,我的女孩,替我到藥房裏去買的。我的女孩,雖不知道藥的分量,然而看來似乎覺得太少。於是問他:"這種藥的分量對麼?"他不但說是對的,而且還取出算盤來,的答的答地一算,說:"這分量一點都不差。"我的女孩,總有些疑心,想向醫生問一問,就向他借電話一打。他說:"我這裏的電話,是向來不借的。"正在相持不下之際,事有湊巧,申醫生乘車從門外走過,我的女孩,忙喚住他,把藥給他一看。申醫生說:"這藥的分量,祇有我所開的六分之一。"藥房中人,那才瞠口無言,然而他也並不覺得惶愧。後來我看見申醫生,對他說:"這件事太嚴重了,究竟連丘的藥房,哪一家靠得住?"他說:"都是一樣的。"我說:"你們做醫生的人,如何不聯合設法整頓呢?"他說:"無法可想。"其神色也很淡然,似乎是司空見慣了。

我的胃腸病好得不久,我的妻又病了。我的妻,在去年夏天和今年夏天,各害了一場大病。在當時,我也莫名其妙,到現在,纔有些明白。雖然我不是醫生,不會診斷,卻由此所推想,似乎較當時醫生的診斷,還要近理些,惜乎在當時,我也並不知道,直到最近,向一位朋友,借閱一部醫書,纔有這個推想。原來有一種病,是工廠裏的女工最易犯的,稱爲工廠裏的疲勞病。他的症狀,是呼吸迫促,肋部疼痛而發寒熱,很容易誤診爲肋膜炎。還有一種疲勞病,是因氣候的變化而容易發作的,以濕熱的時候爲多。我的妻的體格,呼吸系統,是很健康的。在這一場病以前,幾乎除傷風之外,從不咳一聲嗽,而傷風也是

---

① 昭夏學校,即光華大學。

很難得的事情。消化系統,卻不很健全,每到夏天,則食慾不振,消化不良,且發輕微的寒熱,要到入秋方愈,如此者已有十年了,雖然輕重不等,性質總是一樣的。三十一年,我們從下江歸來,奔走得很勞苦,他的病情,倒輕減了些,這或者因胃病是神經性的,這一年的生活,最爲異常之故。說到疲勞一層:在戰前,我家裏本有三個使喚人:一個是廚夫,一個是女僕,一個是丫環,事情不大要自己做。從旅居下江以來,就祇有一個女僕了。可是在下江的時候,房屋小,親友少,倒也不見得如何繁忙。從回到連丘之後,情形又不同了。房屋雖說是炸毀了,新蓋的僅有三間,加以後來收回出租的房,共也不過八間,畢竟比在下江時多出了幾間,而且地面寬廣了許多;我們又在廢基上種了些菜,事情自然多起來,而仍祇有一個女僕,自然祇得自己幫著做。他在戰前,是祇會做幾種特別的菜和點心的,普通的並不會做,飯更不會煮,可是到戰後,什麼都會了,尤其是回到連丘以後,傭人沒工夫,幾乎整天自己守著一個煤球爐子,真是回到廚房裏去了。他所心愛的是貓。在戰事爆發的時候,我們家裏有兩隻貓:一隻喚作梅花,他是一隻白貓,頭上有一簇黑毛,恰像畫的一朵梅花似的,所以喚作這個名字。一隻是黃貓,喚作小黃。他在無事時,最喜把貓撫弄。除午晚兩餐之外,每天總得買幾毛錢的魚、蝦或熟肉,給貓做零食的。這種貓的零食,都藏在一個一定的抽屜裏,等到這個抽屜一響,貓就自然會來的。這些事,到現在,自然是不承權與的了。當避地下江的時候,我們三個人,是每人提了一隻破敗不堪的皮箱,帶了幾件隨身衣服,狼狽不堪地,趁著公共汽車而去的。貓,雖然我們三個人都是心愛的,可是斷沒有法子帶得走,祇得把它遺棄了。事後歸來,梅花已經化爲異物,小黃卻還健在,它對我們,依然很親熱。我的妻,有時還忙裏偷閒,撫弄著它,說:"太太現在蹩腳了,再沒有零食給你吃了。"他說的時候,臉雖含笑,內中實含有無限的傷心。"俺二十年嶺外都知統,依舊把兒子征袍手自縫",女豪傑還有這感慨,何況我們無拳無勇的人。人類賴以生活的食料,來源本來有兩條路:一條是自己生產,一條是搶奪他人所生產。出血的不肯出汗,習慣於出汗的人,也不會出血。我們早就習慣於出汗了,將奈何?豈能禁所謂朋友的搶奪?亦豈能因不會搶掠而認人作朋友?"殘杯與冷炙,到處潛悲辛",人尚且飽不來,自然貓狗也祇有連帶著受些餓的了。

　　我妻的情形,早就有人慮到他要害病,到三十二年六月下旬,果然害起病來了。初起的時候,是腹瀉發熱,這和後來的病,大概是沒有關係的,不過因此而體力衰弱,抵抗力薄,成爲後來的病的一個誘因罷了。當時請申醫生診治,不久就好了。到三十日,忽又發起寒熱來,其症狀極像瘧疾。我們這時候,也大意了一些,沒請醫生診斷,自己吃了幾粒奎寧丸。寒熱是輕減了,然總沒有全住,而且有些咳嗽。因爲他向不咳嗽的,料不會有甚麼嚴重的病症,所以也不以介意。卻到七月初五六,寒熱又重了些。才又請申醫生診視。他說:"並不是瘧疾。這病,大約本來是傷風,因其久而不愈,氣管受病,寒熱也是因此而來的。"吃了他的藥,並不見好,反而呼吸更加迫促,衹能仰睡,不能側睡,側向右邊,更其困難。初九日,申醫生又來診視,斷爲肋膜炎。他也無甚法想,倒是我的女孩說:"我從前患氣管支炎的時候,曾經打過鈣針,症狀即行輕減,現在可不可試打一針呢?"申醫生說:"這也使得。"就替他打了一針葡萄糖鈣。果然即時見效,呼吸寬舒,側睡也沒有妨礙了。到明天,忽又精神頹喪,不思飲食。又請申醫生診視,也說不出什麼來。十一日晚間,忽而作惡,吐掉了不少酸水,人就覺得舒暢了,才知道是胃酸過剩。十二日,寒熱又重起來。再請申醫生診視,他說:"肋膜炎的症狀,並沒有好,非用穿刺手術抽掉其積水不可。"他於是介紹我們進醫院。

連丘本有兩個醫院:一個是官立的,一個是私立的。私立醫院的院長姓柳,他的夫人姓荀,就是該院的護士長,和我的女孩同過學。我們自己如其要找醫院,總是到私立醫院裏去的。申醫生和私立醫院,本亦極為聯絡,不知後來如何,和柳院長弄得不太圓滑,和官立醫院,卻來往得很親密的。他於是一力介紹我們進官立醫院。官立醫院的院長姓丙。他說:"不妨請他先來診視一次,然後決定入院與否。"我們就請丙院長和申醫生會診。丙院長說:"積水有半茶杯,非用手術抽去不可。"我們就決意於十五日進入官立醫院。

我們的宗旨,是向來不大願意進醫院的。明知道醫院的設備,較私人診所爲完備,醫生也多些,然而總覺得醫院裏的醫生太忙,因而診視太潦草。而且我覺得人和人的相與,總該有一個人和人相與的道理的,這便是古人所謂"相人偶"。診所醫生,衹要他有些商業道德,對於病家,多少總能夠維持一點這種意思的,超過於此的,更不必說了。醫院裏的醫生,這種意思就少了。我常說:醫院和診所,正和學校和私塾一樣。學校的設備,豈不較私塾爲完備?教師也豈不較多? 師生的關係,卻比私塾淡薄得多了。所以我們就是相信了醫院裏的某一位醫生,也總是請他出診,而自己不大到醫院裏去。尤其是我的妻,他是幾十年來,過慣了家庭生活的,對於社會上冷酷的情形,知道得已經不很深,更別說對付了。他有時候,也因爲省問親友,到醫院裏去,他見了護士和茶房的情形,就覺得害怕,所以更不願意進醫院。這一次,因爲抽水手術在院外不能施行，不得已而入院，實在是十分畏縮的。申醫生竭力保證，說官立醫院的規則，非常良好。他說：“當丙院長接任的時候，就和我商量，他問我：醫院如何就辦得好？我說：這有一個關鍵的，醫院名譽的好壞，倒是和醫生的關係淺，而和護士和茶房的關係深。我這話，丙院長很以爲然，所以他這醫院裏，護士和茶房的態度，是比較良好的。”我們聽了這話，自然也覺得相當滿意。

官立醫院裏，我們是沒有熟人的。這因爲我們和現在所謂官立的機關，都不願意來往，雖然學校和醫院，也是如此。這一次因申醫生的介紹而進官立醫院，在我們，要算是破天荒的了。官立醫院裏，就祇有一位丙院長，是因請其會診過一次而認得的。入院之後，付了若干住院費，並沒有人領導我們去看病房。我的女孩，就向茶房問了一句：“丙院長在那裏？”茶房瞪著眼道：“他正在午睡呢，我能去喚他麼？”我的妻，看了這樣子，很不願意。他在病中，有些肝火旺，幾乎要退出來，給我和我的女孩勸住了。後來總算有一位女辦事員來，領導了我們，找到了一個房間。

官立醫院的定章：頭等病房，是一個人獨住的，二等病房，則是兩個人合住。我們所付的是頭等病房費，他們送我的妻所進的病房，卻先有一位嚴老太太住居在內。照章，嚴老太太是可以拒絕的，否則可以要求減費，因爲頭等病房和二等病房，並沒別的區別的，所不同的，就是獨住和合住。嚴老太太卻不曾，我們自然也不要求減費了。嚴老太太是沒有家屬陪伴的，我的妻，則白天由我去陪伴，到晚上，則由我的女孩去陪伴。我們帶了兩個熱水瓶去，一個是供給病人用的，一個是供給伴病的人用的。院中有一個茶房，是河陽人，依我們的觀察，這個人在茶房裏，要算最馴良的。可是這一天，他一見了我們的熱水瓶，便道：“你們一個病人，要帶兩個熱水瓶麼？”我的妻一時說不出話來。我的女孩便問他道：“你們院裏的章程，一個病人，限帶一個熱水瓶麼？”他無言。我的女孩又道：“我是伴病的人，你們院裏，也是收費的，所收的費，不包括供給熱水在內？伴病的人，要自帶熱水喝麼？”他又無言。骨都著嘴，把兩個熱水瓶冲滿後走了。可是以後他送熱水來時，非叫他冲兩個，他總祇冲一個。

嚴老太太所害的病是膽石。這是後來他改進私立醫院之後，診斷出來的，我妻進官立醫院時，她住院已經六星期了，還沒有診斷出是什麼病來。她每天總有一兩次，肚子裏要發劇痛，非打止痛針不可。院中給她一個撳鈴喚人，可是到痛起來，盡你撳著鈴，總是沒人答應，有時候有人來，來的也是茶房,茶房要去請護士,有時候,護士還要再去請醫生,到替她設法止痛時,她忍痛總已好久了。她疼痛得厲害,而撳鈴沒人應時,在晚上,她便央著我的女孩;在白天,她便央著我,去代她喚人。有時候,我們也自動地代她去喚人,可也是十呼九不應。有一次,我代她找到了一個茶房,我叫他去請個護士來,茶房惡聲道:"請了小姐來,又如之何? 小姐能替她把痛撙去麽?"我衹冷笑了一聲。他躊躇了一會,覺得此事不妙,他大約怕我發起蠻脾氣來,去找醫院裏什麽人說話,把事情擴大了,他終於去請了一位護士來了。

這些,都是我的妻住在官立醫院裏的時候,我們的所見所聞,要詳細敍述起來,便再寫數千言,也還有所不能盡,現在也不必過於煩碎了,且再說我妻的病,我妻進醫院的當天,丙院長同一位田醫生來診視了一次。他說:"肋間似乎沒有多少積水,可以待他自己吸收,不必用手術抽取。"後來又說:"用愛克司光透視一次再說罷。"十六日午前,用愛克司光透視。午後行穿刺手術。一滴水也沒有抽出,病人卻立刻吐起鮮血來,約十餘口方止。我們慌了,忙去問丙院長:"這是什麼理由?"丙院長說:"這是我失於知照你們,行穿刺手術之後,照例要吐幾口血的。"我當時聽了,便有些懷疑。"肋膜炎,我雖沒有見過,卻聽見過好幾個人害這病的,在書上也曾見過,從未聞行穿刺手術之後,必要吐血的。"當時雖答應了,過後越想越疑心,不久,我走出病房,又在走廊上遇見他,我又問他,他支吾其詞,說:"這不要緊,我總替你們想法子。"不說是當然的了。因爲他的說話二三其德,使我更覺得懷疑。

十七日,他們的說法又變了。他們說:"我妻的病,肋膜炎已成過去,可是他的右肺有病,病的情形,是肺的上下部都好,而中部爲結核菌所侵襲,蔓延頗廣,而且情形相當嚴重,寒熱就是由此而來的。"我聽了更懷疑了。這時候,我們雖住在醫院裏,還是和申醫生較爲接近,因爲(一)他肯多談,(二)說話也明白曉暢些。申醫生是天天到官立醫院去的,有時候,一天要走兩三趟,因爲請他看的病人,要是須進醫院,他都介紹到官立醫院去的。是他所介紹的病人,他都到官立醫院去,訪問訪問他們治療的經過,而官立醫院的醫生,還不如申醫生的有主見,有時候,在治療上,還要請教於他,這是到後來,官立醫院裏的護士透露出來的消息。所以他所介紹的病人,官立醫院診察的結果,他是沒有不知道的,我和我的女孩,便跑去和他商量,他堅執著和官立醫院一般的意見。我卻提出幾點反對的理由:(一)我妻的體格,和他以前的情形,以及從遺傳上看起來,決沒有傳染肺癆病的理由。(二)我的妻,因爲有痎夏的毛病,在戰前兩三年,每年夏天,總請醫生診視到二三十次。我們總是認定一個醫生，請他診視的，決没有連丘俗話所謂"販醫生"，即時時換醫生之謂的毛病。倘使我們是販醫生的，醫生庸或因診視的次數少，不能精細，現在一個醫生，總繼續診察到好幾十次，倘使我的妻而有肺病，決没有始終不曾發見的理由。這是説戰前的話，在戰後，我們請醫生診視的次數是較少了，然而一年也總診察到好幾次，在下江六年，我們所請教的，不過兩位醫生，他們診視的次數，也是較多的。（三）肺上下部都好，而中部大壞，這種情形，很少聽見，我因此懷疑到官立醫院的愛克司光透視，是否準確。申醫生説："既然如此，爲什麼你的夫人，如此消瘦，而且形容很憔悴。"我説：這（一）由於她病已四星期，而且最初害過泄瀉，中間又發過胃病的，而且現在寒熱還重；（二）我的妻，向來容貌是豐腴的，近幾年，他在更年頭中，體格因而起了變化，形容也瘦削了。他從前曾患高血壓，近幾年，血壓及較應有的度數稍低，便是他近年來體格變化的證據，並不能全認爲病狀。申醫生也提不出甚麼相反的理由，但他還相信官立醫院的診斷是不錯。

　　我們回到醫院裏，丙院長又來診視。他對我的妻説："你雖有肺病，不要緊，我可以負責替你治好的。在從前，肺病没有根治的法子，現在卻有了，那便是醫學界最新發明的打空氣針，你安心住在這裏，過了一個時期，我給你打。"我的妻含糊答應，我聽了卻更懷疑了。所謂打空氣針者，非即人工氣胸歟？這我在報紙的廣告上，已見過二十多年了，何最新發明之有？報紙上的廣告，是最會盡情鼓吹的，卻亦從没有説人工氣胸可以根治肺病，而且害過肋膜炎的人，是不易施行人工氣胸的，我的妻，官立醫院裏不是一斷他是肋膜炎麼？就使已成過去，也是剛才過去，如何在醫院裏住一個時期，就可以施行人工氣胸呢？

　　我們這時候，對官立醫院的信仰，實已動搖了，可是申醫生説："你們既來了，總該託他們所能做的診察方法都做到了，才好出去。"我們想這話有理，於是繼續住下去。這一天，就是十七日晚上，病人的寒熱增重了，依舊口吐鮮血。醫院用一種柳酸製劑。十八日晨，汗如雨下，這一天竟日有汗，温度退到體温以下。食慾較好，身體亦覺得輕健。十八日夜間，雖仍有寒熱，而其勢較輕，爲時亦較短，我們以爲病勢業經好轉了。誰想十九日下午六時，突然惡寒戰慄，寒意直到夜間一時方止，熱度竟高到華氏表一百零三度。當他發寒熱的時候，我們想請醫生來看一次，因照例診察的時間已過，始終没有請到。二十午前，醫生來診，依然固執是肺病。再三和他説："這寒熱的樣子，決不是肺病的。"他們終於不信，而固執著肺病是可以有這樣高温度的。於此，又觸動了我西醫太輕視症候的思想，我想：理學的偵查，固然有很大的價值，然而這和中醫的診察，其實也不過是程度問題，病在人體的內部，是眼睛看不見的，這正和一間屋子，把門窗都關起來，無從知道其內部的情形一樣。中醫診察的方法，祇有候脈、辨舌，這譬如祇會從門縫窗縫中窺探，西醫診察的方法多了，這像在門縫窗縫之外，又能於牆上挖一個洞，屋上揭去幾片瓦一樣。雖然窺探的法子多了，總還祇是一個窺探，於此之外，而更有別種窺探的法子，我們總當充分利用，不可輕易放過的。所謂症候，大都是發現在外面的，這是屋外面的情形，連從門縫窗縫窺探和挖壁洞揭瓦片，都比不上了，然而有時候，其確實的程度，反在前述的幾種方法以上。因爲前述的幾種方法，都是窺探，所得未必確實，屋外的現象，倒是明明白白，予人以共見的。譬如有一間屋子，在外面看起來，牆壁很潮濕，就可推知其內部必有積水，這是十分確實的。所以症候是最要緊的，遇到症候和脈象不符，多數是捨脈而從證。現在西醫的治病，有的對於症狀，實在太忽略了，譬如我妻的寒熱，他們祇注意其溫度的高低，而始終不問其發寒熱時的情景，實在是無此情理的。我和官立醫院裏的醫生，是客氣的，懷著這個意見，無從對他們說，而且明知道他們是不會接受的，說也無益，不如省些氣力；對於申醫生，我們要熟悉一些，而且覺得和他說話，也容易一些，我和我的女孩，便又去訪問他，我就把懷抱的意見，對他都直說了。我又說：“認爲我妻的病爲肺病，依我看，無論如何，總是誤診了的。”他說：“那你認爲什麼病呢？”我說：“依我看，倒有些像惡性瘧疾。”他說：“不然，肺癆病在急進的時候，突發這種高寒熱，是可以的。若說尊夫人的體格不會害肺病，至少不會忽而急劇進行，那身體再好些而傳染急性肺病的人，也是有的呢。”他就舉出一個河陽人來，說他的相貌怎樣魁梧，飯量如何好，氣力如何大，肺氣如何足，他會吹喇叭，會跑馬，會打獵，會賽跑，可是忽而傳染起肺病來，進行得很快，竟措手不及了。我想：“你這話更不對了。這種人的體格，算好的麼？是適宜於抵抗肺病的麼？這從常識上說起來，都有些牽強了。”我懷著這個意見，自然也不便說，我祇說：“既如此，他的體力，該消耗得很屬害，爲什麼直到現在，秤起來，比病前還不過減輕了兩磅呢？”他聽了這話，似乎奇怪，停一會，他說：“官立醫院裏所能做的診察的手續，你們都已做到了，如要出院，似乎現在也可以出院。”他又說：“你如其疑心他的病是惡瘧，也可以試服阿的平和奎寧。兩藥並用，試服三天，如其是惡瘧，總可以好的了，如其還不好，那就決不是惡瘧了。”我想：這也未必是好辦法罷。既如此，似不如出了院再說，回到醫院裏，和我的妻商量，就於這一天出院了。

　　出了官立醫院之後，卻怎樣辦法呢？我們這時候，更沒有什麼認得的醫生，自然要想到私立醫院，私立醫院裏最好的醫生，據說是以爲以色列人，他譯的漢姓是滕，人家都稱他爲滕醫生。佩服他的人説："他對於肺病，經驗是很充足的。他聽診所得的結果，竟和愛克司光攝影之所得，無甚差池。"我妻此時，既有肺病的嫌疑，自然要去請教他了。可是他是不大肯出診的，而我妻這時候，也實在懶得再進醫院。乃由我的女孩，以老同學的資格，去請求苟女士，請他懇求醫生來診視一次，蒙他的要好，應允了。二十一日午後，滕醫生便到我家裏來，而且蒙苟女士同來，做了翻譯，據滕醫生説："我妻的右肺，似乎有些病，然而未必是肺結核。"據他的診察："在肋膜炎以前，似乎害過肺炎的，可是這時候，症狀已經過去，難於確定了。"他説："且照愛克司光的相，診察清楚了再説罷。"我妻在出院之後，仍有寒熱，不過減輕了些，他説："這寒熱決不要緊的，你們不必著忙，這寒熱是忽輕忽重的，不必去管他，要止的時候，自然會止。"又説："這病決不是什麼重病，你們盡可放心，現在我們醫院裏照愛克司光相的人到下江去了，你們且耐心等幾天，到他回來了，照了相，再定根本辦法，現在且用些對症療法。"因爲醫生如此大膽，我們也膽大放心了，就一切依照他的話。到二十六日，照愛克光相的虞先生才回來，我們就請他照了一張相，據照相的所得："我妻的本病，是肺炎而非肋膜炎，他左肺在少年時曾受過結核菌的侵襲，可是早已把他撲滅了。右肺則本來無病，而此次發炎，這時候還留有創痕兩處，另一處則是行穿刺手術時刺傷的，創痕宛然，吐血的原因，就在乎此，並不是什麼施行手術當然的結果。"診察明白之後，也沒有再服什麼特殊的藥，不久，我妻的寒熱，果然自止，其餘的病，也逐漸地退了。

　　我們這時候，對於滕醫生，信仰頗深，覺得他是非常老練的，苟女士，口碑是不大好的，他的老同學，幾乎沒一個人不罵他，可是我們覺得他的態度，也還不錯。到今年，我的妻再患病，自然又要去找到他了。我妻今年的病，是起於七月初的。這時候，氣候頗惡劣，住在一所屋子裏的人，有好幾個都有些傷風，我妻也在其內，既傷風，自然有些咳嗽，後來大家的傷風都好了，他的咳嗽，卻始終沒有全好，因爲一切都健康，也就沒有介意。二十五日午後，忽然有些發熱，至二十六日早晨退清。午後，溫度又高了些。二十七日，沒覺得什麼，二十八日，卻兼發起冷來。於是二十九日，到私立醫院去請滕醫生診視，滕醫生給了一服草麻子油，又給了些退熱藥。服後寒熱輕減，到三十一日，就全止了。咳嗽也輕減了些，而不能全止，泄瀉則從服藥之後，至此還是不止，我們知道不是藥的作用了。因爲我妻懶於行動，又要求苟女士請滕醫生來診視了一次。他說不要緊,給了些止咳藥。到八月初二日,泄瀉和咳嗽都好了,而初三、初四晚上,似乎又微有寒熱,初五以後,又加重了。初八日,再到醫院裏去診治,滕醫生囑咐驗過血再說。驗血的結果,說有瘧菌,滕醫生囑服奎寧丸。無效。初九夜,寒熱又稍重,初十日,我的女孩,到醫院裏去問他,他說:"非注射不可,而且一天得注射兩次。"這一天已來不及了,祇午後注射了一次,是夜,寒熱大重。十一日,再去問他,他說:"注射的分量不足,是要刺激了寒熱更重的,非一天注射兩次不可。"這時候已將近午了,我的女孩,趕回來,和我的妻再趕到醫院裏,滕醫生說:"你一天來注射兩次很疲乏,我派人到你家裏兩次也難,你不如住在醫院裏罷。"我的妻,本來是怕住醫院的,但他相信奎寧治瘧,是有把握的,以爲不過住兩三天,寒熱止了,就可以出院了,就答應下來。因爲荀女士是熟人,住院的手續,是簡單的,當時便有茶房來,領著我的妻,進了一間病房。房間確好,可是二等的,要住五個人,這在我的妻,是不大慣的。於是又去找荀女士,換了一間頭等病房,房間是壞得多了,且喜是獨住。頭等病房比二等病房,貴七十二元一天,在這個年頭,根本算不得什麼。我們當時,一者怕同居的病人不安靜,二者省得自己的舉動,隨時要留心,否則要擾累他人,於心也覺得不安所以掉換掉換,根本是無甚深意的。誰知後來,卻覺得這一舉很爲得計,原來私立醫院的規則,雖比官立醫院好得多,然而我們住了一星期,仔細觀察,覺得茶房對付頭等病房的客人,和二等病房的客人,態度也頗不相同,我們多花了幾百塊錢,免得看許多白眼,也算是值得的啊!

我妻這次住院,還是白天裏由我去陪伴,晚上則由我的女孩去陪伴。十一日,即入醫院的當天,連打了兩次奎寧針。是晚未曾覺得發寒,溫度也低減了。十二日夜,卻又加重。於是醫生屬改服阿的平。十三日服了一天,十四日仍服阿的平,又加注射六零六。卻是寒熱依然如故。他的寒熱,發時本在夜間十一時半,十五日卻提早到下午五時,而且甚劇。醫生說:"這決非瘧疾了。""那末是什麼病呢?"他說:"內部必有發炎之處。"可也說不出是哪裏發炎。他說:"姑用消炎藥再說。"於是內服消治龍,每隔四小時,又注射別種消炎藥一次,十六日晨,熱是退了,卻到下床時,左足忽然不能跨步,而且立不住,我們急了,這時候太早,找不到醫生,找到一個護士,我想:"這和神經似乎有些關係。"便婉言問他:"這和打針有關係麼?"他也支吾其詞,說不出什麼來。一會兒,護士長來了,說:"叫你們服藥,你們不肯服;替你們打針,你們又說打壞了腿。這叫我們如何辦法呢?"我說:"藥何曾不服? 那一次不是照你

897

們送來的藥服的？左腿忽而不能運動，究竟是何原因，我們疑心到和打針有關係，不能禁止我們不許問，何嘗説你們打針打壞？他没什麼説，走了。這一天，午前用愛克司光透視，午後説還靠不住，再用愛克司光攝影。據透視和攝影的結果，説肺與氣管相近之處，略有黑影，其他則看不出有什麼病來，而病人這時候，時起惡心，口吐粘液，竟日不能飲食。醫生説："水分減少了，怕要酸中毒。"乃注射鹽水和葡萄糖。歷時頗久，病人既不能轉側，又不敢睡著，苦痛異常。這一夜，寒熱是没有了，而泛惡和口吐粘液，徹夜不止。十八、十九兩天，還是如此，病人覺得十分難受，十九日早晨起來，小便忽然全變做血，那我們更慌了，忙去請了護士來。護士長又來了，説："不一定是血的，且驗了再説。"驗後説確然是血。"那是什麼原因呢？"愛克司光照的虞先生説："這或者膀胱裏有病罷。"滕醫生來診視，並没説出什麼來，我們託護士長去問他，護士長不肯去。我們問護士長："那末虞先生的話，你看怎樣呢？"他説："醫生不懂得，倒是他懂得？"我們在這時候，覺得無從説起了，於是説話暫行停頓。

　　一會兒，護士長又來了，説要打鹽水針。病人在這時候，實在有些怕打了。便問他："爲什麼又要打鹽水針？"他説："我也不知道，醫生説的。"據醫院裏的人説："滕醫生的脾氣，是不大好的，他説什麼話，要是護士等問他，他就要發怒。護士等怕碰他的釘子，都不甚願意和他多説話。"我們到此刻，對於私立醫院的態度，和滕醫生的治療方法，也開始有些懷疑了，我妻於是想出院。正在商量時，護士長又來了。他説："你們如不肯打鹽水針，就衹有出院。"他的態度，是很堅決的，其神情，則不但堅決而已，還頗露出獷悍的樣子。我仍誠懇地對他説："他針打得多了，身上針眼作痛，未免有些怕打針，尤其是鹽水針，要久久不能轉側。你們如顧慮到他營養不足，那他本來是能吃的，這幾天胃病發了，才不能吃，胃病是神經性的，衹消想法子，把他的神經安慰一下，他自已能吃，營養就不成問題了。"護士長沉著臉説："用什麼法子安慰他的神經呢？"這話殊使我難於置對，我略想一想，乃回答道："我在二十多年前，也是有胃病的，後來用廢止朝食之法治好。我的胃病，是胃神經痛，發作的時候，痛得很厲害，總是暫用鎮靜的方法的。譬如醫生給我吃鴉片酒，大約十五分鐘，可以止痛，如用抽大烟的方法，抽幾口大烟，那不到五分鐘，痛就止。"我這話，不過是舉一個例，當然不是指派他用什麼方法醫治，這是無待於言的。這個道理，怕任何人都會明白。誰想他卻介面道："你們要抽大煙麼？請到院外抽去，這裏是不能抽的。"這時候，我覺得他的態度太離奇了，便反駁他道："我並不是説要抽大煙，不過舉一個例。況且用鴉片做藥治病，和抽大烟截然是兩件事。抽大烟是犯法的，用鴉片治病，並不犯法。你們現在，難道絕不使用鴉片製劑麼?"他没得説，又走了。不多一刻，我的女孩，走到化驗室裏去，想再和他們談幾句話，他卻正在化驗室裏大發議論，説："這個病人的病，是不能治的，病人不聽醫生的話，他的男人又膽小。"這話真不知從何説起? 我的女孩，也没駁他。他卻又説："他們現在，倒想抽大烟了，我們這醫院，能抽大煙麼?"聽到這裏，我的女孩，忍不住了，便道："我們何嘗説要抽大煙? 我父親的話，難道你都没聽清麼。"便把我剛才和他的問答，述了一遍。拍愛克司光照的虞先生聽了，點一點頭。

這一天，我們就出院了。出院之後，請一位留遜其醫生診治。留醫生的父親，本是我的至友，因爲他初行醫，所以一時没想到他，這時候想到了，便請他來診視。他説："從前的病，或者是腎盂炎。瘧疾怕是誤診了的。因爲私立醫院近來換了一位化驗員，這化驗員，聽説年輕資淺，技術不大可靠。至於便血，則或者是消炎藥追得太急，尤其是緊接著六零六注射之後，以至於此。"留醫生和我們，是很親切的，本可逕請他醫治，苦於他和鄉間一個施診所有特約，明天一定要下鄉，於是不得不再想醫生。私立醫院裏，有一位護士，喚做侯民節，他和一位文端玉女士是親戚，這文女士，既是我妻的義女，又是我女孩的同學，侯女士對我們頗爲親切，我女孩便去請教他。他介紹了一位全醫生。説："他醫道還不錯，而且他的父親，在私立醫院服務多年，他和私立醫院中人很熟悉，是在私立醫院治療的人，以前的經過，他都可以調查。"於是我們就請全醫生診治。診斷的結果，和留醫生也無甚差池，不久，我妻的病，也就好了。

平心而論，這一次滕醫生替我的妻診病，是很盡心的。但他對我妻的病不是瘧疾，似乎發覺得太遲；而且他去年替我妻治病時，十分鎮定，今年卻似乎犯了手忙腳亂的毛病，這個毛病，在治療上，似乎也是犯忌的，不知他何以如此。這也見得治病之難。然而他的態度，畢竟還不錯。

原署名：程芸，原刊《朝霧：文藝春秋叢刊之四》，上海永祥印書館，一九四五年六月一日出版；文藝春秋叢刊之五《黎明》上海永祥印書館，一九四五年九月一日出版

# 日 本 降 伏 了

日本降伏了，在淪陷區中，一切消息，都被隔絕，直到今日，才得到雖很粗略而業已證實的消息。

劍外忽傳收薊北，初聞涕淚滿衣裳。苦戰八年，終有今日的勝利。聞信之餘，真是萬緒千條，一時無從說起。茲姑就一時涌現於腦際的，拉雜書寫如下：

日本這一次的戰爭，是藉口要謀大東亞的解放的，其非出於誠意，自不待言。我們且離開了日本，而觀察所謂大東亞者，是否有謀解放的必要呢？

還記得四十年前，曾讀梁任公先生所著的《新中國未來記》，這是一部章回體的小說，雖僅寫數回而止，然全書的主意，則在起筆時業經揭出了。他是描寫中國走那一條路以至於富強，既富強之後，如何給世界大局以安定的。它的結束，是中俄因事齟齬，勢將開釁，世界各國，各有所左右祖，大致以種之黃白分界，遂有釀成人種戰爭之勢，卒以匈牙利的調停而止。此等見解，數十年前之人多有之，這正和白人的唱黃禍論相同。人種之間，粗看起來，總以爲有很深的界限，其實爲各國之間平和的障礙的，乃是民族民主兩問題，而不是人種問題。這個題目太大了，恕不能繁徵博引，然亦不必繁徵博引。我們但看：（一）黃白兩種接觸，自古有之，不但不因種族的不同，而引起敵對之心，以致引起戰爭，並較大之衝突而亦可云無有。所謂衝突轉起於人種相同的接近民族之間，而大盛於資本主義發達的時代，便可明白了。

我們試看：現在世界之上，列國之間，兩個陣營的對立，便可知其實爲壓迫民族和被壓迫民族的對立，既無關於黃白種，亦不係於歐亞洲。所以日人所鼓吹的泛亞細亞主義等，根本便不是一句話。但在日本人崛起攪亂世界的平和以前，處於壓迫地位者，多是西方人，處於被壓迫地位者，多係東方人，這確是事實。東方民族要謀解放，原是合理的。然則至今日，爲什麼戰爭不起於歐亞洲黃白種之間，而反起英美蘇與德意、中與日之間呢？

須知攪亂世界平和的，初不是全世界的白人，嚴格說來，並不是全歐洲的白人，而只是歐洲白人的一部分。希臘自古即殖民於東方，羅馬大食，更和東方人多交通，爲什麼迄係平和相處。而至近世，歐洲一部分的白人，乃忽一變而爲壓迫者呢？依我的愚見，由於兩種原因：其（一）世界上文明發源之地，雖有好幾處，然只有東洋的中國，和西洋的地中海緣岸諸國，是能够發揮其偉力的，其餘諸處，則都未能發揮盡致。如印度，在宗教哲學上的力量可云偉大了，政治上的力量，却殊嫌不够，便是其一例。中國的文明，重心點是大陸上的，西洋的文明，則其重心點在地中海，水性使人交通，山性使人塞。海洋初雖爲人類交通的大障礙，然及能克服之，則其推進人類交通之力亦極大。西葡英荷諸國，因地中海和東方的通路，爲突厥人所阻塞，乃航行大西洋以入太平洋及印度洋，於是人類交通的情形大變。前此爲洋海所隔絕的，無不互相接觸，互有關係了。其（二）而爲之助力的，又有蒸汽機的發明，因有蒸汽機，其生產的力量，乃能十百千萬於往昔，而歆動求利者欲與遠處交通，繼且迫之以不得不與遠處交通之勢，亦惟有蒸汽機乃能克服大洋並克服沙漠山嶺等障礙，縮長距離成短距離，而使這種交通成爲可能，且日益擴大。這種文明的進步，對於世界原是有益的，徒以人類知識和能力的不足，造成每一個社會的內部及各個社會之間糾紛複雜的情形，欲求新文明在平和條件之下推行盡利，卒不可得。而壓迫和被壓迫的事實，就因之而發生了。抵抗壓迫無疑的是要有一種力量的。世界上各大陸美洲和澳洲文明都落後，而人口也稀疏，非洲人口較稠密，而文明亦落後，所以交通之餘，非洲被歐人所分割，美洲澳洲則並種族而亦至於淪亡，或則混合，原住民的純種所存無幾了。亞洲的情形是很爲複雜的，其中最落後的如南洋群島，還在部落時代而未能組成正式的國家，所以在政治上全被歐人統屬了。西南亞諸國程度要高一些，所以在政治上還維持其半獨立的形態，然亦大有淪胥之懼。當此情勢之下，能和帝國主義的壓迫相抗衡的，自然只有另一個有偉大力量的文明中心點，即亞東之地。亞東諸國自然以中國的力量爲最大，日本次之，朝鮮又次之。所以當日本未曾崛起攪亂世界的平和以前，中日鮮三國聯合了，以爲全世界上被壓迫民族的領導，共同奮鬥，原是理所可有而於勢亦很順的，不幸日本當此時乃走上一條錯誤的路，它不想聯合中國，扶助朝鮮，共謀抵抗帝國主義的侵略，反思吞滅朝鮮，侵略中國，而自列於帝國主義之倫，遂致走入壓迫者的陣綫，所以現在說，東洋人爲什麼不和東洋人相團結，反和西洋人聯合了，自相摧殘，這責任是要由日本人負之的，因爲它先脫離了東洋人的陣綫，而走入了西洋人的陣綫的。它的這一次的攻中國，是藉口於防共的，乃不直攻共產主義的蘇聯，而反向中國侵略，當其發動其所謂大東亞戰爭以前，與英美亦迄維持着友好的關係，便是其明證，彼嘗自許其戰爲聖戰，聖戰果如是乎？

　　日本爲什麼會犯着這種錯誤，這自然是有其所由來的。（一）日本近數十年來，模仿西洋，似乎進步甚速。實則其社會的程度，甚爲落後，這只要看其迷信之深，便可知道。日本之所謂神，就是日本人迷信的對象。不論儒教佛教，輸入日本之後，都有幾分日本化了的。所以日本實在並没有能够完全接受中國和印度的文化，而大部分保存了其固有的迷信，其治者階級，遂得利用此點。而以其所謂天皇者，爲神之子孫，以神自居。野蠻時代的統治者，原多有之。然能保存於今日，而其濃厚的程度，還不甚褪色，這確是罕有的事。於此，就可見得日本國民的程度了。（二）社會的進步，總是從尚武漸趨於右文的。固然太偏於文，亦有太偏於文的弊病。然以大體言之，總不能不説是一種進步。因爲如此，就無論對内對外，用强力壓迫的事情，都減少了。在東洋，提倡右文的，自莫如中國，在這一點上，朝鮮確是我的高第弟子，而日本則瞠乎其後。日本的大進步，實在其摹仿唐朝，改革制度之時，然閲時不過二百年。自此以後，遂入於武人擅政之局，而封建制度，由之而興，直至明治維新時才革。然亦革其面而不能革其心，以迷信甚深之民，再加上封建時代所謂武士道者之色采，自不免要陷於輕率寡慮，妄自尊大的弊病了。（三）而在歷史上又有助成其妄自尊大的外因，這便是日人所自夸立國以來，三島之地，從未被他國侵人者，這件事拆穿了，原是一錢不值，不過事勢使然而已。原來文化較進步經濟較進步的民族，其武力總是不如野蠻民族的，這也無足爲奇的。因爲（A）社會的進化總是向平和一方向走的，所以治化漸進，則頑强殘酷的性質，必然漸次減退，而在經濟上亦斷乎没有富人反向窮人劫掠的。而野蠻民族。則適與此相反，所以在歷史上文明民族被野蠻民族侵略，幾乎成爲一個公例。五胡和遼金元清的侵入中國，峨特、①日爾曼、法蘭克等之侵掠羅馬，便是其最顯著的例證，抑且不待此，埃及的文明，乃由三面被沙漠所包圍，一面被海所限制的。地勢所保育美索不達米亞，亦四面皆山。即中國，亦因大行山脈的間隔，直至戰國末，才與其北方即今蒙古高原地方的騎寇相遇，可見此等情勢由來已久了，就是其明證。文明民族不懼野蠻民族的侵略，那是到近世物質文明高度發達之後，然後有之。水在其被人征服之後，則爲交通上助力，其未被征服之時，則爲交通上的障礙，前已言之，河川湖泊當然，海洋更

---

　　①　今譯哥特人。

甚。亞洲的有日本，歐洲之有英國，其形勢使有些相像的，但日本和大陸的距離略較英國爲遠，而中國和朝鮮都不是喜歡侵略之國，這是日本所以能不被他國侵入的，這正和其皇室因非實權所在，乃能不被篡奪一樣，遂利用之，以愚惑其民，而其大多數人民以程度尚低之故，遂亦從而信之耳。

帝國主義的戰爭，愈後而愈形酷烈，至於最近已無復一國對一國的戰爭，並無兩三國間的戰爭，而必爲集團對集團的戰爭，兩次的世界大戰，便是其明證。這其理極易明無待深說，所以在現在惟有大國才能獨立，那在世界上可以獨立的實在只有中蘇美三國。如其歐洲各國能合併起來，自然也可成爲一個單位，這就是德國所以想吞併歐陸的原因，而日本就惟有想并吞中國了。

這是日本所以走上錯誤之路的原因。大凡一種文化要改變一條路綫是極難的，個人的懸崖勒馬尚然，何況一個民族，這是日本遂不能改的原因。強盛了七十年，在今日終於碰壁了。於此可知道，仍不失爲一種有力的教訓。就一件事情論，日本人的觀察，可謂精明，而其赴機亦能敏捷，滅琉球，縣朝鮮，侵犯中國，打敗帝俄，以致最近其所謂大東亞戰爭的初期，可謂舉無不利，然其終至於碰壁，則多行不義者必自斃，雖不知患害之來自何方，然其終不能免於患害，則無足疑惑。一個國家一個民族能不深思。日本的文化可謂和中國漢朝最爲相像的，唐朝的武功雖看似超越漢代，然其用兵多係因利乘便，且多利用蕃兵蕃將，和漢朝的純靠自力，扎實壘打死仗者不同。這真和日本人喜歡侵略及其浪人的到處騷擾一樣。王莽篡奪，可以符瑞愚其民，而光武亦出一轍。這亦甚似日本皇室之日張爲神。李廣爲衛青所逼迫自殺，其子敢報讎，又爲霍去病所射殺，而李陵仍願效忠於漢武帝，爲之以步卒五千，深入擊匈奴，亦甚似日本人之迷信其君。假使這種文化發展下去，中國在當時未必不可成爲一個大侵略國，然而在這時代，中國的武力主義旋被儒學的文治克服，而其迷信亦被魏晉的哲學打倒了。

中國在這一次固然是靠着友邦的助力，然後能打退日本的，然而在現代世界上，其實也不僅在現代世界上，所謂戰勝本不單是以兵力角逐於疆場之謂，中國這一次雖未能多以兵力將日人驅逐出境，也自有其道理。這便是（其一）其平時的愛好和平，崇尚信義。中國決沒有侵略他國之意或口是而心非，所以能得道多助。（其二）是民心的堅定，這一次淪陷的區域不爲不廣，歷時亦不爲不久，然我在淪陷區中仔細觀察，沒有一個人相信日本將能在較長的時間中佔據中國的，收復失地，大家都以爲確定不移，只是時間略分遲早罷了。這便是一種不屈的表現。（其三）在三十餘年以前，我讀梁任公先生所著的國聞報，他説中國每逢蜩螗沸羹，晦盲否塞之際，則非常之才出焉，因此對於中國的前途，頗爲樂觀，當時即膺服其言，至今日果然應驗。然能有英雄，亦要國民能認識英雄，能任用英雄，推戴之使居於所當居之地，這二者亦都是國民程度較高的表現。天下那有僥幸成功的事，何況二十世紀如此的劇烈競爭呢？成功者自有其成功的原因，自亦無可懷疑。然以中國之決決大國，在世界上所占的位置的重要，在東洋所處地位之高，何以要花如許多的氣力，如此之多的艱苦，才能擊退一個日本，其文化亦必有偏而不舉之處，自亦無庸諱言，痛定思痛之餘，我國民更不可不深爲檢討。

把兩次戰役相比較，第一次世界大戰實在還不能稱爲世界大戰，在這次算真是世界大戰了。第一次大戰之後，國際上沒有措置得好，尤其是（一）如德日等國想以武力侵略他人，並望以在國内壓伏異己，而維持其階級的地位。（二）在經濟上則各國起因於戰後的凋敝，無較高明之策以得救，乃競築關稅壁壘，並許匯兑傾銷，以致危機日益深刻，終至釀成戰爭的，這可説仍是民族民生兩問題，處置不得其宜，以致如此。而一班野心家，又不免有維持其階級之優越地位之感，至少不能不爲其階級意識所蔽，以致重新走上錯誤的路綫，又是民權主義的問題了。我希望這一次列國的掌握政權者，對於對内對外都有較賢明的見解，較光明正大的措置，共向光明前途，而有以致世界於大同。八月十五日。

寫於一九四五年八月十五日

# 上海路名亟宜復舊議

　　予以三十一年八月一日去上海，三十四年十月三日重來，爲時僅三年餘，此三年中，滬市情形，實無大變動，且予旅滬二十餘年，滬上情形，不爲不熟，然滬市地廣而路多，終有履其路不能盡識，而借路牌爲識別者，今也悉爲敵僞妄易，遂至涉足多迷，舊藏地圖，亦成無用，且自敵僞妄易路名以來，朋友通函，自署居址，固多仍用舊名，或雖寫新名，仍註明舊名者。但間有但寫新名者，當敵僞蟠據之時，百物皆爲所攘竊，報紙亦所印無多，銷行甚少。故其更易地名時，所布新舊對照之表，有本未得見者，即見之，亦以其爲敵僞所爲，不樂藏庋。此等但知新名之路。遂至詢訪爲難，其厲民莫甚矣。舉復其舊，一日之力耳，不可不以爲亟務也。

　　凡事宜求實際，戒騖虛名，當日人犯順之初，尚甚貢諛英美，其元老某懟之曰：“今者敵視支那，而與歐美人爲友，此大誤也。東洋人之性質，多好虛名，西洋人則皆務實際。試觀中國日本之儀仗，刀劍等物，皆飾觀瞻，無裨實用。歐洲人則不然，便可知之。故白人實爲沈鷙不易與之民族，以矜夸而好騖虛名之日人與之交，其不招致悔吝者鮮矣。”此言深中日人之病，其在上海，妄易路名，亦其務名而不務實之一證也。

　　改易路名，以資紀念，古今中外，亦非無之。然所改者必僅一二處，故人能省憶，足資紀念。若舉所有者而悉易之，則視聽爲之眩亂，省憶且所不能，遑論顧名思議，此新莽之所爲也。

　　姚君公鶴嘗言：“上海舊有路名，悉係中國人語。如大馬路、後馬路、拋球場、麥家圈等是也。稍後則用外人所命之名，如所謂英法新租界諸路名是已。此爲同化於人與不同化於人之別，不可不知警惕。”姚君此文，見於民國初年之《時事新報》。其後商務印書館所印行之《上海閒話》。似即增輯當時報端諸作而成，手頭適無元書，僅約舉其意而已。此言似是，而實不然。大馬路、二馬路等可以中國語名之者，以其時馬路尚少。故可以次第位置爲之別也，後來馬路日多，豈能復用此法，拋球場、麥家圈等，蓋當租界初興，華人居者尚少。後乃稍成市集，故可因事命名。亦或其地，舊本有名。若後來英法新租界者，則其所築諸路，本皆田野，無可識別。又有興起甚驟，欲命名而無事可征，安得不即以外人所命之名稱之。此乃事勢使然，何足爲同化於人與不同化與人之別。中國人稱名之習，固有沿襲數千年而未嘗變者，凡名詞之太長者，恒截取數字，以爲簡稱，此古今之所同也。而其截取之也，則古人恒舉其末數名，今人則舉其首數言。如匈奴之君，稱爲撐犁孤涂單於，漢人但稱之曰單於。今人則稱英吉利爲英，俄羅斯爲俄，紐約克爲紐約是也。上海有所謂勃來尼蒙馬浪路者，以今語之例，爲之簡稱，當曰勃來尼路，然衆皆稱爲馬浪，此語出於人力車夫之口，而士大夫因之。此漢世語法尚存於今者也。上流社會，風俗之變遷速，下流社會，風俗之變遷遲，此其一端。此外外國地方，有中國舊名者，國人亦皆沿用弗變，如小呂宋、舊金山等是也。然則中國習俗，曷嘗有變，然凡民族，固貴能保守而篤舊，亦貴能變化而從新。此等風習，即固守之，亦何與盛衰强弱之數邪！

　　故今者，敵僞所改地名，斷宜即日復舊，此不徒以義理論，即以便於事論，在今日，以只有知舊名而不知新名者，斷無知新名而不知舊名者也。或謂敵僞所更之名，固宜亟絶，租界舊名，亦不宜沿用。今者滬市諸路，實宜別定新名，且有謂市府已有擬議及此者，此則又失諸務名而不務實，將爲日本某元老所譏矣。稱名由於約定俗成，但求衆知而易曉，借此以示義理，固無不可。然斷不宜因此而使民聽眩惑。凡稱名，一時有一時之例，因此即可考見其時之習俗，此雖譯名亦然。如唐宋元明，暨於晚近，各有其迻譯習用之字是也。此可考各時之譯例，並可考其時之語音矣。至於雅俗之別，則人之見解，變遷本亦隨時，且文人之所謂雅，亦未必其果美。北平有爛面胡同焉，清末，京官之好文辭者，乃改書爛面爲懶眠，使懶眠二字傳，而爛面之名遂亡。後人將無以考見清世北平街衢稱名之習俗矣。然懶眠二字，其足動人之美感者，果何在邪？

原刊一九四五年十月十五日上海《青年日報》

# 實行憲政時期的政黨

有許多事情，實在是很合理的，而自吾人觀之，恒覺其不合理，這不是事情的不合理，只是我們腦筋簡單，未知其理而已。

孫中山所定建國程序，分爲軍政、訓政、憲政三時期，現在軍政時期，雖已告終，訓政時期，顯未完了，却要實行起憲政來，似乎和中山先生的原意不合了。然凡事宜求其原理，不宜過拘於形式。軍政時期的用意，在於排除障礙，爲革命建國最大的障礙的，内之是軍閥的搗亂，外之是帝國主義者的壓迫，此二者而不除，表面上雖平安無事，然障礙既未解除，排除障礙的暴力，即難不用，軍政時期，就不能算結束。

然則訓政的用意，在於訓練人民行使政權，人民苟能行使政權，訓政時期表面上應做的條件，雖或未能做到，論其實際，目的倒也算已經達到，而可以實行憲政了。中國的内除軍閥，外摧强權，雖有黨國諸賢之努力，實亦民心之傾向然，辛亥革命，帝制推翻，國民革命，以至七七事變以來，抗戰建國，同時並進，人民的舉動，足以證明此説的，不可勝舉，亦不待枚舉。人民之於政治，原不能直接有所施爲，不過辨別當局的賢否，所做的事情的適當與不適當而加以取舍而已。自甲午日寇犯順，至今凡五十年，國民的取舍，可謂皆得其當，而且時有進步。然則就訓政之實而言，目的亦已達到，今日而還政於民，實可謂合宜之舉。

既云結束訓政，還政於民，則黨的態度，即宜有所改變，這不但國民黨，即國民黨以外的諸黨，亦宜知此義。過去，國民黨以外諸黨，雖在攻擊國民黨的專政，然觀其所爲，取其所發的言論，亦都不免於操刀代斫。

在立憲政治之下，政黨只提出其政策，而其抉擇取舍，則一聽諸國民，故國民政治知識的高低，及其對於政治問題有無興趣，實爲憲政能善與否的根蒂，而國民政治知識的提高，及其對於政治問題的興趣，又全靠政黨加以鼓勵和啓發，政黨鼓吹本黨的政策，及其對於異黨政策的批評和駁詰，都最能使國民知道當前的政治問題何在，且洞悉其内容，而判別其利弊。

　　而黨的本身，亦宜自行策勵，立憲政治之下的政黨，要提出其鮮明的政策，陳諸國民之前，以備采擇，一旦爲國民所采擇，即應登臺見諸實行；所以對於政治問題的研究及其實行時之方案，均宜有很大的努力。現在科學家論事的審慎周密，從前政治家，對於民情吏治的通達，及其行政手腕的周詳敏捷，黨中都宜有此儲備。專聚集一班空言闊論之士，是無濟於事的。有些政治上的問題，望空辯論，似乎各有各的主張，難以解決，而及其具體研究，或者實行起來，解決之方，或即必然發現。譬如中國共產黨，提起來，大家就以爲他提倡階級鬥爭。其實蘇聯的階級鬥爭，是以工人做前綫的，中國則並無這許多工人，若在中國而欲提倡階級鬥爭，則惟有靠農民做主力，然中國的農民，是否能利用之以行激烈的舉動，還是問題。政策只是一個大概的規定，及其實行起來，其條理節目，總是有許多變化的，而此種變化，往往能使宗旨相異的人，漸趨接近，此乃客觀現實使然，無可執拗的餘地。

原刊一九四五年十月二十八日《青年日報》星期刊

# 中國的五年計劃

誰都知道，蘇聯的再生，是和五年計劃，大有關係的，中國現在，也定下五年計劃了。

五年計劃，有什麼好處？

蘇聯當日，是緊緊受着外國的封鎖，想從貧弱而至於富強，非全靠自己挣扎不可的。中國今日，則情勢大異了，世界經過第二次大戰，人們的心理一變，今日的中國，是不但不受外國的封鎖，而且還能從外國，得到很多的援助的，即以自身論，雖云經過八年的抗戰，遍體創痍，然亦究未至如蘇聯當日之甚。

這是中國和蘇聯大不相同之處，在中國，似乎無須五年計劃了。

然仍有其相需之處。

其相需之處安在呢？

（一）五年計劃，是刻月而程功的，定了一個限期，就不能隨意拖延，須知隨意拖延，其事就等於無有。

（二）五年計劃，是一個全盤的計劃，不至於顧此失彼，而且五年計劃，是通盤籌劃之後，提出其中最緊要的事來先辦的，不至於後先倒置，在橫頭裏，也是互相配合的，不至於首尾衝決。

這都是五年計劃的好處，爲中蘇所同的，中國所以需要五年計劃，其原及亦即在此。

然其行之，仍須有一種新精神，是怎樣一種精神呢？

中國人在政治上，有一個失敗之點，便是："一件事情，辦得不大好，大家便要爭着把他取消，而不肯注意於改良。宋朝王安石行新法，舊黨必欲一舉而盡廢之，就是一個最顯明的例子。其實好壞只是一個程度問題，天下事，決沒有辦得全好，亦決沒有辦得全壞的。事之當繼續與否決之於其該辦與否，可不辦與否，而不當決之於其辦理的好不好。事而該辦，非辦不可，雖然辦得不好，只當注意改良，而決不當將其事取消。而此說的又一面，便是："極該辦，必不可不辦的事，其辦得好不好，亦當時時檢點，時時改良，必不可藉該辦，不可不辦爲護符，拒絕人家的批評，而又不自檢點。"如其如此，就是替辦事的人，造成利益，而事情則了無裨益了。城而有狐，則其利在狐，社而有鼠，則其利在鼠，城社中的居民，是了無利益的。

原刊《知識》第二期，一九四五年十月出版

# 抗戰的總檢討和今後的方針

## （上）

抗戰艱苦的生活，倏忽八年了。八年來黑暗的淪陷區，至今日，乃獲重見天日，國民的欣喜當何如？然抗戰的目的雖達，建國的責任方殷，我們於此，自不可不就已往的事情作一總檢討，以定來日的方針。

第一次世界大戰之後，又繼之以第二次大戰，而其規模，且遠較第一次爲大。此驚心動魄的慘禍，果何自而來呢？自不可不一溯其根源。世界上文明發源之地，雖有好幾處，然曾發揮其偉力的，則祇有舊世界的東西洋文明。東洋文明，植根於中國大陸，西洋文明，則圍遶著地中海。"水性使人通，山性使人塞。"所以東洋文明，在比較上是靜的，西洋文明，在比較上是動的。然前代的西洋人，亦不過自地中海經紅海、波斯灣、印度洋，依傍大陸緣岸，及各島嶼之間，東來通商而已。至十五世紀，而此自古相沿的孔道，爲好戰的突厥人所塞，乃刺激著西、葡、荷、英、法等國，作遠洋的航行，而世界交通的情勢一變。前此爲水所隔斷的陸地，至此，乃無不互相交通了。適會此時，歐人對於物質科學，又有很大的發明，其征服自然之力乃加大，尤其是蒸汽機，給與人類以偉大的力量，用之於生產上，則使其數量空前增加，刺激著好利的歐洲人，益欲向海外尋求貿易。在交通上，則使人履遠洋如平地，縮長距離爲短距離，又能克服山嶺、沙漠等阻礙，火藥雖自東洋傳入，槍炮則爲西洋所發明，於是於船堅之外，又增加了一個炮利的條件，近代的西洋人，遂成爲一種可畏的勢力了。而其此等發明，亦給與其自己的社會以一種重大的變化，資本主義的高度發達，促成了帝國主義，而世界的和平，遂被其擾亂。

抵抗力，自然要有一種力的。美、澳二洲，人口稀疏，文明程度，又甚落後，幾全爲白人所佔，並種族入於滅亡混合之途了。非洲及南洋群島，文明程度亦落後，而人口較多，則在政治上，成爲白人的隸屬。西南亞諸國，文明程度，要高一些，並都成爲半獨立狀態。抵抗力，自然要有一種力的。當此之時,抵抗帝國主義,矯正其錯誤,而促進世界的和平的,自然,祇有世界上另一文明高度發達之地。這個地方,自然是東亞。東亞諸國,自然以中國爲主力,日本次之,朝鮮又次之。所以中、日、朝三國,聯合以抵抗帝國主義的狂潮,於理勢本甚順。

不幸,日本在此時,走上了一條錯誤的路,他不想聯合中國,扶翼朝鮮,共抗帝國主義的壓迫,反想吞併朝鮮,侵略中國,而自列於帝國主義之林。二十世紀以來,帝國主義者的競爭,更激烈了。戰爭時人力、物力消耗之鉅,已非復通常的大國所能負擔。准此例以言之,則世界上除中、美、蘇三國之外,幾無可以作戰之資格。歐洲除蘇俄而外,其餘之地,亦必團結爲一,乃能成爲一個單位,此德國所以力斥蘇俄,而欲在歐洲造成一種新秩序。當此情勢之下,日本遂欲役屬中國,以全中國的人力、物力,供其爭霸世界之用,此爲第二次世界大戰最大的原因。我們試設想:使日本的目的而達到了,其所造成的慘禍爲何如? 假使日本不想侵略中國,役屬中國,好好的與中國互相提攜,則兩次大戰,中、日均可置身事外,其能減少戰禍,並爲世界和平給與助力,又當何如? 而兩國自己所得利益,更不必説了。所以説:日本在此時,實走上一條錯誤的路。這樣説,中國這一次的抗戰,不僅爲自己打算,也可明白了。

"見豕負途,載鬼一車,先張之弧,後説之弧。"殘酷的戰爭,總是要成爲過去的。我相信:人類所遭的厄運,不是人類的性質使然,倒是人類的愚昧使然。因爲不論在哲學上、科學上,都可證明人類的性質,是互助的,不是好鬥的。第一次大戰之後,繼之以第二次,其原因:

(一) 由民族的互相敵視,勝者思長保其勝,敗者則意在復讎。

(二) 由各國黷武階級的頑强,日思在武力中尋求出路。

(三) 則在於經濟上的無辦法,競築關稅壁壘,爭爲匯兌傾銷,以圖自救,矛盾日深。總括起來,還是民族、民權、民生三個問題,處置的未得其法。我們希望三民主義的信徒,力求瞭解主義,忠實奉行,使中華民國的前途,益進於光明,且對於世界的前途,有所貢獻。

## (下)

上篇説此次戰禍的造成,乃由日本走上了一條錯誤的路。他爲什麽會走上這條路呢? 我們又不可不加以檢討。

日本所以走上錯誤的路。依我看,有三種原因:

（一）日本近數十年來，傚法歐、美，進步似乎甚速，然祇是外鑠的，論其本來，社會的程度，似乎還很落後，試觀其迷信之深可知。因此之故，其統治者，乃得自託於神權，以愚惑其衆。

（二）因其社會的程度，本來落後，所以崇尚文教的觀念實淺，憑恃武力的觀念甚深，因此之故，乃因武人之專擅，而造成了封建制度，因封建制度而造成了武士道的風氣。武士道固亦有其長處，然武人的性質，大都是輕躁寡慮的，遂陷於無知的自大，而妄想以武力稱霸於世界。

（三）而歷史上又適有一助成其錯誤的外因，此即日本所以自誇，謂自建國以來，其三島之地，迄來未被人侵入者。這件事，拆穿了西洋鏡，其實一錢不值，因在近世物質文明高度發達以前，文明民族受野蠻民族的侵掠，幾成爲歷史上的公例，遼、金、元、清之於中國，西亞民族之於印度，歐洲東北諸族之於羅馬，爲人人之所知。其實還不僅此，埃及的文明，乃由其地三面爲沙漠所包圍，一面又受海的限制。美索不达米亞，亦四面皆山。即中國古代的文明，亦由有太行山脈，將其與騎寇隔開之故。可見此一階段，在歷史上閱時甚久。日本的地形，和英國最相像，而其與大陸的距離，較英國爲遠；中國的好戰，不如羅馬；其間且得一個右文的朝鮮，以爲之緩衝；這都是日本所以始終未被外族侵入的原因，原係事勢的自然，無足爲怪，然淺慮而自大的日本人，就因此更堅其自信了。

中國，自然也有錯誤之處的。其錯誤，乃適與日本相反。日本的錯誤，失之逞強，中國的錯誤，則在於積弱。中國在幅員和資源上，是個滿足之國，自不會有侵掠之念，民族自然的拓殖，也從來不恃武力的，歷代的對外戰爭，屬於自衛的，和屬於君主個人的野心的，很難分析清楚，軍事上的措置，又很難得當，總不免於荼毒人民。又其歷代，右文的觀念甚深，尚德化而薄力征，遂成爲普通的觀念。因此，在承平之時，雖有名爲兵之人，而其人，實無可以稱爲兵之實，直可稱爲無兵備之國，其政治，則因疆域過廣，交通不便，不論調查、計畫、措施、監督，均極爲難，全取消極的放任政策。"治天下不如安天下，安天下不如與天下安"，這兩句話，殆泄盡了中國政治的秘奧。所以行政，特別軟弱而無力，政權在官僚階級手裏，其爲暴，自不如封建時代領主之深，而其無力，亦適與之成正比例，後人痛心政治廢弛的，至於憤激而欲復封建，即由於此。爲官僚之所自出的，爲智識階級，其地位，乃由選舉而來，這原是中國政治的優點，但智識階級的風氣，亦隨世而變，而當西力東侵之時，則適承其衰敝之會。

（A）矯理學末流空疏之弊，而專力於考據，遂日流於瑣屑。

（B）又矯其中的一派所謂心學者猖狂之弊，遂漸流於麻木。

（C）又因科舉制度的不善，而日即於愚昧，都於趨時赴功爲不宜。這是自戊戌以來，日言改革政治，日言開發社會，而終無大效的原因。在經濟上，亦因幅員太大，交通不便之故。至今，閉塞的地方，還是劃數百千里，而自成爲一區，與其區域以外，聯繫不密。緣江緣海，及因築造鐵路而被帝國主義侵入的區域，既因扼於不平等條約，而民族工業，不能振興，即商業資本，其發達亦有定限。在此情勢之下，自無從積蓄資本，養成企業的人才。此其所以生產落後，而這一次的抗戰，在物質及技術方面，無一事不要借外國的幫助。現在雖然戰勝，衹是因“得道者多助，失道者寡助”而然，而並不是我們自己有戰勝的實力，幸逢這不平等條約取消的機會，我們不可不深自振奮了。

於此，我們又有一句話，要敬告日本國民，凡力小而任重，總是不行的，總不免要受挫折，雖不能知其來自何方，其至在何時，而遲早總不能免。盈虛、倚伏的道理，即在於此。日本人對於東洋傳統的道理，是很能夠瞭解的，我們還希望其縱觀世界的大勢，深懲已往的失策，而決定今後賢明的方針。

原刊《青光半月刊》復刊號，一九四五年十月出版

# 戰後中國經濟的出路

　　近來研究中國經濟的,都説:"中國之所以窮困,由於農村的破産,而農村的所以破産,則由於封建勢力和資本帝國主義的雙重剥削。"這話是不錯的,然何謂封建勢力? 何謂資本帝國主義? 其剥削中國的實況,究竟如何? 則模糊不清的人很多。又研究社會史的人,或説中國還在封建時代,或説中國久已進於商業資本主義時代了;而商業資本主義時代的有無,其間又有爭論;真覺得紛如亂絲。其實,中國地方大,各地方的情形,並不一律,論中國的社會經濟,是不能用一個型範,來概括一切的。理論生於事實,要推論中國的社會經濟,先得就中國的實況,加以觀察。能使全國風同道一的,最緊要的條件,就是交通的便利。中國疆域廣大,地形錯雜,在近代物質文明高度發達以前,是無法十分克服這困難的。閉關時代,交通便利的,祇是緣海和便於航行的大河流域,以及湖水區域、川湖交錯之處,這是中國文化、經濟的發達,東部優於西部,江域追上了、而且超過了河域,以及浙西一區,成爲全國中最富裕之地的原因。此等地方以外,交通所恃的,大約是陸路,其中還有山嶺的阻隔,往來密切的區域頗小,大者不過舊日的一府,少則三四縣或一兩縣之地,大概自方百里至方五百里而已。在此等區域之中,情形是這樣的:多數農村,散佈各地,其經濟,仍以自給自足爲主,耕所以謀自食,織所以謀自衣,甚至簡單的器具,亦能自製,必實不能自製的,乃出其所有,以與人交易。與之相易的,是獨立的手工業和小商人。此等人率居於城市之中。如此者,許多農村環繞著一個城市,以爲中心,而自成爲一個經濟區域,其聯繫是很密切的。如把這聯繫割斷了,生活上必大覺不便。然此等聯繫的割斷,都是很難的,因爲其範圍甚小。全國的天産品和製造品,互相灌輸,自然也是有的。山西的汾酒,販運到東南;浙江的紹酒,販運到西北;藥材的産地,是散佈在全國的,而每一種藥材,亦能流衍於全國,便是其一例。此等物品的互相灌輸,都是從産地運到一個大集散點,再從此分佈各地的。此等大集散點,即成爲都會,如上海、廣州、天津、漢口等便是。經營此等貿易的,謂之大商人,其勢力,僅及於都會而止,並不能深入於各個小區域之中。中國數千年來，各地方的度量衡，迄不能畫一，甚至貨幣亦不能全國統一，其原因實在於此。此足證明歷史上所謂豪商大賈，其勢力祇在幾個大都會和幾條大交通乾綫上活躍，而並不能支配全國了。此等物品的交換，祇是所以維持較高等的生活的，如其把它一切斷了，不過生活程度降低些，於較低限度生活的維持，並無妨礙。這是歷代每當大亂之際，不被兵的區域，所以生活宴然，能保留一些元氣，以爲復興的準備。而亦此次抗戰，西南、西北較爲偏僻之區，轉能成爲大後方的根據地的原因。閉關時代以前，我國的經濟情形是如此。自帝國主義的經濟勢力侵入以後，情形却大變了。他們挾著蒸汽機關的力量，在生產上，數量既空前增加，又能造成人力所不能造之物；在交通上，則能克服遠洋和山嶺、沙漠的阻礙，縮長距離爲短距離；其勢力，遂如水銀瀉地，無孔不入。此斷非舊式的手工業和家庭工業所能禦。於是洋紗、洋布，替代了土紗、土布；煤油燈替代了植物油燈；英美煙公司的香煙，替代了蘭州水菸、福建皮絲；遂成爲數見不鮮的現象。甚至最狹義的農業產品，即糧食，亦爲洋米、洋麥所排擠了。商業，在近代工業興起以前，本是天子驕子，然到近代工業興起以後，其情勢就不然了。商人祇能承銷工業家的出品，無復選擇的餘地，其地位遂變爲工業家分銷處的代理人，日益低下。在此情勢下，中國的商人，自然無法與之相抗，祇得爲之推銷，沾其餘瀝，此即所謂買辦階級。買辦階級，是幫助帝國主義者，侵削農村的，他們都把農村的資本吸收了，而滯留之於都市。即農村中之富裕者，亦漸覺經營他種事業，較之務農爲有利，而把資本移出於農村之外，這個，祇要讀賽珍珠所作的《福地》，便可見得了。還有地主因謀安全，或圖享樂，而移居於城市，也把其剝削之所得，消費之於城市中。農村的資本，遂日益枯竭；人才亦更形缺乏；這是農村所以破產的原因。農村對都市的交換，本來是不等價的，不過在舊式經濟之下，商工業者對農村的剝削，自有其一定的限度，農村抵抗之力，亦即有相當的頑強。到帝國主義的經濟勢力侵入，則其力之相去，太覺懸殊，遂爾無能爲役。如這幾年來，農家因買不起布，乃自行紡紗、織布；又因鹽價爲敵僞所抑壓，乃自行繅絲、織綢；城市中的榨油廠，產量不如戰前了，鄉間的榨油事業，乃有因之而復興的；此等雖意在自用，然亦有一部分行銷於外。並有城市中的製造事業，委託鄉人的，如交通阻絕了，外路的酒不得來，本地方原來的釀造力不足，酒商乃委託鄉戶，爲之零星代釀。此等都是增加鄉村的收入的。我們雖無精密的統計，然就大體觀察，則近幾年來，農村對城市的入超，必有一個很大的轉變。此實爲我同胞在此水深火熱之下，仍能苟延殘喘的一個原因。觀此，便知帝國主義者在經濟上對我剝削的深刻。

此種經濟侵略，決非空口說白話，罵人不愛國，不好用國貨；無知識，無能力，不能振興實業；所能有濟，其理自明。所謂封建勢力，雖然根深蒂固，亦必遇之而輒靡，自今以往，隨著鐵路、公路、汽船、航空等交通事業的進展，窮鄉僻壤將再不能自保其世外桃源之舊了。美國自如我國現在的樣子進展到第一次世界大戰以前的樣子，不過五十年，何況我國人口的稠密，今日生產、交通工具的進步，遠非美國當時可比？然則舊式經濟的破壞，不徒必然，且必甚速，變遷是無法可以阻遏的。所爭者，變之權操之於我，抑操之於人？因而其變化，有利於我，抑徒利於人？甚且有害於我而已。欲求其權操之自我，其變有利於我，則斷非國權不復，徒恃人民之力，補苴罅漏之所能有濟，這是不平等條約，所以能制我的死命的大原因。特如關稅協定、通商口岸設廠，便是其最明顯的例。

不平等條約取消了，我們當如何崛起以應事機？其措施之最急者爲何事？於此，我以爲莫如國營貿易和統制貿易的並行。固然，這二者在法幣政策施行以來，已啓其端，自抗戰以後，更增加其強度了。然在今日，仍有大大的推廣和加深的必要。經濟上最惡劣的現象是無政府。無政府，不但國內經濟不能上軌道，即列國相互之間，亦往往引起糾紛，甚至挑動戰禍。第一次世界大戰後，各國對於經濟問題，都無遠見，即有之，亦苦於不能實行，於是競築關稅壁壘，爭爲匯兌傾銷，損人以圖救目前之急，遂使舉世皇皇，不可終日，這未嘗非促成此次世界大戰的一因。最足賈禍的是無智。經過這一次經驗，大家都知道國內經濟的無政府，國際間經濟的無政府，都不是一回事了。於是其經濟乃漸趨於計畫和統制之途，而國際間亦漸謀合作。這一次大戰以來，各國經濟體制的改變，固然主要的是爲適應戰事，然在戰後，亦必不能如第一次戰後的聽其遷流，而國際間情勢亦漸變，去年國際金融會議的召開，即其明証。於此，我們豈可以漫無計畫應之？要是計畫，那國營貿易和統制貿易的兼行，就是其首務了。爲什麼呢？

我們的舊觀念，以農爲本業，工商爲末業。這在理論上原是不錯的，但在事實上，則自交易興起以來，不是商業依存農、工業，反是商業領導了農、工業。這是爲什麼呢？原來經濟上最大的利益，存於分工合作，所以從經濟少有進步之後，絕對的自給自足，即已無存。農人所生產的，除留以自用的部分外，都是想以供交換之用的。質言之，就是都成爲商品。這種消費品和商品的比例，怕就在極僻陋之區，也要近乎各半之數，經濟發達之地不必說，工人所生産的特品，更不必説了。商品必須交易，除却極簡陋之世，決不能行直接交易，必有商人介居其間。生産者要找消費者，消費者要找生産者，事都極難，商人遂成爲經濟的機鍵。淺而言之，似乎是商人承銷農、工的貨物，深而言之，則農、工之所生産，都遵照著商人的意旨進行。我們都怪工人：爲什麽墨守舊式，不肯改良？實則工人不能自銷其貨物，必恃商人爲之代銷，而以銷售論，則舊式的貨物，不待説明，不待宣傳，較爲省力，所以商人對於新式的出品，多不肯接受，貨物的墨守舊式，其責任，實當由商人負之。觀此，便知要改良農工，必須從商業方面著手的原因。商人祇知牟利，經營何種貿易，有利於國，何種貿易，有害於國，他們都是不管的。所以在今日，必須把重要的出入口貨，都歸諸國營，其餘雖仍許商人貿易，亦必加以統制。某種貨物許其輸出入與否，及其所許的數量，必用統制外匯的手段，加以嚴密的管理。必如此，才能禁止奢侈品，節約舒適品，而增加必要品和生産工具的輸入。那麽，爲什麽不一切貿易，悉由國營，而必兼用統制的方法呢？那是由於商業的情形，極爲繁瑣，其中利弊，很難深悉，一時不易得這許多行政的人才，亦不易有此種綿密的監督之故。由商人自營，而國家加以統制，則於經營和節約兩方面，都可以不成問題，而檢查品質，劃一包裝，調查外人嗜好，以利推銷等等，又必較純任商人自營爲有利。在此情勢下，我們的農工業，得其領導，就可以徐圖振興了。今日世界的經濟，是彼此相關的，欲圖一國產業的振興，必須與外國的經濟，有一個聯繫，且必能互相調整而後可，這亦是農、工業必籍商業領導的一個原因。這一點，宜由國家深察國内國外的情形，與有關係的各國，分別訂立物物交換協定，且較向來各國間所訂的物物交換協定，延長其期限，推廣其範圍而後可。這一點，關於農業方面，頗足以啓世人之疑，請另爲一篇論之。

原刊《青光半月刊》復刊號，一九四五年十月出版

# 戰後中國之民食問題

　　前篇說：中國戰後經濟的出路，首在國營貿易和統制貿易的並行，不但本國的經濟，可以由此漸上軌道，即和世界各國，亦可籍此互相調劑，謀漸進於國際分業之途。這話或不免滋人疑惑，而在農業方面爲尤甚，本節謀有以釋其惑。

　　古語說"食爲民天"，這句話原是不錯的，但穀物藏貯過多，亦屬無用。《禮記・王制》篇說："三年耕，必有一年之食；九年耕，必有三年之食，以三十年之通，雖有凶旱水溢，民無菜色，然後天子食，日舉以樂。"經書上的話，大家都奉爲金科玉律，不敢懷疑，其實穀物的貯藏豈有可至於十年之理？即用今日最良的方法，恐亦不能如是，何況古代？果其如此，勢必如漢人所云："大倉之粟，紅柯而不可食。"豈非化有用爲無用？又何不將其資本、勢力，移而用之於別種方面呢？列代論者，不達此義，鑒於穀物的藏貯，務求甚多；外貨輸入，別種或加反對，至於穀類，亦總是歡迎的，用減免稅項，便利交通等方法，以求其源源而來；豈非眩於名而不責其實？

　　人的享用，並不是以滿足最低限度的生活，即僅能維持生命爲已足的，在生產和分配條件允許之下，適當的享用，原不爲過，所以所謂奢侈，應當從兩個方面分別論之：即

　　（一）個人方面，有益於身心者，爲適度的消費。徒逞一時的慾念，而反有害於身心者，則爲奢侈。

　　（二）在社會方面，則不因一人之享用而累及他人者爲適度。反是則爲奢侈，至於物質消耗的種類及數量，則並不足爲奢侈與否之衡。

　　舊時論者，不知此義，所定的生活標準太低，使人難於遵守，而社會的約制，轉因之而無力，對於真正奢侈的人，倒又無法禁止，乃因一部分人過分的消費，引起衆人的大怒和缺乏，終至釀成紛亂，這真所謂"生於其心，害於其事"了。明乎此，則知舊時所指爲必要而獎勵其生產之物，實不必爲逾分的獎勵，其所指爲奢侈而要加以禁止之物，亦不必盡加禁止，知此，乃可與論今日

之農業。

農業的生產，過多即爲無用，前已言之，耕九餘三等説，專從時間上謀調劑，乃是封建時代孤立經濟的辦法，在今日，豈可復循故轍？自秦漢統一之後，久應合全國而通籌，至今日，則更可與外國互相調劑。大抵米穀的供給，當合生產運輸兩方面而籌之，就一區域之中，觀其自行生產，與仰給於異地或異國，孰爲有利？如自行生產而無利，即應捨種穀而改營他業，此説持反對之論者必多，其較有力者，爲：

（一）食爲民天，寧可使其有餘，不可使其不足。此説固有相當的理由，但所謂盈餘，亦應有相當的限度，過此則真化有用爲無用了。我以爲從時間上説，全國餘兩年之糧，即爲已足。此等糧食，初無必散存各地，如甲區仰給乙區者，但計乙區所藏，足供甲、乙兩區兩年的消耗，而從乙區運至甲區，又無困難，其商運即已解決。至與外國相交換者，則如前篇所説，可以較長期的交換協定行之。如此，一定的區域，在一定的時間內，就可改營他業，而不虞其乏食了。鑒此加以反對的，則爲：

（二）戰時食糧，不可不格外充足，並不應仰給國外，但

（A）戰爭不能無朕兆。

（B）亦不能與各國同時開戰。

（C）而當戰事發生之時，亦不能遽受他國之封鎖。

（D）況且本國已有兩年之積，豈應預謀戰事的便宜先犧牲平時的利益？

果其如此，便是前德、日等國的存心了，於今日當合全世界而謀進於大同之時，實非所宜。退一步説：要有戰時的預備，其問題也是很多的。老實説：今後世界再要一次大戰，又決非此次戰時的措置，所能應付。若欲預備，必先懸擬一種戰時的經濟體制，而又預計平時的經濟體制，至其時如何可以迅速轉變，抑有若干部門，早須預行轉變，斷非一個單獨的糧食問題。即以糧食問題論，亦非單純的增產問題。

在戰前，洋米、麥子有輸入，而且其數逐漸增加，至世界經濟大恐慌爆發之後而益劇。許多人都説：中國的經濟要破產了，且糧食而不能自給。其實不然，如其如此，這八年來，中國豈能支援偉大的抗戰？即在淪陷區中，亦豈能供給敵僞的搜括？可見中國的糧食，不但無虞不足，而且還有盈餘。不過各地方的產量，並不一律，而運輸又有問題，遂致不能自相調劑，而有的地方，遂不得不仰給於外國罷了。在此情勢之下，必欲謀本國糧食的自給，而拒絶外產，如強廣東食湖南米，而拒絶中南半島之米，也是無謂的。經濟上的利

益,實存於分工協力,惟經濟上能合作,然後可使世界進於和親康樂之途,而日遠於爭奪相殺。我們的領袖,希望這一次大戰,成為世界上最後的大戰,其具體的辦法,就當從此等處設法進行。所以我以為今日的經濟,總應合全世界通而籌之,我國即應先向此途邁進,示人以模範,而我自己亦有利益。

在此情勢之下,實應分全國的糧食為若干區。在一區之中,審劃其孰可自立,孰當協濟他區,孰當受他區之協濟,即鑒外國的關係亦然。如此,每一區中的農產,纔可定其孰當新增,孰當擴充,孰當減少,或竟廢絕而改營他業,各適其宜,乃為地盡其利。即如閩、粵,減少穀物的種植,而與南洋相易,總不會無利的。中國的地方、位置,和美國最相像,耕地面積之廣大不如美,而地形之複雜則過之,就狹義的農業論,則中國的富力,斷趕不上美國,此乃先天所限無可如何,就廣義的農業論,則中國的農利,決不在美國之下。中國和美國之比,正如四川和江蘇之比。我們但看歷代割據時,及此次抗戰中,四川的經濟力量如何偉大,便可知道中國農業的前途了。

我知此論仍必有力持反對的人,然我敢說:經濟上的情勢,總是要走向有利之途的,必欲拘守陳舊的觀念,強人出於利薄之途,姑無論其事屬無情,而亦必力不能勝。

(一)不論那一種適應品出世,總有人視為奢侈品,而要加以禁止的,如茶,如菸都是,試問其果能禁止否?

(二)至於現在的農業,則本有專為特定的工商業而生產的,如供給各煙公司的煙草,避蚊香製造者之除蟲菊便是。

(三)又有雖非某工商業者所特定,而其依存實為極切,隨著工商業的盛衰興廢而盛衰興廢的,如絲、茶、木棉便是。

(四)即狹義的農業,如米、麥、豬鬃、雞卵等,其獲利與否,亦恒視市場的情形而轉移。

各種事業關係之密切如此,我們為什麼要聽其自然,而不通盤籌畫,籌其增減、存廢,加以合理的指導呢? 老實說:農業和工商業是要求其平衡的。若說我可偏重農業,而工商業則拱手讓人,則戰前敵國之所求,原不過如此,我們又何苦而為這八年艱苦的抗戰?

陳舊的觀念,是不可以不除去的,具體的振興農業的方法,請再繼此而陳。

原刊《青光半月刊》第一卷第二期,

一九四五年十一月一日出版

# 到朝鮮去搜書

　　東洋諸國承襲中國的文化，而程度較高的，自然要推還朝鮮和日本，而朝鮮的文化，實在還在日本之上，這不能因其國勢陵夷，而日本曾一時强盛，遂妄生軒輊的。況且朝鮮的武力，也並不能算衰頹，當豐臣秀吉侵韓時，朝鮮承平日久，而日本正直亟戰之餘，所以其陸軍不能相敵，然制海權却始終在朝鮮手裏，倘非豐臣秀吉死而日兵即退，相持下去，糧盡援絶，日本總要無以善其後的。

　　兩民族的同化，最緊要的條件是語言，而文字即語言的擴大，所以看甲民族對於乙民族的文化瞭解深淺，只要看其在文學上瞭解的深淺，日本的漢學家，也都會做中國的詩文，然終於免不了所謂"倭臭"，這是他們自己也承認的，朝鮮則絶無此弊。即此，便可見兩國華化的深淺。

　　朝鮮文化的發達，大致亦是中國唐代以來。新羅和高麗，已都有書籍流傳，而李朝尤盛，不過朝鮮在其國內，始終是帝制自爲的，所以其書籍，不甚願給中國人看見，尤其是清朝，朝鮮人始終稱之爲虜，紀年，則仍自崇禎以後，稱爲第幾甲子，這曾使我國的俞曲園大爲疑惑，久之乃考核清楚的，所以其書籍更不願輸入中國。四庫全書所著録的朝鮮人自著的歷史，不過一二種，其貧乏概可想見。

　　人心之不同如其面，況且朝鮮日本，環境都和中國不同，所以其學術雖受之於我，而其所闡發，僅有爲中國學者所不知的，就其流傳於中國的，如醫術技藝等，都可見得，其尤可寶貴的，則爲渤海金源蒙古滿洲的史績，出於中國史籍之外者極多，而朝鮮更較日本爲豐富。

　　日本人的大病，在於偏狹，他們爲要達到他們的目的起見，是不惜把任何文化，加以摧毀的，朝鮮滅亡之後，書籍被其毀滅者不少。這是流寓南通的朝鮮義士金滄江先生（於霖）和我筆談時，親自寫給我看的，我問他：有何方法，可以補救。他搖頭，又寫着"非至其地，不能搜其書"九個字。

　　如今，至其地搜其書的機會到了，這些事，政府一時或來不及，有力量扶翼文化的人，是不可不引爲己任的。

　　還有，朝鮮人的書，被日本人搬去的也不少，我們得到日本國裏去搜尋代朝鮮人取回，我國也可録一副本，日本人如有意鈔録，我們自然也要允許他的，倘能擇其佳者，印行以廣流行，那自然更好了。學術者，天下之公器，任何人不得據而爲私有。

　　　　原刊一九四五年十一月六日上海《正言報》

# 對於時局的誤解

《月刊》出版了，主持的人，向我徵稿，他說："你是研究歷史的，或者有些有歷史性的有趣味的稿件，供給我們，使我有以貢獻於讀者。"

不錯，歷史性的有趣味的稿件，是可以有的，但是我覺得，這個在目前，却並非最緊要的材料。歷史性的事件，總是和大局有些關係的，否則便是"昨夜鄰家生一貓"之類了，試問有何趣味？

名人軼事，是人多數的讀者所最為流連的，亦必略知其人與大局的關係如何，其事方有意義，即其一例。

以此衡之，我覺得現在的大衆，對於大局的認識，總未免太差了些，報章雜誌的讀者，固然不至於此，而尤其是雜誌的讀者。因為報章登載隨時發生的事情，不論什麼人，都要求知道一些，所以讀報者未必都有知識。雜誌就不然了，讀雜誌的人，都是自有一些興味的，而有興味的人，亦就是有知識的人。然而一般人的知識太差了，其以意測度之辭，不以主觀測度的形式流傳，而一再傳後，即變作客觀的事實，則大足招致知識不足的人的誤解，即知識充足的人，亦因傳者太多，不免為市虎所惑。此等誤解，不加祛除，實大足詒累於國民對於時局的認識。遠者不必論，即就抗戰以來的情形論。

民國三十二年之初，距離全面抗戰的發動，已經五年半了，還有一位曾任鄉鎮長的木行老闆，問我道："日本的地方，到底有沒有我們的江蘇省大？"這是什麼話？

汪精衛從四川逃到越南，再從越南逃到南京，我國有一位史學家說得好："大家都說秦檜是賣國的奸賊，然而秦檜是從敵國逃回本國來的，汪精衛却從本國逃到敵人的範圍裏去的。然則秦檜即非奸賊，汪精衛亦無以自解於其為漢奸。秦檜若係奸賊，汪精衛更為倍徙什百的漢奸無疑。"到後來，他所訂的賣國的條約，被人揭發，其為奸賊，更確鑿無疑了。却有人說："他是到淪陷區裏來做秘密的工作，貌為與敵人合作，暗中取得一部分政權及軍權，以便中國軍隊反攻時，可以裏應外合。"甚至有人說："這是蔣委員長所定下的計策的。"

姑無論不該如此之賢奸不辨，而在今日這種大規模的戰事中，豈有恃此等三國演義式的計謀，而可以濟事之理，這豈不更是笑話？

後來汪精衛死了，這倒不過因爲年老力衰，舊傷未能根治，所以終於不救，其事實無甚可疑。却又有一班人說：「他是被日本人謀殺了的。」問：「日本人爲什麼要謀殺他？」他們大多數的答案是：「日本人要在中國抽壯丁，而汪精衛不肯。」問：「日本人爲什麼要在中國抽壯丁呢？」他們説：「是要調到南洋去作戰。」試問向無訓練，又心懷怨恨的被強迫抽取的壯丁，調到前綫去作戰，果有何用？ 日人敢放心他麼？ 即謂他陰謀反抗，日人可用兵力監視，非其所懼，然未經訓練，總是不能作戰的，若要加以訓練，即甚短期，亦豈來得及？ 若説並不要他作戰，祇希望他隨軍服役，如修路、掘壕、運輸、炊爨之類，則敵人此時，是否有這些船艦，能把他們載運到南洋去？ 他在南洋，何不可役使土人，而要到中國來抽壯丁？ 若謂土人的工作能力，不如中國人，則求之於廣東一帶，風土氣候，豈不更爲適宜，而何必求之於江浙以北？ 他何嘗不可用拉夫的法子，在各地拉得壯丁，而何必要抽？ 他究竟需要多少壯丁，而必使僞政府爲立抽的法子，以期普遍？ 他若定要抽壯丁，夫豈僞政府所能拒？ 僞政府中的人，無一不是喪盡心肝，辱國殘民之事，無所不爲的。汪精衛又何愛於民，而獨斤斤於抽壯丁之舉，要加拒絕？ 如汪精衛等人，行屍走肉，真所謂焉能爲有，焉能爲無，殺之何益？ 不殺又有何顧慮？ 層層剖析，便知此等猜測，無一合於事理了。

對於敵人的猜測，則他們有一個大毛病，他們多以爲日本的政府，能決定國策，甚至有以爲日本的天皇，能左右其政府的，所以猜測敵人的舉動，多數著眼於東京。間有知道日本軍人專橫，非其政府所能命令的，則又誤謂凡日本的軍人，意見均屬一致，至多謂其海陸軍的意見，或有不同，而凡一切海軍，一切陸軍，他們總是將其意見看作一致的，所以他們的猜測，無往而不錯誤。其實不顧事實，專以一兩個人的意見，決定進止，是從古以來，沒有這一回事的，這並不關於其政體的爲君主爲民主，其首領爲昏愚抑賢明。日本人在中國的，無論其爲軍人，非軍人，無不巧取豪奪，爲種種榨取，大之則可發橫財，肥其身家，小之亦好吃好穿，恣情消費，且圖目前的享樂。在此等情勢之下，豈其政府所能隨意調遣？ 日本政府，亦自知其陷於泥足，屢次欲向中國求和，而終不能提出一個較合理的條件，保持體面，貪戀權利之見，固然在暗中作祟，而無以厭這一班人的私慾，不能將他們召回，怕也是一個很重大的原因？ 然則日本人無論天皇、元老、高級軍官，欲有計劃，豈能專爲其國家利益著想？

猜測的人，憑其意見，謂如何則於日本有利，因而謂其國策將不出此，如何則於日本不利，因而謂其國策必不出此，姑無論其利不利者，未必得當，以此猜測敵人的舉措，亦是隔靴搔癢之談了。

他們雖或知道：日本的軍人，驕橫不聽明令，然亦祇知其頑强，怙其武力，欲作戰到底而已，而此等人在日本祇係少數，其大多數，實皆久已厭戰，但求罷戰，國家的體面及利益，均已不暇顧慮，則茫無所知。所以當美軍欲在中國沿岸登陸，中國的反攻，亦日益緊迫之際，他們遂造爲“日本駐華軍人，要放棄華南，焦土華中，死守華北”之説。其實日人在此時，但放棄華南，豈遂足收縮短戰綫之效？他們種種榨取，其來源，都在於淪陷區中土之不焦，所以汪精衛初創焦土抗戰之論，到後來，又力言焦土之無損於敵，有害於民，暗中爲敵人説法了。當蘇聯未曾參戰之先，敵人歸國的海道已斷，然從津浦、平漢兩路，退到北平，再退出關外，這一條路綫，他還是勉力維持著的。美國的海軍，而真在中國登陸，中國的軍隊而果從西南、西北兩面，發動大反攻，敵人此時，勢必席捲退入東北，以圖負隅。所以美國人的猜測，亦謂與日人真正的搏戰，將在東北。當其席捲遁逃之時，勢必儘量爲最後之榨取，其所恃者，正在淪陷區土之不焦，而安肯使華中焦土？美國的海軍，在東北登陸，中國的陸軍，自西方反攻，其勢必甚鋭，日人此時，亦何暇使華中焦土？而且敵人在北方，僅在河北省北部，勢力較爲完固，在山東、河南，其勢皆甚岌岌，山西更不必説了，處此形勢之下，華北又何能死守？我的家鄉武進，敵人駐兵，雖非甚多，亦有行當的數目。當投降消息證實之時，多數敵軍，不但面無忿怒哀感之容，而且均有鬆爽愉快之色，出而恣情飲噉者甚多，即其婦女之至菜場買菜者亦然，此皆衆所其見。人，總祇是人，蓄意侵略，不論在那一個社會中，總祇少數人會如此。所以當敵人還未發動其所謂大東亞戰爭之先，西人的議論，即有謂日本大多數平民，都是愛好平和的，主張加以經濟制裁，使其感覺痛苦，起而反對其軍人。然而日本大多數的軍人，也都是來自民間的，其見解，又何能與少數蓄意侵略者一致呢？

抗戰勝利了，多數人最大的誤解，是説“我國這次的勝利，乃是仰仗友邦的幫忙，而自己並沒有能夠真正的勝利”。他們所以有些誤解，乃由其所在的地方，並沒有驅逐敵人的戰事。然而緬甸的收復，桂林的反攻，豈不是赫赫的戰果？今日許多地方的收復，並非由於戰鬥，乃由於敵人崩潰太快了，用不著戰鬥，而並非是我國沒有自行驅逐敵人的能力，試看桂林的戰績，便可知道。蔣委員長“十八個月驅逐出境”之説，必非虛言了。凡戰事，總是有所棄有所取的，戰略之得當與否，就在棄取之得當與否。中國軍備落後，非取得軍資的援助，必不能爲大規模的反攻，而軍資援助的取得，主要的在海口的打通，所以敵人一貫的戰略，務在封鎖我國的海口，在其未與他國開釁之時，則拼死進犯我國的南寧，及其取得越南，則南寧之封鎖作用已失，他乃把他放棄了，而又不恤拉長戰綫，攻陷緬甸。敵人的戰略如此，我國的戰略，即和他針鋒相對。所以當日人進犯湘桂時，我國不惜放棄長沙、桂林，而決不爲其所動，撤回攻緬之師。其實日人的進犯湘桂，雖云海路慮爲英美所斷，以此圖與其在南方之師，取得聯絡，亦未嘗非欲以此牽制我國攻緬之師，我國卒不爲所動，正見其戰略的卓絕。徒以戰事不在目前，遂疑我國的戰鬥，並無實力，可謂淺見。至於真正的勝利，並非全靠兵力硬打，這不徒在今日如此，即在較野蠻的時代，亦未必不如此，則其義較難明，自更無徒爲淺見者道了。

日本投降之後，日人之自殺者頗多，我國淺見之流，又驚其壯烈，以爲“日人雖云偏狹，其愛國之心自强”。此又不然。人民之輕生與否，此自各國風氣之殊，而此等日人之自殺，亦並非全由於愛國，而原於久戰之後，又遭轟炸，無以爲生者實多。當日人集衆切腹消息傳出之時，日人自己，就已如此説法了。

日人投降之後，淪陷區中許多地方，他們手裏還是有武器的，而我們却没有，又有一班人憂慮，以爲“他們當此日暮途窮之時，或者要肆行搶掠”。到後來未見此等事，則又以爲“敵軍紀律頗好”。其實兵法上説：“諸侯之兵，自戰其地者爲散地”。必路路可以逃走，處處可以藏匿，軍隊才容易潰散。敵人在中國搶掠了，試問將逃向何處？性命且不可保，財物又有何用？處此情勢之下，而搶掠潰散，這是愚夫所不爲的，何足以見紀律？敵軍的不敢搶掠，怕祇在無可逃避之處爲然，在湖南、江西等省，大約有些地方，我們是不易追究的，他們就有搶掠甚至燒殺的事了。

以上所説，一般人猜想評論的錯誤，可一言以蔽之曰：“不懂事。”甚糊塗，甚而至於：見直接來剝削的，是漢奸不是敵人，就説：“敵人比漢奸還好的。”固然，敵人是敵人，他剝削我們，在他也是剝削敵人，與梟獍之流不同。然而爲此議論的人，並不是能明白這層道理，不過見來者是漢奸，就以爲剝削者是漢奸，而忘却其實出於敵人罷了。爲什麽敵人未侵入時，没有所謂漢奸，來剝削我們？此理甚明，而他們竟不能想一想。去年秋收之時，我曾經到鄉間去一趟。無意之間，遇到一個人同行。他對我説：“要是没有奸商、屯戶、跑單幫的販運、屯積，我們今年的糧食，是不愁不足的。祇要把本縣的收成和戶口相比，便可知道。”他説著歎息，似乎我們的每食不飽，都是奸商、屯戶、跑單幫者的罪孽了。然則敵人未來以前，我們是否各縣的糧食，都供給自己吃，而不和鄰境相流通呢？糊塗至此，夫復何言？

　　總而言之，一般人的糊塗，確足使稍有腦筋的人，爲之驚駭。一般人爲什麽會這樣糊塗呢？那（一）由於尋常人的性質，總祇認和其生活有直接關係之事，爲值得留心，此外就都置諸不問了。（二）人的頭腦，須稍清閒，乃得明朗。所以昔人説："太閑則惡念潛生，太忙則真性不見。"八年以來，敵僞磐據之地，鬧得天翻地覆，日月無光，掠奪者恣情淫樂，被掠奪者救死不瞻，再没功夫，清夜捫心，稍加思考了，所以糊塗之上，又加上一層糊塗，成爲雙料的糊塗了。關於第二點，氛霧肅清之後，自然會漸見清明，事不在遠。關於第一點，却非使每一個人的生活，都和公共事情漸漸發生關係不可，這正是民主之義的真諦，非改革社會的組織不爲功，怕非一朝一夕之故了。

原刊《月刊》第一期，一九四五年十一月十日出版

# 日本天皇的前途

波茨坦會議中，中美英三國的宣言，日本人都接受了。只要求保留一個“天皇”，中英美蘇也允許了。但云：“自投降之時起，日本天皇及日本政府統治國家的權力，當聽從盟國最高統率的命令，至於日本政府的最後形式，則將依日本人民自由表示的意思確定之。”後來蔣委員長談及這一個問題，曾說：“天皇的存廢，當聽日本國民的自決。”英美蘇等國，意見似亦相同。

不錯，一國的政體，是應當聽其國民自決的，但是，當這形勢之下，日本國民，會表示出何種意思來呢？

有許多人說：日本天皇的性質是特別的，他在鼓勵日本國民向外侵略上，曾盡過很大的作用，倘使聽其自然，難免不再引起戰禍。

其實不然，兵法云：“守如處女，出如脫兔”，這不僅用兵之道，應當如此。其實天下事，無不一是以這種形式出現的。事必有其原因，而原因的發生作用，必積至相當的分量，當其未發生作用時，其力量是潛伏着，不可見的。譬如中國在辛亥革命以前，誰知其能推翻君主，成立共和國？俄國，在民國六年以前，又誰知其能鏟除資本主義，成立社會主義的國家？然則天下事實無所謂突變，突變，只是量的轉變，達於一定程度時，變爲質的轉變罷了。

准此以談日本天皇的前途，我們就可以有一個新認識了。日本天皇的性質，剖析起來，可以說是立於迷信的基礎之上的，他們承認他是神的子孫，負有“八紘一宇”的使命，這些見解，在今日的世界上，不歸其原因於迷信，更那有解釋的餘地？日本國民，是如此迷信的嗎？固然他們的程度並不算高，然亦何至於此。意識是生活的反映，就使他們原來如此，自明治維新以來七十餘年的生活，亦豈容他如此？

然則日本人對於天皇的迷信，果從何而來呢？我們再一推求，便知道這並非日本國民的意思，而只是日本統治階級所創造，所把持。

　　使日本獲致此七十年的强盛，乃其所謂王政復古，這的確是日本的一位救星，如其不然，日本被他國攻入，早不待今日了。此運動之能成功，並不是偶然的。在近代世界大通以前，朝鮮日本等國的文化，都受之於我。自十一世紀之中，至十二世紀之末，中國產生了一種新文化，即所謂宋學，宋學中有一個重要的條件，曰尊王攘夷。這是因晚唐五代之世，軍閥專權，紀綱墮地，及遼金等族，次第侵入而激起的。這種文化，迤邐潛伏，閱數百年，在中國，則發爲近代的驅除韃虜；在朝鮮，則表現爲它始終反對清朝，稱之爲虜。在日本，則表現爲廢藩倒幕，這原是很好的。但在日本，軍閥的根柢，太深厚了，一時不易鏟除，於是昔之裂冠毀冕，各自割據者，至此乃改以擁戴天皇。發揮其作用，恰好日本天皇本來帶有迷信色彩，他們遂利用之，而把它妝點成功一種特殊的東西。固然這也是日本國有此迷信，然後他們有此妝點的。任何一國之民，所謂迷信不過有些迷信而已。誰曾見回教的國民，真正擁護其沙，而向世界發動聖戰？十字軍，又真是基督教國家自然表現的民意嗎？日本國民自其廢藩倒幕之後，原可好好的自行整頓，並與中國朝鮮相提携，然其軍閥的性質，却不許其如此，他們不肯共榮，而定要獨霸。於是第一步覺得三島之地太小，必要侵向大陸。要侵向大陸，就不得不并吞朝鮮，而與中國發生衝突。中國在此時，固無能爲，然日本却又因此而與帝俄的勢力相遇，滿韓相持，韓是決不足以與滿敵的，於是不得不吞併東三省。至此，則日本與世界强國，已無可調和。而其與中國，亦已無復提携的餘地。而在此時，戰爭的規模又已大了，斷非如日本的先天貧弱所能維持，就不得不想吞没中國了，所以日本今日的碰壁，乃其軍閥好侵略的性質所逐步引致的，走上了第一步，就不得不走第二步，正所謂騎虎之勢不得下，當其不得下時，自然要想出種種方法來，以蠱惑劫持其人民，而天皇遂成爲其所利用的工具之一，這不過偶然湊合。倘使日本而没有這個天皇，他們也是要想出別種方法來的。德意志、意大利國中，又何曾有這樣一個怪物呢？中央社記者到虹口去視察時，多數日僑，屋中却掛着孫中山先生、蔣委員長的照相，日本天皇的照相呢？却一張也没有，這是日本人民真心的表示麼？他們在其國內，表示不出真心迹來的，怕也和其在虹口一樣。

　　然則日本的侵略階級而被鏟除了，其天皇即使存留着，也發生不出什麼侵略的作用來，其侵略階級而未被鏟除，天皇即使廢絕了，也未嘗不可妝點出別的偶像。

　　所要打倒者，侵略階級而已。天皇的存廢，倒是不成問題；而侵略階級苟倒,天皇亦自無興立,所要注意者,倒是日本民意的表示,是否是真正的自由表示,而經過這樣一次的自由來表示之後,是否遂無反動而已。

原刊一九四五年十一月十一日《青年日報》

# 怎樣將平均地權和
# 改良農事同時解決

　　三十四年九月初三日，在舉國慶祝勝利之下，國民政府明令淪陷區的田賦，本年度豁免一年，後方各省的田賦，明年度豁免一年，其餘減租輕息，以及一切安輯事宜，並責成各級政府暨各主管機關，照二五減租及其他政綱政策中，有關民生之各項規定，限於本年十一月十二日以前，分別條議辦法，次第實施，這可見得我政府體念民生，而於農民特加之意了。在此情勢之下，我們當如何籌畫，以期農村的復興呢？不揣樗昧，敢貢其一得之愚。

## 擊破封建勢力和改良農事，其要均在平均地權

　　農村的所以凋敝，實緣封建勢力和帝國主義雙重的剝削，第三篇中，業已言之。帝國主義的剝削，必須國權恢復，不平等條約取消，方有策可資抵禦，第三、四篇中，亦已述及。那末，封建勢力，我們又將用何辦法擊破他們呢？

　　封建勢力在今日，對於農民的剝削，固然仍有出於租約之外的，如：

　　（一）田租之外，又取其實物，如歲時饋贈等；

　　（二）或田主家中有事，無報酬而令其服役等。

　　然此等事究不能多，其剝削，多係以契約行之。否則乘農家的困窘，而爲重利盤剝之舉。此等事，城市中的商人，是不樂爲，亦不能爲的。鄉鎮上的商人，資力本不雄厚，且和農民不甚接近，除賒買貨物，作價較高外，直接放債之事亦少，農夫若有緩急，多告貸於鄉居的富人，而鄉居的富人，多數係屬地主，所以地主對農民的剝削，是以田租和高利貸兩種形式出之的。要打倒這種剝削，就得平均地權。

　　大家都知道，種人家的田，和種自己的田的，心理上大有差異。種自己的田的，對於改良土地，必盡其力之所能，至種人家的田，就不然了。即不論此，而田中的出息，被田主取去的多，存在農民手裏的就少，這就是資本減少了，

他就要改良土地,又把什麼來改良呢?這是説佃農。若説自耕農,他土地固然是自己所有,不須出租,然租額高昂之處,田地之價亦必貴,以貴價買的土地,經營的資本,也就少了。試設想自耕農買田之錢,係從借貸而得,要按期付息可知,何況田租可因凶荒而減免,此項利息則不能呢?所以要改良農事,以增進農產,其要亦在平均地權。

## 土地革命之不能行與限田制度的不必行

然則地權果何以使之平均呢?

最痛快的,自然是蘇聯的革命成功,即宣佈土地爲國有,無償的没收地主的土田,而分諸農民了。然此事在中國,恐不能行,共產黨在江西,竭立鼓吹土地國有,終未能實行蘇聯的政策,即其明證。老實説,操切之政,在國民程度低下之國可行,在國民程度較高之國,是難行的。近世所謂東西強國,不過籍物質文明發達之力,在軍事上,經濟上都佔著優勢,論其社會的進化,是並不能優於我國,或且不如的。德日的所以能驟強,蘇聯的所以能於短期間内振興,乃正因其文化程度本低,易行操切之政之故。此不必是福,因爲一個國家、社會,是有多方面的需要的,多方面的需要,惟多數人各站在自己的崗位上,乃能見得。少數的人,無論如何才智,總不免有所遺漏的。率舉國而趨於一途,一方面主張太過,不免積重難返,別方面又多所缺乏,要圖補充矯正,亦非易事,所以總看起來,還是中庸些好。此即民主政治顛撲不破的原理。此三國之所行的,怕就未必能行諸英、美,何況我國,自由散漫,更遠過於英美呢?老實説:如蘇聯之忽除農民之自己所食外,悉由國家徵收;忽又聽其交租之外,悉得自由措置;忽將土地分賦農民,忽又嫌其分割太小,而強迫其組織大農場;此等政策,在中國,必不能行之有效,倒還不是説該不該,好不好。行之而終能有成,不过代價太大,若紛擾一番,而終無成就,那就真是白犧牲了。天下大器,易動難安,豈可不熟思審處?所以共產黨的未能徹底做效蘇聯,總還算他能審察環境,不十分卤莽。此可見得中國的共產黨,到底和蘇聯的共產黨有別,也就可見得中國的不能全然做傚蘇聯了。孫中山平均地權的政策,自然是很穩健的,但農田與都市的土地不同,荒僻的地方,地價很難確定,農民無憑申報,且亦不如申報爲何事。集衆估價,其難亦屬相等。強行之,非有名無實,即難得公平。土地法第二百五十八條,不論市、鄉,每五年,均須將地價重行估定一次,恐甚難發生效力。若以其賣買的價格爲準,則荒僻之地,土地賣買之事較稀,歲月相距遥遠,又必以此例彼,輾轉推測,也未必能確實,所以其效必甚緩。若取法於古，則有限民名田之法。然在今日，耕作趨向大農制之時，所限面積太小，於農業進步有礙，若能限太大，則等於虛設。限民名田之論，倡自董仲舒，並未有具體的辦法，後來師丹、孔光、何武等所定，限數爲三百頃，即三萬畝，尚爲貴戚所不便而不能行，可見其時大地主佔田之廣。近世歐洲各國，所限亦有很大的，如捷克斯拉夫，最大限爲四千華畝，愛沙尼亞爲五千華畝，拉多維亞最小，猶千六百華畝。此固由其耕作之法有異，亦由其本有大地主存在，我國並無此等事實，又何苦無病而呻？

## 何謂"耕者有其田"？

今日的農業，必須趨向大農制，是毫無疑義的。惟行大農制，纔能利用新式機械；惟用大農制，才能應用科學方法；亦惟行大農制，而後交通、水利等問題，乃得順利解決。所以農業的當趨向大農制，是毫無疑義的。欲行大農制，則舊有的疆界，必須徹底破壞，而將土地重行整理一番。要破壞疆界，整理土地，必先把土地集中，要把土地集中，似乎非國有不可，耕者有其田的辦法，還不徹底，但耕者有其田之語，是不應當作狹義的解釋的。耕者有其田，非但化佃農爲自耕農之謂，耕者有其田，乃謂：

（一）土地本係公物。

（二）而且其數有定限，不該由一部分人佔據了，而使他人不得其用。

所以這五個字，實當解釋爲"凡欲使用土地者，皆能在公平條件之下，得有土地"。不獨現在的耕者，即將來的耕者，亦包括在內。又不但耕者，工業家要設廠，商業家要設肆，辦理一切事業者要得到其事務所，凡人民要得到住所，其當在公平條件之下，能夠得到，皆當與耕者相同。三民主義，乃講演之辭，多就事實立論，不能都用抽象的語句，奉行三民主義，闡發三民主義者，不該泥定字面的。至於土地國有，則不過義理如此，論其實，土地總是由人民加以利用的。老實説：認土地可由私有者絕對的任意措置，國家不得過問，怕從古至今，未曾有此法理。關於土地的法令，總可解釋爲土地本屬公有，所謂私有，祇是准許私人使用的一種形式。所有高談國有，實於實際無涉，實際問題，倒還是土地利用的方法。

實際利用土地的方法當如何呢？這自然經緯萬端，非一言所能盡。我的愚見，則以爲今日當急行提倡的，莫如耕種合作社。

## 今日當急行提倡的，莫如耕種合作社

所謂耕種合作社，乃由：

（一）佃農集資向地主租得土地；

（二）或由業主將其土地，交與合作社經營。

無論是那種形式，都能使耕作的面積增加，如此，就可漸變小農制爲大農制了。此法之妙，在於不剝奪地主的所有權，不致引起其反對而能在有利條件之下，誘其協作，因此而得破壞疆界，整理土地。我國各地方，本有官地，今經兵燹之餘，又必有無主的荒地，當歸官有的，正可用作基本，勸誘附近的農民合作。或疑此種辦法，貧農必願加入，富農和中農，必然不願，地主更不必說了，其實不然，有田者祇求有利。

（一）中農、富農之加入合作社者，利必易見。

（二）即但事收租者，亦但求其租額無闕而已，如何耕作，在彼何必過問？且此等人往往居於城市之中，菽麥不辨，即欲過問，亦何從過問？

天下事要講實際，最緊要的，是就現在的狀況論之，而各方面能得其平，不能但憑空想講理，今日講平均地權的，往往含有忿激疾惡的意思。他們説：土地是公物，爲什麼你們當初要以廉價買入，而久享其厚利？這話固然不錯，但如此，則非將田主之田，盡行沒收不可。試問此於社會經濟之擾亂，將至如何程度？須知今日的田主，固有肆行剝削，使佃戶苦極不堪的，然亦有所得無多，完税之外，並無厚利，甚至收租無著，反要賠累的。打倒此等人，試問於佃農何益？而經濟界無窮的糾紛，卻因之而引起了，試問值得與否？我國人每稱土地爲恒產，取其較爲穩固。事實上，有土地的人，其生活也確要安定些。然此等人多無甚大田產，不過有田十數畝至數十畝，收其租入，以給衣食而已。此等人因習於安坐而食，大抵無甚能力，一旦奪其所有，使其經營他種事業，其多數必不能勝任。即非無償沒收，給以現款和債券，而現在各種實業，尚未發達，可投資處甚少，動產易於消耗，勢必不久即陷於饑寒之淵。此等小地主，爲數必不甚少，使一大批人都陷於饑寒之淵，試問於社會秩序有礙否？我決不偏袒地主，要替他保存權利，然事實不可不論，今日者，若能剝奪地主之田，而於其生活仍無大損，上策也。有之而仍有補救之法，中策也。將一部分人犧牲，而於社會經濟，仍不發生嚴重的影響，亦不失爲下策也。試問有此把握否？天下事能發貴於能收，若能發而不能收，那就譬彼舟流，不知所屆了。所以激烈的平均地權政策，我終以爲不可行。然地權却終不能不平均，要平均地權，而徒變佃農爲自耕農，於事亦無大益。在平和政策之下，平均地權，而先之以利用土地，改良農事，俾其進行順利，則耕種合作，似乎確不失爲一種值得提倡的法子了。

江南有些地方，本有一種義圖之制，如敝鄉武進，即其著者。所謂義圖者，乃人民苦官吏徵收橫暴，於是自立禁約，限日將賦稅措齊，交與一承辦之人，謂之直年，直年收到大衆所完賦稅，即行入城交與官府，收得收據，即串票，回鄉分散與各糧戶。此等組織，以圖爲單位，故稱爲義圖。凡收稅，總是要求其於民無傷，於國有利，而徵收手續，又極簡便，費用又極減省的，義圖可謂三善俱備。惜乎入民國以來，此等良好的規制，漸漸廢壞了。今若有耕種合作社，則可代行義圖之事。社中的田，賦稅都由其完納，民不煩而事無缺。又水、旱、蟲荒，田賦例有減免，減免的成數，必由官查勘，縣官所轄較廣，往往難得其詳。若有合作社，則社中田地，荒全如何程度，亦可由其負責估計，較諸向者由鄉圖長估計者爲精審，官吏但加覆勘，不必甚勞，而減征的成數，已可得其平了。官稅如此，私租問題，亦即隨之解決。合作社中之田，如非耕者所有，而另有地主的，其租佃關係，均可以社之名義行之。地主固難苛求，佃農亦難頑抗、狡賴。災荒減免，即隨官稅爲進退。租佃之間，永免爭議，亦必地主所樂從，將見以其田地交給社中經營的，逐漸增加了。

## 怎樣進而謀平均地權呢？

田地既開公共使用之端，則私有觀念必漸變，不要以爲人民頑固，雄辯莫大於事實，事實放在眼前，利害與人以共見，觀念的遷變，總是易而且速的。私有的觀念既漸化，即可進而謀平均地權。其法可分爲三：

（一）由國家給以債票，而轉移其所有權。此可施諸公共團體，如學校、寺觀、家祠之類。因爲公共團體，力量較大，失其固定恒久的收入，易於另行計畫；而且有等團體，並無維持的必要，任其樹倒猢猻散，原是不要緊的。如慮債票所發過多，或有不便，則亦可師古者以賣值爲庸資，免除奴隸之意，於租額之外，視農民力所能及，於交租之時，帶交地價幾成，積至足與買價相當，田即爲社中所有。此項分期交納的田價，遇歉收之歲，亦可減其成數，或全然緩交，故民力不至甚勞。還清的期限，雖無一定，然凶荒究係例外之事，其地權總可尅期而望其轉移了。

（二）其地屬私人所有的，則舉措宜較審慎，因爲私人力量較弱，甚有老弱婦女，別無謀生之路的，失其固定收入，生活將陷於困難。此等可將田地估價，看作社中股本，經過一個相當的期間，再謀收回。

（三）若私人自願將其土地賣入社中的，則更爲社中所歡迎。若慮資本不足，自可由農民銀行貸款。此等賣買，必較向來私人間的賣買，易於公平；又可免却居間人的婪索；國家爲獎勵合作社買入土地起見，又可減免其契稅；自亦可爲賣地者所樂從了。

由政府發動權力，强迫買收的，亦可有三種：

（一）荒其地而不耕的。

（二）雖加耕作，而其面積太大的，此等可視其耕作之法，爲立一最大的限度，超過此限度的，即由政府强迫買收，地主不能藉口將來再圖擴充，留作自用。此等大地主，在内地不多，在邊省則在所不免，以吾所知，尤以黑龍江爲最多，從前的吳俊陞，即係此等地主之一。

（三）本年八月二十八日，行政院第七百十次會議，議決修正河南省被災時期地權處理法條文，其中第四條："凡在被災時期内出賣的土地，准由原業主於民國三十六年六月底以前，隨時以原價買收之。其已淪陷各縣，展至完全收復後二年。"完全收復日期，由河南省政府以命令公佈。第五條："出典土地，無論原訂契約，有無回贖期限，均准於三十六年六月以前，隨時按原典價不計利息贖回。淪陷各縣，與前條同。"按年來淪陷區中的土地，不公平的賣買甚多，此法實宜推行各地，業主不願收回，或無力收回的，即由國家照價收買。此等在已有耕種合作社之處，即可交給合作社經營，無之之處，亦可利用之以資提倡。而其辦法，尤宜推行於都市，請於下篇論之。

## 土地合作與大農制，相似而實不同

土地合作之制，與大農制相似而實不同。大農制純係私有，合作則雖係私有，而已走入公用之途。土地的原始階段，本係公有公用的，後來因耕作方法，宜於盡收精耕，乃漸變爲公有私用，遂開私有之端。公有公用，私有私用，固皆無不盡力，即公有私用時代，對於耕作，亦多少有些公有公用時代道德的存留。"雨及公田，遂及我私"；"彼有遺秉，此有不斂穗，伊寡婦之利。"這種詩句，都表示出農民對於公家服務，和同輩間互相扶助的熱心。祇有地既化公爲私，力又不出於己者，其情形最爲惡劣。奴隸制的轉化爲農奴，關鍵實在於此,此可見榨取他人勞力的,總無由使之心悦誠服了。大農制耕作方法,雖云進步,然從事於勞動者,多由雇傭而來,往往不肯盡力,而農業又非如工業的集中,易於監督。在這一點上,大農制實較任何農耕制度爲劣。耕種合作之法,則爲私有而公用。人人之利益,既不可分,自無不視他人之田如己有。私心原是環境養成的,公用的習慣既成,私有的感情自淡,再圖廢去私有之權,自如下令於流水之原了。狙公賦芋,曰:朝三而暮四。衆狙皆怒。曰:然則朝四而暮三。衆狙皆喜。故名實未虧,而喜怒爲用。先正國有之名,後行利用之實,則糾紛多而實得其利難,先謀利用之實,徐正國有之名,則群情悦而實得其利益,去取之間,可以知所擇了。

## 積穀合作的亟宜做辦

合作社之設,使經濟上的弱者,互相扶助,而其組織又純爲民主的,實爲最善之法。人必先欲圖自立,然後可從而補助之,否則徒使其受傾跌之苦而已。歷代志士仁人,勞身焦思,爲民請命者,實亦不少,所以終無成功,即由於此。革命之事,原不能操刀代斫的,但既求其自覺,則其進行決不能過驟。我國之有合作社,自民國十二年北平華洋義振會在河北省提倡信用合作社始。據説:截止十七年止,放出的款項,幾於無一爛帳,足見我民實有合作的美德與能力。自十七年以後,國民政府,力加提倡;二十年後,上海的銀行界,因遊資太多,苦無出路,亦競起而投資於農村;合作社之設,遂如風起雲湧。然其辦法,反不能如以前之善,其弊維何? 案此時合作社的組織,大抵係信用合作。其放款,自以政府所設的農民銀行爲最多。農行於地方情形,本不深悉;農民一時未知合作之利,即知之亦不易組織成功;地方土劣,乃乘機組織合作社,以低利向農行貸入,而以高利貸諸農民。農行不及深察,又欲以多放爲功;而放款必求其易於收回,與其放諸多數無資力者,自不如放諸少數有資力者之爲得;遂爲其所利用而不自知。本欲打倒高利貸的,反以助長其勢力,言之實堪扼腕。案宋時王安石的青苗法,意非不善,然其行之弊多而利少,則實由其推行的機關非是,其事係自上而下,青苗之弊之一曰:“無賴子弟,謾昧尊長,錢不入家。”可見現款易被非理使用,即較勤飭者,亦易隨手消散,故組織合作社,實不應偏於信用合作,凡購買、運銷、生産、消費諸端,均宜次第經營。而印度所特有的積穀合作社,將社員收穫之物,公共存儲,以謀待價而沽;且供社員借貸之用;實兼今之運銷合作,及古青苗、社倉二法之長,尤應首先做辦。農民所有，多係穀物，穀物本笨重難運；農民又不悉市情；又當新穀登場之際，急於銷售，各自爲謀，勢甚渙散，儼若自相競爭；商人遂得乘時邀利，以低價買入，待至青黃不接之時，乃以高價賣出。不徒不耕者受其弊，即耕農，亦往往賤賣其所有，轉買貴穀而食。昔人言糶甚貴病民，甚賤傷農，今則無論年歲豐凶，穀價高下，生産者與消費者，交受其弊，而利皆歸於居奇逐利之家。食爲民天，豈可任其朘人自利如此？糧食由國家統制，其事亦非不可行，然頭緒紛繁，斷非旦夕所能收效，若不先立基礎，並恐無從舉辦。所以入手之初，仍必籍借農民自助。有積穀合作社，則可：

（一）公造倉庫，以事收藏，使穀物清潔、乾燥，不至腐壞，且可免雀鼠之耗。雀耗，該括凡露積於外而耗損的；鼠耗，該括凡藏庋於屋内耗損的。

（二）可以聘請專家，鑒定品質，混合保管，共同銷售。

（三）又可籌集資金，對於社員之急於需用者，先按市價。畀以若干成，即或資金不足，亦可向農民抵押，而以其款貸諸農民，免得急於銷售，受人抑勒。

（四）銷售可託專家，不致受虧。

（五）農民又可省却時間，以作他業，凡此，皆於農民有利。

（六）而因運銷之方便，易於徵工以浚治河道，修築公路，則其利益，且不限於農民。

（七）更大的，若到處都有合作社，國家案其册簿，而知其存穀之數，則並可與倉儲相聯絡，以調整各地的積貯和運輸，則其利益，並不限於一地方了。所謂國家謀統制食糧，必先有其基礎，這即是其基礎之一。

## 信用合作的謹慎辦理

至於信用合作社，亦非不可辦。且中國農村金融，素病枯竭，亦正有辦理的辦法，但其辦理須極謹慎，謹慎之道奈何？

（一）寧見效遲，放款勿急。

（二）貸出能用實物者，即用實物，勿皆放現款。

（三）尤要的，則凡農民借有高利貸的款項的，都可報告合作社，依普通的利率，代爲償還，而轉移其債權。

如此，庶可警惕土劣，不敢投機取巧，任意盤剝了。還有，農民遭遇意外的災害，要仰賴於振恤的，此等款項，因力難償還，不能由信用社出借，然又不能置諸不問，則最好別辦保險事業。其最要的，是：

（一）天災保險，包括水、旱、蟲、蝗；

（二）孳畜保險，注重耕牛、馬；

（三）居宅保險；

（四）重要農具保險；

（五）疾病死亡。

凡此等不幸，政府例有振恤，慈善家亦有救濟之數，如合作社而有信用，有能力，亦可由其估計，以定振恤救濟之數，且參定其用途。惟其款項，不宜由合作社經手，致失觝衡之道而已。

原刊《青光半月刊》第一卷第三期，

一九四五年十一月十五日出版

# 論　文　史

## 一

近來劉大杰先生寫信給我，頗嘆息於青年肯留意於文史者太少，這確亦是一個問題。

文學，即舊日所謂辭章之學，講樸學和經世之學的人，本都有些瞧它不起，以爲浮華無實。這也不免於一偏，但他們不過不願意盡力於文學而已，對於舊書的文義，是能够切實瞭解的，現在就很難説了。還記得二十餘年前，章行嚴先生説過一句話：現在的文字，衹要風格兩樣一些，就没有人能懂得了。這句話，確使人聞之痛心。

所謂風格，直捷些説，就是俗話所謂神氣。我們對於一個人的意思的瞭解，不但是聽他説話，還要領畧他的聲音笑貌等等，文字就是語言的擴大，然這些輔助的條件都没有了，所以其瞭解要難些。然於文字不能確實瞭解，即不能得作者的真意。所以要瞭解舊書，舊文學不能没有相當的程度。

對於舊書，喜新的人，或者以爲不值得留意。但它畢竟是材料的一部分；比外國的材料，還要親切些，這如何能够不留意呢？

## 二

説到本國的材料，比來自外國的要親切一些，就可因文而及於史了。我現在且隨意舉幾個例，如：（一）外國人有肯挺身作證的風氣，所以其定案不一定要用口供，中國就頗難説了。任何罪案，在團體較小，風氣誠樸，又法律即本於習慣之時，罪名的有無輕重，本來可取決於公議。《禮記·王制》篇説："疑獄氾與衆共之"，還是這種制度的一個遺跡。外國大概和這風氣相去還近，所以能有陪審制度，中國又較難説了。舉此兩端，即可見中國研究法學的人,不能但憑外國材料。(二)又如農民,大都缺乏資本,不能無藉於借貸。王安石的青苗法,現在大家都知道其立意之善了,然其辦法不甚合宜,也是不能爲諱的。其最大的病根,即在以州縣主其事。人民與官不親,本金遂借不出去,而官吏又欲以多放爲功,遂至弊竇叢生。現在的農貸,主其事者爲農民銀行,與其人民隔絕,自不致如地方官之甚,然其於地方情形的不熟悉,亦與官吏相去無幾,至少在他初辦時是如此,然亦欲以多放爲功,就有土豪劣紳,蒙蔽銀行,僞組合作社,以低利借進,以高利轉借給農民等的弊竇了。他如現在的游擊隊,固然和從前的團練不同物,然其理亦未嘗無相通之處。又如復員,戰士或者要歸耕,其事亦非今日始有。此等處,本國已往的情形,亦必較外國的材料,更爲親切。大家都知道研究外國學問,不可不先通其語文,如何研究中國材料,對於本國文字,反而不求甚解呢?

## 三

文字是要經長久使用,然後才會精深的,這是因爲語言和文化,每相伴而發達。金世宗是民族成見最深的人,他不願女真人和中國同化,於是竭力提倡女真文字,以之開科,以之設學。然他深病女真文字,不如中國的精深,曾以此意問其臣下。有一個對道:再多用些時候,自然要精深些。這話亦頗含真理。從前有個學生留學德國,一次有個德國人問他道:你看法文與德文孰難? 他說:法文似乎要難些。這個德國人大爲不悅,和他力辯,說德文並不容易,這事見於二十年前《時報》的歐洲通信上。此時語體文初興,這位通訊員說:"現在一班人,還敢以艱深爲中國文字之病麼?"案文字要求通俗易解,亦自有一種道理,這位通訊員的話,也未免於一偏。然要通俗易解是一事,要傳達精深的學術,亦是一事,這位通訊員的話,亦代表一方面的真理。

要研究中國學問,必須要看古書,這和要研究外國學問,必須讀其名家專著一樣,單讀些近來人所著的書籍,是無用的。因爲著書者必有其所懸擬的讀者。近人所著的書,非不條理明備,語言朗暢,而且都站在現在的立場上說話,絕無背時之病。然其所懸擬的讀者,大都是普通人,其標準較低,極精深的見解,不知不覺,遂被刪棄。終身讀此等書,遂無由和最大的思想家最高的思想接觸。若昔人所著的書,但求藏之名山,傳之其人者,則多並不求普通人的瞭解,所以其內容雖極駁雜,而精深處自不可掩。這亦是治中國學問者對於本國文字不能不有相當程度的原因。

文史本是兩種學問。但在今日研究史學,而欲求材料於中國的舊史,則和文學關係殊深。這原不是史學一門,一切學問,要利用中國的舊材料,都是如此的。但是史部中材料特別多,所以其關係也更密切罷了。

原刊《知識》第五期,一九四五年十一月十八日出版

# 聞 之 痛 心

本月十五日，予在常州，擬來上海，因車站買票擁擠，省得臨時找付，乃持千元法幣，至縣直街萬生酒肆，易取百元者，時適有某君，亦在肆中，雲紅色中央銀行百元法幣，車站買票不用，肆主程君玉山，乃悉將他種法幣給予。十六日予與友人王君潤生，同趁十二時二十七分開行之快車來滬，王君持以買票者，有三十一年中央銀行紅色法幣五張，悉被剔退，問以何故？賣票員但曰：此處暫時不用而已。同時車站上有一客，手持五百元法幣一張，欲向予易百元法幣，王君代予詰之曰：君之法幣，可通用乎？其人曰：何不可之有？王君曰：既如此，何必易？其人乃罷。風聞法幣行用，遭遇阻礙之事，近來時或有之，以致內地竟有謂收受法幣，反不如收受偽鈔之痛快者，寧不使人聞之而痛心乎？本欄所載銀行拒收小額法幣，商店拒收兩面有號碼之關金券等，已不應能聽其自然，若火車買票等，果有確實理由，似尤應對眾說明，以免眾聽眩惑也。

原刊一九四五年十一月二十一日上海《正言報》

# 關於平賣的一個建議

第一期平賣布疋，嘖有繁言，第二期甫在發賣，乃據二十日《正言報》經濟欄所載：該報記者，特至新新、永安兩公司巡視，其所見者：（一）報上所云者，有士林布、直貢呢、黑嗶嘰、漂白細布、漂白府綢五種，而該兩公司所售，僅士林布一種。（二）報載士林布之價，每碼七百元，該兩公司並不標價。（三）平售布櫃前，顧客不見踴躍，且大都似單幫之流，觀望半小時之久，未見有一筆買賣。《正言報》記者所見如是，雖不敢斷言其有弊，然其辦理未能盡善，則似無從爲諱。派員查察，市府似不容己也，抑予更有進焉者：

胡漢民先生嘗言："中國之行使紙幣，有一特色，即不迷信兌現是。"案中國之紙幣，原於宋世之交子，其初原係代表銅錢，然南渡之後，行使交會，每逢價格下落之際，即多借出賣官物，收回其一部分，以提高其價格，謂之"稱提"，今接收之物資，可供平買者甚多，何不陸續發賣，藉以整理貨幣？此議若果可行，則其發賣，似可專收僞鈔，收入之後，悉數封存，候中央派員監視，付之一炬，此明宣德間處置濫鈔之法，紙幣濫惡已極，固非此不能摧陷廓清也。

更好者，立一短促之限期，於其期內，清查戶口，凡住居上海市者，按口給以平買證，計值僞鈔若干元，許持此證至平買處，買入價值相當之貨物，更發行一種市公債，許持僞鈔者購買，同時多發小額之法幣，而僞鈔即禁止其在市流通，如此，則持有僅少之僞鈔者，人人可得平價之物資，其所持較多者，即悉歸於政府，而可用諸生產事業，收回僞鈔，既覺痛快；平賣物資，又得公平；並可減銀行收兌之煩，不致如近日與法定兌價有參差之弊，可謂一舉而三善備焉。各地皆有接收可平賣之物資，各地皆有待公債興舉之事業，即各地皆可仿行此法，以收束其地之僞鈔，此策似可由市府建議中央，請求覈准施行也。

平買手續，欲求盡善，其事頗難。則予尚有一策，猶憶某年，商務印書館曾在賣書櫃上，發賣夏布，成績亦殊佳良。今者平買各種貨物，即擇向來發買此等貨物之店鋪而委托之，則其情形複雜，而監督殊難。若不論其爲何種店鋪，但就其店面寬廣者，借其一個櫃臺，發賣一種貨物，而司發買之事者，則由官徵用發賣，此等貨物之店鋪之人，且如今者平買布疋，士林布可借商務印書館之櫃，徵用新新店員，直貢呢可借中華書局之櫃，徵用永安店員，平賣所得薄利，分給商務、中華以櫃租，新新、永安店員以工資可也。如此，則弊竇必少，何者？作弊必非一二人所能爲，而素不相稔之人，遽欲聯合而作弊，其事亦不易爲也。予原非謂人之必作弊，然不恃人之不作弊，而務使其作弊，縱非不可能而亦必極難，則爲治之道固應分矣。

原刊一九四五年十一月二十二日《正言報》

# 清查户口與清除匪患

"凡政皆以爲民，凡事皆起於民，故清查户口，實爲民政之首務"，此政治上之格言，行政上之要則，至今不惑者也。

過去淪陷地區，受敵僞統治時，爲榨取及控制便利計，曾有保甲制之舉辦，一時清查户口，强蓋手印，頗使人民騷擾不安，其流弊所及，如虚報人數及强收捐款，洵屬擾民有餘，裨益全無。今河山已告光復，政治漸上正規，則清查户口，整頓保甲，實屬刻不容緩。聞市政當局刻正積極籌備，有於下月即將開始之説。爰特將清查户口之方法及利益，一申論之。

清查户口之事，在大都會中，似難而實易，因（一）人口較集中，（二）知識程度較高，除作姦犯科，游盪無業者，恒欲自掩匿外，餘皆不至抗拒調查，使辦理者爲難，而所得之結果，亦且失實。故如上海之大，苟能（甲）制定簡單之格式，（乙）禁止市民半日不許外出。（丙）動員高中以上之學生，而以各級學校之教職員，國民黨黨員，三民主義青年團團員輔之，即可得大體正確之結果。在此調查之中，並可注意：（甲）知識程度較高，辦事能力較强，且略有餘暇之人，（乙）赤貧須救濟之人，其中又分可以工賑者，抑純粹須救濟者。（丙）及不甚純正，前此有附逆嫌疑，今後須防其擾亂治安之人。調查既訖，即可於極短期間，組成保甲，此於（甲）肅清敵僞餘孽，（乙）辦理救濟，（丙）維持治安，皆大有裨益，在此調查之中，虹口可别爲一區，特別注意於日人遣歸後，空屋究有若干，於調劑民居，必大有裨益。

内地城市，亦可照此辦理，土著既多，其推行，自尤較上海等五方雜處之地爲易，鄉間情勢，雖與城市不同，然今欲確立治安，使人民得以安居樂業，鄉村之情勢，實尤迫急於城市，必不可無策以處之。案今各地鄉間，多爲匪徒及雜牌軍隊所盤踞，爲數既多，綿地尤廣，一一藉正式軍隊以袪之，勢必有所不給，則不能不望人民之自衛；然人民之自衛，又非有正式軍隊爲之推動，爲之助力不可；此其勢之所以難爲也。竊謂處此情勢之下，各縣必須自有武力，此宜動員知識青年爲之，每縣訓練數百人，多至千人，擇匪徒及雜牌軍隊麕集之處，令其節節進剿，每到一處，即監督輔助當地人民，清查户口，辦理保甲，其匪患較輕之處，則不必親往，但由當地人民，自行辦理，與之相應，如此者，於不軌之徒，可或加以拘治，或迫其遁逃，各縣同時進行，不過半年，治安必可確立矣。此等青年，服務一年遣歸，更招他青年爲之，此古者踐更之遺意，並可與今日學生軍訓，國民兵役之法，互相配合，或疑各縣皆自練兵，不免多費，然今匪徒及雜牌軍隊，到處騷擾，所損幾何？即但以財政論，其中假借名義者，又曷嘗不勒索地方之供給耶？

原刊一九四五年十一月二十四日《大公報》

# 柳樹人《中韓文化》叙

　　環東南海而國，文化受諸我者，蓋以十數，莫能先韓。高句麗、百濟典籍淪亡，其詳不可得而聞矣。然倭人之文化，實受諸百濟，觀其彬彬稍能自通於上國，而百濟之文化可知也。自時厥後，我之文化有所啓發，韓人必能踵武之，佛教行於新羅，理學盛於朝鮮，其明徵矣。

　　民族之相契，必由語言之相通，文字則語言之擴而充之者也。東方諸國，多能通華文，然如日本者，其所爲之文辭，終不免於佶屈，雖彼亦自病其倭臭，越南更不逮日本矣。韓人則異是。

　　李氏之亡也，其義士曰秋景球，走中華。吾嘗一與相識。觀其書，甚俊逸，未及讀其文辭而景球死，後又識韓達官之來奔者曰金于霖。其文辭淵懿醇雅，雖吾邦之耆宿弗逮也。于霖居南通，至貧儉，猶節衣食，爲其國先輩刻書。讀其辭，無不淵懿醇雅，若于霖者。韓人之心魂，則中國人之心魂也。韓人何以至於是哉？曰：民族之深相契，非一朝一夕之故也，必積之久而後致。

　　世皆以箕子之封，在今朝鮮之地，非也。營州越海，蓋漢人附會之説。周初封城，北止燕、亳。燕者，南燕、姞姓，地在今河南之封邱。召公初封，亦當距此不遠，故并得燕名。亳者，有殷之故居，雖遷徙不恒，要不越大河兩岸。榆關之道未啓，箕子之封安得至今朝鮮？然朝鮮之民，嘗被箕子之文化不疑也。蓋其族故在今河北南境，紂所居沙丘之北則是也。其後北燕東北徙，朝鮮蓋爲所迫，亦徙而東北，故夫余耆老，自説爲古之亡人，而朝鮮亦在浿水之外也。後又有避秦役，入韓中居者，史稱之曰秦韓，謂新羅其遺人。實則秦韓之遺，多在百濟，觀南北朝時史籍所載，百濟語言文物，多類中華，新羅則否可知。然自朝鮮至秦韓，華人之播遷而東北者衆矣，閲時餘兩千年矣，中、韓之深相契，不亦宜乎？

　　文化不能無偏弊，受其利者，往往并其弊而亦襲之。中國文化之弊，在於文勝而失之弱。自宋以後，陳義彌高，去事情彌遠，其人又氣矜之隆，黠者乘之，遂植黨以自利，此其弊，韓人亦皆襲之，觀李氏之行事可知也，然文化之演進深者，雖有其弊，久之亦必有以自救。故中國雖迭扼於遼、金、元、清，至近世，又見侮於西方諸國及東方之倭，今也卒能卻敵而中興。韓國之獲再建，亦其倫也。

人固有利不利時，唯國亦然。文化不能無偏弊，即不能無宜不宜。當其與所遇者宜，若甚發皇，時過境遷，則有轉受其害者矣。倭人以右武興，亦以黷武仆，非其效歟？然則中韓之文化，安知其不一變而大契於今後之時勢乎？

國家、民族之盛衰興替，文化其本也，政事、兵力、抑末矣。韓柳君樹人，居華有年，日以復興其國族爲務。強寇既夷，國將復建，不汲汲政事、兵力，而唯牖啓文化是謀，可謂知本矣。中、韓相將，共翼世運，期致大同，跂予望之。中華民國三十四年十一月三日，武進呂思勉謹序。

原刊《中韓文化》創刊號，一九四五年十一月出版

# 日本人的短長

《大陸報》載：中央新聞社的記者，到虹口去訪問日僑，他問他們："如麥克沃塞令日皇退位，①大部分日人，將作何反應？"其中有一個人，以爲將引起全國切腹運動。

當日本初降伏時，東京電訊，就說有若干日人，聚集於其皇宮之外，切腹自殺。後來新加坡又有電報，說日本投降消息，到達其地時，日軍官約五百人，舉行一告別酒會，席間聯合切腹自殺。此等舉動，中國人之評論者，頗多稱其忠勇。但東京的電訊，則明說日人的自殺，亦由於被轟炸之後，無家可歸。而且豫料今冬衣食無着，飢寒交迫，自殺者將更多。

姑不論日人的自殺，原因如何，但其輕生總是事實。輕生果算是美德麽？假使麥克沃塞而果命日皇退位，日本人到處展開切腹運動，能否加以阻止？抑或使之復位？切腹之舉，乃是封建時代遺留下來的，當時的武士，所效忠的，不過一個封君，合着封君的家族，以及一班受他豢養，和他有關係的人，其團體還是很小，一蹶之後，就不容易再振，所以武士只得以一瞑不視，自求其心之所安，作爲解除責任了。在今日廣土衆民之世，一國的國民，經喪敗之後，而欲圖再興，是否該用這種手段？

或云：忠臣義士的殉節，非徒求其心之所安，亦欲以此激勵後人，使繼其未竟之志。當清初，常州有一謀起義者被殺，他臨刑時，做了一首詩，其末兩句道："兒曹不必收遺骨，留激他年起義心。"他不要人家替他收屍，要將他被殺的慘狀，留給廣大的群衆看，以埋伏下一個恢復的種子。其用心可謂很苦；而其事，亦安得謂之無效？不錯，是有這道理的，而日人廣大的切腹之群，其中或亦含有此等心理。但激勵後人去做的事，要其事在客觀上有成功的可能的，若以愚公移山之心，行夸父逐日之事，則其志雖可哀，還是替後人找絕路而已。

---

① 今譯麥克阿瑟。

　　古語云："知人者明，自勝者强。"此乃所謂"互言以相備。"若把這話詳演起來，就是"知人者明，自知者更明；勝人者强，自勝者更强。"爲什麽自知者更明，自勝者更强呢？須知從古以來，英雄豪傑，所以能成就大事，（一）由其感情旺盛，（二）因其感情雖旺盛，而仍能受理性的節制，（三）因其感情雖受理性的節制，仍不因此而減少其强度。日本人之所爲，屬於第二個條件，就很欠缺的，更説不上第三個條件了。日本人的教育，雖亦有其可取之處，然總未免失之於偏。於此，便見中庸之道，畢竟顛撲不破。

　　或云："武士道是日本人所最自負，而亦確可以算做日本人的特色的，如今給你説得一錢不值了。然則日本人竟絶無長處麽？"不，日本人是確有其長處的，"其長處安在？"曰：當上海已成孤島時，西洋人的經營，處處碰壁。有一個西洋人，憤恨地説道："日本人真是世界上最笨的人，他固執着他的理論，再也不肯通融。其結果，連他自己所做的事情，也是到處碰壁。倘使是中國人，早從事實上覓得解決之路了。"這話是稱贊中國人，貶斥日本人的，却正見得日本人的長處，中國人的短處。因爲只有小規模的私事，可以逐事解決，沒有理論；作較大規模的，有組織的事情，是決不能沒有理論，而要貫徹其理論，亦總不能求其枝節上處處圓滑的。他這話，正顯得日本人的現代的組織，較中國爲進步。八年來，在淪陷區中，被他搜括得不少物資去，正是他固執其理論之類。

　　若但就事論事，而比較其手段的靈活與否，則在世界上恐没有能超過中國人的，這不但日本人，就西洋人亦是如此。中國人圓，西洋人方，這是隨處可以見到的。語云方正，又云圓滑，方者固不必皆正，然究易近於正；圓者固不必皆滑，然究易流於滑，這是事實，不可以不深思，亦不可以不猛省。

原刊《知識》第三期，一九四五年十一月出版

# 青年思想問題的根柢

上海《青年月刊》，將次出版了。主持其事的先生，屬我作一文，論現代青年的思想問題，我受到了這個屬托，而"感不絕於予心"。

很難否認，現代青年的思想，是有浮淺之弊的。三民主義，自然是今後立國的方針，真能瞭解者有幾人？即以他種主義論，其純真自不及三民主義，捨其純正者，而奉其不純正者，其思想已不免於錯誤，然即捨此而論，真能瞭解此等主義者，又有幾人？對於科學，有一知半解的，庸或不乏，然多固執其所學的一科，以爲天下事就可以從這單方面解決，這已不免於錯誤了，而況其前這單方面的議論，有時候，也不免於卤莽滅裂。中年以上的人，思想往往頑固了，不足以應付現局，老年人更不必説了，前途之所屬望，就在青年，而青年的思想，浮淺如此，寧不令聞者扼腕？

青年的思想，爲什麼浮淺？思想是環境的產物，所以孔子説："魯無君子，斯焉取斯。"青年人的思想，可以前進而矯正中年以上人的錯誤，然其使青年人，能運用其思想的，則其初仍必由於中年以上人的啓發。故青年的思想而正確，中年以上的人，亦無所讓其功；青年的思想而錯誤，中年以上的人，亦無所辭其咎，然則中年以上的人，爲什麼會替青年造成這一個不良的環境呢？

説到這裏，則話要説得遠一些。

還記得二十年前，我和一位老輩談天，這位老輩，還是及見太平天國之事的。興言及此，他就問我："你知道現在的中國，爲什麼弄得如此糟麼？"我肅然而前曰："不知也。"他就慘然道："欲善國事，先正人心，而欲正人心，則必先求其反於誠樸。洪、楊亂後，井里邱墟，瘡痍滿目，正是個好真反樸的時機了，却一點没有這種氣象。官場作事的敷衍，見利之貪求，以及其貪緣奔競，甚至讀書人也但求幸進，祇想發財，絲毫不講氣節，亦無復大志，這都是我所目擊的。中國講洋務，還在日本變法之先，而成效却遠落其後，到現在，處處受日本人的欺侮，其原因就在於此呀！莫説別的，但把中國的招商局，和日本的汽船會社比較，便可知道了。"他又再三歎息，説："中國人根本上的毛病，在於不儉，不儉所以不勤，因爲奢者必求享樂，一偏重於享樂，其腦筋就漸漸昏憒，而體力也日即消沉了。"

這位老輩的話，是不能不承認其含有相當的真理的，然則何以解決這問題呢？説到這一點，則我們又得要推論到較遠之處。

人，總是要想享用的，這是無可如何的事。固然，總有一班勤生薄死，志不在乎享受的人，然這祇是少數。這一點，我們不能不承認他是社會學上的事實，而其原因具在於生物學上。致治的根源，在於道德，道德敗壞，而欲恃法律以資補救，總是無濟於事的。此理甚明，而古人論者亦已甚多，用不著再爲辭費了。道德如何而能振起？那必先求經濟生活上，能成立一個平衡。這話怎樣説呢？須知每一個人所要求的物質生活，總是有一個標準的。這一個標準生活，不必作奸犯科，而亦可以求得，則在官場中，自能顯出一種大法小廉的現象；而在社會上，亦能顯出一種方正不苟且，恬靜不貪求的現象。此時的道德，就有相當的權威，而政治上的紀綱，就覺得整飭，社會上的風氣，亦覺得淳樸。反之，就難説了。自西洋物質文明發達以後，把人的生活程度，提高了一大段，這種影響，在中外交通的局面之下，自然要及於中國的，於是中國人和這種新局面有接觸的，無形之中，其生活程度，也逐漸提高了，這個較高的生活程度，是否能用舊時的生産方式取得？具體的説，譬如一個中國人，要吃大菜，住洋房，坐摩托卡，用一切洋貨，是否用其舊時的生利方法，可以取得？實在大成問題。其不足愈甚，則其貪求愈甚，而舊時道德上的教條，就逐漸失其威力。道德逐漸墮落，自然一切事都辦不好了。這是中國近數十年來，綱紀頹敝，風氣敗壞的總原因，而亦即是其真原因。非在經濟生活上，再建立一個新平衡，使道德復有權威，決無根本救濟之策。

這不但是中國的問題，亦且是綿亙於全世界的一個問題。因爲在現在，全世界的經濟生活，實已都失其平衡，而且世界上各處的經濟，都互有關係，各處都需要調整，而又非合全世界而通籌，是決没有徹底調整的希望的。

然則政治綱紀和社會風氣的前途，都是無可設法，而祇得聽其自然了。不，少數勤生薄死，不汲汲於自己享受的人，總是有的，而社會的進步，亦總不能聽其自然，而必須加以人力，使之促進，這就是每一個時代中進化的先驅者了。這一種先驅者，在現代，一個人或少數人，其力量是不夠的，而必須成爲一個集團。領袖於其所著的《中國之命運》中，有厚望於三民主義青年團，其理由就在於此。

思想是指導行爲的，感情又是指導思想的，惟其好之，然後能與之親，惟其日與之親，然後能有所入。陸象山講君子喻於義小人喻於利一章，精義就在於此。斷没有志在於聲色貨利的，而能夠精通治國安民之術的，亦斷没有心存於已饑已溺，而終與流俗爲伍，入於奇邪之路的。因爲流俗者和奇邪者之所求，不過一己之名利而已，然則青年欲求思想之正確，先決問題如何，曰立志。

原刊《青年月刊》，一九四五年十二月一日

# 因整理土地推論到住的問題

整理土地，必要涉及房屋，上篇論整理土地，[①]所以此篇就房屋問題，並加討論，因推及於市區。

## 上

房屋和人生，關係是很密切的，其中最重要的，自然是保健。次則居處清潔，則人有愛美的思想，而愛美是能引起許多美德的。中國人無論城鄉，都不愛清潔，庭院、房屋、街衢、河道，無不雜亂汙穢，此於國民品性，實大有關係，於此點，我們不但不及歐美，並遠不及日本人，不可以不猛省。

《禮記·王制》篇說："地邑民居，必參相得"，這句話最足尋味。地便是田，田地兩字古通用。邑是多人聚居之處，如今日的城市。民居則指其分散者而言，如今日之鄉村。"參"乃"三"之動字，參相得，猶言互相配合，各得其宜。近世文明各國，都苦於都市畸形發展，而鄉村人口凋零，便是不能相得的明證。知此，乃可與言改良城市及鄉村。

城市和鄉村，是不能不分，而又相依爲命的。此之古昔，即係如此，井田制度下的農民生活，《公羊》宣公十五年《何注》及《漢書·食貨志》，述之最詳。兩說在經學的師承上，有今古文之異。而其根底實同，可見其必有所本。據其說，則古代將方一里之地，畫成九區。區各百畝。中間一區爲公田，其外八區，八家耕之，各自私其所入，而家各耕作公田十畝，其所入亦全歸公家。公田中還多二十畝，則作爲耕者所居之廬舍，其旁兼可種桑，家各得二畝半。這是農人在耕作時所居，到冬天則"畢入於邑"。邑中亦每家各有宅地二畝半，合諸公田中的廬寓，共約五畝，所以孟子說五畝之宅，一邑之地，共住七十二

① 即《怎樣將平均地權和改良農事同時解決》，見前第九三二至九四○頁。

家。《公羊解詁》言八十家,乃舉成數,《王度記》作七十二家。此乃方三里之地之人所合組。邑大概是一個土城,這是所以防小寇的。古代部族分立,多好侵畧,所以不得不如此。在今日似可無須,然人羣貴於互助,要互助必先有交際,有交際然後能聯合,所以今日的農村,大多數都嫌太小,必須把它合併。農村之所以要小,由於農人的居處距所耕之田,不能太遠。然此乃鄉間無道路使然。若能修成平坦寬闊之道路,則輕便如脚踏車,笨重的如牛馬駕的車,都可通行,既省時,又省力,即所居之處距所耕之田較遠,亦不成問題。如此,一個農村,聚集到二三百戶,亦不嫌過大,百戶以下,更不必說了。進言之,還可將散的農村合併,移至交通綫附近之地,和他處往來,自覺便利。

（一）農民之交際既廣,知識自增,即才能亦以磨煉而發達。

（二）貨物運輸,亦都容易。

（三）萬一再有戰事,一切物資,均易轉移,不得不放棄之地,亦不慮其資敵了。

古代的農村建築,還有一端其意可師的,那便是所謂中里爲校室。在冬季,是聚集着許多兒童,請一個邑中的老年人,在此室中,加以教導的。在平時,大約是鄉人遊息之地,有公共的事情,亦即在此議論,所以《左氏》說鄭人遊於鄉校,以議執政,這是不可少的。在今日則更宜加以推廣,我以爲農村的建築,當有下列諸處:

（一）公共集會之所。其旁附室,即爲鄉、鎮、保、甲長等辦事之處。

（二）讀書閱報之室。宜稍寬廣,以備圖書的增加。

（三）俱樂部。鄉間茶室,往往成爲聚賭之所,此最爲惡劣,有俱樂部,則茶室可以禁絕,若有公事須議,或私人爭端,評論曲直,自可於公共集會之所行之。

（四）幼稚園。

（五）小學校。此甚需要,不言自明。

（六）公共浴室。中國人不大入浴,殊礙衛生。然無暖室,寒天入浴,確亦頗難。鄉間農家,雖多有浴鍋,又嫌太熱,變冷水浴爲熱水,爲羅馬衰亡的一因,殊不可以不懍懍。故合理的浴室,殊不可闕。

（七）厠所。我國農家,慣用人糞爲肥料,因之鄉間糞窖,觸處皆是,既礙衛生,又不清潔,大有傷於愛美之道,此點必須改良。務求各地糞窖,均有掩蓋,自厠所由地下裝管通入。

（八）兒童公共養育室。

（九）公共厨房。

（十）公共食堂。

（十一）公共作業室。此四者最爲緊要，無論有人利用與否，建築農村時，必不可不備，寧可有了空着無人使用，切勿慮其無人來用而勿造，或者既造之後，因無人利用而將其毀棄，此所謂告朔之餼羊，其損益，是不能從物質上計算的。家族在今日，實爲最惡劣的制度，我們雖未能即時破壞他，然有能破壞他之處，總是要盡力破壞，以期促進社會的進化的，斷不宜再事因循，甚或加以維護。家族之本，在於夫婦之倫，今日婚姻制度的難於改變，第一即在育兒之事，爲之牽率，次則縫紉炊爨等，世俗所謂家事者，相需甚殷，而與家族之聯帶，關係亦深，凡大小團體的利害，總是不能一致的。所以從家庭中養育出來的兒童，多少總有些自私自利的性質，根本既非，長大後極難改變。且即以養育論，亦自以有專門知識者爲宜。父母之不皆養育其子女，猶之其不偕能教導其子女，今人人承認子女之不能自教，而欲使之從師，而必反對兒童之公育，此真知二五而不知十。親生之母，除其乳汁隨兒童之長大而異其濃淡，授乳較爲適宜外，其他在撫育上，並無勝於他人之處，父更不必論了。撫育子女，再兼家事，婦女既苦極不堪，而其撫育仍不能得當。子女愈多，則其糟糕愈甚。若視爲專職，則一人撫育十餘個小孩，並不爲難，以時間精力論，即已節省不少，何況對於所事，更能各適其宜呢？縫紉烹調，世皆視爲婦人專職，謂其天性所宜，此亦拘墟之見，試問裁縫和厨夫，何以大多數都是男人？紡織昔亦視爲婦女的專業，何以今日紡織廠中，所用亦多係男工？則其説不攻自破，家家炊爨，亦易養成自私之心，物料及勞力，又不經濟，所以公共厨房和食堂亦屬必要。《公羊解詁》和《漢書·食貨志》又説：冬入居邑之後，婦人同巷相從夜織，所以要如此，他説是爲着省卻照明取暖之火，而且可以齊巧拙。案《戰國秦策》載甘茂的話，説江上處女，有家貧而無燭者，其餘的處女欲逐去之，這一個處女説："妾以無燭故，常先至掃室佈席，何愛餘明之照四壁者？"此即同巷婦人相從夜織之證。可見《解詁》和《漢志》，不是虛言。窮得照明取暖之火，都獨備不起，今之農村，或未必至此，即古人亦何至如此？其必相從夜織，原因實在齊巧拙三字上。齊巧拙，乃謂以巧者教導拙者，使能與巧者齊。這正是古代農村婦女，互相扶助的好意。可見女工的教育，不必都受諸家庭。此在今日，農村的手工業，出品宜求齊一的時代，更爲重要了。此等公共之事，人每疑其難行。其實今日農家子女，本有不自撫養而寄養於人的，在鄉間的俗語謂之"帖"，而市區亦有育嬰堂，此與公育何異？民國二十四年，河北省政府所出《河北月刊》,中有河北移民西北之經過一篇,述二十三年河北移民協會移民於綏遠包頭縣的經過,他説:"協會因農村婦女,大半時間,都消耗在做飯上,太不經濟,所以創設飲食合作社,共同炊爨,初時農民頗覺不便,後亦習而安之。"這可見公厨和公共食堂之可行,若紡織、縫紉等事,只要有公共地方,其能行更無待著蔡了。

(十二)鄉間農家,本有場以打稻、打麥,頗能平坦清潔,今日利用之,公共設置,包於住宅區的四圍,則不至有雜穢之物及積潦,蚊蠅可以減少,傳染病亦隨之減少。

(十三)古時場圃即係一地,要種菜則闢之成圃,要打穀即築之爲場,今秋冬亦可種菜,兩者自不能合一,然供打穀用的場,在平時亦可用爲體育場,不虞土地之浪費,場既在住宅之四周,出入必經,運動習慣,尤易養成。

(十四)其菜圃則宜設於場外,距住宅不遠,老幼亦可從事。

(十五)又其外則種樹,蠶鄉可以桑爲主,此外則各視其土之所宜,凡造屋及造器具用的木材,皆可廣行栽植。造林爲今日極緊要之事,苦於人民失此習慣已久,國家雖定有植樹節,奉行者大率有名無實,甚至甫行栽植,即被拔去,其拔之初非以爲利,不過遊戲和無意識的舉動而已。案《齊民要術》種榆白楊篇説:"男女初生,各與小樹二十株,比至嫁娶,悉任車轂,一樹三具,一具值絹三匹,成絹一百八十匹,聘財資遣,粗得充事。"張履祥農書説:"紹興祁氏,資送其女,費至千金。人怪其厚,祁曰:吾費不過十金耳,人益駭。問其故,曰:於女生之年,山中人包種杉秧萬株,株費一釐,女十六七而嫁,杉木大小,每株價值一錢,則嫁資裕如矣。此雖山林與平野不同,然智可通也。"可見種樹之利,古今一揆。若能廣行勸導,使之家喻户曉,自然易於推行,不致毁壞了。太平軍興之後,蘇州城內,瓦礫甚多,丁日昌爲巡撫,飭議挑除,他的札文道:"每見通衢僻巷,瓦礫累累,推原其故,皆由各業户因自己屋基,已爲鄰右先修搬之瓦礫所堆積,雖欲盡力搬棄,一苦於工費繁重,一苦於無地可移,歲月既深,堆累更厚,以致有力者樂土是遷,無力者望洋興嘆。查城內無主基地甚多,盡可爲容納并積之所,現擬由官催集人夫,將各處瓦礫,分別并積,騰出有主空地,百姓即易於營造,其并積瓦礫之所,不妨繼長增高,堆成岡阜,環植竹樹,數年之後,即可蔚然成林,其舊堆岡阜,亦可附麗增益,以免佔地,堆積之處,亦須因其形勢,或孤峰獨峙,或大山小山,蜿蜒俯仰,不可隨意堆填,有如殘岡斷塹,山頂蒙以淺土,便可栽桑種樹,以備緩急之需。昔石曼卿以泥包裹桃核,拋擲崇崖,數年之後,滿山錦綉,似可髣髴此意。"此言殊有美術思想，且亦兼顧實利，鄉間陵阜不少，如能畧加平治，將住宅築於其上，則地勢較高，於避蚊蠅尤便，而陂陁之處，種樹尤爲相宜。再加以：

（十六）水流不潔之處，鑿井而飲。

（十七）畜養牛馬鷄猪之地，另闢一所，使其遠於居宅；則於衞生之道，更爲合宜了。

（十八）村落雖經歸併，然在所耕田中，仍不妨師古者中田有廬之意，建造茅亭土屋，以資人畜休憩，亦爲行旅暫息之地。

（十九）風景特佳，或有古跡之處，更宜就加佈置，附以說明，既增人民愛美之念，且可誘導他方之人來遊，於本地人民之生計，亦可小有裨益。

以上所云或疑非農村財力所及，然：

（一）其事可行之以漸，（二）且可寧樸無華。

唐甄《潛書·富民篇》說：明初的蘇州，還是“室無高垣，茅舍鄰比”，況在今日的鄉村？且今者：

（一）兵爭易遭轟炸，（二）即在平時，正當講求建設之際，凡所營造，豈易一舉而盡善？要當爲拆毀重建的準備，工料所費不多，自然不覺得可惜。土牆茅屋，冬溫夏清，實於衞生最合，料既農村所自有，工亦農民所能爲，農村又非無暇日，遷建自不成問題。老實說：居宅的適宜與否，在衞生方面，是要在採光、換氣、清潔、寬廣上注意的，即美的方面，亦是這樣，本不在乎材料的貴重。

以上論農村改建竟，以下推論及於市區。

下

淪陷區中，在敵僞侵佔時，大都破壞已甚，而屋宇之僅存者，或全毀而僅存基地者，又頗爲投機者所買佔。鄉間農田，急切難於公有，已如上篇所述，都市之地則不然，因其（一）評價究較鄉村爲易。（二）而建設事業，尤以地皮公有爲宜。（三）況其地價之貴，乃因位置使然，其增價又非由己力。

土地是不能以人力增造，又不能以人力搬移的，故其供給畧有定限，而一切事業和住居，無不需要土地，所以以土地爲投機，實爲最惡劣之事。固然，此次敵僞佔領之區，幣價的跌落，爲從來所未有，人民之從事於投機者，亦或意在救死，非欲求發橫財，然屯積貨物者，跑單幫者，尚或可恕，乘機買進地皮房屋者，則決不可恕。因爲這決非爲目前救死之計。所以此等地權轉移，除其人(一)本來倚恃敵偽勢力,(二)或實所威迫利誘,憑據其行爲,當然無效外,(三)即具有願賣願買的形式,而其交易實不本乎公平信誼者,亦宜將上篇所引河南被災時期地權轉移處理之法,擴而充之,凡地主無力贖回,或無意贖回者,均可由政府收買,作爲公有。此非操切,非如此實無以懲罰乘危徼利之人。

都市房屋,在前述之保健及美化兩點,皆較鄉村情形,尤爲急迫,而都市房價貴,人民欲得適宜的住處尤難。故政府之於市區,不徒有整頓之責任,亦且有救濟的義務。此事在各國,本皆視爲重要問題,只有中國政府,日不暇給,還未曾考慮及此罷了。

要講整理,首宜劃清區域。凡因襲的城市,大概不易照理想佈置,止能逐漸改良。改良之法,首宜將市區和住宅區分間。其廟宇、寺、觀等,則悉宜征收之,以增建住宅,或則闢爲果園、菜圃及運動場、風景區。此雖習慣上最受尊重的文廟,亦當在其內,其他更不必論了。城墙則概可拆掉,城磚大率堅實,其不碎者尚有用,賣去可抵拆工。拆城所得之地,亦可暫賣去,以其款整理街道,將來再圖收回,或謂城可以保治安,向來遇有亂事,城內總較城外爲安穩,豈可輕拆?殊不知城在今日,戰爭上已無所用。若謂以防小寇,則都市建設,豈有專以防內亂爲目的,而犧牲平時利益之理?向來每遇小寇,城中所以安穩者,其作用實不在於城墙,實由城中人數較多,又爲財力所萃,其防務較爲完密之故,民國十三年江浙戰爭,齊燮元兵潰敗後,潰軍在敝縣入城,是時城中武力,惟恃商團,我親見其保衛之力,皆集中於市區,其時市區之中,欲行搶掠,殊非易事。在他處則不然,而實際上遭搶掠者亦頗多,市場與非市場之間,豈有城墙爲之間隔?此可見保衛之在於人力財力,而不在於城墙了,有城而無人守衛,破門而入,逾垣而入何難?

舊時之府州縣學,即俗所謂文廟,及寺觀均宜拆除者,在今日城市之中,富者縱欲而無極,貧者救死而不贍,豈所謂三教者之觀念論,足以挽回人心,徒留之以佔有民居之地何爲?且中國本無所謂孔子廟,孔子乃學校中之先聖耳,必欲尊孔,地方上官私立之學校,均可代行春夏輝奠之責,而何取此駢枝之建築爲?孔廟、寺、觀先行遷徙,則基督教堂,亦可援例請其遷出市區,彼如恃強不肯,我們亦自有他法可以籌付之,不致引起交涉,而能達到令其遷徙之目的。文廟寺觀教堂既然,其他祠廟及人家的宗祠等,自更不敢違抗,此項辦法,乃係因舊都市人多地少而然,新建設的都市,原不必如此,然舊都市人多地少者,將廟宇寺觀等遷出市外,似乎實不可少。公共機關,除警察局所、幼稚園、小學校、初級中學校,均無留居市區的必要,亦可設法遷出。

凡市區土地,曠廢不用者,都可重征其税,歷若干時期而仍不利用,則可加以征收。如此,市區的土地較多,乃可設法佈置,其佈置之法:

(一)市區中的住宅區,其所需要,如公共會堂、閱書報處、幼稚園、小學校、公共浴室、厠所、兒童公育室、公共厨房、公共食堂、公共作業室、井泉等,一切均與鄉間同,市區之地雖大,然所謂住宅區,亦宜再分作若干區,所以鄉間佈置之法,仍可適用,風景區及運動場,市區所有,必較鄉間爲大,然各區中之較小者,仍不可闕。最好有數丈隙地,就地佈置,或栽植花木,設置桌椅,以便行人休憩,居民遊玩;或加以平治,以便居民就近運動,如有多人苽止,權充天幕,即可以棲止,不慮逆旅之不能容,更不必借宿民家及公共機關了,向來寺觀、廟宇,是收容此等來客之處,今既遷出市外,自不得不有此預備,至於古跡所在,亦宜加以修飾、表彰。又市區中垃圾很多,宜特設焚燒之處,不可任其堆積。

(二)其爲鄉間所不備,而市區特宜增設者,爲(A)小菜場。大抵宜較現有者增多且擴大,既經增多擴大,則絕對不許在場外賣買。午前空閑,則可許販夫販婦,於此設攤。既有此辦法,則不許在街衢及人行道上,再設攤。(B)婚喪等行禮之處,鄉間人少,可即以公共會堂充之,市區則慮其不給,宜於別設,有此,則人家之廳事可省,可拆除之以廣庭院,或改建有用之室,此事可任私人爲之,政府但加以監督即可。禮堂建造既多,最好婚喪之禮,不許於他處舉行,如此,則可監督其依照政府所定的禮節,不許奢侈,因爲婚喪之禮之奢侈,最易使貧家勉力追逐、傾資負債的,歷代政府,都有禁令和勸告,每苦無從實行,實由衆户散處,無從監督,則若推行過於峻切,又慮執行者倚勢索詐之故。教一切舉行於一定之地,則循禮與否,無從避人耳目,而監督者亦不敢在衆目昭彰之地,肆行需索了。

(三)街道概宜放寬,最好房屋的高度,與街道之寬度相等,使街中可多得風日,庶免陰溼而滋生病菌。如其未能,亦宜拆至與今日業經放寬的街道相等,且建築須預留再拆的餘地。此事人或以爲難行,然(A)街道闊則交通便利,在市區則貿易可增,在住宅區則精神舒適,房地之價必增,亦與地主房主有益。(B)中國住宅,多爲分進式,每進各有庭院,拆讓之前,首進暑行改造,即可借街道爲庭院,不徒於採光、換氣有利,且房屋之面積,亦或反易拓寬。(C)又中國住宅,因其爲分進式之故,本嫌其縱太長而橫太窄。即住宅兩面,都被拓寬,對地形亦不致於遂不適用。(D)至於現在緣街的圍墻,則本係無用的長物，住室的墻壁不固，雖有圍墻豈足憑藉？本應拆毀，即以墻壁之外觀爲外觀。（E）且人誰無緩急，凡一住宅所臨之街道，必使病車及救火車可入，乃爲有備而無患，此事尤關緊要。此項拆讓之地，因向來房屋侵佔街基甚多，可以無庸給償，拆讓後之改造，一時私人財力不給，不妨由公家借貸，分期償還，好在有出售城基之款，可以供用，其房地面積本小，一拆即成無用者，則可由公家收買，爲前述遊息之地或作小菜圃，雇人種植。

（四）凡街道之旁，概宜種樹，並可種有利之樹，由市政府收其利。

（五）城河宜大加浚治，以利交通，駁雜不正的岸形，須概行改修。過小的支港，宜填没。

（六）住宅的改良，宜獎勵新建及改建。私人之力有限，可獎勵其合多人爲之，官爲監督，以免糾紛，有以宅出賣出租爲營業者，亦宜許之，惟其建築之法及賣價租價，均須受公家監督，可與以較優利潤，而不能聽其非法榨取，公家亦仍宜自營，但應先從事於私人所不肯者，如在工廠區及商業區，爲工人及店員造合理的住宅，是其尤要者，則爲平民住宅之新建及改建，從前德人在青島，曾設立苦力收容所，以供車夫的寄宿，其中浴室、盥洗室、自來水、電燈皆備，浴宿兩費，每月不過半元。又有公共食堂，寄宿者膳食自備，或在膳堂中進膳，悉聽其備，苦力甚爲順悦。我國下流社會，風習不良，其最惡劣者爲賭，次之則嫖妓、抽大烟等，此因由其未受教育，亦由其無正當娛樂之故。若能誘致其住於公共居所，加以監督感化，其風紀必可大爲改良，此事尤於童年的勞動者爲宜。

（七）改建之法：（A）首宜注意於洩水之溝渡，務使能通暢而不暴露於地面。（B）次則宜注意於換氣及採光。此宜廢分進式之每進各有庭院者，而將房屋改造於基地之中央，則四面可以採光、換氣。中國人於房屋喜向南而不喜向北、東、西三面者，其實東西面的房屋，比之南北向，所得日光爲多，中國人所以不喜之者，實緣長江之西，氣候即近亞熱帶，以南便不必論，受日較多，苦於炎熱之故，然居室之涼爽、乾燥，係於空氣之流通，而空氣流動之速，則必使其能成激流，所以四面都開門窗，實於衛生有合，受日雖多，而仍不苦其炎熱。其基地較狹，不能如此者，亦宜兩面皆開門窗，不可如今日之只有一面。庭院太小者，則宜拆去一進，改爲樓屋必較乾燥，且蚊蠅較少，亦可減少傳染病。

（八）建築宜力求樸素，弗尚華麗，華麗不足爲訓，且有損天然之美。此在今日，稍知藝術者，人人能言之，然一般社會，恐尚未足以語此，惟爲防無力者誤學以致耗廢起見，對於有財者，亦宜加以制止，此乃爲維護社會風紀起見，個人不能主任無實際的自由。中國建築，在世界建築史中，不能稱爲盡美。然其所以爲此，乃因專制不甚，迷信不深，所以在各國建築史中最發達的宮殿、廟宇比較的無足稱述，從社會的方面論之，卻有可以自夸之處。而歷代行事，尤堪稱述的，則於建築物之奢侈踰制者，往往不恤物質上的損失，加以拆毀，以示矩矱，如周之入鄴，唐之平洛陽都是。今縱不能收歷代之物，加以毀滅，豈可坐視今人之踰制，不加禁止。且歐人建築雖弘麗，多係公共之物，吾國人則多自侈其居，以羅馬與兩漢比較即可見。此實尤爲無習人之愛藝，如有所寄，惟能禁止私家住宅之奢侈，乃可希望公共建築之發達，此中消息，尤宜深察。然即公共建築，亦宜有一定制度，即雖風景道，亦爲是欲求省財而無損天然之美，吾制有一口訣，曰“損而弗益”，何謂損而弗益？如有一曠地於此，刪其蕪穢，平其崎嶇，損也；多造亭臺樓閣，則益矣。建築物固不能全無，然必減至最小限度，與其增飾一地，不如多闢數區，與其就一地增飾，使來遊此地者增加愉快，不如多闢數條道路，使來遊此地者加多。

（九）爲增加美化及化無用爲有用起見，私家園林之閉置者，可追令其開放，但仍許其收遊費及無害善良風俗之營業而已，其有久經荒廢，無力修葺者，亦可由公家代爲修葺，令其分期償還，私人不得拒絕。

（十）如此龐大之建築設施，似非公家財力所堪，苟云發行市債，則恐不易銷售，即使强迫消盡，而債票充塞市場，亦非美事。況市債尚須留充他項用途，不能盡費於建築一途，然私人之願投資於房地産者實不少，此宜有以誘導之，似可由公家設立公司，招募私人入股，予以較大的利潤，以減輕公家的負擔，好在公家仍有監督之權，不會聽其任意榨取。私人投資的，雖須受公家的監督，然亦能得公家的補助與保障，房地産究爲一種穩固的産業，投資者該不會很少的。在今日，亦何嘗無經營房地産的公司，不道私人設立者，只顧私益，不足語於改良市政，有時且要興風作浪，擾亂金融而已。

（十一）照以上所述的辦法，房屋已可增多，而且有些工廠居處，還可以强迫其遷出市內，如製造爆竹之工場便是，戲園飯館之設，亦不許其於限外增設，爲此房屋必可大增，而人民都可得設宜的居處了，房屋之改造既多，所謂大墻門者必日漸減少，多人麕聚一宅之風，亦可隨之而減。此等大墻門居住其中者，往往很爲腐敗，互相沾染，實於教育非宜，能斫而小之，亦係美事。

以上所説，都係就舊有的市區加以計劃，設若爲新建，自當別論。尤要者，一市區居民既達飽和點後，市區的面積，絕對不能擴充，而必須別營新市。

因爲市區實不宜過大，其理由：（一）戰爭時怕遭轟炸，（二）市區不過大，則人口不致過多，然後情誼相聯，而公共的事業，易於舉辦，輿論的制裁可以有力，不但市區不許擴大，並且不許過多的人口，限制市中居住，然後衛生和風紀，易於維持。市區不許擴大，則近郊之地，不能成爲投機的對象，市區中的居民，立有定限，則房地產之價，不能爲無限的增加，此實爲解決住的問題的要義。

還有在中國而要講整理土地，墳墓是決不能置諸不問的，向來私家的墳墓固不必說，今之所謂公墓者，若聽其自然，亦將不百年，即患其充斥，火葬非人情之所安，則莫如舉行深葬，地下雖眠有陳死人，仍無礙於地上之居住及耕作，亦無惡於土葬了。杜氏之葬，在季氏西階之下，見於《禮記·檀弓篇》，可見古人原是爲此的。但深葬非人力所能爲，其技藝問題，又宜由公家代爲解決罷了。葬埋必由公家，又可監督着私家的違禮，亦是一舉兩得之事。

原刊《青光半月刊》第一卷第四、五期，

一九四五年十二月一、十五日出版

# 鳳　鳴　朝　陽

　　語曰：防民之口，甚於防川。蓋民心鬱結，則易生軌外之行動也。人民不能自言，則望有人代爲之言。昔人以久無諫者，而忽聞之，譬諸鳳鳴朝陽，可見人民望治之切。專制之世，威柄操諸一人，民主之治，監督端資興論，故以曲直訴諸公衆，或以事實揭示公衆者，恒爲人民所歡迎，而於政治亦有裨益。

　　十一月二十九日，報載中央社訊：該社記者，專訪程監察使中行，詢以工作狀況，監察使於各方面接受事宜，頗致不滿。三十日該社又有續訊，則其辭頗有異同。如二十九日訊，謂有若干倉庫，原接受人員，藉口某種理由，不肯移交；又或倉庫内之某部分，不肯移交；又或啓封後又有藉口；亦有接受時，鄰近倉庫，忽來大批卡車，滿載貨物而去。三十日訊，則謂接受尚易，而難在清點，故如海軍所接受之二百座倉庫，業已移交竣事，而點收清楚者，不過四十餘處耳。二十九日訊，謂交出倉庫之機關，往往不附敵人原交清册，且有並倉庫之名而亦漏列者，最近被焚兩倉庫，即屬此類。三十日訊，則謂九龍路修理汽車店屋被焚，業經警局查明，並非故意縱火；北站華中鐵道管理委員會堆棧失火，原因雖在偵察中，然所焚者，亦不過蓬布、繩索、竹杠及未提行李若干件耳。據續訊觀之，程監察使所訪問，似未盡確。然昔時言事，亦許風聞。蓋罪狀最怕無人舉發，有人舉發而不確實，被舉發者原可自行聲辯，並不視爲定讞，此於被舉發者初無所損，而數有舉發之事，則欲爲姦弊者，必有所憚而不敢肆矣。此實於官箴及社會風紀，皆有裨益者也。

　　抑舉發之事，不徒無損於辦事之人也，而且有益。何者？道路傳言，莫知其所自始，亦莫知其所將屆，辯之無可辯，當局者或且不自知。有正式舉發之者，則轉可得一聲辯之機會矣。如九龍路所焚者，究係修理汽車店？抑係倉庫？此原身莅其地而可明，然非由中央社續訊，懷疑者卒未由從事調查，今有此，則欲明此事之真相者，皆可躬往一行，而其事大白於天下矣。此又能教人民以留心觀察事實，其爲益，又不盡在於辦事者不受冤抑而已。

接收之事，人言借借，然由社會指摘者多，官方揭發者少。今因程監察使告記者之辭之爽直，而公私交獲其益如此，誠可謂鳳鳴朝陽矣。

原刊一九四五年十二月二日《正言報》

# 改良郵寄手續

　　近日報載云："郵政管理局，鑒於郵遞快信或掛號函件，須待局員書寫收條，耗時頗久，尤以寄大宗郵件時為甚，決將寄遞手續簡化，聞不久即將試辦，如成績良好，決繼續施行"云。郵局所定辦法未知如何？餘意改良之法，可自官賣信封始。

　　官賣信封，至少可有掛號及快遞郵件兩種。給寄發者之收據，受信局之存根，遞到局之回執，可分印三張，將其一端，並黏於信封之上，令寄信者自行書寫，郵員但司加戳，分發，保存而已，則手續可以大簡，郵花即印於信封之上，如明信片然，既省印郵票之紙；又省去黏貼之煩；且民間信封及黏貼郵票之漿糊，不一定能清潔，每致傳播病菌，若公家所制信封，預備封口之處，及其黏收據、存根、回執等所用之漿糊，可經嚴格消毒，則無此危險矣。掛號、快遞信封，推行既遍，即可進及平信之信封，掛號、快遞、平信，隨其寄遞方法之不同，所用紙張，各異其色，如此，則郵局揀信，益形便利，大小酌分數等，先後一律，則保存信件，彌覺整齊。郵寄之手續既便利，經濟又可節省，固不僅為社會服務而已。郵政當局，以為然否？

原刊一九四五年十二月五日《正言報》

# 論新聞自由與説服異己

日本讀賣新聞社長正力松太郎，被麥帥列爲戰犯事，下令拘捕。據聯合社東京四日電：彼宣稱："日本苟有新聞自由，則戰争即不致發生。日本所以有今日，其咎正在軍人統制輿論。"又言："軍人指揮言論，十年前侵華戰争發動時，即已開始。太平洋戰争爆發後，軍部統制益嚴，其陸軍報導部長，嘗召集各報主編，直言報紙爲軍部工具。軍部又嘗擬合併若干報紙，以便利統制"云。彼所云"本人所爲，皆可告無罪於天下"者，雖係遁辭，而其所言軍部統制輿論之罪狀，則實確鑿無疑？

言論自由，爲民主主義之真諦。亦爲我政府目前實施之目標。所以然者？天下之事理無窮，而理必因事而後見，事則必合衆人之耳目，而後所見乃全。若發言者祇限於少數人，則明於此者必蔽於彼，非其才智之不若人，彼固無如其有所不見，何也？若日本軍閥之一意孤行，率舉國之人而從之，安得不入於危險。然使徒以權力强人從之，而在言論上不施麻醉之毒劑，則其爲禍猶可稍減，因衆人身雖從之，而心猶知其非，一旦獲有機會，矯正其誤尚易。若舉大多數人而麻醉之，使其偏見成爲輿論，勢力既大，少數心知其非者，雖欲矯正之而無從，則其勢，非相率而入於陷阱不止。日本之覆轍，豈不以此歟？

蘇聯當局有鑒於此，故最近莫洛托夫招待英美記者時，曾表示蘇聯之新聞檢查制度，已將趨於鬆弛。此項聲明，曾大受記者歡迎。可知過去實施統制新聞最嚴之蘇聯，亦已在開放言論矣。我國政府於抗戰時期中，爲集中意志，亦曾有新聞檢查制之訂定，但只須不違反國策，雖共黨之宣傳如《新華日報》等猶得在首都發行。最近抗戰勝利，後方之新聞檢查辦法，立予廢止。目前少數新收復之區域中雖仍有檢查新聞之辦法，但已逐漸寬放其限度，可知不久將來，我國可達到新聞完全自由之地步。

惟事有可注意者，即政府當局雖正向新聞自由之目標前進，而仍有一二報紙，誤用新聞自由之權利，揭載惡意攻擊之文字。所載新聞，多不顧事實之真相，散播謬誤之宣傳，所刊文字，亦多謾罵攻擊之辭，可謂竭盡造謡挑撥之能事，如此而言新聞自由，可謂南轅而北轍。

　　吾人主張，新聞自由須以説服異己爲範圍。説服者，宜闡明事實之真理，揭露事實之真相，決非斷章取義，向壁虛造所能達到，對於異己的言論，固不可加以過抑，禁之使不得申，對於異己黨之意見，亦不可爲逾分之宣傳，夸大鋪張，以自欺欺人。而應耐心相處以期得達説服異己之目的。至於反對之論，不慮其謬誤，特慮其懷挾惡意。若論雖謬誤，意實真誠，則一經剖明，總可相説以解。若果出於惡意，則歪曲之論，自將層出不窮，與之辯論，似永無終止之時，然少數人可惑，多數人必不可惑。事實之真相，可蒙蔽於一時，必不能蒙蔽於永久；是非曲直，終有大白之時。如管理貨幣之策，國父在民國初建時，即主張之。其時國人罕明其理，亦無確切爲之説明者，遂至舉國以爲嘩笑之資。十年以後，《建設》雜誌刊行，始稍稍闡明其理，而輿論亦即隨之而變，異黨嘩笑之論，亦即隨之而息矣。此可見説服之如何重要矣。

原刊一九四五年十二月六日《正言報》

# 漫 談 教 育

日月重光，普天同慶，然而在淪陷區裏，經過了八年暗無天日的生活，滋長了不少的毒菌，正有待我們慢慢地掃除。在平時，談教育似乎是件迂緩的事情，這種見解，泰半由於一班人對於教育兩字的解釋不正確；因為在一班人的眼光中，所謂教育，不過是讀書罷了，捨讀書而外，便無所謂教育。這種誤解的結果，不獨使人輕視教育的效能，同時也使教育不能入於正軌。

在陷區的城市中，敵偽的奴化教育機關，我現在不把它算在帳內。《春秋》責備賢者，我單就散佈在京滬一帶，各村各鎮許多不甘附逆的學校來説説。鄉間諸校，和滬上各校最大的不同處，便是膳食多由學校代辦，學生每人每學期繳納膳米若干斤，通常是漕稱一百八十斤。柴菜費折合米若干斤，其餘便不問信了。少數學校，雖也容許學生組織膳食委員會，可是多數是虛有其名的，否則便與校中主其事者通同作弊，有分贓的嫌疑，所以鄉間各校，不鬧風潮則已，鬧則必以膳食問題開場。學生鬧風潮，原算不得好事，單靠胡鬧，自然更不是解決事情的辦法。可是我却也不敢説學生自己的事情，絕不容許他們過問，是個公允的處置。平心而論，學校之代辦膳食，也有許多不如人意處。我記得三十一年初秋，我在南鄉某校教書，其時天氣正熱，蒼蠅多得不了，校中每到中飯過後，便把吃剩的飯，平舖在扁內，放在禮堂裏。白白的飯粒上，滿蓋了一層烏黑的蒼蠅，而校中執事諸公，熟視之若無睹；到了晚上，廚房因爲省柴，便不再燒飯了，祇拿溫水把飯一□[1]，這水是不曾燒沸的。就拿出來給學生吃，學生因爲天熱，易於入口，也就不管衛生不衛生與水之沸不沸了。有一次，幾個學生繳來的膳米，已經受濕發霉，因爲他們與庶務有私交，校中也就接受了。全校師生數百人，就吃了十天霉米飯。這還不奇，西鄉某校，校中本來有井的，因爲校役貪懶，不肯吊水，所以燒茶煮飯，都是用的廚房附近溝內的死水。這水可美麗極了，顏色是暗綠的，面上還浮著一層密密的水草，各種

---

[1] 原件字迹不清。

各樣的小蟲兒，在裏面漂浮著，如果用顯微鏡一照，也許是古生物學上的一篇好報告，可是決不是二十世紀文明人的好飲料罷。而且校中供給學生的飲料，數量上往往不很充足，天氣熱的時候，就有許多人喝冷水，其危險更不必説了。學校是教育機關，主其事的人，看了這些事情，而無動於衷者，其意豈不曰："我們在這艱苦的時候辦學，祗要學生肯讀書就好了，他非所問。"殊不知教育之最大目的，便是注重現實生活而改善之，忽視現實生活的重大問題，便大背於教育的原則了。近數年來，鄉間學校林立，在理論上講來，正是開發鄉村文化的好機會，然而事實上別説鄉間一般文化水準，沒有提高，就是受過中等教育的學生，其談吐見解，竟同沒有受過教育的人一樣。這種輕視現實生活的教育，便是陷區奴化教育的特色。鄉間諸校，雖不甘心奴化，無形中却也受其影響了。所以在陷區諸校中，有些科目，不能教授，有些教本，必被刪改，而讀經一課，却特別被重視。請問：如果一個人對於實際生活情形，一無所知，普通常識，全不瞭瞭，熟讀了《論語》、《孟子》，又有何益？説到此處，我又想到一件事了。近幾年來，陷區中偶像教盛行，有些是曾被政府禁止而在惡勢力下復活的。其禮拜的是老母（?）①濟公、孫行者等等，信其教的，除誦讀其教中莫名其妙的經典而外，還要讀《論語》、《孟子》。鄉間愚民，從之者如歸市。最初我見了，毫不在意，以爲是陷區中應有的事情，後乃知其大不然。原來在這些"愚民"中，竟有許多中學生在。我有時也問他們，何以會信偶像教。有些學生回答不來，有些則回答我："他們也教《論語》、《孟子》，同學校裏差不多。"我身爲教員，聽了不由慚愧，講教育而不顧及實際生活，祗知背死書，誦經典，其自身也就與偶像教不遠了。然後知爲陷區中偶像教驅信徒者，今日之惡教育也。

　　抑有進者，近幾年來陷區中學風之劣，幾乎是無人不知的。然而要説其曲全在學生，我班身爲教員，也頗不平。大家知道鄉間的賭風，是極盛的，學生在宿舍中打撲克、叉麻將，不算一件事，往往十二三歲的小學生，入學之初，就把學雜費賭光了。正經些的學校，知道了這些事情，竟開除兩個，遮遮場面；爛汚些的學校，就裝癡裝聾，索性不問了。教員們談到此等事情，往往疾首蹙額，而無辦法。殊不知鄉間賭風之盛，實因鄉間缺少正當娛樂所致。我最近來滬，問知滬上友人，知道上海學風雖不好，學生好賭的習慣却沒有，就是一個證據。我記得在南鄉教書時，有一天，操場上放著一輛獨輪小車，這東

---

　　①　原文如此。

西在鄉下，雖見慣司空，然仍有許多學生，圍著爭著推它，這樣，直玩到上課，才流著汗紅著臉走進教室。我當時見了，心中很多感慨。覺得鄉間學生之愛胡鬧愛賭，安知不是因其遊戲本能不能正常發展之故呢。

如今天日重光，陷區各地教育，都正式有人負責了，我願意負責復興陷區教育諸公，對下列兩個問題，特別注意，問題是：（一）怎樣使教育與實際生活，發生關係，而遠離偶像崇拜。（二）怎樣才能使每個青年，都得到正當和高尚的娛樂機會。

原署名：左海，原刊《月刊》第一卷第二期，
一九四五年十二月十日出版

# 論外蒙古問題

外蒙古獨立了。這其實是久已如此的事，但我們是到現在才準備承認他的，聞者總不免有蹙國百里之感。然凡事不考其實，徒羨慕一個屬地的虛名是無益的。蒙事的變化，自有其前因後果，我們現在對於這問題，稍加檢討，實在是必要的。外蒙和內蒙，中隔沙漠，而其和西伯利亞，中間雖有山嶽間隔，並不十分高峻，且有河流可通，所以其與內蒙交通，反不如西伯利亞交通之便。外蒙和西伯利亞，是自古以來，關係就很密切。不過西伯利亞地方，窮北苦寒，自古無大部落，所以不足引人注意罷了。蒙古最近的變動，其原因是起於內部的。中國對待屬國，最爲寬大，從不干涉其內政，與近代聯邦之意，頗爲符合。所以從古以來，沒有民族之爭。近代帝國主義興起，邊疆的情形，非復如前代的寬緩，中國對待藩屬的政策，自不能不隨之而有變化。民族貴乎自決，兩民族的語言風俗，既然未能同一，自不能以畫一之法治之。當帝國主義初侵入時，各邊疆民族，都有同讐敵愾之心，中國政府若能採取聯邦的辦法，對於外交軍事交通貿易諸大端，由中央握其樞機，其餘則聽其自謀，與以指導而不加以干涉，實在是最賢明的策畧。苦於中國的政治家，不知此義，不是放任不管，便是極端干涉，而其政治又不清明，自然要激起藩屬的反抗了。清朝病其前此的太無能力，亟思振起威權，所行都失之操切。外蒙地勢與內蒙不同。內蒙在漠南，即今熱察綏三者，原可以開墾，而歷代中國的邊民，早已從事開墾，不過當游牧民族猖獗時，抵不過其侵畧，郡縣往往淪陷，拓殖的成績，遂化爲烏有，如此的一興一廢，已不知反覆過若干次了。至於外蒙，地形既不如內蒙的平坦，氣候又復寒冷，從古以來，農業凋敝。當地的漢人，都是商人。這些商人，其心計之工，遠在蒙民之上。不但高抬物價，甚且用賒賣的方式，盤剝重利，蒙民受害頗深。至宣統年間，任三多爲庫倫辦事大臣。三多乃一滿洲名士，不懂政治。對付外蒙王公活佛等極爲嚴厲。新設的機關，多至二十餘處。又是苛捐雜稅，皆責令蒙民供應。後政府又派唐在禮去練兵,强迫蒙民入伍。同時又移漢人去外蒙屯墾,蒙民擔心牧地爲漢人侵佔,羣起反對。宣統三年蒙古親王杭達多爾濟借會盟爲名,密與四部王公籌議獨立,派人赴俄請求援助。當時俄國難以全力應付東方,外交部人員主張留着外蒙,作爲中俄間的緩衝地帶,勸外蒙和清朝商談解決。一面由俄國駐華公使向清朝提出要求,請清朝政府停止在蒙古的新政。一面俄兵由西伯利亞開向庫倫,正式代蒙人要求自治,清朝不得於其地設官駐兵殖民。正當交涉之際,辛亥革命已起,清朝無暇顧及邊陲。蒙人乘機聯合俄兵,驅逐中國官吏,宣言獨立,推庫倫活佛爲博克多汗,是爲蒙古叛變之始。

辛亥革命以後,帝俄雖仍在外蒙擴充勢力,後因歐戰爆發,俄人實亦無暇東顧。當時蒙人並得不到俄人的援助。民國六年,俄國革命,赤白二黨互爭,波動遂及蒙古。白黨謝米諾夫利用蒙古青年,取得外蒙之地,以與赤黨相抗。外蒙乃於八年吁請取消自治,我兵又會同蒙人收復唐努烏梁海,此時實爲蒙事的一大轉機,苦於政府之憒於外情如故,且當時駐外蒙的籌邊使徐樹錚雖畧有才氣,而思想陳舊,作事亦不深沉周密,並且盛氣凌人,引起蒙古王公活佛的反感,一切與三多無異。後因段祺瑞失去政權,邊防軍留駐外蒙者,遂成河上之師,外蒙形勢,又甚岌岌了。然蒙人無外援,其勢固不足以叛,而此時赤俄初起,外受帝國主義者之攻擊、封鎖,內則白黨叛變,急欲求與之同情之國,互相援助,且欲實行其世界革命的理想,所以於八九兩年,迭次宣言,願放棄帝俄時代用侵畧手段在中國取得之領土及權利,中國此時,若能開誠佈公,與之商畧,亦不失爲解決懸案的一個機會,而中國又爲帝國主義所牽涉,不能與之相應。民國十年,謝米諾夫受日軍之援助,攻陷庫倫,擁戴活佛稱獨立,蒙古青年反對之,並與赤俄相結,組蒙古國民黨,成立臨時政府,招練軍隊,後與遠東共和國軍隊協力,攻入庫倫,仍奉活佛爲君主,但宣言立憲,去其實權,唐努烏梁海亦於明年自立爲共和國,整個的外蒙,又和中國離開了。

懸崖轉石,不至於壑而不止,然亦決並一轉便至於壑的,其中自必有若干頓挫。蒙古國民黨中,多王公喇嘛,自不能與急進的赤俄相合。俄人乃結合其中的青年黨員,年齡限於三十五歲以下,中多平民及留學俄國的人,雖名屬國民黨,實與其他黨員,立於對待的地位。自國民黨政府成立後,蘇聯即向其提出要求,將土地分給平民,森林礦產作爲國有,專利事業,歸諸國營,行政首領,悉由民選。當時政府不願接受,然因親俄者鼓動於內,俄人又威脅於外,卒承認之。十三年活佛病死,外蒙乃實行蘇維埃制度。大忽力而台蒙語大會之意。開會,發表宣言,又公佈憲法,明定主權屬於勞動的人民,階級稱號,一概取消，人民一律平等，信仰自由，喇嘛教徒，不許干預政事，貿易歸諸公營，十二年以前的條約外債概作無效。編練革命軍，以資自衛，以六月六日爲革命紀念日，改庫倫爲烏蘭巴圖魯。蒙語，勇士之意。外蒙至此，遂完全成爲一個赤色的國家了。然蘇聯此時，仍只希望外蒙做一個緩衝之國而已，並不欲其在名義上完全脫離中國。所以在十三年的中俄協定中，承認外蒙古爲中國的一部，尊重其領土內的中國主權。蘇聯軍隊亦於十四年間撤退。

自帝俄以至蘇聯，其所扶植，皆以外蒙爲限，而仍不欲其完全脫離中國者：（一）由帝俄立國之本，究在歐洲，不能以全力應付東方，至蘇聯，則其對外的宗旨已變。（二）亦由於東方的情勢，頗爲複雜之故，在清宣統二年，日俄訂立密約，對於蒙韓問題，互相交換，說已見前。宣統三年，蒙古宣言獨立，後日本又與俄交涉，請其將蒙古的範圍，加以確定。交涉的結果，俄人許應於日人在內蒙古的舉動，不加干涉，而日人亦不干涉俄在外蒙古的舉動。又規定日人在內蒙古活動的範圍，以經綫一百十八度爲限，此即日人所謂東蒙和西蒙的所由來，而日俄二國，以南北劃分勢力範圍，又不僅在東北爲然了。至俄國革命以後，而其情勢又一變。日人此時，野心勃勃，一面聯合中、美等國，向西伯利亞進兵，一面又從庫倫進兵，攻擊俄國的貝加爾省，以截斷西伯利亞鐵路。民國七年中日陸軍軍事協定中，即有此條文，後來格於情勢，目的未能達到。然至二十三年，蘇聯將中東路出讓，二十四年，日本侵佔察北，而外蒙古的形勢，又很危急了，二十六年戰端開後，論者多望外蒙出兵，以攻擊日、偽的側面。然外蒙兵力，究屬有限，日、蘇既未開釁，問題自無如此簡單。日人是時，自亦未敢輕與蘇聯挑釁。於是蘇聯所扶植的蒙古，日本所卵翼的滿洲，遂成爲引滿相持之勢。直至近今，日人敗北，則其情勢乃又一變。

現在的外蒙，其形勢是急轉直下了。看了以上所叙述，可以畧知其所由來，便可知我們向來對於蒙古的認識，是錯誤的。錯誤須要改正，該怎樣改正呢？依鄙見下列之義，似不可以不知。

（一）當知國權的贏縮，依恃政治的力量是假的，惟有民族拓展的力量是真。試舉南洋羣島爲例，南洋羣島，自明中葉後，其政權即漸入西人之手。數百年來，華人所受的迫害，可謂極烈。然至今日，西人在其地的勢力動搖了，華人則依然根深柢固。即此，便知政權一時的進退，不足以爲欣戚。

（二）以民族拓殖的成績而論，通先後而觀之，則我族南進之力，似優於北進。中國的文明，本植根於黃河流域，其北進者，當戰國之世，即已拓展至今之熱、察、綏及遼寧。其後遂無甚進展，甚至并此諸地，而有時亦不能保。南進者則長江、珠江、閩江諸流域，次第凝合為一體。中南半島及南洋羣島，雖未能如此，然吾族在其地之勢力，仍極鞏固，已如前述。此其成績，相去可謂甚遠，蓋一由地利之殊，一亦由近代物質文明高度發達以前，耕稼及工商之國，皆不能抵禦游牧民族的侵畧，而蒙古地方，又適為東洋史上的侵畧地帶之故，此固無足為異。然因此，我國民對於所謂北者者，遂有傳統上的恐怖心，須知：（A）游牧民族，不能接受較高等的文化，而專以侵掠為事；（B）耕稼及工商之國，文化雖較發達，而仍不足以抵禦游牧民族的侵畧，只是從前的客觀條件使然。今者此等條件，業已不復存在。如昔日農業國的步兵，不能抵禦游牧民的騎兵，今者游牧民的騎兵，豈足抵禦工業國的機械化部隊？便是一個適例。所以傳統的無根據的無謂的恐怖心，實應取消。

（三）以今日的情勢論，國與國之間，實應把向來用兵力侵畧的路綫，變為經濟和文化交流的路綫，防禦的關塞，變為經濟和文化的中心點。這不但以反侵畧主義言之如此，即講究國防，亦當以此為本。擊敗納粹主義的，不是法國的馬其諾防綫，乃是美國偉大的生產力和發明力。

（四）准此義以言之，則我國今日，凡和外蒙接界之地，都不可以不注意。而尤其緊要的，則是東北，須知到外蒙去，向來視為困難，乃因所走的是內蒙北向之路，中須絕漠之故。若自黑龍江前去，則根本並不困難。蒙古部落，原是從額爾古訥河流域，遷移到鄂諾河流域的；庫倫的獨立，要影響到呼倫，自日本侵佔東北以來，呼倫之地，亦常成為庫倫的威脅；即其明證。然則我國今日，欲與外蒙互相提攜，東北實為最要之地，即自察、綏、寧夏北向，自新疆東北向之路，往者雖云困難，在今日的交通方法之下，其困難亦大可減除。這都是文化和經濟交流之路，不可不思所以改善而利用之。

（五）以交通論，固然東北和外蒙，關係最為密切。以民族言，則內蒙與外蒙，關係之密，自尤在滿洲諸族之上。所以今後內蒙的治理，得法與否，實和外蒙的邦交圓滑與否，大有關係。向來的治理內蒙，實不可謂之得法，此又當分兩方面言之：（A）為對於蒙人認識的錯誤，閉塞之世，人民皆惟統治者是從，文明之國猶然，何況游牧民的程度低下？然在今日，則非復如此了。試觀外蒙，其政權的爭奪，總是新者勝而舊者敗，可知當其爭奪之時，其舉動誠不免於慘酷。然新黨執政以後，振興教育；劃除階級；改良刑法；便利交通；言農業，已有集體農場；言畜牧，亦有大規模的公司；工廠、礦務等，亦皆次第興起；

喇嘛亦以信奉施捨者少,多罷道的家①,營求生業;則其施政,實不能謂之無成績。然則我國的治蒙,尚循前清之舊轍,本意撫循其王公、喇嘛,實在是錯誤的。當民國二十二年,内蒙要求自治,幾至變亂,其原動力,實不在德王等一二人,而在其手下一班留學内地及留俄、留日的青年,即其殷鑒。固然,如蘇聯之扶翼一方,以與其他一方鬥爭,非吾人之所願爲。然漸次扶翼其新者,使之獲得事權,以求於平和之中,收新陳代謝之效,要不可不採爲今後治蒙的方針的。(B)則爲漢、蒙二族的關係。欲求内蒙之進步,必不能不移殖漢人,此無可置疑之事。然放墾而無辦法,則侵佔蒙人的牧地,而影響及其生計;因此而改省、設縣,則舊日之王公,失其政權,而不免心懷怨恨;又因此而增收捐稅,則蒙民苦於負擔之加重,愈覺囂然不寧;此爲蒙人要求自治之所由來。逆之固足以激變,聽之則一切經營,都非放棄不可,蒙疆將永無進步之日,竊謂此中最大的關鍵,實在放墾之順利與否。放墾而漢人得所,蒙民無怨,則蒙地經濟,漸趨繁榮,蒙人亦自然漢化,一切問題,都不煩言而解了。欲求放墾之順利,則必先變蒙人之游牧爲"定牧"。此在遼朝,原係如此的,讀《遼史·部族志》可見,豈有以今日之農業技術,尚須費廣大之牧地之理。誠能放遼代之成法,蒙人之游牧者,皆由政府爲之指定牧地,其餘乃以之放墾,則放墾絕不礙及蒙人的生計,而蒙地仍可繁榮。治蒙之義,已經採驪得珠了。還有:商人的逸意剝削,也是最足以傷邊氓之心,而使之陷於窮困之域的。日本的治理臺灣,事事剝削,卻有一事,其意可師,即任何人均不能與生蕃自由交易,而必在警察監督之下。所以生蕃雖因他事抗日,絕没有因商人的剝削而激變的。但如日本的所爲,過於瑣碎,後來警察遂至弄權而賈怨於蕃人,即其流弊。竊謂貿易小者,可以聽民自由,而每年可舉行定期的大貿易幾次。或就其固有者,或則官爲創設,皆由官加以監督,並可由國家加惠,供給蒙人以切用而廉價的物品。如此,則交易順利,蒙民的生活程度,無形中可以增高。内蒙日益進步,則撫綏外蒙之道,亦即寓乎其中了。

(六)中國與外蒙,經濟上的關係,本來是很爲密切的。當其國民黨執政以前,其所需之米、麥、布匹、綢緞、磚茶、烟草、金屬器具,以及家用品、寺院用品,無不仰給中國。即其所需東西洋物品,亦多自中國轉輸。統計當時蒙古對外的貿易,中國實佔百分之七十,自其國民黨執政以後,對外貿易,集中於庫倫的中央合作社,蘇聯亦立遠東貿易分局於其地,兩國的關係,日以密切,

_____

① 原文如此。

中國之貿易遂日衰。然通工易事，範圍愈廣，則其利愈大，外蒙終必有所需求於吾人。吾人之與他國通商，本非如帝國主義者流，意存剝削，不過欲求兩利而已，在此情形之下，則中國與外蒙的貿易，可以開誠互商再圖建立。貿易興盛，兩民族的關係，自然密切，而文化也可交流了。

當民國十三年，蒙古國民黨宣佈黨綱時，其第三條曾説："凡主義相同之黨，不問其爲中國，抑爲蘇聯，皆願互相扶助。若中國各民族皆能自決，各省皆能自治，如此而成立聯邦，則外蒙並不反對加入。"是年，中國國民黨在廣州開第一次全國代表大會，外蒙尚派耶邦丹藏來參加，表示願加入中國爲聯邦之意。然則外蒙今雖獨立，將來與中國，未始不可復合。但以究極之理言之，兩民族如完全同化，自不會有分立之事，若其不然，則不徒不必强合爲一邦，並無必爲聯邦或邦聯之理。今日的必互相聯合，乃由在經濟上，在國防上，太小均不足以自立之故。此亦客觀情勢使然，並無一成不變之理，然則中國與外蒙的離合，蘇聯對外蒙的關係，在將來，或者都不成爲問題，亦未可知。至於目前，則中國和外蒙，從前既積有種種葛藤，倒不如聽其暫離爲是。因爲暫離，往往能把以前的葛藤，一掃而清，轉易重建一種新關係。

原刊《平論半月刊》第七至八期，一九四五年十二月十六日、一九四六年一月一日出版

# 五　都

在兩個多月前，曾有國都將遷北平的傳說，現在遷都南京，已成定局了，然據中央社十五日電，北平市商會整委會，仍有呈蔣主席請遷都北平之説。

一國的都城，最好是設在全國中形勢最重要，工作最緊張之地，因爲政府所在，人才較多，計畫可以週詳，應付易以敏捷；而且耳目較週，督責較便，官吏辦事的效率，易於增加，民心亦易於振奮。試觀近日，蔣主席一蒞北平，東北氣象，即煥然丕變可知。

吾國此次的國難，本起於東北，今者強寇投降，接收的工作，仍以東北爲最困難，而且今者，內蒙的形勢，已成弗露，西北的事變，尚未敉平，北邊一綫，爲我國形勢最重要，工作最緊張之地可知，遷都北平之説，自有相當的價值。

但北平究尚偏於一隅，我以爲行政的重心，永遠固定在一地，祇是昔時爲交通狀況、政治形勢所限，所以如此。固然，衆多的人員，繁重的文件，是不能時時遷徙的，然在整飭官方、興奮民心上，得負全國重望者，時時巡歷各地，其效果實不可思議，就政務論，各種政務的重心，不必皆在一地。如此，即可隨其事務的性質，將其重心，各置於其最適宜之地，而仍不慮督察之不及，運用之不週。

並建東西兩都及四京五京，前代亦非無其事，我以爲今者，不妨師其意而更擴充之，並建五都，而且以每一都城爲中心，更擴充其巡歷所至之地。

如是，則我以爲東北都宜設於北平，而其巡歷，則兼及於瀋陽、長春及張北。西北都宜設於皋蘭，其巡歷所及，則爲迪化及寧夏。西南都宜設於重慶，其巡歷所及，則爲大理及昆明。東南都宜設於泉州，其經歷所及，則爲廣州及臺灣。

每一區域中，必有其特別重要的政務，負全國重望者，巡行所及，可與其長官從容商討；政策既定，又可視察其成績，而加之以督責；全國重要的政務，自必煥然一新，而且猛虎在山，藜藿不採。中國雖以和平爲立國的職志，然國防是不可不講的，這正是維持世界和平所必要。中國今日的軍備，仍覺落後，無可諱言，自不容不急行整頓，而欲整頓軍備，則其重心，必不容不分置於各地，兵力重而距中央較遠之地，歷時稍久，往往尾大而不掉，或則暮氣不振，如唐世的安祿山，明末的李成梁，即其殷鑒。得負全國重望者，時時巡歷其間，則二者皆可無虞了，這尤其是十年之內一個切要之圖。

原刊一九四五年十二月十九日上海《正言報》專論

# 發現新世界者爲誰

　　朝鮮以右文故，近世嘗一爲日本所覆，言東洋史者，遂多輕視之，以爲非日本之倫。實則朝鮮之文化，在日本之上，其民族所建功績，亦非日本所及。數十百年之盛衰，固未足定民族之優劣，亦未足定其前途之禍福也。

　　朝鮮之發明刻板，雖在中國之後，其所用銅板，則在中國之先。又其諺文，在有意制訂之文字中，最稱完善。言文化史者，類能道之矣。朝鮮人又有一偉績焉，世人知之而未審。其事維何？曰：首先發見新世界者，朝鮮人也。

　　《梁書·東夷傳》云：文身國，在倭東北七千餘里。大漢國，在文身國東五千餘里。扶桑國，在大漢國東二萬餘里。核其道里方向，必在美洲無疑。扶桑之俗，婚禮大抵與中國同，親喪，七日不食，祖父母喪，五日不食，兄弟叔伯姑姊妹，三日不食。淺演之族，文化庸或相類，然其類似太甚者，則必出於傳播，而非由於獨立發明。《洪範》五行，傳自箕子，而扶桑衣色，隨年改易，甲乙年青，丙丁年赤，戊己年黃，庚辛年白，壬癸年黑。高宗諒陰，三年不言，而扶桑嗣王立，亦三年不親國事。殷代法俗，存於濊貊，詳見《後書》、《國志·東夷傳》。《國志》：句麗置官有對廬。作婚姻，女家作小屋於大屋後，名婿屋。婿暮至女家戶外，自名跪拜，乞得就女宿。如是者再三，女父母乃聽。使就小屋中宿，旁頓錢帛。至生子已長大，乃將婦歸家。而扶桑貴人第一曰大對廬，第二曰小對廬。其婚姻，婿往女家門外作屋，晨夕灑掃。經年而女不悅，即驅之。相悅乃成婚。法俗之相類有如是其甚者歟？謂非貊人之流播而東者得歟？顧猶有不謂然者。如馮承鈞所譯《中國史乘中未詳諸國考證》，謂《梁書》所載扶桑國之扶桑木即楮，其國多蒲桃乃玫瑰果。有牛，角甚長，以角載物至二十斛，乃馴鹿。國法有南北獄，乃蝦夷之法。此外居室之制，婚喪之禮，無不可見諸庫頁、堪察加及蝦夷。遂斷言文身爲千島群島中之得撫島，大漢爲堪察加，扶桑爲庫頁島。觀其所云，言之證實，似若可信。然於《梁書》所云道里方向，終覺相去太遠。彼乃奇想天開，以《梁書·東夷傳》中之大漢，即爲《唐書·斛薛》條下之大漢。此則衡以中國文義史例，詎可通邪？此說一非，全局皆誤。彼謂《梁書》所載文身、大漢、扶桑之法俗,可見諸今千島、堪察加、庫頁,固不能謂今千島、堪察加、庫頁之法俗,不容見於古之美洲也。扶桑必貉族之流播而東者無疑也。首先發見西半球者,當屬朝鮮人,必不虛矣。

原刊一九四五年十二月一日《正言報》學林副刊第九期

# 中國的生命綫與世界和平

　　勝利來臨,河山光復,舉國歡騰,而東北一隅,鬧得烏烟瘴氣,未免使人氣短。

　　事實上,東北和内蒙,在今日,已成爲中國的生命綫了。這不是中國人也像日本人般,要侵略他人,乃硬指某某地方爲自己的生命綫,而是事實上的需求如此。

　　日本人説他人口過剩是假的,中國如山東等省,則確有人滿的情形,必須有移殖之處,移殖之處,自以東北爲最宜,而内蒙次之,數十百年來的事實,業經足以證明瞭。"和平"與"康樂",是不可分的,必合全世界而共臻於康樂,乃能合全世界而共保其和平,此中國今日之生産,所以不宜落後,而必謀進於工業化。然欲圖工業化,則必須有消納其産品的農村,此在目前,自不能不想及東北,次則及於内蒙。而且欲謀工業化,必須有動力,而動力的蘊藏,又多在東北。這是中國人的生活,不能舍棄東北和内蒙的理由,而在事實上,能開發東北和内蒙者,亦莫如中國人,因爲歷史證明,除吉林省東南一部分,韓人亦可移住外,其餘的地方,在目前,幾無他民族需要移殖於此,亦無他民族適宜移殖於此之故。

　　故在今日(一)移民於東北,以發展其農工業;(二)制定合理的方案,使内蒙地方,農牧兼行,因使移住的程度較高的漢人,開化程度較低的蒙人;實爲當務之急。在此情勢之下,安可在這地方,掀起兵争?

　　我決不以惡意猜測中共。從西安事變以來,中共的所爲,雖未能盡納於軌物,然能始終堅持抗敵的立場,此即其光明俊偉之處,遠非歷史上其他擁兵自重者所及。中共既有此歷史,豈可輕於自棄? 我今者,請以十二分的好意,猜測中共,認爲他的阻撓國軍,並不是謀私利,争奪地盤,祇是政見不同,不忍放棄其所謂解放區者,欲暫維現狀,以俟憲政之實行而已。然國軍今日,所能到達者,本只鐵路緣綫及大城邑,並不能深入鄉村,其所謂解放區者,安得遽遭破壞? 況且蘇聯的辦法,並不能行諸中國,中共亦已自言之。彼雖標榜其所謂新民主主義，然亦承認其與三民主義，並無不同之處。蘇聯的革命，是以工人爲最前綫，而農民次之，中國的工業，尚還落帝俄之後，安有許多工人，可資利用，中共欲圖改革，所能領導者，不過農民而已。蘇聯的已事，既不能行之中國，新民主主義，又與三民主義無甚差池，然則中共和國民黨，正可在領導農民之中，覓得合作，而何可因此引起干戈？

復次，國家之有國防，不徒非以此爲掩護，意存攻擊他人，並非猜疑任何一個國家，要來攻擊我們，而以此爲對抗之計，然而凡物皆必有以自衛，猛虎在山之勢，是不可以不有的。然則我國今日，可否放棄東北和內蒙，而竟以明代的長城爲界限？蒙古是東洋史上的侵略地帶，這是人人所知道的。東北本是農業上的沃土，然吉黑二省，氣候較寒，地形又較崎嶇，遼寧距離中國文明的中心點較遠，力量較爲薄弱，對此二省，未能充分加以開發，遂至爲落後民族所據，在近世史上，亦成爲侵略地帶，成吉思汗的先世，本在黑龍江省的西北，金源和亡清，都起於吉林省的東南，是其明證。今欲使世界上每一個角落裏，生計和文化，都能够發達，使全世界共臻於康樂，因此確保其和平，對於此等地方，是否須加以開發，以改變其原來的性質？我們今日抗戰雖然勝利了，然追溯八年之中，那一事不可見得我們國防的落後，以致吃此大虧，要經過如此艱苦的抗戰？亡羊補牢，豈可更不早爲之計？外蒙雖然獨立了，然最近的中蘇條約，蘇聯確認東三省爲中國的一部分，對於新疆最近事變，亦申明無干涉中國內政之意，這正見得友邦政府的賢明，欲借中國國防的安全，以保證中國的强大，借中國的强大，以保證世界的平和，我們對此，豈可自行分裂？還記得抗戰時期，《大公報》有一句沉痛的話，説：我們只有這一個能够抗戰的時期，希望大家加以珍惜。今者抗戰雖然勝利了，我們仍只有這一個可以建國的時期，我仍希望大家加以珍惜。

原刊《知識》第八期，一九四五年十二月出版

# 致光華大學校務委員會書

倭寇入犯，井里邱墟，光華亦蒙其禍，橫舍千間，悉成煨燼，追維締造，寧不痛心，然事貴因禍而爲福，轉敗而爲功，誠善圖之，則兵燹之摧殘，轉有足啓我發揚光大之路者，不揣濤昧，謹就光華復興之策，貢其一得之愚，惟諸君子垂鑒焉。

伏讀本年國慶日蔣委員長廣播之辭，謂中國今日，工業化雖急，然戰后第一期建設，必農工并重。以中國是農國，同胞多農民，故必農村進步，農民生活提高，工業方能發達，一切建設，方能相機進行。旨哉言乎，誠能握建設之樞機矣。工業必有原料，原料必求諸農，工業必以制品，制品必求銷路，銷路必求諸大多數人，此中國工業之振興，所以與農業相待也。欲興農業，必變小農爲大農，欲蘇農困，必使耕者有其田，而二事有相因者。蕭伯納《蘇俄游記》謂入波蘭之境，尚見阡陌縱橫，而一入蘇聯，則原隰畇畇，更無封畛。此古今農業之大界也。惟所耕之面積大，然后可用機器，而其耕作之力強，亦惟所耕之面積大，則耕作不得不出於同，而私見可以漸化。此生利之法不同，所以能波及於社會組織也。欲舉私家所有之田，鏟除疆界，共同耕作，其道有二：一以權力強迫，如蘇俄所爲是，其收效誠捷，然所傷亦大，且俄民程度素底，習於專制，故所傷雖多，所求卒遂，其利足以相償。在中國，則有難言之者矣。設以操切之道行之，而不免於中廢，則因紛擾而致損傷，皆爲無謂，且慮更致他禍。此中山先生平均地權之策，所以必出於和平，雖共產黨在其所據之地，亦卒不敢如蘇俄之所爲也。一則用和緩之策，視其地之過大者而削之，其過於破碎，而公家之力能合并經營者則收買之，其行之誠無難矣。然中國土田廣大，收買既限於財力，經營亦絀於人才，則其收效必緩。夫合群力則事易舉，故欲謀改良農事，平均地權，必使人民能自爲謀，而與國力相輔，欲使人民能自爲謀而與國力相輔，則莫如耕種合社矣。而欲提倡耕種合作，又莫如設立新式農場以示之範。往者國民政府之立土地法也，留德某君嘗譯其文，以示

986

德之土地學家，德土地學家既平其得失，乃遂言曰：中國而欲以和平之法，興農業而均地權，則莫如於各縣皆立一國營農場矣。民之趨利，如水就下，歆之以利，使知慕效，此誠下令於流水之原。今年五月，國民黨第六次全體大會，議決土地政策綱領，欲於各鄉鎮徧立公營農場，其意蓋亦如是。然公家之力，能及此否，實不能無疑。於斯時也，言教育者，固不可無以自效也。

本校設立之初，故校董王省三先生慨捐地六十餘畝，以爲校基，前校長張咏霓先生續有購置，今有田百十餘畝矣。誠於舊墟，設立農學院，而劃校地三之二爲農場，可得七八十畝，此誠不爲大，然本校之立農場，非謂以此爲限，乃欲以是爲基，而勸誘農民，來相合作耳。來合作者愈多，則其地愈廣，作始雖簡，其方來，固莫能限其所至也。學校所立農場，足以勸誘農民使來合作者，舉其大端，蓋有五事：一曰蓄洩，二曰深耕，三曰選種，四曰施肥，五曰除害。五者利皆顯而易見。七八十畝之農場，所能施展者，雖云有限，然足示農民以模範，而起其歆羨之心，則無疑矣。抑本校之立農場，非徒曰立一農場於此，爾自來觀之云爾。所以勸誘之者，蓋可有多端，而其扼要而易舉者，則莫如合作之事，購買、消費、信用諸合作，無不可由本農場創始，而誘農民使來，又時招集之，示以蓄洩、深耕、選種、施肥、除害之法，其利既見，耕種合作，便可以成，耕種合作之既成，乃導之以積穀合作，運銷合作，如是而一地方之農業，煥然改觀矣。其效之見，蓋不越三年。民國二十年前後，有人在閩侯試行土地整理，入手時亦不過數十畝，不及三年，效即大著，農民之願合作者甚多，事見《東方雜志》，亂後圖書散佚，未能翻檢徵引，然大畧記憶，固不訛也。

農場既建，農民之合作可期，則本校校舍之再建，有可借箸前籌者。今日都會失之太大，太大，故居民太多，其情不親，而作奸犯科之人易於藏匿，村落則失之太小，太小，故居民太少，人與人不相習，知識無由啓發，才能無由磨煉。欲有興舉，人力財力，亦虞不足，斯都市而小之，別係一事，若謀改建農村，則必集小而爲大。《公羊解詁》及《漢書·食貨志》皆言古之居民，中里而爲校室。而《左氏》載鄭人游於鄉校，以議執政之善否，蓋農隙教學之所，亦即農民平時游息之地，此孟子所謂校者教也；又曰：庠者，養也。此行鄉飲酒禮之地也；又曰：序者，射也。此行鄉射禮之地也。孔子曰：君子無所爭，必也射乎？揖讓而升，下而飲，其爭也君子。又曰：吾觀於鄉，而知王道之易易也。蓋古之所謂學校者，皆行禮觀化之地。日與凡民爲伍，故其教化能深入於民間，此義漢人猶知之，故自武帝興學，至於東漢，踵事增華，論者猶皆以庠序未設爲憾也。然《記》言武王克殷，散軍而郊射，左射貍首，右射騶虞。又曰：祀三老五更於大學，天子袒而割牲，執醬而饋，執爵而酳。又曰：鄉黨有齒而老窮不遺，强不犯弱，衆不暴寡，此由大學來者也。則大學之教，亦未嘗與人民相遠也。今之言學問者，率曰爲學問而學問，無所蘄於致用，誠高矣。然人之性，實能治學者少，喜作事者多，故杜威言，能從事於學問者，大學生五百人中，一人而已，餘皆樂以事功自效者也。西儒某言，大學爲學術之府，此乃歐洲行事使然，以其中世，學問與高等教育皆操諸教會之手，相沿以至於今也。核其實，高等教育與研究學術，實爲兩事，宜於分官，觀此便知今之大學，不宜自外於事功也。經義治事分齋，其用意，在今日實猶可師法。吾國賦役之法，莫詳備於明初，其黃册魚鱗册之式，即明太祖命國子監生所定也。吾儕可讓古人專美於前哉？故吾謂既建農場，營立校舍，當使與鄉村合而爲一，本校之教職員學生，農場所雇工人及農民之來合作者，皆聚之一區，擇高爽之地，中之而立禮堂，亦即鄉人聚集議事之所也。居室若干，教職員居之，學生居之，農民亦居之，必使相雜。有育兒之室，有幼稚之園，有小學，有中學，則本校之附屬中學也。建公厨，有專司炊爨者，有公共食堂，教職員學生居民皆食於是。有浴室，有浣衣之所，有厠所，厠所必導以管，達於窖上，加掩蓋焉。則鄉間圊溷隨在皆是，臭穢不潔，青蠅羣集，散布病菌，因致疫癘之弊免矣。凡此者，皆本校與農民共之。有作工之室，學生之好手工者，亦可與農民聚而傳習焉。《解詁》及《漢志》曰：冬，民既入，婦女同巷相從夜織，必相從者，所以齊巧拙；齊巧拙者，乃巧者教導拙者，俾與巧者齊，此治手工者之急務。今之物雖尚機制，然自有不能機制者，此仍足以供民用。抑老弱婦女，皆可爲之，亦裨益農民生計之一道也。有俱樂部，學生與農民共游息焉，則賭博酗酒之弊可除。抑農民日習於禮文，而鄙野粗獷之習，亦可化矣。圖書館多備淺近之書，農民識字者，亦可借讀。打麥打稻之場，環繞居室之外，亦即運動之場，本校與凡居民共之。必繞居室之外者，使室之四周，地平實而無積潦，蚊蠅不生則傳染之疾可免也。然則學校深入乎民間，學生益知民物情僞，而人民亦於無意之中，皆受學校之薰陶矣。論者多謂農民頑固難化，此殊不然。民國二十三年，河北移民於包頭百餘户，主其事者，憫農家婦女，力皆敝於炊爨，立公厨焉。農民初不樂，稍久即安之。德人之在青島，嘗爲人力車夫立寄宿之所，有電燈，有浴室，亦有食堂，願食於堂否聽便，食焉則必守規則，不得茹葷，車夫樂食焉者甚多。人孰不欲利，示之以利，誰不樂從？惡在其爲頑固也！農學院之設，農場之立，所費若甚多，然實不多也。何者？農場之規模不大，若其滋大，則在農人來合作之後，經費初不待自籌，即初立時，亦可招股，農場之利甚顯，以上海之大，游資之多，學校之信譽，數十畝之農場，所需資本，必可咄嗟而集。農場資本，出於股款，則有捐助者，可悉用諸農學院教學矣。語曰：作始也簡，將畢也巨，得地數十畝以爲農場，小試其技，事實非難，農學院畢業學生，必有樂於此者。畢業之學生愈多，散布於海內之農場愈廣，耕種合作之推行亦愈盛，千里往往皆爲改良農事，平均地權之中心，而本校之同學會，亦即隨之往往棋置，豈不盛哉！抗戰必資焦土，否則借寇兵賫盜糧也。今者徒有是言而已。江南兵燹，皆敵所爲，我曷嘗能自焦其土？然焦土亦有難焉者，蓋藏末耜，生活所資，既不能負之而行，孰肯付之一炬？喻之不能，驅之不可，亦且不給也。併小村落爲大聚集，必臨公路之左，或當大川之濱，倉窖公營，舟車夙具，不幸而有戰事，當棄之地，即可舉人物而遷移，必不可遷者，既已聚集，亦易焚毀，物毀人亦無可留戀，必相率而偕行，然後所棄之地，真如石田，敵雖得之而不可居矣。

寫於一九四五年

# 如何培養和使用人才

實行實業計劃，最初十年內所需各級幹部人才，共計二四六四二零零人，這話很足使我青年自奮於功名之途，我青年值此千載難逢之時，不可不有一種修養，以便自效於民族及國家，我在第一篇中，業已說過了。但青年雖不可不自勉，而在國家一方面，亦須有一種計劃，方能養成和驅遣這一班人才。所以我在這裏，又要作一個芻蕘之獻。

在貢獻這芻蕘之見以前，我先要說兩句話：其（一）一切制度，總是前後相沿的。每當改制之時，參與其事者，多能精心擘畫，求其改善，其不合乎理想者，則係迫於事勢，不得不然。精心擘畫者，固未必能皆善，然亦不能一無是處，且何以求善而不能善，其中亦必有故，不可以不深求；至迫於事勢而不得不然，那更可以看出這件事情在進化中所走的路綫，及其所受他方面的影響了。這如何可以不留意？乃有（A）一種不知古今的人，總以為從前的制度，毫無價值，把他一筆抹殺。（B）其意在鼓吹的，則又一切都把一個主觀來解釋。如昔日攻擊君主專制政體時，則將一切制度，都指為君主一人欲保其權位的私心；在今日提倡階級鬥爭時，則又一切指為階級的偏見：這如何能得其真相？因其粗心浮氣，遂至冥行擿埴。所辦的事，不徒仍蹈前人的覆轍，甚至前人久知其弊，欲立法以矯之者，亦躬蹈之而不自知。這真所謂生於其心，害於其政了。其（二）一切事情，都不能免於積弊。積弊本應盡力驅除，然往往非人力所能勝，遂不得不與之調和。此等調和的制度，大都沒有革命的精神，而非今所宜出。所以任何一種制度，倒要回到較早的時代，乃能瞭解其原理，而其事亦較為可法。這是我在貢獻芻蕘之見以前，所要說的兩句話。

本此意見，以論今日養成及使用人才之方，則我又有兩句話要說：

其（一）人才宜隨事養成；既養成任用之後，仍宜獎勵其進修；且許其移轉於他途。一件事情，總有一件事情特殊的性質，除非養成人材的機關，就是為這一件事情而設，從他處學來的，總不能與之吻合。這是各國職業教育的興起，必須在實業發達之後的原因。蘇聯的五年計劃，動員專門人才很多，亦是先有了計劃，而後加以訓練的。中國提倡職業教育多年，然教育自教育，事業自事業，遂有學成而不適於用，或則不能得職之病了。實行實業計劃最初十年所需人才，係指鐵路、公路、空運、水利、機車、自動車、電力、礦冶、港埠、電信、商船、食品工業、衣服工業、居室、衛生、機械、印刷十七種事業而言。政府所定的計劃，是有其計即有其事，且可隨其所辦之事，養成人才的，既不慮學非所用，亦不慮無所得職。然因一事的應用而養成的人才，往往偏於技術的，而於學理方面，嫌其知識的不足。又其人祗知技術，則無遠大的志趣，而日事機械的工作，其人格遂漸致墮落，所以仍宜獎勵其進修。欲獎勵其進修，則必時加拔擢，須知舉士、舉官，截然分爲兩途，而一經服官，被舉之事遂少，祗是後世之法，在古代本不如此，這是觀於漢世之事而可知的。在漢世，除特詔徵求，指明係巖穴之士者，不得舉已仕之人外，其餘的舉者，實係已仕之人居多。如孝、廉本分兩途，廉即偏重吏職。和帝永元五年詔，且謂先帝明敕所在，試之以職。凡被舉的人，都補三署郎，光祿再於其中舉茂材四行，亦多是業經服務的人。人的志趣，往往時有轉移。見異思遷，固然不可，然才高之人，往往所知者博，正不宜拘於一途，限其所至。又其得職之初，或因迫於生計，或則限於機遇，勉就一職，實非所樂，强使其於不樂之途，勉强從事於機械之工作，所成就者必小，亦不免毀壞人才。所以拔取之途，斷不宜以本門爲限。至於就本門之中，能更求深造者，宜於提高其地位，那更不待言了。今宜定多種考試，凡官吏必有休假之時，在休假之時，不分門類，一律皆許應試。所試在本門中高第者，即在其本途之中，取得一種新資格。在他門中高第者，其人如願改就，亦即許之。如此，則已就職者必能自奮於學。人人能自奮於學，於其所任之職，必多裨益，無待於言。且能從事於學，則志氣自然遠大，趣味自然高尚。如今之公務員，願者意興索然，日流於虛應故事，且於法意毫無所知；狂者則荒淫怠惰，至於曠官溺職之弊，自然可免了。從政所資，端在技術。然實以能通知原理爲貴，有遠大之志趣爲良，此各國拔取官吏者，所以必先問其學歷，且獎勵其於休假之日，更從事於進修。我國古代亦係如此，如董仲舒對策，深病“長吏多出於郎中、中郎、吏二千石子弟，選郎吏又以富資。”以富資選郎吏，不過事實如此，在法律上必有別種資格。其資格如何？今日固難深考，然通觀漢世制度，即可知其必偏重經驗。此等人實不能謂其無技術，然論者多致不滿，而公孫弘請就“以文學禮義爲官者”，優其出路，則史家稱美其“自此以來，公、卿、大夫、士、吏，彬彬多文學之士”，這就是看重學問，過於經驗，這原是不錯的。但到後來，不當矯枉過正，偏重學問，忽略技術，致使爲官者於政事一無所知罷了。凡矯枉過正，總是有流弊的。近來議論，似又太偏重技術，所以鄙意欲預防其弊如此。

其（二）凡用人者，必宜使其生計贍足，俯仰無憂。這是最普通的議論，人人所知，無俟解說的。然居今日，欲使官吏生計贍足，俯仰無憂，實倍難於往昔。前代貨幣之用未弘，官祿多給實物，其實值不易變動；即有一部分分支給貨幣，除圜法大壞之際，其價格，亦是不易劇變的。近世幣值的低落，遠較前代爲亟。此在平時亦然，經過戰亂，更不必說了。以貨幣支給報酬，其增加之率，總不能與物價之增長相應，而官吏的生活就陷於困難了。革命之際，凡事皆宜改弦更張。在今日，一切支給，頗多按實物論值的，則在政府，正不妨順應事勢，對於官吏，毅然按價格指數給俸。此事論者必以爲難，然亦不過狃於成見而已。晚近不論官私，每逢物價增長之際，多有各種津貼，如米貼、房貼之類，戰前即已有之，此豈非按實物增俸？不過支支節節而爲之，受者的生活，仍不能安定而已。理財之道不怕支出之多，祇怕局勢不能安定。支出增多，經過一番調整，即另係一種打算，不足爲患。惟局面不能安定，即事業不能進行，其損失甚大。然則薪俸問題，與其支支節節而爲之，而仍不免於爭端，何不痛痛快快解決一次，可獲一時期之安定呢？凡任公務員者，多係家無恒產之流。此等人的收入，未必逾於下流社會，而因身分關係之故，相當的生活，不能不勉力維持；又其知識程度較高，則其欲望較大，如衛生、醫療及子弟的教育等皆是，此其所以恒感不足，在國家決不可無以保障之。保障之法：最緊要的，便是按生活指數給俸。人生須用，不過衣食住行。行的問題，非個人所能解決，除大都市中，所居距辦事處遙遠，或須酌給車資外，其餘可置勿論。衣宜合布、帛、裘、綿四種，至少須綿與布兩種。食宜取米、鹽、油、糖、茶、肉類、蔬菜、燃料八種。房產，自有住宅者不給，賃屋居住者，則按普通價格計算。凡此，皆按一家八口之所需，視其指數而給之。而於同時，即可獎勵其舉辦合作社，凡合作社的物價，必係按躉批或直接買自生產者之數論值，其價必較零售商店爲廉。指數薪給，以合作社的物價爲準，受者自感加入合作社的必要，推行合作社，又可得一種助力了。一個人的支出，並不是終年一律的，所以舊式店肆，以及新的實業機關，多不以十二個月論薪，而且多於年節等需用之時增給。國家的待遇公務員，於此點亦似可做傚。而其尤要的，則公務員除年功加俸之外，勤於其職的，又必別給獎勵。獎勵之所給，最好視其高等興趣之所在，給以實物。如好研究某種學問，即給以研究所需的書籍、儀器等是。人生用度，實可分爲（A）必要、（B）自由、（C）有益三類。人每易將有益之部分，移用於自由部分，甚者並必要之部分而亦移用之。公務員加入合作社者多，薪給的一部分，或可反古復始，給以實物；獎勵之款，又得此辦法以限制之；則此弊可免，而公務員的上進，更容易了。

寫於一九四五年

# 淪陷區裏的民眾生活

## 一

（上缺）存貨換了錢，就買不到貨。或雖買到了，而數量大減。從日落的幣價上看，似乎時大賺了錢，其實貨物是逐漸減少的。除切於民生日用之品，消費者不能不忍痛而買，或者頗賺些錢外，其餘則都是陰銷暗耗的。發財的或者倒時業外的囤積，因爲他沒有開支，然其大多數，亦不過苟圖衣食而已，真説他們發了財，亦只是隨聲附和之談。工商業如此，士是不能直接生利的，更不必説了。然這八年中，淪陷區的人民，果何以爲活呢？那無疑的是取之於農人了。然則農人又何以爲活呢？

自淪陷區淪陷以來，對於農民直接的榨取：第（一）便是敵人的所謂軍稻、軍麥。（二）次則僞組織的所謂田賦。（三）一班依恃敵僞勢力的征收人員，如狼似虎。即如今歲，吾邑（注一）東南鄉，有所謂"倒米屯"的，逐戶搜括，顆粒不留。有一家人家，被搜括之後，只剩當天淅而未炊之米，明天的食米，就沒有着落了。還有一家，只有一個老嫗，家中存米，只有數斗，亦被收括而去，連當天的飯食都沒有。這還是專就食糧言之，其實，其所搜括決不限此，衣服、器具，是無所不要的。（四）敵僞軍長期駐鄉間的，固然要供給，暫時下鄉亦得招待，柴米菜蔬魚肉，無一不取之於民。（五）掛名的遊擊軍、新四軍，亦要按畝派捐。（六）鄉鎮保甲長等，則犧牲玉帛，待於二境。不肖者乘機侵漁剝削，固不待論。即其賢者，供應招待，以及辦公之費，自亦不能不出於民。（七）再加以土匪的勒索和搶掠。這幾年來，農人真是處於水深火熱之中了。這是説直接榨取者，若論其間接，則凡商業上的投機者，文化中的支持者，以及恃產業坐食，無所事事，或流離失所，無以爲活的人，他們既生不出利來，亦無非間接靠農民養活，農民果有能力，於苟延殘喘之外，還能直接間接，養活這許多人呢？

# 二

依我淺薄的觀察，農民所以能支持這苦難的，其理由有下列數端：
（一）農產品的漲價，超過了別的物品。譬如米，在吾鄉，大戰的前夕，是每石
七元，今年夏天，則在八十萬元以外，漲起了十一萬餘倍。他種物價，雖無一
不漲，然其所漲，却不及此數。固然，也有超過此數的。如糖，戰前每斤兩角，
今夏則三萬五千元，漲起了十七萬倍，然農民却早已不吃了。（注二）北鄉某
村，久不能家家都有火柴，即使有之，亦視同珍寶，不忍輕擦，一家擦了一枝火
柴而晨炊，則他家群往乞火。此種現象，至少已歷兩年了。（二）又吾鄉有所
謂“活田”的，名爲賣，實則繳還原買價，即可贖回。在三十、三十一兩年，敵僞
的勢力，還未能深入農村，剝削的程度較淺，通貨的惡性膨脹，却業已達到相
當程度了。就債權債務的關係而言之，殊於債務者有利。鄉人出賣活田者，
十之八九，都於此時贖回，佃農變爲自耕農。（三）其無田的，則因淪陷時敵軍
的殘殺，及其後土匪僞軍等的騷擾，死亡和轉徙者多，其無賴者又多去而爲匪
僞軍，壯丁減少，工價高昂，爲人傭工者乃亦得免强自活。（四）城市的工業破
壞了，鄉村的工業，乃有因此而復興的。如南鄉近城一帶的農婦，初因買不起
布穿而自行紡織，東南鄉一帶，則因繭價被壓迫低落，而自行織綢，都頗有行
銷於外的。城市中的榨油廠被破壞了，產量減少，則鄉間的榨油者因之而復
興。大規模的釀造業停頓了，酒商乃委托農戶，零星代釀。諸如此類，都替農
村恢復了些副業。合着洋貨的少買，就把農村對都市的入超，變成了出超。
農村對都市的交換，本來是不等價的，交換變入超爲出超，實是於農村有利
的，這都是（下缺）

寫於一九四五年

# 抗戰何以能勝建國如何可成

抗戰必勝，建國必成，這是八年來我們所以自矢的，現在抗戰業經勝利了，建國則還在初期的階段。

我們的抗戰，何以能夠勝利呢？論起兵力來，我們是和敵人相去懸絕的，不論兵員的訓練，兵器的配備，以及其他和作戰有關的條件，都是如此。然而我們竟勝利了，我們何以能夠勝利呢？

這無疑的，是由於政治上向心力的養成，一件事情，全國的人，都認爲要做，該做，非如此做不可，是沒有不成功的。反之，離心離德，甲要向東，乙要向西，丙要活動，丁要靜止，則必狐埋狐撐，互相抵消，而終至於無成。國民能否萬衆一心，向一個目的前進，表現得最親切的，就是政治上的離心力和向心力。這因爲一個社會的需要，雖然政治不足以盡之。然政治所領導的，總是一時期內最重要、最緊急的事。

日本的向外侵略，蓋自一八七九年吞併琉球以來。自此以後，他的對外，就著著佔了先機，直至最近，承認波茨坦宣言，無條件投降，然後大坍其臺。當其向外侵略之時，最受其害的，自然是中國。中國爲什麼會中衰，日本爲什麼一時會強盛呢？此即由於政治上離心力和向心力的不同，日本自九世紀以後，武人專權，演成封建政體，久已入於四分五裂的狀態了，物極必反，至明治維新，而驟然顯出統一的景象，此其所以能驟強，然一國的向上，是祇應以自衛爲目標的，若以侵略爲目標，就要走上賈禍的路了。而日本因其文化的偏勝，卻走上了這條路。對外侵略，祇是少數人的偏見，無倫何國，處何時代，實際上都是無此必要的，"民至愚而不可欺"，大多數人實際上所不需要的事，自不能得公衆的贊成，政治上的離心力，就要於此出現了。試看日本，自一八九四年中日之戰以後，尤其是一九零四年日俄之戰以後，對外的侵略，無一不以軍人爲主動，其他各黨各派，初不必皆以如此爲有益，不過苦於軍人驕橫，無法可制，乃不得不將計就計，順其意旨，爲之擘畫。甚者，軍人的計畫，定得太魯莽了，即政府亦不敢曲從。軍人乃利用其地位及聲威，造成既成事實，逼著政府爲隱忍偸安，顧全面子計，不得不順從他的意旨，跟著他的路綫走，即可知日本，看似綱紀嚴肅，實則早已太阿倒持。至於中國，則自十八世紀後半以來，清政府即已成爲外强中幹之勢，至十九世紀中葉，太平天國起事，清政府已勢在必倒，徒以理學的餘波，養成了一班忠君的湘淮軍將，又替它苟延了數十年的殘喘。然而不可支持之物，總是不可支持的。自此以後，清朝政府遂名存實亡，外重之勢日增，推波助瀾，終至演成民國以來軍人的割據，禍福倚伏，政治上離心力的表現，至此而達於極點，而向心力亦即潛滋暗長於其間。試觀最近二十年，軍人不愛國的，一個個倒坍敗落。政見最不同的，莫如國民黨和共產黨，而自西安事變以來，竟能表現且維持最偉大的合作，借禦侮以統一國內。熟於歷史的人，總疑其將徒託空言，而其結果，竟能成爲事實。即向不過問政治的人民，亦無不認抗敵爲要做，該做，非如此做不可。敵人所佔據的地方，雖然廣大，其勢力雖然强盛，而且沒有一個人覺得他可以佔據中國，都覺得短期間內，就可以把它攆走。由於人類心理微妙的互相影響，即日人亦皆自覺其不能久居中國，而在短期間內，必將爲中國所驅逐，此皆可見中國政治上向心力的旺盛。

中國爲什麼會由離心力而轉成向心力，日本爲什麼會由向心力而轉成離心力，那是由於日本的侵略，實在是不必要的，中國的抗敵，却非如此不可，此即所謂“抗軍相加，哀者勝矣”。剛才已經說過了，然而還不止此。古人說：“民分而觀之則愚，合而觀之則智。”這句話，是含有民主主義的真理的。一個社會，同時必有多方面的需要，這多方面的需要，惟有多方面的人，各各站在自己的崗位上，乃能見得。少數才智之士，無論如何才智，總不會對於各方面的情形，洞悉無遺的，所以由少數人專制，迫脅大衆，向一條路上走，總不免顧此失彼，其結果，就會造成絕大的危險。反之，各方面的意見，都能反映到中樞，則中樞所決定領導著大家所走的路，是斟酌各方面的情形，然後出此的，自無顧此失彼之弊，各方面的意見，自然有不被採取的，然亦係反映到中樞之後而被折服，和被抹煞的不同，其心自無怨恨。中國的抗戰，經過八年，抗戰的預備，即先統一國內，以謀共同禦侮，其閱時實不止八年。即以美國論，自日本發動侵華後，在其傳統的國策和現今立國的形勢上，早該對日加以嚴懲了。然亦必遲遲至於日本發動其所謂大東亞戰爭之後。日本的舉動何其速，中美的舉動何其遲，此乃由於中美先齊一了國內的意見，然後發動其力以對外，日本則由少數人專斷，牽率大衆以對外之故。中美的勝利，實係民主主義的勝利。

抗戰所以勝利的原因明白了。欲求建國之成功。其道亦不外此。

中國人是向來不抱什麼偏狹觀念的。總希望和世界各國，共進於大國之路的。不惟自己當循著民主主義的路而邁進，並希望德國、日本等，向來走著錯誤之路的，改正其錯誤而共同前進。

原刊一九四五年《正言報》

# 治水的三階段

禹,本來是中國的一個聖王,在距今二十餘年前,忽然有人説他實是古代的一個動物,這話太離奇了,遂引起一班人的驚疑反對。

以禹爲古代的一個動物,並無其人,這話,我亦未敢贊同。然這一派人,又説《禹貢》乃戰國時書,禹的治水,全不是這一回事,則其言確有至理。不論從哪一方面講,在禹的時代,而有這大規模的治水,原是訴諸常識而即知其不可信的。

然則禹的治水,究竟是怎樣的一回事呢?這在七百餘年前,好學深思的朱子,就已開啓這一條疑古的路了。他説:禹的治水,祇有《書經·皋陶謨》即今本《益稷》中,"予決九川,距四海,濬畎澮距川"幾句話最可信。川是自然的河流,畎澮則人力所開的水道,海乃涇晦之義,距離較遠,而其地的情形,爲我們所不知之處,則謂之海,所以夷、蠻、戎、狄,謂之四海。九是多數的意思。"決九川,距四海,濬畎澮距川",祇是把人力所成的溝渠引到大河裏,又把大河通到境外罷了。戰國時有個白圭,自己夸稱,説:我的治水,比禹都好了。孟子卻駁他説:禹的治水,是以四海爲壑,你卻以鄰爲壑。壑是無水的科籠。照剛才所説:禹的治水,也是以鄰爲壑的。不過其時,其所鄰之處或無人居,則可稱爲鄰地,而不可稱爲鄰國罷了。然則白圭的治水,實在比禹難一些。

不論做那一件事,其手段,總是隨時代而進步的,治水當然不是例外。

治水最早的法子,該是堤防,這原是最易見到的,然久之就覺得其不妥,不順着自然力的方向去利用他,而要與之相爭,這總是不行的,於是治水的方法,就是從堤防進步到疏浚,古書上説鯀治水的失敗,禹治水的成功,就是代表這一個觀念的,未必是當時的事實。

這種觀念,發達到極點,就成爲賈讓不與河爭地之策了,他主張河所能泛濫的區域,我們都空出來,讓給他,這自不會與自然力強爭,致遭敗北之慘了。然而黃河的泛濫,乃因其從上流挾泥沙而下,致將河身淤墊,河身填滿了,他就要改道。所以他所走的路,是並無一定的,若把河道所能到之處,一概空出來,這倒中國東部的平原,一概要送給他了。若見他要來,然後遷讓,則遷徙未免太勞,損失亦恐過巨。然則水還是要治的,與自然強爭固不對,一味見他退讓亦不對。

要治水,堤防自然不行的,自然還得講疏浚,然而疏浚的工程太大,人力實不能勝,奈何? 於是有潘季馴束水攻沙之法。束水攻沙者,河行到平地,流勢寬緩,將未顯出堆積作用來時,我們則窄其道而束之,使其再顯出冲刷作用和搬運作用,於是從上流挾帶而來的泥沙都被搬走,不至堆積下來了,不和自然力爭鬥,亦不見他退縮,而即利用他的力量,來達到我們的目的,這確是治水最高的方法了。

治水的三階段,恰代表了人類對付自然的三種態度。

原刊一九四五上海《正言報》學林副刊第二期

# 勝利年大事記

　　抗戰必勝，建國必成。這是我們八年以來的信念，我們固然是一面抗戰，一面建國；而且非一面從事於建國的工作，則不能抗戰；然而我們建國的所以艱難，畢竟是由於帝國主義的壓迫，我們非把帝國主義打退，建國將陷於不可能，所以抗戰畢竟爲建國的先決問題。現在抗戰勝利了，建國也就順利了，偉大哉勝利之年！我們安可不將其大事，加以一番檢討。

　　我們的勝利，不是到今年才決定的，在前年十一月，蔣委員長，和羅斯福、史大林、丘吉爾，在開羅會議時，就早經決定了。當這時候，我們已決意使日本無條件投降，使他把東北和臺灣還我；使他讓朝鮮獨立；使他退出太平洋代管諸島嶼。我們在這時，早已穩操勝算了，可是要達到這目的，還不容易，這是因爲我國的軍備，素稱落後，而在現代的戰爭中，軍備落後，又幾於無從作戰之故，所以日寇從入犯以來，始終以封鎖我的對外通路爲務。而我亦和他針鋒相對，必要打通一條通海的路。去年，他肆其最後的猖狂，西北陷洛陽，東南陷浙東，後來又西南犯湘、桂，前鋒且達於黔中，而我決意不爲所動，還是努力進攻緬北，到今年一月十五日，到底把萊多公路打通了，接濟的物資，源源而至，我軍的軍容遂大壯。而此時盟邦的攻勢，亦與我相配合，英軍於三月中攻下仰光，美海軍於二月中攻下菲律賓，六月中攻下流球，在日本本土和我國大陸之間，道路適均，遂成爲左顧右盼之勢了。當這時候，日寇又肆其最後的掙扎，於四月中，自寶慶猛撲芷江，與我新式配備的軍隊相遇，大敗。七月，我軍收復桂林、全縣，反攻的態勢完成了。

　　當這時候，歐洲的戰局，早經解決。柏林於四月二十二日，被蘇軍攻克，希特勒自殺，墨素里尼出走，爲意大利民族解放委員會所獲，伏誅。五月七日，德國無條件降伏。盟軍遂益得專心於日寇，當這時候，美總統羅斯福，不幸於四月十二日逝世，杜魯門代理，於七月十六日，與史大林、邱吉爾會議於柏林西南的波茨坦。二十六日，中、英、美三國，自此會議中發出宣言：要求日本無條件投降。其疆域限於本州、四國、九州、北海道及其附近諸小島，鏟除其妄欲征服世界，及阻遏人民趨向民主的惡勢力，懲治戰犯，摧毀其重行武裝的工業，盟邦爲達此目的計，當派兵佔領日本，至其人民能以自由意志成立其政府爲止，日人用廣播拒絕。先是日蘇間本有中立條約，於明年四月期滿，彼此如不欲延長，須於期滿前一年申明，四月五日，蘇聯知照日本，此約不再繼續。日人本已懷懷自危，然仍欲其向英、美緩頰，成就和議，事亦無成。及時，蘇聯謂日既拒絕中、英、美宣言，則其請求調停，已無意義。而盟邦勸誘蘇聯加入作戰，蘇聯却認爲可以縮短戰禍，遂於八月九日，布告與日人於戰爭狀態。先一日，美人投原子彈於廣島，廣島幾於全滅。是日，又投諸長崎，日本乃於十日表示屈服，但求保存一天皇，美國代表中、英、蘇三國復牒，聲明日本天皇及日本政府之統治權，當置於盟軍最高統帥之下，日本政府最後形式，當依日本民意決定，日本也接受了，其時爲八月十五日。於是美國以麥克沃塞爲盟軍最高統帥，代表中、英、蘇、澳洲、加拿大、法蘭西、荷蘭、紐西蘭，於九月二日，在東京灣美艦上受日使重光葵之降。其中國戰區，則東三省除外，而包括臺灣及越南北緯十六度以北之地，由最高統帥蔣中正，委中國陸軍總司令何應欽爲代表，並代表英、美、蘇三國，於九月九日在南京受日將岡村寧次之降。東北一區，蘇聯於八月九日發兵，攻入僞滿及朝鮮的北部，庫頁島的南部。二十日，日軍在東北的都降於蘇，僞滿國主溥儀，欲走日本，二十二日，在瀋陽機場爲蘇軍所俘。朝鮮南部，則爲美軍所克，日軍以九月八日降。菲島殘部，以九月二日；流球殘部及澳屬各島，同以九月七日，東南亞的日軍，以九月十二日；香港以九月十六日，先後皆降。日人昔時宣言必戰至中國屈膝而後已者，至是乃自行屈膝。

　　中國諸淪陷之地，何總司令劃分爲十六戰區，分配主官，調動部隊，以次接收，都尚順利。惟臺灣以隔海，部隊到達較遲，十月二十五日，行政長官陳儀，始受其臺灣總督安藤利吉之降，而東北以中共的阻隔，接收頗形遲滯。於此，先得叙述中蘇最近的條約，次則叙述中共年來與政府的談判，乃能明其顛末。

　　中國自對日抗戰以來，與蘇聯的國交，迄甚輯睦，本年波茨坦會議之前，行政院長宋子文，即與史大林在莫斯科會談，後以史大林赴波茨坦開會暫停，會後繼續商談，於八月十四日，訂立友好同盟條約，訂定協同對日作戰，戰後各採力所能及的措施，使日不能再事侵略，一方爲日所攻，他方當加以援助，又訂定和平再建後，彼此在尊重主權及領土完整，不干涉内政的原則下，友好合作，及給與經濟援助。別以照會，聲明蘇聯的此項援助，當專給予中國政府,即國民政府。又重申承認東三省爲中國領土的一部分,尊重其主權及領土與行政的完整。關於新疆最近事變,無干涉中國內政之意。中國聲明:外蒙古一再表示獨立的願望,日本戰敗後,倘其公民投票證明此願望,中國當與以承認。別訂長春鐵路,大連,旅順三協定,將中東、南滿兩路,合併成中國長春鐵路,由中、蘇共同所有,共同經營,其範圍,以中東路在俄國及中、俄共同管理時,南滿路在俄國管理時所有,而直接供鐵路用者爲限,設中、蘇合辦的中國長春鐵路公司,以經營之。護路警察,則由中國設置,大連爲自由港,將工事及設備的一半,無償租與蘇聯。旅順則爲海軍根據地,僅由中、蘇軍艦商船使用,其防護,則由中國政府委托蘇聯政府辦理,諸約期限,皆爲三十年。又以對日作戰,蘇軍進入東三省,別立協定。訂明收復的土地,由中國政府代表,設立行政機構。別以記錄,載明日本投降後三星期,蘇聯當開始撤兵,不逾兩個月,可以撤竣。縱觀諸約,蘇聯雖在東北得有權利,然其範圍尚較帝俄時代爲小,何況日人佔據時代? 至於外蒙古獨立,則久已成爲事實。兩民族間既有繆轕,必一度分離獨立,乃有複合的可能。蘇聯的加入作戰,實能使戰事提早結束。中國且得兵不血刃而收復東三省。中、蘇邊界的延長,實爲他國所無有,而兩國間懸案又多,通觀前後,便知此約實有調整中、蘇邦交,奠定東亞大局的作用了。失土既復,中國乃分三省爲遼寧、安東、遼北,吉林、松江、合江、黑龍江、嫩江、興安九省,大連、哈爾濱兩市,各派出主席和市長,只待前往接收了,孰知却遭着阻礙。

國民黨還政於民之議,起於民國二十五年,當時曾制定憲法草案,及國民代表大會組織法、選舉法,選出代表,定於二十六年十一月十二日,召開國民大會。未及期而戰事起,其事因之延擱,後來中央全體會議,屢有召集國民大會之議,迄亦未行。去年,共產黨提出網羅各黨各派及無黨派人士,設立聯合政府的要求。民主同盟,亦以是爲言。本月元旦,蔣主席在憲政實施協進會宣佈:本年如軍事形勢許可,決於十一月十二日,召開國民大會,而共產黨謂廿五年所選出的代表,不足代表民意;選舉法,亦須修改,仍堅持聯合政府的要求。五月五日,國民黨第六次全國代表大會開會,議決於十一月十二日召開國民大會,其代表選舉及憲法草案問題,則留待第六屆中央執行委員會籌議。七月中,第四屆第一次國民參政會開會,又議決國民大會召集日期,由政府斟酌事勢決定,這是勝利以前,兩黨關於政權的爭議。共產黨自七七以來,雖與政府合作抗日,然仍自有其軍隊,又在其所謂邊區及解放區者,自有政權,政府屢與商談,想要得一辦法,以統一政權軍權,迄未能有成議。及日寇投降後，朱德命其軍隊，得受敵人之降，又與政府命令，非我國最高統帥及何總司令所派代表，敵人不得向其投降交械者衝突，此時蔣主席電邀毛澤東到重慶談判，毛以八月二十八日前往，雙方各派代表，商談多次，於十月十日，發表記錄，雙方同意，避免內戰，主張迅速結束訓政，實施憲政，先由國民政府召集各黨各派代表及社會賢達，開一政治協商會議，國民大會應否重選？其選舉法，組織法及憲法草案應否修改？即於協商會議中討論。中央所屬軍隊，由軍令部、軍政部、十八集團軍各派一人，開三人小組會議商談。惟解放區民選政府問題，未能得有協議，然中共亦同意繼續商談，積年來的糾紛，方謂可獲解決。然此時各鐵路多遭破壞，晉東南頗有戰事，歸綏又受攻圍，山東僅青島由美軍助我受降，後來有少數軍隊由海運前往河北，在天津亦係美軍助我受降，北平我軍，則由空運而往，其餘各地，接收多受阻礙，至東北則中共軍隊，阻塞於山海關、錦州、沈陽之間，又由熱河蔓衍，及於長春，接收軍隊，簡直無從前往。商談自十一月二日停頓，十二日政府命令：於明年五月五日，召集國民大會，共黨指爲片面行動，因此不肯派出政治協商及軍事小組會議代表，談判更成僵局。這時候，東北保安司令杜聿明之軍，由海運到了秦皇島。美國第七艦隊司令巴貝，擬將其海運到營口，曾載杜司令前往與蘇軍商洽，而蘇軍業已開始撤退，營口亦入共軍之手，又未有成。我接收人員，乃由空運到長春，於十四日開始接收，而共軍勢力，彌漫長春市上，乃又於十六、十七兩日，退回北平，此時形勢頗爲險惡。旋蘇聯軍隊，已撤離的又退回。杜聿明的兵，亦於十六日占山海關，二十七日抵錦州，共黨未有抵抗，形勢乃又漸好轉。而美國駐華大使赫爾利，又突於二十七日辭職，發表聲明，謂其大使館中及國務院遠東司的人員，有破壞其工作的，意在武裝中國政黨，和中央政府相抗，實與美國對華政策不符。此時美國輿論，亦有一派，疑美軍留駐中國，有干涉中國內政的嫌疑，主張即行召回的，於是因內部的爭持，而引起外交問題，形勢又轉險惡了。幸而中國政府與蘇聯交涉，蘇軍已允展期撤退，長春市政府，復於二十二日，由中央人員接收。美總統派其宿將馬歇爾繼任中國大使，又於十二月十六日，發表對華政策聲明，外交上的形勢，又漸見穩定，中共亦似有覺悟，歸綏的軍事已停，其代表周恩來、葉劍英等飛赴重慶，商談可望續開，一天雲霧，又有消釋之望了。美總統的聲明，大致謂"美國確認國民政府爲中國惟一合法的政府，惟亦期望其合各派政治分子，開一會議，使其在政府中得有公平有效的代表，自治性的軍隊，則當並入國軍之內，美軍的留駐中國，只爲解除日軍武裝，遣送其回國，決不至發展爲軍事干涉，左右中國的內爭。美國和英國,根據開羅宣言,蘇聯根據波茨坦宣言及中蘇條約,均保證中國重獲自由,包括以滿洲歸還中國在內。實現團結的程序,應由中國國民自行制定。任何一國,干涉此等事務,均屬不宜。惟現在世界,一地不能保其和平,影響即及其全世界,所以中國對於世界,實有消除其內戰的責任。"其言可謂深切著明,而亦可謂驚心動魄,但望我國人能自行團結,不要費人家的心便好。

蒙、新方面,外蒙古的公民投票,自十月廿日起,分別在各地方舉行,贊成獨立者多數,聞其結果,已報告中、蘇兩國政府,我政府正在審查中。新疆方面的情形,我們不甚深悉。據聞和國軍衝突的,是西北部的哈薩克族,與哈薩克蘇維埃社會主義共和國爲鄰,其人數凡八十萬,兵數凡三萬,政府派張治中去宣撫,在迪化和他的代表磋商,他們所要求的,爲官員的民選和參加省政府,保存軍隊,貿易自由等項,或云已商有辦法,或云尚未,未知其審。據報載消息,政府和哈薩克代表的交涉,蘇聯駐迪化總領事,始終盡力斡旋,則蘇聯在這方面,是頗能實行條約的。

管制日本之事,美總統於九月二十二日,公佈其初步計劃,其事迄由麥克沃瑟執行,日兵七百萬,不久即解除武裝,完成復員,又禁止其製造軍需品及飛機、船艦各件,迫令釋放政治犯,廢止壓迫人民的法律,給與新聞及廣播以自由,解散同盟社,管理其進口業務,凍結其銀行及皇室的資金,解散其財閥組織,令其政府擬具改革農業,廢除大地主的計劃,廢止神道教,改革其教育制度,並命其修改憲法,給人民以普選法,對於天皇及皇室制度,得以自由討論。戰犯的逮捕,自九月十四日起,至十二月六日止,凡二百八十六人,包括軍人、政治家、外交家、財政家、實業家、金融家、新聞家、宣傳家、恐怕團體的首領等。美總統宣佈計劃時,說:"凡抗戰國的軍隊,均歡迎其在日登陸,惟總司令當由美指定,各國意見不同時,美國有決定之權。"八月二十一日,美國向中、英、蘇建議,設立遠東顧問委員會,爲管制日本的問題機關,中、英都應允了,蘇聯則主張設立一個四國共同管制的委員會,美國不可,而自行邀請中、蘇、英、法、荷蘭、加拿大、印度、澳洲、紐西蘭、菲律賓,於十月二十三日,在華盛頓開會,蘇聯未派出代表。

在我國的戰俘及僑民,據十一月十一日,何總司令在復員整軍會議中的報告:日軍凡一三八五九八〇,內有韓、臺灣者三七七〇〇,日僑凡四七六三〇〇,則韓籍者四二二八〇,臺籍者一九二二〇在外。十二月一日,美國中國戰區司令魏德邁在上海招待新聞記者,謂:"日軍凡在中國內地者百萬,其中百分之七十,業已解除武裝。"惟交通工具缺乏,遣送回國,實非易事。何總司令已定有日本徒手官兵服役辦法，令其於待船回國時，修理交通、通訊、建設工程。於十一月一日起實行。

勝利之後，政治上最要緊的，自然是懲姦工作，僞員中惟江蘇省長陳群自殺，僞國民政府主席陳公博，則遁至日本，而由同盟社詐傳其自殺之訊，以圖掩蓋，後爲我所覺察，派飛機至日本拘捕回來，時爲十月四日。此外重要僞員，如周佛海、褚民誼、陳璧君等，亦先後被捕。上海方面，捕得漢奸亦甚多，惟平、津因事勢關礙，至十二月五日夜，方開始逮捕，當其逮捕之前，人心頗爲憤懣，及是乃大快，然山東懲治尤遲，據報載，至十二月初十日，才開始有一人被捕，這都是因接收遲滯之故。

此次敵國屈服太快，接收等事，一切未有預備，所以頗多不滿人意之處。如敵人在我國所辦事業，接收之時，或不免於割裂，接收之後，又不免於停頓，物資或有損失，組織既不完善，所派的人員，又或未能清廉，交通不能迅速調整，各地方的雜色部隊及土匪，未能迅速剿除，以致人民仍不免陷於困苦，這都是事實，無可掩飾。政府業經派出使者，分赴各地宣慰，蔣主席於十二月十一日飛抵北平，特設密封信箱，許人民投詞陳訴淪陷期間所受的枉屈，及收復後接收人員的苛擾。十八日，自北平飛抵首都，亦如之，民心大爲感奮。如此逐漸整頓，當可使綱紀漸漸整肅了。初光復時，曾有遷都北平之説，近來已決還都南京，行政院及所屬各部會，已有一部分人員，還京辦公。

最重要的政務，自然是軍、財二者。抗戰期間，兵數不得不增，戰後自急應復員。十一月十一日，開復員整軍會議，據説抗戰以來，兵數增加的，共爲一倍，現在已有裁減，兵數在目前，共爲四百萬，來春擬再續裁，其標準爲百五十師，每師一萬人，合一百五十萬。被裁減的兵員，有家可歸的，則加以資遣，否則爲之籌劃轉業，或授之以田。征兵之制，因流弊頗多，現令停止一年。抗戰期間，美國擬依租借協定，爲我配備三十九師，至勝利之日，成功者已達二十師，其餘十九，現亦擬配備完畢。由美國派軍官，助成其事，稱爲軍事顧問團。海軍艦艇，能得自敵國的不多，因其降伏時，所積留的，業已有限，然我擬從事擴充。據海軍總司令程紹寬對記者的談話，其目標，當在一千一百二十萬噸以上。

收復區的經濟，可謂百孔千瘡，無從説起；即自由區的經濟，光復以後，亦急須調整，九月三日政府命令：淪陷區的田賦，本年度普免一年，以抒農困。十月九日，取消外銷物資統購統銷辦法；十一月二十六日，撤銷戰時生產、運輸兩局，這是從戰時的體制，謀漸復於平時體制，前年盟國有救濟善後總署之

設,以謀戰後的恢復,我國所請協助之數,爲美金九億四千五百元,包括交通、
工、礦等器材在內,現已有若干運來,至振興經濟的計劃,則其總樞機屬於最
高經濟委員會,設立於十一月中,以行政院正、副院長爲正、副委員長,經濟、
交通、農林、糧食、財政、教育、社會部長,善後救濟總署署長,均爲當然委員,
其任務:爲(一)利用全國資源,(二)決定重要經濟政策,(三)制定其計劃及
方案,(四)爲各部門工作的聯繫,(五)而考核其進展。實在是振興經濟的大
本營。第一次開會時,蔣主席親臨主持,説要向各部會和各地方長官,團體及
私人徵集一個五年計劃的資料,這就是具體的計劃了。收復區中敵人所辦的
事業,頗有能利用現代的技術,作有系統的計劃的,華中振興公司,華北開發
公司,是其總匯。接收之後,當如何繼續擴充? 收復區的工業,當如何恢復、
振興? 大後方的工業當如何維持、調整? 這是目前工業上重要的問題。至於
農業,則今年六全大會,議有土地政策及綱領。將土地分爲農地、都市地,及
天然富源三類。對於農地,謀以發行土地債券等政策,使耕者有其田。仍分
別就地廣人稀和地狹人稠之處,設立國營農場及示範農場,並誘導農民耕種
合作,以期漸進於大農制。並計劃移殖過剩地方的人口,安插復員以後的官
兵。都市地以公有爲原則。天然富源則絕對作爲國有。凡此,正急待按照政
策進行。

在軍事期間,紙幣總不免於有些泛濫,而淪陷區中,受敵僞的剝削,其紊
亂情形尤甚。依物價計算,現在法幣的價格,僅值戰前千分之一,僞政府所發
中央銀行鈔票,在勝利前夕,要九萬七千四百〇二元,才能相當於戰前的法幣
一元。此外,在北方則有所謂中國聯合準備銀行鈔票;在東北,則有僞滿中央
銀行鈔票;在內蒙,則有所謂蒙疆銀行鈔票;在臺灣則行使敵國臺灣銀行鈔
票;還有敵國的鈔票,存留於我國的;真可謂紊如亂絲。政府對於敵國的鈔
票,係取封存政策。對於僞鈔,則定比價收兌。僞儲鈔於九月二十七日,定爲
以二百元當法幣一元,由中央銀行及其所委托的機關收兌,自十一月一日起
至明年三月三十一日爲止。僞聯準鈔係以五對一,自明年一月一日起,至四
月三十一日止,因此所受的損失,及封存的敵鈔,於將來向敵人清算,要求賠
償。對於東北及臺灣,均定特發流通券。在東北者,已於十二月二十二日,隨
長春中央銀行的設立而發行,與僞幣等價行使,逐漸將僞幣收銷。在臺灣,擬
由中央銀行監督臺灣銀行發行新券,替代舊券。臺灣和東北,均暫禁法幣流
通款項往來,由中央銀行專司匯兌。至蒙疆銀行,則因其設在張北,尚未能接
收整理。諸僞鈔中,以中儲券的泛濫爲最甚,據説其發行總額,共有四億。在

上海方面,截至十二月二十日止,所收兌者,尚僅八百四十萬萬元。中央銀行,業於十二月一日,增加委托收兌機關,又於二十一日,許將僞鈔存入銀行,折算爲法幣存款,自今以往,收兌或者可痛快些。外匯之率,在戰前對美金係三元三角三分,戰後初仍維持舊價,後因僑民匯款回國,喫虧過巨,由政府加以津貼。而美國教會,自行將美鈔出售,後亦形成匯率。現在僑匯率爲四九九,教會匯率爲一三○○,黑市匯率時有昇降。如以美金一元當法幣千元計,則物價漲起千倍,美鈔僅漲起三百三十三倍,將外貨在中國賣出,再買進外貨,便有三倍之利,外貨進如潮而至,本國業品,固萬難與之競爭,土貨出口,可能者亦必極少,然有種外貨,亦爲今日所急需,如將匯率過於貶低,又慮阻止其進口,在現在,似乎暫不制定匯率,聽其自覓水準,而進出口的貨物,則由政府暫用他策加以管理,最爲穩健了。

以上所述,都是國内的情形,至於國外,則這次大戰以後,大家的目標,都希望走上集體安全的路,雖然涉及具體的問題,還不免有些爭執,這只是積年的舊案,一時難於清理,較之第一次大戰後,總覺光明得多了,現在陷於篇幅,只能述其大略如下:

今年國際間最重要的事,莫如聯合國憲章的訂立,這是發起於去年八月的橡林會議的,至本年二月,羅斯福、史大林、邱吉爾在克里米會議,我國的宋子文亦與焉。定於四月二十五日,開會於舊金山,以籌議集體安全之事。及期,會開至六月十六日,遂將此憲章訂立。八月二十四日,由我國批准。其機構在總會之外,又有安全保障理事會,以中、英、美、蘇、法五常任理事國,及其他六國組成,此會得運用加盟國的海陸空軍,以謀制裁。又有經濟社會理事會,以謀調劑各國間的經濟事項,有國際信託統治委員會,由有信託統治領的國家,與無之之國家所搆成,兩種國家的數目相等,其所統治,係(一)舊國際聯盟的委任統治地,(二)自敵國分離之地,(三)會員國委托代治之地。又有國際司法裁判所,以代替海牙的國際司法,其效力,較之國際聯盟,自然強得多了。

波茨坦會議時,決定由中、英、美、蘇、法五國,設立外長會議於倫敦,其用意:(一)在完成對德管制,(二)在準備復興意大利、羅馬尼亞、保加利亞、匈牙利、芬蘭成立和約,(三)則考慮領土托治問題,九月十二日,會開,因蘇聯不欲中國參予對意、羅、保、匈、芬,法國參與對羅、保、匈、芬的和約,並拒絕美國參與芬蘭解決方案,會議遂於十月二日停頓。此時對日管制問題,美、蘇二國,本有不同的意見,已見上文。又原子炸彈的製造,蘇聯謂英、美不應秘密,英、美則不可輕泄。韃靼海峽，蘇聯於二月間要求修改一九三六年的蒙德黑條約，英國不肯。自歐戰起後，英、美、蘇皆駐兵伊朗，十一月下旬，伊朗北部亞塞爾拜然叛變，蘇聯拒絕伊朗軍隊北開，美國要求英、蘇於年內撤兵，爲蘇聯所拒。三國間既有這些疑難，又德國投降後，本由英、美、蘇、法劃界而治。現在英、美。蘇皆欲處理一德境的中央政府，而法國不欲。於是三國與法國間，又有問題。當今年二月，英、美、蘇三國外長在雅爾達會議時，曾約每隔三四個月，集議一次，後來在舊金山，在波茨坦，三國外長都曾會聚過的，乃由美國建議，根據條約，先開三國外長會議，英、蘇皆贊成，遂以十二月十五日，開會於莫斯科。聞說會中空氣，尚稱良好。聯合國首次會議，現已定於明年一月十日開會，設使各國間不能協調的問題太多，這會是得不到良好的結果的，莫斯科三國外長會議，可謂是事前的一個斡旋，我們很希望能雍容一堂，布滿祥和之氣了。

東方之地，問題更多。朝鮮現在，以北緯三十八度爲界，由美、蘇二國分治，其在我國所成立的臨時政府，主席金九，雖於十一月二十三日歸國，然係以平民資格歸國的。美國人所治理的區域中，業已成立一個朝鮮人所組織的顧問委員會，然朝鮮人要談到復國，則似尚非旦夕間事。中南半島之地，蔣主席曾聲言："我對於越南，無領土企圖，惟望其民族自治而漸臻於獨立，對緬甸亦無他企圖，惟望盟邦提高其民族的政治地位，泰國對聯合國的宣戰，我原諒其出於被動，望其能恢復獨立，和中國建立正常的國際關係。"現在南方諸國，民族自治的氣焰頗盛，越南北部，由我國接受，無問題。南部在十月間並與法國衝突於西貢，後由英國助法鎮壓，其獨立同盟的領袖胡志明，現在河內成立政府，法人未能控制越北，聞有要求我國軍隊展期撤退之説。緬甸曾有反法西斯的十萬人遊行大示威，英國的緬甸總督，許擴大行政委員會中緬人的名額，緬人尚未滿意。惟泰國，法西斯餘孽，尚未掃除，該國在日本戰敗後，回復其國名爲暹邏，取消其對英、美的宣戰。然九月二十三日，曼谷華僑慶祝勝利，遭其干涉，僑胞死傷的頗多，而且其警察乘此搶劫，殊屬不成事體。現美國視暹邏爲被解放之國，英國則視爲敵國，與其在新加坡議和，聞說所提條件，甚爲嚴酷，得美國勸告，乃稍放鬆。荷英之地，獨立的氣焰更盛，係由索加諾博士領導，於八月十七日，宣告獨立。英人助荷加以壓迫，用兵力攻陷泗水，現仍在相持中。英、荷均謂索加諾係得日人支持，美國則謂其提倡獨立已久。案日人助印度尼西亞以抗英、荷以泄其私忿，庸或爲事所可有。然謂印度尼西亞人要求獨立，係指於日本人的指使，則未免厚誣了印度，日人所扶翼的叛徒鮑斯，於八月十九日，自新加坡赴日，飛機失事，是日死於日本。印度人這一次，亦是助聯合國作戰的。太平洋戰爭爆發時，英人許以戰後得有自治領的地位。印人仍要求獨立。英人現擬由兩院議員，組織團體，訪問印度，聽取其諸政治首領的意見，其手段亦似乎迂緩了些罷。

此稿因須付刊，所叙述之事，至十二月二十五日爲止。

寫於一九四五年年底

# 民國三十四年大事記(續)

## 復員與整軍

戰争勝利之後，最要之事，自莫如復員與整軍。中央特於十一月中，開會籌議。據十六日中央社電：謂自抗戰以來，兵力之擴充，約達一倍。中央逐加整理，至目前，已裁撤三十四軍、一百零九師，二十三獨立旅，七十七獨立團，總計兵數逾二百萬。現在兵數，較戰前僅多七八十師，仍在繼續整理中。中共軍隊，抗戰初期，軍委會有案者，僅十八集團軍三師團，新四軍四支隊，共五萬餘人。歷年自由擴張，聞最近已達一百二十萬人。又云：軍政部已訂定復員官兵安置計劃，分爲集團轉業、個別轉業、資遣、授田四種。其轉業之目標，爲建築、鐵路、公路、水利工程、警務、教師、集體農場等。合衆社十七日電：謂政府決依魏德邁建議，第一步縮編國軍爲九十軍，第二步則減至五十師，每師三萬人，共計一百五十萬人。聯合社十三日電，謂據魏氏說：依照戰時軍備租借協定，美國同意配備國軍三十九師，勝利時二十師，已配備完全，餘十九師，亦當依約配備。又十一日電，言美國大致已定派遣戰後軍事代表，駐在中國，助中國訓練海、空軍，定名爲軍事顧問團。十九日《大公報》專電，謂征兵之法，已定停止一年云。

十一月十四日《正言報》載大華社重慶航訊云：高中以上學生，實施軍訓，並於將屆畢業時集中軍訓，戰前曾數度舉行。抗戰發生，集訓暫免。近將以此項軍訓，與國民兵役配合實施。其辦法，正由教育部、軍訓部、軍政部等會擬。

海軍船隻，接受自敵軍者不多。十二月二十一日《大公報》南京電載：海軍總司令程紹寬招待記者時所談，僅有十二艘。最大者一千一百噸，最小者三百噸。能出海者僅一艘，餘皆小型艦艇。我國今後海軍建設目標，當在一千一百二十萬噸以上。目前則全國海軍官兵，合計不過三萬；海軍學員，在美者千人，在英者三百五十，前海軍學校原有學生，亦僅二百餘人耳。

# 經濟界之現狀

戰爭乃殘酷之事，我國經濟，本來落後，抗戰之時間既久，其綿地又廣，創痍之甚，自不待言。十二月二十六日《大公報》《大後方經濟情形一瞥》云：財政支出，去年爲三千五百億，今年至十月止，已至九千億。紙幣發行額，政府未曾公佈，據學者推測，則本年截至十一月止，當九百倍於民國二十五年。陪都物價，與二十五年七月至二十六年六月間相比較，則本年七月約爲一六二九倍，八月爲一八二二倍，九月爲一六九五倍，十月爲一六四九倍。後方艱苦之情形，可以想見。至收復之區，則更無從説起。敵人肆意剥削，僞方惟命是從。且狐假虎威，乘機掊克。其所募軍警，及地方土劣等，依附之者，又恣爲巧取豪奪。農田之出産，既被搜括以盡。工廠則無原料，無動力，無從生産。敵人又逐事統制，隨處遮斷往來。各事業之間，既失其聯繫；各地方之間，又成爲脱節。甚至在一縣之中，城與鄉，此鄉與彼鄉，亦難往來。正當商人，皆成坐化。投機、囤積及所謂跑單幫者，則大肆活躍。遂至物價騰踴，民不聊生。敵人降伏之後，宇宙雖見清明，然物資之缺乏，交通之梗阻，仍非一時所能療治也。

當敵寇投降之初，前後方之物價，均曾一度跌落。在後方，政府曾放出救濟貸款數十萬萬，乃得勉强維持。然大後方之工業，本苦規模太小。去歲湘桂戰後，新遷諸廠，喘息甫定，多恃戰時生産局之軍需訂貨以自存，戰事告終，陷於停頓，繼續則不能，解散則無費，至今仍爲嚴重問題。收復區物資，本較後方爲豐富；又僞鈔貶值，遠甚於法幣；相形之下，物價大見其廉。運輸雖未暢通，已有從事販賣者；自後方來此之人，亦競行購置；物價受此刺激，遂大昂騰。後方物價，又因受此刺激而回漲。今日雖稍抑平，仍遠較未光復時爲貴，民生困苦殊甚，不可不亟爲之計。

# 目前救濟之策

今日救濟之法，一方面當救死扶傷，一方面又當高瞻遠矚，其事真屬不易。大抵後方之所苦者，爲物資本乏，又在抗戰時期，統制過嚴，不能遂其自然發展。故在十月初旬，政府即取消外銷物資統購統銷辦法及物價管制處。十一月下旬，又撤銷戰時生産運輸兩局。蓋欲使戰時體制，漸復於平時也。

九月初三日,明令淪陷區田賦,本年度豁免一年。後方各省,明年度豁免一年。其餘減租輕息,以及一切安輯事宜,責成各級政府暨各主管機關,照二五減租及其他政綱。政策中有關民生之各項規定,限於十一月十二日以前,分別條議辦法,次第實施。此則救死扶傷之亟計也。

## 工業化之計劃

高瞻遠矚之計劃,自莫如工業化。美國對外經濟處供應局,曾代我設計,其中工業之部,包括礦冶、化學、初步加工製造(機械生產力)、電力(商業性)、食品之生產、加工、分配(內包含四十萬人從事漁業)。估計費用約為九七二四三三〇〇〇美金。運輸之部,包括鐵路、公路、自動車、河流交通(空運因發達程度,不能斷定,未計及),估計費用約為八九七六三〇〇〇〇美金。吾國固亟待藉資於人,而美國在戰時,生產更形發達,戰後亦必求一消納之處,助我振興,實兩利之道也。其業已著手者,為十一月二十一日資源會與美人所立三峽水力發電之約,聞此工程如成,將為世界最大水利發電工程之一,尚在田納西河之上云。

## 最高經濟委員會之設立

振興計劃,必有一總機鍵,故吾國於十一月中,設立最高經濟委員會,以行政院正、副院長為正、副委員長。經濟、農林、糧食、財政、交通、教育、社會各部長,善後救濟總署署長,皆為當然委員。此會之職責:為(一)全國資源之利用,(二)主要經濟政策之決定,(三)及其計劃、方案之制定,(四)各部門工作之聯繫,(五)及其進展之考核,實為復興經濟之中樞。二十六日第一次會議,蔣主席親臨致訓,謂當向各部會及各地方機關團體私人徵集五年計劃之詳細資料,蓋其設計之初步也。

## 農業與土地政策

工業化之計劃,雖云重要,然吾國究係農國,大多數人係農民,為安定民生,供給工業以原料而消納其製品計,皆不可不於農業加之意。此蔣主席國慶日之廣播,所由力以重農為言也。改良農業,必及土地問題。六全大會,曾以是列爲政綱，又本政綱制成土地政策綱領。其大要：係於華北及邊區設立國營農場，移殖退役士兵及過剩農民。各鄉鎮則設立地方農場，以爲模範。佃農所佃之地，得由政府逐漸發行土地債券征收。整理重劃後，盡先歸原耕農及抗戰將士承領。自耕農場，則領導其合作經營。此所以化小農爲大農，使漸能利用現代技術也；凡土地租賃契約，必經主管地政機關登記，並依法制定其租率，此所以扶翼耕農，打破封建勢力之剝削者也。其都市土地，規定經戰事破壞者，中心市街、碼頭、車站、公園附近之地，應歸政府全部征收，分別整理。其租與人民者，依地價征收累進地租。新建都市，應先規定地價，以收回公營爲原則。山林、川澤、礦產、水力等天然富源，應立即宣佈完全歸公。其規模大者，歸中央經營，小者歸地方自治團體經營。此綱領頗爲進步，惟冀其能迅速實行耳。

## 敵產之接受

敵人在中國，專事剝削，然其所辦事業，則頗能利用現代技術，且有能立遠大之計劃者。今彼敗退，不可不思所以利用之也。敵人在我國所辦事業，門類頗多，而以其所謂華中振興公司，華北開發公司者爲之綱領。接收之初，頗有因機關不同，而使其事業陷於割裂者。經濟部長翁文灝，有鑒於此，乃於十一月中，立行政院收復區全國性事業接收委員會，將此兩大公司及其投資所及之事業，統交接管，以免此弊焉。輕工業中，敵人壓迫吾國最甚者爲紡織，其錠機幾占國內總數之半，且較吾國各廠所有爲精良，今皆歸我接收，外人議論，有謂吾國當爲東方最大之紡織國者。中央亦設立紡織事業管理委員會，加以接管矣。輕工業以民營爲宜，此項事業，逐漸當歸諸民營也。

十月十一日《正言報》社評云：“抗戰以前，軍事、資源兩委員會，曾根據二十二年國家總動員計劃案，從事全國工業、資源之調查。自二十二年四月始，迄二十二年十月止，凡與國防有關之工業及資源，皆調查詳盡，制成報告。其可公開研究者，陸續刊行，其須保守秘密者，則不予發表。國軍西移，此種文件，頗多散失。其爲日人所得者，合其他典籍，約達六十萬冊。二十六年十二月，日上海派遣軍特務部，滿鐵上海事務所，東亞同文書院，上海自然科學研究所，組織一佔領地區圖書文件接收委員會，著手整理。至二十八年四月，該會經兩次改組後，易名爲華中建設資料整備委員會。以楠木實隆爲委員長，直隸於興亞院華中聯絡部。積極從事上項資料之整理、翻譯。八年以來，日人在華中所施經濟侵略,頗多根據該資料擬訂。現我計劃經濟建設,必須命日方將此項文件原本及譯本,悉數繳出,(一)可節省調查人力、物力,(二)對日方清算,可有一個根據。"此誠刻不容緩之圖也。

## 敵僞貨幣之處理

敵僞之所以剥削我者,無過於其所發行之貨幣,而各種貨幣中,尤以僞中央儲備銀行所發者爲最甚。十一月二十三日,《大公報》載鐘君淦恩所撰《京滬區貨幣問題》,謂其大量發行,實在今年六月十一日以後。前此所發,額面僅及千元,是日始發五千元券。七月四日,又發行萬元券。至九月十八日,其額已達四一九九三四二九三九〇〇〇元。其中五千元券及萬元券,凡三四三三六七一七九五〇〇〇元,實占總額百分之八十二。至其跌價之程度:則民國三十年,上海法幣之價,約當戰前百分之九,僞幣强迫以其一易法幣之二,實則其價僅及戰前法幣之百分之三。至三十三年,則跌至百分之〇〇九三。(一千〇七元,乃值戰前法幣一元)今年日本投降時,跌至〇〇〇一〇三。(九萬七千四百〇二元,值戰前法幣一元)其剥削吾民,可謂甚矣。鐘君又云:當日本投降前,重慶對收復區貨幣,曾有熱烈討論。大致分爲兩派:一主登記、封存、清算(以臨時小額借款救濟),一主規定比率收換。九月九日,何總司令布告:"政府機關及國營事業、税款收支,自接收後即應完全使用法幣。京滬各銀行,自十二日起,一切往來交易,應一律使用法幣。民間僞鈔,停止流通日期,另候公佈。"時法幣與僞鈔,市上兑換之率,本爲百三四十元對一,至此乃慘跌。旋郵政局改用後方郵票,是時僞政府郵費,平信爲四百元,後方則二元,二百對一之比率,乃隱存於大衆心目之間。二十七日,財政部公佈收復區敵僞鈔票及金融機關處理辦法。除臺灣及東北九省外,僞鈔由政府分別定期收換;敵鈔則由持有人向指定銀行或機關登記,不得在市流通。政府因僞鈔發行所受損失,及登記之敵鈔,將來嚮日本清算賠償。其所定僞中儲券與法幣之兑換率,亦爲二百對一。由中央銀行及其委托之機關收換。收換期間,自今年十一月一日起,至明年三月三十一日止。中央銀行又規定辦法:第一個月兑一千元以上之券,第二個月加兑五百元、二百元、一百元,第三個月加兑十元、五元,第四個月加兑一元及輔幣券。收兑數額,每人每次,以國幣十元爲最低額,五萬元爲最高額。所兑之數甚少,而法幣需要孔多,一時遂至發生黑市。中行有鑒於此,十二月一日起,增加收兑機關;二十一日,又許以僞幣存入銀行,折作法幣存款。自今以後,僞幣之收束,或可較迅速也。

自僞儲鈔折合之率公佈以來,上海物價遂大漲。依九月上旬上海、重慶物價估計,法幣與僞鈔之比率,實爲一與百二十,故論者多咎財政部所定比率,抑僞鈔之價太甚,使收復區中人民,大受損失焉。鐘君淦恩,則謂六月後僞鈔之大量發行,其作用實至此而始見,而猶未已。九月上旬,兩地之物價實不足測法幣與僞幣之真比價也。愚謂僞鈔發行過濫,人民幾於不復視爲貨幣,商界某君嘗語予:"是時人民之持僞鈔者,已預備其一錢不值,即使定爲四百對一,亦無問題。"財部章程,僞中央儲備銀行鈔票票版,業經接收銷燬。其已發行之鈔票種類,及發行總額,已據財政部京滬區財政金融特派員查報,如有超過原報數額以外,及種類不符之鈔票,不與收換。夫敵人之鬼蜮,僞方之無恥,則何所不至?帳外發行,以套取物資;大量貯藏,以謀充私橐;皆極可能之事。如此,流行市面之僞鈔,超過原報數額極易,持有者豈不皆有一文不值之危險?然而人民曾不以是而恐慌,即其明證。故其所病者,不在所定僞鈔價格之太低,而實在其收兌之太緩,仍任其泛濫市面也。自九月十二之後,至十二月二十以前,僞鈔業已不能存儲,安得不争買貨物?物價安得不漲哉?於斯時也,上海接收敵僞物資頗多,間以平價發買,予曾建議:"用以專收僞鈔,悉數封存,請中央派員監視,付之一炬。其最善之辦法,則立一短期,清查戶口,按口給以平價證,使得以僞鈔若干元,平買貨物。更發行一種市公債,許持僞鈔者買焉,而早禁僞鈔之流通。如此,則人人可得平價之物若干,而持僞鈔者,其款必歸於政府,可以用之於建設。"(見十一月二十二日《正言報》)豈非一舉兩得?然次等規模較大之事,在今時殊不易行也。

北方之僞中國聯合準備銀行鈔票,其情形較僞中儲券稍佳。經財政部規定,其與法幣之兌換率,爲以五當一。自明年一月一日至四月三十一日爲兌換之期。由中央銀行及其委托機關辦理;種類不符,數量超過財政部冀熱察區金融特派員所查報者,不與收換;皆與中儲券同。

東北所行者,爲僞滿中央銀行券,有百元、十元、五元、一元四種。其發行額爲百二十億(本八十億。日人敗降,僞滿發官吏遣散費,增發四十億)。蘇軍入東北,發行軍用票,額面分四種同,與僞幣等價行使,對盧布則以四當一。聞其所發之數,第一批爲十萬萬元,其後有無增發不詳。政府初禁入東北者皆不得携帶法幣。十一月三日,財部公佈中央銀行東北九省流通券發行辦法。凡分一元、五元、十元、五十元、一百元五鐘。與内地匯兌,別訂管理辦法。匯價由中央銀行牌告。其他銀行,概不得經營,並不得經營此項流通券與法幣之兌換（往來者得向中央銀行按兌價換取，惟有限制）十二月二十二日，中央銀行在長春設立，流通券亦隨之發行。

臺灣本行敵臺灣銀行所發之鈔。十月二十四日，《正言報》載臺灣行政長官陳儀面告該社記者：謂中央銀行，已在上海印就流通券，票面均爲五十元。十一月二日，《青年日報》重慶電，謂臺灣與內地匯兌管理辦法，亦經財部公佈，略與東九省同。十二月五日《大公報》又載三日重慶專電，謂因臺灣長官公署呈請，過渡時期，仍擬暫由臺灣發行鈔券流通，已經行政院核准。前臺灣銀行，決與改組，由中央銀行監督發行。票面加印中華民國字樣。臺灣銀行舊鈔，爲數約六億元，一律停止流通，惟可存入銀行，定期一年清理，前擬發行之流通券，則決停止發行云。

## 法幣之現況

法幣，今年發行之額已見前，據《大公報》所載歷年發行之數，以二十五年爲基數，則二十六年增加百分之三十三，二十七年倍於二十五年，二十八年與二十五年爲三比一，二十九年爲六倍半，三十年爲十三倍，三十一年爲二十倍，三十二年爲六十倍，三十三年爲百六十倍。又據十二月五日《大公報》，謂依上海生活指數，則法幣每元之購買力，爲戰前一厘至一厘三毫云。戰後稅收，難遽恢復，支出反有增加。發行自未易收縮。第一次歐洲戰後，各國貨幣之落，或更甚於戰時，即以此故。然其貶值，未有如吾國今日之甚者。蓋財政、圜法，本不整飭使然。幸吾國經濟較爲落後，多數人皆略有實物收入，故其受幣值貶價之影響，不如他國之甚也。

對外匯率，戰前本以三元三角三分對美金一元。太平洋戰爭爆發，改爲二十元，所漲不及七倍，而物價之昇騰，則在千倍以上。政府不能供給，黑市斯生。然政府始終維持官價，蓋不欲使人民覺法幣貶值過甚也。然僑民匯款歸家者，未免過於喫虧，乃於去春另加津貼二十元（合前共四十元），今秋又改定爲四九九元，是爲僑匯率。又教會中人所持外國匯來之款，因政府不改官價，難以自活，再三呼吁，乃亦加津貼，自二十元至四十元。而美兵之在中國者，自將美鈔出售，教會遂亦放之，其價由百餘元昇至二三千元，今爲一千三百元，是爲所謂教會匯率。英人亦自將其貨幣出售，其價則依美鈔而昇降焉。十一月杪，上海出口匯票，經財政特派員公署核准，許將外匯交存中國銀行，候財部命令結算。迄今尚未奉到命令，然許以所存暫行抵借。每美金一元，可抵借法幣一千元。然則外匯之昇騰，不過三百餘倍，而各種物價，漲至千倍以上，則將外貨售出，再向外國買進，可得三倍之利矣。本國工業，豈不將受其壓迫？而天產品亦將無從出口？吾國貿易，夙病入超，自太平洋戰爭以後，因運輸隔絕，貿易轉較正常，今日情形，豈不慮其滔滔難挽？然人民病高物價方甚，提高外幣之價，阻止外貨之來，亦非良策。暫不制定匯率，聽其自覓水準，而於進出口貿易，別籌他策以管理之，似乎最爲穩健也。

# 勝利年大事記（三續）

## 對日本的管制

日本投降之後，照盟國豫定政策，應即加以管制。因首先在日登陸者爲美軍，故其事至今由美之麥克沃塞執行。

九月二十二日，美總統公佈處置日本初步計劃。其目標：在使日本永不能爲世界和平之害；成立一愛好和平之政府，能承認他國之權利，實行聯合國憲章。其辦法：則（一）日本之主權，限於本洲、四國、九州、北海道及其附近待決數小島，已在開羅會議中議決，今當加以最後之決定。（二）日本軍隊，解除武裝。鏟除軍閥主義思想及其組織。（三）鼓勵其人民，發展自由思想，獲得公權，學習組織民主政體。（四）使其發展經濟，以求自給。軍事當局，將佔領日本本土，以便使其履行投降條件，實現上列目標。該最高司令，當運用日本政府各機構及天皇，傳佈其命令，惟以其能切實履行爲限，否則可撤去任何日人之職務，亦可不再利用天皇。再者，此項計劃，並非擁護現政府，阻止人民自然發展。若人民欲組織共和政府，美國當盡力鼓勵。

美軍以九月八日入東京，軍事佔領，約於中旬完成。麥帥之措施，其犖犖大者：則解散日本之大本營（十月十四日）、陸、海軍省（設復員省以代之。十二月十一日）。禁止製造軍用飛機、船艦各件（九月二十四日），令其交出以往軍需生產及現存軍需品之文書（十月二日）。廢除一切航空機構（如運輸省航空局及訓練航空之學校。飛機場改爲農場。商用及私人飛機，亦不得有，並不得訓練、研究。此令在十一月十七日，以十二月三十一日爲廢絕之期）。廢止陸軍軍人恩俸（自明年二月起。十二月一日令）。日軍七百萬人，於十月十五日，完畢其復員。其艦隊存者：主力艦一，航空母艦、巡洋艦各四、潛水艇五十一，皆將鑿沉。驅逐艦三十八、及他較小之艦，擬由中、蘇、英、美，平均分配云。

又令其斷絕外交關係，召回代表，沒收其駐外使館財產（十月二十五日）。

釋放政治犯，廢除維持治安等法令，裁撤思想警察（十月四日），修改憲法，制定普遍選舉權。（十月十一日。）對於天皇及皇室制度，得自由討論（十月二十四日）。

初令除事先獲得許可外，一切進出口業務，悉行停止。（九月二十四日。）旋加以管制（十月十日。）凍結其銀行資金。（九月二十四日。）没收珠寶、貴金屬、債券，規定回國者所攜款項之數（平民日金千元，軍官五百，兵士二百。十月十九日。）解散財閥組織（十月二十九日），並限制其附屬公司三百六十二家之活動（十二月十一日），凍結皇室資金（除日用外，均不得動用。十一月二十日）。命於明年度第一次議會中提出戰爭利潤稅計劃。（十一月二十五日。）盡明年三月十五日擬具改革農業，廢除大地主辦法（十二月十日）。

令給與新聞自由。（九月十五日。）禁止檢查。（九月二十四日。）解散同盟社。（九月二十日。以協同通訊社代之，於十月二十日成立。）恢復廣播自由。（十月二十一日。）並令自民國二十一年以來禁止使用之無綫電收音機四百架，盡速修理使用。（十一月十七日。）停止神道教。（十月七日。）令改革教育制度。（十月二十二日。）

禁止軍人從事教育。放逐教育界中懷抱舊思想者（十月三十一日。）

昔時戰爭罪犯，皆不負法律上之責任。此次英、美、法、蘇等國，定戰犯爲三類：（一）破壞和平者。（如計劃、準備、發動、進行侵略及破壞國際條約之戰爭。）（二）破壞法律及條理者。（如虐待戰俘，平民，及爲軍事上非必需之行動。）（三）執行或協助違反人道罪刑者。（美國新聞處九月二十日電。）即以此施諸日本。（聯合社十二月三日舊金山電。）故麥帥次第加以逮捕，自九月十日始，至十二月六日止，被檢舉者凡二百八十六人。（合衆社電。）其中罪狀顯著者，如東條英機、小磯國昭、平治麒一郎、廣田弘毅、近衛文麿、木户幸一、松岡洋右、白鳥敏夫、荒木貞夫、本莊繁、松井石根、□俊六、島田繁太郎等皆是。包括政治家、軍人、政客、外交家、財政家、實業家、銀行家、新聞家、宣傳家、恐怖團體之首領。德國。菲律賓、澳洲、荷印、緬甸、泰國及美國之姦逆亦與焉。日本皇族黎本親王，年七十一，亦不得免，蓋得除惡務盡之義矣。日本自投降後，其前陸相杉山元其妻皆自殺。（九月十二日。）及本莊繁、（十一月十二日。）近衛文麿（十二月十五日。）聞被捕，亦自殺。東條英機則自殺未遂。（九月十一日。）美審問戰犯主任季南，以十二月三日至東京。

美總統之公佈處置日本初步計劃也，曰：“佔領之主因，係欲實現聯合國之目的。故一切抗戰國之軍隊，均將被美歡迎，共同在日登陸，惟駐軍之總司令，將由美國指定。彼管理日本土，應使各聯合國滿意。然各國意見有不同時，美國當決定一切。"八月二十一日，美向中、英、蘇建議：設立遠東顧問委員會，爲管制日本之顧問機關。中國即行接受。（三十一日。）英國後亦接受。（九月二十八日。）惟蘇聯不可，欲立四強管制日本委員會。後遠東顧問委員會，由美國邀請中、蘇、英、法、荷蘭、加拿大、菲律賓、澳洲、紐西蘭、印度，以十月二十三日，開會於華盛頓。蘇聯代表不至，延會至三十日，後展期至十一月六日，仍不止。而對日管制，遂成三國外長會議中之問題焉。（見下）遠東顧問委員會設小組委員會六：（一）以研究基本政策及目的。（二）經濟及賠償問題。（三）加強民主化之方法。（四）修改憲法。（五）處理戰犯。（六）照料在日之他國僑民。而派鮑萊赴日，研究其賠款之能力云。

日本降伏未幾，其首相鈴木即辭職，東久邇宮稔彥王代之。（八月十七日。）十月，復辭職，由號稱親英美之幣原喜重郎繼任。其七十九屆臨時議會，於十一月二十七日開幕。日皇詔書，命其修改選舉法及壓制人民之法律，訂立分配大地產法及勞工法，然未必有何效果也。至其應賠償之額，他姑勿論，東京朝日新聞謂其在我國所濫發之鈔票，即達五百四十億美元，較其國內通貨膨脹之額，高出廿倍。其所扶植之偽中央儲備銀行，發鈔達四萬億，如以珍珠港事變前日圓與偽幣之兌換率四十五對一計，則直八十億日元。美軍當局則謂調查未完畢前，不能估計敵、偽發鈔之總數云。（美國新聞處十七日東京電。）蓋更多於此，亦未可知也。鈔票一端如此，其他可想而知。聯合社十二月三日東京電，謂日本工業概況，已有完備清單，於是日呈交賠款調查團主席鮑萊。其中詳列戰時生產數量，及所受損失，以及現有設備。將可決定何種工業，須完全毀滅，以根絕其從事戰爭，何種可移讓他國，爲估定賠款之根據。七日電謂鮑萊建議：將其國外資產及大部分化學、鋼鐵、造船機構，與以剝奪，並將電力及機器工業，削減一半，俾其不致再興戰禍，而此次受難諸國，可同時獲得補償。其黃金及貴金屬，則可送至舊金山造幣廠暫存，再議處置辦法。（日在海外資產，合東九省，臺灣，中國其他各地，韓國，庫頁，南洋各地，約一千一百萬萬日元。此係日本藏相在議會中答議員質問之說，見聯合社十二月四日東京電。）又宣稱日皇私產，約計當逾一萬零六百萬美元，亦將用以償付賠款云。（聯合社十一月三十一日華盛頓電。）

日本現所負擔佔領軍費，每日爲二百二十萬美元，每年預算，爲一百二十萬萬日元。日本政府下屆預算，爲百三十萬萬日元，相差十萬萬，此數約當戰爭末期日本軍事費四分之一云。見聯合社十二月八日東京電。（未完）

　　於管制日本，則設遠東委員會，以代遠東顧問委員會。會設華盛頓，惟遇需要時，亦得在他處舉行，包括東京在内。由蘇、英、美、中、法、荷、加、澳、印、菲、紐代表各一人組織之。必要時，得增加聯合國地處遠東，或在遠東有領土者之代表。決議無須全體一致，惟須大多數贊成，其中且必須包括美、英、蘇、中四國。此會之權限，爲制定對日管制之政策，審查最高統帥之所措施。惟其所決政策，仍由美政府命令最高統帥行之。遇有緊急事件，美政府並得發臨時訓令。惟涉及日本憲政機構，或管制當局之基本變革，或日本政府之變動，則須先得委員會之同意焉。又立監國管制日本委員會於東京，以美、蘇、中及英、澳、紐、印聯合代表凡四人組織之，而以盟國最高統帥任主席。此會之設，所以與最高統帥商討及建議關於管制日本之事宜者也。（三十四年十二月，美、英、蘇三國外長莫斯科會議所議決。）

# 葛芃吉《古代戰區比節考》序

　　地理之於人事，猶檠榜之於弓弩也。不明於地理，則人事無所依而施；不考諸人事，則地理無以見其用。今之言地理者，率訾昔時史家偏重兵事，使讀者於厄塞形便之外無所知，此非知言也。兵事之利鈍，亦係民生利病，物產豐嗇，非徒爭扼塞形便而已。秦之並六國也，論者謂由函谷之險，易守難攻，故一夫當關，九國之師逡巡而不敢進，然武關、函谷之險，劉邦、項籍固嘗不崇朝而破之矣。論者將曰：此胡亥、趙高、子嬰之自相屠，漢之兵力，遠弱於楚，未足破地理形勝之説也。然蒲津、臨晉之間，曷嘗有重險可守？春秋之世，疆場之役，一彼一此，豈可以一二數？而戰國之初，三晉不嘗侵奪河西地乎？然而晉卒為秦弱者，秦地曠民希，而晉地狹人衆，是以魏之武卒非不勁悍也，然地大而税寡，改造則不易周，其勢不可以持久。而秦徠三晉之民使耕，使秦民悉力於戰，遂克四世，有勝於天下。然則婁敬、子房必勸高祖都關中者，非徒以持戟百萬，秦得百二，亦以洛陽雖四塞，其中小，不過數百里，而秦沃野千里，南有巴蜀之饒，北有胡苑之利也。楚敗於兵少食盡，而漢高之克成帝業，乃以肖何之轉漕，其明鑒又不待夏后之世矣。然則留心兵事者，其所見又曷嘗止於扼塞形便哉？平湖葛君芃吉，邃於史，依紀事本末，成《古代戰區比節考》三百二十有二篇，使讀者開卷之餘，於古人之所以用其地者，若指諸掌，因以考見其得失。其用力可謂勤，而有益於來學者，亦可謂大矣。借讀既竟，心儀其人，敢述私見，以告來者。

　　　　　　　　　　　　　　　　　　　　寫於一九四五年

# 歷史上的原子炸彈

　　原子炸彈，他的確把世界上許多人嚇懷了。據説，原子彈初次在敵國投下時，廣島居民三十六萬，死者六萬，傷者十萬。還有二十萬，事後也多難於生存，這幾乎全部毁滅了。而且他的體積不大，用任何方法，都可以把他投出去，只要有九個爆發，整個的紐約，就都毁滅了。威力之大如此，無怪敵國受到了一顆，便要屈膝，而現在的三國外長會議，還視此爲重要問題了。生人至難，而殺人至易，倘使這一類殺人的方法而普遍被使用，倘使這一類的殺人方法而再有新發明，人類豈不真要整個毁滅？這也無怪人們的談虎色變，相驚以伯有了，然而不必，世界上原子爆炸一類的事情，正多着呢？

　　這話怎樣説呢？

　　還記得從前初立學校，使用教科書時，夏穗卿先生曾經編纂了三本中國歷史教科書，這就是後來商務印書館把它合刻，而改名爲古代史的。在他第一册中，講到炎、黄之際時，他還沿襲着當時外國學者的誤解，説三苗之國，就是後世的苗族，是先於漢族而入中國的，他佔據了長江流域，而後至的漢族，則居於黄河流域，他認蚩尤爲苗族的酋長，神農、黄帝爲漢族的酋長。他説：黄帝和蚩尤戰争的涿鹿，就是現在河北的涿縣。他説：神農氏是給苗族打敗了，逃到此地的，這已被逼退到黄河流域的邊緣了，倘使涿鹿之戰而黄帝再敗，漢族便要被逼退入今蒙古地方，幾千年來的歷史全變了，他這話，把現在的眼光看起來，自然無甚價值。他又説：蚩尤所以能戰勝神農，是因其憑藉利器。古書上多説蚩尤就是作兵的人，又有銅頭鐵額的傳説，他因此説：這就是西人的所謂銅兵期。以銅兵攻木兵，木兵之族，自然不能抵禦。然則黄帝又何以能够戰勝呢？他説：這是由於漢族在這時，亦有一種新兵器的發明。這新兵器是什麼呢？他説就是弓箭。這大概因爲《易經》的《繫辭傳》上，“弦木爲弧，剡木爲矢。”是叙在“黄帝、堯、舜垂衣裳而天下治”之後，而《世本》説揮作弓，夷牟作矢，注家又以爲揮和夷牟，是黄帝之臣，他所以有這種説法罷？這種説法，在現在看起來，自亦無甚價值。然而弓箭在初發明時，有其相當的威力，這是無可懷疑的。試看漢時公孫弘議禁民挾弓弩，還説"十賊擴弩，則百吏不敢前。"弓矢的强於短兵，自可想見。現在的柬埔寨，就是古代的扶南國，在中國的歷史裏，還流傳着一件故事。説這一國本來是以女人爲王的，名字唤做柳葉。柳葉甚壯健，好像是個男人，後來他的南方，有一個人，唤做混塡。他是虔事鬼神的，有一天晚上，他做了一個夢，夢見一個神人，賞賜他一張弓，還教他怎樣乘坐商人的船舶入海。他醒來，便到神祠裏去。在神樹下，得到了一張弓。他便依神言，乘船入海。浮到扶南，柳葉手下的人，要想去打劫他。他便彎弓發箭，射穿了柳葉的船板，還透過去，傷了柳葉的侍者。柳葉大懼，便率衆投降。他乃以柳葉爲妻，而自做了扶南王。這雖然是段神話，却隱寓了一個有弓箭之族，征服無弓箭之族，至少是有較强的弓箭之族，征服較弱的弓箭之族的影子。固然，弓箭的殺人，其力遠不如原子炸彈之大，然而毀滅力量的大小，是要合着被毀滅的東西的大小而後見的。在古代，一個很小的部族，其覺得弓箭的可怕，怕未必減於今人之視原子彈罷？迦太基滅亡之時，曾有其人全部死滅的傳説，這固然未必確實，然其死亡之多，則必非虛言，當時的羅馬，又何曾有什麽原子炸彈呢？

至於一種兵器，足以影響戰争的勝負的，則更往往而有。讀史者都知道，女真的兵，是很堅强耐戰的，況且他入中國之後，所驅使的，一部分就是中國人，這在他，自然無所顧惜，要盡量的加以刑驅勢迫了。在這種情況之下，宋朝的兵，自然很難抵禦，然而宋朝是時，有一種利器，名爲神臂弓，使用起來，女真的兵，就往往被他射退了。這神臂弓雖名爲弓，其實是一種弩。他的構造，亦頗複雜。宋朝的軍法，遇有戰敗退却，不能帶走時，須要把他毀掉，爲的是不給敵人知道製造的法子。這種秘密，似乎竟給宋朝人保守住了。所以宋亡之後，不聽見這種利器，再被他人使用。而其製造的方法也不傳，只在《永樂大典》裏，還留着幾張圖樣。清朝編纂四庫全書時，這幾張圖被發見了。有些人想按圖索驥，把他製造出來，終於不能成功。其中有人説：西洋人心思最巧，何不給他們看看，或者有成功之望？又有人説：西洋人最詭詐，安知他不把我們的法子偷了去，却騙我們不懂得呢？衆皆陳是，議遂作罷。這件事，見於紀昀的《閲微草堂筆記》裏。《閲微草堂筆記》雖然是小説，然而中國的小説家言，本來是有虛有實的，這件事必非虛假。然而一種利器，足以影響勝負，而其製造方法，始終爲一方面所獨佔的，實並非没有。

這還是以一件兵器論，而全般的兵器，把戰争的兩方面比較起來，其一方面遥爲落後的，亦並非没有。大家都知道，五胡中的鮮卑，是早就存在的。他在後漢中葉以前，寂寂無聞，到後漢末年，却忽然强盛起來了。其大人檀石槐，所能控制的地方，竟比匈奴盛時還大。靈帝時派三路大兵去征伐他，帶兵的都是當時有名的人，竟都給他打得大敗。這是什麽理由呢？我們看發兵之時，蔡邕反對，説當時“關塞不嚴，禁綱多漏，精金良鐵，多爲賊有，兵利馬疾，過於匈奴。”就可知當時鮮卑的兵器，必然大有進步。這不獨鮮卑，怕是古來一切野蠻之國，在某一時期絶無能爲，而在某一時期忽然强盛的一個公共的原因。當其未曾强盛之時，以文明之國之兵備臨之，原是處於壓倒的優勢的。因此推想，我國和西洋交通的初期，所以每戰輒北，固然有別種原因，然而兵器的不敵，實其大者。所以在五口通商之後，就有人説：當時的戰敗，並非戰之不力，西人火砲太强，華兵不能立足，戰守之術兩窮，實在是致敗的真因，這話並不能説他無理。當時的軍隊，作戰不力的，固非無有，斷不會全數作戰不力的，而終亦無補於事，就是其明證。我們這一次抗戰，有許多可歌可泣的事迹，然而真正對壘式的勝利，必俟諸緬甸和芷江的戰役，更是眼前的一個明證。

　　後來的戰爭，物質上的設備，兩方面絶對平等，怕從不曾有過，而一方面處於絶對優勢的，却非無其例，然而並不足以決定勝負，甚至勝負有時還與之相反，這是什麽理由呢？從非物質方面論，則是社會的原因，把他抵消了。孟子説：“城非不高也，池非不深也，兵革非不堅利也，米粟非不多也，委而去之，是地利不如人和也。”這是一個最好的説明。物是要人去運用他的，有物而無人運用，其物即等於無有，而且還有資敵的危險，借寇兵，賫盜糧之事，歷史上也是不乏其例的。若從物質方面説，則文明從來是有傳播性的，很難保守秘密。所以一國的物質條件，要絶對的優於他國，或長期的優於他國，簡直是不可能。譬如在近代，中國和西人作戰，兵器固然遠愧弗如，然亦未嘗無較劣等的槍砲，並非真以弓箭刀槍作戰，咸豐十年北京條約一定，英、法兩國，就願意將其軍械售給清朝，而且願意代他教練軍隊，使用這種利器了。這時候，外人方深恨清朝的頑固，豈不知其一時的屈服，並非心服，要防他既得利器，再行排外？然而其事竟如此。在第一次歐戰以前，各國的軍械，幾於無所謂秘密。這一個所發明的東西，不轉瞬，別一國也就會製造了。有人説：這是製造軍火之事，落在私人所設工廠手中之故。資本主義是只知圖利，即將國家民族出賣，而亦在所不恤的。即謂不至於此，然既欲圖利，即不能將新式武器，秘不出售。而其器既經售出，即難禁人家的仿造。昔人詩云：“鴛鴦繡出憑君看，不把金針度與人。”後人爲之轉語云：“針痕綫迹分明在，請把鴛鴦仔細看。”就是這個道理，當時的國家，因不能自己擔任巨額的軍火製造費用，由得私人所設的工廠，自行籌劃，所以不能禁其將軍火售諸外國，而且以爲這是可以將外國的款項，來養護自己的工廠的，正自以爲得計，而孰知這樣一來，就把各國的軍備扯平了。現在競爭益烈，從今以後，國家必將耗費巨額，專門從事兵器的研究製造，重要的發明，決不會再落入私人手中，其事就容易保守秘密了。這話固然有理，然又有爲之制限的，則是各國科學的程度，大致相等，這一國會發明的，並不能禁他國之亦從事於發明。原子炸彈的秘密，不能終保，不但俄國人這樣説，就美國人也這樣説，即其明證。

　　然則利器雖若可懼，而何以能有此器？何以能用此器？仍必有別種條件，與之配合。況且世界競務於戰爭，只是帝國主義發達的結果，在別一個時代，人類的知識，雖沒有能使戰爭絶迹，然亦決沒有專以戰爭爲務的，今日的情形，自然説不上太平，大同，然亦安知其必重走從前的舊路？何至於一見五國外長會議的不歡而散，就神經過敏，猜測着世界必將有第三次大戰呢？我亦並非説立國可以忘戰。世界而未至於太平，大同，戰備自然是不能沒有的，然亦豈可如德、日等國，以爲國家的出路，全在於此？立國自有其正當的途徑，只要循着正當的途徑走，戰禍並非不可避免，即使不能避免，戰備也必至於落後的，聞一新發明而膽戰心驚，殊不免於杞人憂天之墜。以爲原子炸彈殺人的力量太利害了，各國將從此不敢戰爭，那更是見彈而求雀炙，見卵而求時夜了。

　　原子炸彈，有沒有功用呢？有的。然其功用，亦只限於其是原子炸彈。原子炸彈，總只是原子炸彈。

　　　　　原刊《新紀元》創刊號，一九四六年一月一日出版

# 從章太炎説到康長素梁任公

沈延國先生做了一篇《章太炎先生晚年記》，這使我想起近代的幾個學者來。

所謂學者，在中國這麼大而文化又這麼古的國土<sub>此土字相傳讀去聲，近人因寫作度字</sub>裏，每一時代之中，實在都不會少。不過純粹的學者，是不會被大衆所知道的。大衆之所知道，大概是和社會、政治有些關係的，而尤其是變動之際。因爲一般人和純粹的學術，本來是沒有關係的啊！從前的人，嘆息着説："歷史上儒林文苑傳中人，名字誰能記得？然而要在這裏頭挨下一個名字，已經不容易了。"就是爲此，受人注目的學者，論其實，亦是時代使然。必時代在變遷之中，才有議論可發，而且所發的議論，往往是劃時代的，至少是異軍蒼頭特起。這種議論，在這個時代中，亦必有若干人，懷抱着相同的意見，不過或引而未發，或發而未暢，或雖暢發之，而未能發生大影響，以致負盛名而爲大衆注目的，不過一二人，這可見人之聰明才力，相去絶不甚遠，而其成名與否，亦是有幸有不幸了。然以代表時代論，則這少數的人，處於極重要的地位，總是無可懷疑的了。

本此意以立論，則在近代學術史上，佔重要的地位的，可得三人，那便是康長素、梁任公和章太炎，將這三人的事實，加以剖析和評論，頗覺饒有趣味。因爲他們有許多地方，是立於相對的地位，而在時局動蕩之中，代表兩方面的性質的啊！

怎樣説他們是代表了兩方面的性質的呢？原來社會是時時需要改革的，然其改革卻極不易。所希望的目的，未曾達到，因改革而來的苦痛，倒不知凡幾了，人們當此之際，就要囂然不寧。此時之所當務，乃在考察這件事情，究竟需要改革與否？如其必需改革，則這種痛苦，只是改革方法不善所引起，我們該竭力改革其方法，而改革之事，決不可因之中止，如其不然，則此改革本屬多事，我們竟把它停止就是了。這本是顯而易見之理，我們在日常行動之中,亦總是如是的。苦於社會的體段太大了,其利害複雜而難明。還有一班私利害和公利害相違反的人,不惜創爲歪曲之論。於是手段和目的,牽混爲一。目的本來好的,因其手段的不好,而連帶被攻擊;替目的辯護的人,明知其手段的不好,亦必一并加以辯護;遂至是非淆亂,越說越不清楚了。這種爭辯,最顯而易見的,便是宋朝的新舊黨爭,這不過是一個最顯著的例子,其餘有類於此的,實不知凡幾,不過其事較小,不易受人注意罷了。

在清末,是一個大變動的時代,自然免不了要有這種爭論。人們的性質,大概可分爲兩派:一派感情較重於理性。他們熱情激越,偏見着現狀之壞,及其不可不改革,而不暇計及因此所生的弊竇。其又一派,則理性較重於感情。不肯徒騖其名,而必考察其實際的情況,所以容易反對名不副實的改革。康長素是前一派中人,所以首唱變法之論。而且他的改革是不徒限於政治,而要普及社會的全般的,他可稱爲最大的空想派社會學家,而且具有宗教家的性質,讀他所著的《大同書》,便可見得。梁任公的性質,比康長素要中和些,然亦近於這一派。他自稱是"多血多淚"的人,他所做的文章,理性固極發達,然其能够感動人,而使嚴幾道稱之爲"任公筆下,殆有魔力",怕其效力還是以感情方面爲大,章太炎的感情,也是極激越的,然和康梁比較起來,則其頭腦要冷靜些。所以在比較上,可以算屬於後一派。他非不主張改革,然在戊戌變法以前,在上海的新黨叫囂浮薄的狀態,卻爲他所看不慣。戊戌黨案中人,雖亦賢不肖不齊,在大體上說來,總還算是君子。然其中有貪戀權勢,欣於人家的奔走、饋贈而不忍去,以致終罹其禍的,他亦不肯寬恕,而援《春秋》責備賢者之義,加以指斥。後來立憲之論,掩襲一世,他又審中西情勢之不同,作《代議然否論》,以明其行之中國,不必能得善果。都可見得他綜核名實的精神。

在戊戌變法以前,所謂變法,還是從中國的舊路上着想的,這自然想借重於君主的權力。所以康長素論變法,總說君主之力,是"雷霆萬鈞",他希望清德宗做俄國的彼得,日本的睦仁。即章太炎主《時務報》筆政時,亦說"變郊號,柴社稷,謂之革命;禮秀民,聚俊才,謂之革政。今之亟務,曰以革政挽革命"。文見《時務報》第十九期,題曰《論學會有大益於黃人亟宜保護》。其上文曰:"居今之世,將欲壅遏民氣,使不得伸,無論其無成績也。幸而勝之,雖不土崩,猶將瓦解,是自遏抑吾黃種,而反使白種爲之尸也。雖然,土崩又非百姓之利也。秋霜降者草花落,水搖動者萬物作,故内亂不已,外寇間之。昔者八王相哄,而劉、石遑其志,張、李橫行,我朝以成龍興之業。苟有揭竿斬木者,是自戰鬥吾黃種,而反使白種爲之尸也。"其言與後來康、梁所主張革命不如立憲之說殊相近。這不是他在這時候沒有革命性質，不過凡事須有其可能，在當時情勢之下，革命自無從談起，所以他們不期然而然，同走上希望朝廷變法之路罷了。自戊戌政變之後，至庚子拳亂之前，中國士大夫的思想，都還是如此的。這時候，是康長素的保皇黨得勢的時代。在言論界爲其代表的是梁任公所主持的《清議報》，在日本出版，共出了一百期，其議論，全以推翻孝欽后，扶翼德宗，使得政權爲宗旨。然唐才常的起義，事既難成，康長素上書兩廣總督李鴻章，勸其乘拳匪之亂，推翻"牝朝"，又不爲其容納。牝朝自沒有如此容易推翻的，德宗的獲握政權，遂成爲無希望；藉君主之力變法，遂成爲此路不通。而此時人民對於外情，亦更熟悉了；所圖改革者，遂不在乎政事而在乎政體。偏重感情和偏重理性的人，就一走上君主立憲，一走上民主革命的路了。

把君主和民主比較，則君主較舊而民主較新，偏於理想的人，似乎該走民主一條路。然把革命和立憲比較，則革命是吾家舊物，而立憲的觀念，則來自西洋，所以康長素就走上君主立憲的路，章太炎就走民主革命的路了。梁任公的性質，是最善變的，當其初受學於康長素之時，長素即以流質相戒。壬寅、癸卯之間，他發行《新民叢報》，其宗旨也變了，從保皇的主張，一變而爲民主革命。然在康長素致書與之辯論之後，不久，他就改爲君主立憲了。這時候，他所主持的《新民叢報》，和章太炎、胡漢民所主持的《民報》，有很激烈的辯論。但他畢竟是善變的，到後來民主革命已成事實，他也就不復置議了，而且說："立憲國的君主，雖無權力，名義上畢竟是一國的元首，使漢人而奉滿人爲君，從民族主義的立場看來，畢竟不甚圓滿，無怪漢人要推翻他。"這已自認從前的主張君主立憲，只是不得已而求其次，並非以此爲滿意的辦法了。康長素則始終抱定一個民主必致亂的見解，欲擁立一君主以救之，竟以此而陷身於復辟之役。梁任公的見解，康長素豈不之知？而他只顧慮實際上的爭亂，不恤漢人的民族主義，因此而陷於不圓滿，他似乎是最注重實際的了，其實，這正見得他的偏於空想。因爲革命而至於亂，只這是法國的事，因民主而引起爭端，這只是南美洲諸國的事，中國與歐、美時異而地亦殊，安知必蹈其覆轍？而他讀了一些外國書，即固執着中國要實行民主革命，勢必亦至於此。不以法國與南美的事，爲其特殊的環境造成，而視凡行民主革命者所必至，這正見其但憑理想，不切實際了。

梁任公的善變，確實是古今所罕見的，他不但從中國流亡到外國會變，就從外國再回到中國來，也還會變。他從主張開明專制，變到主張民主革命，從民主革命，變到主張君主立憲，到辛亥革命軍興以後，他又主張推翻清朝，而擁戴衍聖公做君主了。及民主之局已成，則他又反對袁世凱的帝制，而參與護國軍。他少時亦跟着康長素，主張把孔子抬出來做中國的教主，後來又主張儒家之學，不具宗教性質。他在三十歲時出遊新大陸，美國社會黨去運動他，他説："這離中國的現情太遠了"，笑而謝之，不與之語。到後來，社會主義在中國頗爲流行，他對之亦有相當的瞭解，能參與辯論。人在什麼時候算老，這不能看其頭髮的黑白，飯量的大小，筋力的盛衰的，主要的看其受教育的作用，是否停止。怎樣是受教育的作用停止呢？那就是見了新事物，不再感覺興趣，沒有好奇心去探求它，而昔所未聞之語，有人提示給他，他亦再不能瞭解了。本此義以立論，則梁任公的可塑性，可謂是最大的。於此點，他和其師康長素，可謂適相反，而亦遠非其並時諸賢所能及。俗話説："做到老，學到老"，唯梁任公其庶幾。在其並時諸賢中，唯譚復生的思想最爲瑰奇。然復生的思想，太不切實際，較之康長素更甚。使其不早死，其思想達到某一限度後，怕也是會固定不變的，長素就是一個好榜樣。

然而梁任公的可以佩服之處，倒不在其天分的絕人，而在其侃侃直節，他生平最擁護真理，他最服膺亞里斯多德"吾愛吾師，吾尤愛真理"之言。早年唯康長素的馬首是瞻，後來也不恤與之立異了。他並爲擁護真理之故，不恤以今日之我，與昨日之我挑戰，護前之見，他可謂絲毫沒有的，這種光明俊偉的態度，可謂自甲午之後，清議興起以來，五十年中，言論界之所僅見。他雖與人辯論，絕不肯作人身攻擊。人家對他作人身攻擊者卻不少，他從不肯作一次的報復，只是曉示人家以辯論不當如此而已。在這一點上，他的道德，實超過了中國從來的辯論者，而開示人以西洋辯論的美風。惜乎中國現在的言論界，對於這一種良好的模範，又漸漸的遺忘了。他爲擁護真理起見，從不肯作歪曲之論，然又絕無求勝之見，所以到有關大局之處，寧受屈而緘口不言。當他主持《新民叢報》時，和《民報》相辯論。《民報》有一次，把君主立憲不利於滿人之處暢發了，他以爲這個問題，不可再辯論下去了，若硬説於滿人有利，則將流於歪曲，若暢説於滿人不利，則將增加君主立憲的阻力，於是緘口不言了。既不肯歪曲真理，又不妨害大局，這真是言論界的模範。

然而侃侃直節，亦非梁任公所獨具，章太炎、康長素，亦皆有其不可及之處的，太炎以勳章作扇墜；臨總統府之門，大罵袁世凱包藏禍心；七被追捕，三入牢獄，而革命之志，終不屈撓，沈先生文中業經説過了。從來冒犯權貴易，得罪朋友難。因爲權貴雖然是權貴，和我們的關係，其實是疏遠的，朋友就不然了。太炎和康長素一輩人，非無雅故，然因學術上的歧異，即不恤稱長素爲妄人。蔡元培在五四運動時代，是一個很有名的人物，他不但以學問見尊，而且以名節見重，太炎卻說他："國安則歸爲官吏，國危則去歐洲。"元培是否如此，我不欲推論，然太炎爲取巧立名者戒之意，則可謂至深切了。最提倡甲骨文的人，就是僞造甲骨文的人，他在《國故論衡》之中，亦與以揭發，更使人見得自命亡清忠臣遺老之流，沒有一個人是端人正士。"其本亂而末治者，否矣，其所厚者薄，而其所薄者厚，未之有也。"背叛民族，腼顏事讐之人，其言行豈尚有可信之處？這真是爲操人倫之鑒者指示方針了。康長素亦是參與復辟之役的，如此說來，似乎說不上直節。然而康長素的參與復辟，和其餘自命忠清之士，實在是大不相同的。他到晚年，神經實在已有變態了。當民國十五、六年間，他曾在上海講學，他對聽講的人，大談其他世界，及其自己與他世界的交涉。他這些話，不是騙人的。依據心理學家、宗教學家、社會學家的研究，從古以來，神巫、聖僧等，所謂若有所見，在他自己，亦自確有所見的。既如此，無怪其和現實世界隔膜了。當梁任公遊說段祺瑞參加歐戰之時，康長素竭力反對。反對固無不可，然他所持的理由，全不知道是些什麼話。可見他這時候對於現實，已毫無所知，他的參與復辟，亦只是和現實世界隔膜太甚而已，乃是病理問題，而非人格問題。從古以來，英雄豪傑，晚節不終的很多，怕和這一個問題，都大有關係。因爲這許多人的失敗，固然有外來的原因，和他本人不相干，然亦確有由於本人措置失當的。爲什麼早年是英雄豪傑，到晚年，其所行者，會全與現實相背呢？這或者由於生理上的關係。依我看來，這種人感情的作用極強，而理性的發達較欠，兩者不能成爲一個平衡。當其早年，感覺銳敏，能够和外界相協調，當這時候，迫之以旺盛的感情，出之以堅強的意志，所以能做一番事業。及其晚年，則漸與現實隔絕，遂至不能適應環境，終致招來失敗了。這亦是歷史上一個很可研究的問題。

　　在言論界中，能够擁護真理的，梁任公以外，還有一個嚴幾道。嚴幾道學問的規模，比康長素、梁啓超、章太炎都小。然其頭腦確是很冷靜的，其思想亦極深刻。他不是單憑理想，不顧事實的人，所以他在政見上，可說和章太炎屬於一派。他的政見，表示得最深切的，在其與熊純如諸書札中，具見於柳翼謀等所主持的《學衡雜志》。他斷乎不肯附和他人。對於徒憑感情，不察實際之論，他最不以爲然。當時有一派人，擔憂西學輸入，中學將亡，力持保存國粹之論，他最爲反對。他知道無論古今中外，學問的實質，總是一樣的，學問無所謂國界，所以西學輸入，中學只有相得而益彰。在這一點上，他在並時諸賢中，所見最爲深切。無怪以梁任公的疏通知遠，在他看起來，還嫌其感情用事了。他的固執己見，力與流行之論爲敵，第一次見之於我國因華工問題抵制美貨之時。英國的東印度公司，以一商業組織，而能征服印度，替國家拓地萬里，自常人觀之，可謂豐功偉烈，然斯密亞丹仍加以譏評，他於此點，最深佩服，説學者的態度，應該如此，於其所譯《原富》識語之中，三致意焉，可以見其論事論學所持的態度了。

倘將清末士大夫和宋朝相比，則康長素最像王安石。他的性質，可謂極執拗，其偉大在此，其不能盡善亦在此。倘戊戌變法竟能有成，其成績大概也和王安石的新法相髣髴的。梁任公最像蘇東坡。他是個冰雪聰明的人，對於人情世故，見得極其通透，早年的議論，還未能絶去作用，到晚年，就更趨於平實了，然亦只是坐而言不是起而行的人。他在宣統年間主持《國風報》時，還説："吾若能履中國之土，自信必於中國有所裨益。"又説："除卻國務總理以外，終身誓不做一官。"他在這時候，看得事情還容易。然到後來，就除卻國務總理也做了。這已可謂屈於小就。然他還勸人家，不必多發議論，這是無益的。他説："我辦了這許多報館，然一入政界之後，就什麽報都沒有功夫看了。"他到這時候，才知道實行理想之難了。所以到後來，除贊助蔡諤護國，遊說段祺瑞參戰，曾一居參謀之職外，其餘就什麽官都不做，而寧以講學遣其殘生。章太炎自然就更不能做實務了。所以他除了民國初年，一出而任東北籌邊之職，旋即告歸外，亦終身未居官職。對付人和處置事，本係兩件事，即計劃對付人，和實踐對付人，也不是一件事。康長素、梁任公、章太炎都是長於計劃，短於任事的，這是他們不脫學者本色處。這不能看作他們的短處。運籌帷幄與決勝疆場，不能併爲一談，此仍分工之道，軍事如此，政治亦何獨不然？貴實行而賤謀劃，只是簡單的社會中淺薄之見罷了。章太炎和嚴幾道，如把宋代的人相比，可以比作范純仁。他雖是講究實際，反對徒騖其名的人，然對於法之不可不變，新法雖受人攻擊，然其中自有長處，而舊法亦非無弊，不可因循，亦是知道得很深切的。他固不能算作新黨，並不能算作舊黨，實當算作新舊兩黨間的折衷派，這雖蘇東坡亦是如此，不過向來歷史上沒有這折衷派的名目罷了。我們若將事實詳加研究，亦未始不可作此新分類。這也和章太炎、嚴幾道在近代士大夫新舊派間所佔的位置很相像。

成敗不足以論英雄，因爲事之成否，多半決之於外來的因素，而一個人的主張，則是原於其所處的地位。任何一個人，其所主張，總代表着社會上一方面的需要，即使其人失敗，其所主張亦決不會全然廢棄，不過事不成於其手，通常的議論，就不以爲是其人的成功罷了。本此義以論康、梁、章，則章太炎民族革命之論,可謂成功,康長素、梁啓超、君主立憲派之論,可謂失敗。然章太炎的成功亦只限於民族革命而已,其餘的主張,可謂都未實現。在近代的政治史上,可以算作成功的,大約是孫中山先生。中山先生固然是實行的政治家,然亦可以算是一個學者,所以在此處也不妨相提並論。中山先生的學問,和康、梁、章都不同。康、梁、章的學問,都是從士大夫階級産生的,孫中山的民族主義,則實從太平天國的餘波迤演而來,可謂出自平民階級。康、梁、章的改革手段,都以中國的舊見解爲基本的,雖然康長素變法之見,多得之於國外的觀感。孫中山的民權、民生兩主義,則其見解,都是植基於外國學問上的,雖然到後來亦將其和中國舊説相貫通。然則士大夫階級的改革路綫失敗,而起於草野者卒成;從中國的舊觀點出發的手段失敗,而順應世界大勢者卒成,我們可以説:“這可以覘世變了。”

　　以上論康、梁、章的話,都關涉到他們的政治生活,純粹的學術方面,還未曾論及。他們既都是學者,這一方面,自然不能置諸不論。而且他們的政治方面,亦都是和學術有關係的,則其學術方面,更不能置諸不論。

　　説到這三位先生的學術,其首先當提及的,還在經學方面。因爲清朝是考據之學盛行的時代。考據之學,中心在於經學,所以這一時代的學者,其學術,往往是以此爲中心,而延及於別一方面的。經學中有今古文兩派,康、梁是主張今學的,章太炎是主張古學的,這是人人之所知。康長素其實算不得經學家,他不過以意立説,而以經説爲之佐證,如陸子靜所謂“六經皆我注脚”而已。他有名的著作,是《孔子改制考》、《新學僞經考》。都不是他自己所作,他不過發凡起例,其材料的收集、排比,實皆其門弟子所爲,其元刻本,每卷之末,尚都附有這些人的名字,這兩部書,影響於學術界頗大,然站在經學的立場上説,則其書實在是無足取的。因爲古來的史事,傳者本不翔實,古人主客觀觀念,又不甚分明,所以其書中叙述史事,往往以意爲之。自己的理想,固然和前代的事實,夾雜不分,即前人的理想,以及前代的法令等,亦多與其時的事實,混合爲一。如康長素所云“古人爲實行其理想,怕其無徵不信,乃硬説前人是如此”者,固不免於或有,然恐實居少數。其大多數例是出於別種原因的。近人楊寬正云:“古事之不實,由於無意傳僞者多,由於有意造作者少”,可謂一語破的。古事如此,古書亦然,《左傳》是否《春秋》之傳,《詩序》是否詩人本意,這兩個問題,我至今抱着否定的意見。然謂作《左傳》者,有意造作一書,以破壞《公羊》,作《詩序》者,有意造作三百十一篇之序,以反對魯、齊、韓三家,則實在並無其事。大概當時有種喜歡讀古書的人,見古書有部分材料，和《詩》與《春秋》相發明，乃取來撰成《詩序》，編成《左傳》，自立一家學說。這種著作，而且非一人所成，還經過多人的賡續修改。到後來，雖然此等學說，亦被人家造作一大串名字，説其出於某人某人，然這怕不是初期的事。當其初期，則從事於此者，不過自著其所得而已。假使問作《詩序》者：“此序是否你根據古書所作？”問作《左傳》者：“這部書是否你排次舊籍而成？”怕他們都會直認不諱。因爲這本無所謂作僞，所謂作僞，乃是其造作一大段傳授源流之後，罪名才能成立。而其贓證，還要到《經典釋文叙録》裏，才算完全，在《漢書·藝文志》裏，還很不完備。所以康有爲所云：“古事非真相，乃由先秦諸子有意所托，經説今古歧異，乃由劉歆等輩有意造成。”根本無此事實。長素之學，偏於經世致用，其門下本無考據專家，即梁任公亦然。任公之頗講考據，乃在《新民叢報》時代以後，其早年之講經學，不過隨其師之後塵，借經説以伸己見，即其中年後的文字，引徵經文、經説雖多，亦不過取材於經，以講古史，並不能謂之經學。章太炎確是經生。他生平學問，當以小學爲第一，這本是治經之本。他於解釋經文，是正經字，鈎考經説同異，辨章經學宗派，均有特長。主張古學則亦失之太過。他主張古學的意見，大定於戊戌前後。在《時務報》中的論説，尚引《齊詩》五際之説，雖或爲行文瑰奇起見，不必學問宗旨所在，然其未深絕緯候之説可知。亦見《論學會有大益於黄人亟宜保護》篇中，原文曰：“吾聞《齊詩》五際之説曰：午亥之際爲革命，卯酉之際爲革政，神在天門，出入候聽。是其爲言也，豈特如翼奉、郎顗所推，係一國一姓之興亡而已。大地動搖，全球播覆，内囊中國，罩及鬼方，於是乎應之。方今百年之際，其殆與之符合也哉？”《齊詩》荒怪之説，太炎此時亦未必信之，引之蓋增加文字之色采而已。然其上文言：“春秋至太平之世，周陸無表，不殊内外。黄池之會，夫差稱吳子。是故整齊風俗，範圍不過。若是曰大一統，益損政令，九變復貫，若是曰通三統。”亦公羊家言。又此篇欲以學會張孔教，以與景教、天方教敵，其意見，亦於是時之康、梁爲近。至己亥冬，《亞東時報》載其説經之文，深辨井研廖氏之説，則其旗幟漸趨鮮明。然其排斥今學，尚不如後來之激烈，可知其宗旨尚在初定。《亞東時報》乃戊戌政變後日本人在上海所出之雜志，以反對孝欽后及當時之守舊黨徒爲宗旨。此文題曰《今古文辨義》，署名爲“菿漢閣主”，讀其文，即可知其爲太炎之作也。載該報第十八期，出版於己亥十一月二十三日。漢朝今古學的争辯，其是非非一言可定。概括言之，則（一）爲傳授源流問題。此在古學，較諸今學，彌不可信。今學所言傳授源流，固非一無傳僞，一無假托，然以大體言，其學固傳之自古，觀其同一學派，遺説存者，率皆重規疊矩，如出一口可知。古文則各以意説，賈既不同於馬，服又大異於鄭，安得謂其同一師承？如此，則謂其説本出孔門，寧非子虛烏有？（二）爲研究方法問題。此當以古學爲優，今學的重規疊矩，不過能作留聲機器，其能以意發揮，如《韓詩》之有“外傳”者甚少。其好以新奇立異者，則又牽引讖緯，如涂涂附。古文家於此，則迷信的色彩較淡，且能博徵典籍，互相鈎考，各抒心得，不襲前人。雖其立説不必皆是，然以研究方法而論，循此自是正路。（三）爲經説優劣問題。此則仍以今學爲優。古學家研究的方法雖正，然其成績，仍未能突過前人，而且不逮。則（A）因其時間的短促。（B）且當時承學者雖多，真能從事於研究者極少。（C）又其時的人，不重思想，而喜講考證。考證而無思想爲之指導，則其所致力的問題，多無價值，其所主張的結論，亦難正確，倒不如毫不用心，徒循誦前人成説者，其研究方法，雖不足取，而其所循誦之説，仍可寶貴，試觀經學中深醇瑰異之義，多出今學，古學幾於無有可知。此三點乃總撮大凡，若欲詳盡説明，則非有數十百萬言不可。我初非能爲此之人，然我自信此等鳥瞰的見解，決不至於大謬。總而言之，要做一部正確的經學史，使古代學術史的一部分，焕然大明，非真有現代科學家的頭腦，運用精密的方法，不能勝任愉快。章太炎的思想，可謂極深刻，亦有極精密處，然要運用現代的科學方法，則尚嫌不夠。所以其主張古學之説，亦不過是向來經學家中一個門户之見而已。

　　經學，以考據言，是一個煩瑣的學問，近來的人，能從事於此者日少。以經世言，則已爲無用之學，肯用心於此者亦日少。所以康長素和章太炎，雖然都講經學，而其影響於後來，轉以史學爲大。古史的不確實，這在今日，是人人會説的，而説起這話來，往往引起“托古改制”四個字。其實他們所謂托古改制，多非康長素的本意。康長素所謂托古改制，乃説古人因欲改制，所以托古，是一種有意識的僞造。後人所謂托古改制，則把無意的傳譌、附會等，一并加入其中，其範圍就推廣得多了。這不過是一個古不如今的進步觀念，就是没有康長素托古改制之説，也是要興起的，或者還可以正確些。所以把打破崇古觀念之功，歸之於康長素，只是一個不虞之譽。而章太炎在史學立場上，竭力反對康長素，罵他是妄人，也是冤枉的。講起古史的材料來，實當分爲廣義、狹義。廣義的材料，凡是神話、傳説等荒唐之言，都該包括進去的。狹義的材料，則當以史官所記，和士大夫所傳，所謂雅馴之言爲限。論確實性，後者自然要大些，然亦只是五十步之於百步而已。如近人所説，以禹爲古代的一個動物，並無其人，這固然近於怪誕。然其發明《禹貢》不但非禹時書，所述的並非禹時事，乃後人據其時的疆域附會，則不可謂非一大發明。所以狹義的材料，也是要用種種的新方法，去剥落其中不可信的部分的。而廣義的材料，其中也有許多很寶貴的，有待於搜求洗煉。章太炎於此，不甚瞭解，他認爲根據神話、傳説，而否認古代史官所記，或士大夫之所傳，就是把中國古代的歷史抹殺了，把中國古代歷史抹殺，就是把中國古代的文化抹殺了，所以竭力反對這一派議論。他又認爲這一派議論，是淵源於康長素，所以罵他爲妄人。其實，近來研究史學的人，雖然喜引用荒唐的神話、傳説等，亦未嘗把史官所記、士大夫所傳，一筆抹殺；而其所謂疑古者，亦和康長素無甚關係。在這一點上，太炎並沒有認清楚最近史學界上的事實，而其見解，亦和現在新史學不合。

康、梁、章三位先生，對於史學上的功績，並不在於考據上。康長素本來不是講考據的人。梁任公、章太炎，都是有一些考據的著作的。任公最爲有名，然其所長實在通識方面，考據並無甚稀奇。章太炎是有一部分精確的見解的，然亦不過單辭碎義而已。這三位先生在史學上的功績，倒還在經世致用方面。梁任公最能以新學理解舊史實，引舊史實證明新學理。這對於讀者，影響最大。康長素的《官制議》、《歐洲十一國遊記》，章太炎發揮法治之説，如論古代監察制度之類，都能陳古以鑒今，對於時論，有很大針砭作用。惜乎近來講舊學的人，經世致用的精神太少，講社會科學的又多不讀舊書，偶爾擧扯，浮淺無謂；對於三位先生史學的精神，能繼承者絕少。史學家的正統，自然是不講致用的，然論三位先生史學上的功績，則實在於此。仰慕三位先生的史學，而忽畧了這一方面，就未免買櫝還珠了。

説到先秦諸子之學，晚近講經學的人，沒有不兼通的。這在純考據家，亦不過取其訓詁、名物，互相印證而已。在思想較瑰奇的人，則亦不能於其義理方面，有所發明。康長素是不講考據的，其托古改制的思想系統之中，卻亦兼苞諸子之學在内，但於諸子之學的本身，則無甚發明。梁任公在這一方面，用力頗勤，尤其是墨學，次則法家之學，其長處，亦在能闡明其思想和功用。章太炎則於考證解釋之上，兼有特長，這因爲他本是考據專家啊！先秦諸子而外，和中國的思想界大有關係的，又有兩種學術：一爲佛學，一爲宋代的理學。三位先生，在佛學上都有相當的造詣。我於佛學是外行，不敢妄加評論。但我有一種意見。我覺得佛家在昔日，是一種最進步的宗教，而在現今，則將成爲最落後的宗教。這話説起來太長了，在此處不能陳述。但若假定我這意見是正確的，則三位先生的佛學方面，對於將來，怕都不會有什麼影響。佛學中治心的一方面，自然是有其很大的價值的，然其精華，在中國，已被理學攝取了，而且還能除去一部分佛學因宗教而來的渣滓。所以在中國，欲求治心之自己受用及其對治事方面的良好影響，與其求之於佛學，不如求之於理學。於此點，康、梁兩先生，都給我們以很大的啓發。梁先生有專著《德育鑒》，此外在其《新民叢報》時代的著述中，康先生的《不忍雜志》中，都有許多暮鼓晨鐘、發人深省的議論。讀者若不厭陳舊，求得而讀之，很可以爲引入理學，尤其是理學中最進步的一派即陽明之學的階梯。這種著作，原無所謂新與舊的。

最後説到文學，這三位先生，亦可以説是近代文學史上最偉大的人物。文學是有其時代性的，必能以向來文學界上認爲最雅馴的語言，表達出現代的思想來，才能算真正的大文學家。若這兩條件而缺其一，則總還算不得十分偉大。在這標準之下立論，則康長素、章太炎，可以算作近代最偉大的文學家，梁任公就差一些，因爲他在雅馴方面欠一些了。不過他的文字，是另成一種新氣體的。在將來，這種文字體勢，或將盛行，則他有開山之功，其本身雖不盡純，而其開創之功，自不可没。這是將來的事，我們現在無從預知。所以梁任公在文學史上的位置，究竟如何，只可俟新發展的事實來解答。此外若嚴幾道，其文字可謂是力求雅馴的，然其"氣體乃比於八股"，這是章太炎在《華國雜志》裏批評他的話，這話是不錯的。文章當以氣體爲主，氣體而不足取，便根本不能算作文學。所以嚴幾道至多在翻譯文字中，可以算得一個別派，其自己所做的文字，是無足取的。若劉申叔、黄季剛等，其文字非不雅馴，其氣體亦自較嚴氏爲勝，然其思想本極有限，平庸膚淺的思想，求其文字的雅馴，本來是不難的。把他們的文字和太炎比較，便顯然可見了。以雅馴論，太炎在近代的文學家中，可稱第一，但其才力，則遠不如康長素的偉大。康長素代表着陽剛之美，章太炎則代表陰柔之美，在文學家中，陽剛之美，較諸陰柔之美，實覺物稀爲貴，這因爲文字的本身，偏於女性之故。康、章二人的才力大小，將其詩比較之，尤爲易見。所以論現代的文學家，當以康長素爲第一，而章太炎次之。

人的性質，不外乎狂狷兩種，即心理學上所謂内向性與外向性。以康、梁、章三位先生而論，則康先生是外向性的，章先生是内向性的，而梁先生介乎兩者之間，論學問、論事功，都係如此。

批評現代人物是最難的，尤其是直接、間接，都有雅故的人。章先生有一句話，我最佩服。他説："與通人居，決不如與學究居之樂。"我並不願和學究居，然見得所謂通人，我更避之若浼。我生平，不但不聽見什麽地方有通人，而輾轉托人介紹，或者自己冒昧去求見；人家要介紹我去見通人，我亦恒笑而謝之。有時亦偶與通人相遇，則寒暄而已。關涉道德、事功、學問、文章之語，一概不談。我非不知所謂通人者，自有其長處，然我有一個偏見，我以爲親炙某種人物，對於道德、事功，很有裨益的，因爲這不是紙上的事，能與之居，或見其人，其獲益自較讀其書爲大。若學問則一部十七史，從何説起，精深之理，繁複之事，豈能得之於立談之間？若文章之妙，則可以意會，不可以言傳，更與見面不見面無關了。我本太炎所云"敫生鄙儒"之流，"隨意鈔撮"，不過"聊以自娛"，對於學問文章，都無卓然自立之願。事功自審非性之所近，生平更未嘗有志焉，道德亦自愧未能立意進修。所以見通人，輒自遠，倒因此而四面八方，都無雅故，説述評論，可以較爲自由，這在近代的操觚之家，怕能如我者甚少，這倒足以自喜的，可惜我學問譾陋，所説述評論的，都無甚價值而已。

　　然我和這三位先生，雖無雅故，而讀其書，想見其爲人，受其牖啓之處實不少。而尤其是康、梁兩位先生，這或者因我在理性方面，最於梁先生爲近，而在感情方面，我也是一個空想的大同主義者罷？現在的學者中，我覺得錢賓四先生氣象頗有可觀；唯覺他太重視了政治方面，而於社會方面畸輕，規模微嫌狹隘而已。他最喜歡用"像樣"兩字，評論政治，評論人物亦如此。他有一次在光華大學的談話會上，曾説："康長素、梁任公、章太炎不必論。就嚴幾道也還像個樣子。"以康、梁、章三先生相提并論，而次及於嚴先生，在人論之鑒上，是不錯的。真正的學者，乃是社會的，國家的，乃至全人類的寶物，而亦即是其祥瑞。我願世之有志於學問者，勉爲真正的學者。如何則可爲真正的學者？絶去名利之念而已。顯以爲名者，或陰以爲利；即不然，而名亦是一種利；所以簡言之，還只是一個利字。不誠無物；種瓜不會得豆，種豆不會得瓜；自利，從來未聞成爲一種學問。志在自利，就是志於非學，志於非學，而欲成爲學者，豈非種瓜而欲得豆，種豆而欲得瓜？不誠安得有物？然則學問欲求有成，亦在嚴義利之辨而已。欲明義利之辨，則這三位先生，就是一個絶好的模範，雖其人已往，然讀其書，仍可想見其爲人，是在學者之能自得師而已。

原刊《月刊》第三期，一九四六年一月出版

# 論中學國文教科書

　　這幾天,有一位中學教師,拿了一本高中國文教科書來請教我。這使我這位亡清老秀才,民國大學教授,年餘六十,素以國學及舊文學知名的老學家爲難極了。這裏頭的材料,包括了四書、五經、先秦諸子、正史、《通鑑》,還有許多敍述學術源流的文章。講到派別及體裁,則駢文、散文、詩、賦、詞、曲、新詩、語體文、小説、平話,自先秦以至現代的人,無所不有,姑無論我不懂得,就使懂得,也何法講給學生聽?

　　隔幾天,他又要請我代幾點鐘課了,這使我更爲難了,教師來請教我,我還可以模模糊糊説個大略,對學生,是要徹頭徹尾,講個明白的,這使我如何辦法呢? 再四思維,到底沒有勇氣把這本書去講,我另找一些教材罷? 蘇東坡自己説:“天賦至愚,篤於自信。”我雖不及東坡,與此頗有同感。我現在,且把我所選的教材,和我講説的話,寫在下面,請教於教育家和文學家。

　　我所選的教材,係取自本年十一月八日大公報的北平通信,如下:

　　　　收復區和大後方的區別,最大的,就是不十分明瞭抗戰的意義。譬如北平,若干代表人物的思想,便和大後方至少有八年的距離,以此故,對於壓迫他們八年的暴敵。一旦投降,反而覺得他們可憐。“雖然日本也該有這麽一天。但是,但是……”

　　　　四萬武裝的日本兵,仍然乘著他們的黄卡車橫衝直撞。車上人在諷笑路人的奔逃。十二萬没有槍桿的日僑,更到處皆是他們和她們,散步、育兒、買菜、乘人力車訪友。矮人們大腹短腿,著西裝作蟹行,女人們仍然飄飄然的和服。這些僑民,並没有集中。有的,卻自動集中在新月飯店、東興樓飯店,及起士林咖啡店内,用他們容易得來的錢,揮金如土。侍役照舊以日語應待,恭謹不堪。而一些變爲新貴的敵僞人員,對於他們的舊主人,仍然深深鞠躬,爭著會賬,以示衷心之無他。

　　　　從太平洋上血戰回來的美國兵,卻不能不奇怪起來。睜大了眼睛問道:“這是什麽意思? 頂不好。”可是北平人反而見怪不怪。直得美國人看不慣，起身動手打時，才敢跟著拼命。據說平津一帶打日本人的，首先動手者，卻是盟友的仗義。

果然把八年來的事都忘了麼？為什麼看見人家打，還會跟著拼命呢？可見血和淚的債，到底是不易忘掉的。然而為什麼一定要跟著人家，才敢拼命呢？十五日，該報又有北平通信。説：

> 當各交通機關，一再闡述以德報怨，不念舊惡，保存民族固有道德時，這裏的良善人，偏偏連續著發生了許多次聚打敵人的全武行。誰是當地人如此苦悶？

感情到不能鎮壓時，終究要發洩出來，可見他心頭不是沒有一般滋味了。然而誰使他長期鎮壓着呢？八日報上的通信又説：

> 僅有的一件事，便是兒童們尚少這種愛敵精神，和平以後，日本兒童，沒有一個敢在街上走。因為沒有一次，不為這些小暴徒們截擊與毒打。這裏，可以看出北平可喜的新時代。

新時代，果然就能給我們以新的生命麼？僅使新生代而能不受古生代的影響，教育倒可以不講了，"何意百煉鋼，化為繞指柔"，怕古生代在其新生時，也和現在的新生代一樣罷？

然則從前的新生代，為什麼會變成現在的古生代呢？

人，前底不是老虎，不會單獨的和人家鬥爭的。還記得二十多年前，和甲乙兩位朋友談天。甲説道："近來看見一件事，真使人氣死了，有一個中國人在前面走，不知怎的，觸怒了後面的外國人，伸手便打他一個嘴巴。這中國人勃然大怒，正要發作，回過頭來，見是外國人，倒變作強笑了。口裏説道：我道是中國人，卻還是外國人。斂了笑容向前走。還自言自語道：倘使是中國人，我一定不和他干休了。中國人沒出息到如此，中國還有翻身的日子麼？"乙道："你也別這麼説。人到底是人，做事情，總要有些計算的。在現今的狀況之下，和外國人計較，你道有得直之望麼？終於不能得直，何必多此一舉？我終不相信人和人有多大的差池。你不見近來報上説：有一個德國人，到日本去乘火車，不知如何，發起脾氣來了。要打車上的侍者。車上人要干涉他，他便走入車廂，把門關起來了，口中還在大罵。火車到達之後，侍者便在法院裏控訴他。這德國人無可奈何，祇得自認不是，一道歉了事。日本，固然沒有領事裁判權了，外國人民，一樣受他們法庭的審訊，然而這個侍者，要是沒有人替他撑腰,你道他真會和外國人訴訟麼?"乙的話,可謂深有道理。人,總不是以一個人的資格,和人家爭鬥的。在某種情勢之下,就百煉鋼不得不化爲繞指柔了。商君治秦,史記上說他能使秦民勇於公戰,怯於私鬥。然則在先,秦民也是怯於公戰,勇於私鬥的。他卻以何法,使之倒轉來呢? 這種方法,似乎是不難想到的,我們現在,也不必去考究他了。然而人和人的接觸,方式多著,範圍廣大得很呢,決不能到處都靠著國家去鼓勵他。然則社會的風度,要求其正直無私,見義勇爲,我們該用何法造成他呢?

說到此,我請諸位同學想一想。他們没什麼説,我又續講了。我説道:

人,總衹是人,他們決没有以一個人的資格,替人家鬥爭的,具體的説,一個尚武的社會,就不然了。這是爲什麼? 從精神方面説,人生來就是個社會動物,他們是最喜歡受社會的獎勵的。一件事情,做得而有人説好,甚至非如此做,則在社會上竟無立足之地,那就是赴湯蹈火,也有人去的。從物質方面説:這種社會,對於戰死的獎勵,自然也不但是空言的讚美。至少他的遺族,要多受些人家的輔助。"戰陳無勇非孝也",這是中國相傳的古訓,這是爲保存家族的榮譽起見,然而管子説:有老母在,則不得不三戰三北。這也是人情。我們從前,曾調過苗族的土司兵出征,他們對於戰爭的態度,和我們大不相同。不但不覺得畏懼,倒還爭先恐後,像是出去做一回耍子一般。他們所以如此,就因爲他們的社會組織,和我們不同,他們的社會裏,不是這一個人,定要靠着那一個人生活的,便没有"有老母在"等問題。輿論,總是隨着實際的情形而轉移的,在這種情形之下,自然容易鼓勵人家奮勇向前了。這是説對外。

以内部而論,我還記得,在若干年前,有一個中國人,到西洋去留學。西洋的大學裏,是有一種舊生欺侮新生的風氣的。有一次,他給他的同學,打了一下,連臉都打腫了。他謹守著中國人不尚私鬥的教訓,去告訴校長。校長卻厲聲道:"你如此無恥麼?"意思是説:"你受了人家的欺侮,不能報復,還要來告訴我麼?"還有一個東洋留學生。他在東洋住得久了,有些地方,染了些東洋的風氣。有一次,他的兒子,在外面和小朋友遊玩,給人家打了,回來告訴他。他厲聲道:"你没有手麼?"意思也是叫他自己去報復。由此看來,東西洋的社會,都和靠腕力自行報復的時代,相去較近,中國卻較遠了。靠腕力自行報復,自然不是件好事,然而由第三者判斷,也是有利有弊的。這裏所謂第三者,該包括法庭和仲裁的私人在内。法庭和仲裁的私人,情形是怎樣呢?大抵爭執的兩造,不能没有強弱。判斷的結果,使強者便宜一些,弱者吃虧一些,事情總是易於了結的,要抑强扶弱,就難了。現在的法官或私人,是怎樣呢? 他們的目的,是在於俸祿或謝儀的。他們的審判,調處,都祇是一種經濟行爲。那自然要以最小的勞費,得最大的效果;自然要朝著易於了結的地方走了。這種第三者的判斷,自然也是要受社會的約制的。然而得當的批評,生於內容的明瞭,在現今社會上,各個人都爲着自己的問題,忙個不了,那裏有功夫去管人家的事情? 即使去管,也自然有種種原因,能使事情的真相,爲之混亂,他們又何憑判斷? 自然祇有能馺後從了事的人爲賢能了。朋友;凡事要主持正義,總要使其事情延長。擴大,難於了結,甚至終不能了結的。這種人,最容易受到社會的指摘。然而你要是看見,社會上這種人加多,這種辦事的方法,而處人家認爲正當時,你就知道社會的風氣,前進了一步了。

朋友,説北平的古生代,都不是可喜的,這是冤枉的。我們不看見報上又有一種議論,説北平的孩童們,都没受到毒化,要歸功於家庭教育麼? 這話是真確的。然而對外的鬥爭,要是不能從速獲勝,束縛久而不能解除,民情是會跟着變遷的。因爲現今的社會,一般人的腦海里,歷史是不會久被記憶着的。當滿清初入關時,强迫中國人剃髮,打辮子,中國人也曾抵死反抗過,然則滿清滅亡時,又有留着辮子,自以爲保存國粹的了,其時間也不滿三百年。朋友! 你不看見印度的回教徒和印度教徒,相互敵視,至今還成爲印度獨立的阻力麼? 印度自始何嘗有所謂回教來?

以上是我所講的第一個階段。通信裏還有一些材料,我便把他采作第二個階段了。

> 日本人在西直門外,建立了新住宅區,但他們自己卻至今不肯遷往那冷落的區城。曾經用來和城內中心區的房屋作交換。

中國人,是以善於同化異族著名的。五胡、契丹、女真、蒙古,以武力侵入中國的,都給中國人同化了,就是這樣同化了的麼? 通信又説:

> 有人説:七百年來的古都,一向是用這種以不變應萬變的軟磨硬的方式,來抵抗侵略的。北平人像是牛皮糖,隨時都可以復原。抗戰前的生活方式,也就是幾百年前的生活方式。外人在這裏創造自由主義,本地人能夠適應;外來人在這裏建立專制主義,本地人也能夠順受。

果然這種老法寶,還能再用之數百年,而期其繼續有效麼? 對不願住在新住宅區,而願意將其和城中心區房屋交換的人;對集中在新月飯店、東興樓飯店、吉士林咖啡店,揮金如土的人,自然這是有效的方法。但是這祇是他們專靠武力侵略，連自己的生命，也不知其究在何時的結果，非武力侵入的異族，怕就不是這樣了。就是以武力侵入的，祇靠我們這一次的抵抗，始終沒有停止，而淪陷的區域，爲時也不過八年。倘使其再延長一些，我們的抵抗力再弱一些，他們朝不保暮的情勢，比較緩和一些，那時候的情形如何，就又要難説一些了。民族不過是文化的結晶，文化不過是生活的方式。五胡、契丹、女真、蒙古，我們的生活，實在沒有什麼要傚法他的。茶食、餑餑，最初雖是女真食品，然到現在，久變爲中國食品了。茶食二字，原祇算得中國話。餑餑在滿清未亡時，我也祇在市招上看見，以後就並此而不可得見了。中國人，自然再沒有住蒙古包的。然則北族的生活，改變了中國人的生活的，怕祇有睡熟炕這一件事，因中國人貧窮，生不起火，所以這種風習，在黄河流域，也成爲適者罷？現在卻如何？大餐能不吃麼？就使能不吃，害了病，西藥能不吃麼？國藥鋪非不到處都是，爲什麼戰時接濟，戰後救濟，藥物也成爲主要物品之一呢？洋房能不住麼？就使能不住，火車，汽車，能不坐麼？坐火車，汽車，到底不是騎馬，人的生活，能不因此而引起變化麼？自今以往，到底從前軟磨硬的法寶，能否繼續有效？而且保證人家的文化，對於我們，沒有磨的力量呢？

通信裏末了一段，是很有文學意味的，我又采取來，作爲我代課的結束。

　　到北平來，風沙依舊。最大的希望，是想在治安允許下，去憑弔一次盧溝橋，看看石獅子的眼淚，乾了沒有？抗戰第一個七七紀念日，敵居留民會，在第一彈的所在地一文字山，立了紀念碑，滿山滿野，敵僞歡呼若狂。到今天，這塊碑，仍在盧溝橋畔。

朋友你看不見，在上海被敵僞改去的路名牌，至今還沒改過來麼？

　　盧溝橋，當認爲我們的聖地，回來的人，應向這裏集中，向永定河懺悔。讓這聖水，洗滌了我們八年來的罪惡。再用一個新的抗戰陣亡將士紀念碑，來代替了那醜惡的一文字山紀念碑。

　　這是可能麼？有多少人回來，曾想起盧溝橋？有多少人，曾想起了懺悔？

這種文字，學生讀了，感動的程度，比讀《水滸傳》、《紅樓夢》如何？何況《詩經》？我總不懂，許多自命爲新文學家，爲什麼總説《詩經》、《楚辭》，極有趣味？爲什麼我總不懂？畢竟老學究的程度落後了麼？他們瞭解的程度又如何？且如詩序，有多種高中國文教科書，都把他選入。這一篇文章，教給中學生，到底打算如何解法？我倒想請編這部書的人，做一個教案，給我看看。

你到底在教經學？還在教國文？

快別迷戀着你的舊夢罷：我們自動的，把古語留作一種特殊的教科，使普通學生，省下一些功夫來，來做個現代的人。已死的古語，在學校裏，雖然少被誦讀了一些，卻可保存我們這民族的活言語，否則"滿兒學得胡兒語，爭向城頭罵漢人"，到那時，怕未必有人，記得什麼詩云子曰了。

我決不是不知道舊文學的用處，亦決不是不知道舊文學自有其文學價值，能夠感動一部分人，而且感動得很深，然而我總覺得任用何種方法。提倡，這一部分人，永遠祇是這一部分。我曾見一個從小在新式學校畢業，並没讀過一句舊書的人，長大來自行研究，其國學的深沈，舊文學的淵雅，在今日都爲第一流。我又見過一個和我並時，而且略早的人，從小在私塾裏，讀過許多舊書，當其讀書之時，其書遠比我爲熟，長大來做了帳房先生，十足的腸肥腦滿，小時候讀的書，都不知忘到那裏去了。詩云子曰，對於他的爲人，再没有一些影響。

我們這一次，物質上的損失，反正已經大了，倒也不在乎再損失一些。如果可能的話，我倒想把商務、中華、開明、世界、正中……的中學教科書，一概付之一炬，祇各書局所選的活頁文選，留下一小部分來。然而這也不是必要。我"天賦至愚，篤於自信。"我倒説：還是像我這樣，在報章、雜誌裏揀一些材料好些。

原刊《上海青年》第二期，一九四六年一月十日出版

# 革 命 與 道 德

還記得前清末年，梁任公先生曾說：「中國的歷史，每至極混亂極危險的時候，則非常之才出焉。」這時候，內憂外患，可謂極晦盲否塞之至，而任公先生，對於國事，始終樂觀，即由於此。

的確，我們經過了三十多年的奮鬥，獲得了建國的機會，而今建國的工作，又在和平之中順利進行了。

這決不是偶然的，而是一種較高的文化的表見。

不論什麼纖細的事，缺乏了道德，則終必至於無成。何況革命建國的大事？當前清末年，我們開始革命時，預想的成功，豈不較後來實際的成功爲容易？爲什麼實際的成功，不如預想的容易呢？從事革命者道德修養之不足，實爲其重要原因之一，道德修養之不足，則於黨派的爭鬥，最可見之，因爲這最會分散自己的力量，而授敵人以可乘之隙，「相見好，同住難」，「狐埋之而狐搰之，是以無成功」；任公先生，早就引爲深尤了，所以任公先生，畢竟是近世先知先覺者之一。

目前國家的命運，係於各地所屬部隊，能否就停止衝突？係於政治協商會議，能否在和諧的空氣中圓滿告成，中共先行提出了停戰的建議，商談實施方法時，因國軍開入赤峰和多倫的問題，九日業已擱淺，而蔣主席對於中共，毅然爲最後的讓步，停止衝突之令，乃卒克於政治協商會議開會前發出，而政治會議，亦克在和諧的空氣中開幕，蔣主席又宣佈：政府將實施：（一）給與人民自由，（二）承認各政黨地位，（三）推行自下而上的普選，（四）釋放政治犯，這尤可謂以行動表示民主的趨向。蔣主席既說：「會議的召開，政府只有責任和義務的觀念，決沒有自私和得失之見。」中共代表周恩來亦說：「願以極大限度的容忍，與各黨代表及社會賢達合作」，雍容一堂，真是表見了政治家最高的風度，這豈非中國最高文化的表見？「小儒惟有涕縱橫」，我們還有什麼說？

我所鰓鰓然，還要再進一言的：其（一）人當面臨着緊急關頭時，道德心最容易激發，然到處境稍獲鬆弛，私見又不免乘機作祟了，所以昔人說：人初念總是好的,都是壞在轉念上,我希望政治協商會議諸公,始終保持着初次開會時誠摯的衷情,用以保持永遠和諧的空氣。其(二)大多數國民,決沒有甘爲姦逆,降附讎敵的,所以當異族侵入之時,姦逆總只是少數,然而忠義兵民的行動,往往無效,姦逆的所爲却似乎容易成功,這是由於國民的意志雖正,而力量却嫌不够,這種傷心慘目之事,在我們歷史上,已經反覆過好幾次了,這一次却恰恰相反,姦逆的行爲,終於無效,而抗戰卒獲成功,這就見得民力的增長,已今非昔比。建國和抗戰,是一樣的,非得民意的支持,則終難有成,我願協商會議諸公,顧念民意之可畏,格外虛心,勿執成見。蔣主席説:"有時候,撤銷我們的提案,比之堅持我們的主張,更有偉大的價值",這種精神,不徒當以之對待有具體主張的異黨,更須本之以考察無形可見的民情,其(三)政治固然要有民意的支持,民意亦有待於的政治的啓發,協商會議事前商談時,王世傑部長曾提出宣傳休戰之説,這真是一個賢明的建議,現代的政治問題,似乎複雜而極難瞭解,其實普通國民所需要的瞭解程度,自和專家和當局者不同,國民所以有誤謬的主張,對於當局或且有非理的責難,多由不知事實的真相,或且爲歪曲的報導所誤而然,若能停止不真實的宣傳;且將其事實的真相,及處理所該取的方法,詳實報告國民;國民自然會作正確的判斷。如此,建國工作的進行,就更可得廣泛的雄厚的民力支持,而易於成功了。

原刊一九四六年一月十三日《正言報》

# 滑稽乎？嚴重乎？禁錮可乎？

今年一月二日，武進市青果巷新光戲院中，發生一件很滑稽的事。

事情是這樣的。該院是日，演一折話劇，名爲僞巡長，是描摹僞組織時代的巡長的貪污暴虐的。有一個做過僞巡長而現仍服務警界的人，喚做康炎，看了，氣起來了，乃率其徒黨，跳上戲臺，把演員和經理都打傷，還把戲院中的器皿打毀。似乎記得昔人的筆記上說：有看了戲，惡曹操、秦檜之姦，跳上戲臺，把他傷害的，我們總以爲傳之非其眞，如今才知道實有其事了，滑稽乎？

然而昔人筆記之所傳，乃係鄉愚之事，今之康炎，在僞組織時代做過巡長，而今還服務警界，可謂之鄉愚乎？然則此事也，滑稽乎？抑嚴重乎？

康炎不足責，我不懂得的，乃在這種僞巡長，何以仍容他在警界之中？據說：他在僞組織時代，姓康而不名炎，光復之後，乃改名爲炎，所以當局者被矇過了，然則當局者並非有意任用僞巡長，只是受了矇蔽而已，這却算不得嚴重。

當局者或自外來，於淪陷時期的情形，不甚深悉，本地人士是不會不知道的。八年的時間，不爲甚久，論理應該合力調查，把在敵僞盤踞時期，（一）地方上共有幾個僞機關？（二）每一僞機關中，有若干僞職？（三）曾居此等僞職者，共有幾人，姓甚名誰，清清楚楚的，開一張單子，送給有用人之權的人，以備考核。如此，自然不會發生誤用的事情了。

漢朝有所謂禁錮的，《漢書・息夫躬傳注》云："錮，謂終身不得仕"，然其後亦有解禁的，如《後漢・殤帝紀》：延平元年，太后詔："自建武以來，諸犯禁錮，詔者雖解，有司持重，多不奉行"是也。漢世禁錮，鑒於贓吏最嚴，所以《袁安傳》稱其政號嚴明，而不肯以贓罪錮人；《劉般傳》說叔孫光坐贓抵罪，增錮二世。受僞職，其罪總不減於貪贓罷？何況受僞職者無非贓污之徒呢？在現今情況之下，鑒於曾受僞職的人，一一加以懲辦，自然是辦不到，雖然不是不應該。然暫時調查清楚，非有確實的理由可以解錮之前，不再加以任用，總是應該而又可能的罷？

如康炎案者，滑稽乎？ 嚴重乎？ 禁錮可乎？

原刊一九四六年一月十五日《正言報》

# 臺灣何時始通中國

臺灣爲隋世之流球，確鑿無疑，以水程核之可知也。然其與中國之交通，實不始此。説者以爲即《三國志》之亶洲，蓋信。

《三國‧吳志‧孫權傳》：黃龍二年，遣將軍衛温、諸葛直將甲士萬人，浮海求夷洲及亶洲。亶洲在海中。長老傳言：秦始皇帝遣方士徐福，將童男童女數千人，入海求蓬萊神山及仙藥，止此洲不還。世相承有數萬家。其上人民，時有至會稽貨布。會稽東縣人，亦有遭風流移至亶洲者。所在絶遠，卒不可得至。但得亶洲數千人還。國家興師動眾，不能過於輕率，當時發卒至萬人，而其後亦卒有所獲，長老傳言，非流聞不實可知。《陸遜傳》云：權欲取夷洲及珠崖，皆以咨遜。遜上疏曰“臣愚以爲四海未定，當須民力，以濟時務。今兵興歷年，見眾損減。陛下憂勞聖慮，忘寢與食。將遠事夷洲，以定大事。臣反覆思惟，未見其利。萬裏襲取，風波難測。民易水土，必致疾疫。今驅見眾，經涉不毛，欲益更損，欲利反害。又珠崖絶險，民猶禽獸，得其民不足濟事，無其兵不足虧眾。今江東見眾，自足圖事，但當畜力而後動耳。昔桓王創基，兵不一旅，而開大業。陛下承運，拓定江表。臣聞治亂討逆，須兵爲威。農桑衣食，民之本業。而干戈未戢，民有飢寒。臣愚以爲宜養育士民，寬其租賦。眾克在和，義以勸勇，則河渭可平，九有一統矣。”權遂征夷洲，得不補失。《全琮傳》曰：權將圍珠崖及夷洲，皆先問，琮曰“以聖朝之威何向而不克。然殊方異域，隔絶瘴海，水土氣毒，自古有之。兵入民出，必生疾病，轉相污染，往者懼不能反。所獲何可多致？猥虧江岸之兵，以冀萬一之利，愚臣猶所不安。”權不聽。軍行經歲，士眾疾疫，死者十有八九。權深悔之。觀此二傳，權之勞師，志在益眾，謂亶洲上有數萬家，其非浮夸，尤可知也。二傳皆云夷洲珠崖，而不及亶洲者？以征夷洲有所獲，珠崖亦卒立爲郡，而亶洲終未能至，史文因有詳略耳。權之重亶洲，未必不過於夷洲珠崖也。《後漢書‧東夷傳》，述夷洲亶洲事，略同《國志》，蓋其所本者同。注引《臨海水土志》，謂夷洲在臨海東南，去郡二千里，亶洲若更在其南，固非臺灣莫屬矣。《淮南王書》載徐福事，雖誕謾不足多，然王嘗諫伐閩越，則於國事頗有所知，徐福事蓋因閩而傳聞，尤可見其當在臺灣也。然徐福雖居臺灣，而臺灣之通中國，則不必遂始於福。《呂覽》已知黑齒之邦，華人之南暨，蓋由來舊矣。

或曰：如子言，隋世之流球，絕無漢人遺迹，何也？應之曰：民族之同化人抑同化於人，必以其多寡爲斷。數萬家雖不爲寡，然以視土著，則不爲多矣。且此數萬家者，亦不過自知其所出耳，安知其言語法俗，不皆同於異族，亦如今南洋之土生華僑邪？朝鮮半島之漢族，豈不更多於亶洲？何以後亦卒化於韓濊邪？

原刊《知識》第十二期，一九四六年一月出版

# 老百姓對於國事的態度溯源

《禮記》的《燕義》篇上，有這樣的幾句話："上必明正道以道民，民道之而有功，然後取其什一，故上用足而下不匱也，是以上下和親而不相怨也。"從這幾句話裏，就可以見得古代所謂"上""下"者，顯然是兩個階級，這所謂上，不但不是指一個君主，並不是指其所擢用的一群人，而是指生來身分、地位，就和被治者不同的一個階級。據《孟子·滕文公上》篇引龍子的話，夏朝的貢法，是以數年收穫的平均數，爲徵收的定額的，樂歲不能多，凶年不能少，這時候的納稅，顯見得不是自己的人民，納給自己的政府，而是以整個的征服階級，向整個的被征服階級榨取的。

中國古代文化的根底，該是建立在一種農業共産的小社會上的，此即孔子所謂大同，老子所謂邽治之世。許行所想模倣的，怕也是這種社會。戰國時，似乎離這種社會已遠，然記憶中不能說不存在。況且各地方的進化，遲速不同，戰國時極偏僻之處，仍存在這種社會，也是極可能的。但到後來，這種和平的社會，却給另一種强暴的社會征服了。從來說社會進化的，多說人類取得食物的方法，是從漁獵進化到畜牧，從畜牧進化到農耕，其實從漁獵到農耕，並無必經畜牧一階段之理。漁獵之族，如其播佈到草原上，則多進爲畜牧，在山林、川澤之地，則多徑進於農耕。《易·繫辭傳》說：伏羲氏"爲網罟，以佃以漁"。而即繼之以神農，實爲我國社會自漁獵徑進於農耕的證據。伏羲二字之義，"下伏而化之"，羲化同聲，此義最古，見《禮緯含文嘉》。一說以伏羲爲能馴伏犧牲，因有說伏羲是遊牧時代的酋長，然望文生義，並不足取。伏羲、神農皆所謂德號，不過表示古代有這樣一個部族，並不是指一個人。我國古代，似乎有一個從事漁農的民族，給從事獵牧的民族所征服。然在文化上，則獵牧民族，反被漁農民族所同化。所以有（一）"國君無故不殺牛，大夫無故不殺羊，士無故不殺豕"；"五母雞，二母彘，七十者可以食肉矣！"貴者、老者之食，全係從孳畜得來。而"不違農時，穀不可勝食也；數罟不入汙池，魚鱉不可勝食也"；賤者、少者之食則係從漁農得來。（二）田獵視爲講武的大典，祭祀時人君亦須自己射殺牛。而魯隱公要觀漁，臧僖伯却陳說：漁係賤者之事，人君不可往觀。農業雖因口實攸關，人君亦有耕籍之禮。然"天子三推，三公五推，卿諸侯九推"不過聊以示意而已。樊遲請學稼，孔子斥爲小人；許行欲與民並耕，孟子亦以爲小人之事，這都隱示著漁農之族爲獵牧之族所征服的影像。然到後來，人口增加，食物不足，征服之族也不得不從事於農耕了。當這時代，征服之族，乃釋山險之地，築城郭而居，此即古代之所謂"國"。其四面平坦，無險可守之地，則使被征服之族居之，爲之納稅服役，孟子説"城民不以封疆之界，固國不以山谿之險"，可見國總是建在山險之地，人民所居之處，則不過有些人造的障礙而已。滕文公要改田制，使畢戰問孟子，孟子説："請野九一而助，國中什一使自賦。"九一而助，即所謂井田之法，乃將古代一方里之地，盡劃九區，區各百畝，中間一區爲公田，其外八區爲私田。一方里之地，八家居地各有私田百畝，而合力共耕公田，公田所入，全歸公家，私田亦不復稅，故謂之助法。這是行於平坦之地的。什一使自賦，則田不分公私，但按其收穫之數，取其十分之一，此即所謂徹法。其田謂之畦田，畦田即圭田。孟子説："卿以下必有圭田。"卿所有的田，自然是國中的。乃行於崎嶇不平之地的。此尤國中險峻，野外平坦的鐵證。居於郭以內者，謂之"國人"，其外則謂之"野人"，國人和野人，溯其原始，實一爲征服之族，一爲被征服之族，故凡參政之權利，如周禮所謂詢國危，詢國遷，詢立君等，全係國人所享。被詢問的人，係卿大夫帥之而至，而由小司寇引之而進。如《左傳》定公八年，衛欲叛晉，問於國人，即詢國危。盤庚遷殷，有書三篇，誥誠其下，即詢國遷。《左》昭二十四年，周敬王與王子朝爭立，晉人之定亂者，立於城門，問於大衆，即詢立君。即周人流厲王於彘等，亦係國人之所爲。《國語》記此事，明言"國人莫敢言"。凡民叛其君，君籍借民力以誅其臣，臣籍民力以叛其君；又強臣相爭，或籍民力爲助；加入其中者，皆係國人，其例不勝枚舉。至於野人，則遇有寬仁之主，即歌功頌德，相與繦負而歸之；如其不然，則"逝將去女，適彼樂土"，在可能的範圍內逃亡而已。他們和當時的所謂"國"、"家"，諸侯稱國，大夫稱家，大小雖異，性質實同。固無甚深的關係，然安土重遷，總係人情，"聚山"運動，乃係萬不得已之舉，他們爲什麼甘於流亡，而不以反抗爲自衛之計呢？此則由於其武裝配備之懸殊。大概古代正式軍隊，是祇有居於國中的征服之族充當的，他們都有較好的配備，至於被征服之族，也並非不能戰鬥，然既不用爲正式的軍隊，則自無組織、訓練，所謂器械，較佳的亦不過以農器充之，《六韜》有《農器篇》，詳論以農器爲兵器之法，此即"寓兵於農"。古稱軍械爲兵，不稱軍人爲兵。後人將寓兵於農四字，解爲以農夫爲軍人，就錯了。劣的則揭竿斬木而已。江慎修《群經補義》中有一條，力闢古代兵農合一之論之謬。他説春秋列國，都祇有一部分人當兵，而其所居之地，常近國都，此實古代征服之族當兵，被征服之族不當兵之遺跡。所以在古代，國人和野人的區別，當略如清代的旗人和漢人。然則其時國人和野人之間，應有很深的讎恨，然此等事實在很古的時代，因其歲月的悠久，其事亦已無可考，在現存的古書上還能看得出來的，不過如右所述的一些遺跡而已。此等遺跡，實久已成爲殭石，有其軀體而無其精神，享有特權的國人，其自視，亦與野人無甚異同了，這是爲什麼呢？原來武力壓迫，在社會上總是變態而不是常態，所以其事必可暫而不可久。征服者和被征服者之間，一時雖有很嚴的界限，很深的讎恨，然經過一定的時間，亦就淡焉偕忘，平和相處，而且合同而化了。此中的變化，可以推考的：（一）歷史的記憶，有時雖入人甚深，有時却又易於淡忘，滿清入關，强迫漢人剃髮，漢人抵死反抗，致因此激起江南的義兵，壯烈犧牲者無數，然不及三百年，到滿清滅亡時，又有視辮髮爲我所固有，而抵死不肯翦去的了。現代且然，何況古昔？（二）野無限，國則不然，野人縱被歧視，不得入居國中，國人總有要出居於野的；而況野人也總有冲破國人的防綫，而入居於國中的。如此，則居地漸漸混淆。居地混淆，婚姻必繼之而漸通，到婚姻互通，兩族的界限，就隨之而消滅了。（三）而征服之族之中，却自己起了分化，執掌政權者和不執掌政權者，其地位日漸懸殊，而社會階級，乃發生如下的變化：

征服之族 { 執政權者即有爵者—貴族 / 不執政權者即國人—平民 } 平民

被征服者 { 降伏者即野人—農奴 / 俘虜—奴隸 }

奴隸在中國的古代，是不倚爲生產的主力的，其數甚微，無甚關係。在早期武力的主力是平民，生產的主力是農奴，後來則二者混合爲一，征服之族與被征服之族之間的界限消滅，征服之族之中自己所造成的鴻溝，倒反日益深刻了。古代的平民和農奴混合而成的階級，即後此的平民，而亦即今日口語中的所謂老百姓。

此兩階級的混合在法律上是農奴進而爲平民的，而在性質上則平民反自棄其所固有，而同於農奴。知此，乃可與論老百姓對於國事的態度。

不論那一種政體，最初總是民主的，政治原是公事，明明公衆之事，却說大家不許過問，要由一個人或少數人來決定，這根本沒有這個道理。就根本說不出這句話，更說不上什麼衆人承認不承認了。然到後來，事權往往會落到一個人或少數人手裏去，這是什麼理由呢？（一）地大了、人多了，召集代表會議且不易，無論全體。（二）一切事務，皆由大衆直接處理，這祇是最小的團體能然，稍大的就不能不將常務交給少數人執行了。常務可專斷執行，此本無疑之理，因爲常務必照例處理，照例就不會遵照公衆的意旨，這是公衆裁可於前，斷無不承認於後的。然而常務和非常務，有時頗難區別；而且執行的人，總是喜歡專擅的；就不免將非常務作爲常務處理，公衆因人多勢散；而且屬於其事的合法不合法，見解亦有不同，未必遽能課其責任，於是專擅之事漸多，久之遂成爲習慣，既成爲習慣，其事即成爲當然，不必再要何等理由了。西洋早有民主政治，中國則直到現代得到西洋的觀感，才能成立這一種政體，此中原因固多，而史無前例，實爲其重要原因之一。中國歷史上，爲什麼沒有民主政體呢？那並不是沒有，祇要看古書上民主政治的遺跡很多可知。所以中國古代，決不是沒有民主政體，不過其政治的進化，是向君主專制的路上走的，所以在文化程度較高而有歷史流傳下來的時代和區域裏，已經沒有正式的民主政體罷了。中國政治的進化，爲什麼要走向君主專制的路呢？這是由於爲西洋文明根柢的希臘，地勢華離，易於成立市府國家，而中國的文明，則根植於江河下游的平原，適於成立邦域國家之故。邦域國家，其屬疆是向外展拓，人口亦是向外分佈的，再不會聚集於一個社區域中，而於政事不能皆耳聞目擊，最後遂日益生疏，而寖至於不聞不問。所以國人和野人互相混合，不是野人進而要求參政，倒是國人退而放棄參政了，此爲中國的老百姓對於國事不聞不問之所由來。

在較早的時期，政務就是通常的公務，這原是人人所能瞭解的，但到後來，事情的性質漸漸複雜起來，瞭解也就要艱難些了。而執政的人，又因牽於私見，或將其事之真相掩蔽，或且爲歪曲的宣傳，其事遂愈非衆人所能解，因此不能解，遂益抱不聞不問的態度，然這是安常處順之時爲然，公事到底是公事，到（一）利害切身，（二）或正義感激發之時，公衆就又要起而問信了。然習於不問之既久，問之既無其途，又不悉其事之真相；於是公衆自衛和自效於團體之力，不得其正當使用之途，遂至決溢橫出而流爲暴動。於斯時也，又有野心之家，加以利用，其事就更不可收拾了。現代的政治問題，算是專門已極，其實亦不過複雜一些，倘使將其事的真相，逐節敍述，將其措置的方法，逐層說明，其爲衆人所需要的瞭解的程度，斷無普通人遂至於茫昧之理，對於其事件既徹底瞭解，對於當局者的措置，自不會有非理的責難，所以執政者要求措置的順手，不受非理的責難，且得興情的擁護，將一切問題公開，實爲最妙的方法。然執政者多不能然，且走著相反的路，而愚昧的反對和責備，遂成爲老百姓的特徵之一。

責任心是明白了事情的真相後有的，不論其爲出錢或出力。在征服之族和被征服之族爲嚴峻的對立時，被征服之族所出的賦稅，所服的勞役，都是借寇兵，齎盜糧的，正和日寇盤踞中國時，剝削我們，以戰養戰一樣，固無怪出賦稅、服勞役者之痛心疾首。然到後來，征服者和被征服者，既已融合而成爲一個社會，則已無復此疆彼界之殊，所出的賦稅，所服的勞役，亦不啻爲着自己了。然當此時，征服之族和被征服之族的界限，雖已泯滅，而征服之族之中，執政權者與非執政者之間的界限，倒又深刻起來，已如前述。當這時代，征收賦稅和勞役者，大抵視其所征收爲自己階級的利益，既如此，何怪出賦稅服勞役者，其心理一如前此被征服之族呢？數千年來執政者以少取於民爲寬仁，而人民亦即歌功頌德而渾忘國用之何出，此心理即由此而來。

以上所述歷史所造成的狀況，都是使治者和被治者處於對立的地位的，所以數千年來，老百姓對於國事，不是漠不相關便是起而暴動。前者爲人民的怕見官，衹要完清官糧，没有訟事，便算是天大的福氣；就是讀書人，亦以隱居山林，不問世事爲高致，爲清福；後者則如革易之際，人民起而推翻政府都是。然則治者和被治者是否有彼此覺得利害共同，站在一條綫上的時候呢？那便是異族侵入時，是以他整個的團體，來壓服我們整個的團體，在此情形之下，治者與被治者，勢必同歸於盡，在物質方面，他們的以戰養戰，固非我們所能堪，在精神方面，他們要壓迫我們，誘惑我們，使我們顛倒是非，換易親仇，更非我們所能忍。在這時候，則治者和被治者，往往能捐棄私嫌，同讎敵愾。其功固有成有不成，然這種心理，在此種情勢下，却是無不存在的，試看歷代，當異族侵入之時，人民必特別擁護其政府，便可知道。這一次的抗戰，以國共積嫌之深，而西安事變和蘆溝橋事變時，兩次能表示捐棄私嫌，同讎敵愾的奇跡；即普通國民，除少數漢奸外，亦無不含辛茹苦，寧捐親戚，棄財産，捨生命，而抗戰之志，終始不渝；便是一個極好的佐證。

中國的民族革命，並非完成於辛亥革命之歲，實在到這一次抗戰勝利，然後成功的。民族主義既告成功，政治上最重要的問題，自然是民權主義了，民權主義的真諦，自然就是民主，而所謂民主，却不是有一部公定的憲法，一個民選的議會就算名副其實的，其要義，乃在凡事都照民意決定，要凡事都照民意決定，則必人民對於各事都能表示其意見，而要人民對於各事都能表示其意見，則必執政者先將一切政務，都向大衆公開，此中緊要的關鍵：消極的是不要秘密，譬如伊寧事變，業經一年有餘了，真相如何，國民知道的，還是極少數。邊事的敗壞，並不自今日始。哈薩克族的叛變，有誰會歸咎於今日的政府？何必諱莫如深？倘使政府將其事情的真相，悉數宣佈出來，"一人不敵兩人智",合群策群力而共籌之,安知不有更好的法子?即使沒有,而政府的辦事,得廣大的民力爲後盾,亦安知其不較順利些呢?積極的方面,則在廢除歪曲的宣傳,一月八日合衆社重慶電:"今日三人委員會開會,王外長世杰,建議政府與共產黨,在戰綫上停止開火,並宜以此施於宣傳戰爭。"實在是一個極賢明的建議,我素不隨聲附和,持"淺之乎測丈夫"之見,說國共的爭執,都是懷著私意。我向以爲國共的爭執,在下級人員中,容有不明大體,甚或爲著私利的,至於高級人員,則無不公忠體國。不然,安得有西安事變以來偉大的合作呢?然國共兩黨的高級人員,雖皆懷有公忠體國之心,而這許多年以來,總不能將所謂不得已之苦衷,盡情宣佈給大衆聽,而彼此各爲剖白自己,歸過對方的宣傳,則實不免於自尋窄路。陰霾的廓清,必待至今日而端倪始見,實未始非此等政策,有以致之。須知凡事得廣大之民力爲後盾者,總易有成。國共兩黨政策,自然都有可得人民擁護之處,然難辯莫大於事實,務爲不合於事實的宣傳,反會使人懷疑,本該得到擁護的,亦不能得到擁護了。匹夫的説話,尚不可失掉信用,何況堂堂的大黨?誰肯説自己的話是不實?然而甲的話可信,乙的話不可信,"人之視己,如見其肺肝然",究竟誰會蒙蔽得誰來?所以歪曲的宣傳,一時似乎有利,通長時間而觀之,正是自掘信用的墳墓的,誰沒有些短處?鼓起勇氣來承認了,正是最光明俊偉之舉,而在辦事上亦自有掉臂遊行之樂。這是凡辦事者不可不知,尤其是辦國家大事的。

治者與被治者對立的時代,早成過去了。天下興亡,匹夫有責,對於國事的責任,原是大家一樣的。所以有一種議論,把國民說得怪可憐的,而一味怪著在上者不加存恤,在今日亦並非至當不易之論。舉個實例:去年十二月十七日中央社北平電説:"國府主席行轅秘書處奉命辦理接受人民陳訴案件後,關於投遞情形,頗多感人之事,郵遞信件,有自天津、石家莊、保定及上海寄來者,亦有自津保乘車親往投遞者。煤渣胡衕郵局,兩月前即有人往來守候,並有一四十許婦人,投信後對箱哭泣。蓋滿腹冤屈一旦得伸,故衷心感動,至於泣下。西四牌樓,八時未到,即有一人守候投遞。另有一人,向箱揖拜,兩人向箱鞠躬。精誠恭敬之態度,使人肅然。更有三人,因主席德意感召,投函後亦對箱流涕始去。前門大街郵局,亦有一年近四十之婦人,含泣投遞,狀極可憫。"的確,這種老百姓,是可憐極了。"誰爲爲之?孰令致之?"使老百姓至於此者,自然罪不容於死,然設無蔣主席的勤恤民隱,你就終於齎志入地了麼?這又豈夠做一個民主國的國民的資格呢?在今日,使老百姓含冤負屈的,自然莫甚於漢奸,漢奸的搜捕、懲辦,官方的所爲,自然不能盡滿人意,然而人民又何嘗能檢舉的責任？

以此推之，則有一種議論，專替人民求苟全的，也不能算做正當的議論。我在淪陷時期，親見一個貌似真誠，心存搖動的分子，專以人民受苦爲辭，對於抗戰，意存反對。我在當時，就駁他道：“人不是活了不死，就算幸福；政府也不是保全了人民的生命，及其物質上的享受，就算盡責。人是有較高的生命的。‘生我所欲也，義亦我所欲也，二者不可得兼，捨生而取義者也’；‘哀莫大於心死’；‘不自由，毋寧死’；中西賢者，早就如此宣導了。領導著人民，捨棄較低的生命，爭求較高的生命，這正是政府的責任。照你的說話，從古以來的政府，就不該發動一個人民，從事戰爭了。”替人民求苟全及保全物質利益之論，布滿天下，這自然不是惡惡，然其非健全無病之論，則亦不可不知。

原刊《世界文化》第四卷第二期，

一九四六年二月二十五日出版

# 論　保　甲

　　保甲之法，創自王荊公，其意本欲以之爲兵，然後人仿行之者，則大抵在喪亂之際，用以查軋戶口，使外姦不得入，內之則遊蕩無業，作姦犯科之人，亦可以有所稽考，以圖保持秩序。像想用之爲兵；以及爲古代分田里，定賦役，一切政事，都以閭里起點之意；蕩焉無存了。

　　用保甲查軋戶口，排擠姦民，此即《史記·商君列傳》所謂"令民爲什伍，而相收司連坐"之法。因爲既行此制，必使其互相保任，同保同甲之中，有犯罪的，即使并不知情，亦應坐失覺之罪，論者多以此爲商君所創苛酷之法，其實不然。案《周官》：族師之職，"五家爲比，十家爲聯，五人爲伍，十人爲聯，四閭爲族，八閭爲聯，使之相保相受，刑罪慶賞，相及相共"；又比長，"五家相受相和親，有罪奇邪則相及"；鄰長，"掌相糾相受"；士師，"掌鄉合州黨族閭比之聯，與其人民之什伍，使之相安相受，以比追胥之事，以施刑罰慶賞"。《墨子·尚賢篇》引《泰誓》說："小人見姦巧，乃聞不言也，發，罪鈞。"春秋十九年，"梁亡"，《繁露》說其事云，"梁使民比地爲伍，一家亡，五家殺刑。"《公羊解詁》說同。此皆什伍收司連坐之法，足見其由來已舊。案古代民戶編制，共有兩法：一以十和五做單位，大抵和兵制相連。如《周官》：鄉以五家爲比，五比爲閭，四閭爲族，五族爲黨，五黨爲州，五州爲鄉。遂以五家爲鄰，五鄰爲里，四里爲酇，五酇爲鄙，五鄙爲縣，五縣爲遂。而其兵制，則以五人爲伍，五伍爲兩，四兩爲卒，五卒爲旅，五旅爲師，五師爲軍，恰係家出一人，這怕不是家出一人，而是立法之初，以一能充兵的人爲編制之單位，所以如此罷？至於《尚書大傳》說："古八家而爲鄰，三鄰而爲朋，三朋而爲里，五里而爲邑，十邑而爲都，十都而爲師，州十有二師"，則係根據井田編制，和兵制毫無干涉，收司連坐之法，起於什伍之間，可見其本係軍刑。古代刑法，嚴酷的恒起於軍旅之間，乃所以對付異族和本族中附敵的人，至其施諸本族之中的，則極爲平恕，此義甚長，必別爲專篇，乃能詳之。然看《周官》，司徒等於人民的懲戒，不過拘禁、圖土。役作嘉石。及去其冠飾，書其邪惡之狀，著之於背明刑。而止。其附於刑者必歸於士。士本戰士之稱，士師者士之長，掌邦刑者謂之司寇。寇乃外來之敵，亦可想見其大概了。軍旅之事，與異族爭一旦之命，嚴刑酷法，其事良非得已。至於後世，萑苻之盜，閭巷之雄，迫於饑寒，聊以救死。實非異族相爭之比，亦用嚴刑酷法，加以推排，且因此而擾及良民，其事本不合理。然即不論此，良民亦止有束手而受無罪之戮，斷不會因此而收排除姦人之效的。這是因爲時異勢殊，社會情形，今古不同啊！讀《宋書・王弘傳》，就可知道了。

　　據《宋書・王弘傳》：當時八座承郎疏言："同伍犯法，無士人不罪之科，然每至詰謫，輒有請訴"，如其加以恩宥，則法廢不可行。若必執法不撓，則人情又以爲苦怨，因此請求改制。一時議者有好幾個人，據其說：則當時人民犯罪，牽及同伍的，庶族無不連坐，士人則多蒙赦宥。甚有如山陰縣，在王淮之爲令時，竟不坐罪的。否則罪其奴客，比事似極不平。然士庶生活緬隔，庶族犯罪，士人無由知之，而士人犯坐及同伍之罪的，則不能與小人相關，這確是事實。所以有人說：士人有罪，罪其奴客，并非使其代主人受罪，乃是他罪有應得，亦不能謂其無理。而且就是奴客，亦有說其或受役使，分散在外；或供使令，恒在主人左右，并不出門；責其覺察同伍，亦是爲難的。觀此，便知士人受連坐之罪，當局所以不能不加以寬恕，因爲法究不能"專決於名"呀。知此，則知雖用相司連坐之法，亦不能收弊絕風清之效之由。因爲使人民互相伺察，祇能行於居民鮮少，生活單純之日。到民居一稠密，生活情形一複雜，人民就彼此不能相知，即使用嚴刑酷法以迫之，亦祇有束手而受無罪之戮了。

　　然則後世所謂保甲之法，就絲毫無效了嗎？此亦不然。但其爲效實極有限，而且祇能行之喪亂之時，而決不能行之治平之日。爲什麼呢？"土著爲寇，必引外姦，而外姦之來，亦必有所止"，這原是事實。但此等人，在居民鮮少之地，是人人認得的，根本用不着推校。此等地方而爲姦民所蟠據，必其土著之民，力不足以與之相抗，即使加以推校，亦屬無益。如其土著之民，力足與以相抗，則此等人必匿跡於深山大澤，荒祠古廟之中，不與居民相雜了。民居稠密之處，小之則爲市鎮，大之則爲都會，其間誠有不逞之徒匿跡之所。然此等地方，情勢複雜，推校極難，而且其事多有弊竇，往往徒以擾民而仍不收清查之益。所以善於爲政者，於此率重緝捕而後推校。其所注意者，乃在旅館、酒樓、娼家、賭場等處，而比户的居民，顧在其後。當風聲鶴唳之際，亦未嘗不推行什伍之法。然其用意，不過因不逞之徒，多强悍有黨羽，良善之民，多懾於其勢而不敢拒；又或本係戚族相知，牽於情面而不能拒；甚者舊係同黨，今雖悔改，爲其所脅而無從拒。有同伍相坐之法，以隨其後，則什伍之間，可以互相助，而其勢較壯。其爲用止於如此而已，此外不能更有何等作用。至於孤村殘落，力薄不足自衞，荒祠古廟，左近并無人烟，則本非比伍之法所能及。所以每逢喪亂，祇有聚村落而成堡塢。盜匪橫行之時，并有人倡議將荒祠古廟等悉行焚毀，說雖失之急烈，亦有不得已之苦衷。以度地居民之道言之，則今日都會鎮市，失之過大，鄉村則失之過小。過大則居民太多，其情不親，利害之相關不切，故遇事不能合作，輿論制裁，亦歸無效，過小則居民太少，其人率愿樸不知世事，不能有所興作，即欲有興作，亦力有不逮。今後根本之計，實宜漸將都會、市鎮，斫而小之，鄉村則合并而使之加大，方能漸見合理。斷非就現在的形勢，但推行比伍之法，即能期其有進步的。鄉村之不能合并，大抵因農民之居宅，離所耕之田，不能太遠。此當脩治道路，使之平坦寬闊，車馬可以往來。則相距雖遠，亦不致費時失事，而道路四達，則便於梭巡，荒祠古廟等，亦不慮有人匿跡其間了。以上所言，多偏於弭亂之計，因爲向來辦保甲的，其意實多偏重於此。至於地方自治，一切米鹽靡密之事，無不起原於閭伍，則別是一事，與歷來爲弭亂計所辦的保甲等，了無干涉。不但不相干涉，甚且必將此種積習一掃而空之，而地方自治之事，乃可以有爲。此另是一義，當別論。

原刊《中國建設》第一卷第六期，一九四六年三月一日出版

# 《讀書生活》發刊辭

昔人説"開卷有益"。又説"讀書便佳"。讀書何以受人稱贊如此？我們明明見得有許多讀了書而迂滯不堪,全不知世務的人;又明明見得有許多讀了書懷抱着極頑固荒謬的見解的人。

還記得初學算學時,學到了代數中的方程式,見其以一定的法子,而能够解決許多我們不能解決的問題,心裏覺得非常高興,既而又想道:"這方法看似奇妙,其實是極容易明白的道理,難道未學算學以前,就没有人自己悟到的麽"？我想到此,即以之問我的先生,而我的先生斷然答曰無有。

讀書的益處,就不過如此。固然,道理是常存於天壤之間的,不會禁止你去發明;而你在經驗之中,需要之下,發明的機會亦正多;然而比之借徑於前人,畢竟氣力費得多,而成功的機會却少了,人類所以爲萬物之靈,有語言實爲其最大的原因,因爲有語言,則此人之所知,可以告之於彼,前人之所能,可以傳之於後,和接力賽跑一般,先後相繼,不是個個人都從頭做起的了;讀書的益處,實在於此。至於那班讀了書而迂滯不堪,不知世務,又或懷抱着頑固荒謬的見解,則怕是其人的身心,本有缺陷,並非讀書害他的。

話雖如此,因讀書不得其法而受害的,畢竟也不是没有。還記得從前,蘇州有位老國文教師,對於經、小學很有研究。有一天,他嘆息於讀書之不可不得其法,告訴我:有一個鄉里人,據《康熙字典》以研究小學,用功甚深,徒勞可憫。我當時還不甚相信,而後來我也遇見了這樣一個人。才知道誤入歧途,確有其事。人,固然暗中摸索,也可以自得門徑的。然其可能亦有一定的限度,而且其環境亦須相當的良好,過於孤陋寡聞了,總是不行的,朋友講習,總是有益。所以我們現在,想借報紙的一角,爲喜歡讀書的朋友。小小效勞。

寫於一九四六年

# 讀書與現實

雖然你讀書萬卷，要不是配合着現實，有時候，書中所載的事情，你還是不能深切瞭解的。還記得從前讀《隋書・食貨志》的時候，曾經看見：梁武帝時，行使鐵錢，錢價因此大跌，所在市肆，堆積如邱山。又説梁武帝時發生短陌的情事。所謂短陌，即用錢每百扣去若干文，近代亦有此事，謂之短串，亦謂之扣串，然所扣不過一二文，至多五文而已；而在梁世，則所扣由少而多，最甚時，有的地方，竟以三十五文爲一百。爲什麼在錢價大跌的時候，大家反而扣起串來？這個道理，在從前模模胡胡，也没有去細想，即使去想，亦或得不到正確的解答。到近年，僞鈔泛濫，不但十元百元券，人家無暇細數，即千元萬元券，亦但以若干張爲一疊，或更以若干疊爲一封，點視其爲幾疊幾封而已，再没有逐張細數的人。有人偶而點視，則每疊中少去一兩張，多出一兩張，亦爲恒有之事，設有貪小的人，於大宗出入之時，從中扣去若干張，人家因並不細點，即無從發覺，即使發覺，亦或不與計較，他卻可以積少成多，博得蠅頭微利了，我們目擊此事，才知道短陌的起原，正是利用人家的不數，難怪其與錢多價跌的現象，同時并行了。

還有元初發行的紙幣，名爲中統鈔，後來價格跌落了，乃又發行一種名爲至元鈔的。至元鈔一貫，一千文。等於中統鈔五貫，我們很疑惑，爲什麼不把中統鈔廢止了？到去年，法幣在收復區中初回復行使時，小額者供給不足，大家乃都用僞鈔輔助，然後知至元鈔行而中統不廢，亦是把中統用作貫以下的小鈔的，然則何不取銷中統而發行貫以下的至元鈔呢？那是因印行鈔幣，也要耗費工料的，在財政上亦是一筆支出，無如今日的僞鈔不可不取消的理由，也就因仍行使了。

以上都是因現代的事實，而使古事的意義，更爲明白的。還有將今古的事情對照，而可以知其是非得失的。如明朝宣德年間，廢止紙幣，乃增設新税，又增加舊税的税額，專收紙幣，收得之後，則加以銷毀，雖亦不免詒累於民，然紙幣的收回，則確實頗爲順利。觀此，則知現在的收銷僞鈔，賦稅及公用事業率先拒收，實在是失策的，如其稅收機關及路航郵電等業，一概收進，則決無今日收兌之勞；而且到處都可兌換，不至於安徽的人，要到南京去兌換了。現距僞中儲券收兌截止之期不遠，此説言之，似已無所及，然北方的僞聯銀券，截止之期即稍後，臺灣銀行所發的紙幣及東九省的流通券，將來也總是要收回的，關金券在今日，不過是二十元的法幣，殊不必留之以淆亂耳目，現在的法幣，式樣太多了，亦當逐漸收回，專由中央銀行發行，使其形式一律。然則現行的貨幣，有待收回的正多呢，我的説法，還未始不足以供參考罷？

原刊《正言報》，一九四六年三月十八日

# 從民族拓殖上看東北

中國民族，以移殖之强，同化力之大，聞於天下，國人亦頗有此自豪，然這兩者的强大，該有其限度的；而在限度以内的成功，亦該有其理由，籠統的誇贊與自負，殊不是一回事。

中國民族，最初孕育其文化，究在何處，現在尚難質言，及其爲較高度的發展，而形成其民族性，則在於黃河流域，似無可疑。自此以降，南向長江流域，更遠向粤江、閩江流域，更南向中南半島及南洋；其北向者，正面向漠南北，右向今東北九省，左向今新疆省逐步發展，亦有翔實的史實可徵。以其成績較之，北進者似不如南進。春秋時楚地不到湖南，顧棟高《春秋大事表》有此論。湖南的開闢，該在吳起相楚悼王"南平百越"之時，雲貴的初通，則在莊蹻溯牂牁江而王滇之日；與燕開上谷、漁陽、右北平、遼西、遼東五郡，今遼寧、安東及遼北省南境。大畧同時，燕在東北，已能置郡，楚在湖南卻不能，則似東北之開闢，程度尚較西南爲有進。其後秦逐匈奴出河南，今河套。與其開桂林、南海、象郡，今廣東西及越南。及閩中郡，今福建。大畧同時。漢武帝再取河南，立朔方郡，開河西，今甘肅省西北境。通西域，今新疆。與其再平南越秦桂林、南海、象郡。及閩越，秦閩中郡。亦先後無幾，此爲西元前四世紀至二世紀之事，距今約二千至二千三百年。在自此以後的長時期中，南方雖亦係逐漸開拓，大體可云無所波折，北方則正面漠南之地，雖屢開建爲郡縣，亦屢遭破壞。中國勢力之確立者，仍以明以來之長城爲限，東北則迄未能越過遼河、松花江間的分水界，西北郡縣的設置，亦僅六十餘年，亡清光緒八年，西元一八八二年，置新疆省。而到如今，漢人在新疆還是少數民族，此外漢人移殖出去，而後來消失於無形的，還不知凡幾，如古代的朝鮮，普通都以爲和今韓國人同族，其實不然，據《方言》：朝鮮和北燕言語相同，而今韓國人初非和中國同語系，即其鐵證，箕子封於朝鮮，斷不會是現在半島之地，所以近來史家，大都承認其本區在内地，隨北燕之開拓而東北徙，然則古代的朝鮮人，至少是和中國人同語系的民族遷徙向東北的，而自東漢以後，即逐漸没入穢貉之中了，所以漢人的移殖，也是有成功有失敗的，有時候能同化人，有時候被人同化。人總是人，説有一個種族，能力特别優强，這只好任德國的社會黨，日本的軍閥去主張，無論科學與常識，都不能承認這句話。然則中國人移殖和同化的力量，究竟强弱大小如何？與其爲籠統的誇奬和自負，還不如從事實上作一番忠實檢討的好。

要檢討一個民族移殖力的强弱、同化力的大小，必須注意於其社會進化的程序，立乎今日而回溯既往，凡一民族文化的高度發展，必在其進入農耕之後，因爲必如此，其生活乃較富裕，人口乃可以有大量的增加；且和土地關係密切，其文化乃有固定性。中國爲東方文明之國，實以其進於農耕之早，而其移殖於外之能否成功，亦以其所移殖之地，農業能否確立爲斷，其向南移殖，最早最大的成功，實爲長江中下流之湖水區域，而西南的山嶽地帶，則其成功較晚而亦較小，其和南洋交通，怕亦已有二千餘年。因爲《吕覽》、《淮南王書》業經説及海外的情形了。而移殖的成功，則只可説自十五世紀以後，亦因前去者多是估客，此後乃漸有從事於農、漁、林、礦等業者之故。北方移殖的成績，亦可以此推之。遼河流域，在農業上自最適宜，故其成功最早而最大，漠南地方次之，天山南北路又次之。以區域的接近論，漠南自尤在遼河流域之上，然其水利較遜，又與好侵畧之遊牧人密邇，其建設的速度，不能和遊牧人受打擊後復盛的速度相競争，建設未至於大成，實力尚未充足，遊牧人的侵畧，倒又來了，此爲漠南郡縣，屢興屢廢的原因。天山南路，居國爲多，北路雖係牧地，居其地的牧人，並不如在蒙古地方的强大，故其受侵畧之患較少。然以交通論，則不徒非漠南之比，並非遼河流域之倫。自皋蘭越黄河，出玉門關，到達新疆省中，藉溝渠、雪水以資灌溉而可以耕作之地，實遠非昔時農民之力所能勝。所以其他雖多居國，而漢人從事於此者，不過如漢唐盛時之田卒，或者遭亂播遷的少數人民，不久即泯没無聞了。松花江流域，並不較遼河流域爲瘠薄，然其農業的開發，卻延了二千餘年，亦因其間的分水界，非昔時農民所能逾越之故。然其土地之肥沃，水利之饒足，則遠非漠南及天山南北路所及，一旦此種限制打破，其進步倒又一日千里了。然則拓殖事業之成敗，乃其成功之大小遲速，全係其本身所有之力，及其所對抗之力相消而孰有餘之問題，籠統誇奬及自負，或則譏評與自餒，根本全不是這回事。

知此，乃可與論近數十年來中國人對於東北的拓殖，論者都説亡清以偏私之見，把東北封鎖，而中國人還能將它突破，即可見其移殖力之强，其實這話亦是要加以補充的。東北的大爲開闢，亦自近數十年以來，在亡清光緒二十三年—一八九七年。中東鐵路開始建造以前，移殖東北的人，並不能算甚多；且皆偏於遼寧，入吉、黑者甚少，鐵路開始建造，需用勞力驟增，入東北者乃驟盛，鐵路竣工，其人與其地既已相習，乃多留而營田，而吉、黑二省，乃日以開闢。而據日本滿鐵會社所作統計，則東北移者之大盛，乃自民國八年以來，自此至民國十三年，年達四十萬，然仍以春來冬返者爲多，十四年其數增至五十萬，十五年至六十萬，十六年滿百萬，十七年以後，又超過之，自"九一八"變起乃銳減，而留居者之超過冬歸者，亦自十四年始。此蓋内地之災荒、爭戰，有以驅之，然鐵路四通，打破交通上之困難，使移住之民，能達到其力所不能達之處，要爲最大之原因。此外如開礦、製鐵、伐木及諸種新式工業之興起；因運輸之容易，消費之增加，固有之農工業，亦受其刺激。官家固從事放墾，私人之多田者，如旗地、蒙旗牧地,乘官家放墾時,領得多數土地者。及以此企業者，亦競事招徠；榨油、釀酒、製造麵粉等業，相競增資，或且改用新法；貨物之運載船，起卸，都市交通沿綫之服務，亦需要多人，都是盛大的投資，使移住者有事業可做，自然民之趨之，若水之就下了。雖然如此，移殖者仍以從事於農耕爲最多。據滿鐵會社的統計，其數實達百分之八十五，世界上將來的情形不可知，截至今日爲止，則欲確實佔領土地者，仍必爲能久居其地之人，而能久居其地者，則必從事於農業。我國歷代盛時，疆域非不廣大，然多並非實際的佔領，如漢朝設西域都護，以維持天山南北兩條通路，只可稱爲綫的佔領。唐朝設西域都護府以管理漠南北，又於西域設四鎮，只可稱爲點的佔領。此等佔領，雖身在其地，並不能確立勢力，而要有別一種勢力，以爲其後盾而維持之，到維持之勢力亡，其本身即不得不撤退了。語云：禍兮福所倚，福兮禍所伏。五十年來，國内的災荒和戰爭，外國的掠奪和剝削，可謂極人世間的悲慘，卻因此而造成了我民族等於東北的確實佔領，這種犧牲，還不算得無代價罷？我國民亦可破涕爲笑了。

　　我將我民族所以能開發東北的原因，作一番忠實的檢討，這並不是説我民族移植和同化的力量不算強大，世界上任何豐功偉績，原總是在一定條件下成功的。我所欲告我國人者，則欲求一事之成功，必先造成其所以成功的條件。如欲移民墾邊，則便利其交通，使本欲移殖而不能前往者，可以前往，實爲第一要義；而廣大的地區内，擇定若干居民點，並供給一定之力，使移居者有所憑藉，以與自然搏鬥，開發資源。此即蘇聯所謂欲開發不毛之處，當先在其中作成若干據點，而更以綫聯絡之説。東北的已事，即其明證。西北情勢的緊急，實不下於東北，且或過之，所以救之者，實不可不如沃焦捧漏，而其當如何救法，觀於東北，就可以知其當務之急了。再者，某處地方，當歸某民族佔領，此乃自然形勢所造成，非可以人力強行改變。清朝以私意封鎖東北，其所得者爲何？則限民虚邊，造成帝俄和日本的侵佔而已。當日本勢盛時，蘇俄亦不得不退避三舍，將中東鐵路轉讓。然侵畧者終於無成。至今日，其所得者又爲何？違反自然情勢之事，遲早總要受到制裁，雖不知其禍之來自何方，至自何時，以何形式而出現，然其必至而不可免，實爲閱歷有得之言，天下本無一勞永逸之事，不徒侵畧，即爲防患起見，説造成某種形勢，而即可恃之以爲安，也是徒然的。同理，懦弱退讓者，其罪惡，亦與恃强侵佔者相等，因爲同時違反自然的情勢，而足以造成撓亂的根源呀！再者在昔時的情勢下，農耕已爲經濟最高的階段，今則不然。使他人從事工業，而我則從事農業，必處處受其剝削，事事爲所統制矣。當抗戰以前，日寇之所求於我，及其所已行於東北者，原不過如此，況且所謂工業化，原不過使用機械以代人力之義，並非專指製造，在今日，農業亦當使用機械，亦即在工業範圍之內，我此文雖推重農業，只是追溯既往，並非謂此後所當務者，仍與既往相同，此亦不可不知。

原刊一九四六年三月二十六日《文匯報》

# 千五百年前的特務[①]

　　所謂特務，并不是近代纔有的，在距今一千七百餘年前，就早已有了。《三國·魏志·高柔傳》説："魏國初建，爲尚書郎，轉拜丞相理曹掾，……遷爲潁川太守，復還爲法曹掾。時置校事盧洪、趙達等，使察羣下。柔諫曰：設官分職，各有所司。今置校事，既非居上信下之旨；又達等數以憎愛，擅作威福，宜檢治之。太祖曰：卿知達等，恐不如吾也。要能刺舉而辨衆事，使賢人君子爲之，則不能也。昔叔孫通用羣盜，良有以也。達等後姦利發，太祖殺之，以謝於柔。"然校事之制，并未因之而廢，所以下文説："校事劉慈等自黄初數年之間，舉吏民姦罪以萬數，柔皆請懲虚實；其餘小小挂法者，不過罰金。"到嘉平中，纔因程昱孫曉之言而廢，昱傳云："時校事放横，曉上疏曰：……昔武皇帝大業草創，衆官未備，而軍旅勤苦，民心不安，乃有小罪，不可不察，故置校事，取其一切耳，然檢御有方，不至縱恣也。……其後漸蒙見任，復爲疾病，轉相因仍，莫正其本。遂令上察官廟，下攝衆司，官無局業，職無分限，隨意任情，惟心所適。法造於筆端，不依科詔；獄成於門下，不顧覆訊。其選官屬，以謹慎爲麤疏，以讇詞爲賢能。其治事，以刻暴爲公嚴，以循理爲怯弱。外則託天威以爲聲勢；内則聚羣姦以爲腹心。大臣恥與分勢，含忍而不言；小人畏其鋒芒，鬱結而無告。至使尹模公於目下，肆其姦慝，罪惡之著，行路皆知，纖惡之過，積年不聞。……今外有公卿、將校，總統諸署；内有侍中、尚書，綜理萬機；司隸校尉督察京輦；御史中丞董攝宫殿；皆高選賢才以充其職；申明科詔以督其違。若此諸賢猶不足任，校事小吏，益不可信。若此諸賢各思盡忠，校事區區，亦復無益。若更高選國士以爲校事，則是中丞、司隸重增一官耳。若如舊選，尹模之姦，今復發矣。進退推算，無所用之。……曹恭公遠君子，近小人，《國風》託以爲刺；衛獻公舍大臣，與小臣謀，定姜謂之有罪；縱令校事有益於國,以禮義言之,尚傷大臣之心,況姦回暴露,而復不罷? 是袞闕不補,迷而不返也。於是遂罷校事官。"魏國之建,事在漢獻帝建安廿一年,爲西元二一六年,嘉平爲齊王芳年號,自二四九至二五三年,魏之任校事,約歷四十年。又《吳志·孫權傳》:赤烏元年,"初,權信任校事吕壹,壹性苛慘,用法深刻。太子登數諫,權不納,大臣由是莫敢言。後壹姦罪發露,伏誅。權引咎責躬,乃使中書郎袁禮告謝諸大將。"《朱據傳》:"嘉禾中,始鑄大錢,一當五百。後據部曲應受三萬緡,工王遂詐而受之,典校吕壹疑據實取,考問主者,死於杖下,據哀其無辜,厚棺斂之。壹又表據:吏爲據隱,故厚其殯。權數責問據,據無以自明,藉草待罪,數月,典軍吏劉助覺,言王遂所取,權大感寤曰:朱據見枉,況吏民乎? 乃窮治壹罪,賞助百萬。"嘉禾爲權年號,自二三二至二三七年,其明年二三八,爲赤烏元年。

用法之所最忌者,爲於正式機關之外,別立機關;且出入任情,不本成法;程曉之言,可謂極其痛切了。魏武帝是很有明察之才的,《魏志·方技傳》注引東阿王《辨道論》,說:"世有方士,吾王悉所招致,甘陵有甘始,廬江有左慈,陽城有郤儉……始等知上遇之有恒,奉不過於員吏,賞不加於無功,海島難得而游,六黻難得而佩,終不敢進虛誕之言,出非常之語。"魏武帝的嚴明,確乎不甚容易;程曉說他檢御有方,當非虛語,然仍不能不爲趙達等所欺;像孫權的驫疏,就更不必說了。

程曉說任校事有傷大臣之心,而吕壹之誅,孫權使告謝諸將,則魏、吳之任校事,意實在於檢察將吏的貪縱。從來喪亂之際,官方每多不飭,武臣縱恣尤甚,加以檢察實爲必要。然目的雖正,而手段不適,其招禍尚如此,若如近代法西斯主義者之所爲,專爲維持一己的威權地位起見,不恤用殘酷之吏,肆暴虐於民,則是武曌之任周興、來俊臣,明成祖之立東廠,其作風又在魏武帝、吳大帝之下了。或謂法西斯主義者流,所行雖不適當,亦非無爲國爲民之心,未可一筆抹殺。這話我亦承認。但須知社會國家,關係重大,手段一誤,流毒無窮,正未可以有爲公之心,而冀人寬恕。昔人說:周公營洛陽爲東都,說其地交通便利,有德易以興,無德易以亡,秉政者正不可無此氣度。所以不論我是該推翻的,不該過於防閑別人;即使我確能代表國利民福,反對我者係屬搗亂之徒,我們對他,仍不宜過於壓制,因爲讓他爆發一次,則其搗亂爲衆所共知,即爲衆所共棄,而大局也可以早入於正軌了。又況誰能代表國利民福,根本不易判定呢?

原刊《中國建設》第二卷第一期,一九四六年四月一日出版

# 兩種關於延安的書籍

由於消息的被封鎖，延安，在國人心目中，尤其是東南一帶相隔遼遠的地方，人們對著他，總不免有神秘之感。雖然報章和書籍，並不是絕無報告，然因觀察時日的淺短，又或觀察者先戴上著色的眼睛，其所報告，總未敢遽據爲信史。事實的缺略，既需互相補足，評論的異同，又需互相參證；這一類書籍，足以引起讀者的興趣，自無怪其然了。

在近來所看見的，這一類的書籍，却又兩種：一名《延安十年》，爲謝克所著，上海中國青年出版社印行。一名《中國解放區見聞》，美國福爾曼著，朱進譯，重慶學術社印行。兩書的發行，均在本年二月。

《延安十年》，凡分十章，第一章爲延安及中共中區的輪廓。第二章共產黨的歷史發展。第三章共軍喋血的經過（此章述中共二萬五千里長征之事）。第四章延安五領袖的小傳。毛澤東、周恩來、朱德、彭德懷、賀龍。第五章統一戰綫和延安態度。第六章八路軍和新四軍。第七章延安黨員及民衆的生活。第八章陝北學生鍛冶場。第九章戰時延安的民衆活動。第十章十年來邊區內幕。此章包括邊區的選舉制度、財政、貨幣、土地政策、工業、合作社、文化工作等。雖材料尚未足語於詳備，然頗可見得中共的輪廓。

《中國解放區見聞》，凡分十六章。著者爲美國的記者，得蔣主席的允許，於去年春，與中國記者十五人，外國記者五人，共入邊區。彼等被稱爲西北參觀記者團。句留凡五個月，書中述共黨的政治、軍事、經濟、抗日及組織"日本人民解放同盟"的經過，及其與國民黨的關係，頗足以資參考，尤其可以見得外國人的見地。前有柳亞子序，後有史枚後序，又附錄中共在政治協商會議中所提和平建國綱領草案，亦足與書中所述，互相參證。

我讀了這兩部書，頗有一些感想，現在拉雜寫在下面：

中共與蘇聯的關係，究竟如何？這在《中國解放區見聞》的十四/十五兩章裏，寫得很明白。在十五章裏，他說道："在我與共產黨共處的五個月中，我沒看見中國共產黨與蘇聯有絲毫的確實聯繫，那裏，沒有蘇聯的補給，更沒有槍、炮、飛機的裝備，也没有蘇聯軍事顧問或政治顧問，在邊區惟一的蘇聯人，便是一位外科醫師，還有兩位塔斯社的代表，乃是由重慶中央政府發給護照而來的。史達林的肖像，雖然到處懸掛著，然係蔣主席及羅斯福、邱吉爾的肖像並懸。在邊區，史達林祇是反抗法西斯侵略者同盟國之一領袖而已。"的確，没收地主的土地，配給貧民的政策，變爲減租減息了；而且還保証地主收到既減成之後的田租，明定債務人必須付出法定的利息；鼓勵私人企業；歡迎邊區以外及外國人的投資；扶助自由貿易。但反對獨佔、操縱。這還算得什麼蘇聯的嫡系？毛澤東説：這是和蘇聯經濟上的不同。又説：在政治上亦不同，那便是他們並不求建立無産階級的專政，所以在他們的政府裏，有地主，有商業資本家，有小資産階級，這些，在蘇聯都是不存在的。的確，他們自民國三十年，根據三三制<sub>共産黨占三分之一，非共産黨占三分之二。</sub>改訂選舉法以來，所選出的人，實際雖未知如何，在法律上，是斷不能謂之階級專政的了。固然，共産黨中有一些人，仍希望在未來的中國，有共産主義出現，周恩來即是其中之一。然周恩來説："我們不相信在遥遠的將來，中國不能實現共産主義。"這句話，豈能謂其不合理？他又説："可是中國的發展，不能與蘇聯走同樣的路綫。"而他所謂新民主主義者：（一）不取直接的，激烈的集産主義，而採合作及變工等方法。（二）將交通機關、銀行及戰時工業等大企業，歸諸國有。（三）從減租、減息到耕者自有田，最後土地歸諸國有。（四）使多數勞動階級，獲得選舉權。<sub>這樣的選舉，是所以使少數不能支配多數。</sub>（五）在平等條件下，爲國際和平及國際合作而奮鬥。這樣的主義，與國民黨之所倡舉者，又何以異？無怪著者要説"中國共産黨成立的初期，馬、列主義，形成其哲學實踐的南針，經過一而三、再而三的折衷，到今天，並不比美國共産黨，更富於共産形色"了。然則三民主義與共産主義的爭持，三民主義，已可謂得到勝利，信奉三民主義者，亦又何求？在今日而仍忿然欲排共者，其意究何在，就頗難索解了。還有全不知三民主義和共産主義的内容是如何，而一聞共産黨之名，即惶若洪水之將至，那更是相驚以伯有而已。

中共和中央政府意見不同之處，有在於軍事上的，此觀三十年國慶日周恩來所發表的聲明，《中國解放區見聞》十三章引之。可以見之。聲明之歸咎於政府者，爲"祇許政府實行抗戰，而不希望人民參加戰爭"，所以"反對動員及組織其統治區内的人民"，卻以武力來拉壯丁。又説："重慶政府的徵兵制度，即爲其壓制與崩潰的源泉。"他又詆責政府軍隊，敵人不來，則大舉走私，魚肉人民；以小部隊攻擊，則裝出作戰的樣子，以欺瞞人民；以大部隊攻擊，則一退數百里。他又説"没有外國援助，中國就不能得勝，根本是錯誤"的見解。而以八路軍和新四軍每天都能得到勝利爲證。按中共的軍隊，所長在於遊擊，遊擊戰固然緊要，然正規軍的對抗，亦決不可無。在抗戰的八年中，政府始終維持著龐大的正規軍隊，這些軍隊，並不是按理想造成的，很多是從舊的腐敗而紀律甚壞的軍隊轉變而來；而人民畏憚當兵的觀念，以及各行政階層要發動人民當兵不免騷擾的積習，自亦非旦夕可改。沿襲舊規模，和創造新局面，難易自有不同，中共責備政府的話，以不免於過當。至於中國軍隊，因缺乏配備，故不能與敵人爭一日之短長，此則爲天下所共見。中國的正規軍，歷年祇能立於防禦的地位，有時還感竭蹶，而在緬甸及芷江戰役中，卻都能得到勝利，即其明證。抑且不僅此，"中國無盟國供給武器，即不能將日本打出中國"，"八路軍目前所需者，不過步兵武器，然欲恢復日人所佔據的大城市，則非有坦克、重炮、飛機等重武器不可"；即朱德亦已自言之了。見《中國解放區見聞》第十六章。所以就軍事論，中共和政府的軍隊，可謂互有短長，而以大體言之，則其當改良訓練，充實配備皆甚急，這在兩方面未嘗不皆有自知之明，不過宣傳之辭，總不免抑人揚己罷了。現在三人小組會議中商定的整編之法，已可謂使中國軍隊，走上光明的路了。

政治方面，周恩來在聲明中指責政府的：爲參政會各層代表，皆由政府指定，剝奪人民自由。統制言論，蹂躪文化，獨佔商工業。允許官僚資本，迫害人民企業，征課法外重稅。且放縱特務，蹂躪人權。其所主張者：則召集緊急國民會議，樹立聯合政府，改組最高統帥部；再召集國民大會，開始憲政。此在協商會議中，可謂都已達到目的，可見國共政見，本來無大異同，不過除舊佈新，轉變之功，不能成於一旦，現在既已成功，往事亦可置諸不論了。

中共的主張，頗有關礙的，爲其所謂解放區的處置。福爾曼説："這些解放區，業已切斷了省與省的境界，并且將華北及華中的範圍，也改變了。"他問朱德："戰後這些地方的狀態如何？"朱德説："將一如今日，繼續存在，成爲半自治地區，因爲中國的土地很廣大，而且各種宗教，又以不同的階段發展著，所以地方自治是必要的。"因而"他計畫的新中國，是一個弱權的中央政府，及許多強力的半自治地方政府組織的新型國家，形態與美國正相反"。因爲"美國是由一個強有力的中央政府，及許多祇能在地方事物方面推行的自治地方政府所組織。在朱德腦中的新中國，有些地方，是模仿大英聯合國，他是一個財政經濟，以及外交諸方面都有自治權的自治政府的聯合國"。這話是否全是朱德的原意，福爾曼没有弄錯，頗有可疑。因爲中共所謂的解放區，多數仍在内地，與大英聯合國的情形，實有不符。或者朱德的意思，係指蒙、回、藏地方而言之，而福爾曼將其與内地的解放區混爲一談，亦未可知。

在這部書的第十六章裏，很可見得在外國人眼光裏國共關係的前途，福爾曼説："英美援華物質，必須交給重慶政府，是朱德所深瞭解的。"他曾問朱德："假使英美不能經過國民黨政府，以武器供給共産黨，共産黨有没有與英美直接交涉的準備？"朱德答："如果他們願意與我們直接交涉，我們當然歡迎。"福爾曼説："他自己想，共産黨已控制中國大部分海岸綫。日軍僅有上海、天津、青島等幾個據點，潛水艇可在數百地點，將供給品運上岸，而由八路軍運到後方。"他雖説："以上所説的，祇有在國共兩黨不能合作的情勢下方才必要，一九四四年初春，國共間已開始瞭解彼此敵對的交涉，在中國的許多觀察家，都希望兩黨能成立一個和平的協定。"然又説："除非有奇跡發生，否則這根本就是奢望。在重慶的觀察家，都認爲兩黨間的葛藤，除以内戰，或將中國分成兩部，一爲共産黨中國，一爲國民黨中國之外，一勞永逸的解決，根本就不可能。"他又想："美國與其他要在中國戰場作戰的同盟國，在戰後，無疑地要將他們的武器，大部分丢在中國。"因運回本國，費用太大。因此，想到中共是否擔心國民黨將以此對付他的問題。據此看來，就可見得在外人心目中，我國内戰和分裂的問題，是如何嚴重了。國民的程度，不是在安常處順時見得的，而往往在其面臨著重大的危機時，突然發見，這雖亦是其素所蘊蓄者使然，然就表面觀之，即不能不稱爲奇跡了。自西安事變以來，國共兩黨的關係，我早就認爲是一個奇跡，因爲其下級之間，雖不能免於摩擦，甚而至於發生衝突，然其高級人員，則始終能精誠合作。恃此基礎，所以能不爲凶狡的敵人所分化，具能在抗敵的戰綫上，彼此聯合。抗戰固將因此而得勝，即建國亦將恃此而有成。抗戰、建國，所做的事情雖異，其爲求自存、自立，原是一致的。這並不待抗戰勝利、政治協商和三人小組會議成功，然後可以見得，在西安事變時，就早可見得了，因爲西安事變，乃係最難合作的事件。這時候而能夠合作，後來兩黨的關係，無論表面上如何危險，暗中存在的把舵之力，總能使之後歸於穩定，就可以豫卜了國民的程度，不是在安常處順時見得，而是在其面臨著重大的危機時發見的。美國的不惜重大的犧牲，毅然參戰；蘇聯作戰的頑强；中國抗敵的堅決；在將來的歷史上，將同爲一種奇跡，毫無可疑。這正是我國民最高文化的表現，列爲五强之一，良非偶然，我國民正不必自餒。

中共之所爲，確亦有其足以自豪之處，這便是其建設確有自下而上的意思。須知一切政治，莫非民間瑣事之所積，瑣事而處置得妥帖，大事自無問題；瑣事而件件不妥，亦就是大亂的根源，而這些瑣事，若非人民自動處理，而一任以政治爲飯碗者的處置，是終不免於虛浮、混亂、貽害於國，而且使人民陷於悲慘的命運的。如徵兵、收稅等，都是眼前易見的實例。中共在解放區，而不肯輕於放棄，固亦無怪其然。然社會的情形，是複雜的，斷非簡單的條例，所能治理。中共之所治理者，多是較爲落後之區，要推行其政策於較爲複雜之地，能否毫無扞格，卻很有可疑的。三月初七日《大公報》張家口現況説："中共過去之物件爲農民，今日之對象爲工人。張垣工人，占總人口三分之一。""中共方面，正在試驗其農村工作之幹部，能否擔任城市管理?"適者生存，中共本富於學習的精神，尤以向民間去學習自勉，我們很希望其能與時俱進了。

中共堅忍耐苦的精神，確有其不可及之處。如其軍隊和公務員，及公務員的家屬，都能做生產工作，因此，其各機關及軍隊都能達到某程度的自給，即其一端。於此，有一件很有趣味的事，即中共之所爲，有些和古代的事情，頗相符合，然而中共初不是有意模倣古人的。如游荡不事生產的人，在邊區謂之二流子，或則異其衣著，或則在其門上釘一木牌，表明其爲二流子，衆即視爲莫大的恥辱，此即古代所謂明刑，見於《周禮》。又如訴訟事件，可以徵詢群衆的意見，乃下判決，此即《禮記·王制》所謂"疑獄泛與衆共之"。其教育，專注重於實用，則古代的教育，本係如此。公務員的生活費，多發實物，年景不好，所發即隨之減少，亦《王制》"用地大小，視年之豐耗"，以制國用的遺規，人民互相交換工作，謂之變工；爲人工作，僅受薄酬，或人家將來亦以工作償還，謂之劄工；此亦前代之遺俗，《晉》、《宋書》的《孝義》、《獨行》等傳中，尚多有其事。以上所述，皆見《延安十年》中。無意模倣，而暗合如此，可見在相類的環境中，自能產生相類的制度，即可推知制度之不得不隨社會而變，這又是我們希望中共更能磨礪其學習精神的微意了。

原刊《文獻》第二期，一九四六年四月一日出版

# 吕思勉談派報問題

廢曆元旦，武進三天不見滬報，各報館應設法予以改善矯正。

讀三月二十四日《文匯報》的星期講座，曷勝感慨，現在要出版書，買書看，可説是都不容易了。但是現在，還有一件鑒於閱讀者頗爲嚴重的事情，這件事情，到現在，雖然還是在一地方發見，却該預防其蔓延；就在這一地方，也應該加以遏止；而這預防蔓延和加以遏止的方法，依愚見，惟有由報館采取行動爲可能，所以我被迫而向報館發出這一次的呼吁。

敝人係武進人，旅居上海，本年一月二十日，因事返裏，均有一個月躭延，乃向武進代派上海報紙之處，定閲上海報紙之處，定閲上海報紙兩種，爲期一個月，後來又展期十天，前後都送到無誤，惟二月一、二、三、三日，即舊曆乙酉十二月三十日，丙戌一月一、二兩日，則兩種報紙，都没有送到，初以爲何以爾遺漏，其後問親友，無不皆然，如學校即私立輔華中學，商店則府直街新新書社，縣直街萬生酒店，所定的報，都不止一種；縣立圖書館，自然定報更多；敝人親問其校長，店主，館長，都説這三天的報，未曾送到，送報人來收報資時向其詢問，則云："上海報紙，在舊曆歲尾年頭，本來停止三天。"鄙人示以正月三十一日和二月四日的報，問其"何以中間號數，缺掉三號？"彼語塞，乃云："那末，上海報館，雖出版而没有寄來"。我説："你們爲什麽不向報館交涉？"他説："這是代派處的事，我們只是分送而已。"我就問諸代派處，則云："上海報館實照出，亦照樣寄來，他們亦經照樣發出，不過現在的報，並不是代派處雇人分送，而是送報人向代派處批來，賣給讀者的，代派處只是賣給送報人而已。送報人亦自有組織，事實是：他們互相約結，把這三天的報，批留下來，當作廢紙賣出，而仍向閱報者收取這三天報資，以爲雙重外快的"。我這才恍然。就事實論，浮收三天報資，在當時，每一種報，不過九十元，以今日的幣值論，原無足計較。但消息的報導是要前後連貫的，中間隔斷三天，即隨意閱覽者，亦覺其不便，更説還有留心時事，剪貼保存的人？須知補買報紙，是一件煩難的事情，在報館所在之地且然，何況外埠？在現社會組織之下，非有對抗之力，人是不肯放棄其非法所得的權利的，但閱報的人，勢分力薄，勢不能采取有效的行動，所以我不能不向報館呼吁。

報館采取一種辦法，以制止販報者的非法牟利，保護閱報者的利益，實在是可能，而也是應該的，這所謂販報者，不僅指前文所説的送報人，連代派處也包括在内。

人在現社會的組織之下，是不能聽其孤行其意，而没有和他相對的權力，加以限制的，這亦是民治主義的一種原理。我從民國紀元前十四年，開始定閱報紙，到現在，已經五十二年了。還記得我初閱報時，一種報紙，在一處地方，代派處是不止一家的，送報人則由代派處雇用，在那時候，報紙如有漏送，遲送，閱報者可向代派處提出抗議，代派處則對送報人加以矯正，如其抗議而無效，閱報者可停止這一家的報，而向另一代派處訂閱，在這時候，閱報者很容易采取辦法，以自維護其權利，後來代派處和送報人，都漸有組織，一處地方，一種報紙，漸漸只有一個代派處，送報人則劃分地段，某一地段之内，歸某人承送，他們自有約束，不能互相逾越，而閱報者亦無從加以選擇，在此情勢下，漏送，遲送的事情，固然還是很少，然而偶有惡劣的送報人，你就無從和他交涉了。經營一種事業的人，自有組織，以維護其權利，原爲法所不禁，抑亦理之當然，然不能恃此遂侵犯他人的法益，歐洲中世紀的行會，自維護其權利外，亦兼顧及公衆的利益，出品好壞，價格低昂，彼此互相監督，不能任意出入，此其所以獲得良好的制度，而永爲社會學家所稱道，所憶念。在這一點上，我國的行會，實對之而有愧色。然舊日的商人不道德的行爲，亦止於以劣貨充好貨，因而以低價高賣而已，這還是商業上的詐欺，若不得定貨者的同意，而擅將貨物扣留，而仍要索取代價，試問此等行爲，是何等行爲？爲其所得之款，是由於乞討？抑由於勒索？固而，在現社會組織之下，人的行爲，不自知，無可免，總是互相剥削的，然亦仍須遵守現社會上衆所共遵的法俗，若並此而不能遵受，則其社會豈復可以一朝居？孟子曰："上無遵揆也，下無法守也，朝不信道，工不信度，君子犯義，小人犯刑，國之所存者幸也；"又曰："上無禮，下無學，賊民興，喪無日矣；"亦不過極説並現行秩序而不能遵守之害而已。"殷俗靡靡，餘風未殄；"這種敵僞時代遺留下來的風俗上的污點，豈可不速圖滌洗。

但空言無施，雖切何補？人是非有和他相對的，足以限制他的權力，不肯放棄他的非法的權利的，而在閱報人，現在所處的地位，則實無何等辦法可想，所以我向報館呼吁，要報館采取一種辦法，以制裁販報者的非法，而保護閲報者的利益，這種辦法，其具體的條件，固非我之所能言，然其宗旨，則不外乎"閲報者的利益，如被損害，得向報館申訴，而由報館對販者加以制裁"而已。

　　我不能遍寫給各個報館，僅寫一封給《文匯報》，然而我希望：各報館對於我所説的話，都能够加以注意。中國人，向來看得權利不算什麽事的，而且有時會以放棄爲大方，爲高尚，我説這一番話，或許有人以爲這是一個小問題，我看得太嚴重了。我却以爲：這一個問題，至少也關係幾千個人，而到如今，只有我一個人開口，而我捱到如今方才開口，這才够嚴重呢？三十五年四月二日吕思勉。

原刊一九四六年四月四日《文匯報》

# 物 價 偶 憶

我因有意鉤考物價之變遷，在戰前搜集材料頗多，不幸舊居爲敵軍炸毀，所搜集的材料，亦隨之而俱佚矣。現在僅剩回憶所及三數事，拉雜寫述於下：

我之外祖父，兄弟四人，外祖父次居三，與長兄皆死於太平天國之難，其季早亡，惟其仲存，而妻又早喪。晚年自理家事，甚爲費力，然仍不能善。外家食指繁多，一夕，外祖父之兄召廚人而責之曰：從未聞有一家每日食鹽一斤者。廚夫曰：鹽三十二文一斤，而家中吃飯者三十三人，是每人食鹽一文尚不到也。聞者明知其爲强辯，然倉猝間亦無以難之。此事在同光之際，即一八七五年前後。

光緒十八年，即一八九二年，余年八歲，偶食紅燒豬肉而嗜之。余之繼祖姒，甚愛余，即敕廚人再作一次。明日，廚人入市歸，稟余繼祖姒曰：今日係老太太買給小少爺吃的肉，故止七十六文一斤。余時不解所謂，問諸余母，乃知是時豬肉之價，爲每斤八十文，然售諸廚人者，則爲七十六文，而廚夫報帳於主人，則仍爲八十文，以主人即自往買，亦爲八十文。故此四文，爲廚夫公開之好處，是日廚夫並此四文而不賺，則爲報效主人矣。不用廚夫之家，而買肉愁以七十六文一斤計者，必立折薑計而後可。如以現錢往買，則必須八十文。因立折薑算之家，食肉必多，故肉店有此例以優待主顧也。

數十年之糖價，余不能憶，問諸人，亦無能知者。三十一年冬，遇一糖業中老人，問之，亦不能舉確數。但云：如以糖與他物之比價計之，則戰前之糖價，較之三四十年前三分之一。研究世界商品者，謂糖爲繼續跌價物之一也。

即在一八九二年，余隨余父至江浦縣。方未往時，聞人言：其地雞卵只兩文一枚，魚止二十文一斤。及至其地，果然。言者之意，頗以其價爲廉，則吾鄉（武進），是時魚與雞卵之價，必較此略昂也。

予初入酒肆飲酒，事似在光緒二十九年，即一九零三年，是時酒價，每碗十六文，四碗爲一斤。

物價之劇變，起於銅圓流行之後。若用小平錢時，其價之廉，殊非今日所能想象也。猶記是時雇用人力車，索價二十文，還以十六文，卒乃以十八文定議。當時此等車甚多。

余之久居上海，已在民國以後。當時聞人言：在上海吃飯，最廉者每餐僅數十文。即吃飯兩碗，每碗六文，共十二文；鹹肉兩斤，滬語謂之乾切，每斤二十文，共四十文；豆腐一大碗，二十一文，共七十三文耳。此爲銅圓未盛行，零售論錢碼不論洋碼時事。余居滬時，已無其事矣。然民國元年，余至西門，在茶肆中啜茗一碗，仍以錢計，只銅圓兩枚。

銅圓流行，凡物皆從錢碼改爲洋碼，此爲物價之一大變，然其事亦行之以漸，一九一零、一九一一兩年，余數出入於南通，趁輪船或在天生港，或在蘆涇港，天生港有薑船可憩，蘆涇港則必止逆旅中。自黃昏至半夜，兼吃飯一頓，不過錢二百文耳。時尚未改洋碼也。

上海之飯，六文一碗，廉矣，然如吾儕讀書人，可人吃兩碗。余友屠元博，名寬，曾自宜昌走旱道入川，道中飯亦賣六文一碗，則雖苦力食量較小者，董幾不能盡也。此事在光緒庚子，即一九〇〇年前後。

原刊《文獻》第一卷第四期，一九四六年五月一日出版

# 南京爲什麼成爲六朝朱明的舊都

　　國府還都，普天同慶。《正言報》諸君，要我寫一篇文字，畧述南京的文獻。南京的文獻，一時無從説起的，因爲言其大者，則人人所知，無待贅述；言其詳細，則數萬字不能盡，既非報紙之篇幅所能容，亦非研究時事者知識之所急。

　　都邑的選擇，我是以爲人事的關係，重於地理的。南京會成爲六朝和明初的舊都，這一點，怕能言其真相者頗少。讀史之家，往往把史事看得太深了，以爲建都之時，必有深謀遠慮，作一番地理上的選擇，而不知其實出於人事的推移，可謂求深而反失之。所以我在這裏，顧意説幾句話，以證明我的主張，而再附述一些我對於建都問題的意見。

　　南京爲什麼成爲六朝的都邑？東晉和宋、齊、梁、陳，不過因襲而已。創建一個都邑，不是一件容易的事情；又當都邑創建之初，往往是天造草昧之際，人力物力，都感不足，所以總是因仍舊貫的多，憑空創造的少，這是東晉所以建都南京的原因。至於宋齊梁陳四代，則其政權本是沿襲晉朝的，更無待於言了。然則在六朝之中，只有孫吳的建都南京，有加以研究的必要。

　　孫吳爲什麼要建都南京呢？長江下流的都會，是本來在蘇州，而後來遷徙到揚州的。看秦朝會稽郡的治所，和漢初吳王濞的都城，就可知道。孫吳創業，本在江東，其對岸，到孫策死時，還在歸心曹操的陳登手裏，自無建都揚州之理。然則爲什麼不將根據地移向長江上流，以便進取呢？須知江東定後，他們發展的方向，原是如此的，然其兵力剛進到湖北邊境時，曹操的兵，已從襄陽下江陵，直下漢口了。上流爲曹操所據，江東斷無以自全，所以孫權不能不連合劉備，冒險一戰。赤壁戰後，上流的形勢穩定了，然欲圖進取，則非得漢末荊州的治所襄陽不可。而此時荊州，破敗已甚，龐統勸劉備進取益州，實以“荊州荒殘，人物凋敝”爲最大的理由。直至曹魏之世，袁淮尚欲舉襄陽之地而棄之，見《三國魏志·齊王紀》正始七年《注》引《漢晉春秋》。其不能用爲進取的根據可見。然吳若以全力進取，魏亦必以全力搏擊，得之則不能守，不得則再蹈关羽的覆轍，所以吳雖得荊州，並不向這一方面發展，孫權曾建都武昌，後仍去之而還江東，大概爲此。居長江下流而圖發展，必先據有徐州。關於這一個問題，孫權在襲取关羽時，曾和呂蒙研究過，到底取徐州與取荊州，熟爲有利？呂蒙説：徐州，北方並無重兵駐守，取之不難，然其地爲“驍騎所騁”，即七八萬人，亦不易守，還是全據長江的有利。如此，才決計襲取荊州。可見在下流方面，孫吳亦不易進取，而曹魏在這方面的壓力卻頗重，原來劉琮降後，曹操要順流東下，不過一時因利乘便之計。若專欲剿滅孫吳，自以從淮南進兵爲便，所以赤壁戰後，曹操曾四次征伐孫權，建安十四年，十七年，十九年，二十一年。都是從這一方面來的，而合肥的兵力尤重。孫吳所以拒之者，實在今濡須口一帶，此爲江東的生死所繫，都金陵，則和這一帶聲勢相接，便於指揮。又京口和廣陵相對，亦爲長江津渡之處，曹丕曾自將自此伐吳，此路亦不可不防，居金陵與京口相距亦近，有左顧右盼之勢，孫權所以不居吳郡而居金陵，其理由實在於此。此不過一時戰事形勢使然，別無深意。東晉和宋齊梁陳四朝，始終未能恢復北方，論者或謂金陵的形勢，欲圖進取，尚嫌不足。後來宋高宗建都臨安，或又嫌其過於退嬰，謂其形勢尚不如金陵，此等議論，皆太偏重地理。其實南朝之不能恢復，主因實在兵力之不足，當時兵力，南長於水，北長於陸，水軍之力，雖猶足防禦，或亦可乘機爲局部的進取，然欲恢復中原，則非有優良的陸軍，作一兩次決定勝負的大戰不可。這和這一次對日戰役，雖可用游擊戰術，牽制敵人，使成泥足，然欲恢復失地，則非有新式配備的軍隊不可一般，與都城所在之地何與。且身臨前敵，居於適宜指揮之地，乃一將之任，萬乘之君，初不必如此。孫權雖富有謀畧，實仍不脱其父兄剽悍輕率之性質，觀建安二十年攻合肥之役可知。此其所以必居金陵。若宋高宗，則初不能自將，居金陵與居臨安何異？小國寡民之世，則建都之地，要爭出入於數百里之間，至大一統之世則不然，漢高祖欲都洛陽，留侯説：“其小，不過數百里，田地薄，四面受敵，不如關中，沃野千里，阻三面守，獨以一面制諸侯。”此乃當統一之初，尚沿列國併立時代之習，欲以都畿之地，與他人對抗，故有此説。若大一統之世，方制萬里，都在一個政府統制之下，居長安與居洛陽，又何所擇？然則政治及軍事的指揮，地點孰爲適宜，必計較於數百千里之間，亦只陸恃馬力，水恃帆力之世爲然。今有輪船、火車、飛機、摩托、電信，數千里之間，又何足計較？昔時的地理形勢，早給現在的交通工具打破了，而還多引前人之説，以論今日之事，寧非夢囈？

　　明初，明太祖爲什麼要建都南京呢？那是由於其起兵之初，還没有攘斥胡元的力量，而只是要在南方覓一根據地，那麼自濠州分離別爲一軍而渡江，自莫便於集慶。今首都，元集慶路。太祖的取天下，其兵力，用於攘斥胡元者實少，用於勘定下流之張士誠、上流之陳友諒者轉多。胡元遁走以後，南方之基礎已固，又何煩於遷都？論者或謂明之國威，以永樂時爲最盛，實由成祖遷都北平使然，此亦不考史實之談，論其實，則永樂時之邊防，實較洪武時爲促。明初，北方要塞，本在開平，今多倫。自成祖以大寧畀兀良哈而開平衛勢孤，宣宗乃移之於獨石，自此宣、大遂成極邊，北方的邊防綫，成爲現在的長城綫了。明初胡元雖退出北平，然仍佔據漠南北，爲中國計，欲圖一勞永逸，必如漢世發兵絶漠，深入窮追，然度漠之事，太祖時有之，成祖時則未之聞。其後有也先之難，俺答之患，中國何嘗不都北平？現在還有説欲圖控制東北，非都北平不可的，寧非夢囈？

　　遷都之一孔之見。自中國歷代兵爭之成敗觀之，似乎北可以制南，南不可以制北，故論建都之地者，多謂北勝於南。而同一北方，則又謂西勝於東，汴梁不如洛陽，洛陽不如長安，此皆以成敗之原因，一斷之於軍事，而言軍事之成敗，則又一斷之於地理形勢，殊爲失實。只有黄梨洲，其見能與衆不同，他在《明夷待訪録》上説："秦漢之時，關中風氣會聚，田野開闢，人物殷盛，吳楚方脱蠻夷之號，故不能與之爭勝。今關中人物，不及吳會久矣。東南粟帛，灌輸天下，天下之有吳會，猶富室之有倉庫匱篋也。千金之子，倉庫匱篋，必身守之，而門庭則以委之僕妾，捨金陵而弗都，是委僕妾以倉庫匱篋，昔日之都燕，則身守夫門庭矣，曾謂治天下而智不千金之子若歟?"他知道天下之"重"，在財力，在文化，而不單在兵事，其識可謂勝人一籌。孫中山要定都南京，理由亦在於此。試問三十五年來，領導全國，以從事於革命者，南方乎？北方乎？而尚有盛唱遷都北平之論者，寧非夢囈？

　　總而言之：在今日謂全國的政治、軍事，必在某地乃可以指揮，乃便於指揮，實無其事。講指揮，是什麼地方都可以的，都便利的。所爭者，則當建國之初，萬端待理，必得公忠體國，時時到處巡閲，使人心振奮，而吏治及軍紀亦可以整飭。如此，我仍維持去歲五都并建的主張，見十二月十九日《正言報》。即首都仍在南京，而西南之重慶，東南之泉州，西北之蘭州，東北之北平，并建爲陪都；而且擴充巡閲所及之地，西南則崑明、大理，西北則迪化、寧夏，東北則瀋陽、長春、張北。

　　還有一端，在今日倒也值得一提的。古人有治，首重風化。以今語言之，即國家之所注重者，不徒在政治、軍事，而尤重視社會風紀，人民道德，此義論政之家，久已視爲迂腐，然在今日國家職權擴大之時，似亦不可不加考慮。欲善風俗，必有其示範之地，以理以勢言之，自以首都爲最便，故京師昔稱首善之區。自教化二字，國家全不負責以來，人口愈殷繁，財力愈雄厚之地，即其道德風紀愈壞，京師幾成爲首惡之地。人總是要受社會影響的，居淫靡之地，精神何能振作？所耗費既多，操守安得廉潔？吏治之不飭，道德和風紀之敗壞，實爲之厲階。值此官僚政治爲舉世所詬病之秋，安可不爲改弦更張之計？然欲圖更化，舊都邑實不易著手，則首都所在，似以改營新都爲宜。昔時論建都者，多注重於政治軍事，而罕注重於化民成俗，有之者，則惟漢之翼奉，唐之朱樸，宋之陳亮。翼奉當漢元帝時，他對元帝說：文帝稱爲漢之賢君，亦以其時長安的規模，尚未奢廣，故能成節儉之治，若在今日，亦"必不能成功名"，他主張遷都成周，重定制度，"與天下更始"。朱樸，當唐末亦說"文物資貨，奢侈僭僞已極"，非遷都不可。陳亮當宋高宗時，上書說："錢塘終始五代，被兵最少，二百年之間，人物繁盛，固已甲於東南，而秦檜又從而備百司庶府，以講禮樂於其中，士大夫又從而治園囿臺榭，以樂其生；干戈之餘，而錢塘遂爲樂國矣。"窺其意，宴安鴆毒，實爲不能恢復的大原因。三家之言，皆可謂深切著明，而陳亮之言，實尤爲沉痛。我國今日，正當百孔千瘡之際，和種種困難搏鬥，實與和敵人作戰無殊，安得不想改良環境，以圖振作士氣呢？且使官司庶府，完好無缺，尚不免棄之可惜，今日者等是重建，又何不捨舊圖新？在南京附近之地，別建新邑呢？芻蕘之言，有謀國之責者，倘不視爲河漢？

原刊一九四六年五月三日《正言報》

# 東洋史上的西胡

循名責實，是一件最緊要的事情，不論什麼事情，不察其實，總是要喫虧的，新疆事變，已經一年半了，還没有能够順利的了結。這件事，有些報道，把其原因歸之於哈薩克人的好侵畧，這顯然是不對的，蘭州的《中國天下》，載有一篇黄震遐的《新疆問題的總分析》，去年上海的《前綫日報》，今年的《世界文化雜志》，都把他轉載了。他這篇文字，指出這一次的新疆事變，是一個民族問題，他率直的説：漢人在新疆是少數民族，新疆的多數民族是突厥人，而其中最主要的是維吾爾族；新疆自古就不屬於漢族的文化圈，而屬於突厥伊斯蘭文化圈，可謂能觸着實際，而祛除我們自大的偏見了，我於此，還想補充説幾句話。

新疆在很早的時代，就是西方文化在東方的根據地，與漢族的文化，以互不相同的性質，互相補益，還不始於伊斯蘭。新疆和中國交通，起於二世紀之末，即漢武帝時。其時天山南路諸國，其種有塞、有氐羌，塞種的文化，顯然較氐羌爲高，其人數，亦較氐羌爲衆，所以經過兩漢四百年，氐羌種的行國，在西域就不可見了。在這時代，中國文化的流行，可考的有龜兹王絳賓，《前漢書》上説他是慕效中國的；還有新、漢間的莎車王賢，《後漢書》亦説他本是中國的侍子，也參用些中國的典法；此外就很少可考的了。漢人移殖的，《北史·于闐傳》説：自高昌以西，諸國人等，皆深目高鼻，惟此一國，貌不甚胡，頗類華夏。這句話，被近代的考古家證實了。在新疆地方所發見的繪畫、塑像等，所描摹的，大抵係西洋人物，獨于闐縣即克里雅河流域不然，這可見在當時，塞種仍爲其地的主要民族了。到九世紀中葉，回紇爲黠戛斯所破，遁走河西，進入天山南路，新疆的民族，才發生一個大變動。然新疆各地方的政權，雖逐漸爲回紇人所取得，而其血統，則漸與久居其地的塞種相混淆。維吾爾實即元代畏吾兒的異譯，畏吾兒亦即回紇的異譯，顯而易見。現在的維吾爾人，深目高鼻，顯呈西洋種的狀態，可見其血統的成分，塞種仍較回紇爲多。

　　東西洋的交通，自古以來，即有海陸兩道，在近代新航路發見以前，中西文化的交流，由陸道者實較多。此爲眾所共知，無待申説。中西文化的交流，新疆自然是最大的孔道。以政治論，中國似乎自漢以後，總控制著新疆，其實西方人在東方政治上活躍者亦不少，不過不大受人注意罷了。所謂胡者，最初當係專指正北方的匈奴等族而言。然在前三、四世紀時，中國人即貤其名以稱東北方的烏丸，鮮卑之先，謂之東胡。及與西域交通，又貤其名以稱西域人，謂之西域胡或西胡，匈奴和東胡，都是東方人種，文化上一經同化，即無形跡可見，西域胡則不然，其漸漬中國文化雖深，而深目高鼻的形狀，不能驟改，所以所謂胡者，到後來，幾乎變爲西域種人的專稱，此説詳見予所撰《燕石札記》中，①此處不暇贅述。我們現在所當知的，則西域人在中國政治上活躍者，實不爲少。如晉世冉閔大誅胡羯時，史稱高鼻多須，多有濫死，可見亂華的五胡中，西域人實不在少數。其後拓跋魏專制北方，在四四六年，有蓋吳者，起而叛之，一時趨勢甚盛。蓋吳爲盧水胡人，其勇將有白廣平，白亦西域姓。八世紀初，即唐玄宗開元時，北邊有康待賓、康願子，相繼叛變，積年乃平。康姓大抵係出於康居的。至七五五年，安禄山反，遂以分唐朝盛衰之界。安禄山是柳城胡，本姓康，其母嫁虜將安延偃，禄山隨去，乃冒姓安，安乃西域昭武九姓之一，其人至東方，仍以國爲氏。九世紀後半，沙陀在中國開始得勢，沙陀爲西突厥的處月部，突厥雖看似北族，實則其根據地金山，即今阿爾泰山，已密邇西域。若考其開國的神話，則其起源之地，實在高昌國西北山，乃今新疆吐魯番境，及其得志之後，分爲東西兩部。東部控制着漠南北，西部則控制着整個的西域，其疆域實較東突厥爲廣，而運祚亦較東突厥爲長。所以突厥，我們雖以其和東部關係較切，覺得他是東方之國，以他的本身論，實在是個西域之國，不過在一個時期中，曾向東方發展罷了。至於處月部即沙陀之居地，則在金娑山蒲類海之間，蒲類海即今之巴里坤湖，其爲西域之國，更無疑義了。他自九二三年起，至九五〇年止，佔據了中原之地，凡二十八年。以一支客軍，而在中國能夠如此，其在政治上活躍的力量，亦不可謂之不大了。

　　西胡不但在中國政治上有勢力，即其在北族中亦然，在東洋史上，侵畧地帶爲漠南北，佔據漠南北最早的大民族是匈奴。匈奴是没有受到什麼西域的影響的，匈奴爲中國所逐，鮮卑繼起而據其地。初時還不見他受到什麼西域的影響，然到四世紀中葉，鮮卑拓跋氏和其別部柔然劇烈競爭時，所謂高車

---

　　①　即《胡考》，見《呂思勉全集》之《讀史札記》。

者,卻嶄然見頭角了。高車爲中國人稱之之名,其本名作敕勒,亦作鐵勒,即漢時的丁令,本在匈奴的西北,《北史》述其分佈的地域,則自焉耆之北起,直至咸海、里海之北,實爲西域的一大民族,當拓跋氏和柔然爭鬥時,其部衆已彌漫於漠南北之地。此非短時期所能散佈,度其東遷,至遲應在第三世紀中。柔然乃一小部,安能與拓跋氏敵? 然始終維持着對抗的局面,則實緣其得高車之衆使然。西胡在漠南北,開始顯出身手了。高車是時政治組織,尚極落後,諸小部各自爲政,不能聯合,所以柔然能驅而用之。柔然則世有可汗,又能模仿中國的兵法,以部勒其衆,其政治組織,較之高車進步多了。六世紀初,高車叛柔然,互相攻伐,柔然理應便宜些,然亦竟不能大得志,則緣高車得"嚈噠"之援。故嚈噠,亦作悒怛,實"于闐"二字的異譯。其族有一妻多夫之習,蓋本後藏高原的民族,自于闐出葱嶺,而至後來吐火羅之地的。當其入于闐時,即已濡染西域的文化,到吐火羅後,則純粹一西域之國了,所以能威壓波斯,在西洋史上,留下極大的名譽。自高車叛柔然後,又數十年,而突厥繼起,五五二年,柔然遂爲所滅。爾後至七四四年,突厥雖中經破敗,然大體上實佔據着漠南北。至七四四年後,而回紇乃代之而興。回紇亦鐵勒諸部之一,至九世紀中葉,爲黠戞斯所破。突厥可汗頡利之敗,史稱其以任用諸胡,疏遠宗族;回紇之寢衰,史亦謂其由沾染胡風,漸趨奢侈;可見西域文化,於北族影響之深。黠戞斯即漢之堅昆,元以後的吉利吉思,地在今唐努烏梁海境,其以此摧破回紇,正和突厥之興於金山同。至其人之屬於白種,則觀《唐書》的記載,可以明白無疑。自回紇敗之,漠南北才無强部,約歷半世紀而契丹太祖乃興,其疆域據《遼史》所載,北至臚朐河,即今克魯倫河,又曾西征回紇,至於河西;黠戞斯等,亦通朝聘;然實僅羈縻而已,要到十三世紀初,成吉思汗興,滅乃蠻,而東胡的勢力,才算再振。回紇奉摩尼教,乃蠻亦奉摩尼教,其所用之文字,仍爲回紇文,所以以民族論,乃蠻與回紇,確屬一系。然則自三世紀中高車侵入漠南北起,至十三世紀初,乃蠻滅亡爲止。西胡在漠南北政治勢力的活躍,實在一千年左右,此中即不能説全是西胡的政治勢力,至少該和北族平分秋色。因爲北族的强悍,實藉西胡的文明。自十七世紀末至十八世紀中葉約八十年間,即清康、雍、乾三朝,在伊犁的衛拉特能爲蒙古之患,而蒙古不能侵犯衛拉特,亦同此理。這可見西域的文明,自有其不可侮之勢力了。

天山南路,地勢和北路及漠南北不同,天山北路和漠南北,都是適宜遊牧之地,南路則或引溝渠,或借雪水,以資灌溉,無論其爲山麓或沙漠中的泉地,和別處交通,都不甚便,故適於發展定居的文明。回紇自移居南路之後,文明大有進步者以此,然衰敝的回紇,自不能抵禦精强的大食,故其後天山南路,又爲大食的勢力所侵入。此即興於十一世紀初之喀拉汗國。其與回紇争鬥之跡,已不可深考。然觀回紇已棄其摩尼教而信奉伊斯蘭教,又捨其舊有的文字而用阿拉伯文,則回紇無疑爲此來自西方的新文化所征服。但回紇的用阿拉伯文,並非純用阿拉伯文,乃用阿拉伯文字母,拼寫自己的語言,這實和朝鮮人用中國字以造諺文相像。就諺文論之,豈得謂中國與朝鮮爲同文之國? 所以今之維吾爾族,實仍保有其獨立的語言,在信奉回教諸民族中,屹然自成爲一族,既已信奉回教,其文化自然和諸回教民族是接近的,須知回教的文化,亦是世界上最有價值的文化,大食帝國的版圖,並不狹於羅馬,其文化或且超過之,在近代西歐諸國勃興之前,大食實爲西洋文化的中心,正和中國爲東洋文化的中心一樣,今雖暫落西歐諸國之後,然有此深厚的根柢,將來自必有其前途。文化的進步,正與生物的進化一樣,必與異種相媾合,而其變化乃大。當今之時,中、蘇、西歐等文化,實同具有向此回教民族一區域推進的機會,而要把自己的文化向他人推進,則必先認識他人的真相,所以如黄氏文中所説的新班超主義者,現在是不適用的。

中國人每自誇其同化異族能力之强,其實此語亦嫌籠統,中國人所同化的異族固多,被異族同化的,亦何嘗没有? 朝鮮、越南,在中國統治之下都頗久,中國何嘗能將其民族同化? 這亦不是説中國人没有能力。中國人同化異族之力,確是相當大的。然人總是人,其能力之大,總有一個限度。西域的政治,被中國控制逾二千年,然漢人在其地仍係少數民族,其地之文化,仍屬於突厥伊斯蘭之一圈,此自有其客觀的原因,無足爲怪。然至今日,則客觀的條件,漸漸變了。所以在今日,正是中國文化向新疆推進的好機會。不過當以推進文化爲主,不可再以新班超等主義,視政治之力爲萬能。而要推進自己的文化,並當先認識他人的文化,明白其真相,承認其價值,不可盲目的抱着一種優越感,而反陷於無知而已。

原刊《永安月刊》第八十四期,一九四六年五月出版

# 讀 書 的 方 法

讀書，到底是有益的，還是有害的事？這話是很難說的。"學問在於空間，不在於紙上。"要讀書，先得要知道書上所說的，就是社會上的什麼事實。如其所說的明明是封建時代的民情，你卻把來解釋資本主義時代的現象；所說的明明是專制時代的治法，你卻把來應付民治主義時代的潮流；那就大錯了。從古以來，迂儒誤國；甚至被人姍笑不懂世事；其根源全在於此。所以讀書第一要留心書上所說的話，就是社會的何種事實。這是第一要義。這一着一差，滿盤都沒有是處了。

知道書上的某種話，就是社會上的某種事實，書就可以讀了。那麼，用何種方法去讀呢？

在《書經》的《洪範篇》上，有"沈潛剛克，高明柔克"兩句話。這兩句話，是被向來講身心修養的人，看作天性不同的兩種人所走的兩條路徑的。其實講研究學問的方法，亦不外乎此。這兩種方法：前一種是深入乎一事中，範圍較窄，而用力卻較深的。後一種則範圍較廣，而用功卻較淺。這兩種方法：前一種是造就專家，後一種則養成通才。固然，走哪一條路，由於各人性之所近，然其實是不可偏廢的。學問之家，或主精研，或主博涉，不過就其所注重者而言，決不是精研之家，可以蔽聰塞明，於一個窄小的範圍以外，一無所知，亦不是博涉之家，一味的貪多務得，而一切不能深入。

治學的程序，從理論上講：第一，當先知現在共有幾種重要的學問。第二，每一種學問，該知道他現在的情形是如何？最重要的，有哪部書？第三，對於各種重要學問，都得知其崖畧。第四，自己專門研究的學問，則更須知道的深一些。第五，如此者，用功既深，（A）或則對於某種現象，覺得其足資研究，而昔人尚未研究及之，我們便可擴充研究的範圍。（B）又或某種現象，昔人雖已加以分析，然尚嫌其不夠細密，我們就可再加分析，畫定一更小的範圍，以資研究。（C）又或綜合前人的所得，更成立一個較大的範圍。（D）又或於前人所遺漏的加以補充,錯誤的加以改正。如此,就能使新學問成立,或舊學問進步了。然則入手之初,具體的方法,又當如何呢? 那亦不外乎剛克,柔克,二者并用。

專門研究的書,是要用沈潛剛克的方法的。先擇定一種,作爲研究的中心,再選擇幾種,作爲參考之用。"一部書的教師,是最不值錢的。"一部書的學者,亦何莫不然。這不關乎書的好壞。再好的,也不能把一切問題,包括無遺的,至少不能同樣注重。這因爲著者的學識,各有其獨到之處,於此有所重,於彼必有所輕。如其各方面皆無所畸輕,則亦各方面無所畸重,其書就一無特色了。無特色之書,讀之不易有所得。然有特色的書,亦只會注意於一兩方面,而讀者所要知道,卻不是以這一兩方面爲限的。這是讀書所以要用幾種書互相參考的理由。這一層亦是最爲要緊的。每一種書中,必有若干問題,每一個問題,須有一個答案,這一個答案,就是這一種學問中應該明白的義理。我們必須把他弄清楚,而每一條義理,都不是孤立的,各個問題必定互相關聯。把他們聯結起來,就又得一種更高的道理,這不但一種學問是如此,把各種學問連結起來,亦是如此,生物學中競争和互助的作用,物理學生質力不減的法則,都可以應用到社會科學上,便是一個最淺顯的例子。學校的教授,有益於青年,其故安在。那(一)緣其所設立的科目,必係現今較重要的學問;(二)緣其所講授的,必係一種學問中最重要的部分;(三)而隨着學生的進修,又有教師爲之輔導。然即無緣入學的青年,苟能留意於學問的門徑,並隨時向有學問者請益,亦決不是不可以自修的。

基礎的科學,我們該用沈潛剛克的法子,此外隨時泛濫,務求其所涉者廣,以恢廓我們的境界,發抒我們的意氣的,則宜用高明柔克的法子。昔人譬喻如用兵時的畧地,一過就算了,不求深入。這種涉獵,能使我們的見解,不局於一隅,而不至爲窒塞不通之論。這亦是很要緊的。因爲近代的專門學者,往往易犯此病。

兩途并進,"俛焉日有孳孳",我想必極有趣味。"日計不足,月計有餘",隔一個時期,反省一番,就覺得功夫不是白用的了。程伊川先生說:"不學便老而衰。"世界上哪一種人是沒有進步的? 只有不學的人。

原刊《正言報》,一九四六年六月三日

# 忠　貞

　　《茶話》的編者，要我做一篇文章，説述古代的漢奸，及其和現代漢奸的比較。這篇文章是不容易做的。歷來的漢奸，不止一人。又社會上的毀譽，未必和是非相一致。因爲有許多事實被歪曲了，或者隱瞞文飾過了，所以非漢奸而被誣爲漢奸，實係漢奸反而未遭指摘者，勢必在所不免，這其間就需要一番考據。就是衆所共知的漢奸，其所知者，亦往往非事實的真相，而非加一番揭發解釋不可。那末，簡直做任何一個漢奸的傳，都不容易了，何況還要將其互相比較呢！這工作太專門了，固非倉卒所能爲，亦非現在一般綜合性的雜誌所需要。現代的事情呢，説起來，自覺親切而有味。像我這樣銷聲匿跡的人，自無從和有漢奸行爲的人有何接觸，但雖無事實可指，而其心和漢奸及搖動分子一樣的人，總是看見過的，此等人若加以描寫，亦頗足發人深省，但我覺得亦非必要。頻年在淪陷區中，所接觸的，無非是些魑魅罔兩；幸而勝利了，所見到的，還是些烏煙瘴氣；幾乎令人和前代身逢喪亂之士一般，要懷疑到人心之本善了。但如果人性是惡，如果世界上而沒有好人，我們又安能成此光復之業？事，不論其爲禍爲福，總没有無因而至的。我們遭遇著黑暗，不要怨天，歎時運不濟，這都是我們的業力所招致。遭遇著光明，亦不是什麼天賜之福，而在暗中必有支柱和斡旋的人。不過這種人，往往成爲無名的英雄罷了。以下所敍幾位先生，我都知道其姓名里居，不過其中有生存的人，我爲避免標榜，且尊重他們不願人家在生前替他宣揚高節，我就把他們的姓名里居略掉。生存者既然，死義者遂亦事同一律，好在這一篇文章，並不是我替他們做傳記。

　　Ａ先生，[①]是一個讀書人，他是一個早期的師範畢業生，曾在學校裏教過書，亦曾在人家坐過館，但他由於遺傳上的弱點，在壯年即患有精神病。時發時瘳，好的時候，亦同好人一樣；發的時侯，就有些不大清楚了。所以後來他

---

① 汪千頃，常州人。

就不做什麼事情,在家以書畫碑帖自娛。倭寇入犯,他舉室西遷,走到江蘇西南境的某鎮,他的病發作了,就和家人失散。這時候走路是大家隨波逐流,不由自主的。因此,他的家人,無從找他,他就不由自主地,在這鎮上留了下來,意外地遇見了他家舊時的一個女傭。女傭很忠心服侍了他兩個月,他的病好了。這時候遊擊隊散佈鄉區,時時和敵軍相攻擊,他住的鎮上,亦幾乎是前綫,倒是縣城,給敵軍佔據了,我軍一時無力反攻,可以偷旦夕之安。他在城中的房屋,雖遭破壞,尚未淨盡,勉強可以住得。於是他的女傭和他約:自己先到城中看一趟。要是確實可住,再來迎接他。這時侯,敵兵自行把守城門,出城入城的人,都得向他們鞠躬行禮,他們却岸然不動。有一個膽氣大的商人,曾和敵國軍官説道:"你們這太無禮了,在我們中國,人家對我行禮,而我們可以全然不動的,衹有死人。"這個敵國的軍官,倒也禁不住笑了。當時因不肯向敵軍行禮,寧可流離在外,受盡苦楚,明知家中殘餘財物,被人取攜以盡,甚至房屋材料,都被拆去,而始終不肯入城者極多。A 先生亦是其中之一。他的女傭雖苦勸他回去,他始終不肯。他成仁後,他的朋友,寫信給他的家屬,説述他當時的情況,是日日倚門而望,希望他的家屬,再有人能到這鎮上來。他亦明知道住在這鎮上危險,入城要安穩得多。然又自語曰:"吾豈能爲異族折腰哉?"日數數爲此言。有一次,敵人進犯他所居的鎮。我遊擊隊禦諸鎮外,以八十擊其二百人,大敗之。敵人退走二十餘里,居無何,有兩個漢奸,引導敵人從間道來夜襲。我軍退出鎮外。至十時,又整頓來反攻。敵人聞之,遁去。其佔據此鎮,不過五六小時而已,而 A 先生却竟於此時遭其殘害。當敵人入鎮時,鎮上的人多逃去,A 先生亦隨衆出走,敵兵退了,又隨衆回來。不意他所住的屋子裏,還殘留敵兵三人,見 A 先生回來,肆其最後的貪婪,把 A 先生身畔的財物搶去。A 先生大聲斥其殘暴,這些敵兵,也有些懂得中國話了,大怒,把 A 先生拖曳而出。A 先生就在一座小橋上被害。鎮人哀而葬之。至今其孤墳還寂寞地在鎮外。

B 先生,前清兩江師範畢業生。兩江師範曾延聘許多日本人任教,學生多通日語,而 B 先生尤精;又通英文,長農學及生物學,所翻譯的書頗多。B 先生性情溫厚,且極有風趣;惟不能節儉,早就以貧爲患。到戰事起,他就更難支持了。流落在上海租界上,真是苦不堪言。然抗敵的意志極堅決。有人勸他去當日本人的翻譯,盡可不做壞事,而且還可相機盡力,拯救些苦難中的中國人。他因要屈節於敵,始終不肯。這一點,可使現在身爲漢奸,而藉口於搭救地下工作人員以求苟免者愧死;更可使妄給人以地下工作的證明的可恥了。

這時候，我軍屢敗，一班意志薄弱者，對於抗戰的信念，不免有些動搖。B先生聞之，必痛斥其謬。力言抗戰必勝，建國必成。他常説："蔣委員長的得人民愛戴，是從古以來没有的，這就是中國民族主義發達的明征，因此可葡抗戰的必勝。"然B先生竟以貧病交迫，不及待勝利的來臨而死，殁後妻孥流落，慘不忍言。

C先生，前清舉人。爲廣西某縣知縣。縣中賭風頗盛，官初蒞任，賭徒的首領必饋以數千金，後來按時還有饋贈，官就置諸不聞了。C先生到任，賭徒照例致饋。C先生不受，而嚴行禁賭。賭徒借他事控諸府。府中派人來查，幕友胥吏都説得好好招待他。C先生説："我祇有清茶一碗而已。"委員呈復，不利於C先生，C先生就因此去職，千里還鄉，橐被蕭然！自此不復出仕。C先生妻早喪而無子，孑然一身。一僕義之，終身隨事不去。C先生罷官後貧甚，日食惟素菜一簋。他一個親戚，有一天去看他，他説："吾不能爲君別辦餐，我的食，能食則食，不能，我亦不强。"其戚見食，諉稱尚飽，C先生就獨吃了。後來其親戚舉以告人，人責之曰："晉平公之於亥唐也，入云則入，坐云則坐，食云則食，雖疏食菜羹未嘗不飽，蓋不敢不飽也？你遇賢人而不食其食，可謂失之交臂了。"其戚有愧色。C先生住在城外。敵人陷其邑，城外還算是遊擊區。C先生足不入城。親友出城訪之，時亦扶杖相送，然望見城門輒返。同時有D先生，是某女學校教員，爲人平平，並無所長，人亦以老學究遇之而已；然自敵軍陷其邑後，亦始終不肯入城。

從前人説："雪大恥，復大仇，皆以心之力。"心力是看不見的，然其支柱殘局，斡旋世運之力極大。四先生不過是我所知道的，我所不知道的何限？這就是我國今日獲致勝利的重要因素了。

原刊《茶話》第二期，一九四六年七月五日出版

# 堂　吾　頭

　　吾，俗稱丫。從前我家裏有一個女僕，有一天，他的母親寫信給他，他叫我替她看。我見第一句寫的是"羊吾頭收閱"，便問她道："你姓羊麽？"他說："我不姓羊。"我又問："你喚做吾頭麽？"他笑道："我不姓羊，也不喚作吾頭，我生肖屬羊，所以我家裏人喚我做羊丫頭。"我才恍然大悟，俗語丫頭的丫字，就是《管子》上吾子的吾字，兒子、孩子，亦都是這一聲之轉。多年來求其本字而不得的，倒因一個文理不甚通的人，寫借音字而悟入了。我頗喜寫語體文，然又喜寫古字，譬如陣字，我就不願意寫，而要寫作陳字的。又如今人所寫的沿邊，我也不大願意寫，而要寫作緣邊的；芙蓉二字，並不算怎樣惡俗，我卻總要寫夫容，這或者是我的僻性罷？僻性也有個來由，生人思少日，我自己探索僻性的由來，或者是我當可塑性極盛之時，正喜歡讀中國的舊小說，而亦開始研究小學，前者可以養成寫語體文的習慣，後者可以培植喜歡寫古字的根基，二者都是在可塑性極盛時塑成的，所以莫能相掩罷？閒話休提，言歸正傳。

　　我的家鄉，武進市，有一條從南城門直通到城北的大路，其南邊一大段，喚作大街，爲大商店所薈萃，是全城精華所在；其北邊一小段，稱爲府直街，因爲武進在從前是常州府治，這一段街，正和常州府衙門相對之故，在府直街和大街之間，有一條東西通的路，和它相交，在東面的稱爲東橫街，在西面的稱爲西橫街。東橫街和府直街的交點，有一所頗大的房子，稱爲育嬰堂。在戰前，收容無父無母，或雖有而不可知，或雖可知而不能自行撫育其小孩的，辦理頗稱完善。倭奴犯順時，爲其占作憲兵司令部，地方上需要育嬰堂收養的嬰孩，因此無人收養，喪失其小生命的，不知凡幾。僞組織中人，口口聲聲説：他們的屈伏於敵人，亦是想委曲求全，減少些人民的痛苦，然而沒聽見他們，敢向敵憲兵司令部道一個不字。而僞縣長現在被通緝的湯人傑漢奸，卻在東橫街之東，拆寬了一條南北通的化龍巷，這也是服從敵軍的命令的，他卻自以爲功，改化龍巷之名爲人傑路，以自行紀念，良心喪盡了，臉皮厚極了，這還有什麽話説呢？

原子炸彈，投下在廣島和長崎了，天神的子孫，命中注定了萬世一係，而志在使八紘一宇的天皇，雖然在"其權力當置於盟軍統帥之下"的條件之下，暫被保存，卻也向起所謂敵國者屈膝了，他的軍隊，即所謂皇軍者，我親見其意態本甚憂鬱，而在其皇屈膝之後，卻也引吭高歌，入市痛飲，面容轉爲活潑了，他們不久就繳械了，集中了，憲兵司令部所佔據的地方，空出來了，我們無人養育的嬰孩，有可以有人養育了，不知來，視諸往，我且説一段武進育嬰堂的歷史。

武進的育嬰堂，是辦理得頗有成績的，我雖然是武進人卻半生旅食於外，屬於家鄉的事情，初不甚了，直到去年，和一位熟知舊事的朋友談起了，才獲悉此中的一段歷史。

據説：從前有一位紳士蘇先生，辦理育嬰堂，是最爲熱心的。我們家鄉的俗話，稱女孩爲丫頭，男孩爲老小丫頭，就是我這一篇文字裏寫做吾頭的了，老小二字，我至今還未知其語原，大約由於社會上重男輕女之見罷？由其父母送到堂裏來，請求撫養，或其父母不願出面，但將小孩安放在育嬰堂門外，待堂中人看見了，自行收進去的，百分之九十九強，總是女孩，男孩卻絶無僅有，所以祇有堂吾頭之名，而無堂吾老小之號，堂吾頭入堂之後，是如何呢？其第一事便是編號，有姓名可知的，將其姓名記下，其父母的姓名住址有可知的，亦都記下來；無可知的，那亦祇好隨他去了。編號之後，就發給乳母乳養，堂中所雇的乳母，所收的嬰孩，都是有定額的，因爲爲房屋及經費所限。但有時，明送來的嬰孩，已經很難拒絶，不告於你，而徑行放在你門首的，更不由得你不收了，所以育嬰堂的經費，有時候很爲爲難，不得不量出爲入，這就看籌募者手段如何了。溢額的嬰孩，則帖給人家乳養，所謂帖，是把小孩寄養在乳母的家裏，這種乳母，是由育嬰堂臨時招募的，每逢舊曆朔望，堂中留養的小孩，由董事加以驗看；帖在堂外的，其乳母，亦須於此時，抱著小孩前來，代步之費，是由堂中發給他的，還留他吃飯，如不按時而來，卻要罰，驗看的結果，小孩養得茁壯的，乳母有賞。堂內堂外皆然，如其瘦削或有疾病，可疑爲撫養不善的，則乳母要受到詰責，甚者加以更換。堂中所收養的小孩，大概是頗多的，並不能一個小孩就有一個乳母，食乳不足，則兼飼以粥飯，亦由乳母負責。乳母或患疾病，或實有要事，不能不許其請假，其所乳養的小孩，別一個乳母，是要暫代負責的，這些，在乳母受雇入堂之時，都早經訂明瞭，臨時的處置，則由堂中司事，爲之調度。小孩或乳母患病，亦有約定的醫生，替他們醫治的，從大體上説，辦理得確是不壞，所以能爲眾所稱道，而蘇先生就是此中很熱心的一個人，蘇先生所以特別爲人所稱頌的，則因其惠澤不但及於在堂的吾頭，而且還兼及於離堂後的吾頭。

堂吾頭本有父母的，到不須乳養之後，仍可由其父母領回，到這時候，不久，它也就能夠做些輕便的勞作了，從經濟上立論，並不全是一個分利者，所以堂吾頭到稍長之後，往往由其父母自行領回，但喪失父母，或不知其父母者究多，雖有父母，而仍不願領回者亦不少，則任何人都可以領養。領養者或作養女，或作養媳都可，但不能以作婢、妾，並不許加以虐待。這些，都要立下筆據留堂，且須覓得保人，同時簽字，爲要保證此項責任，領養者能夠履行起見，屬於已被人領養的吾頭，堂中仍須派人加以察訪。這件事的實行，是頗爲難的，在堂中，也不過保存著告朔的餼羊，不至全不負責罷了，而蘇先生任育嬰堂董事時，卻辦理得特別認真。蘇先生，雖然是一個老紳士，卻饒有平民的風度，他能夠芒鞋竹杖，遍歷鄉村，原來領堂吾頭作義女的，雖亦可利用其勞力，然長大之後，仍要帖出一筆嫁資，這是窮困的，精於計算得人們所不願意的，若領作童養媳，則將來不徒不必帖出嫁資，而且爲兒娶媳之資，還可減省，這就很經濟了，所得領養堂吾頭的，總是作養媳的居多，而尤其是鄉村人家，這要周歷察訪，是頗不容易的。蘇先生卻絕不躲懶，是有堂吾頭分佈的地方，他一年之中，總要去察訪一兩次。他的察訪，並不是直接登門加以詢問的，如此，也許並察訪不到什麽，他是芒鞋竹杖，遍歷其前後左右的村莊市鎮，從旁人口中，加以察訪的，鄉間風氣誠樸，無甚徇私隱蔽之人。他訪問的人多了，要徇私隱蔽，也不可能，所以堂吾頭出堂之後，情形如何，無不爲他所熟悉。據說：堂吾頭被領出之後，有些人家，因其爲堂吾頭，從小就沒有家庭的溫暖，而格外愛憐她；也有的，欺其沒有娘家，而加以虐待。堂吾頭的性格，自然也是有好有壞的，蘇先生在察訪之後，就要加以干涉了。他回堂之後，便責成保人，把他們喚來，儻使是堂吾頭忤逆翁姑的，他要當衆加以訓斥；情節重的，還要責打手心，令其向翁姑磕頭賠罪；儻使是翁姑、丈夫，虐待堂吾頭的，他先當衆將其罪狀宣佈，然後問他：“要官了，要私了？”如其要官了，那沒有什麽話說，把一張名片，將他送到衙門裏去。這時候的紳士，用名片送小百姓，就是無理也要被視爲有理的，何況小百姓確是無理呢？所以在這種情勢之下，十之九强，總不敢强硬的，自願聽憑堂中措置。蘇先生，就先加訓斥，令其當衆認錯，并且聲明願意改過，聲明儻若再犯，便必須送官懲辦，再沒有由堂中處理的機會了，然後放他出去。經過此種手續之後，其人是否悔過，堂中仍須加以察訪。據說，敢再犯的極少，在蘇先生任事時，祇有一個堂吾頭的婆婆，怙惡不悛，被送到官，責打過嘴巴。

像蘇先生這樣的人，的確是很難得的，祇可惜頭腦陳舊了些，所要維護的，祇是一些社會的舊秩序，而封建氣息，也嫌濃重了些。儻使他再溫和一些，對於不好的堂吾頭，或虐待堂吾頭的人，祇是加以勸化，而不要來打手心，具結這一套，如其慮其無效，倒寧可送官懲辦，這以舊時的觀點論，似乎也適合些。至於他所要維持的上和下睦、夫唱婦隨這一套，在舊時的觀點中，自然無可非議，但在今日，如欲師其意而行之，卻不可不加以變通，甚而至於要來一個革命。有一位社會學家說："現在談女權的人，多數要提倡小家庭，破壞大家族，這是一個錯誤。保護女子的是大家族，不是小家庭，大家族人多勢眾，一個女孩嫁出去而不得意，可以為之興師動眾、問罪、械斗，小家庭就沒有這力量了。"這話很有道理，但家族，不會一方面是大、一方面卻是小的，儻使兩方面都是大家族，那就各自集眾而爭，兵連禍結，將無已時，況且家族總是自私的，各顧其私，就更分不出青黃皂白了。家族總是自私的，在這裏頭養育出來的人，無論如何，總已植下了一些自私的根苗，長大來斷難盡拔。所以我們現在，很希望有一種出於家族以外的團體，屬於人，加以養育，加以扶持，從此眾團體中培養出來的人，自然是摧毀家族的急先鋒，而亦是改良社會組織挺立於陣頭的戰士，這種組織，雖可憑空產生，而舊組織可作為憑藉的，亦不在少，如育嬰堂即是其一。不過我們要憑藉其物質，而全改變其宗旨罷了，這就是我所謂師其意而行之，而又加以變通之說，至於像蘇先生這種實行的精神，其為難能而可貴，自然不論在什麼時代，總是一樣的。

寫到此，我的朋友甲來了，我問他："從前總看見你同著乙，近來為什麼多時不同他了？"他說："乙麼？近來正在家中享受天倫之樂，同許多朋友，都生疏了。他難得：兩個兒子都好，近來都到了家，一個女兒嫁得又好，兒子、兒媳婦、女兒、女婿，都和他住在一塊，他自然要顧而樂之了！"甲又說："天倫到底是天倫，這是很難得的呀！"我默然，我覺得人生總是奮斗的意味深長些，志士不忘在溝壑，勇士不忘喪其元，孔子奚取焉？須知道四海皆秋氣，一室難為春啊！

原刊《月刊》第二卷第一期，一九四六年七月十日出版

# 致大公報館書談報紙上的醫藥廣告

敬啓者：鄙人於民國二十二年，見報載謙信洋行廣告，出售豫防傷寒口服之藥，名爲室扶了。當即前往購買，而該行華籍人員謂鄙人云："君購此物何爲？此乃外國人之騙局，騙中國人之錢者耳。"鄙人聞而疑焉。以一正經營業之洋行，豈有用僞藥欺人，尚敢公然登出廣告之理，縱使不顧道德，亦豈不惜名譽。然該華人又言之鑿鑿，乃以詢諸現任武進公醫院長之陳君舜名，陳君約鄙人各作一函往詢，後均得有覆函。倭寇入犯，陳君舊居，悉成煨燼，此函恐已無存。鄙人書籍稿件等，亦十失六七，而事後檢點，此函幸尚無恙。今錄其辭如下。元函云："内服免疫素……真不讓於注射也。"核其所云，似非無據。其後又在某報副刊，見有論列豫防傷寒霍亂痢疾之藥者，謂諸病均係腸病，欲求豫防，只腸中有抗毒素即可。本不必擾及全身，豫防注射，必有反應，而口服者無之。此即口服之藥，優於注射之證，惟其有效之期較注射者爲短耳。未説明之藥，效力究有多久，乃口服之藥如何？又謂德日醫家，頗稱獎口服，英美醫家，則止重注射。此項報紙，當時亦經剪貼保存，今則已無覓處矣。嘗以此事詢諸醫家，則知口服豫防之法者甚少。抗戰時在遊擊區中，曾見滬上報紙，中國藥廠，亦有口服豫防傷寒霍亂痢疾之藥，名爲辟癘安，製造之家，似係信誼。倭寇降伏後，鄙人重來上海，曾向藥房詢問，則本國出品，時無售者。惟有一種，稱爲法國出品，觀其盒中所附説明，全係在華印刷，一似專銷華莊者然。而有此藥者，亦僅一二家，時竊未敢深信，其名今亦忘之矣。竊意口服豫防，如果有效，其爲用似較注射爲優。注射人總不免有望而生畏之意，豫防傷寒注射，反應既重，視爲畏途者尤多，口服則無此弊，一也。注射必有其器，又必有其人，窮鄉僻壤，或多阻格，口服者亦不然，二也。當敵僞盤踞之時，有許多城市，曾强迫施行霍亂豫防注射，司其事者，技既不精，又心存厭惡，卤莽滅裂，流弊滋多。鄙人確知有兩人，被迫注射之後，一臂腫脹，經歷旬月者,可謂極其危險。又其時遊擊區中,亦有技不精而爲人注射,致將針尖斷入肉內,大費周章者。今茲事勢,雖與當日不同,然醫師護士,缺乏如故。果欲廣施注射,豈能無所顧慮,三也。如是,則口服豫防,縱不能以代注射,亦應與注射相輔而行,則其收效必弘,而於事亦益簡。然自來談防疫者,皆止提唱注射,罕聞籌及口服,未審何故?

貴報留意衛生,每周既有專刊,近日復開座談之會,敢求代訪名醫,啓茲茅塞,並求將蕪函及答語,同載報端,其於防疫,似亦不無裨益,因蓄此疑者,必不止鄙人一人也。專此布憶。敬頌著安。呂思勉謹啓

再者,傷寒有免疫性,是否患過正傷寒者,祇能免正傷寒,患過副傷寒者,祇能免副傷寒,抑患過一種,則餘亦可免。有昔時患病,症狀極似傷寒,然非由新醫診治,無從斷定其究係傷寒與否者。在患病之後多年,有無檢驗之法,以判明其有無免疫之力。此兩端並求指示。謹再啓

寫於一九四九年十月

附錄:德國天德大藥廠拜耳—赫斯脫復信。

第一七二號,民國廿二年十月廿五日

逕復者奉讀賜書,祇悉一切。承詢"窒扶了"種種,謹述之如下:夫內服免疫素之提倡,始於貝氏 Besrsdka、Dularry、Stdruunski、Tron 等諸學者,但其證明方法,殊非容易。最初均以受驗者血中凝集作用增加爲標準,所謂韋達氏反應 Gruler—Wldal'schenReakTion,但據多數專門家討論之結果,借韋達氏反應以鑒定內服免疫素之功用,並非絕對可能之事。最近賀夫氏等 Hoffstaedt、Tompson、Pigper、Dall,於內服免疫者之血中,證明凝集素與輔助體之存在,據其所得,凡內服免疫者,其血清當試驗時,鬚髮見小雲片狀,所謂圈狀凝集素 O—Agglutinine,此種凝集素之發生,最爲準確。免疫力之指數在第三星期後爲最高,此種成績與費氏 Felip 所得者正相符合,最近又從克氏 Kause 覆驗,證明內服免疫素之功用,確與韋達氏反應無關。克氏當夏季傷寒流行之時,用內服免疫素預防,即用室扶了內服,以預防傷寒及甲乙兩種副傷寒,受治者工四十六人,每日施以血清檢查,在一定時期中,凝集素之存在,其倍數最高者,其凝集力可達一比一千(7.5%),普通一比五百爲最多(40%)一比二百者(27.5%)一比一百(15%)一比廿五(10%),用傷寒菌得陽性結果者

85％，用乙種副傷寒菌 71.7％，甲種副傷寒菌 69.5％，克氏此種凝集素組成之試驗，與其他學者研究所得，正相符合。由此觀之，內服免疫之效力，雖有時不能用韋達氏反應證明，但據上述之經驗，足證內服免疫，其功力真不讓於注射也。此複本埠大西路光華大學呂誠之先生　　天德大藥廠啓

# 學 制 芻 議

必須使孤寒志學的人,有一條路可走。

何謂孤寒? 孤者,孤立無助之謂;寒則貧困之謂也。現在上海有許多人,嚷着學費貴,非得助學金等,則不能入學,可以謂之寒了。然尚能自訴其苦於社會,而社會亦即從而加以援助,則尚未可謂甚孤,非甚孤即非極寒。其真正欲學不得,呼籲無門的,全國還不知有多少呢?

孤寒階級中人,實爲國家元氣所在,因爲這一階級中人,淫逸夸毗之習較少。不淫逸則身體强壯,精神振作,而可以任事,不夸毗,則看得事情認真。我們試留心觀察,在一機關中,事情到手都看的不當真,只要敷衍了事,對付過去,自己不負責任就好,他們所留意的都是人事上的關係,而沒有真心要把事情辦好。這種人,大抵來自通都大邑,累代仕宦,或富商大賈之家,其出自窮鄉僻壤孤寒階級中者絕少。不論國家政治社會事業,總是要人去辦的,而人之能善其事與否,實以其有無誠意爲第一條件,必有誠意,然後其才可用諸正路。其學乃真能淑己而利羣,不至於恃才以作惡,曲學以阿世,反造出許多惡業來。道德爲事功之本,誠意爲道德之本,而誠意惟孤寒階級中有之,所以說孤寒階級中人,爲國家元氣所在。

在抗戰前,常州中學校長朱君竹卿就對我說:"親見六七十歲的老嫗,携其孤露的孫兒,以應某種學校的入學試驗,不取,流涕而去。"朱君說:"這是國家社會對不起這個人。"誠然在戰前,讀書的人,遠較今日爲少,許多私立學校,招生常患其不足,已有此等現象,何況今日,各種學校,都人滿爲患,被擯於門外者,幾於不止半數呢? 幾年以來,飽受兵戰之慘,人民之貧窮,較諸戰前,已不知增加若干倍,讀書者反多於戰前,這就可見得社會的進步,我們真的已在苦難中磨練出來了,如能迎其機而善導之,中國之教育普及,豈不易如反掌? 教育程度的提高,亦豈不指日可待?

博施濟衆,堯舜猶病,以今日中國生計的困難,人才的缺乏,而欲遍設學校,使有志向學者,皆有學校可入,豈不難如登天?然社會上自有不能辦理學校,而能傳授學術的人,那就自然有不入學校,而可以研究學術之事,又何苦而不利用一下?大抵學術的範圍,恒漸擴而大,當其未擴大時,一種學術,全國之內,只有少數人懂得;而此少數人材,又恒聚集於其時文化中心之地,則欲研究學術者,不得不求入某種特設之學校;或則負笈遠遊,千里追師。到既擴大之後,就用不着了。因爲到這時候,到處有師可求,有書可讀了。在歷史上,時代愈早,國家所設立的學校及私家教授之大師,愈成爲學術之重心,愈後則愈不然,即由於此。現在有許多新輸入的學問,在我國尚未擴大,如欲求之,非走向都會不可,甚至非走向外國不可,這誠然是事實,但有許多學問,並不如此,那何不於學校之外,別開一條使人研究的路呢?

真正愛好學問的人,自能無所待於外,而汲汲追求,孜孜研究。然這種人,在社會上,總是極少數,其最大多數,則當其從事之初,總非畧用外力勸誘不可。勸誘與輔助不同,輔助是要實力的,勸誘則空言而已。漢朝的晁錯,勸文帝用拜爵之法,誘民入粟,他説:"爵者,上之所擅,出於口而無窮。"就是這個道理。有這種以虛運實之法,事情就更易推行了。教育,固然有一部分是非用實力推行不可的,卻也有一部分是可用空言勸誘的,那麼,我們何不兼用此法,節省實力,用之於他一部分,使其更見雄厚呢?

但以虛名勸誘,而克收推廣教育之道如何?曰:惟考試。

考試之法,妙用無窮。我們向來,只用之於政治上,以爲登庸官吏之一法,實爲未盡其用。然無意之間,亦已經收獲到擴充教育的副作用了,而且副作用之所收獲,實遠較本意之所期求爲大。《抱朴子》外篇的《審舉》,作於距今千六百年之前,其所言,對於後來唐宋明清科舉之法,真若燭照而數計,可以謂之奇文了。這篇所言,雖亦以革除當時貪緣奔競之弊爲主,所注意的在於政治問題,然亦未嘗不計及擴充教育的利益。他説:別的且不必説,但"令天下諸當在貢舉之流者,莫敢不勤學,其爲長益風教,亦不細矣"。又説:考試之法一立,則"轉其禮畧之費以買記籍者,必不俟終日。"考試之法的優點,在於所操者約,而所及者廣,貢舉是有定額的,然能使可望貢舉者流,都自力於學,則所取者一,而受此勸誘而向學者,不止千百了。從前的貢舉,爲一種官吏登庸之法,官缺有定,貢舉所取的人,自亦不能無限制,而其能勸誘人以向學尚如此,何況今日的考試,只要證明其人的學業程度,其人的學業程度,既被證明之後,其因此而得的實利,自有廣大的社會給與之,其取之更可以無限呢。考試之法,還有勝於學校之處,即是其證明人之學業程度,可以更較學校爲確實。人孰不自護其短？學生成績的好壞，就是辦理學校的人功過的考成。今將學生畢業時成績能及格與否，即令辦理該校者，自行評定，此如令厨人作食，不自嘗而即使厨人嘗之，其味焉有不美者？若由國家另行派員考試，如向者中學畢業皆須會考，則所憑者乃其考試之成績，而不更問其他，則憑何理由，不使未入學校而亦有同等學力者，得以與考？吾非謂學校可以不設，但於立學之外，更須兼立考試之法，則期期以爲無疑義而必可行，必當行。本來世俗所謂文廟，即是國家設立的學校，其中的教授、教諭、訓導等，即爲學校中的教員，俗稱爲秀才的，則此學校中的學生。明清定制，是（一）考取入學，以及（二）在學時成績及格不及格，能否保持學籍？（三）及其能否升級？（四）出貢等，都不由教官作主，而另行派員如督學使者等去考試的。如此，則教學的成績不良，教員不能以學生的程度本低爲委卸。因爲入學之時，有其相當的程度，已經公開嚴密的考試證明了。然則學生的程度，可得較爲真確的證明，而教學的良否，亦得以證明其功罪，實爲法良意美，惜乎後來不能實行罷了。今可師其意而變通之。國家定期舉行考試，凡公私立之學校，以及未曾入學，而自揣有同等學力者，均可應考。其取之則但憑學力，一視同仁，如此，吾信入學者與未入學者，其被錄取之數，必可相等，而且未入學者，或將超過入學者？何者？未入學者，必較曾入學者孤寒，其學習之力必較強，其成績自必較優也。此等考試，宜採用朱子分年之意，隔若干時間則考一科或兩科。逮某種學校所定某種程度的學科，通統考試及格，即給以某種學校的畢業文憑或另立名目，給與證書亦可。如此，則可免向者畢業會考，將數年中所習各種科目，兼而試之於一旦，以致昕夕温理，有傷身體；即能通過亦不過強記於一時之弊矣。此法，現在的檢定考試已行之，其所試之若干科，有不及格者，下次許其再考，已及格者，即不復考是也。或謂如此，試乙科時，豈不甲科所得，業已遺忘？須知學問之道，只在曾經學過，知其條理，可以應用，並非死記事實。如欲死記事實，即使諸科一時并試，亦豈能保其既試之後，永不遺忘？何況一時的強記，較諸長時間優遊漸漬之所得，更易遺忘呢？學問日新月異，假使不注重於培養其隨時學習的能力，而但將一時期之所習，終身誦之，則其所知者，不轉瞬而已成爲陳舊，執陳舊之見以應付新事物，其爲害豈不更大？如用吾之說，則學校可以無畢業考試；學生在校的期限，亦可不一定，聰敏者可以速成，遲鈍者得以多學，不致有浪費時間及畢業即畢年限，有名無實之弊了。

以考試之法補設學之不足，則可使不能辦理學校，卻能傳授後學之人，羣起致力於教育，而師資可以驟增。國家及社會之有力而有志興學者，可節省其人力物力，並而用之於凡民力所不及之途，而人力物力之爲用，將益見其經濟，而其收效具愈宏了。

難者必曰：教育非讀書之謂也，如子所言，則來應考試者必皆僅能讀書子徒，於教育之意大悖矣。斯固然，然凡事須講實際，重現狀。今日之學校教育，其大多數，果能於讀書之外，別有所成就乎？恐并讀書尚未能切實也。且注重現實，尚有一義，其義惟何？曰：如今日之學制，教育當由國家負大部分責任，必有極綿密之行政，然後能勝之，今日之行政，果已能達之程度乎？繁密之政，既不能行，何不取其較簡易者？

原刊《改造雜志》創刊號，一九四六年十一月十二日出版

# 新 生 活 鑒 古

## 上

上海新生活運動促進會，業於十二月六日成立。其首先致力者，爲節約運動及清潔運動。

案中國人侈靡之事甚多，而尤以飲食爲甚。康南海著《物質救國論》，謂"國民之風氣，侈居爲上，侈衣次之，侈食最下"。何者？侈居侈衣，可以提高生活程度，且其物可以久存，侈食者則俄頃消耗無餘，消耗太甚，必至節他途之用以足之，轉致降下其生活程度也。近者《新聞報》列舉諸食肆筵席之費，其高者，乃非高等公務員一月之收入所能充。今日何日，而可爲是饕餮歟？

西元三一二、三一六年，洛陽、長安相繼淪陷。自此中國政府，偏安於南方者二百七十三年，其間北方非無可乘之機，然至不克奏恢復之烈者，士大夫階級之腐敗，其大原因也。士大夫階級之腐敗，事有多端，奢侈其大焉者也。奢侈之事，亦有多端，飲食其大焉者也。賀琛之告梁武帝也，曰："今天下宰守，所以皆尚貪殘，罕有廉白者？風俗侈靡，使之然也。淫奢之弊，其事多端，粗舉二條，言其尤者。今之燕喜，相竟誇豪。積果如山岳，列肴同綺繡。露臺之產，不周一燕之資。而賓主之間，裁取滿腹，未及下堂，已同臭腐。又歌姬舞女，本有品制。今雖庶賤，皆盛姬美，務在貪汙，爭飾羅綺。故爲吏牧民者，競爲剝削。雖致貲巨億，罷歸之日，不支數年。乃更追恨向所取之少，如復傅翼，增其搏噬，一何悖哉？"案前世士夫，多畜聲伎，燕客則使之奏伎以娛賓；而欲延客賞其伎樂者，亦必盛爲飲食以餉之。賀琛所言，二事實一事也。五侯之鯖，著稱雒下，何曾之語，流衍江東，五胡之禍，蓋與飲食若流終始？豈不哀哉？

或曰：予所言者，特一小部分人耳，今大多數人食且不飽，而何有於侈？應之曰：新生活運動，固爲少數奢侈之人言之，非爲大多數儉樸之人言之也。

君不見十二月八日《大公報》之海寧通訊乎？曰："八月十八日，其地大街小巷，遍貼歡迎某總司令某主席及某某將軍蒞臨觀潮之標語。先一日，備魚翅席十四桌，普通席一百桌，又向杭州定辦西菜一百十客，勝利糖果、勝利月餅、汽水、啤酒、香烟無數。所迎者不來，當地文武同志，連拿帶喫。結算共費僞幣六千餘萬元。後由縣府向全縣保甲攤派，名爲交際費。海寧民衆，現以山芋度日者，大有人在。此次攤派，彼等亦未幸免。"以山芋度日者，自多於連拿帶喫之文武同志，然果有浩劫，豈得曰：連拿帶喫者固少，以山芋度日者固多，遂足以挽回之，而不須警惕乎？

## 下

清潔運動與節約運動適相反。節約運動，常以上流社會爲對象，清潔運動，則常以下流社會爲目標。今之上流社會，誠未必其皆清潔，然財力充裕，起居服飾，究較適宜。若下流社會，則誠有陷於所謂非人生活者。疾病流行，多起窮巷，即其明證。

清潔運動，當始居室。以衣服器用等，所費較少，貧民究較易自謀也。莊周曰："室無空虛，則婦姑勃谿。"所居太劣，則愛美之心，無由發生，雖力能改善其生活，而亦不肯爲之矣。中國人雖非甚貧，亦多不尚清潔，弊正坐此。然貧者究多，改良居室之事，政府不可不視爲急務也。

古者官爲人民造屋之事甚多。晁錯之論移民也，曰："古之徙遠方以實曠虛也，相其陰陽之和，嘗其水泉之味，審其土地之宜，觀其草木之饒；然後營邑立城，制里割宅，通田作之道，正阡陌之界；先爲築室，家有一堂二內，門户之閉，置器物焉。民至有所居，作有所用。"一堂二內，即今三開間之屋，中爲堂，左右爲室者也。《漢書·平帝紀》：元始二年，罷安定呼池苑，以爲安民縣。起官寺，市里。募徙貧民，縣次給食，至徙所，賜田宅，什器，假與犁、牛、種、食。又起五里於長安城中。宅二百區，以居貧民。民疾疫者，舍空邸第，爲置醫藥。安民縣之所營者新邑，長安中之所起者，則所以改良舊都市者也。又有不由官營，官特唱率人民爲之者。《後漢書·鍾離意傳》注引《東觀漢記》曰：意在堂邑，爲政愛利。初到縣市無屋，意出奉錢，率人作屋。人齎茅竹，或持材木，爭赴趨作，決日而成。所營雖陋，其程功則可謂速矣。房屋之適與居住與否，實視所處之地，及其佔地充足與否，不在其材料之貴重也。此猶行古之道也。魏晉而後，政事日以苟簡，並此等事亦罕聞矣。

或曰：子之言則善矣，然古人之所以易於營建也有故。古者可以建屋之地曰廛。記言市廛而不稅，謂徒收其地租，許行之之滕也，踵其君門，乞受一廛；可見地之皆在官。《漢書·高帝紀》：十二年，賜列侯第，《注》引孟康曰："有甲乙次第，故云第"，可見室屋之在官者亦不少。今都邑之中，地皆爲私人所有矣。官安得而攘之？雖欲營建，當於何所？若曰別擇空曠之地，則民率依市廛以爲生，必又病其遠而莫之處也。可奈何？應之曰：子之言則善矣，然事貴因禍而爲福，轉敗而爲功，苟善圖之，未有不可爲者也。今地方課稅，首列而最要者曰房捐。三十年十月改訂"財政收支系統實施綱要"。夫房捐者，在荒僻之邑，則其爲數微，在繁盛之都，則其爲數巨。今之市政，荒僻之邑與繁盛之都，其所費之多少，想去誠不可以道里計，而房捐之多少，亦即隨其繁盛之程度以爲消長，故房捐實地方自治自然最善之收入也。然今之言房捐者，徒爲稅收計而已矣，未嘗計及民居之改善也。即以稅收論，亦未能盡其利。予有一策，可使公家之收入裕，人民的居室日以改善，而賃廛以居及以屋出租者，權利義務，亦兩得其平焉，請得而遂言之。

凡欲籌辦一地方之房捐者，請先動員其地與營造有關之人。如磚瓦木料商，瓦木匠等。估定某一所房屋營造所須之費用。此等估價，當按營造費之變動而變動。估價既定，其屋若出租於人者，當許其取幾分之幾之利息，以爲房租。外加幾成之幾，以爲修理費。又加幾成之幾，以爲房屋改良費。皆取於賃居者。凡有空屋欲出租者，皆告之官，爲代賃於人。房租、修理費、房屋改良費，皆由官委銀行，代爲征收。房租扣去幾分之幾，以充房捐。餘則致諸房東。修理費專款存儲。由地方與營造有關各業，合組房屋修理公司，以承辦歲修之事。房屋改良費亦專款存儲，此須通全市之房屋以謀改良，不得曰征自某屋者必用之某屋。按其款之多少，逐年進行。自最惡者以及次惡者。宜拆毀重建者，則拆毀重建之。其地宜空出者，則拆毀於此，而重建於彼。別立定議之法。議既定，屋主不得爭。此爲征稅於有善屋之人，以助不善之屋之改建，哀多益寡，稱物平施之道也。房租雖有定額，賃居者願出高價競爭亦許之，惟於前賃居者，當予一較長之遷讓期限。前賃居者若亦願出高價，其可不遷居，自不待言也。如是，較原房租溢出之額，當歸入房捐，房主不得有。何者？此必因其房屋所處之地段而然，在房主爲不勞而獲也。若此者，房主似乎吃虧。然（一）房主本有收租不得，加租不遂者，今也皆可無虞。（二）銀行代收房租，手續費必極廉，較自用經租者爲合算。即自行收租者，以極少之手續費而可省去勞力，亦不爲不合算也。（三）房屋歲修不失，則其價值可保永久。（四）且可在修理費中，劃出一部分，以爲保險費。遇水、火、風、雹等災以至毀損者，即由公家爲之重建，而房主無所與焉。此皆房主之利也。而房屋出入，因轇轕而致紛爭，及居間人藉以圖利之弊風，亦可因之永絶矣。以屋賃人者如是，自居者，房屋營造之費估定，亦常如出賃之例，以納房捐；修理費及改良費亦同。如是，則稅收裕而民居亦隨之改善矣。此以改良舊宅言也，若營建新居，則其事甚逕易，可弗論。

原刊上海《正言報》學林第十二、十三期，

一九四五年十二月十一、十三日

# 童丕繩《春秋史》序

　　自來言古制度者，多據《周官》、《王制》等書，若傳記諸子中整齊有條理與此類者。諸書之說，固非無所據依，然率以異時異地之事相糅雜，又以作者之意損益之，非古制之真也。且如封建之制，今文說大國百里，古文則爲諸男之封，大國擴至五百里。案《孟子》言今魯方百里者五；《管子》言齊地，亦曰方五百里；而《孟子》言齊地，則曰"海内之地；方千里者九，齊集有其一"矣。蓋周初大國之封，僅等秦、漢時之一縣，其後開拓，寖至倍蓰。凡著書者之見地，率較其時代少舊。今文多春秋時說，其所心儀者，蓋周初之制，故其說如此；《周官》則戰國時書，其所心儀者，乃在春秋之時，其時魯衛諸邦，疆域五倍於其初者，已無從削而小之，亦不必削而小之，故其說如彼也。舉此一端，餘可類推。然則讀經、傳、說記若諸子之書者，必以其所據之制度，及其人所生之時世，若其所懷抱，参伍錯綜而考之，然後可以知史事之真，徑據其說，以爲古制如此則繆矣。其一筆抹殺，以爲一切制度，皆古人恁億爲說，托古所改，則又矯枉而過其正者也。鄞童君丕繩，篤學好古，於乙部書尤邃。年來專治春秋史，最其所得，成此一編。其體例極謹嚴，而文字極通俗。徵引古書，率多隱括其辭，出以己意，蓋今世史家之例然也。其考證所得，著其立說之所以然，與此編相輔而行者，則取崔東壁之書之名以名之，曰《春秋考信録》。其言古事，多據金石刻辭及《詩》、《書》、《左》、《國》中散見之文，而不逕用經、傳、說、記諸子之成說。大體以金石刻辭證《春秋經》，以經定傳，以傳正說；於《左氏》，取其紀事，而含其釋經之辭；則其法之可言者也。以余所見，言《春秋》者，考索之精，去取之慎，蓋未有逾於此書者矣。風塵鴻洞，同客海濱，殺青之時，喜得先睹，敢識數言，以告讀者。中華民國三十年十二月，武進吕思勉。

原刊童書業《春秋史》，一九四六年出版

# 還 都 徵 故[①]

　　查考我國的歷史，遷都之事多，而還都之事少；即或有之，亦和現在的還都，意義大不相同；所以我們這一次的還都，確可以説是空前的盛事。

　　唐虞以前，都邑已不可深考了。夏代都城，究在何處，亦還是問題，但《世本》説禹都陽城，又説桀都陽城，則夏代的都邑，似乎無多遷徙，但夏代有太康失國的一個動亂，其都城又不能全無變動，《左氏》襄公四年説：羿因夏民以代夏政，夏民爲羿所因，夏之都城，必曾一度爲羿所據，而哀公元年，又説少康祀夏配天，不失舊物，則少康恢復夏業時，似乎把舊都也恢復過來，而仍還居於其地，這一個推測如確，少康便是歷史上可考的光榮還都的第一人了。殷代的都邑，遷徙最多，其中盤庚的涉河南治亳，《史記》上説他是回復成湯的舊居，這也可稱爲還都，盤庚也是殷代的賢君，如此，在三代以後，倒已有足資紀念的還都兩次了。但夏殷兩代，年代究竟太遠了，史料傳者太少，其時之真相如何，究竟不易評論。

　　因不能還都而蒙受極大的損失的，歷史上最早可考的，便要推東周。東周平王元年，爲西元前七七〇年，下距秦始皇盡滅六國的前二二一年，凡五百四十九年，其時間不可謂不長。西周之世，西畿應爲聲明文物之地，然直至戰國時，論秦者尚稱其雜戎狄之俗，在秦孝公變法自强以前，因此爲東方諸侯所排擯，不得與於會盟之列，可見西周之亡，西畿之地，遭受破壞的殘酷。當西畿未失之時，周朝合東西兩畿之地，猶足以當春秋時之齊、晉、秦、楚，此其所以在西周時，大體上，能够維持其爲共主的資格。到西畿既失之後，形勢就大不相同了。昔人論周之東遷，恒以爲莫大之失策，誠非無所見而云然。

　　三代以下，秦朝運祚短促，自不會有還都之事。前漢二百十年，亦始終未能移都。莽末大亂，後漢光武起，不光復舊物而建都洛陽。這就繼承漢的基

---

　　①　曾改題《歷史上之遷都與還都》。

業說，也可以說是未能還都。光武所以不都長安，大概因赤眉亂後，三輔之地，破壞得利害了，修復遷移，所費太巨之故。這未嘗非愛惜民力之意，然通前後而觀之，則光武的不能還都，中國在國勢上，實頗受到損失。中國在前代，建國的重心，實在黃河流域。當這時期，能向西、北兩方面拓展，則規模遠大，而國勢可以盛強，若退居河南，徒和當時富力的重心山東相聯絡，則未免易即於晏安，而國勢亦漸以陵替。這一點，近人錢賓四君考論得最爲深切著明，詳見其所著之《國史大綱》，商務印書館本。茲因限於篇幅，不能備引，然原書殊有參考的價值，甚望得之者能夠一讀。後漢末年，董卓亂政，爲東方州郡所討伐；卓乃迫脅獻帝，還都長安，此乃所以避兵鋒，作負隅之勢，並非能恢復前漢的規模，自然說不上還都。董卓敗後，李傕、郭汜攻陷長安，獻帝爲所劫持，更不自由，後乃設法逃歸洛陽。這亦是逃難而已，更說不上還都，既非能夠還都，自然不能自立，所以不久，又被曹操劫遷到許昌去了。曹魏篡漢，還都洛陽，而西晉因之，迄亦未能再振。懷愍之難，洛陽、長安相繼淪陷，而中國在北方的政權遂中斷。

東晉元帝，以西元三一七年立國江東，自此至五八九年陳亡，凡約二百七十三年，迄未能光復舊物。其中惟桓溫於三五六年擊破姚襄，曾一度恢復洛陽。當時溫曾抗表請還都舊京。然此時河南破壞已甚，不易立足，遑論進取？自非有不世出之畧者，不易爲此非常之舉。當時東晉的朝廷，則何足以語此？而且桓溫的請還都，亦非真有恢復中原之意，不過上流的勢力，全在其手中，如果還都，則中央的政權，亦必歸其掌握罷了。所以晉朝諸臣所籌畫者，倒是如何拒絕他的請求。桓溫此時的實力，還未能迫脅晉朝北遷，還都之說，自然成爲空論。到三六五年，洛陽就又爲前燕所陷了。四一六年，劉裕破後秦，又恢復洛陽。其明年，并復長安，晉南北朝時中國之兵威，實以此時爲最振。但裕已年老，後方又有問題，駐節北方，經畧趙魏之議，終於不能實行。師還未幾，長安再陷。宋文帝時，屢次北伐，皆遭慘敗，馴至胡馬飲江，洛陽自亦無從保守了。這是有可以恢復的機會，因內部的矛盾而失之的。

宋、齊、梁、陳四朝，南方的形勢，迄較北方爲弱，然都城則從未動搖過。惟五四九年，臺城嘗爲侯景所陷，侯景此時，名義上雖係梁臣，實係北來的勢力，這亦不啻都城陷於敵手了。元帝立國江陵，賴王僧辯和陳武帝之力，得以恢復建康。此時理應即行還都。然而濡滯不決，遂使敵國生心，漢奸作倀。元帝之姪岳陽王詧，聯合西魏，乘江陵兵備空虛，將其攻陷。此時敵我兵力懸殊，元帝理應出走，即不能達到建康，暫避在今湖南境內，亦是無妨的，西魏未必再有兵力進取。乃又不能決計，而徒爲不足恃之守備，這不可謂非失策了。岳陽王自此立國江陵，在其境內稱帝，望北朝則稱臣，這是十足的一個僞組織了。王僧辯和陳武帝，立元帝之子敬帝於建康，南朝的統緒，賴以不墜，然又出了一個漢姦：梁武帝之子貞陽侯淵明，先以戰敗爲東魏所俘，此時東魏已爲齊所篡，又發兵送之來，王僧辯拒戰不勝，竟降之，把他迎接進來，奉之爲君，而廢敬帝爲太子。王僧辯是削平侯景的元勳，陳武帝的資望，還在他之下，乃固一戰不勝，甘心從逆，這和現在汪兆銘、陳公博等以黨國要人而甘心附敵，頗有些相像，而此時建康的政府，亦不能不謂爲僞組織了。幸得陳武帝密定大計，討殺王僧辯，廢黜淵明，重立敬帝，而南朝乃得恢復其獨立。然還有一班漢姦，勾結敵兵，大舉入犯，業經渡江打到建康了。此時的形勢，可謂極其危急。幸又得陳武帝奮其智勇，百姓齊心，將士效命，把他們一舉殲滅。這一次的戰役，和民國十六年國民政府保衛首都的龍潭戰役，頗爲相像。然龍潭戰役，究竟還是鬩牆之爭，這一次則其所打擊的直接是異族，其關係實更爲重大了。所以陳武帝實在是一個民族偉人。

拓跋魏的根據地，本在平城。自孝文帝遷都洛陽，乃能大接受中國的文化。這本是鮮卑民族的一個大進步。但因其屬於北邊，措置不甚妥帖，又其南遷的政府，腐敗不堪，遂至引起北方武力的再度南下。洛陽累遭兵燹。孝文帝旋爲高歡所逼，棄之而入關，臨行時，望着黃河向臣下說道：此水東流，而朕西上，若獲還復舊都，卿等之力也。則其意未嘗不渴望着還都。然此時關中全在宇文氏之手，安有容其展佈的餘地？孝文一入關，即爲宇文泰所弒，往後諸君，自然更不必說起了。此時西方的重點，仍在長安，東方則在晉陽及鄴，洛陽初無關輕重。及隋唐三世，乃又以長安爲西都，洛陽爲東都，恢復到周、漢時代的舊觀。

隋朝運祚短促，不足論。到唐代，屬外的聲威，也恢復到漢朝的老樣子了。唐朝的盛運，大約自貞觀至開元，天寶以後，則長安全失其長駕遠馭的作用了。同一都邑，而盛衰前後不同，此中原因固多，然有一點，關係甚爲重要，而讀史者能注意到的頗少，今特爲指出之。案漢唐盛時，守衛皆非僅在邊境。漢朝對漠南北，屢次出兵，威棱遠憺，使其地的野蠻民族，無從養成氣力，固不必論。唐朝的出兵，雖不如漢朝的頻數，然平突厥、薛延陀後，亦設立兩都護府，以管理漠南北之地。此外漢朝設立西域都護，以維護天山南北兩條通路；唐朝設立西域四鎮，亦在西域地方，造成四個據點。此等綫的維護，點的佔據，固然不足語於民族同化。然拓殖的大業，管理夷狄而即在夷狄之地，防其跋扈，制止其互相吞併及勾結；把小變消弭了，大變自無從發生，此即古語所謂守在四夷。所以唐初邊境上的守兵，是極少的。到開元時，雖看似武功煊赫，然此等規模，業已失墜，於是爲了要控制四夷，保衛邊境，不得不設立節度使，藩鎮之權重，而內地守備空虛，就引起安史之亂，此後節鎮遍於內地，所憂者專在蕭牆之內了。長安的形勢，足以長駕遠馭，誠如錢賓四君所云，然亦須國家之政策，有以與之配合，斷非徒恃都邑之形勢而已足。此點，凡侈談都邑的形勢者，皆不可不注意及之。

唐朝安史亂時，玄宗奔蜀。其後僖宗又以黃巢之亂奔蜀。代宗以吐蕃入犯，曾一度幸陝州。德宗以朱泚背叛奔興元，李懷光叛，再奔奉天。僖宗自蜀還後，又爲叛臣所逼，奔寶鷄。昭宗亦曾數次播遷。後皆復還長安，然此等亦只是逃難，並非遷都，既非遷都，自然無所謂還都了。

當外敵憑陵之際，都城有宜於遷徙的，有不宜於遷徙的。敵人的力量，本屬有限，我一搖動，所損失者甚大。且在專制之世，國民向不問國事，抗敵的意志，縱或堅強，因沒有組織，無路以自效於國家，反攻的整備，即非旦夕所可完成。因一個動搖，勢如崩山，淪陷之區，勢必加廣，倘使能夠堅持一下，這種損失，都是可以免掉的。在此情形之下，自以堅守爲是，這是宋朝澶淵之役，明朝土木之役，寇萊公、于忠肅公之功所以不可沒。若都城實不能守，而政府必堅守之以與之俱亡，則一朝淪陷，國政反失其中樞，退守反攻，更加無人策畫，糜爛之局，遂益無從收拾，則自以在適當時期，脫出爲是，此明思宗之煤山殉國，所以雖然壯烈，而論者仍譏爲失計。當明末，滿人雖席方興之勢，其實力實極有限。試看他乘南都之荒淫，諸將之不和，流寇之不成氣候，宜若可以席卷中原，然仍只能打到江南及陝西爲止，此後的進展，全然是一班漢姦替他效力，便可知明思宗當日，如其遷都南京，其局面，必不至如後來弘光帝之糟了。

中國歷代，所謂南北分裂，總是以長江流域和黃河流域對抗的，若南嶺以南，則根本未能爲輕重於天下。據此以與異族對抗的，當自宋之益王、衛王始，然其細已甚了。明唐王據福建，桂王據滇桂，聲勢始稍壯。太平天國起於廣西，討伐幾遍十八行省，事雖無成，其聲勢，又非桂王之比了。辛亥革命之成功，雖若係於武漢的起事，然其根原，實在來自南方的。此次抗戰，又以西南西北爲根據地，卒奏克捷之烈，而有今日光榮還都。這是世運的轉變，要合前後而觀之，然後才知其偉大。

大凡一個國家，總有其一個或若干個重要地點，此等重要地點，或爲財富之所萃，或爲兵力之所存，或爲文化之所寄。其中文化一端，尤爲重要。因爲這是民族的靈魂，雖無形而其力量實極偉大。羅馬帝國之所以衰亡，斷不能謂其和羅馬之喪失，没有關係。大食帝國文治武功之燦爛，至近世乃漸即衰微，其和報達之遭受蹂躪，亦決不能是没有關係的。不必文明的大國，即較落後的民族，亦是如此。五胡之中，鮮卑慕容氏，程度要算最高，然自侵入中原以後，其在遼西的許多根據地，一時喪失，即其極意經營的龍城，亦不能保持，則其亡也忽焉。拓跋魏的文化，要比慕容氏落後得多，然平城之一據點，保存較久，則其命運亦較長。契丹泱泱大風，一朝瓦解，亦因天祚帝荒於遊畋，置國家之重心臨潢一帶於不顧之故。歷代侵入中國的異族，知道要保存其根據地的，莫如女真，金世宗惓惓於上京舊俗，要想加以保持，尚未有何等設施。到清朝，就要封鎖東北，不許漢人移殖，然仍爲漢族偉大的移殖力所突破。若元朝，雖失其在中國之地，然蒙古地方，依舊保存，則至今日仍不失爲一大族。此可見每一民族根據地關係之重要。此等重要地點，幅員廣大，人口衆多，文化分佈平均之國，要多一些。所以洛陽、長安，在中國所發生的作用，不如羅馬、報達等在西方的重要。然其中仍有最重要的，如現在的首都南京即是。因爲在現在，全國財富和文化的重心，還在長江下游一帶，這一帶，我們必須保持，民族的精神，才覺健全，而亦易發揮其威力，所以這一次的還都，是有極偉大的意義的。

　　還都之事，歷史上雖非無有，然其意義，都是和現在不同的，所以這一次的還都，確是空前的盛事。所以能成此偉烈，則（一）由民族主義的昌盛。全國人民，抗敵的意志，一致堅強，所以任何地方，都成爲抗敵有力的根據地。首都雖然淪陷，不怕没有憑藉，以圖恢復。（二）亦由於當局領導的得法。以中國之大，斷不是任何一個國家，所能够毁滅的。有時國土淪陷而不能恢復，不是他人力量的強大，倒是自己意志薄弱。或則恢復之圖，長期停頓，如東晉、南朝之所爲。或則靦顏事敵，如南宋之所爲。一經洩氣，自然現有的力量，無從發揮，新增的力量，無從培養了。我們這一次所以克奏偉績，就在抗戰始終没有一日停頓過。所以敵人的力量，雖亦不可不謂之相當強大，終於給我們打倒了。此等政策的轉變，亦即歷史文化偉大的轉變，身當其境者不自覺，將來的史家，自能言之。

原刊《啓示》第一卷第一期，一九四六年出版

# 如何培養廣大的群衆的讀書興趣

　　若説廣大的群衆，對於讀書，是没有興趣的，爲什麽黄色刊物、連環圖畫、一折書……會如此其風行？ 在民國初年，曾有人説："據書業中人説：中國書的銷數，以《三國演義》爲第一，這是年年如此的。"即此，便可見群衆勢力的偉大。

　　這一種群衆，是向來讀書的人，視爲不足與於讀書之列的。然而讀書一事，一方面固然希望有高深的學者，一方面也要爭取廣大的群衆。群衆而皆能讀書，即廣大的群衆，對於一切事情的態度，不至於不學無術；而且群衆之間，互相濡染，愛讀書的群衆就愈多，這無疑對於社會的進步，是大有裨益的。

　　如何能以較爲有益的讀物，替代黄色刊物、連環圖畫、一折書……讀物呢？ 此其責不在讀者，而在讀物的供給者。

　　讀書必先有興趣，才會去讀；必能瞭解，然後能遂行其讀。如何會有興趣？必其胸中先有此問題；如何才能瞭解？ 必其所説述者，確係對程度極低的大衆説法。以此標準，衡量現在的大衆讀物，可説合格者極少。間或有之，其推銷又不得法。因爲其推銷，仍係以少數的較高讀者爲對象的，他們轉覺其可厭。所以這種書的銷路，也不會廣大。

　　目前最需要的群衆讀物是什麽？ 我以爲是一種日報。時事，無疑是廣大的群衆所最關心的。苦於現在的報紙，並非廣大的群衆所能瞭解。我以爲需要的這種報紙：消息不必多，祇取其緊要的。亦不必甚詳，尤忌一事而羅列多種説法。對於每一問題，皆須爲簡明的綜合報導，而解釋却要極詳明，務須使全然不知其事之人，讀之亦能知道明白其事情的大概。——此種報紙，不能隨讀隨棄，在一定時期之内，必須注意保存，庶説述某一問題時，可以覆查前此某日之報，此層須預行告知讀者。

　　次之則一切常識，爲群衆所需要的，亦先探其胸中所有的疑問，就其所能瞭解的程度，作成小册子，而用異於現在而能爭取群衆的推銷之法推銷。

　　如其一個區域，此種報紙書籍，而能相當的銷行，經過一兩年之後，我想：

在該地方，入學時的時事常識的測驗，必能較其未銷行時及他未銷行的區域，提高一段。即此，便可知書報的功效。

　　至於較高的讀者，即現在所謂讀書人，該如何培養其興趣呢？那我所希望的，也是今後的出版物，更能注意於現實。因爲大衆總祇能對現實有興趣；而且有些學問，亦確以切於現實爲有用。我舉一個例。現在的賦役制度，大體上，還在沿襲明初的立法的。明初的立法，有兩種冊籍：一名黃冊，以戶爲主，記其丁數及所有的田畝之數。一名魚鱗冊，以田爲主，記其地形、地味，及其屬於何人。黃冊爲人民納田稅、應差徭的根據。魚鱗冊則據以清釐一地方的田畝及地權。自丁稅併入地稅後，黃冊在收稅上無甚用處了，然而現在要清查人口及財産，這種制度是很可以供參考的。魚鱗冊則至今仍極有用。明初這種立法，在財政史、經濟史上，都是很有關係的。然而這種法，自立了以後，並未能徹底推行；曾經推行的地方，也不久漸即破壞，這是什麼理由呢？這在書本上，可考見的，很不完全。我們現在，説到這一個問題，單把從前的制度，敍述一番；對其不能實行，或行之而旋即破壞，譴責一番，惋惜一番；大多數人，對於他是不會發生深切的興趣的。如能調查現在的情形，對於此等制度，現在尚有否需要？如其需要，應當如何改正？並從實際的調查，解釋從前不能實行或行之而又廢墜之故；大多數人自然讀之而能引起興趣了。

原刊《讀書通訊》第一二四期，一九四七年一月十日出版

# 學制芻議續篇

拙撰《學制芻議》，是隨筆抒寫的，其中漏義甚多，乃蒙《改造》編者，載入創刊號中，皇愧之餘，不得不更思自靖，謹再就感想所及，拉雜書寫如下：

人，最緊要的是用心，最要不得的是無所用心，次之則用心於無益之地。從前的職業是士農工商。農，是孤立於僻陋之境，而其所做的事情，也極簡單的，根本用不着用心。工，似乎所處的環境要複雜些了，其實在近代工業資本興起以前，商人常是經濟社會的優勝者，他對於生產，立於指導的地位，並不是工人照自己的意思做出東西來，托商人去銷，乃是工人仰承商人的意思，製造他樂於銷售的東西，雖非指定，其作用實與指定無異，而商人所樂於銷售的東西，總是老樣子的，因爲其銷售較有把握，如此，工人也只要使用舊技術，製造舊東西就是了，也用不着用心。商，自然最要用心的了，然其用心專爲自利，而其自利又不免損人，怕不僅用諸無益之地而已。最應該用心，而其用心又應以利人爲目的的，在理論上是士。人，如何可以算做士呢？千餘年來，最緊要的條件，是能應考而得官，次之亦要能應考，考試原是個好法子，所謂“所操者約，而所及者廣”，倘使善於利用，原可以作育人才，拔取人才，苦於科舉之法，爲傳統陳腐的見解及一時不合理的風尚所牽率，所考的不知是些什麼東西。如考經義即爲陳腐的見解所誤，考詩賦則是一時風尚之所趨。於是士子亦非無所用心，其中低劣者的，應科舉，後來別成爲一件事，與學問全然無涉，只要會應科舉而已，那並不要用什麼心。即用心於無益之地了。其中較高的，如詩賦能手。

天下沒有哪一件事物一定是有用的，哪一件事物一定是無用的，而只看我們對待他的態度。科舉廢，學校興，業經四十餘年了。學校中所講習的，自較科舉所考的爲有用，但中國的讀書人，科舉時代的態度，始終沒有改。凡所講習，都視爲敲門磚，對於本身，並無誠意。如此，自然説不上有興趣，更説不上有熱心，什麼有用的好學問，在這態度下，都斷送了。近人評新人物所作的文字爲洋八股，又有一種自稱爲三民主義信徒的，則其所發的議論爲黨八股，一點也没有錯，因爲其受病的根源，實在於此。

如何才能救此弊病呢？就要使人能用心，而且不用心於無益之地。如何才能使人用心而不用諸無益之地呢？外國教育家有一句話説得最好，他們説："一本書的教師，是最不值錢的。"中國向來，以暖暖姝姝於一先生之言爲戒的，亦是此理。天下事是互相聯帶的，不明白那個，就連這個也不能明白了。我們現在試聽各方面的議論，往往覺得他偏執得可恨，固陋得可笑。稱英美的則疾詬蘇聯，信蘇聯的又力詆英美。自稱爲三民主義信徒的，視共產黨爲洪水猛獸，而共產黨亦别有其所謂新民主主義的，視三民主義爲不徹底。是丹非素，轉緑回黄，不但對於他人，即對於自己所主張，亦並没有真切的瞭解。於是其人遂易成爲被宣傳的對象。而宣傳者的本身，也不過如此。久而久之，遂並忘其爲歪曲事實，欺騙他人之説，而自己亦認爲當然。這真合着老話所謂欺人者適以自欺了。而因其本無真知灼見，反爲對方之宣傳所眩惑，棄其舊而從之者亦有之，如此輕薄淺率，如何會走上民主的路？而推原禍始，莫非"一個先生一本書"的制度，本未嘗開發人的心思，且反窒塞其心思，有以致之。

如何挽救？惟有解放。在現在的學校裏，先生把紙上的知識，勒逼學生，學生則以熟誦書本，通過考試爲能事，斷不能擴張眼界，開發心思。如其濟之以考試，所試者重於明理，輕於記憶，接近眼前的實事，不尚紙上的空談，獎勵其兼知各方面的情形，並聽各方面的議論，而勿爲一種報道所圍，一種立場所蔽，則國民的眼界，必可大爲擴張，其精神必隨之而活潑，志氣也就隨之而恢宏了。惟有如此的國民，才不容易受欺騙，而不至成爲宣傳的對象。以宣傳敵宣傳，是無益的，至多只是打個平手而已。爲什麽呢？因爲被宣傳者没有判别的能力，則聽了兩方面的話，總是一樣的。如此，你向他作任何宣傳，他都把你的話，打個折扣，和對方宣傳的話，各半聽取。如此，你和你的對方，是不是打個平手？如其你於宣傳之外，再以他種手段濟之，在表面上，或可佔到些優勢，然就實際而論，則你是更走着下坡路，因爲人的心思，總是喜歡向反面想的。你謙虛一些，人家倒替你下個轉語，想到你也有些好處，你一味誇張，人家也要下個轉語，替你壞處想一想，兩個人互相爭執，引咎責躬的，反容易引起旁觀者的同情，就是此理。潑婦罵街，不徒可鄙，亦且甚拙，不可不知。

專憑書本，不切實際，這是向來讀書的人一個最大的毛病。固然，最初的書本，總是表顯着事物的。讀了書，就不能遍驗的事實，都可以知道了。如地理，即其最顯的例。這是何等的經濟？然到後來，即以能知書上所載的爲知識，而不復問其合於實際與否，那就全失本意了。譬如農村，爲什麼田畝丁口的記載，不能得實，以致賦役不得其平？這自有種種的原因，並不單是調查登記的問題。而前人不知此義，以爲只要調查登記的法子，定得詳密，田畝丁口，就可以得實了，於是有種種的立法。到明朝所定黃册和魚鱗册之法，可謂詳密之至了。然其實行皆委諸里長，姑無論技術上有無問題，即使無之，而里長能否不爲惡勢力所牽率，而忠實執行？甚着里長自身，是否即是惡勢力，而不肯切實執行？都沒有計及，其法就徒有其名了。此其失敗的原因，實由未曾切實考查農村的現狀，以致不知田畝丁口的失實，其原因在於人事上而不在於調查登記的技術上。所以立法雖很費苦心，而仍不免於失敗。這就是但憑書本，不察實際，不能算做真正知識的一個好例，舉此一事，其餘可以類推。

知此則我有一種增進國民知識之法，要作野人的獻曝。其法惟何？

中國向來重視社會科學而輕視自然科學，這自有偏而不舉之弊，然亦不得謂之大誤，在一個生產技術，業經達到相當水準，足以維持生活之世，謂人類之禍福，繫於社會環境者大，繫於自然環境者小，在當時自不能不作此想。即至今日，對付自然的技術，還不妨人發明之而我利用之。火車不能人人會駕駛，電燈不能人人會裝置，誰不坐着火車，點着電燈？其於社會，有何妨礙？若人和人的關係則不然。對於父母，豈能使他人代盡子職？對於朋友，豈能使他人代盡友誼？不但父子朋友，即推而至於極疏遠的人，亦何莫不然？總而言之：人之所以爲人，即其所以做人，人豈能使他人代做？知此，則知今日世界的大勢如何？我們自己國家社會情形如何？實在和每一個人，都有深切的關係。因爲任何一個人，都要做人，而人的如何做法，是要看着環境而定的。然則世界國家社會現狀如何？有哪許多問題？這些問題，在常識上該有一個如何的瞭解？實爲人人必不可缺的知識，這個知識，除非你溘然長逝，與世言辭，是不能一日或缺的，因爲環境是時時在變化的，你對於他的認識，一經間斷，就要不能瞭解了，這就是所謂落伍。

然則報紙對於人人，該是一種最親切的教育，無論男婦老幼，不可一日或缺。

然則一國之中，該有種種報紙，以供種種人的閱讀，這自非一時所能辦到，我現在且提倡一種適宜於年青人的普通閱讀的報紙。

這種報紙，其體例，當畧如今日的報紙，（一）將逐日發生的事情，簡單明瞭，作一忠實的報道；（二）其情形必須加以講解注釋，方能明白的，則設身處地，替程度極淺的人設想，加以講解和注釋；（三）在常識上對此問題，應有如何的見解,亦須爲簡易的説明,此爲報紙的報道部分;(四)其副刊地位,則用最通俗的説法,將各種科學,分科叙述,每日刊載一兩種,以三年或四年爲一起迄,使讀這種報紙的人,經過三年或四年,即可得到普通的知識,此種副刊,自應隨時補印,使中途定閲者可以補購。至三年或四年期限滿後,即一切從頭再起,其編法固可變換,新發明發見的學説事物,尤須隨時增補改訂,使讀者的知識,可以與時俱進,而不致陷於陳腐。此種報紙,自然可以有許多家同時發行,聽人抉擇或參閲。同時還可以分出許多册子,以供人閲覽,在此風起雲涌的局勢下,多閲此等書報的人,其成績必非學校生徒之所及,因爲在學校中,教師的講授,勢不能不以一説爲主。學生平庸的,往往懶得再去參考,即使再去參考,亦多不能深入。而且有人教授,總較自學爲易,其得之也易,則其入之也亦必不能深。如其出於自習,則單看一種説法,勢必難於明瞭,不能不多看數種,“一個先生一本書”的弊端,不期其免而自免,而且自己暗中摸索之所得,亦必較之經人明白指示者,確實多多,這是極普通的經驗,人人可以知道的。在此情勢之下,著書的人,才真能以程度極低的人爲對象,不至如今日口言通俗,所著的書,實乃只可供程度較深之人閲讀,而科學的大衆化,乃可以逐步實現。

此項辦法,我們將用何法加以提倡呢? 則莫如國家立一考試之法,而其應試的知識,則聽人在此種刊物中求之。只有國家定出考試之法來,供給應用的書籍,自然會有人去辦,一點不消行政官吏費心。國家考試的方法,可以時時改良,此種刊物,自然也會跟着時時改良,一點用不着你督促,萬不可借公濟私,爲人設事,再一套官纂等。蘇東坡説:官辦的事情,“必先設官置吏,簿書廩禄,爲費已厚”,這只是一種浪費而已。

以考試爲提倡教育的一法,不但所操者約,所及者博,而且免卻種種官辦教育的弊竇和浪費,正是廣土衆民之國,行政無效率之世,行之而已有效的良法,在較遠的將來,此法是否良好,固難細言,至少在今日這種行政無效率而多弊竇之時,還值得提倡。

以上所説,是藉考試的方法以提倡普通教育的。關於職業教育,我還有一些意見。

人所以自效於社會的,不外乎道德才能學識三者。學識一端,又分爲二:(一)務於高深,不求眼前的實用的;(二)用以應付目前的事物的;此種分類,幾千年前的人,早就發見了。漢興丞相四科取士。其(一)德行高妙,志節清白,這是道德。其(二)學通行修,經中博士,這是高深的學問。經學在今日看來，雖覺其無用，在當時，是視爲一切學問的基本，爲最高原理所寓，而足以包括一切的。其（三）明達法令，能案章覆問，文中御史，這是實際應用的學問。因爲一切事情，總要案照法律辦理。其（四）剛毅多畧，遭事不惑，才任三輔令，這是辦事的才能。道德才能，都無可試驗，所以後來取士的考試，便偏於學問一科了。但到選官之際，卻仍在可能範圍之中，兼顧到道德和才能。唐朝的銓選，兼用身言書判四者。書判還是偏在學問方面的，身言就顧到道德和才能方面了。固然，道德才能，不能全在相貌和語言上看出，研究亦可以看出幾分，而且試之於一日之間，也只得如此看法。此等方法，不特中國，即外國的任用公務員，亦頗注意於此。如稅務官吏的任用，必須注意其態度之謙和，使人見之不生反感即是。此等任務，我以爲今後不妨由職業介紹所任之。仍分爲身言書判四者，書可以考試淺近的應用文，判則爲對於某種問題的解決及設計。職業介紹所，不妨以此考試來介紹之人。既經考試及格，則在普通情形之下，應承認此人可以試用。無論官私機關要人之時，可由介紹所介紹，若在特定之機關中，需要特定的知識技能，則應由該機關自設傳習所教練，但在職業介紹所考試及格的人，應認爲有入所學習之資格。學習不及格，許其斥退。而在入所學習之時，不許該機關自立章程招考，以免借名考試，掩人耳目，實仍看情面而錄取，而使求職之人，四處應考，疲於奔命。官立之機關，最好更進一步，除由介紹所介紹外，不得以他法引進人，介紹所介紹之人，試用不合，許其辭退。然繼任之人，仍須有介紹所介紹，不得自行引用。如此，則可以掃除人事上的弊竇，一切事業，氣象都煥然一新了。除此之外，還有一種副作用，我國公務員對人的態度，惡劣的幾居十之七八，這不但於事務有礙，亦且爲文明之玷，倘使用人之際，切實注意身言二者，則此風必可逐漸改善，這不但於政事有益，亦且替社會發動了一個禮貌運動。

寫到此，看見十二月六日《大公報》現代思潮欄所載周大玄先生《全民教育與受教育權》一文，其說有足與我說相發明的，今節錄數語如下：

> 在私産教育遺産教育的制度下，能有受教育的餘暇，又能在十數年間，繼長增高，繳納金錢，買得受教機會的人，實在太少了，在一萬人中，難得幾個，這是量的方面。從質上說，這一萬人中的幾個人，並不恰是其中的優秀者。就說他們上一代，有成家立業的優越性能，也不一定傳給子孫，況且驕生慣養，先給受教育者打下不良的底子……

> 在科舉制度下，讀書受教，花錢不多，寒俊之士，尚有銳意突進的可能，現在的教育，靠薪俸生活的人，已經負擔不起，農工階級，錢閒兩缺，

更是無望。惟有以財生財的資本家庭，方能勝任愉快。然而中國歷史上，從秦以來，優秀偉大的人物，什九皆由工農階級誕生。然而時代愈近，教育的金錢水準愈高，苦學的事，也愈不可能，以本非資本主義的中國社會，而教育乃不斷的資本淘汰化，不是最危險的矛盾現象？……

因此，現時居於上等階級所謂高等華人的窮奢極欲，其中大部分原因，係由其本是奢侈或暴發家庭的子弟所致。

這種資本淘汰的教育，與以資財定選民的資格一樣，同是給社會以最大的不平，且又自行蹂躪了國家民族的優良種子。

從下等階級出來的人，比從上等階級中出來的爲有用，我在前篇中，業經說過了。有許多人說，科舉時代，可以窮讀書，現在卻不能了，這話也是有些誤解的。在科舉時代，窮應舉確有可能，窮讀書實亦未必。因爲終必有書，然後可讀，有書即非最窮。至於應科舉，則所需之書，極其有限，物質上之供大減，窮人亦易得到機會了。但（一）窮應舉的人，能得第固最好，即使不能，亦可以教授他人應舉等自活，因此可以買書，可以借書，可以與真讀書的人接近，亦容易得到讀書的機會。（二）而且真能讀書的人，即今日所謂學者，其數原是有限的。在普通人，總只能希望其有普通的知識技能，而普通的知識技能，確可用考試的方法，獎勵其自習。從前會作八股的人固然無用，然此乃所試者非其物，謂從前應舉之士，並不能作八股文則誣。現在一個普通國民所須具的知識技能，欲求而得之，其事並不難於昔時作八股。然則昔時之科舉，既已懸考試之法以求人之能作八股而得其所欲，而收所操者約，所及者廣之效，在今日，又何不可師其意而別有所求呢？

如其國家兼用考試之法取士，而不定要學校畢業文憑，則私人所設學塾，必也如雲而起。而此等學塾，其能聲聲鵲起桃李盈門的，必多善於詭遇之徒，真正循規蹈矩，盡心教育者，反將不爲大眾所認識。至此，議論之家，必歸咎於主張兼用考試之法之人，然此事正不容如此粗淺斷定。須知範我驅馳，則終日不獲一，詭遇則一朝而獲十，此乃一種社會的病象，本無知識，又凡事都不肯留心考察，是以易受欺蒙。既有此病，在任何制度之下，都可以發作，正不繫於其爲考試與學校。現在著名的學校，難道都是悃愊無華，埋頭教育，而不做表面上工作的嗎？或謂雖然如此，能使此等譸張爲幻之徒，無所肆其伎倆，總是好的。不錯，這確實是好的，但說食不能獲飽，在今日的局面下，要根絕此輩的活動，怕實在無此可能，不但根絕，即要試行，亦恐其弊餘於利，而迫令我們不得暫借此有毒性的副作用的藥物，以維持現狀。誰不知道現在零買商人,是剥削生產者消費者都很利害的毒物? 然而沒有了它,則交換不得圓滑,民間必有所關,其弊將更甚於現在,遂成爲迫令蘇聯採取新經濟政策的一因;在蘇聯豈不知零星應用之物,亦由公家分配,可以免除私商剥削之弊? 其如公家力有不及,强而行之太急,其弊轉甚於私商剥削何? 總而言之:世界上最殘酷而使你不能不承認,要改革必先顧慮到的是現實。抹殺現實,高談理想,都只是說食而已。

原刊《改造雜志》第二期,一九四七年一月十五日出版

# 《學風》發刊辭

　　風是無形可見的,然其力量卻是頗爲偉大,其行動捷速,而其影響普遍。所以在我們的言語裏,凡不藉刑驅勢迫或作誇大歪曲的宣傳,而自能使人愛好,使人仿傚,使人遵守的,都把風字去形容他,如風尚、風習、風紀等詞便是。自其彌漫一時的狀況言之,則謂之風氣;就其漸趨固定,而帶有持久性者言之,即謂之風俗了。天下事要靠刑驅勢迫,或作誇大歪曲的宣傳,以使人服從,總是靠不住的。求其效之普遍捷速,求者不勞,而可以得其所欲,總以造成一種好尚,使人自願學習,視如紀律爲得策。此昔人論治,所以重視風俗;而以天下之重自任者,每欲轉移一世之風氣。固然,人心之轉變,由於環境;環境之造成,由於制度;求移易人心者,不可不改革制度,以變換其環境。然制度的改革,亦必人心先有相當的信向,乃能見功。蘇聯的革命,固然是改革制度,以移易人心的好例,然其原動力,亦仍由於社會黨人的不斷鼓吹,即其明證。中國是一個古老的國家,似乎一時很難不變;又是一個積弱的國家,似乎一時很難自振。然而辛亥革命、七七抗戰,我們的力量,都遠較敵人爲弱,而一則成功於數月之間,一則艱苦八年,卒獲勝利,此其原因,實不得不歸諸革命和抗戰空氣的彌漫。一種風氣的造成,其力量之偉大,即此可見。前事不忘,後事之師,我們前途的光明,於此可卜,正不必以一時的貧窮混亂而自餒了,但是人何以爲萬物之靈?科學昌明之世,何以非愚蒙之時代可比?則其爲功,又不得不歸諸人類之能以理性控制環境,理性的發達,學術就是其結晶了。我國風氣的轉變,雖亦能捷速而普遍,然學術的空氣,則似乎還不夠濃厚,故其所作所爲,不能皆合理,所作所爲不能皆合理,而强欲求其有成,則不得不取刑驅勢迫之法,或作誇大歪曲之宣傳,今日反民主之風之甚,這或者亦是一個原因罷?天下興亡,匹夫有責。值此晦盲否塞之時,實人人當就自己的崗位上,各盡其責任。不揣綿薄,謹貢其一得之愚。發行一種刊物,名之曰《學風》,冀以造成學術界良好的風氣,而影響於一般的風氣,大雅宏達,幸辱教之。

原刊《學風》創刊號,一九四七年四月一日出版

# 如何根治貪汙

中國現在，政治上的病根，究竟何在？曰：在貪汙。惟貪汙，故見錢就要，亦即凡事惟知要錢，而一切事情，無一辦得好。貪汙的宗旨，在於享樂，既旨在享樂，自然可不辦的事情，一切不辦，行政效率大減。貪汙所得的財產，何自而來？説到底，自然皆出自老百姓。誰肯將自己的財產，送給貪汙者？自不免要強取，而其結果遂流爲暴虐。從前的官箴，最要緊的是"清、慎、勤"三字。清是不貪取；勤是辦事要認真，敏捷，不得推委，延宕，甚至石沉大海，竟無下落；這是人人所知，無待解釋的了；慎字照字面講，只是小心的意思，然推求其內容，則實含有防止暴虐的意思。因爲作官的人，權力在手，雖無虐民之意，而偶一不慎，即易流於虐民而不自知；且慮受其監督之人，如胥吏，衙役等，有恃勢凌民，藉事擾民之舉；所以要小心翼翼，仔細檢點，這並不是爲着自己的前程，卻是爲着下民的禍福，如其本人尚不知虐民之爲非；或雖知之，而爲私利起見，雖出於虐民而不恤；則其人已無聽受箴言的資格，談官箴者，亦不再和他説話了。清、慎、勤三字，雖然并重，然昔人談官箴的，又説當以清爲本；而俗稱好官的，都謂之清官；亦把一個清字，該括衆德，這正和今日的官吏，具有種種惡德，而人多攻擊其貪汙，以貪汙爲萬惡之本相同。

治病者必先明其病源，貪汙的根源，究竟安在呢？這和一般人談起來，很容易得到世風日下，人心不古的答案。這些話，未免太籠統了。徐靈胎先生在其所著的《醫學源流論》裏説："醫之爲業，是最易自考的，久用某法而不效，必然是藥不對症。"世風日下，人心不古之説，被視一切惡德的病源，久矣夫了，卻未曾因此而得到一個適切的治法；其因此而引伸出來的治法，大都是無效的；就可見其迂遠而闊於事情了。信賞必罰，以整飭官場，這話，自然是較近於實際的，然而現在的官吏，共有多少？其中公忠體國者有幾何？這少數公忠體國的人，我們用何法使之恰居於監督的地位？即使能之矣，以其人數之少，亦安能望其足敷分佈？監察成爲五權之一，雖然是孫中山先生一個偉大的發明，然亦只能去其太甚而已，不能自肅，而靠人家來爲從旁的監察，事後的監察，在風紀尚稱整肅之世，或可當作一道堤防，在舉世滔滔，如大江東去之日，而欲以此挽狂瀾於既倒，恐其希望亦極幾微了。

　　然則貪汙終不可治乎？貪汙而終不可治，政治尚安有清明之望？社會又安有安寧之日？何況更望進步？然則貪汙豈可以不治？

　　欲治病，終須先求病原，欲求病原，終須就病狀加以觀察。我們試就現在的貪汙，加以觀察，則其所見的特徵，實爲普遍而深刻，即貪汙之事，自古就有，外國亦有，然其彌漫於整個政治界，且其程度極深，則幾於無如今日的。所以普遍與深刻，實爲今日貪汙病的特徵。論者每謂中國的官吏，是從來就貪汙的。不論什麼時候都如此，此言實爲誤會。在中國，承平的時代，官吏是並不能稱爲貪汙的。今欲診斷現在的貪汙病，對於此點，不能不加以說明。這話怎麼說呢？普通認爲舊日官吏爲普遍貪汙的，不過見其所取多出於俸祿之外，因而如此云云，然此語實不能如此說法。今試問：（一）做官的人，能否自己吃飯，替公家辦事？（二）更能否自帶家私，貼補行政費？那自然是不能的了。然而近代官吏的俸給，卻微薄得可憐，至於行政經費，則自古以來，用明文規定的更少，然則從前的官吏怎麼辦呢？難道真枵腹從公，毀家紓難麼？不。昔時官俸雖薄，行政經費，雖然沒有明文規定，然在習慣上，國家許其取諸俸祿以外的款項實多，此爲法律所默認，有時并或加以明認。此即不啻國家規定的，允許的行政經費及官吏的特別收入，從而取之，自不能謂之違法了。此等款項，歷代皆有，舉其犖犖大者，則在前代，最重要者，爲"隨身用度，悉仰於官"。即官吏一身，在理論上，當然可以包括其一家，當其任職之時，其所消耗，悉由公家供給。此與今日之公務員，由公家給與食料、衣料、住宅、旅費或交通工具者正同。至於上任之時，去職之後，路途之所費，則其最著者，爲郡縣之送迎；即守、令去來之時，此等費用，悉由地方供給。此事在後來，踵事增華，所費頗巨，成爲官吏貪取之一端，然此乃流弊使然，論其本意，則實不如此。郡縣而外，他種官吏，雖無明文可考，然古人仕於郡縣者甚多，服務之地，即在本鄉，自然用不着路費，其自願游宦於外的，既已早在客中，至於任用之時，自亦無從追給以路費，若其特加徵召的，則似亦有時顧及其私計，如漢代特招公卿，郡國薦舉之士，即有時"令與計偕"。計者，各郡、國戶口登耗，收入支出增減等事，著之册籍，每年遣人送至中央，謂之"計簿"。賫送計簿的人，謂之"計吏"。與計偕，即與計吏偕行，其路費自然皆由公家供給。計吏亦爲入仕中央之一途，賫計簿既到，大抵留拜爲郎，其晉京路費，不必自掏腰包，更無待於言了。在近世，州縣最重要的收入，爲火耗與陋規，火耗是從田賦征實時代的"耗"轉變而來的，穀物之類，零星征取，歸併存儲，其量之計算，不易精密，且搬運，貯藏，皆不免於耗損，如秤、量時之出入，運搬時之遺失，貯藏於露天則有雀耗，於倉廒則有鼠耗等是。分而觀之雖微，合而言之則巨，經手的官吏，勢難賠貼，則征收之時，不得不畧行增取，以備彌補之用。此爲所謂耗者之所由來，固非法律所規定，然亦事勢不得不然，所以後來，法令亦多少加以認許了。所謂耗者，合之雖見其多，分之則微不足計，倘使所增取者，真以足補耗損之數爲限，原亦無害於民，然征收的官吏，利其取之既微，人民不至反抗；亦且納者之勢，散而不聚，不易反抗；而少加增取，即可以合少成多；乃漸次增加其所取之數。於是其所取者，遠超過其彌補所須之限度，甚至本來不虞耗損之物，而亦增取之，如宋時收銅錢的稅項，亦加成收取，謂之頭子錢是。至此，其事遂成爲利藪，然必要的彌補耗損之費，亦仍寓於其中；而且習之既久，則其中的若干成，或又被撥充行政經費；甚至國家增稅之時，亦即列爲新增項目之一；更不能謂之非法了。明中葉後，田賦漸次征銀，零星征取，熔成整鋌起解，其間又不能無所耗損，亦不能不征取於民，此即所謂火耗。其後銅錢增鑄漸多，收稅時民間實多納錢，然公家計算銀數，折錢征收時，仍將所征之耗算入，故火耗之名，相沿不廢。又清代賦稅，雖皆收錢，及其起解，則仍必以銀，故州縣於收稅之後，又必將錢易爲銀兩，而其所定銀錢折合之數，銀價亦必較實際爲高，此中亦大有盈餘。此等因征收田賦溢出之款項，實爲州縣收入之大宗，然賦稅之征收費，以及其餘之行政經費，因多出於其中，並非可以全入私囊。且其取之，亦必遵照歷來的習慣，並不能隨意增加。如或擅自增加。勢必引起地方上的反抗，官吏前程，必且不保。此可見其雖係習慣，業已儼成法律了。田賦收入，各地多少不同。國家賦入薄者，地方因田賦而來之收入，亦隨之而薄，則其行政經費的貼補，多有恃於陋規。如地方的大商家，按年、節致送規費；衙門中所消耗的物品，由某種行業聯合供給；所使用的人力，由某種組織，合力應差是。此等亦皆有習慣，不能隨意增取，故名之曰"規"。火耗陋規之類，各地有豐有嗇；衙門循例開支，各地亦有多有少，收入多支出少者，官吏之收入亦多，收入少支出多者，官吏收入亦少，此各州縣之缺所以有肥有瘠，如可任意貪取，那就是本無所謂瘠缺了。州縣爲親民之官，從前財政上最大的收入田賦，皆經其手，此外關涉財賦之官，亦皆有此等相沿成習的收入，亦都可謂之規費，如鹽務、關務之官即是。其不親民又不關涉財務之官，則其俸祿以外之收入，所恃以供給行政經費而補俸祿之不足的，大抵出於他官署。如道、府、督、撫，皆恃州縣饋贈，京官靠外官致送冰、炭敬等是。我們一考閉關時代的收入支出，往往覺其數字少得駭人，論者多謂昔時的政府，並不辦事，所以如此，其實以此收入，維持真正一事不辦的政府，也是不夠的，何況並不能真正一事不辦呢？昔時代財政收支數字之小，實由習慣上有些支出，都由習慣上的某些收入供應，而其收支皆不見於記載使然。然其收支雖無明文，而實有成法，初不能隨意改變，然則在承平之世，一切皆須守法，爲官吏者，又何從貪汙呢？

政局變亂，一切皆無成法可循，貪汙的機會就到了，當這種時代，有兵權在手者，肆行攘奪，可以竟與盜劫無異；若爲文吏，則仍必以法律、命令爲藉口，然法律、命令，總只能規定大署，施行起來的寬猛，總是視乎其人的。承平時代，國家意在恤民，官吏自不敢過於嚴切。至喪亂之世，則國家之意，本亦主於嚴切，人民無可控訴，官吏就得以肆行無忌了。在官民之間，實際上發生力量，足以防止貪汙的，不是法律、命令的條文，此等或爲人民所不知，或雖知之，而無遵重之習慣，違反了，也無人過問，其發生力量的，乃是法律、命令中爲人所共知、共守的一部分，以及雖無法令，而爲人所共知、共守的習慣，在平時，全恃此以防止官吏之貪汙，至於變亂之時，則一切破壞無餘了。更須知道的，凡新興的事業，大抵皆無詳密之法令可循，因爲法令的詳密，是要追隨辦事的經驗的，在其初興之時，勢自不會臻於詳密。即捨此勿論，而法令之發生效力，在於人之共知共守，初興的法令，也是不能有此希望的。現在政府所辦的事業，比之從前，不知多出多少來了，這都是新興的，自然也給貪汙者以肆行無忌的機會。

然則今日貪汙的現象，所以特別普遍而深刻，其原因可知了。一者由於我們今日，仍在一個變亂的時代，紀綱不整，暴力橫行。二者則由於新興事業之多，無法律之可循，習慣之可守。前者是一種事實，除希望大局之澄清外，別無他話可說，後者則是政治上的一個大問題，無論哪一黨哪一派，或無黨無派的人，起來組織政府；或者互相聯合，而組織一個政府；都不能不對此爲深切的注意，因爲無論誰來組織政府，今後政府該辦的事情，只會加多，不會減少，對於貪汙，不能根絕，就是縱百萬虎狼於民間了。

這個問題如何解決呢？

只有以更多數的人民，監督多數的官吏，能使之不能作弊，不敢作弊；只有人民自己辦自己的事，能定出適合於實際的辦法來，使人可以遵循。在此兩個條件之下，則地方自治的發達，實爲對治貪汙的根本之計，這話怎樣說呢？試舉徵兵爲例。

現在所行的保甲，是創始於宋朝的王安石的，他的創立此法，用意有二：（一）使人民能够警備盜賊以自衞，（二）漸進而教以武藝，使之成爲民兵。他的主意，實在後者，而前者不過是達到目的的手段。論起民兵來，較之募兵，自然有種種優點，何況當宋朝募兵極弊的時候？而且第二個目的達到，第一個目的，自然不成問題了，他這個主張，原是很好，然其實行的結果，卻是如何呢？恐怕是他所行新法中最壞的一事了。試看《宋史・兵志》所載反對黨諸奏疏，其弊幾於不可勝窮，如政府所派檢閱之官，對於地方上的誅求；教練之官，對於所教保丁的作威作福；真使人民透不過氣來。在如此情形之下，所練成的民兵，即使武藝精嫻，亦豈可恃以爲用？何況武藝也有名無實呢？無怪據《宋史》所載，民兵之著籍者，其數初不爲少，然始終並無成績可見了。然而我們試讀蘇軾《請存恤河北弓箭社》的奏議，追述該社的起源，乃由燕雲十六州割給契丹之後，河北之地，成爲緣邊，時虞寇盜，官兵不能保護，乃由他們自立組織，以資自衞。他們的組織，純出自動，如派丁抽費等，一切都有嚴密的規則，毫無弊竇，而效率甚高，甚爲敵人所畏。我們看此兩事，便知道：（一）對於人民有益，而其利益又爲人民所能瞭解的事，人民自能起而籌辦；（二）凡是人民所辦的事，必能切於實際，確合需要，而並非裝飾門面；（三）且皆有成效可見，而非有名無實；（四）凡人民所樂意辦理之事，人民必自能妥立章程，寬籌經費，慎舉人員；且自能對於辦事者，加以嚴密的監督。政府所辦的事情多了，恐非藉此力量無以善其後。

然則今日之急務，在於領導人民，使其知道自己所需要的事而自己來辦；扶助人民，爲其除去阻力，而使其自己能辦，操刀代斲，固然不是路；藉口於操刀代斲，而意實在於與民爭利，那更遲早是死路一條了，雖然還不在目前。

原刊《學風》半月刊創刊號，一九四七年四月一日出版

# 中國人爲什麼崇古

崇古，這是中國人近數十年來，最受人譴責的一端。他們以爲一崇古，則凡事都看得今不如古，不肯改良，沒有進步了。中西交通以來，西人的進步，一日千里，我們却遲滯不進，以致民貧國弱；今者雖遭遇時會，號稱五強之一，仍不免虛有其名；其主要的原因，實在於此。

這話乍聽似乎有理，細思其實不然，中國人雖然開口堯舜，閉口三代，把古代看得似乎是一個高不可攀的境界，然亦不過在口頭上成爲習慣而已。古代的發明，一切不如後世，中國人也未嘗不知。不然，草昧、榛狉等字眼，何以常常會被人使用呢？若說從前的人，以爲文明反不如野蠻，則翻遍舊書，並無其事。試看變茹毛飲血爲火食，易巢居穴處爲宮室，無不受人稱道可知，至於近代中西交通之初，何以盲目排斥，明知人家之長而不肯仿傚，則實別有其原因：（一），由閉塞的民族，往往有一種莫名其妙的排外感情，這實非中國人所獨有；（二），宗教是最富於排外性的，不幸西方傳來的基督教，又和我國的風俗，多不相容；（三），中國人自古以來，最怕的是海寇。因爲中國人的事業，在陸不在海，雖亦有一部分人，冒險航行海外，然大多數人，鑒於海外的情形，是茫昧的。陸路上的寇盜，無論如何強悍，我們總還能知其根據之所在，因而明白其真相，海寇就不然了。而西人來叩關之時，又和明代倭寇的騷擾，緊相銜接。再者，中國歷代，在軍事上，雖或因他種弱點，以致敗北，然以軍械論，則總較外國爲優良，至近世，則西人的船堅炮利，轉非我們所及，自然要更深畏忌了。這都是西力東侵的初期，中國人所以深閉固拒，對於外情，不願考究，以致無從仿傚的原因。然這亦祇是處於無責任的地位，徒憑感情立論，不去考察實際情形者爲然。至於身當交涉之衝，和外國有接觸的人，則除少數特別愚昧者外，亦並非無理由的頑固。不過他們以爲：（一）船艦槍砲等，究不過械器之末，倘使人心振奮，政治修明，這些事都不難學得，並非根本問題。（二）而且他們也有他們的禦敵方法，如謂與其作戰於海，不如誘敵登陸；與其以大船作戰於外洋，不如以小船邀襲於近海；又或講究避彈之術，以及不恃槍砲,亦能制勝之法等都是。這些見解,固然不免誤謬,亦不能謂其絕無理由,當咸豐戊午庚申兩役,繼鴉片戰爭相逼而來之時,中國正忙於內戰,自無暇爲禦侮之計,然到內亂一停,所謂中國將帥,如曾國藩、李鴻章等,亦即急急乎練新軍,設製造局,造船廠等,其反應亦不可謂不速。至其未能收效,則因是時之朝局,正走著下坡路;而中國社會,亦因地廣人衆;內地閉塞之區,又和海疆相隔太遠;又幾千年來,迄自視爲世界第一大而文明之國,自負太深;一時不易感覺根本改革之必要,實亦無足深怪,謂其由於崇古,以至不能改革,實在是風馬牛不相及的

然則中國人究竟有沒有崇古之弊呢? 有的,不過其真相並非如一般人所說罷了。中國人並沒有說漢勝於唐,亦沒有說唐勝於宋。有時候稱贊漢人,則必說‘漢治近古’。然則中國人之所謂古,是有個一定的界限的,並非比較之辭,說愈古即愈好,較古即較好。然則中國人之所謂古者,以何爲界限呢? 那無疑是三代以上了。三代以上,中國人普通把他看成別一個世界,與後世判然不同。至於秦漢以降,則其時間雖亦綿歷一二千年,然自中國人看來,總不過是一丘之貉而已。這所謂別一世界,其物質文明,遠落後世之後,中國人是知道的,已如前述。然則中國人的崇拜他,究竟爲的什麼呢? 那無疑的是在社會關係上了。試看中國人慨慕三代以上的,總是說他政治之好可知,因爲古代的所謂政治,乃是包含着一切社會問題的。

這樣的一觀念,正確不正確呢? 無疑是不正確的。因爲一般人所想象的古代,用史學的眼光看來,實在全不正確。然則這種觀念,爲什麼會成立? 既成立之後,又爲什麼不易破壞呢? 那是由於(一),古代的情形,太茫昧了,一切憑空想象之辭,都易於附會上去。(二),古書傳者太少,法令文誥之類,在後世,知道它是具文,是表面文章,在古代,就被認爲實際情形了。譬如清朝的通禮,律例,會典,諭旨之類,誰相信其和實際情形相合? 然讀《書經》中的典、謨、訓、誥,就都以爲是述的實事,說的實話;讀《周禮》所述的制度,也就信爲當時一一實行的了。(三),任何一個社會,總不免有些宗教上的迷信。中國人對於宗教,是很淡薄的,然於其所謂古帝王及聖賢,如伏羲、神農、黃帝、堯、舜、禹、湯、文、武、周公、孔子等,亦不免有些神化,既然神化,自無復懷疑的餘地了。這都是將所謂古代者,視爲別一世界的原因,然而還沒有觸着深處。

其深處又如何呢? 說到這裏,就得追求這種觀念心理上的根原,須知尊重客觀,乃是近代科學發達之後,才有這觀念的。前此則極其模糊,再嚴格言之,則所謂客觀,即在現代,亦不過是比較的,而並非絕對的,這種情形,尤以

社會科學爲甚。試看任何主張，正反兩面，都可以有顛撲不破的理由可知。真理是不容有二的，既然兩方面都有顛撲不破的理由，即可見其都祇代表了真理的片面。誰引導他使走上這片面的路綫呢？那無疑的是感情了。所以中國人的崇古，並不是從客觀方面，搜集到種種有利於古的證據，然後從而崇之的；倒是心理上先有一種愛古薄今的感情，然後逼著他去搜集有利於古之證據，而成立種種曲説的。其成立的原因，既然如此，自然經不起客觀的批判了。

然而根據這感情而成立的曲説，雖不足信，而使這感情成立的原因，倒是極爲確實的，絕非空中樓閣，所以此種感情，絕不會因其所建立的説法的不確實，而被冲淡。中國人崇古觀念的所以不易打破，並非虛僞的東西，亦可以成立，而是有真實根據的東西，不可能摧毀，雖然其真實的根據，根據之者初不自知，亦於其真實無損。

這真實的根據是什麼呢？人無不避苦而就樂，而所謂苦樂，實視環境爲轉移，環境又有兩種：一爲自然環境，一爲社會環境。而二者之中，社會環境的關係尤爲密切，任何一個人，我們允許送他到巴黎紐約去，給他以物質上種種享受，但是他要捐親戚，棄朋友，他總還是不願的，便是一個明顯的證據。不論那一國，在其邃古時代，其社會關係，終是非常良好的，這個，在社會學上，已有確實的證明，無庸再行申説了。所惜者，不論那一國，這一個時期，都很早的就成爲過去。到有史時期，社會關係，大都已經惡化了，然這一個境界的甜蜜的回憶，却永遠留在人們的心頭，不肯忘掉，孔子追慕大同；希臘哲人，亦説最古的時代就是黄金時代，後乃變爲白銀，變爲黑鐵；即由於此。這種時代，既然舉不出其確實的史實，而徒憑感情的領導，再爲理想的構成，自然没有客觀上的確實性，此其所以在史學上則經不起辯駁，而他們視此世界爲理想世界，想用種種方法來達到他，亦終於徒存虛願而已，説食不能獲飽，過屠門而大嚼，亦復何益？這種觀念，豈不非徒無益，而又害之麼？不。一切錯誤的觀念，其中往往仍含有正確的成分的，不過不能純粹，遂至走上錯誤的路罷了，然則所謂正確的成分者，又如何呢？

人，如何可以得到幸福？如何就要遭到灾禍？簡而言之，能否控制環境而已，環境有自然環境社會環境之殊，二者之中，社會環境，尤難控制。人，直到現在，還祇能控制小社會，而未能控制大社會。何謂小社會？一切事物的利弊，都能够看得清楚；而要興利除弊，力量亦足以貫徹之者便是。反是便爲大社會了。中國人所謂古代者，實係與後世截然不同的世界，已如前述，這截然不同之點，就在於一能控制，一不能控制，中國人以爲其所謂三代以上的時代，社會是一切能以人力控制的，這是錯誤的，然追溯到未有歷史之前，社會曾有一個可以控制的時代；在這種社會之中，人們所得的幸福，較之處於不能控制的社會中者爲多；因而我們的目的，在於努力以求恢復人力對於社會的控制；這種見解，絲毫不誤，所誤者，祇是其所提出的方法不合而已。所提出的方法，爲什麼會不合呢？那是由於社會既大，斷不能斫而小之；大社會又決不能用小社會的方法來控制，然中國人所提出的控制社會方法，乃全是控制小社會的方法之故。然這祇是一部分的誤謬，其餘的部分，仍不能謂之不正確了，所以我說：一切錯誤的觀念，其中仍有正確的成分。

感情，似乎應當服從理性的，其實理性是應當受感情的指導的，因爲理性之所求，不外乎去惡而就美，而所謂善惡，原是由感情決定的，然則中國人崇古的觀念，實有甚深的根柢，他們將領導我們，尋求適當的途徑，走向光明之路。

原刊《學風》第一卷第三期，一九四七年五月一日出版

# 還都紀念罪言

國府還都，瞬經一年了，從來內憂外患之際，遷都以避敵者甚多，而能回復舊都者甚少，而我們現在，抗實力懸殊的大敵，竟能於不及十年之內，勝利而復還舊都，這誠為前史之所無，而使垂白者亦思扶杖而觀德化之成了。然而一年以來，大局還是動盪不定，人民依然叫苦連天，一切建國的大計，都無從進行，而現況且有岌岌不可支之勢，此其癥結，究竟安在呢？

## （一）中國今日動盪不定的總原因

舊秩序破壞了，新秩序却建設不起來，斯言也，實為中國今日動盪不定的總原因。此總原因，若深而求之，則所包甚廣，所以如梁漱溟先生，多年來的見解，都以為當求之於文化，這話固然不差，然急則治標，如其大局的安定，必有待於整個文化的轉變，未免迫不及待；而且整個文化的改進，亦必在一個較為安定的局面之下，方可進行，所以政治問題，仍為目前當務之急。

政治為什麼不能上軌道呢？這却須求得其較為深遠的根源。

誰都知道：自西力東侵以來，中國所處的環境，和閉關時代，截然不同了，物競天擇，適者生存。環境變，所以應付之者自然不能不變，這變革的領導者，自然是政治了。

領導政治改革者誰呢？首先崛起的，自然是士大夫階級，論近世歷史的，都說中國的士大夫，太覺頑固，不知改革，致使國弱民貧，此語實不盡然。近世歐人的東來，雖遠在十五世紀之末，距今已歷四百年，然其能使中國人覺得環境大變，則必在一八四零年頃鴉片戰爭之時，此其距現在，不過百餘年耳。當此之時，如林文忠、魏默深等，即已知編書譯報，考究外情，其反應實不可謂不速。爾後約三十年間，中國內亂大起，士大夫中有作為者，正忙於平定內亂，無暇顧及對外，此亦無足為怪，內亂平後，曾國藩、李鴻章等所謂中興將帥，雖其所手創的湘淮軍，在傳統上說，亦不可謂之不強，然亦自知其不足以對外，而急急於改練洋操，因而及於造船制砲等，此等年齡已高，功成名遂的將帥，而有此等見解，實更不能謂爲頑固。不過曠古的變局，斷非此等本於經驗而來的枝節改革，所能應付罷了。因此而有甲申、甲午兩次的挫敗，於是康有爲等的全盤政治改革論抬頭，此其見解，已漸近乎真際，倘使戊戌變法而能成功，是可以收到和日本明治維新相同的效果的。固然，當時的政治，不過是開明的專制，即由此更進一步，亦不過是君主立憲，中國的改革，必不能以此爲已足，繼此必尚有變動，然能在國勢穩定之後進行，則不致如後來動輒引起野心國家之利用干涉，致內部支離破碎，外之且影響於世界大局的安寧。五十年來的歷史，情形全變了，無如這時候，清朝的情勢，正走着下坡路，政變而後，改革的企圖，悉成畫餅。於是士大夫階級領導的政治改革運動的作用破產了，因爲他們是沒有武力的，只能得到掌握政權的人的信任，以發抒其抱負，使其竟不能得，他們就只好抱道賫志以終，既得之而又爲他人所破壞，亦除逃亡或死難外，更無他法。當庚子事變之際，康有爲曾使唐才常在長江一帶圖謀起事，欲以武力奪取政權，這已經是士大夫階級破天荒之舉動了。然卒無所成，康梁等此後，就只得由保皇運動，而轉入於君憲運動了，這自然更無希望可言。

## （二）如何建立起一種新秩序

士大夫的領導作用既窮，則不得不屬望於平民階級，而在昔日，平民階級而欲改革政治，是非取革命運動不可的，因爲非如此，不能取得政權，革命運動，在從前說起來，就是造反。平民社會中，誰能崛起而造反呢？中國人的職業，向分爲士農工商，士是不會造反的，已如前述，即工商亦然。（一）者人數太少；（二）者他們所處的地位，較農民爲優，即使受暴政壓迫，或遭社會不景氣的襲擊，總還有些躲閃的餘地。獨有農民，却是一無所有的，而其人數最多，其性情又最質樸，因而其行動亦最徑直。到實在無以爲生時，就不得不挺而走險，破壞政治上的舊秩序了。然使此等動亂，純粹出於農民，不雜他種因素，則只能成爲暴動而已。並不能成爲政治上的革命運動，因爲政治的權力，在於中央，中國的地方太大了，農民所身受的災禍，根源實來自中央的政治不良，農民不會知道的。在他們心目中，革命的對象，不過是暴政的執行者，或者作威作福，加害於自己的人，所以其舉動，亦不過搗毀稅收機關，驅逐或殺害貪官污吏土豪劣紳等而已。至此，則他們或認爲目的已達，或雖明知其尚未徹底解決，而已想不出別的方法來，其暴動遂戛然而止。所以在中國，苟非全國糜爛，單是一地方的農民叛變，是不會成爲大器的，即使全國糜爛，改地方的民變，匯合起來，亦必有別種因素加入。這加入的因素，又是什麼階級呢？士工商都不會造反，前文業已説過了。須知士農工商之外，中國還有一個階級，這個階級，古代謂之豪傑。在近代，指其人而言之，則謂之江湖上的好漢，指其組織而言之，則謂之幫會會黨等。此等人雖非全然不事生產，然特迫於勢之無可如何？論其本意，則是希望不勞而獲的，而且其享受還要比較他人爲優裕，他們雖亦迫不得已，而從事生産，然所花的勞力，總要比別人少些，而其所享受，總要較別人多些。這是由於他們的生活資料，總有一部分，不是用勞作換來的。質而言之，即是寧出血不出汗，因此，他們的性質，較一般以勞作維持生活的人爲强悍，他們只覺得生活較他們優裕的人爲不應該，懷着嫉妒之情，而不知其中亦有勤儉致之，而非盡由於略奪者，所以他們略有均貧富的思想。他們的事業，是非單獨或少數所能爲的，不得不有一個結合，而其結合，且愈廣大而愈妙，所以並不限於一地方。此等人所最反對的，是社會上平時的秩序，所以作姦犯科，壞法亂紀，尋常人或趑趄而不敢爲，在他們看了，却都不算得什麼。所以在動亂之際，此等最易崛起或附和。到處的農民暴動，和此等人的屯聚裹脅流竄，就是歷代大亂的原因。亂久必思安定，即在動亂之時，動亂者的内部，亦不能不求局部的安定，要安定，即不能不建設起一種秩序，這種秩序却如何建立呢？在這動亂者之群裏，大多數人是計不及此的，不過聽其遷流之所至而已。歷代草寇，所以雖聲勢浩大，而終歸於滅亡，即由於此。其中較有思想的，亦或率其幼稚的頭腦，而思有所建立，則其思想，大抵近乎空想的社會主義，如漢末的張魯，宋代的楊麽，及近世的太平天國是。此等空想，自無成功之望，於是不得不走回舊路了，此中梟桀之徒，乃與士大夫相結合，士大夫是只讀舊書，不甚注意現實的，即或注意到現實，亦不過審察今古情形之不同，而異其施行的方法，這不過是達到目的的手段，乃行政的技術問題。而其所欲建立的秩序，則總與前朝無異。走上顛覆的舊路，固不免於再顛覆，然舊路是人走慣的，一時却容易走上，舊秩序就在這情勢之下回復了。此中國歷代的政治，所以陳陳相因，總開不出一個新境界來的原因。但這種走馬燈式的循環，亦只以閉關時代爲限。到近代，就有新局面開展出來了，孫中山先生的革命，承襲着太平天國的餘波，這種力量可説是從平民社會裹發展出來的，中山先生的革命，雖抱有最新的思想，然要在舊社會中發動，必得仍利用舊社會中的力量，在中山先生圖謀革命之時，舊社會中可利用的力量安在呢？士工商不足與謀，農民的奮起，又必有其客觀的條件，則非可隨意發動，則其所能利用的，自非會黨莫屬了。然當時的會黨，要藉以達成革命的大業，其力量顯然是不够的。此在同盟會成立以前，中山先生所以說：革命事業，並不敢及身望其有成。到同盟會成立以後，情形就大不相同了。因爲士大夫階級加入了。前文不是說士大夫階級，不足與謀革命嗎？不錯，然言各有當，士大夫階級雖無實際行動的力量，然以知識論，實處於先知先覺的地位，雖不能爲直接的行動，却善於發動他人的行動。近代的革命，是含有新理想的，宣傳實尤爲重要，而此任務惟士大夫實肩負之，所以從同盟會成立之後，革命的勢力就一日千里了。其中轉移最捷的，乃爲因會員及非會員而同志者的運動及感化，而使新軍歸向於革命，因爲革命必須武力，新軍就是清朝最可恃的武力，新軍而轉向革命，則清朝的武力，轉而爲我用，有武力者變爲無武力者，無武力者變爲有武力者，此爲辛亥革命所以易於成功的最大原因。

## （三）革命時最有力量階級，理應爲革命後政治上中心

然則近代的革命，士大夫和軍人兩個階級，實在是最有力量的，革命最有力量的階級，理應爲革命後政治上的中心，中山先生所預定的軍政訓政時期，實應以這兩個階級爲骨幹，把國事整頓的粗有頭緒，然後還政於民。無如變化非一日可成，而中國近代，社會上的風紀，亦正走着下坡路，於是軍人爲野心跋扈之徒所利用，而成軍閥。士大夫階級，則有猷有爲有守者，退處於無權而不恤國事，專便私圖者，乃縱橫捭闔於其間，而成爲政客。二者互相利用，遂成爲袁世凱及北洋軍閥時代的混亂局面，致煩國民政府之再從事於革命。然國民政府之革命，亦未能將此二者之患根除。爲什麽抗戰八年，全國人民的意志，如此堅決，而卒未能將自力驅除外敵，勝利之後，還要借友邦之力，爲我們遣送戰俘，致使傷時者稱前年的勝利爲慘勝，而且"直北關山金鼓震，征西車馬羽書遲"，即九域之中，亦仍是烽烟遍地，爲什麽接收被稱爲劫收，貪污，腐敗，無能，竟成爲官僚一致的評語？窮源推本，信有自來，知人者明，自勝者強，前途的希望，倒不在於政權的分配，而在於綱紀的建立了，綱紀誠能建立，政權的分配，自然不成問題，否則，誰來居此，亦是不可以一朝居的，嗚呼！

原刊一九四七年六月五日《正言報》

# 歷史上的抗戰夫人

"抗戰夫人，前代有没有"？有人這樣問着我。

一式一樣的事情，自然是没有的，相類的事情，卻不能説没有。

所謂抗戰夫人，事實是這樣的：因兵亂，夫妻隔絶了，夫在其所居的地方，另娶了一個妻，倘使在隔絶的狀況終止以前，他本來的妻，亦已改嫁了，或者死亡，或者失蹤了，那他還祇有一個妻，雖然當他另娶之時，犯有重婚之罪，事實上也就没有人來追究他。如其不然，問題就發生了，在現今，不論男女，在配偶之外，都不能另有配偶，問題固然嚴重，即在從前，一個男人，不妨一個以上的女人時，也要發生嫡庶爭執的問題的。

夫妻隔絶而再嫁了，自然也是有的。那麽，爲什麽不發生抗戰郎君的問題呢？那是因爲在中國，女子不能同時有二夫，既經再嫁，和前夫自然離絶了，如其破鏡重圓，則和後夫又自然離絶，所以不會發生問題，在男子就不然了。

所謂抗戰夫人，事實就是如此。在前代，雖没有所謂抗戰，然不過戰爭的性質不同，其爲兵亂則一。我們現在，如嫌抗戰兩字，用諸前代，性質不能吻合，僅可換上兩個字。譬如現在内戰再延長下去，中共管治的區域，和政府管治的區域，隔絶得太久了，也總會有這一類事情發生的。到那時候，中共區域裏的人，住在政府區域裏，因和故妻隔絶而另娶，我們如站在政府的立場上，自可稱之爲剿匪夫人，如其站在老百姓的地位，兩無所謂，自亦不妨稱之爲内戰夫人。諸如此類，設例是一時設不盡的，然其實質則皆無以異。

從實際説，此等事，在戰亂之時，恐總不免要發生若干起。不過社會上的事情，實在太多，受人注意的，實在太少了。其能在歷史上流傳下來的，自然更少。所以我們，雖然有幾千年的歷史，且遭遇大大小小不少次的戰亂，而辱承明問，我所能夠想起來的，卻祇有這一點。

抗戰夫人的成爲問題，其事是在漢魏晉三朝之間。因爲這時候，離封建時代近，禮還比較被人注意，喪祭等事，都不敢亂來，所以有幾位抗戰夫人，在活的時候，馬馬虎虎的過去了，到死後，倒被提出來，成了問題。

我今先舉一件事，那是漢末，有一個住在長沙的人，喚着王毖，他奉使到北方去。這時候，孫吳在事實上雖然獨立，在表面上還是服從北方的。到他北去了後，南北卻翻起臉來了。他不得回來，就留在魏朝做官。另娶一房妻室，生了一個兒子，喚做王昌。到晉滅吳，南北統一時，王毖的故妻早已死了，王昌大約這時候才得到消息，便請問禮官：應否追服？於是就發生了王毖再娶後，和他的故妻，算不算離婚的問題，因爲照禮、律，都不能有二嫡的。王昌的母親既然算做妻，王毖的故妻，算離算合，就自然成爲問題了，一時議者頗多。有一派，主張可以算不離的。他們的理由，是說：據《書經》堯曾把自己的兩個女兒，同時嫁給舜，並沒有分別嫡庶，可見人不妨有二妻。這個，和當時通行的禮律，違反太甚了，自然不易成立。雖然主張此說者的意思，也是借此以濟事變之窮，並非說平時亦可如此。駁他的人，卻說因遭遇事變而容許二嫡，禮律都無此說。既如此，自然祇得把王毖的故妻，說成離絕了。於是有人說：王毖再娶後妻之時，即其與前妻離絕之日，這一說，單就這一特殊事實而論，王毖再娶，早成過去，而他的故妻，亦早經身死了，自然無甚關礙。然使他人援以爲例，偶逢兵亂，即棄妻再娶，而當其再娶之日，其故妻即當然作爲離婚，這被遺棄的故妻，不太冤苦了麼？於是有人說：這該把他看作死絕。這就是說：當王毖再娶之日，其前妻雖然存在，卻把他看作已經死亡。於是王毖的有妻而再娶，就等於妻死而續娶了，這明明是抹殺事實。而且有妻而偶然隔絕，便把他看作已死，這例子也是開不得的。於是有人說：這祇可算作地絕。地絕，就是地域的隔絕，夫妻兩人，各住在一個地方，而此兩地方之間，沒法子可以交通，事實上夫妻的關係，業已無法維持，法律上亦就不得不聽其離異了。此說自然最合於事實，但這例子亦不可開。因爲地絕是有時間性的。兩地方不能交通的情形，要維持多久，無人能夠逆料。倘使僅據當時不能交通的情形，而即承認離婚再娶爲合法，那又將增加出無窮的糾紛來了。還有一說，更可以說是求其說而不得而強爲之辭的。那就是說：大義滅親。南方當時業經反叛了，所以王毖之妻應當義絕。這說是必不可通的。因爲南方叛，並不是王毖之妻叛。倘如其說，則有一處地方，被野心者稱兵割據，該地方的人，不能自拔的，都要以叛逆論罪了，於理如何可通？

因此，就有主張王毖的故妻，不能算做和毖離絕的。他們說：既不能看做離絕，便不能奪舊與新。因爲這在禮、律和人情上，都說不過去。這話是無可非難的。但如此，則王毖的後妻，即王昌的母親，就不能不算作妾了。這其間卻又有問題。

在晉朝初年，有一個人，喚做陳詵，娶零陵李繁的姐姐爲妻，生了四個兒子。遇見兵亂了，被賊掠去。陳詵就再娶了一個嚴氏，又生了三個兒子。後來李繁的姐姐，卻給李繁找到了，把他迎接回來，送還陳詵，陳詵的戶口册籍上，就填寫了兩個妻室。這在法律上，本已成問題，卻好戶籍吏不來管這閑事，過去了。後來李繁的姐姐死了，陳詵對於嚴氏的兒子，應否替他戴孝，倒又發生起疑問來，又去請示公家。當時評議的人説，李繁的姐姐雖然陷賊，並没有死，陳詵至多可以娶妾，不該再娶。這話自然不錯，但再娶已成事實，嚴氏也是當妻娶進來的，此時能否屈其作妾呢？這事又成問題了。議者説：同時有兩妻之事，雖無前例，先後有兩妻的事則甚多。後妻的兒子，雖然來不及和前妻戴孝，然在祭祀時，則無不認前妻爲母的。既如此，則嚴氏的兒子，應該視李繁的姐姐爲母，替他戴孝無疑。這話，把李繁的姐姐的身份確定了，使嚴氏在李繁的姐姐死後，亦無問題，因爲他可以算作後妻了，但在李繁的姐姐尚生存時如何呢？總不能把他看作已死罷？

當時又有一個朱某，本是吳人，在吳時，娶妻陳氏，生了一個兒子，名喚東伯。後來這朱某不知如何，也跑到北方去了。晉朝的皇帝，賞賜他一房妻室某氏，也生了一個兒子，喚作綏伯。吳亡時，朱某已經死了。綏伯便和他的母親某氏，來到吳中。這時候，陳氏還在，後來陳氏死了，綏伯當他母親，替他戴孝。某氏死後，東伯也當他母親，替他戴孝。這樣，陳氏和某氏，東伯和綏伯之間，關係都很圓滑了。好好先生們，就説此事足以爲法。但這是破壞了不二嫡的禮律的，爲當時的社會組織所不容。而且禮讓是没有强迫性的，假使他們爭執起來，怎麼辦？所以又有人説：如其他們不能相讓相容，則官當有制，以先娶者爲嫡。這話自然不錯。但如嚴氏，如其結婚之時，並没有知道陳詵有妻，那也未免上當。當時還有一個鄭子群，在漢末，娶妻陳氏。徐州被吕布所據，隔絶了。子群更娶蔡氏。徐州平後，陳氏得還。蔡氏的兒子元懋，承認他做母親，替他戴孝。這可説把先嫡後庶的秩序維持住了。但元懋的舅舅，卻責備元懋對不起自己的母親。

抗戰夫人，不論在從前不許二嫡的時代，和現在不許重婚的時代，於法於情，都不能有十分圓滿的解決的。這是夫婦制度本身的缺陷，無法可以改良。這話太長了，祇好另行討論。

原刊《學風》第六期，一九四七年六月十六日出版

# 史學系概況①

近數十年來，我國史學進步較著，新史料既屢有發見，舊史料之整理亦已略具體系，史學之領域既日趨廣大，治史之方法亦日益進步。史學界人才之衆，著作之富，均遠在其他學科之上，今後之發展正未可限量。本校歷史係於抗戰前規模略具，人才輩出，戰後限於環境，未能有所發展，勝利以還，本係即着手復興，惟因時間短促，尚未有顯著之成績可言。

本年度本係僅有一年紀學生，一切未能按照預定計劃進行，所開學程亦僅爲基本必修之課，自下年度起即擬陸續增設學程，引導同學從事於研究工作，所需圖書擬大加添置，並擬組織史學研究會，成立研究室，對於舊史料之整理檢討，新史料之考索研求，以及治史方法之探究，皆將兼籌並顧也。

原刊《光華大學廿二週六三紀念特刊》，一九四七年六月出版

---

① 此處指光華大學歷史係。

# 論 度 量
## ——論宋武帝與陳武帝

　　什麼叫度量？度是尺一類的東西,所以定長短的,量是升斗一類的東西,所以定多少的。總而言之,是所以定物之大小。這解釋誰不知道？然而普通言語中所用的度量兩字,卻並非這個意思。普通言語中所謂度量,非以指物而指人,且非指人的身體,而係指人的心境。一個人,和其胸襟寬大,能够容納異己,不和人分派角立,而總把人家看作自己人,這個人,在我們語言中,就稱之爲度量大。反之則稱爲度量小。這亦是人人懂得的,看起來,似乎平淡無奇。然而人的事業成就之大小,甚至有無成就,都是決之於此,決不可以輕視。

　　章太炎先生曾經有過一句感慨的話。他説:"中國的人才,愈到後世愈衰落了。所以當異族憑陵之際,出而主持國事的,只會做趙匡胤、做秦檜,卻不會做魏武帝、做宋武帝。"後者是能安内,亦能攘外的,前者卻只會誅鋤異己,以求得苟安了。這話可謂很有道理。這種成就的大小,就是決之於其度量的大小的。

　　魏武帝的度量,是相當大的。歷史上説他因圖篡漢而逼死荀彧等,全是不正確的話。我在《三國史話》中,業經替他辯白過了。若宋武帝,則實在並不是什麼度量大的人。他於事業,雖亦有相當的成就,只是時會爲之。倘使他的度量再大一些,則其所成就,必尚不止於此。這話怎樣説呢？原來當五胡十六國之世,北方較强大而又佔據中原之地的,只有前後趙、前後燕、前後秦六國。前後趙東西對立,前趙爲後趙所併。後趙亡後,前燕、前秦又東西對立,而前燕爲前秦所并。後趙和前秦,都曾一度統一北方。後趙的石虎,一味淫虐,不能再圖進取。前秦的統一,還要比後趙徹底些。符堅的爲人,亦較有大志。公元三八三年的淝水戰役,他傾國入犯,是有意於統一全中國的。倘使這時候,没有一支善戰的北府兵,加以打擊,漢族的全被異族所征服,怕不待胡元之世了。淝水之戰後，前秦瓦解，北方又分爲後燕、後秦兩國。看似東西對立，仍和前後趙、前燕前秦對立的局面一樣。實則北方累經喪亂之後，元氣大傷，國勢都已衰微不振了。於是後魏崛起於塞外，後燕爲其所破，分而爲南北燕，都變成了小國；後秦亦爲後魏所破，其北邊又爲夏所侵擾，國力亦更疲敝了。而後魏之强，亦不過恃一好戰的道武帝，逞其野蠻之氣，强迫其衆以作戰，乘敵之弱，而取勝於一時。道武帝死後，明元帝繼立，其才畧遠非道武之比，國勢亦中衰了。這時候，南方如能振作，恢復北方，實在並不甚難。講到南方內部，則其土地甲兵，北方除短暫的統一時期外，本尚不能與之相比。而其名義之正，足以維繫人心，更非僭僞諸國所及。自晉朝東渡以後，北方喪亂時起，可乘的機會很多。其所以不能恢復，非因時勢艱難，實由內部矛盾深刻之故。原來元帝立國建康，<small>即今之南京。</small>對於長江上流，即今湖南北、江西地方，實非其控制之力所及，乃皆使重臣居之。而這些重臣，都只求逞個人的野心，而並不想替民族禦侮。王敦、桓温算是兩個最有能力的人，眼光也都只看着國內，想攘奪建康的政權。這和北洋軍閥時代，皖系、直系、奉系，沒有一些世界眼光，只想攘奪北京的政權，正是一樣。到孝武帝之世，才有一支北府兵，興於現在的鎮江地方。這一支軍隊中，可謂俊人如林，所以符堅傾國入犯，竟被他打敗。東晉中央政府的聲勢，自此一振。上流最後的軍閥桓玄，因這一支軍隊的首領劉牢之倒戈，獲遂其篡竊之願。他得志之後，立刻把這一支軍隊解散，以爲沒有問題了；然仍給這一支軍隊中的人物起義所打坍；這一派人物，於是掌握了全國的政權；而其首領，便是宋武帝。所以宋武帝是南方一個新興的優勝的派系的首領，而興起於北方諸國衰微不振之時的。倘使他度量大，能用人，合羣策羣力以向北方，恢復中原，決非難事。惜乎宋武帝度量太小，和他并肩而起的人，一個個都被他謀害或排擠掉；所信任的，只是自己手下名位較低的戰將。雖亦有相當的能力，資格聲望，都不免差一些，不足以獨當一面。所以恢復之業，卒不能成。他所倚爲心腹的，是個策士一流的劉穆之，自己出去用兵時，後方的事情，都是付托給他。他以四一〇年滅南燕，因邪教餘黨盧循、徐道覆在後方作亂而還，把他們平定了。四一三年又遣兵平定了現在的四川。到四一六年，又自己帶兵出去，把後秦滅掉。於是長安、洛陽一時恢復。那時候的涼州，就是現在的甘肅和寧夏、青海一部分之地，雖有許多小國分立，都是無其力量的。北燕自更不及南燕。只有後魏，打破了後燕之後，佔據了現在河北省的大部分、河南省的北部和山西全省，倒是一個較爲强大之國。然而正值中衰之日，亦決不能和宋武帝抵抗的。宋武帝滅後秦之後，本亦有意在北方留駐幾年，經營這一帶地方。倘使這一着而能夠做到，北方的恢復，就真正不成問題了。不幸這時候劉穆之忽然死了。宋武帝對於後方的事情，放心不下，只得撤兵而回。那麼，新定的關中如何呢？他對於資格聲望和自己差不多的人，是向來不肯重用的。所用的，都是些自己手下的人，不足以互相統攝。只得留了一個小兒子，和一班戰將，留守其地。這如何守得住呢？於是實力不足，性情卻很剽悍的赫連勃勃，乘機南下。留守諸將，心力不齊，内部哄争，不暇禦外，長安就再失陷了。宋武帝登城北望，流涕而已，終於無力再舉。恢復之圖，自此成爲畫餅。這是何等的可憐？

　　雖然如此，宋武帝不甚徹底的成功，但是他的成就，也不是徼幸而致的。原來東晉的積弱，固由於兵力之不足，上流的將帥和中央政府矛盾的深刻；亦由於經濟的困窘。當桓玄在上流跋扈、國内和平岌岌不可保持之日，中央的財政就窮極無聊。官員不論大小，都只能每天領到七升米的口糧。晉朝的度量衡，還沿襲着古制，只抵得現在五分之一。如此，七升米只有現在的一升四合了，這如何可以過活？其中別無門路的，自然苦得和現在的公務員一樣。然而豪門資本卻極活躍，這時候，並不能將現款匯存國外，亦不能到外國去買賣產業。乃挾其封建勢力，加緊的向農村剥削。當時太湖流域，是全國精華所萃，國計民生都是靠它支持的。見《宋書·孔靖傳論》。可憐，老百姓卻給他們剥削得不成樣子。當時的邪教徒，所以能夠在這一帶地方作亂，弄得元氣大傷，就是這一班豪門資本的作祟。宋武帝平定桓玄之後，首先整飭綱紀。對於這一種惡勢力，儘量加以懲治。這件事情，就是劉穆之幫他辦的。在《宋書·劉穆之傳》裏，説得很爲明白。所以劉穆之雖有策士的才能，卻不是一個不懂得政治，而只會使些陰謀詭計的策士。而宋武帝，也不只是一個軍事上的首領，而對於政治亦是有相當的能力。如其只靠兵力和策畧，而政治一塌糊塗，那就連宋武帝這點成就也不會有了。

　　宋武帝雖因度量不足，事業的成就受到限制，然而，南北朝之世，卻有一個度量很大的人。其事業，雖因所遭遇的時勢，十分艱難，從表面上看來，所成就的，還不如宋武帝之大，然此乃時勢爲之；論其人格及能力，實在遠出宋武帝之上。若非此人，漢族的全爲異族所壓服，真不待胡元之世了。這個人是誰？那就是陳武帝。

　　陳武帝是吳興長城縣人。長城就是現在浙江的長興縣。他服官嶺外，做了廣州刺史蕭映的僚佐。當南北朝之世，現在的越南，還隸屬於中國。其地稱爲交州。因距離中央政府遠，服官其地的人，率多貪汙暴虐，以致時時激起民變。梁武帝時，有個喚做李賁的，起而背叛中國，兵鋒頗銳，征討之兵多失利。陳武帝卻把他打平了，因此做了高要太守。<sub>今廣東高要縣。</sub>

梁武帝在位，年代最久。當其時，南朝平安無事，北朝卻龍爭虎鬥，終至分爲東西兩國。倘使南方而早有豫備，這時候，欲圖恢復，自更有機可乘。苦於梁武帝並非其人。他確是個學者，而且篤信佛教，似乎應該胸襟寬大，不甚計較利害，無如他生性狹窄，也犯了個度量太小的毛病。這只要看他屬於重要的州郡，都要派自己的子、孫、弟、侄去充當刺史、太守；他的子、孫、弟、侄，好的不過是個庸才，壞的則貪汙暴虐，無所不至，竟沒人敢告訴他，便是個確實的證據。他既無恢復的豫備，卻又想乘機僥幸。當東魏高歡死後，其專制河南的大將侯景，不服他的兒子，舉地來降，梁武帝便想乘機恢復北方，派自己的侄兒貞陽侯淵明去接應他。兵力既已腐敗，淵明又非將帥之才，一戰而敗，爲魏所禽。侯景也敗退到梁朝境內。又不聽候梁朝的處置，而自用兵力，襲據壽陽，<sub>今安徽壽陽。</sub>梁朝亦不能加以制裁。不久，侯景竟興兵造反，渡江攻擊臺城，<sub>建康宮城。</sub>各地方援兵雲集，都互相觀望，不能一戰。到後來，只得和侯景講和，開城放他入內。梁武帝以八十六歲的高齡，并飲食亦受其裁節，終至餓死。偏信自己子弟的結局，至於如此，真是悲慘絕倫了。

梁武帝既死，侯景立其太子簡文帝爲皇帝。這自然是有名無實的，京城裏的大權，都在侯景手裏。梁武帝的子孫，做大州刺史的本不少。其中最有實力的，是他的第七個兒子湘東王繹。此時做着荆州刺史，佔據着現在湖北的江陵。其餘或在侯景造反紛亂中坍臺，或給湘東王吞併了。只有梁武帝的孫兒岳陽王詧，做雍州刺史，佔據了湖北的襄陽，他投降了西魏，西魏擁護着他，因此未爲湘東王所吞併。侯景既據建康之後，次第攻破了現在江蘇、浙江兩省中長江以南、浙江以北之地。又把江蘇、安徽兩省中長江以北的義兵，也都打破了。雖然因爲他暴虐，各地方的人民，寧死不和他合作，反抗的還是紛紛不絕，然而不過是游擊式的，正式的軍隊，幾乎沒有了。廣大的面，雖然不能控制，點與綫，可以説暫時被他控制着。他便要派遣軍隊，溯江而上了。他的軍隊，順利地通過了江西，直達湖北。攻破了郢州，就是現在的武昌。又進攻巴陵。此時荆州的形勢，可説是很爲危險。幸而湘東王手下，有個大將，喚做王僧辯，把他的兵，打得大敗，恢復了郢州。即向現在的江西追擊。

讀史的人，都説西南之地，影響到大局，是近世的事。如明桂王據雲、貴、兩廣，以拒清兵；太平天國起於廣西；孫中山革命之始，亦從西南着手；此後護國、護法，以及最近的抗戰，都以西南爲根據。的確，西南的影響於大局，是從近代開始的。然這只是説運用西南的地方。至於起自西南的人物,建立關係全局的大功業,則當第六世紀時,業經開始了。當侯景亂梁之日,寧州,就是現在云南的曲靖縣,這是當時的中國在現在雲南省裏第一個重要的去處,其刺史徐文盛,即率兵數百人,北上赴難。在湘東王手下,也算是一個重要的軍官。這也是一個桀出的人物。惜乎他的意志,還嫌不彀堅强。侯景的兵西上時,湘東王派他去抵禦。他的家小,先被侯景所俘虜,侯景至此送還了他,他便喪失了鬥志,因此兵敗下獄而死。王僧辯代將,才算把侯景打敗。陳武帝的爲人,就大不相同了。

陳武帝亦起自偏隅,他的兵力,亦很有限,何以能建立不世之勛呢?那就是由於他抗敵意志的堅强,和其待人的豁達大度。當李賁造反之時,做交州刺史的,也是梁朝的宗室,名喚蕭諮。他被李賁所逐,逃到廣州。梁朝駐扎在廣州的,還有一個武官,官名爲南江督護。做這官的,先是盧安興。他手下有幾員勇將,那便是杜大合、杜僧明兄弟和周文育。這時候,盧安興死了。他的兵由他的兒子盧子雄統帶,而杜僧明做他的副手。蕭諮逃到廣州後,朝命盧子雄進攻交州。其時正值初夏,疫癘方興,交、廣之地,是不利行軍的。子雄請等到秋天。而蕭諮和蕭映不肯,强迫他進兵,子雄不得已,率兵上道。走到如今的合浦縣,兵士因患病者多,都逃散了。子雄不得已還兵。蕭諮就誣他通敵。朝命賜死。軍中不服,奉其弟子畧爲主,進攻廣州。這可説是蕭諮、蕭映等一班紈袴子弟,既不懂得兵機,而又性情急躁,恣意橫行所撞出來的大禍,倘使當時没有陳武帝,怕不但交州不恢復,連廣州也要有問題了。幸得陳武帝統兵來援,把一班叛將,打得大敗。杜天合戰死,杜僧明、周文育均被擒。陳武帝打算把廣州先安定下來,俘獲了杜僧明、周文育,不但不加迫害,而且都引用他們,做不重要的兵官。他的事業的基礎,就建立在這個眼光遠大、豁達大度上了。到侯景攻破臺城之後,廣州刺史,業經換了元景冲。你道這元景冲是誰? 他乃是北朝好戰的道武帝的六世孫。他的父親,喚做元法僧。是當北方喪亂之日,來投南朝,想借南朝之力,回去撈些油水的。梁武帝亦頗想利用他,因資助他的兵力不足而無成。這時候,元法僧已經死了,元景冲卻被任爲廣州刺史。他本是北朝人,豈有效忠於南朝之理? 而正因其本係北人,和侯景卻易於勾結。侯景便想利用他,樹立自己在嶺外的勢力。陳武帝起兵把他討平。這時候,人心都是看重親貴的,陳武帝乃迎接梁朝的宗室定州今廣西鬱林縣刺史蕭勃,做廣州刺史。誰想這蕭勃又反對陳武帝。陳武帝派杜僧明帶了兩千個兵做先鋒,駐扎在如今廣東、江西的邊界上,要想北出。蕭勃不知何故，倒要想阻止他。陳武帝不聽，蕭勃便派個心腹去做曲江縣的縣令，叫他和當時割據南康的蔡路養合力，阻止陳武帝。陳武帝把蔡路養打敗了。又有一個高州<sup>今廣東陽江縣。</sup>刺史李遷，名爲出兵勤王，實圖割據地盤，佔據着吉安一帶，和陳武帝相持。陳武帝也把他打敗了，直進兵江西的北部。此時正值王僧辯向東追擊侯景，陳武帝的兵，便和他在今江西德化縣境相會，其時爲五五二年。

侯景的政權，是完全建立在武力上的。巴陵一敗，兵力銷耗了大半，自然站立不住。大兵東下，很快就把他平定了。當他從巴陵敗還之日，便更倒行逆施，把簡文帝廢弒，而立了他的侄兒豫章王棟。旋又廢之而自立。於是湘東王亦正位江陵，是爲梁元帝。梁元帝在這時候，總算是名正言順的，理應可以自立。然而他因度量太小而又失敗了。梁武帝的第六個兒子，喚做邵陵王綸。他在少年時候，也是很不謹飭的。援臺的時候，卻還算出力。惜因兵力不濟而敗。他在長江下流，不能立足，逐步退卻到郢州。梁元帝忌他，派王僧辯把他逼走。他逃到今應山縣境的汝南，被西魏攻殺了。於是今之湖北省，自漢水以東，全入於西魏。梁元帝不敢抵抗。到後來，卻又有一個兵最精而援臺最不出力的柳仲禮，投降了侯景。侯景派他西上，他又投降了梁元帝。這正和現在的僞軍反正一樣，原是不可輕信，不該輕赦的。梁元帝卻又想利用他，以從事於內爭。竟用他做雍州刺史，叫他去攻擊岳陽王。岳陽王大懼，便把王妃、世子，送到西魏去做個質當，請求救援。西魏爲之出兵，擊擒柳仲禮。如此，梁元帝又危險了。乃亦以兒子爲質於西魏，西魏乃收兵而還。梁武帝的第八個兒子武陵王紀，是久做益州刺史，雄據四川天府之國的。當侯景篡位之後，他亦自稱爲帝，舉兵東下。梁元帝遣兵拒之於峽口。又暗中嗾使西魏，進取益州。武陵王腹背受敵，兵敗而死。益州因此亦入於西魏。梁元帝在此時，因爲內爭，業經失地萬里了。即使寶位可以坐穩，也得“內疚神明，外慚清議”。他卻志得意滿，甘心做西魏的尾巴。難道相信西魏要用他做反齊基地，定要援助他，替他誅鋤異己麼？真要排除異己，自己手下，也總該有一兩個心腹人。梁元帝卻其實沒有。王僧辯總算是他最得力的大將了。然而有一次，他竟因發怒，用刀把他砍傷。當時王僧辯悶絕在地，元帝還把他送下監獄。後來因岳陽王的兵逼近了，才把他赦出，再用他的。有一個喚做王琳的，他的姊妹，都入元帝的後宮，可說是最親切的裙帶關係了。王琳自然是個不成器的小子。可是他在白相人社會中，卻有些地位。他倒確是有幾個心腹黨徒的。他亦頗能夠打仗。平侯景之時，頗有戰功。他的軍隊，紀律壞得實在不成話了，王僧辯不能制止，言之於元帝。元帝把他喚到江陵，下之於獄。他手下的人造反了，攻陷了湘州。今長沙。元帝這個人，是吃硬不吃軟的。你若無拳無勇，對他再忠赤些，他也會辜負你。你若有實力，能够脅迫他，威嚇他，他倒又屈伏了，於是又把王琳赦出任用。王琳這個人除掉是元帝的小舅子之外，是別無地位的，其不會背叛，自然可以相信。元帝卻還猜疑他，把他調到嶺外。於是在江陵附近，有些戰鬥力的軍隊一支也沒有了。當他做皇帝的時候，自巴陵以東，至於建康，江北之地，業已失盡。巴陵以西，算有一部分地方，在於江北，也只到現在湖北的荆門縣爲止。自此以西，四川之地，又已失去了。他卻對於敵國，還是坦然不疑。當建康平定之後，便發生還都與否的問題。他手下的人，分爲兩派：一派主張還都，一派則主張不必。他贊成了不還都的一派。這大約因江北已失，江陵、建康，同是赤露，而建康又經兵燹，破壞太甚，就拿來做戰爭的根據，也是無用的。而且這時候，東魏已爲高齊所篡，和南朝時有些邊疆上的問題，西魏則在形式上還是和好的，雖然業經攫取廣大的權利而去。這也不能算絕無理由。國際之無信義久矣，梁朝的專務內爭而又無用如此，難道西魏定要他做尾巴麼？

　　長江下游，自侯景平定後，是王僧辯坐鎮建康總持大局，而陳武帝居京口今鎮江。以禦北齊的。漢姦首先發難的，是侯景的北道行臺郭元建，他本來駐扎在新秦，今六合。侯景平後，奔齊，發動了齊兵七萬，還攻新秦，被陳武帝赴援所擊卻。不久廣陵地方今江都。有一個義民起義，被齊兵所圍攻，陳武帝正在赴援，王僧辯此時大約對齊已有綏靖的意思了，和齊國信使往還，允許把廣陵割讓，陳武帝只得退還，這是五五二年之事。不久，因王琳部下反抗，王僧辯被征往上流，陳武帝代鎮揚州，這時候，梁元帝如能把王僧辯留在上流，而將下流之事，全交給陳武帝，西魏之兵，未必敢貿然入犯，至少不敢以輕兵深入，無如梁元帝不敢輕易信任人，他和陳武帝的關係，自然較王僧辯爲淺。到五五三年，郭元建又想從安徽地方，渡江襲擊建康，報達江陵，梁元帝又派王僧辯東下，坐鎮姑熟。今安徽當塗縣。於是上流地方，全然空虛了，梁元帝自以爲甘心做西魏的尾巴，西魏決不會和他無端啓釁，孰知兩國之間本無信義，以利害論，佔有其地，總比借人家來做禦敵基地好，西魏見江陵附近，守備空虛，遠方雖有强兵，短時間赴援不及，遂生覬覦之心，這一年九月裏，突然興兵五萬入犯，路過襄陽，岳陽王詧又起兵隨從着他，兵至江陵二十八日而城陷，事在十一月中。梁元帝被俘，爲敵所殺。梁元帝落得如此下場，原只是咎由自取，無足深惜，然而老百姓卻因他外交政策的錯誤而受累了，江陵十餘萬人被西魏悉數虜作奴婢,得免的只有二百餘家。

這是當時漢族退守南方以來,中央政府被少數族摧毀的第一次,幸虧陳武帝和王僧辯在下流,迎立元帝的小兒子敬帝於建康,漢族的朝廷才算維持不墜。然而福無雙至,禍不單行,西魏既逞凶於西,高齊又造禍於東,漢族政府的命運,這時候真是千鈞一髮,非有天賜智勇,度量邁衆之人,斷不能挽此危局了。

高齊的南犯,性質和西魏是不同的,西魏是有深謀遠慮的,他發動自己的力量,取得江陵,將岳陽王遷於其地,而把襄陽取去,又另派軍隊,駐守江陵,而冊岳陽王爲帝。如此,岳陽王在名義上是高升了,實際上已不成爲國,是西魏一舉而兼滅了江陵和襄陽,較之利用他們做尾巴以作禦齊基地,更進一步了,若北齊,則其政府頗爲腐敗,並不能乘南方之危,發動大兵進取,只是想利用幾個漢姦,從中取利而已。雖然如此,以是時南北實力的懸絕,漢姦的衆多,其情形還是很危險的。

王僧辯在梁元帝時,所建立的功業,不算不大,地位也不算不高,論理,他對於自己的晚節,應該深自愛惜,然而私心太重,專替一己打算的人,總是靠不住的,到利害關頭,就不免要動搖了。五五五年,北齊利用前此被俘的貞陽侯的無恥,派兵送他回國來做皇帝,王僧辯派老將裴之橫,拒之於東關,在今安徽巢縣境。以力盡援絕而敗。東關離江南很近,南朝這時候,並不是更無兵力,王僧辯爲什麼派他以孤軍禦敵,而不豫籌救他,這是很可疑的。沒有證據的罪狀,我們且不必論他,而到這時候他確是動搖了,便派人和貞陽侯接洽,以(一)齊兵不渡江,(二)立敬帝爲太子爲條件,允許迎立他。齊國的軍隊,是腐敗的,未必肯渡江力戰;引狼入室,放虎自衛的計劃,未必有多大把握,於是貞陽侯也答應了。王僧辯就在這條件之下,把他迎入建康。貞陽侯既即僞位,宣佈大赦,只有蕭詧和宇文泰是例外,這不是知道國恥家讎,只是以齊人之外交爲外交而已,可謂做尾巴的極致矣。

蕭淵明是以七月入建康的。九月裏,陳武帝派大將侯安都走水路,自己走陸路,去襲擊王僧辯。王僧辯猝不及防,和其兒子,逃登城樓,拜伏乞命,大失體面,到底被陳武帝明正其罪,把他誅戮了。於是廢淵明,復立敬帝,南朝又恢復了獨立的地位。

陳武帝的大功,還不在於誅戮王僧辯。當時敵國睥睨,漢姦踴躍,加以王僧辯這樣一個有大權的軍人,斷不能沒有徒黨的,於是內憂外患,相逼而來了。王僧辯死後,他的兄弟王僧智,佔據了吳郡。女婿杜龕,佔據了吳興。後來王僧智不能立足，也逃到杜龕那裏去了。還有一個張彪，本來是討侯景的義兵，立場很正的，卻因王僧辯很敷衍他，也起兵在浙東擾亂。還有一個韋載，是久隨王僧辯的，這時候，正做義興太守，今宜興縣。也起兵抗拒陳武帝。張彪的擾亂，比較不關重要。杜龕和韋載，都是處於當時的腹心之地的，不能不從速戡定。陳武帝乃派自己的侄兒蒨，就是後來的陳文帝，去攻杜龕，周文育去攻韋載。杜龕是個粗人，無能爲的，被困了。韋載卻饒有智勇，他搜尋到陳武帝的舊兵數十人，都長於弩射，他派親信人監視着他們，和他們約明："倘使發十支弩箭而没有兩支命中，便處以死刑"，這班人技術真好，居然發無不中。周文育不能取勝，陳武帝只得自己去。剛得了初步的勝利，反動的叛將，倒又勾結着齊兵，渡江而來了。

叛將是誰？一個是王僧辯的親戚徐嗣徽，另一個是侯景的舊將，爲梁元帝所赦用，後來又叛奔北齊的任約。他倆乘江南守備空虛，以五千人渡江而來，直逼建康。這時候，留守建康的是侯安都，只用三百人，就把他們打敗了。可是因爲衆寡懸殊，雖然戰勝，不能驅逐他們，臺城西北的石頭城，爲其所據。北齊又續發五千人，佔據了姑熟，做了個後方的兵站。另派一萬人，馬一萬匹，並運米三萬石，從胡墅今浦口。渡江，輸入石頭。

這真是危急存亡的時候，陳武帝的豁達大度，乃在此時顯出作用來。他派韋載的族弟入城，告訴韋載以誅戮王僧辯之故。韋載這時候，大約也被國家民族的大義感動了，便開城投降。陳武帝坦然，就把義興交給韋載的族弟，而將韋載引置左右，使參謀議。派周文育移兵往討杜龕，而自己回兵禦敵。

陳武帝問韋載以禦敵之策。韋載説："我們飽經戰亂，雖然戰於境内，敵兵反飽，我兵反飢，這是一個很危險的形勢。東路一帶，是我們僅有的資源，倘使敵兵散入其地，加以破壞，我們就大事去了。現在得趕快築壘，守住要道，不讓他們進入東路，一面派兵截斷他們的糧道，才能把形勢轉變過來。"這的確是個良謀，陳武帝立刻採用了它。便派韋載去築城，派兵守東路。派侯安都夜襲胡墅，燒毁了敵人的糧船。又派另一個將領，喚做周鐵虎的，用水兵斷其運輸之路。於是齊人的接濟，只得從胡墅上流的采石磯而來，徐嗣徽見形勢緊急了，留兵守着石頭城，自己帶着一支兵到采石磯去迎接。不久，就和任約帶了齊國的水兵萬餘人回來。陳武帝把他打得大敗。把石頭城圍困起來。又把他的汲道斷絶了。城中一合水要換一升米。叛將和敵兵，到這時候再難支持了，乃派人求和。

這些叛將和敵兵，本該把他徹底擊潰的。在當時的形勢之下，或者也非不可能。然而南朝的國勢，實在衰敝極了。倘使兵連禍結，總覺得形勢是不利的。所以舉朝文武，都願與北齊言和，而敵帥在這種不利的形勢下，也還敢提出"要以陳武帝的子姪爲質"的條件。

主持國事的人，到底是"公忠體國"的？還是只計算自己和親戚嬖幸幾個家族的利益？到這時候，就遇見了試金石了。陳武帝這個時候，並沒有兒子在身邊。姪兒中可以作質的，只有個年未弱冠的陳曇朗，當時尚在京口。陳武帝對衆説道："敵國的和議，是靠不住的。但是我在這時候，堅持不許，諸位一定疑心我愛惜自己的子姪。我現在就把這個姪兒棄之於敵國。將來敵人如其背盟，還是要仰仗諸公的力量，一心作戰的。"這種真誠的言辭，慷慨的態度，真足使百世之下，讀之者感動流涕了。陳武帝怕曇朗畏懼逃走，牽動大局，自己到京口去，把他迎接了來，送到敵國。和議既定，乃釋放齊兵出城。陳武帝陳列着大兵，監視他們渡江北去。這是五五五年冬天的事情。

到明年，齊人果然背盟了，三月裏，徐嗣徽、任約和齊國大將五人，帶了敵兵十萬，從蕪湖東北的裕溪口，渡江而南。這自非南兵所能阻禦。北兵便從蕪湖直到現在的秣陵關。跨據秦淮河，建橋而渡。這一來，建康的形勢危急了。周文育、侯安都等本來被派出去禦敵的，只得收兵而回，救援根本之地。

陳武帝又暗中抽出精兵三千，令其渡江，到現在的瓜步鎮去，燒毀了敵人的糧船。齊兵因此大飢，至於殺驢馬而食。然而恃其兵多，還是不肯就退，直越過鍾山而來。

齊人不但恃其兵多。這時候，南軍雖然戰於國內，也是士不宿飽的。江南本是稻米的產區，然而這時候，陳武帝軍中，還不如現在在東北作戰的國軍，仍有大米喫，而只有些麥粉。看這一端，便可推測其窘況了。也再不如現在駐扎在各地的軍隊，可以廉價買肉喫，僅僅乎有後方運來的三千隻鴨。不患寡而患不均，鴨肉雖少，對於各軍隊的待遇，卻是很平均的。掌管軍食的人，把鴨都宰殺了，切成了塊，很平均的，點明瞭塊數，和麥粉拌在一起，用荷葉包起來，蒸成了麥飯，分發給各兵士。這是各軍隊都一樣的，誰也不能獨多。麥粉蒸鴨，真是我們民族戰爭的紀念食品了。雖然在當日，僅求充飢，味不必美，該比我們現在喫掛爐燒鴨，清湯整鴨有味兒些罷？

戰爭的時機到了，趁天未明時，人人吃飽，出兵大戰，首尾齊舉，把齊兵打得大敗。

在陣上，把任約打死了，把徐嗣徽活捉了。敵國大將五人和其餘的將領四十一人，也都被生擒了。這一次，再沒有像岡村寧次、周佛海一般苟延殘喘,幸遭赦免的機會。都給陳武帝把他們明正典刑。陳曇朗也就在這種情形下,作爲野蠻的報復主義的犧牲品,也算是"爲國捐軀"了,該比現在每天花二百美元,住在外國旅館中的貴婦人,心安理得些罷?

經過這一次自力的勝利戰爭以後,北朝再不敢正視南朝,南朝便算危而復安,絕而後續了,這真是陳武帝的大功。他所以能成此大功,與其說是他戰畧、戰術的卓絕,還不如說是由於他有過人的度量。因此之故,在他手下,就決無所謂派系。只有本來和他敵對,而後來歸附他的人,決沒有本合他在一起,而分裂出去的人。前文所述及的周文育、韋載,不過是他所用敵將的兩個,他手下這種人多着呢! 趙甌北先生的《廿二史札記》,曾經把他們的名氏一一列舉出來。讀者如不厭其詳,盡可以按其所舉,把《陳書》的列傳翻閱,現在爲避免辭費,恕不一一列舉了。然而現在,我們已可得到評量英雄的試金石。"一個人能够成功與否? 就要看他的度量如何。"

因爲叙述陳武帝,使我猛然記起一件五十年前的事來。那時我年僅十餘齡,讀袁子才的《小倉山房文集》,其中有一段漢高祖論,大意是說:漢高祖滅掉項羽之後,對外妥協太早了。倘使他當時發一個命令,令韓信、彭越、英布等北向以攻匈奴,則匈奴可以早摧,而諸臣的才力,有一用之之途,內部的矛盾,反可以消弭了。袁子才並不是什麼史學家,這一篇又是他十餘齡時的少作,自然於史事不能盡合,然而其中仍含有甚大的道理,所以五十年前所讀的書,我至今沒有忘掉。"南國是吾家舊物",不要看輕了前代的偏安,當時並無外援可得,南方較之北方,在種種方面,都居於劣勢的地位,而能靠自力站定,也是不容易的。最早據南方自立的吳大帝,度量便不在小,謂予不信,有詩爲證:

> 野曠呂蒙營,江深劉備城。寒天催日短,風浪與雲平。灑落君臣契,飛騰戰伐名。維舟倚前浦,長嘯一含情。

這是我國第一大詩人杜子美,生當唐玄宗的時候,遭逢了安史之亂,流離到川楚地方,看見了呂蒙破荆州,陸遜敗劉備的遺跡,而感慨起來的。確實,在吳大帝當日,能推心置腹,信任周瑜、魯肅、呂蒙、陸遜一班人,也是不容易的,他固然不是什麼理想人物,然而較之唐玄宗,確是值得紀念得多了。他亦能使南方粗安,唐玄宗卻怎樣呢? 這更有詩爲證:

> 天寶末年時欲變,臣妾人人學圓轉。中有太真外祿山,二人最道能胡旋。祿山胡旋迷君眼,兵過黃河疑未反。太真胡旋感君心,死棄馬嵬

念更深。從茲地軸天關轉,五十年來制不禁!

這是唐朝最以通俗著名的詩人白樂天,看見一種西域來的舞技,喚作"胡旋舞"的而感賦的。的確,外有驕將,內有嬖婦人,他們是窮奢極欲,盛極一時了,老百姓卻因此鑄定了苦命五十年,而還沒有什麼轉機,天下可交給這等人嗎?

原刊《現實周報》第三、四、五、六期,《現實新聞雙周報》第九期,
一九四七年八月八日至十月出版

# 梁啓超新評價

晨鷄叫唤數十年，革命黨人醒迷夢。

鼓吹革命，必以文學爲利器。因爲革命的成功，並不是使大家知道某些事情，須要改良，應該如何改良的問題；而是使大家知道眼前的環境，異常黑暗，非將他推翻不可的問題，而這種感情上的刺激，以文學爲最有效。

語體文的流行，已近三十年了。後起的人士，對於文言文，閱讀的漸次希少，因此把革新的初期，用文學鼓吹最力的梁任公先生，漸漸的淡忘了。其實他是甲午之戰以後，五四運動以前，用文字鼓吹革命最有力量的一個人。他雖然在光緒末年，主張君主立憲，卻並不是反對革命。只是怵於革命事業的偉大，怕其中途枝節橫生，而且目擊當時的革命黨人，一大部分，不免於知識浮淺，意志薄弱，度量狹窄，很容易走入腐敗，引起內爭。所以他極注意於革命的道德。到後來，尤極注意於社會的風氣，尤其是政界的風氣。他所發行的雜誌《國聞報》，就是這一個時期的產物。他引用他家鄉的一句諺語，"相見好，同住難"，語重心長，流涕而道，欲以防止革命黨人內爭。我們試平心細想，從辛亥以後，黨人的紛紛改節，或離或合，變幻莫測；以至後來之南北相爭，國共分裂，推波助瀾，至於今日而難猶未已，哪一件不是革命黨人內爭問題？而政界的貪汙腐敗，更成爲內憂外患的總根源，哪一件，不應了他預慮的話？我們現在還敢非議他麽？不要以爲他是反對革命的人，他的主張君憲，不過是革命的一種迂回的手段而已。所以到辛亥以後，民主已成定局，他就再不提起君憲兩字，而到洪憲叛國，他倒又成爲護國軍中的有力人物了。這一點，他是和他的先生康南海，大不相同的。至於揭穿現局的黑暗，使人知道非有一徹底的大改革不可，他的力量，可謂偉大無倫。所以當民國初元革命黨人攻擊他的時候，國民黨的政論家章行嚴先生，便替辯護，説當戊戌以後，辛亥以前，最晦盲否塞的時期，他"獨爲汝南之晨鷄，五十餘年，叫唤不絶。今日革命黨人的迷夢，爲彼所唤醒者不少，此今日之革命黨人，所撫心而自知者也”。見當時《獨立週報》。嚴幾道先生，是不甚以他的激烈言論爲然的，然亦説：
“任公筆下，殆有魔力。”認爲數十年中，時局的動向，被他一人所左右。見《學衡雜志》所載嚴氏與熊純如的信札。他的力量，就可想而知了。

不要以爲幾十年前的舊話，不切於今日的事務；儘有許多，在今日仍是驚心動魄，而且知道了他，對於現局，更可以深切的瞭解的。我現在試引前清光緒二十一年兩個疆臣的話，以證實此説。其（一）是新疆巡撫陶模覆陳自强大計之摺，中間有幾句警策的話。他説：“試令島族，指日本。納土歸誠，取其已富之財，已强之兵，令我闒茸嗜利之輩往治之，不過一二年，而弊端百出矣。”我們現在的接收臺灣，豈不是應了他這幾句話？看了這幾句話，不將憬然於目前的病根，早種於數十年之前，我們革命數十年，並没能搖動他分毫麽？其（二）是兩江總督張之洞聘用洋將創練自强軍的奏摺。他説明必用洋將的理由是：“無論征軍、防軍從無不缺額之事。即其實有之勇，亦多係安置間人，令當雜差，則雖不缺額，亦與缺額同。……層層剋扣，種種攤派。長夫視爲津貼，營官皆爲例獻。將擁厚資，士不宿飽。……營官統領，專講應酬。奢靡佚惰，用費繁多。營謀請托，無所不有。既視爲營私謀利之路，豈尚有練兵報國之心？……惟有改以洋將帶之，則諸弊悉除。無論將來臨敵之效若何，總之額必足，人必壯，餉必足……勇丁必不能當雜差，將領必不能濫充。”以上兩疏，均據李宗棠《光緒乙未後奏議輯覽》。我們讀此，又可憬然於中國現在，有許多事情，爲什麽不能不用外國人，而其原因，初不在學術技藝上了。這還不是什麽有學術思想者的議論，而其足警惕已如此，何況當此學術思想界的權威呢？即以文字論，文言文在今日，雖可以不作，還不能不讀，要讀文言文，像梁任公先生這種華實并茂的文字，還是很值得推薦的。

我試再引他一段鼓吹革命的文字。這是他在《新羅馬傳奇》裏描寫意大利的革命人物馬志尼的。他借着馬志尼的口説道：

你看這客星據座天容變，你看這濁流飲恨人權賤，你看這狐兔縱橫佔盡了中原，你看這虎擇狼肉，不住的把威權煽。冤也胡纏，孽也胡纏，文明敵橫行遍地，專制毒憔悴千年。遮莫要泥犁打碎奮空拳，遮莫要亂麻斬斷，起一度玄黄戰？天也無言，佛也無言，只怕待劫灰飛盡，靈光才現。

他連用“你看這”三字，何等警切？與現在“你這個壞東西”的調兒，又何以異？

原刊《現實新聞雙週報》第十期，一九四七年出版

# 節注《說文》議

　　《國文月刊》第六十期，載有孫君毓蘋《中等學校增授實用文字學議》，謂學生作字，訛誤日多，隨誤訂正，勞而無功，莫如授以文字之學，所授者不必精深，但以實用爲限可已。其說既洞其本原，而又無拘墟之病，誠學國文者所宜留意也。惜孫君但言其理，而未舉出切實之辦法，予故作爲此篇，冀以就正於當世文學之士，並備有志於自肆者之參證焉。

　　中國文字，雖所用之單字，並不甚多，孫君云：二十四年教育部公布之注音國字表，最常用字，僅三千五百十六，已足尋常寫作之用。然即此已不易記。各種學問，小時失學，長大皆可補習，惟識字則不易爲力，皆此數千單字，形體各殊爲之累也。故文字之演進，凡單字可省者，必盡力省之。如瞞，平目也，今無此語，其字可廢，然爲魏武帝之小字，吳人著書，有曰《曹瞞傳》者，專名例不改字，如呂、膂一字，律呂、呂尚，皆不可作膂。則瞞字不可廢矣。世乃替欺謾之謾字，以瞞代之，兩字遂省其一。假借之用，其妙如此，然單字之所以可廢者，大較以口中所用，單音之字日少，複音之字日多。今後此等變化，必降而愈甚，則單字之數，或將更減。且如歡娛、謬誤，孰不以心？若言娛者必曰歡娛，曰娛樂，曰娛嬉，而不但言娛；言誤者必曰謬誤，曰差誤，曰舛誤，而不但言誤，則娛誤固同可作悞。然此等變化，必也行之以漸；必語言先變，文字後隨，方不至於淆混。若其變大驟，則必至陵雜無序，此誤字之所由不可不正也。正之之法，隨誤爲之，自苦難於省記，若能知其本原，則可不至有誤，即誤亦易訂正，此孫君之論所以爲知本。凡事致力於本原者，看似迂遠，實則簡易，於文字之學，尤爲易見。昔時治此學者，多不以之訓蒙，教人識字者，又十九不知文字之學，故文字之學，徒爲治古史者所資，而凡人不能皆得其用。不知此學者無論矣，知之而不能使其學有裨於實用，則不能不咎治此學者之拘墟，此又孫君之論所以爲通達也。惟在今日，欲知文字之本原者，仍捨許書莫屬。許書說解，固不盡可信；然讀許書本非字字墨守其說解，特求通知文字之條例耳。求知文字之條理，亦不能墨守許書；然後人討論，率以許書爲本；欲知後人較繁之例，較精之説，必先知其簡者、粗者。抑説之繁、例之精者，或非實用所資；求實用者，但知其簡者、粗者足矣。如是，則研習之初，仍宜以許書爲主。若孫君所舉近人所作之《字辨》等，則不及本原，仍近於逐字訂正，不足用也。治許書者甚多，所以不能引之實用，有裨凡人者，（一）以其不知此書之可節。凡古書多不可節，以其義其事，彼此相關，有用無用，極難辨別也。惟《説文》則不然，無用之字，明明可節，節之則所存者不過三之一，不至以無用之字，即所謂死字者，浪費人之精力矣。又其（二），則在不知供初學用者，當有宜於初學之注，或徑去之，或則所存甚簡，如王菉友之《文字蒙求》，即犯此病。世每誤以卷帙之多寡，分研求之難易，其實聞一知十，惟上哲爲能然，即聞一知二，亦或非中人所及；以少文攝多義，只可爲由博返約之資，或用爲講説依據，必不能供初學觀覽；供初學觀覽者，正宜詳徵博引，説之至明，使無人講解者，讀之亦可十通八九也。鄙意今可就《説文》爲之節注。盡删其無用之字，雖舉部全删，亦無所吝。謂部首亦不必存。其字雖有用，而今形體已變易者存之，而注中説明今用何字，如𢬃今作撐，𥄉聯今作凹凸是也。今通用之字，爲《説文》所無者，放大徐新附之例，著之各部之末，而用雷浚外編之法，一一明其本原。字之去取，大畧如此，注則宜極詳盡明瞭。六書條例，宜於卷首別爲一篇，先總説之，再於每字之下，隨宜曲暢。於引申假借二端，尤宜加意。凡字義之變化，大抵從引申而來，知此則沿流可以知今，溯源可以知古，於瞭解深，而於運用亦便矣。疑滯大抵由同音通假，形與義不相應而起，知以本字讀之，則渙然冰釋矣。故於《説文》有本字而經典習用借字者，注中必當詳哉言之也。凡文字條例，多於訓詁有關，和對文則別，散文則通，知此例也，則知祥何以兼指災，歌何以并苞謠矣。又如古有隨文訓釋之例，如貪財爲饕，貪食爲餮，乃釋《左氏》者承正文貪於飲食，冒於貨賄而分言之，若在他處，即不必如此。然則《説文》説解，有拘泥字形者，亦是此例，如篤，馬行遲；頗，頭偏之類也。此等皆宜博采，不必備舉。果有如是一書，聰穎者自讀一過，即可粗知字例之凡，魯鈍者得人講解，亦可瞭然於心；此雖不足語於文字之學，然有此粗淺之門徑；他日欲治此學，亦收駕輕就熟之功，即不治此學者，亦可有裨實用，不至摛埴索塗矣。今雖未有此等書，然有志國文者，仍可自習。其法維何？鄙意可取段懋堂《注》王菉友《句讀》對讀一過。凡字之無用者，閲過即閣置之，有用者圈出。其字義窄狹，無甚變化者，亦閲過即算了事。惟於有關引申、假借者，特反覆玩索焉。不過一年或半年，即可卒業，於文字之根柢，亦可粗窺其凡，非如逐末流者之事倍功半也。

　　娱、误二字，今日讀音不同，而江南仍有同者，語言更甚。甚至虞、吴二字，亦係同音也。自記。

原刊《讀書通訊》第一四五期，
一九四七年十一月二十五日出版

# 國 防 答 問[①]

客有偕一軍官來此,以歷代國防之制爲問,而余無以語之,非不欲語之也,語之將不見信也。

求以古證今者,非以其事而以其理。以事言,今與古之相去,若莛與楹,以其理則一。服牛乘馬,刳木剡舟,與今之汽車汽船,奚可同年而語? 然其爲引重致遠,以濟不通,有以異乎? 無以異乎? 中國之爲中國,自有史籍以來,情形亦數變矣,自其分爲若干小部族,星羅棋布,散處神皋,至於秦漢之世,幅員萬里,更至近世,瀛海大通,視五洲若庭户,其與異國之關係,相去奚止霄壤? 執近世之國防而求其事於古,夫安何得? 然舍其事而求其理,則前代之國防,固有可得而言者,雖其事不必有用於今,述其略,亦足以見世變之亟也。

中國古代,蓋爲湖居之族? 古稱人所居之處曰"州",即後世之"洲"字,其音則與島相同。漢世公玉帶獻明堂圖,水環宮垣,上有樓,從西南入,《周官》師氏居虎門之左,保氏守王闈。蔡邕説:"南門稱門,西門稱闈,明堂者,古天子之居。"蓋猶沿其遺像。古之人蓋四面憑水以爲固,故至後世築城,猶必環之以池也,此最古之邊防也。

湖居之族,蓋以漁爲業,後乃漸進於農耕。中國之文明,蓋肇始於是? 故《易》稱包犧氏作網罟,神農氏斫木爲耜,揉木爲耒也,包犧氏、神農氏非實有其人,古言氏猶後世言族,言有如是之部族二耳;如是之部族,實爲文明所由肇,故特舉之也。然其後此等部族,嘗爲田獵畜牧之部族所擊服焉,觀古君大夫士以牛羊犬豕爲食,庶人則食谷與魚鱉可知。畜牧之族,其初恒事田獵,畜牧時或居原隰,田獵時必處山林。人之好戰鬭,其習恒自田獵之世來,其後所居雖易,至於守禦,則猶沿是以爲固。《易》曰:"王公設險以守其國。"《詩》曰:"畇畇原隰,曾孫甸之",《孟子》曰:"域民不以封疆之界,固國不以山谷之險",皆治人而食於人

---

① 曾改題《漢唐邊防之策》。

者居山，食人而治於人者居平地之證，此邊防形勢之一變也。

農耕愈重，治人而食於人者，亦皆以是爲業，則其人必降丘宅土。斯時之所慮者，鄰近野蠻之族，每喜乘間抄略。出兵征之乎？彼無定居，不易犁其巢穴。屯兵防之乎？我又不勝其勞費。所幸者，此等野人，部族率皆寡小，不能興大兵，一水一山之隔，即非其所能越，乃因山川自然之阻以爲防，其不周匝處，則以人力築牆補之。此等營建。環繞四面者爲郭，專於一面者即長城也，此所以防小寇。戰國之世，秦、趙、燕三國北邊皆有長城，其時匈奴尚未大，他騎寇蓋尤小；齊之南亦有長城，蓋所以備淮泗夷者也。

戰國末造，内地野蠻之族，殆悉化爲冠帶之民，如淮泗夷，高長城以防之。至秦有天下，乃悉散爲人戶，見《後漢書·東夷傳》，其言蓋有所本。其一端也。斯時之所慮者，六國之民，非心服而反側，秦人防之之策；一益固其本國之境，賈生所謂踐華爲城，因河爲池者也，設使新服之地皆叛，其故國則猶可守，趙高弑二世，立子嬰，蓋嘗欲取是策，留侯勸漢高祖都關中，猶未脱此等見解也。一於新服之地，擇其要害之處而據之，賈生所謂信臣精卒，陳利兵而誰何者也，至漢文帝之世，通關梁，一符傳，而此法乃除。二者皆一統之初，鉗制國内之術，以不切於時勢，故不旋踵而其法遂廢也。

城外之防，北邊爲極，以其地爲遊牧之族所居，利抄略，且强悍也。防之之策，秦初仍襲舊猷，乃舉本國所固有及燕、趙二國之長城，連接之，擴充之，脩補之，以成一引弓之民與冠帶之族之大界焉。然人心猶率其歸，世變已啓其新；長城者，可以禦小寇，而不可以防大敵者也。漢初冒頓崛起，破東胡，走月氏，并白羊，樓煩二王，服渾窳、屈射、丁零、鬲昆、新犁諸國，其形勢已非復前世之騎寇，更無論山戎矣。其大入塞，騎至數萬，少亦數千，雖不長於攻城，然優足批亢擣虛，亦可時時肆擾，或逆絕外援，以困一堅城，斷非備多力分之長城，所能遏其焰也。故漢世雖勤北邊，迄無脩築長城之事。

斯時之邊防當如何？曰：己不復能言守，而唯有向外開拓。漢世之能免於匈奴之患也，則以武、昭、宣之世，數大舉深入窮追故也。甚至以斷其右臂之故，不恤勞民以通西域焉，其取勢亦可謂遠矣。至是，則中國之國防，不在邊境而在國外。樹國防於國外若之何？一曰控其道路，今人所謂綫也，若漢置西域都護，并護天山南北兩道是也。一曰據其要害，今人所謂點也，若唐設諸都護府是也。大抵中國之於外夷也，利其弱不利其强，利其分不利其合，睹其將强大也，必謀所以早摧挫之，唐太宗之於薛延陀是也。彼其互相吞并也，必遏止之，使不得遂。西域本三十六國，後稍分爲五十餘，莽世都護覆没，莎車王賢遂乘機吞并，後漢定西域,又悉復之,其顯而易見者也;若其桀驁,將馴至於逆命,尤必有以豫折其蔭,爲虺弗摧,爲蛇若何?默啜之中興突厥,使中原士大夫爲之肝食,其殷鑒矣。歷代盛時,防邊之策,大抵如此。唯明代武功不振,僅恃築長城爲防守之計,爲統一後一變局。

漢、唐盛時之所爲,其可謂之上策乎?猶未也,兵家之言曰:"善守者不恃人之不我攻,而恃我之不可攻",善已,然猶不能懈於守也。兵有利鈍,戰無百勝,豈徒兩軍相爭時爲然,兩國相持亦如是。人固有利不利時,國豈能無饑饉寇盜?丁斯時也,安能爲不可勝以待敵?且外夷亦必有興盛之時,安能終錮之?漢、唐盛時,所守非不遠,卒之或以我之弱,或以彼之強,所守終不能不撤,則猶未足以語於"守在四夷"之義也。然則如之何而可?曰:不分彼我之界,非以我防彼也,而與彼偕進於大道,愚者教之,困者賑之,使之利與我合而不利與我分,彼欲禍我乎?是自禍也,世豈有樂自禍者乎?是彼爲我守也,此則守在四夷之義也。道則高矣美矣,孰能副之,吾未之見也。太史公所由嘆《司馬法》閎廓深遠,雖三代征伐,未能竟其義邪?

原刊《國防月刊》第四卷第四期,一九四七年十二月出版

# 論文明民族與野蠻民族之消長

抑文明民族見陵於野蠻民族，非獨中國也。印度之於西亞，希臘之於馬其頓，羅馬之於日爾曼，數者實如出一轍。然則武力之不競，乃文明民族之通病，非中國獨然也。欲求中國武力不競之原因，又非先求文明民族武力不競之原因不可矣。

論者多謂文明民族，好鬥之心，健鬥之力，遠非野蠻民族之比，是以每遇輒北。斯言似是而實不然。何者？果如所言，則必文明民族，真不能敵野蠻民族而後可，然考諸歷史，殊非事實也。五胡亂華之世，北方爭鬥，蓋罕用漢族爲兵，即有之，亦不視爲精銳，此非東晉後始然，後漢以來，久啓其端矣。此蓋由異族性質强武，故中國亦好用之，如張宗昌等之喜用白俄人也。然當高齊之初，高敖曹所將漢人，即視鮮卑并無遜色。而如東晉之末，宋武帝北伐之師，蕭梁之世，陳慶之送元顥北還之衆，其强悍善鬥，雖野蠻民族視之，猶愧弗及焉。此外如元兵之强，而完顏彝能屢勝之；清初起時之銳，而袁崇煥能屢卻之，此等事不勝枚舉。故謂文明民族，戰鬥之力，不逮野蠻民族，乃從其勝負既定之後，宰較成敗爲之辭，而非真就每次爭戰，詳察其實，而得此説也。夫其説既係事後宰較之談，則安知其勝負之原因，不別有所在，而果在兩軍之戰鬥力邪？夫就文明民族與野蠻民族全體衡之，其好鬥之心，與健鬥之力，誠皆非野蠻民族之敵，然以中國之大，豈待舉國尚武，而後足與蠻夷敵哉？賈生論匈奴之衆，不過漢一大縣。《史記》謂匈奴，自左右賢王至當户，大者萬餘騎，小者數千人，凡二十四長，立號曰萬騎，則匈奴甲騎尚不足二十四萬，老弱同於壯丁，婦女同於男子，亦不過百萬耳，此豈待以舉國之衆以敵之哉？蘇軾謂全趙可以制匈奴，信不誣矣。夫必待舉國之衆，强悍善戰，而後足與野蠻民族敵，則文明民族，因其生事教化之殊異，誠不免爲一難題。若一兩縣尚武之衆，而謂中國無之，豈情實乎？況乎人之性質，可以訓練而成，舉全國之民，悉訓練之而臻於强悍，自非旦夕間事。若謂數十百萬之衆，不能訓練以躋於有成，則非情實也。況乎五方風俗之不齊，又有不待訓練，本已强悍者邪？然則謂文明民族之不敵野蠻民族，由其人民性質之柔弱者，非也。至於財力器械之不敵，則皆與遠西接觸後事，昔日之無此情形，更不俟論。然則中國不敵夷狄，其原因果安在哉？

　　孟子曰："城非不高也，池非不深也，兵革非不堅利也，米粟非不多也，委而去之，是地利不如人和也。"文明民族之不敵野蠻民族，此蓋爲其真原因。古來第一漢姦，當推中行説。中行説論漢與匈奴之長短曰：匈奴約束輕，易行也。君臣簡易，一國之政，猶一身也。漢則禮義之敝，上下交怨。伊古以來，爲以等説者，不知凡幾。至於明清之際，亭林蒿目世變，痛心宗國之淪亡，而其論中國外夷强弱之原因，猶無以易此説也。然古來持此等議論者，皆以爲中國重滯，外夷逕捷。中國重滯，由於文繁，外夷逕捷，由於法簡，歸其原於政治之得失而已，而不知有分數則使衆如使寡。使衆如使寡，則用大猶用小也。而小敵之堅，大敵之禽，十則圍之，五則攻之，衆且大者之勢，卒非寡弱者所能與也。然則中國之不敵外夷，尚不在其政治之逕捷與重滯，而別有所在矣。嗟乎，孟子所謂天時地利，不如人和者邪！夫以中國之文明，用中國之衆且大，謂其不能有分數，使之如寡小者，不可得也。抑觀歷代之法令，雖不足以云逕捷，然如使其實而行之，雖稍重滯，謂政事軍事，必致於敗壞決裂，不可收拾，無是理也。所以敗壞決裂，不可收拾者，皆名實不符。覈其名猶是，而按其實則非，有以致之耳。所以名實不符者，則由其社會之積弊已深，私人之利益，與公衆相反者衆也。今請舉實事以明之，當日俄戰爭之際，日本有所謂代耕之俗焉，一夫出征，則其所荒棄之田，由其鄰里代爲之耕，而凡征人之妻子，有所求於市，市人或廉其價，有疾，醫者或不取費，爲之療治。其事殊，其意一也，中國有之乎？夫士之臨陣而屢北，非果畏創夷，怯白刃也，其十八九，蓋亦由其後顧而不能無憂焉。管夷吾有老母在，則三戰而三北，古之人已然矣。然則如日本之士，與中國之士，使之陷陣卻敵，奮不顧身，孰爲有後顧憂，孰無之乎？人孰不好生而惡死，然所謂生者，非徒傀然七尺之軀，偷息於天地間云爾，固貴有生人之趣。今使戰敗而歸，父母不以爲子，妻不以爲夫，友朋不之齒，其生人之趣安在？安得不輕死傷，重降北，而如其輿論久背公黨私，雖爲降虜，爲敵間諜，甚者且爲之先驅，苟其富貴利達，父母妻子，宗族交遊，引以爲光寵如故也，洪承疇、吳三桂之徒，安得不接跡於世哉？況也，奪伯氏邑而無怨言，徙廖立而致其垂泣，管葛之用心無特法，其不可多得也久矣。世固有慷慨之士，本願效忠於國，其才亦有可用，徒以扼於權姦，不獲申理，遂不恤反顔事仇者，宋末之劉整、夏貴是也。其罪固通於天，然過抑之者，亦寧能不分負其責哉？此等事悉數難終，要皆文明社會多，而野蠻社會少。文明社會有之，或冤沈海底，野蠻社會有之，必較易平反。故文明之人，非生而怯也，其社會固束縛之，馳驟之，使之不得不怯，甚至迫害之，使不得不從敵。野蠻社會之人，則皆反是。故文明人之見陵於野蠻人，非不幸也，優勝劣敗，理有固然。論者或以文明人之見陵於野蠻人，而歎福善禍淫之不足信，而不知此正福善禍淫之最可信者。何則？文明人雖文明，其社會組織固惡，野蠻人雖野蠻，其社會組織固善也。惟社會組織雖善，文明程度太低，則亦不足戰勝。歷代野蠻人所以受制於文明人者以此，然至其文明漸進，而足以與文明人爲敵，則文明人之厄運遂至。如鮮卑，其初屢見破於中國與匈奴，然至精金良鐵，多漏出塞，而鮮卑有其器，漢人逋逃，爲之謀主，而鮮卑有其法，檀石槐遂兼匈奴，擾漢邊，中國任名將，發大兵，三道出塞，一時敗績矣。然則今日之黃白人，雖若天之驕子乎？至於利器悉爲黑人之所有，以黑人健全之社會組織，用白人之利器，今之所謂文明人者，能否久居人上，或不免爲蒙古盛強時之中國人與西域人，猶未可知也。夫以今日之白人，其勢力誠如驕陽當天，未知時日之曷喪，然世事之變遷，寧可逆料，當唐天子稱天可汗，盡服從北夷時，安知室建河畔一小部落曰蒙兀者，乃能創建跨據歐亞之大業哉？

　　故民族强弱，究極言之，實與治化隆汙，息息相關，而治化之隆汙，其本原，實在社會組織，徒求之於政事之理亂，抑其末焉者也。此等究極之談，目前言之，誠若迂闊而遠於務。然如現在普通人之見解，以爲祇須訓練人民，使之健鬥，又或標榜一二民族英雄，資其矜式，便盡提倡民族主義之能事，則可謂膚淺之至。從古以來，人民無以一人之力，與異族鬥者，皆合若干人爲一團，以與異族鬥。合若干人爲一團，以與異族鬥，則此一團中人之和，與夫一團中人人之勇相較，而和之用實爲較大，何則？惟一團中人相與和，乃能致一團中人人之勇。否則雖有勇夫，不過仗劍死敵，以求其一心之安，於國事初無絲毫裨益，其下焉者，或不免反顔事仇也。夫欲徹底改善社會組織，自非旦夕間事，然居今日而言提倡民族主義，亦不宜專從麤淺處著眼，羣之和，重於一夫之勇，雖不能徹底改革，亦不可不有事焉。具體言之，則如今日，能訓練人民，使之皆可爲戰士，故屬要著，然如何籌畫，乃可使出征之士，較少後顧之憂，乃可使爲國宣勞者，可爲公衆所愛慕，袖手旁觀，若臨陣奔北之士，可爲公衆所不齒，此等風氣之造成，較諸授人民以行陳擊刺之技，實尤要也。言不能悉，舉一端，他可類推。

　　昔時讀史者，多注重於個人之行爲，故多崇拜英雄，今日之眼光，則異於是。何者？知事之成敗，複雜萬端，成者不必有功，敗者不必有罪，謀勝者不必智，戰敗者不必怯也。生物界之情形，大抵中材多，極強極弱者少，惟人亦然，無時無地無英雄，亦無時無地無庸劣之士。羣之盛衰，非判之於其有材無才，乃判之於有材者能否居於有所作爲之地位，庸劣者能否退處不能爲害之地位耳。故望君子道長，小人道消。君子道消，小人道長，言消長而不言有無，其意可深長思也，此義言故與學者，皆不可不知也。

# 論美國助我練兵事宜暫緩

　　七月二十四日，美國新聞處華盛頓電，載《紐約先鋒論壇報》記者華納通訊：謂據官方消息，美據租借法案運送中國之軍火，業於六月三日之前停止，今後亦不再運送；美並不復運輸國軍；其協力中國練兵，則當俟國共統一，美國會通過議案之時云，杜塞亂源，誠足使人聞之色喜。然以鄙意言之，則即在國共統一之後，吾國練兵之事，亦仍當暫置爲緩圖也。

　　西諺有之曰："人恒立於其所欲立之地"。一人如是，一國亦然。有其志而遭逢不偶，卒無所成者有之矣。無其志而徼幸成功者，未之前聞。中國有恒言曰："養兵千日，用在一時。"又曰："兵可百年不用，不可一日無備。"惟如是，故稽諸往史，雖當海宇宴安之日，亦未嘗有去兵之時。然及內憂外患之來，靡不藉臨時崛起之兵，以資勘定；舊有額設之兵，非冊籍徒存，即不堪一戰。是何也？曰：承平之世，兵與將皆不以戰鬥自期，故器械不期其窳而自窳，訓練不期其弛而自弛，所謂"生於其心，害於其事"也。間有心已弛而力尚強者，則其爲禍尤酷。當海宇沸騰，名義不足顧慮之日，則割地自恣，擁兵相爭，如漢末之禍是已。即未至於此者，亦坐視寇敵之橫行，而若無所與。唐中葉後，藩鎮遍於全國，而黃巢自北徂南、復自南徂北，一若行於無人之境；契丹當劉仁恭時，尚卑辭厚禮以求息兵者，不轉瞬而西征河西，東服渤海，且割我之燕雲十六州矣。明代建夷之禍，論者謂其實不始於楊鎬喪師之日，而肇於李成梁作鎮之時。此皆百世之殷鑒。"城非不高也，池非不深也，兵革非不堅利也，米粟非不多也"，而或有"委而去之"；霸上棘門，軍容豈不嚴整？其將固可襲而虜也。然則兵非有利器械，善其訓練，誠不可以一戰，而徒有利器械，勤於訓練，亦有仍不可以言戰者。此人心之機緘，所以極爲微妙，欲造強兵者，於有形可見之事而外，尤不得不注意於無形之風氣也。

　　中國今日，軍隊之風氣，果何如乎？自吾通商以來，聞洋兵之名，即自以爲不敵，望風而走者，幾百年矣。辛亥以來，卑屈於外，而恣睢悖戾於內，至於倭寇之作，閱時亦二十五年。抗敵軍興，以我軍械器之窳，訓練之劣，顧能始終其事，罕聞降潰，而犯上內哄之事，亦於此時絶迹，誠不可謂非大進步。然人類之進步，恒有一定之速率，在定時定地之內，必不能超越於其心所預期，此爲無可如何之事。向使我國之抗戰，全不能恃他國之協力；或雖能之，而日本之降伏，而如去歲之速，其退出中國，必待我力戰然後能得之；則當國土恢復之日，即爲軍隊精練之時，誠亦可以豫券。無如今日之戰爭，必資新式之器械，而新式之器械，爲我所素缺，供給既有待於人，兵士之訓練，遂亦有待於人，於是在戰鬥之時，軍隊之無新式器械，未經新式訓練者，其所自期，本止於堵御遊擊，而未嘗有驅敵出境之志；其有新式器械，經新式訓練之軍隊，則創造未及成功，而戰事業已終止矣。恒人之所就，不能超越於其心所預期，所預期之事既成，既頹然自弛而不可復用。雖其成功或由天幸，此等襟期，亦不易變，此亦無可如何之事。古來常勝之將，所以至其晚節，多不可用者，其微妙之原因，實在於此，論者徒謂其因富貴而驕淫，尚是只見其淺焉者也。當四平街之克也，《大公報》東北通訊：載杜聿明將軍遍問中外記者曰：君等謂共產黨之兵，爲戰敗而遁逃乎？抑以計退去乎？窺其意，若甚自得者然。夫東北之淪陷，閱十五年，因此而舉國苦戰者，又歷八載，創不可謂不巨，病不可謂不深，創痛既巨且深，則雪恥之志宜堅，報仇之力宜奮，然卒之恢復東北者，俄兵也。夫以去歲八月間之情形，蘇俄即不出兵，我亦未必不能復東北，然能如是易乎？此非氣矜之隆，妄自張大者所能強辯以爭也。其地既復矣，而接管大難，終於共黨入據，至今爲梗。何以至是？曰：政府在河北山東，絶無兵力，而共黨有之。東北不能遽復，猶可説也。在河北山東，並不能有如共產黨之所謂敵後根據地，不可説也。故東北之借俄兵而復，又爲共黨所據，乃政府之大恥也。語亦有之，曰：“公忠體國。”體國者，與國爲一體，國之尤則身之尤，國之恥則身之恥也。吾國今日，蓋非至東北之地，全甌無缺，其民熙熙，如登春臺，謀軍師邦邑者，未可以釋其尤而忘其恥，忍以一戰有功而自驕乎？況其所謂功者，果名實相副與否，猶不可知乎？而沾沾自喜如此，其人之度量可知，器小易盈之輩，可寄以軍國之重乎？然杜將軍蓋今日之賢者也，是以政府委之以東北之事也，賢者如此，況其下焉者？人不能無爲風氣所囿，在此風氣之下，能練成精兵乎？夫軍事者，威克厥愛，故強悍之軍隊，必有森嚴之紀律，若上多貪黷，下肆囂張，則器械雖利，訓練雖精，其兵亦不可用矣。七月廿三日《大公報》載二十二日瀋陽專電：謂杜將軍設軍事視察團三：一即在瀋，一赴錦縣，一赴長春。在瀋陽者，由其參謀長趙君家驤長之。已查獲違反軍紀，擅設機關，強佔房屋，隱匿物資之案百餘起，犯人二百餘名。趙氏謂“本部有力收復國土,即亦有力整飭軍紀"。善矣,然此等案件,豈旬月間所能爲? 而何以至今日,始加整頓? 能不令人惜其出力之遲乎? 又二十一日該報載十九日青島專電,謂駐其地之海軍教導隊,於是日開江陰受訓,開撥前夕,分批搗毀華樂、天成、電化、福樂壽等劇院;各持刺刀鋼絲鞭,毆傷夥友多人;並在戲臺上及劇院門前支起機槍,在中山路布崗,如臨大敵。別一批則往黃島路三等妓戶尋歡,故意由窗口向街市投擲手榴彈一枚,炸傷行人二名。妓女赴警所報告,則又包圍警所。逮警察趕到,始呼嘯而去。該隊兵士,時有欺凌市民,毆斃人命之事,今番他調,人民莫不慶幸。二十八日,該報又載二十七日南京專電,謂二十六日,有青年軍二百零六師兵一百十人,復員過京。晚十時抵下關車站。站長俞明紳,備三等專車一輛,掛於夜二時五十分慢車駛滬。青年軍一批謂何不掛十時十分之快車。答係奉軍部命令。言語衝突,及路警楊意得、王廣九均被毆傷,駐站稽查分所辦事員朱蔭桐亦被毆。夫青年軍,亦今日軍隊中之賢者也;海軍,尤我國自甲午以來無之,以致畏約受辱,今也幸借友邦之助,以謀重建,將以衛國且保東洋之平和也;而其紀律如此,居今日而言練兵,不亦可危乎? 此非一二人之咎,社會之風氣實爲之。賢者固貴轉移風氣,然其遲速亦有定率,勞民傷財,圖造強軍,而終於一無所用者多矣。段祺瑞之定國軍,張作霖之兵工廠,皆其前車之鑒。與其急於練兵,不如先事轉移之爲得。非不欲速也,欲速則不達,將反遲也。此中消息,外人不易知之,否則不可以不自知也。

原刊《永安月刊》第九十二期,一九四七年出版

# 儒　將

　　論流品者必以儒爲尚，如將曰儒將，醫曰儒醫是也。此由執筆者皆儒生，故自私其類歟？蓋不免焉，而亦不盡然也。世所謂儒醫者，多不閑於手術。此由儒者多四體不勤故也。儒醫尊而鈴醫賤，不復能得重糈，乃多苟圖糊口，不求精進，古專家之技，遂以是而亡，近世平《銀海精微》者，謂其術或非今眼科之所知，其一證也。然儒醫雖不閑於技，而多好求明理，五運六氣等空論，誠不足取；然審證周，用藥慎，能推廣方書之用，而救鈴醫鹵莽之失者，亦不少焉。醫籍俱在，不可誣也。惟將亦然，儒將所長，曰能恤人民，曰能嚴國紀。以嚴國紀言之，於大局一時之安危，所關尤巨。鑒觀往史，而不免感不絕於余心也。

　　《後漢書・儒林傳》稱儒學之效曰："所談者仁義，所傳者聖法也。故人識君臣父子之綱，家知違邪歸正之路，自桓、靈之間，君道秕僻，朝綱日陵，國隙屢啓，自中知以下，靡不審其崩離，而權強之臣，息其窺盜之謀，豪俊之夫，屈於鄙生之議者，人誦先王言也，下畏逆順勢也。至如張溫、皇甫嵩之徒，功定天下之半，聲馳四海之表，俯仰顧盼，則天業可移，猶鞠躬昏主之下，狼狽折札之命，散成兵就繩約而無悔心，暨乎剝橈自極，人神數盡，然後羣英乘其運，世德終其祚，跡衰敝之所由致，而能多歷年所者，斯豈非學之效乎？"斯言也，乍觀之，一若阿私所好者，然試設想：何進之所召者，若非董卓而爲張溫、皇甫嵩，漢末之禍，亦何遽至此？張溫、皇甫嵩非能大有爲之人，范氏謂其俯仰則天業可移，庸或太過。然如諸葛武侯之在蜀，孰能禁其不自取？猶可曰：國小民寡，大功未就，遽謀篡奪，必無以厭衆心，知者不爲也。乃如魏武帝，中原大亂，皆身所戡定，雖曰一統之功未竟，然吳、蜀之在當日，亦僻壤耳，功不逮此，而遽自尊者，豈可悉數？魏武而欲自取，其孰能禁之？乃觀建安十五年十二月己亥令，殷殷欲以周文、齊桓爲法，反覆樂毅、蒙恬之行事，至於流涕，其確乎不拔爲何如？而世乃妄造荀彧沮其國公九錫之議，謂公爲不平，或以憂死，可謂以小人之腹，度君子之心矣。難立而易壞者，莫如綱紀。綱紀，無形可見者也，然可以範圍一世之人心，使其莫敢逾越。人心咸軌於正，然後羣之內可以相安，羣之外莫敢予侮。自辛亥革命以來，武人擅權，裂冠毀冕，內亂不已，外寇乘之，八年征戰，雖獲幸勝，而蕭牆之內，猶不能以一朝居，此仁人志士，所由撫膺扼腕，歎息於張溫、皇甫嵩、魏武帝、諸葛武侯之不作者也。歷代喪亂之時，陰受儒將之賜而不自知者有二：一在漢、魏之間，一則勝清咸、同之際。今人每訾曾、胡、左、李之倫，翼建夷以覆宗國，此乃未能論世，而欲知人。當是之時，風塵澒洞，九州豺虎，生民之禍，亦已烈矣。設更益之以武夫割據，互相攻伐，中國大局，又將何如？辛亥以後之擾攘，所以遲緩之數十年而後見者，以曾、胡、左、李輩皆讀書人，莫敢干犯名義，且急流勇退，大局麤定，即釋兵權故也。彼固昧於民族之義矣，然視何者爲綱紀，嚴畏而不敢犯，夫固各以其時。試問今日，有能嚴民權之義，若昔時天澤之分者乎？然則所謂軍人教育者，誠不宜徒鶩於戰勝攻取之末，而不思其本也。

雖然，儒將之效，則亦有所極矣。以張溫、皇甫嵩、魏武帝、諸葛武侯、曾、胡、左、李輩之嚴畏名義，亦不過能使其豆相煎之禍，遲緩之數十年耳，卒不能消滅之使不作也。是何也？傳曰："兵猶火也，不戢將自焚也。"見《左傳》隱公四年。夫曰自焚，則非敵能勝之，而其敗亡實由於自取矣。自取之道奈何？記曰："不誠無物"，見《禮記·中庸》。而兵事則尚狙詐。夫其爲狙詐也，豈不曰："吾特以是遂吾之所求。"所以求之者雖詐，而其求之之意，固出於至誠惻怛也。此固非欺人之談，然習於詐者，終將稍傷其誠，且尚詐則不能無用機巧之人，而機巧之人，其至誠惻怛之心必較薄，故軍之乘時特起者，雖以哀矜始，及其久屯聚而不散，則終必稍離其真。魏武帝之後，繼之以司馬宣王。曾、胡硜硜，左宗棠雖少齷獷，猶不以權譎爲體，至李鴻章則異是矣，而其後遂乘之以無所不爲之袁世凱，豈不哀哉？握兵者終必至於無所不爲，何也？曰：人生而有欲，不敢肆其欲者，以外力箝制之，使不得逞耳。握兵者則孰能箝制之？其力終必日擴，其行即隨之而日肆，勢也。惟至誠惻怛之士，所欲更有大於此者，乃能自抑其欲而不敢肆，此等人蓋不易數覯。抑人心不能無隨境而遷，後起者所值之時勢，必不如創業者之艱，則其至誠惻怛之心，亦將隨之而減，則其欲稍縱而行日肆矣。久之則若堤防之潰決而不可御矣。其事至淺也，其禍至博也，見微知著者，不可以不察也。魏武帝雅性節儉，不好華麗，後宮衣不錦繡，侍御履不二采，此蓋其所以能奮起於艱難之中，手戮羣雄。然其爲司空欲身率其下也，歲發調，必使本縣平其資。譙令平曹洪貲財與公家等，而公曰：我家財那得如子廉邪？然則公雖節儉，其下不必皆然，公亦明知之而不能禁也。以是推之，當時文武臣僚，風氣可以想見。崔琰、毛玠典選，必崇一概難堪之行，明知其足以長僞而不恤，其亦有所不得已與？然何益矣，曹爽既已侈敗，司馬宣王務反爽，而其時之侈風乃彌甚，終至滔滔不可復返焉。請舉二事以明之。石崇與王愷競富，晉武帝每助愷，嘗以珊瑚樹賜愷，高三尺許，枝柯扶疏，無所罕比。愷以示崇。崇便以鐵如意碎之。愷既惋惜，又謂崇嫉己寶，聲色方厲。崇曰："不足多恨，今還卿。"乃命左右悉取珊瑚樹，有三四尺者六七株，條幹絕俗，光采曜日，如愷比者甚衆，愷恍然自失矣。帝又嘗幸王濟宅，供饌甚豐，悉貯琉璃器中。琉璃來自西胡，珊瑚出於南海，漢末喪亂，至魏文帝之世，都畿猶樹木成林，有待斫伐；見《三國志・王昶傳》。而王石等乃能多致遠物如此，當時文武臣僚財力之雄可想，弗求胡獲？無所不爲之行，蓋有迫之不得不然者矣。積重者難返，善觀世變者，所以不欲兵之久屯聚也。

原刊《國防月刊》第五卷第四期，一九四八年四月出版

# 潘正鐸文木《天南旅稿》序

丁亥歲暮，索居窮廬，老友潘君文木見訪，出示所爲《天南旅稿》，讀之竟夕，相與感喟。明日，文木行，獨坐雪窗，讀王深寧《困學紀聞》，感喟彌深。深寧述宋事曰："富文忠使虜，還，遷翰林學士樞密副使，皆力辭，願思夷狄輕侮之恥，坐薪嘗膽，不忘修政。嘉定初，講解使還，中書議表賀；又有以和戎爲二府功，欲差次遷秩。倪文節曰：'澶淵之役，捷而班師，天子下詔罪己，中書樞密待罪。今屈己盟戎，奈何君相反以爲慶?'乃止。"記曰："物恥足以振之，國恥足以興之。"孟子曰："無恥之恥，無恥矣！"趙宋國勢於前世爲最弱，其發憤愧厲猶如此！然猶不免五國之遷，崖山之辱。況於俯首貼耳，以就載書，崇朝之間，失地萬里，舉前世雖喪其實猶不敢遺棄其名者，悍然棄之；而朝野上下，曾不聞一引咎之辭、責難之語，尸其事者，始則巧言以自文，繼且肆然自誇，以爲功莫己若者也。是非之心，人皆有之，黑豈真可以爲白哉？孟子又曰："久假而不歸，惡知其非有也。"夫人東面而立，則不見西牆，此勢之無可如何者也。古之哲人知其然也，是以樂聞異己之論，亟徠諫諍之辭；今也徒以急求權位之故，率其徒黨，詐稱功績，以營衆聽。始猶知爲詐諼之辭也。久之，日習爲是言也，習聞是言也，則忘其假而遂以爲真。爲之魁者，遂謂己真有功德，天下可若己意以治。雖其黨徒之愚者，亦從而信之；其黠者，則益肆爲詐諼之辭，而無所愧怍矣。嗚乎！今世所謂法西斯之徒，孰非以此敗者邪？文木舊與予同學於上海光華大學，既卒業，操計然術，欲有所爲，未遂其志，浮海而南，而倭寇作。文木教於學校，從事於報館，日瘏口嘵音，以儆國內外之人。倭陷新嘉坡，求文木甚嚴。文木遁居山林，隱於農牧，更百苦而不屈其志。倭敗降，文木又執筆報館，瘏口嘵音，以責難當世者益切。嗚乎！今之士所見不同於當路，而不閉口無言，或操戈相向者益寡矣！文木有位於朝，非疾當路以爲不足與言者，而其言如是，所謂直諫之士者，非邪？然而舉朝曾莫之省，然後知載胥及溺之有由；而古之哲人，務明四目，達四聰，而不敢面牆以自蔽者，爲知當務之急矣。文木居海南時作，以遭兵燹，散佚殆盡。茲編乃其僅存者。

然其謇謇和而不同、群而不黨之概,猶可見焉。其詩若詩餘,亦皆撫時感事,隱有所指。知其事者,固可知其所爲言;不知者,亦可因其言以知其世。詩也,而實史也。文木將梓是稿,以念故舊若世之有心人。予知其所爲言者頗深,敢敍其端,以爲讀者之一助。武進呂思勉序。

本文寫於一九四七年,原刊潘文木《文木詩詞》

一九八五年油印本

# 方德修《東北地方
沿革及其民族》序

　　中國拓殖最有成績是哪裏？是東北。東北四省中，遼、熱兩省，雖然早是中國的郡縣，然而中國的實力，不能顧到他的時候也很多；吉、黑兩省，尤其是明以前，迄等諸羈縻；就是清朝也未嘗盡力經營。然而到九一八事變時，國際調査團——這业不是真正主持公道的團體，他的主意不過看着這一片豐饒的未開發的土地，不甘令其爲一國所獨佔，等於日俄戰爭前後，提倡什麼以東北爲永世中立地，到後來，則又變爲東北鐵路中立等等的説法而已。然而他也不能不説：東北是永遠應該屬於中國的。這是爲什麼？爲的是東北三十個住民中，倒有二十八個是中國人。中國人何以能有此種成績，這不是空言可以説明的。我們當先考其建置的沿革，以觀其政治勢力的消長；再看住居此地的，共有幾個民族？其離合融化之跡如何？就可以思過半了。爲要達到這個目的起見，看這本書是最適當的，因爲它叙述得簡明而不遺漏，而且很有條理。三十五年六月二十七日，武進吕思勉識。

原刊方德修《東北地方沿革及其民族》，
開明書店一九四八年三月出版

# 中國文化診斷一説

在《觀察雜志》中，讀到梁漱溟先生的《豫告選災追論憲政》，及張東蓀先生的《我亦追論憲政兼及文化的診斷》兩文，頗使予有所感動。的確，梁先生所説："所行之事，與民族固有精神相背"，是"數十年來禍亂之原"。而張先生採取費孝通先生之説，將中國政治，分爲上下兩截，而名之曰甲橛乙橛；又將人類的文明，分爲三期，云第一期爲元始共産，亦即元始民主，入第二期乃見破壞；中國文化的特色，在於保留第一期的文明較多，而乙橛即其殘留，其對於歷史的看法，亦可謂之深刻有獨見的了。今謹就二家之説，爲之補充，並加商榷如下：

張先生前此之文明可分爲一二兩期之説，實爲古人久有之主張。孔子作《春秋》，張三世：一曰亂世，二曰升世平，三曰太平世。此與《禮運》所載大同小康之説，實如驅蚤相依。蓋孔子觀於行事，認最古之時爲最好，而名之曰大同，降焉則小壞，名之爲小康，更降焉則更壞，就入於亂世了。其治天下，乃欲舉亂世之局，逆挽之而還於小康，是曰升平，更進而還於大同，則爲太平。此蓋孔子之政治主張，根於其史觀而來。然不但孔子，先秦諸子的史觀及其政治主張，幾於無不如此，不過如法家等但論當前急務者，於此等高義，不甚及之而已。然亦非絕無。諸子百家所慨慕的皇古，蓋無一非張先生所云之元始共産、元始民主，然則張先生對於歷史的看法，實爲自古相傳而又極普遍的看法，張先生不過使之復活而已。此可見此種思想在中國根柢的深厚也。

第一期文明，爲什麼會被破壞而入於第二期呢？這可謂今日病根的來源，我們對於他必須弄個明白，於今日的病狀，才算診斷得清楚。關於此，我以爲古代的文明，是導源於一種從捕魚進化到農耕的民族的，而到後來，爲從田獵進化到畜牧的民族所破壞。這只要看古代，"國君無故不殺牛，大夫無故不殺羊，士無故不殺犬豕"，《曲禮》。所吃的全是從獵牧得來的食品，而庶人則以穀與魚鱉爲常食，《孟子·梁惠王上》。案可參看《詩·無羊》《疏》。實係從漁農得來可知。漁農之族，邃初當係湖居，所以古代的明堂，四面環之以水，明堂分爲九室，最初所謂九州如此，予別有考。① 與民居的聚落分爲九組，而稱之爲九州；<sub>最初所謂九州如此，予別有考。</sub>井田之法，以一方里之地，畫爲九區，同一根原。可見古代農耕之民，確係從捕魚之民進化。明堂庶政之總彙，又爲宗教之府，<sub>讀惠定宇《明堂大道錄》可見。</sub>又可見古代的文明，確係從漁農民族中發生，至獵牧民族，就異於是了。凡游牧部族，率好侵畧，然侵畧的力量，至斯而大，<sub>以其族落較田獵之民爲大，而且營養佳良體格强壯。</sub>其好侵畧之性質，及其戰鬥之技術，則實自田獵時代相沿而來。獵人必居山林，所以到後來，還恃此以爲固。古代的都城，稱之爲國，國必依山險之地，<sub>孟子言，"域民不以封疆之界，固國不以山溪之險"，可見民居之地，惟有人造之封疆，國之所在，則必有自然之阻也。</sub>國中行畦田，國外行井田。即其明證。<sub>地面不平之處，其田謂之畦田，畦田無公私之分，不行助法而行徹法。故孟子告滕文公："請野九一而助，國中什一使自賦。"</sub>此可見獵牧之族，將漁農之族征服，擇中央山險之地，築城而居，而使被征服之族，居於四面平夷之地，爲之納稅服役了。此時之階級，可考見者，爲國人與野人。《周官》有大詢於衆庶之法，一曰詢國危，二曰詢國遷，三曰詢立君，所詢者皆係國人；周厲王使衞巫監謗，史稱"國人莫敢言，道路以目"，三年乃相與畔襲王；可見參與政治及激起反抗者，均係國人。若野人，則"逝將去汝，適彼樂土"，君行仁政，則襁負而歸之，行暴政，則在可能範圍之內逃亡而已。此蓋在政治上最早用武力造成之階級。兩階級之間，其初當有甚嚴的界限，甚深的讐恨。然在書傳上，所可見者，亦不過如上所述的遺跡而已。國人如何虐待野人，野人如何飲恨吞聲，或起而反抗之事，皆無可考見。蓋由年深月久，從前鬥爭之事，漸已淡忘，居地漸次混淆，<sub>野無限而國有限，野人即不移居於國，國人必不能不移居於野。</sub>經濟既互有關係，婚姻亦因之相通之故，然國人與野人之界限雖漸泯，而同是國人之中，執掌政權者與不執政權者之間，地位相去顧日遠。此如滿清初入關時，旗人與漢人之間，界限較爲嚴峻，久之則滿人中之親貴及宦達者，自成一級，與尋常之旗人，相去日遠，而尋常之旗人顧與漢人等夷矣。此時期階級之變化推想當如下圖：

$$
\text{古代階級}
\begin{cases}
\text{征服者}
\begin{cases}
\text{執政權者——貴族} \\
\text{不執政權者—國人——平民}
\end{cases} \\
\text{被征服者}
\begin{cases}
\text{降伏者——野人——農奴} \\
\text{俘虜——奴隸——賤族}
\end{cases}
\end{cases}
\Bigg\}\text{平民}
$$

---

① 即《鄒衍大九州説》，見《吕思勉全集》之《讀史札記》。

最初的時期，所謂野人者，當不得與於平民之列，然到後來，則與國人合同而化了，於是深刻的界限，不存於征服者與被征服者之間，而轉存於執政權者與不執政權者之間，是爲階級制度之一變。當此之時，貴族爲剥削者，平民爲被剥削者，其剥削之法，則依封建政權以行之。封建之制，使族中之一部人，移居於外，而與其本族之間，仍保有主從的關係，此在法律上，天子之與諸侯，諸侯之與大夫，大夫而更以其地分封其下，其關係本無不同。惟在政治上，因交通便否，風俗同異等，一個宗主之國，對於其分出之支派，能否加以控制，自有其一定之界限，此界限之所至，可以稱之曰"邦域"，"邦域"二字，見《論語·季氏篇》，季氏將伐顓臾章。在一邦域之内，宗主對於其所分封者控制之力較强，即内政亦須聽其命令，此即《王制》所謂"内諸侯"。在邦域之外，則力所不及，事亦不便，一切聽其自主，彼此之關係，止於按時朝聘，及會盟征伐等，須聽從命令而已。此即所謂"外諸侯"。外諸侯固自成一國，即内諸侯，其受干涉之程度，亦必甚淺，故此時能虐民者極多；更加之以國與國、家與家，國與家之間之日尋干戈；人民遂日處於水深火熱之中了。此時之所渴望者，在邦域之中，則爲有一英明之大君，能廢其世襲之臣，而代之以任免由己之官僚，此即改封建爲郡縣，東周以降，列國内部，蓋皆在逐漸進行之中。其事或用兵力，或否，至於邦域之外，則非用兵力不可。此即所謂滅國，列國之間，亦在逐漸進行，至秦始皇而後大成。至此，則普遍的封君，皆代之以官僚矣。凡一階級當其初興之時，其利害恒與大多數人相一致，及其得志之後，則又處於對立之地位，此爲無可如何之事。所謂官僚，其初蓋即遊士，在封建政體未廢除之前，他們的利害，實上與英明之國君，下與困苦之人民相一致，及其既廢除之後，則他們又代居其位，而其利害，和人民相反了。所謂官僚階級等，剖析之當如下頁圖。任何一階級中，都有好人，所謂好人，即後私利而先公益之謂，然此等人不代表其階級的性質，以階級的性質論，則義務必求其盡得最少，權利必求其享得最多。經濟學上的最少勞費獲最大效果之原則。然則官僚階層，苟可虐民，必將無所不至。以封建時代邦域之小，爲國君者，尚不能監察其下，何況一統以後之幅員萬里呢？爲人民者，不將更處於水深火熱之中歟？於此，便見得郡縣制度優於封建之點。蓋封建之制，封君在其境内，施政以自由爲原則，非行極惡之政，不致招受干涉，且其干涉，總在暴政亟行，業經召亂之後，實已無及於事。郡縣制度則不然，以奉行中央政府之法令爲原則，非中央法令許其辦理之事，彼皆不能擅自興作。彼欲剥削人民，必須有所藉口，所以在這時代，安民的妙訣，莫如束手一事不爲。中國歷代，行放任政策，總可以得一時期的苟安,行干涉政策,則必致弊餘於利,其根原實在於此。凡兩階級之對立,以一時論,其利害若相反,以永久論,則其利害仍相依。因爲被剝削階級而滅亡,剝削者亦即無所取材了。專制政體下的官吏,欲壑已滿,都可以奉身而退,獨天子則入於其中而不得去,倘使人民受不住壓迫,出而反抗,此即等於被剝削階級的滅亡,此時惟天子獨承其敝;故專制時代之君主,其地位極爲微妙,他一方面亦係剝削者,要靠着一羣官僚,以遂行其剝削;一方面又必保護人民,使官僚之剝削,不能超過一定的限度,方能自保其優越之地位。苟非極昏愚之人,未有願殺鷄取卵者,所以君主的作用,實能在官僚與人民之間,保持其平衡。張先生説:君主是個壞東西,然在統一上有其需要,所以昔人不欲去之。其實即已統一之後,君主仍自有其需要,數千年來,中國的政治家,都不想推翻君主者以此。

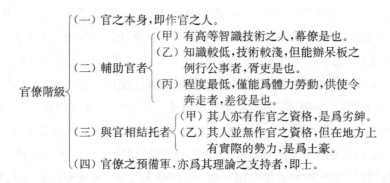

官僚階級
- (一) 官之本身,即作官之人。
- (二) 輔助官者
  - (甲) 有高等智識技術之人,幕僚是也。
  - (乙) 知識較低,技術較淺,但能辦呆板之例行公事者,胥吏是也。
  - (丙) 程度最低,僅能爲體力勞動,供使令奔走者,差役是也。
- (三) 與官相結托者
  - (甲) 其人亦有作官之資格,是爲劣紳。
  - (乙) 其人並無作官之資格,但在地方上有實際的勢力,是爲土豪。
- (四) 官僚之預備軍,亦爲其理論之支持者,即士。

倘使人民而能够自衛,原無取於爲取卵而護鷄的君主,然而人民終不能自衛。這亦有故。人羣的性質,是不能不因其環境之異,而走向不同的道路的,而其大別,則爲斯賓塞氏所云殖産之羣與尚武之羣。自張先生所云之第一期文明轉入第二期之後,殖産之羣,久已爲尚武之羣所壓倒了。周大王遷岐,是衆所習知之事。《史記》記此事,云大王率其私屬而去邠,此"私屬"即周人之部族,乃一好戰之部族。至其留下來的,即大王屬其耆老而告之者,則爲土著的殖産之羣。周人與狄人,勢不兩立,土著的民族,則從周從狄,並無所謂,所以大王説:"二三子何患乎無君。"自統一以前,各國之互相爭鬥,實皆此等好戰之部族爲之,並非各地方善良的人民,欲相爭鬥也。如晉人與楚人戰,乃姬姓的好戰部族與芈姓的好戰部族戰,並非今山西地方的人民要和今湖北地方的人民戰。統一之後,此等好戰的部族,悉皆毁滅,然乙橛並未能抬頭,每隔數十年或數百年,政治上須要除舊佈新之際,起而獲得政權者,仍必爲一羣憑恃武力的人。這其情形是如此的:中國人的職業,大別爲士農工商,四者之中,農人實居多數;而且士與工商，對於虐政，抵抗逃避的方法都較多，惟農民則一無躲閃；所以當暴政亟行之際，起而反抗者，必係農民。惟農民之所求者，安居樂業而已，其所認爲加以迫害者，則地方上之惡政而已。惡政實係來自中央，並非農民所知。農民久已脫離政治，謂一地方的政治。更未嘗參與過全國性的大政權，所以其所想推翻者至於地方政權而止，亦且只知道破壞，而不知道建設，更無論全國的總政權了。雖當喪亂之際，各地方的農民，可以同時并起，然仍不能匯流爲一。至於動亂的範圍，超過了一地方的界限，則必已有別種因素加入，非復純粹的農民起義了。此等因素惟何？其最要者，即古代所謂豪杰，近代所謂江湖上人。此等人本有結合，且其活動的範圍較廣，所以能建設較大的政權。然此種人的本身，實無紀律；江湖上之紀律，不足以語於政治上之紀律。且其志願，止於"大碗吃酒，大塊吃肉，論秤分金銀，換套穿衣服"；所以得志之後，往往耽於逸樂，不注意於組織；即或有所組織，亦必幼稚不堪，背乎社會之趨勢而不可行。太平天國之已事，即其一例，故其事終無所成，而徒爲真主驅除。所謂真主，則係此等人中，志願較大，能力較强，知識較高，而能建立一種較適宜的秩序的人。當其建設之際，大抵與士人合作，士人係守舊的，所定出來的方案，多係根據書本，所以破壞之後，更求建設，仍必走回老路，此爲中國政治，陳陳相因的原因。乙橛是"自足的"，張先生語。並不靠甲橛的輔助，迫害既去之後，可以鑿井而飲，耕田而食，亦即理亂不知，黜陟不聞了。此爲"類似革命之事，雖然數見不鮮，而民間從不作參與政治的要求"的原因，梁先生語。至於乙橛的文化，則但在一種極可憐的狀態下保存。其保存之道奈何？梁先生說：古代的鄉舉里選與今日之選舉，同名而異實。這是不對的。鄉舉里選，溯其原，正和今日的選舉是一回事，特其年代較早，完整的時代，早成過去，見於書傳的，都是其變形的標本罷了。這話怎樣說呢？案鄉舉里選之制，見於《周官》，其制：凡比長、閭胥、族師、黨正、州長、鄉大夫，皆當考察其人民之才德，三年大比，即查軋人口及軍用品之際，則舉出其賢者能者，而獻其名冊於王。王受此名冊之後，蓋即任其人爲比閭族黨州鄉之長，所以說："使民興賢，入使治之，使民興能，出使長之。"緬想此制，最初必係衆所公舉者，即徑任其職，此即官吏皆由民選。當時地方自治之職，即係官吏，地方公益人民互助之事以外，亦別無政治。到後來，甲橛乙橛，既已分張，乙橛自治的組織，甲橛亦要借作行政基層，不能置諸不問，於是乙橛選舉出來的人，又必經過甲橛的任命，乃能就職了。然其干涉，亦不過至此而止，因爲過此限度，不徒不必，亦或不能，而且不和也。張先生所稱乙橛的文化，實借此等機構保存。然此等機構雖未至於滅亡，究不免日趨衰敝。這又是什麼原故呢？（一）乙橛中之狡黠者，依附甲橛中人，以剝削其同類。（二）甲橛對於乙橛的要求，都以此等人爲對象。所以此等機構，日形衰敝，而又惡化。然無論地方公益，中央政治，一切實事，都係此階層所辦。甲橛的政治，向來不能達此階層，此其所以紙面上有，實際則無，組織如此，原亦怪不得作官的人了。

今日的情形，"不但有保留乙橛的需要，並且有限制甲橛的需要"，然"中國同時又須參加世界各國之林"，而"乙橛是自足的"，"西來的東西，無不到甲橛爲止"。張先生語。倘使聽其自然，則人之所能者，我皆不能，勢必無以自立；然欲強爲之，則必多與甲橛以侵擾乙橛的機會，利未形而害先見，即願忍受其害，而利仍不可得，且將更生他害；此爲今日最難處置的問題。關於此，我以爲要明於二義：其（一）甲橛之所爲，必須縮至最小限度，其（二）即其所爲之事，自爲之部分，須縮至最小限度，過此則悉聽乙橛自爲。如此，方可冀弊端之減少。仍不能無。我試舉一親切之例。歷代之於學校，是或者不辦，或名爲辦而其實等於不辦的，徒藉考試之法，使人歆羨其榮利，而自願讀書，以是爲教育之具而已。科舉所得的人才，誠不能使人滿意，然此乃所試者之非其物，謂曩時得科舉之士，並不能爲應科舉之文固不可。然則以科舉爲工具而求有用之材，固亦未嘗不可達其目的。若猶是科舉所求之物，而設學校以教之，則其成績必更壞。明代國子監生之不如進士舉人，即其明證。王安石先辦保甲，然後用爲民兵，意非不善，然觀當時諸家反對之論，其弊實不勝枚舉，其效則渺不可睹。《唐書·李抱真傳》：載抱真在澤潞，因其"賦重人困"，不能再練兵，而其地又不能無兵，"乃籍户，三丁擇一，蠲其徭租，給弓矢，令閑月得曹偶習射。歲終大校，親按籍第能否賞責，三年，皆爲精兵。舉所部，得成卒二萬"，兵既"不廩於官"，因此"府庫充實"，得用以"繕甲淬兵"，遂雄於山東。此其所爲，亦與安石無異，然其利弊懸殊者？安石練民兵，由官派員教習，遂至竹梗橫生；抱真則聽其自習，不操刀代戕也。此甲橛應辦之事，所辦之部分，當縮至最小限度之説也。安石之新法，可謂體大思精，其行之亦有熱誠毅力，卒之弊多利少者？一固以應辦之事，所辦者皆超過其限度，一亦由所辦之事太多。使其規模較小，則所辦之事，精神可以貫注，而督察易周，督察既周，則屬民不至如此其甚，反對者即不至如此其激，而政局之翻覆，亦不至如此其甚了。此甲橛所辦之事，並應縮至最小限度之説也。張先生謂中國傳統的政治思想，都旨在保存乙橛，惟商鞅等走着相反的路，此言似是而實非。歷代之法家，有所求於人民，雖其手段頗峻，然其所求之事實甚少。如商君，其所求於民者，即不過農戰而已。所求既多，其法又峻，從古以來，只有一王莽，然其效可睹矣。梁先生謂改革弊風，行政即不能免於干涉。此言萬萬試不得。此事決非政治之力所能爲。試憶北伐成功之初，禁賣舊曆本，干涉放爆竹迎神，稍後則行路不許吸烟，紐扣不許解散，究有實益否？係急務否？即不論其有無實益，是否急務，曾有實效否？世人每覺社會的進步太慢，看了心焦氣悶，想以政治的力量催促之。其實看穿了，一步亦挪不動，硬激向前一尺，必仍退回十寸，徒多一番激蕩而已。

甲橛所辦之事，縮至最小限度，其餘自非可不辦，則必發動乙橛爲之。發動乙橛之道奈何？此則共産黨之所爲，有不可不加以參考者。從來士大夫階級，有一大蔽，即以爲人生而有智愚賢不肖之分，愚不肖者，非徒不能治人，亦且不能自治，非由賢智者治之不可，而其人則以賢智自居。其實從前所謂士大夫，較諸平民，不過多讀幾句書而已。真正之賢，乃其人富於社會性，肯先公而後私，與讀書與否，並不相干。真正之智，乃其人明白事理，遇事能精密觀察，明其真相，斟酌情勢，想出適當的對策，與讀書與否，亦無干涉。而且多讀書者，往往爲成見所蔽，自謂業已瞭解，遇事不肯再行觀察，即或觀察，亦因戴着有色眼鏡之故，不複能得其真相；其詒害轉深，所以多讀書，除辦事時須以書中所言作具體之參考，可以算作一種技術外，其餘並無益處，因爲抽象的原理，仍須其人本有智慧，乃能運用也。真正富於社會性及有智慧之人，各階級中皆有之，以讀書與否爲智愚賢不肖之分，徒使士大夫階級中人，執此以爲口實，以自遂其階級的偏私而已。所以所謂選舉者，必須於向來被壓迫，永處於被治地位的階級中，拔取出若干人來。此則共産黨之所爲，不可不加以參考者也。但亦不應使此階級專政，抹殺其他階級，致右傾者又變爲左傾而已。今日之急務，實在於真正的知識分子能與農工合流，凡真正之知識分子，必富於社會性。因爲一切學術，皆係看得社會中人，顛連困苦，有所不忍於心，乃起而研究之而逐漸成立。生而有反社會性，若只圖自了之人，則根本不感覺有此問題，胸中既無問題，自不會加以研究了。此爲道理與知識相關之點。譬如社會主義，實行之者雖有藉於農工，發明之者固係知識分子也。特非僞知識分子所能假托耳，若商人則爲自利之階級，其革命性較少，對之不能有何奢望。

發動乙橛之事，自無不可以選舉行之。梁先生謂中國之於選舉，必辦不通，因爲"自己出頭競選，大背於固有之謙德"。然昔人以競進爲恥，實緣所競者係屬私利。若非爲一身之謀，而係自任以天下之重，則昔人原不以求進爲可恥，競選之道，亦由是也。今日者，官僚黨人，不以奔走運動爲恥。土豪劣紳，又以把持壟斷爲能，鄉黨自好之士，自將望望然去之。倘使社會之是非稍明，政治之紀綱粗立，當選者必須署有才德聞望，否則即使用不正當之手段，僥幸獲選，亦仍將受到輿論的制裁，如其訴諸法律，亦必能加以矯正，則悍不畏法、恬不知恥者，必將逐漸斂跡，競選之事，行見謹厚者亦復爲之已。此其轉移之關鍵，實不在乙檄知識的提高，而在於甲檄風紀之整飭。因爲奔走運動，把持壟斷之得以橫行無忌，輿論及司法，全無制裁矯正之力者，皆甲檄中人爲之，於乙檄中人無與也。然則張先生所云：選舉無辦法，皆由特殊勢力之利用爲之，實不易之論，苟無特殊勢力利用，選舉固未必能符合理想，然必不至於竟不好辦也。或謂雖如此，選舉之好辦者，仍將限於地方自治之小範圍中，因老百姓之所瞭解者止於此也。若超過此限度，仍將無以善其後，此亦不盡然，何也？"民分而聽之則愚，合而聽之則智"。若無惡勢力加以播弄，老百姓於其所不知之事，必能聽命於知者，止不虞其舉鼎絕臏也。張先生説，閉關時代，憑藉政權以作惡的問題，還比較好辦，因爲人民起而造反，就把他推倒了。外來的文明參加進來以後，既使惡政府之惡加重，又使其力加强，人民之反抗，更爲不易。這確亦是政治上一個大問題。民國以來，只有軍閥的互倒，實無人民真正之革命者以此。這問題怕還不是中國所獨有，而將橫亙於全世界。因爲今後的惡政府，必無甚弱者也，然則選舉更不可不力圖改善，因爲武力決不能解決武力。以武力摧毀武力，則摧毀者與被摧毀者，同一性質，被摧毀者再被摧毀，摧毀之者又將成爲須要被摧毀者；而摧毀被摧毀，就成爲循環反覆的現象了。要以非武力解決武力，則其力量，仍非從選舉中表見不可，所以選舉仍係極緊要之事，雖然不容易好，仍非盡力使其走向好路不可。使其走向好路之道如何？曰：養成正確的輿論，及參政者之節操而已。此其事看似甚難，而亦非不可致。因爲風氣一經轉變，其效亦捷於桴鼓也。此亦今後有志政治者所當努力的一大端，與梁先生所提倡的鄉建，一從乙檄上治本，一從甲檄上治標，看似相反，其實相成，且正相須以爲用也。

原刊《中國建設》第六卷第五期，一九四八年八月一日出版

# 中國文化診斷續說
## ——教育界的彗星

　　我在《中國文化診斷一說》中，曾經說明：中國的政治，原來是民主的。《周官》所載鄉舉里選之制，即其遺跡。但這僅是其遺跡而已。在有史料可據之時，社會早分爲國人野人兩階級。國人是征服者。其部族中，最初原無階級的存在，故其人普遍的有參政之權。然到後來，執政權者和不執政權者，其地位漸次懸殊，於是有貴族、平民之分。貴族專有政權，平民無從過問。前代參政的權利，非僅存其名，即剝落不全，或名同實異。鄉里所選舉出來的賢能，任用之權，仍屬於國王，即其一例。至於野人，則本係被征服之族，國家並不承認其有參政之權。後來雖由社會的變化，和平民合成一階級，然此時之平民，亦早已無名副其實的參政權，新升入平民階級中的農奴，自然更不必說了。如此，原始的民主政治，遂在不知不覺之中，逐漸銷蝕，以至於淨盡。

　　以上所說，乃係國內的情形，至於列國之間，其情形又如何呢？須知古代之所患，在於貴族的專橫。而此專橫的貴族，不是由人民自行奮起，用實力剗除掉的。而是（一）在一國之內，由英明的君主，運用其權力，加以剗除。楚悼王、用吳起。秦孝公用商鞅。之所行，即其一例。（二）國內無英明的君主，不能排除專橫之貴族，其自身且加入此集團之中，成爲最大之專橫者，則靠外國的力量來干涉。天子和霸主的征討，其名雖異，其實則同。一時矯正其行爲，或易置其首長，終非徹底解決之道，乃不得不取消其主權，廢去其世襲的酋豪，兼君主及世卿言。而代以由中央所任命之令長、曹掾、鄉吏等。此即所謂兼併。此等兼併，在很早的時代，即在各區域中，分別進行。魯、衛、宋、鄭等之成爲二等國，晉、楚、齊、秦等之成爲一等國，皆由於此。而其最後之成功，則爲嬴秦之統一。此正與後世之政府干涉土司之政治，易置其酋長，而終於改設流官相同。

　　剗除許多專橫的貴族，由於一個英明的君主；剗除許多專橫的君主，又由於一個最强的君主；這一個最强的君主，豈不要權力橫絶，無所不爲麽？這又不然。這在理論和事實上，都自有其限制的。（一）在理論上，天子原以除暴而興，自然負有愛民的義務。此固只能範圍中人以上的君主，昏庸、淫暴而超過了一定的限度，空洞的理論自然是無能爲力的。（二）然在事實上，暴政所能及之範圍，亦自有其一定的限度。秦漢而後，幅員太大了，中央政府的權力，無論其爲好爲壞，都不易無孔不入。這不但一個君主如此，即將依附之之貴族、宗室、外戚、勋臣子孫等。官僚、權奸。嬖幸，包括宦官、女謁等。一并算入，亦還是如此。所以秦漢以後，中央政府之影響，所能及於社會者實甚微。歷來的議論，都説有聖君賢相，則庶政咸理，而人民大受其福，無之則反是，都不過讀慣了古書，想當然耳的話頭。而古書上之所以有此話頭，則因其時之國家本小，國君不過後世之令長，卿大夫士則今鄉鎮保甲長之流而已。

　　然則歷代的中央政府，究竟有何用處呢？抽象的言其性質，則（一）爲保持政治之統一。即在邦域之中，不容有第二個政權存在。（二）爲保持法律之統一。相沿的團體和個人加於個人之權力，爲當時的法律所不能承認的，即不許其存在。（三）在經濟上，保持一定限度的均平。（四）在文化上，爲相當之提倡。此其範圍，均頗狹窄。故如（一）不過不許公然稱尊，與皇帝對抗，而在事實上，一地方自擅的政權，則無論何時，實未嘗絶對不存在，不過或大或小而已。大體治時小，亂時大。（二）家長虐待其家人，族長處治其族衆，土豪劣紳私設法庭等，明爲法所不許，事實上亦往往置諸不問。此尚説是事實，而各地方之習慣，明與法律相衝突者，亦或以尊重習俗等爲理由，而公然承認之。經義折獄，往往與法律相背，亦其一例。（三）則所加以救濟者，不過甚大之水旱偏災；所加以干涉者，不過甚大之兼併奢侈；而亦往往有名無實。（四）更必待國家閑暇之時，爲地方物力所容許，又主持政治者有此好尚，乃能較有實際。如漢文翁在蜀興學。其由國家以法令普遍設立者，則亦徒有其名而已。如明清時各府、州、縣皆設學。

　　所以中國政府之統一性、積極性，説起來實極可憐。然亦因此而得保存一種消極的民主。何謂消極的民主呢？即中國政府所加以干涉，求其統一者，只在一極小的範圍内，而其餘則悉聽各地方之自由，須知中國疆域廣大，各地方風氣不同，原不能用同一之治法。倘使在秦漢統一以後，如實言之，則當云古代兼併開始以後，必欲以畫一之法，施之全國，每一種要求，皆欲貫徹其主張，則居中央的人，既不能明悉全國之情形，所要求者，必也閉門造車，不能合轍。扞格不入之事，必欲强求施行，而其所委任者，又皆欲剥民以自利，則勢必至於莓莓大亂而後已。中國歷代,所以行放任政策,尚可苟安於一時,行干涉政策,即不旋踵而召亂,其根原實在於此。而歷代之言治者,皆輕法治而重人治,其理亦於此可明。因通行全國之法,不過一籠統寬闊,不許逾越之範圍,有時尚且不能盡拘,所以政府用人,要"寬其文法";論人者亦美其"用法而能明法外意。"並不切於實際。故當一處地方,或一宗事務大壞之時,惟有派一能員,使其就此地方,就此事務,考其實際的情形,定出相當的對策,以爲合宜的處置。若欲由中央政府遙爲宰制,一切包攬,則於事實不可能。何者?昧於實際的情形,而徒根據一種理論以立法,則其弊,正與今日鈔襲外國之成法,而欲行諸中國者同也。世皆知以不合國情四字,批評鈔襲外國成法之人,而不知一國之中,亦自有其各地方之不同。此各地方之不同,自表面觀之,其原因似在於地理,而追求其更深遠之原因,則或且導原於民族。風同道一,必俟時機之成熟,而非可以強爲。美國各邦各有其立法之權,蘇聯各民族自治之權,亦極爲廣大,其理由實在於此。中國疇昔,雖無地方分權民族自決等話頭,其所行固未嘗不暗合其理。此其所以能保持數千年來一統之局,而不至於破裂也。

所以中國往昔的治法,不能積極地有所作爲,而能消極地保其安寧。在閉關獨立之世,政治上但求相安,而進步則待諸社會之自爲,社會有變化,然後政治隨之變化。亦未始非賢明之策。但在今日,世界大通,列國并立,斷不容我故步自封,並不能從容雅步。當此之時,欲求社會之自行邁進,則人民不能自謀,欲借政治以操刀代戕,則又慮於反傷其手,而其勢遂處於兩窮了。

然則如何?

世人每覺社會的進步太慢,看了心焦氣悶,想以政治的力量催促之。其實看穿了,一步亦挪不動,硬激向前一尺,必仍退回十寸,徒多一番激蕩而已。此理也,在前文之中,亦已深切言之。然則雖然心焦氣悶,仍不能不望人民之能自動。

人民如何乃能自動,必也求之於教育,論者應無異議。

然中國的振興教育,少說些,從甲午以後算起,亦五十餘年了,何以並無效驗?這話或爲論者所不服,然在政治上至少是這樣。君不見在今日的政府統治區中,要抽丁便抽丁,要征實便征實。人民何嘗能道半個不字?難道這都是民意麼?這和未有新式教育以前,又何以異?

豈但中國?在今日的美國,何以戰爭販子,能夠爲所欲爲?在今日的蘇聯,何以政權非由名爲一黨而實則少數人把持不可?然則無論中外,今日的所謂教育,高之則學理之研究,卑之則技術之傳習,乃至今之教育家所謂常識之啓發，較諸往昔，或有一日之長，至其對於政治上未曾觸及根本之問題，則與往昔殆無以異。

然則今日之所謂教育，非有一根本的大改革不可，殆無疑義了。

這大改革當如何呢？

於此，我請先引一段衆所熟習的《論語》。葉公語孔子曰：“吾黨有直躬者，其父攘羊，而子證之。”孔子曰：“吾黨之直者異於是。父爲子隱，子爲父隱，直在其中矣。”

葉公的話，乃是法家的主張，孔子的話，則是儒家的主張，這一章書，乃是儒法兩家的辯論，這是顯而易見的。攘竊之非法，互相容隱之不合於理，儒家豈不之知？然其立説如是者，儒家認爲社會之所以能維持，乃由於人與人之相處，各盡其道，而非由於少數人的管制。所以寧犧牲政令推行的便利，而必不肯破壞社會的倫理。的確，“東面而望，不見西墻”。《淮南王書》語。伊古以來，專制之士，我們並不否認其有爲國爲民的熱心，其所主張，我們亦承認其確有見地，然恒至於誤國殃民者，實由國家社會，自有其多方面的需要，自有其多方面當顧慮，然一部分人，總只能見得其一方面，其他方面，既爲見聞所隔閡，自爲考慮所不及，而率其所見，一意孤行，入之既深，愈難自返，日暮途遠，不得不倒行逆施，遂至於不可救藥了。然則設使儒家之學不行，而代之以法家之學，本其宗旨，以教育人民，使億萬人皆蔽塞其聞見，桎梏其心靈，而惟以少數人之報道爲事實，褒貶爲是非。有異議者，攝以嚴刑，禁其啓口，則違反某某主義，早將成爲“不以聽”之誅；特務橫行，更將視爲無上之治法。冤冤相報，日尋干戈。一部歷史，其爲膿血所塗飾，更不知將至於若何的程度了。

話雖如此，然率一國之人而惟知互相容隱，只顧全私人和私人的交情，而置公共之利害於不顧，亦復成何世界？須知今日貪汙無能之輩，對於國家社會，雖然有所虧負，對於私人的關係，則未必有何欠缺。他們中間，固然有全無天良，並父母妻子而亦置諸不顧的，然這怕是很少數。其大多數，則亦未嘗不豐其父母妻子的教養，甚至分潤及於宗族交遊及所識窮乏者。在這一方面，他們較之公正廉明之士，實在並無愧色。然使率其道而行之，至於一國之人皆如是，尚復成何世界呢？

儒法之道兩窮，然則如何而可？

今之論者，每怪從前的教育，偏重人與社會的關係，而忽畧了人與自然的關係，以致自然科學，在歐洲能夠發達，而在中國則不能。此事的原因，是否真在於此，業已很成問題。即謂爲然，而謂中國的教育，太忽畧於自然則可，謂其太注重於人與社會的關係則不可。須知注重於人與社會的關係，並不即等於拋荒人與自然的關係也。我們今日，何人不坐輪船火車，但何曾都懂得蒸汽機？何人不點電燈、打電話，但何曾都懂得電學？一國中而無懂得蒸汽機和電學的人，固然不行，有些人不懂得，何礙於其爲人？且亦何法使人人都懂得？人與社會的關係，卻不是如此。結婚了，豈能說我不明白夫婦間的倫理，而使人代行？出門行走，豈能說我不明白走路的規則，而撞傷人物？然則人對於自然的關係，所知甚淺，由他人操作而我但享用，是並無不可的，對於社會之關係卻不然。此理實甚明白。中國傳統的教育，視人與社會的關係爲首要，人與自然的關係次之，實在並不算錯。

所錯者，乃在其所謂人與社會的關係，太陳舊而不適合了。

論人與社會之關係者，古書中雖亦有多種說法，其最通行者，實爲五倫。五倫中夫婦、父子、兄弟，均係家族倫理，君臣、朋友，則出於家族以外。然"資於事父以事君"；"樞機之內，衽席之上，朋友之道"，爲妻事夫四義之一，則仍推家族倫理以行之。故古代所謂五倫，實不過一家族倫理的擴大而已。此說之制定，乃在家族制度全盛的時代，此原不足爲怪。然古人能就當時的社會組織，發明一種人與人相處之道，而不能禁社會組織之不變遷。社會組織既變，而人與人相處之道，墨守舊習而不變，就要情見勢絀了。

在古代，人所恃以相生相養者，實惟家族。然至後世，則久已不是如此。家族制度，不惟不足以解決人的生活問題，且成爲生活改善的障礙。我曾說：現社會的根柢有二：一爲家族制度，一爲交換制度。倘使將此兩者摧毀，而代之以他種制度，社會的面目，便幡然一變了。此理甚長，當別論。然墨守家族倫理，仍視爲做人之道的基本，必不適合於今日，則是顯而易見的。所以儒家的重視人與社會的關係，並沒有錯，而其所制定的具體的倫理道德的條件，則多不適合。至於法家之說，只可適用於極小的範圍內，更無待於言了。

然則今日的做人之道當如何？曰：其最要之義，當自知：

（一）我們爲世界上的一個人。

（二）我們同時又爲自己所隸屬的國家民族中的一個人。然則我們所該知道的，自然是：

（一）怎樣做世界上的一員。

（二）怎樣做國家民族中的一員了。

……

這是首要，當竭力研究。蒸汽機、電學等，都是次要的知識。陳舊的倫理道德條件，不徒不可盲目接受、提倡，其有害者且當辭而辟之。

要明白當前首要的問題，則必須瞭解世界上之現狀，及今日社會之成因。如此，則地理與歷史，將成爲最重要的學科。此所謂地理與歷史，自然不是目前傳統的，徒以多記得幾個名詞、一些事實爲貴。必也根據現代的科學，以爲說明。於是社會、經濟、政治、法律等，亦成爲最重要的學科。

將此等知識，傳授於人，自然不是像現在專家的研究，學校的教授一般，多帶著頭巾氣，而要以現實的生活爲根據。

自小學以至大學，一切成人教育，社會教育，……均當以此爲重心。

如此，則人人自視爲世界之一員，而思所以解決世界上之問題。人人自視爲國家民族之一員，而思此國家民族所以自處之道。此等教育而達到相當的程度，收到一定的功效，則如目前的美蘇對立，國共交爭等，自然不致成爲嚴重而難於解決的問題。因爲再没有少數人率其私意，直情徑行，或玩弄手段的餘地了。

公衆的問題，在公衆真能參與時，將獲得合理的解決。

或謂方今之世，宣傳的力量，遠大於教育。若其如此，則對於此諸問題，必將爲一黨一派所把持，更將率天下而入於迷途了。殊不知真金不怕火煉，非真金是怕的，必然要怕的。今日者，一黨一派一階級所以能歪曲其說，正由未曾將此等問題，真正提出於大衆之前。若其不然，則少數必不能蒙蔽多數，私意必不能成爲公意，歪曲的說法，必將在公衆的面前，受到嚴明的審判。雖然真實正確的說法，提出並不容易，有時還將遭到阻礙，甚至遭到迫害。然非公正不發憤的人，要不可不視此爲當務之急。

至於現在的教育，則不論中外，根本上怕都不是這麼一回事。試觀現在，號稱有專門知識之士，對於我所謂最要的問題，多數不感興趣，即或感到，而其見解亦多偏激得令人氣塞，荒謬得令人發笑可知。

“不學不知，當然之理”。論政治者，往往謂多數人對於政治，不能感覺興趣，因而不能瞭解。其所能瞭解，且能致其忠誠的，僅在一小範圍之內。所以多數人所能參與的，至多是地方自治。其實此乃後天教育使然。因爲（一）全世界的乃至一國家民族的政治問題，自原始的民主喪失以來，久已不視爲公衆應當參與的事。（二）多數人之不參與，既已成爲習慣，愈造成一種少數人把持的局勢。使多數人所能求其瞭解，致其忠誠者，僅限於小範圍之內。此尚言其積極者。其消極者，則更退入於隱遁之途。（三）專擅之少數人，必有其不可告人之隱；多數人程度既低，驟將真相宣佈，亦或不免於一哄而壞事；

政治遂成爲秘密之事。愈秘密則愈難瞭解。此全係事勢所造成,決非人之本性也。

真正的民主,植基於真正的教育。政治的解放,必先之以教育的解放。

我們希望在教育上出現一顆除舊佈新的彗星。

本文的感想,係教師節日與友人閑談想起的,到十月初,始行寫出。寫出後沒幾天,遇見一位從臺灣回來的朋友。我問他:"臺灣的現狀如何?"他搖頭説:"危險。"我又問:"怎樣危險呢?"他説:"臺灣人遇見説本地話的人,最爲親熱,無話不談。遇見説日本話的人,也還有相當的傾吐。一聽見你説内地話,便冷冰冰的,看似肅然起敬,實則把一切衷情,都隱藏起來了。"我説:"這固然由於勝利之後,從内地去的人,刺傷了他們的心,然而臺人受日人的奴役,五十餘年;離開祖國的懷抱,究亦不過五十餘年;何至於就如此呢?"他説:"你知道他們所受的教育,是怎樣的教育麽? 在臺灣,國語的通行,遠不如日本語。我是會説日本話的,爲便利起見,就和他們用日本話交談了。一次,遇見一個技術人員。他的技術並不低,自然是受過相當教育的了。他問我:你的日本話,是在哪裏學的? 我説:是北平。他又問我:北平是什麼地方? 我覺得奇怪。便説:就是從前的北京。他又問:北京是中國地方? 還是日本地方? 這真使我哭笑不得了。然而他們的教育,卻真普及。沒有不會説日本話的人,也沒有不識字的。"你想,這種教育,是什麼教育呢? 是教給他以爲人之道的麽? 還是徒作爲施教者的工具,而使受教的人,反因此而昧於爲人之道的呢? 世人每以爲受過教育,即不應過甚糊塗;所受的教育,程度愈高,則其人之明白也愈甚。其實全不相干。科舉時代的士子,多數於應舉以外之事,一無所知,即其明證。可見錯誤的教育,確有其毒素存在。對於該知道的事,有時不但沒有啓發作用,而反有閉塞作用。此項經驗之在中國,因爲科舉制度沿襲之久,實在是再豐富不過的,再也用不著疑惑。十月十一日自記。

原刊《中國建設》第六卷第六期,一九四八年九月一日出版

# 因禍而爲福轉敗而爲功

客來言：有欲集合同志，於其所居之里，代民領取戶口米，按戶送到者，有感而作是篇。十一月十八夜。

《史記·管晏列傳》，稱管子之爲治，善因禍而爲福，轉敗而爲功，此十字最有意味。從來事勢艱難之際，當政者往往焦頭爛額，救過不遑。遂使紛擾之來，徒爲生民之禍。其實若能深思而善應之，則艱難之局，往往爲良法美意所由生。除舊布新，禍可祛而福可致。塞翁失馬，未足爲喻也。

今日戶口米之配給，蓋亦徒求免禍而已。然自其又一端言之，則日用必須之品，一一由公家配給，使多財者不能妄費，赤貧者亦得粗贍，實爲求治之良圖，匪徒曰戰時用之，以資節約而已。然則米之配給，特配給之造端。造端而善，一切物之配給，皆可本是以推行。則此舉也，又豈徒爲救饑之計哉？

今日配給戶口米之弊，在於委任米肆，臨時稱量。惟委任米肆也，米肆乃有藉之而作弊者。即不作弊，亦易啓人猜疑，使糾紛滋起。臨時稱量，費時孔多，乃不得不使人民列隊以待。苟其人而有職者，費時之所損，必浮於其廉買之所得也。況有因擁擠而致傷死者乎？予謂戶口米之配給，實不必委任米肆。可顧人，豫以厚紙包裹。以一升爲包，配給時，當得若干升者，則以若干包與之。不待稱量，則授受可速。稱量在於事先，則更可不必委任米肆。何者？臨時稱量，非米肆夥友，不能敏捷，事先則從容暇豫，固無人不可爲之也。如是，則公處或他種店肆，甚至民居之較寬敞者，無不可借爲配給之處，則配給之處可多，配給之處多，則擁擠患免矣。稱量包裹，按包分發之事，皆可臨時雇人爲之。但使督察有方，自不虞其作弊。舊時胥吏，本有臨時聚集，事畢即散者。征稅時造串票，考試時造試卷之人皆然。此等人亦視此爲一時工作，平時並不仰給公家。今後公家應辦之事，必遠較昔時爲多。若能多循此法用人，即閑時不必廩給，而公家之經費可省。其人非終歲拘於一業，則涉歷可廣，且可以其暇時，從事問學，則其智識必高，志願必大。而其辦事之幹練，亦仍與終年雇用者無異，以終年雇用者，亦惟於有事時得歷練也。若夫顧人包裹分發，及供包裹用之紙，則其所費，仍可於受米者征之。人民但免擁擠，必不吝此區區也。

食爲民天，不能略無積貯，而私家之儲藏，往往不能盡善。吾謂當由公家擇適宜之地，多建倉廠。公家所自有外，並可收取費用，代私家存儲。若米商，則並可禁其自行建倉，而必令藏貯於公家之倉。如是者有二善焉。凡積貯，多爲公家所周悉，則荒歉時易於互相調劑，豐登時又可教以運用之方，以免死藏無利，甚至終於紅朽。又如禁止精鑿，以全養料而免耗損等事，亦易辦理。一也。所謂適宜之地者，謂如官道之側，大川之旁，易於漕運之處。擇此建倉，平時既易相灌輸，設遇戰爭，如抗日時當棄地以圖持久者，退時亦易運走。否亦因聚集而易於毀滅，不致資敵。二也。欲代私家藏穀，必不能户別而爲之。必也，按其品質，分爲等級。來藏者品質相等，即合置一處，將來取去時，但按品質給還而已，不復問其是否原來之米也。米之品質，非人人所能辨，必請專家鑒定。鑒定之後，則但别之以包裝而已。故包裝之事，應用之途甚廣，決非但爲配給救饑之計也。

分工易事之局興，則消耗必資於分配。交易者，分配之一法也。有商人焉，立於生之者與用之者之間，而人人易得所求，誠於凡民有利，然生之者與用之者互相求甚難，而商人坐待生之者來賣用之者來買則甚逸。故自商業用，而生之者與用之者，皆受其剝削。近世大工業興，商人非自其手，不能得可銷之貨，則又爲所控制，僅博微利，若其所雇用之人，而工業家之朘人以自利彌甚矣。凡物必有其鍵。三寸之鍵，可以制七尺之户。消耗者，財利之鍵也。何者？必或用之，然後有人生之。故無論何物，必入於消耗者之手，乃爲有用。亦必入於消耗者之手，而後可以牟利。使物入於消耗者之手者，零售商也。此在今日，剝削凡民亦烈。其資本有限，聲勢不弘，然其所處地位，實操財利之鍵。苟無此曹，製造之工，躉批之商，皆無所牟利也。然則公家而能握零售之業，則已操財利之鍵，製造之工，躉批之商，資本雖厚，聲勢雖壯，皆不得不俯首而就範矣。均富，禁奢，周乏，獎有用之物，汰無益之器，皆可藉是以行之，誠革易之利器也。予昔嘗有煙兌業官營之議。謂今之捲菸，銷售之廣，業已無遠弗屆。倘使將其零賣，收歸官營，益以主輔幣相兑換時，許取百一之利，其業已足自立。以此爲基，一切零售之物，逐漸由其代銷，而公家以輕息貸款，減免運費扶掖之，久之，可使私家之營零售者漸絶。然其變也以漸，故亦不虞零售商之失業也。今日零售商之數，實嫌太多，過多者即係分利者。驅使改業，亦增加生利者之一策也。蘇俄之初革命也，其求均平財富，實遠較後來爲急，後卒不得不變而和緩。其原因固多，公家不能多設零售機關，使物入於消費者之手，亦爲其一。事不可以速成者，圖之不可不豫，所謂七年之病，求三年之艾也。而借配給户口米以樹公營零售業之始基，則所謂千里之行，始於跬步者也。

　　或謂今之執政權者，其地位旦夕且不自保，尚何暇爲此久遠之圖？殊不知事可圖功，行之即爲有益，原不必成之自我。夫滕，壤地褊小，即行仁政，亦豈冀王業之有成功。故孟子於齊曰：以齊王，由反手也。其於滕，則僅曰：有王者起，必來取法，是爲王者師而已。然使滕之所行，而果爲王者所取法，則滕雖亡，亦何異於自成王業哉？孟子又告滕文公曰：君子創業垂統，爲可繼也。若夫成功，則天也。君如彼何哉？彊爲善而已矣。執政權者，固不可無大公無我之心，尤不可無自強不息之志也。

　　　　　　　　　　　　　　　　　　　寫於一九四八年十一月

# 《唯物史觀中國史》校記

蘇聯大百科全書中的《唯物史觀中國史》，費明君先生譯，永祥印書館出版。此書出版之後，頗受到讀者的批評。永祥印書館主人囑我將其中的古代及中世兩部分，校閱一過。

此書譯筆，誠有未盡善處，然其中引起疑竇之處，大部分實因其爲外國人著述而然。蓋外國人作中國史，自不免有以彼之觀念，敍述我之史實之處。在中國人讀之，即覺其錯誤，如中世史中稱清代之軍機處爲參議院是也。此等處固可爲之改譯，然全書此等處甚多，如古代史云"殷的社會，受到世襲的帝王與限制他權力的元老會議的支配"，此元老會議，即不能知其所指，欲改譯而無從。一書中或改或不改，體例既不劃一，而可改處都改了，亦失掉原書的精神。爲求信計，最好照原文譯出，能注者加注，不能注者，亦註明不知所指，以免讀者之疑惑。而譯者於此，所做的工夫太少，這是一個闕點。又原書間有錯誤之處。如近代史中稱辛亥革命時，南方有兩個共和政府，一個在武昌，一個在上海便是。此等處雖易覺察，亦究以加注矯正爲是。而譯者於此，亦未顧到，這又是一個闕點。此外，大概因譯述匆促，文字未細加修正，以致讀來甚覺詰屈，並有幾處不免費解，這又是闕點之一。

我匆匆閱讀一過，於加注一方面，業已略盡綿力。凡書中渾括之語，特異之詞，（一）可以知其所指，（二）或不能知其所指，（三）又或顯有錯誤者，均爲之加注說明。惟全書以一小册子而包括中國數千年之史實，其中渾括之語，自然較多，實有注不勝注之勢。因之，其較易明白者，亦祇可不注，讀者諒之。

外國人所作之中國史，對於中國人，有兩種用處：其一，彼所據之材料，爲我之所無；所用之方法，爲我所不逮，因之，彼所知之史實，反較我爲詳確，則取之，如近人所譯關於南洋、西域的外人著述便是。其二，是通史性質，則祇能采取其觀點，而不能苛求其敍事，因爲中國人讀中國史，詳確的事實，本不能從此類書中求之。此書即屬第二類，所以讀者於原書敍事的正確性，可以不必苛求，而譯述時亦以照譯不改爲宜。

外人所著中國史引用中國書處，譯述起來，有兩種方法：（一）翻檢原書，照録原文，此所以求其正確；（二）譯成今語，此所以求其易解。此書於此，體例未能劃一。蓋係仍日譯本之舊，此點亦未盡善。已屬永祥印書館主人，於二法中擇取其一，加以改正。一九五〇年六月十七日吕思勉謹記。

注釋：①

田齊之祖，乃陳之公族，古田陳同音，兩字實係一語，此句恐有誤會。（第一二頁第三行，第十九字下加注）

外國人所作中國史，其所用之名詞，與中國不能盡同。如秦在春秋時稱伯，至戰國時稱王，而此處稱秦君爲秦侯，下文亦稱秦王政爲秦侯政是；又如説秦侯以西戎王出現，想係指泰穆公霸西戎之事，但在中國，王、霸亦有别。此等處若加改正，便失原書之面目，故以依原文移譯，而加注爲宜。（第十三頁第二行，第二字下加注）

中國歷代，實祇有賦役之籍，而並無表示真正人口數目之戶籍，愈至亂世，則逃避賦役的人民愈多，地方官吏隱匿真實之戶口，對於中央，以多報少之情形亦愈甚。故其戶口之激減，往往出於情理之外。此弊實在三國時代爲尤甚。據官家之戶籍觀之，似乎某種地方，華人之數與異民族幾乎相等，實則決無此事，此從史實之各方面觀察而可知者也。（第二八頁第九行，第二六字下加注）

當時南方土著，在民族上，容有與北方人民未盡同化之處，然以國籍論，則同爲中國人民，"非中國"三字，頗有語病。若指盤居山谷中之山越，則非出山又不能成爲隸屬之農民。（第二八頁第十二行，第六字下加注）

作者所謂道教，實包括玄學言之。其實道教與玄學，並非一物。在北方，寇謙之所傳之道，在南方，如天師道及陶弘景等所爲，可稱爲道教。其傾向老莊者，實祇能稱爲玄學，不能稱爲道教也。（第三〇頁第七行末字下加注）

自晉以後，國子學與大學，或並立，或隻立其一。並立時，大體上國子學祇限於貴族，及官吏子弟，大學則否。獨立時平民亦有學額，無專限於高級官吏子弟之制。（第三四頁第十四行，第二二字下加注）

未知所本。——首都管轄地方，不知指京兆所屬，抑指中央政府權力所及。事實上，唐自中葉以後，中央賦入，仰給於浙江東、西、宣歙、淮南、江西、鄂岳、福建、湖南等八道，即今江蘇、浙江、安徽、江西、福建、湖南、及湖北之一

---

① 下爲吕先生所加的注釋。

部分,見李吉甫所撰《元和國計簿》。此外則爲鹽茶等税。(第三六頁第十二行,第一三字下加注)

當係指市人竄名禁軍籍中言之,可參看兩唐書《白志貞傳》(第三八頁第一行,第十二字下加注)

當時党項似以在今甘肅、寧夏境者爲多,山西北部則多吐谷渾。(第四二頁第十一行,第二三字下加注)

當時宋對遼有歲幣,對夏稱爲歲賜,想即此所謂貢,至於朝則無之,祇有聘使而已。(第四七頁第十四行,第一字下加注)

蒙古與花剌子模之衝突,乃因花剌子模邊將殺戮西行之蒙古人而起,花剌子模似無東侵之意。(第五四頁第十四行,第三字下加注)

# 評某著中國史<sup>①</sup>

此書在近來頗負時譽,然予讀之卻大失所望。

此書根本之病,在著者對於中國歷史,不但無深切之研究,而其常識,幾乎還夠不上水平綫。篇末雖羅列多數參考書,恐其並未細閱。以言繙閱,則又不知門徑。但看其序論之二《秦漢以前中國古代史研究資料問題》,便可知其對於中國書,全是外行。所以此書,不過讀過近人之論文若干篇,硬行以意去取,編成一似有條理系統之書而已。其實對於近人論文,亦未能擷其精華,且恐亦未精心讀過,故去取多不得當。

即如以奴隸爲生產之重心,在中國古書上,實在找不出證據。在中國,奴隸在生產上的比重較大,怕總是東周以後井田制度逐漸崩潰後的事。故早川二郎之說,謂周代貢納制較盛,實頗妥協。而著者反不以爲然,謂周代奴隸生產,頗占重要(八十八頁)。而其所舉之證據,則以田畯爲農事監督官。謂在農奴制,貢納制下,均無此必要,要田畯,則農耕勞動,一定帶着奴隸性質(八十六頁)。其實田畯並無壓迫性質。此等農村中之公職,在氏族時代即有之。在中國古書上,實無士是戰勝之族所派的監督的證據。然此雖武斷,尚有可說。乃著者更以周公、魯公以殷民六族,康叔以殷民七族,爲殷民族成爲周民族之集團奴隸(七十九頁)。又以邴歂、閻職之弑齊懿公爲奴隸的反抗(一三二頁)。以戰爭時之潰爲民衆之消極反抗(一三三頁)。以小人比而不周,謂孔子把奴隸團結反抗的運動,看爲小人的朋比(一五三頁)。以秦始皇時,墜星下東郡,黔首或刻其石曰:始皇帝死而地分,謂可看出没有土地的農民的心情(一八八頁)。則可見其對中國歷史,簡直没有看得懂。

其引書,如一三〇頁引希爾特《中國古代史》,謂昭王南征而不復,乃由其屢次遊獵,都使人民田圃陷於荒蕪,因此引起人民憤怒,當王渡江時,以舟板接縫不完之船,供王乘坐。並謂此乃古來行政治暗殺時屢被使用的方法。此

---

① 此篇爲吕先生評論《唯物史觀中國史》一書的短文,爲未刊稿,標題爲編者所加。

説不但論斷無識，且近鄉壁虛造，而著者偏采取之，亦可見其去取之無識。

至其自己所説的話，則如第二四二頁云：唐代諸帝，都注重經學，所以經學成爲科舉的科目。經學也最適宜於爲官僚的意識形態，所以必須用他來製造典型的官，把他們禁錮在這種意識形態中。二六三頁云：王安石新法，似乎注意到救濟貧苦的人民，但王安石不是慈善的人道主義者，乃怕貧農和失業者發生叛亂，所以要求高利貸者稍微讓步，以緩和農民的不平。亦均類乎束書不觀，游談無根。若非如此，則是有意曲説而已。二九五頁論清高宗拒絕歐美通商云：大概他已看清，准許資本制生產方法下生產的商品輸入，將要破壞專制王朝藉以存立的小農業和家庭工業接合的基礎。亦與此同病。

此書荒謬之處，實屬不勝枚舉。精當有獨見之處，則全書未曾一見。以唯物史觀講中國歷史，自有相當價值。然須真有研究，不能如此硬做，如此鹵莽滅裂，牽合附會，則真是絕物了。

再者：此書譯序云：原著徵引中國典籍雜誌的地方，譯者都盡可能地搜尋原文照録。遇元書和元文有出入時，便依元文訂正。而以予所見，則未曾訂正者甚多。如三十頁引《禮運》云：昔先王尚無宮室，冬則營窟而居，夏則居橧巢。尚無火食之法，食草木之實，鳥獸之肉，飲其血，茹其毛。尚無絲麻，衣羽皮。也就有些説不過去了。

寫於一九五〇年

# 論 房 地 産 税

　　房地産本分兩税，今政府令合爲一，實最協於事宜。何者？城市中地，本多以之建屋，苟能善征房産税，則地産税即寓乎其中，簡易且易得公平也。惟此係宏綱，推行盡利，尚有待乎各地方之詳定條目（中央本望地方如此，將來匯集，以定劃一之法）。

　　今日城市中地，未建屋者仍多，委有用於無用，似宜重征，以示儆戒。但舊時習俗，多視地産爲穩固之業，一時貪圖多置，而營建之力不足與之相副，遂至閣置，或歷數十百年，此固大悖公理，然非今業主所自爲，抑亦非其所願。值此民生凋敝之秋，告貸無門，或欲勉圖興建而未得，情亦可諒。又有本已建屋，毀於日寇及匪亂，無力興復者，則空置更非其咎矣。空置之原因如何，今可勿論，而空置不用，究非所宜，然欲普令造屋，民力實有未逮，即令政府代爲使用，度支之力，亦有所不及也。則將如何而可耶？鄙意今日之城市，區域實不欲其更大，人口亦不欲其更密。蓋世界情勢，尚未能弭兵，萬一更有戰事，城市易遭轟炸，占地愈廣，聚人愈多，受禍愈烈。此固首宜豫防，抑占地廣而聚人多，則衛生更難講求，又易藏垢納污，爲作姦犯科者萃淵藪，亦不可不深慮也。故今有願以城市中地樹木或種菜者，亦宜許之，使園圃與房屋相雜。此非徒顧慮興建之力，爲遠大計，亦宜如此也。惟樹木種菜之利，必不能與建屋採租侔。則雖在城市中，園圃之地，亦宜別定税率，視所入而取之，今必責空地以建屋，官私之力，皆所不及，終不免於空置。樹木種菜，則夫人所能爲，可責地主以必行，不從者罰之。其人實不能爲者（如老弱篤廢疾），或遠出未歸者，官可代爲之，事可刻期而責其成，則地無遺利矣。更欲建屋，壞園圃以爲廛，事亦非難也。

　　已建房屋之地，斷宜合兩税爲一。今日（常州城内）大街西瀛里之房屋，實遠不如麻巷青果巷之良。千秋坊之房屋，又孰與北岸良，而租價則遠貴，其所以貴，所處之地爲之也。此地産之所得，非房産之所得也。造屋採租者，將本求利，爲今日政策之所許，因地價增長而獲利，則自孫中山以來，久不與之

1198

矣。今宜估定房屋租價，一以建造優劣爲衡，其所採之租，溢出乎此者，其所溢出，即地産之所得也，重税之，則不必更有地産税，而地産税已行矣。較諸估計地價，既簡易，亦確實，且能昇降隨時也。所採之租，不及估計之數者，則斥資於無利之地，以益民居，實於社會爲有功，當免其税，以示獎勵。凡自居不出租者，視其鄰之租價，以定其税額。

寫於一九五〇年七月二十三日

# 光華工會的誕生與光華的前途

上海，是在帝國主義勢力下生長起來的都市，繁榮而臃腫，雖曾一時爲全國經濟和文化中心，但是在這一環境中反帝的行動，却也表現得更多更具體。在一九二五年五卅慘案中，産生了上海總工會，由此奠定了中國工人運動的基礎。本校也是五卅慘案的具體果實，因爲慘案發生後，有聖約翰大學師生五百餘人發動反帝遊行，該校校長卜舫濟，禁止師生愛國活動，撕毀國旗，此數百師生就憤而離校創立了光華大學。所以上總和光華，同是以帝國主義爲革命的對象的。上海工人在中國共産黨領導之下參加了一九二五年到一九二七年的大革命，四一二以後，上總遭受到賣國賊蔣介石的封閉和摧殘，從那時起，上總就由公開轉向秘密。可是，上海工人仍在中共領導之下，以各種組織形式出現，進行革命工作，上海解放後的第四天，上總籌委會即告成立，於今年二月七日正式成立。光華雖於太平洋戰爭爆發後，表面上停辦，以學社形式出現，與日帝在文化戰綫上抗戰；在上海解放前，亦被賣國賊蔣介石勒令疏散，上海解放後，始得復校，但在革命工作上，遠不能與上總相提並論。因爲光華雖與上總同具有五卅慘案的革命根苗，但是既不能向工人階級積極學習，又不能直接在中共領導之下進行革命，所以同在革命的陣地上起步，而革命的成績却大不相同的。

在工人階級領導的人民政府成立以後，各種産業工會先後成立，教育工作者工會也就歲隨之而崛起。光華爲了實現這一偉大的號召，也創立了自己的工會。本校工會成立的經過，可分三個時期敍述：

## 一 胚 胎 時 期

去年十二月中全國總工會發出建立十個全國産業工會的通知，教育工作者工會即包括在內。十二月廿九日上海高教界同人（包括研究院、教授、講助、職員、工友）一百十八人在清華同學會舉行座談會，由曹未風先生主席，討論發起籌組工會。第二天又由全市各公私大專中小學院校、研究院、民教、社教、教養等機關的六百多教育工作者在育才中學舉行籌組上教工會發起人大會，陳望道先生任臨時主席，上總籌委會主任劉長勝出席指導，會中通過了籌備委員一百五十人名額的分配。一月八日上海教工籌會在市府大禮堂舉行成立大會，由馮定先生任主席，陳市長潘副市長劉長勝主任均到會祝賀，大會通過籌委並通電爲新教育努力。

上海解放後，各公私立大專院校，均有教授會、講助會、職員會、工友會之分散組織。自此結合爲一，高教聯自此以籌組工會爲討論中心，高教通訊週刊也以刊載有關工會之文件爲重要任務。不過籌備伊始，各校組織情形很不一致。上級指示應先作思想準備，認清腦力勞動與體力勞動的密切關係；並説明員工會可以作爲過渡的組織形式，如果員工會組織健全，經上級核准，可以改爲工會籌備會；沒有組織員工會的就不必再組織，可直接籌組工會籌備會。像研究院、交大、復旦大學，曾先後經過了員工會的組織，本校是越過了員工會的組織，而在員工協商，加緊學習中走過了這一段時期。

## 二 孕 育 時 期

本校員工會經過了充分的籌備，而沒有成立，屢次向上級請示，又於二月一日，由各單位代表舉行座談會，商定由各單位代表先組織起來，定名爲“光華教育工作者工會工作會議”，作爲關於工會事宜對內對外之核心機構。各單位代表之名額分配如下：教授會六人（程應鏐、曹未風、周熙良、薛迪符、朱有瓛、姚舜欽），講助會三人（潘家來、胡連文、李志申），職員會四人（宮萬育、陳楚善、王有枌、南麟岳），工友會三人（周鑑之、殷克誠、沈里仁），附中教員六人（陳思卓、孟永祈、葉百豐、邵鴻章、廖康民、毛仲磬），職員二人（胡松雲、季振宙），工友一人（徐家桃），共二十五人。

寒假中，上教工籌會，舉行工會工作學習班，自二月九日至十四日，除了集中聽報告外，每日下午依報告的內容分別展開小組討論，本校推選大學部八人（姚舜欽、朱有瓛、李志申、朱華安、宮萬育、陳楚善、周鑑之、殷克誠），中學部四人（葉百豐、廖康民、季振宙、徐家桃）參加學習，姚舜欽、葉百豐二人在學習班中，並被推爲小組長。上教工籌會，同時又舉辦高教寒假演講會，本校有廖校長、祝永年等十餘人參加聽講，參加學習班代表，於學習結束後,回校與聽講人員共同作傳達報告,並與學習小組組長聯合起來,使全體教職員工對於工會文件作更進一步之學習。同時由本會派人出席上教工籌會召集的各校工會工作回報數次(每周舉行一次),聽取各校的工作經驗,對於本校籌組工會工作,也很有幫助。二月下旬上教工籌會組織部曾召集本校工會工作會議負責者數人個別談話,指示本校籌組工會的基礎已經打好,可將工會工作會議擴大組織,改爲工會籌備會,於是回校兩次開會商討,通過了籌備委員三十人,名額發配如下:教授會九人(程應镠、呂思勉、曹未風、姚舜欽、朱有瓛、薛迪符、祝永年、周熙良、吳逸民),講助會二人(李志申、王嫻貞),職員會四人(宮萬育、王有枌、南麟岳、童養年),工友會四人(周鑑之、殷克誠、方錫剛、沈里仁),中學部教員八人(葉百豐、毛仲磐、廖康民、朱雲中、孟永祈、陳思卓、張允和、邵鴻章),職員二人(季振宙、胡松雲),工友一人(徐家桃),即將名單送上教工籌會審核。經批准後,於三月十八日正是成立光華大中學教育工籌會分會,公推姚舜欽爲主任,葉百豐、呂思勉爲副主任,朱有瓛爲秘書,又以李志申、孟永祈分任文教科正副科長,宮萬育、毛仲磐分任組織科正副科長,季振宙、沈里仁分任福利科正副科長,周熙良、張允和分任業務科正副科長,王有枌、邵鴻章分任總務科正副科長,其餘籌委則分任各科幹事。按照上海總工會章程及上教工籌會公佈基層工會組織發展會員手續須知,本會籌委應當首先申請入會,並要求群衆批准入會資格,於是先分組進行審查批評,申請人在小組中先作自我介紹與檢討,各小組長再將審查總結提交工籌會與各學習小組長聯席會議中公開討論。聯席會議是在一個星期六的下午(三月廿五日)和一個星期日的上午(廿六日)接連舉行的,整整兩個半天,嚴格而鄭重,展開了批評與自我批評的武器,幾乎使每個申請人的缺點,優點和熱望入會的心情必現無遺。除了呂思勉先生請假回里,其餘二十九個申請人,都由會中通過了入會資格。這二十九個籌委,於三月卅一日經過上級批准爲第一批的正式工會會員。跟着就由第一批會員很快的審查通過了第二批的一大批會員。這時又開始將學習小組改組爲會員小組,大中學共分十九組,(大學十三組,中學六組)每組推選組長一人,會員代表大會代表一人至二人,並提名委員候選人二人,接着又由會員小組會議審查通過了第三批的會員,這時發展會員已達一百五十三人,全校除一部分教授其他工會及法律係一部分教授暫緩入會外,大部分都已申請入會了。

# 三 誕 生 時 期

按照上教工籌會擬定的關於正式成立基層工會組織進行選舉須知中的指示：基層工會組織的籌備機構，經吸收會員達全單位內員工人數二分之一以上，工作已有相當基礎時，即可準備成立正式的工會組織。於是本會開始進行本校正式工會的選舉工作。先召開會員代表大會，遵照上教工籌會擬定的基層委員會組織條例草案，制定本校委員會之組織條例。在組織條例中規定委員十七人，候補委員五人，由全體會員無記名投票選舉之。又按照上述選舉須知中的指示，決定本校本屆委員候選人為五十五人，其中三十八人由會員小組分別提名，十七人由籌委會全體會議提名。四月廿二日上午九時至下午三時，由選舉人親自投票，當日下午三時開票，候選人分大學部、教授、講助、職員、工友、中學部教員、職員、工友七單位。候選人名單依各單位排列，投票人在每單位候選人中至少圈選一人，開票時先就各單位得票最多者決定各當選一人，共計七人，其餘十人以全部候選人中得票最多者當選之。得票次多者五人為候補委員。開票結果，姚舜欽、呂思勉、朱有瓛、曹未風、宮萬育、王有枌、陳楚善、徐兢、方錫剛、周鑑之（以上大學部），毛仲磐、葉百豐、廖康民、張允和、胡松雲、徐家桃、周常德（以上中學部）十七人當選為委員，童養年（大學部）、倪若水、孟永祈、汪譯來、季振宙（以上為中學部）五人為候補委員，又由委員代表大會選舉七人（大學部郭松鏐、李湘、鍾泰、萬惠卿、中學部顧蓋丞、包玉珂、白琪根）為經費監督委員，於二十六日舉行全體委員大會，當眾成立委員會，同時舉行委員宣誓，有上級工會，各校兄弟工會，黨團支部，學生會代表及校長致詞，又有獻旗及餘興節目。

上教工籌會最初計劃，一百人以上的基層工會即可成立直屬分會，後又修改為五百人以上的基層工會，纔可成立分會，所以本校工會又加入了北區工會的組織；在四月廿七日上海商學院舉行的北區工作會議，本校工會會員代表均參加會議，通過了北區工會委員人選的分配，本校工會由出席代表提名姚舜欽、薛迪符、陳思卓三人為區級工會委員，李志申為候補委員，葉百豐為監察委員（後來又選姚舜欽為北區工會副主席，薛迪符為業務委員會主任委員）。

本校工會於四月廿八日舉行第一次委員會議，選舉呂思勉為本委員會主席，姚舜欽、毛仲磐二人為副主席，公推葉百豐為秘書，宮有育、胡松雲為組織委員會正副主任委員，朱有瓛、廖康民爲文教委員會正副主任委員，曹未風、張允和爲業務委員會正副主任委員，徐兢、徐家桃爲福利委員會正副主任委員，陳楚善、王有粉爲總務科正副科長。以後各工作委員會及科又分別召集會議，推選分組工作委員及幹事，目前組織均已就緒，逐步進行工會正常工作。

　　本校工會從籌備到現在半年中，每個人除了加緊學習政治，改革思想外，又曾幫助學校相應政府號召，做過一些工作如：勸購公債、反轟炸、慶祝中蘇新約成立等宣傳工作，協助學校解決學費問題（包括減免及分期繳費問題），與學校及學生會共同組織學習委員會及計劃委員會。目前各工作委員會正積極進行各種工作，如：成立伙食團、籌設合作社、舉辦演講會座談會，開辦工友政治大課及識字班，募捐救濟皖北災民及上海失業工人，最近北區工會又舉辦各院校商科各係改進教學座談會及清潔比賽。

　　工會法草案已經頒佈，全國教育工作者工籌會已在北京成立，上海教代會正在開會，（本校又六人出席，姚舜欽、菜百豐、祝永年、伍純武由北區教育工會推選，呂思勉、程應鏐由上教工籌會提名）。上教工會不久將要正式成立，各校工會的任務以後更加急切更加重大了。本校成立工會，表示全校員工決心向工人階級學習，而且全心全意在中國共產黨和上海總工會的領導下，發揚光大本校光榮的革命傳統，除了我們自己的努力外，我們更需要上級工會的指導和兄弟工會的輔助的。

原署名：呂思勉、童養年，原刊《光華大學 25 週年紀念特刊》，一九五〇年出版

# 致葉聖陶周建人
# 建議便利漢字部書

聖陶、建人先生：闊別多年，每深馳企。邇聽驅馳擘劃，爲國宣勞，甚盛甚盛。今有一語，言之多年，莫或見聽，竊願更爲兩公一陳之者：中國文字，分部以便檢查甚難，數十年來，欲救此弊者亦不乏。初欲專論筆劃多少，繼以筆劃多少難定，又思別尋蹊徑，或則取其四角，或又創爲點綫面等法，卒之繁難無改於舊，或且加甚焉。杜君定友論此，一語破的，曰："中國字乃合偏旁製定，非積筆劃而成。"夫字合偏旁製成，而欲就筆劃以立檢查之法，則爲違背自然之條理，其無所成就固宜。今者爲印刷之世，非謄寫之世，手寫文字，欲將偏旁之爲部首者與不爲部首者加以區別甚難，皆用鉛字排印，則但將鉛字改鑄，偏旁之爲部首者雙鉤，不爲部首者，仍用實劃，字體過小，雙鉤實劃難辨者，則用套印之法，別爲兩色。如天字爲一部，上一字用雙鉤，下大字用實畫，或各別其色。人字爲部首，則純用雙鉤或純色。如此，則字字一望而知其所隸之部，便孰甚焉？昔嘗以此意撰文，載諸某雜誌，未爲當世之人所留意。後又以語商務、開明及他印刷業中人，皆許爲善法，然莫或肯爲，蓋以鑄造字模，所費頗巨，而不能禁人之放爲，則獲利難必，是以不勸。亦嘗爲國民政府教育部中人言之，其人曰：子欲唱此，請以公文來。弟憚爲公文，亦度該政府終不能行，遂止。然終懷不能已，今直人民政府厲精圖治，凡事深爲民謀，又值兩公主持出版之事，皆所素稔，不覺躍然又吐其説。亦知今者天造草昧，百務未遑，若鑄造字模之事卒不能行，則先就小學教科用書試之，亦開物之一道也。專肅布臆，敬頌政安，不一。

此書作於前年十二月七日。旋奉兩公覆書，謂"於學術界之相互商討，經濟上之具體計畫，尚須作進一步之努力"。今謹發佈其説，以求大雅之指教。千九百五十一年九月初七日，吕思勉自識。

原刊一九五一年九月十九日上海《大公報》

# 論大學國文系散文教學之法

　　散文在從前，是和駢文對舉的，現在則和韻文對舉，如大學國文系課程，有歷代散文選和歷代韻文選是。從文字體制上言之，兩説都可成立，然從學習上説，則散文是語言的基本，不能和駢文或韻文等量齊觀，請言其理。

　　要説明這一個問題，必先畧知語文發達的歷史。大家都知道，文學的發達，韻文是先於散文的。難道我們的説話，在散語之先，先有一個韻語時代麼？這決不然。韻文之先於散文，乃因其時文字寡少，亦且文具缺乏，書寫艱難，所以把要記的話，作成簡短的句子，更加之以協韻，以便諷誦而廣流傳；此乃後世歌訣之類，並非當時的口語。現在通行的歌訣，因其夾雜着文言，所以覺得難解，在古代則不然。試就今語設例以明之，如“餘還缺找”四字，説在口裏，是要説：“請你先付錢若干，用後有餘，我算還你，不够你找給我。”然而寫在紙上，就成爲“餘還缺找”四字了。這種精簡的語句，在當時協韻是並不難的。我們可以説：“先付鈔票，餘還缺找”。也可以説：“先付銅錢，缺找餘還”。又可以説：“款須先給，還餘找缺”。亦可以説：“先付無虞，找缺還餘”。再不協韻，則“餘還缺找”四字，還可以改爲“多退少補”。這在科學或法律文字，是無此便利的，因爲名詞不能隨意更改，在尋常語言中，則無所謂。那自然亦可作“少補多退”，又可作“退多補少”，亦可作“補少退多”。古代韻部較寬，加以可以雙聲相轉，自不慮其不能達了。然雖如此，這種精簡的句子，到底不與口語相合，不與口語相合，即不能達意而無遺憾，所以到文字增多，足以代表口中的每一個音，因而能代表口中的每一句話，而文具亦較完備，書寫覺得便利時，我們便照着口中的言語寫下來了。這便是散文時代。所以説文字初興，爲與語言相合，時代愈早，則其相合愈密，是錯誤的。論其實，散文的成長，反在較後起而文學較發達的時代。

　　文字發達到能照口語寫出，則其責任已盡，再有不能達意之處，即應由口語負責，而文字不能負責。同理，文字此後的發達，也就只能追隨着語言，而自己不能單獨發達了。然而天下事總是從簡單到複雜的，一種事物，可以分化爲多種，一個方向，也可以分歧而爲多個。《莊子》說"指窮於爲"即此理，"指"即方向，"爲"同訛，化也。事物變化，原來之方向，即行迷失，不可尋覓。文字雖是語言的代表，然到寫在紙上之後，即又別有其諷誦的調兒，與口語不能盡合。口語乃今所謂說，諷誦則今所謂念。而文字之與語言，遂分歧而爲各別之發達。所以葉聖陶先生"寫話"之說，予頗懷疑。在社會有階級之世，文字是爲少數人所專有的，這少數人，正是所謂有閑階級，往往思借文學以自娛，而其所謂文學者，率不出於雕琢的人工美，漢世貴族之好辭賦者，大抵如此，文字遂由此而生變化。大家都知道，到西漢末年，所謂駢文者，漸漸興起，駢文和散文的區別，究在哪裏呢？我們可以說：（一），其基本的條件，實在語調上，駢文的特徵，是語句的整齊。（一）、無甚長甚短之句，（二）、句多對偶，相對偶之句，長短相等。此其出之於口，即爲音調的暉緩，暉緩的音調，和散文變化繁多、忽緩忽急的音調，究竟哪一種美呢？這是隨着各人的好尚，和時代的風氣而有不同的。在西漢末年，則羣以暉緩爲美，此爲駢文興起的主要原因。同時，駢文還有兩個較次要的條件：即（二），對於辭彙加以選擇，務求其可以引起美感；（三），喜引用故事，並不正式叙述，而只以一兩語包括之，此即所謂用典。其目的，在於使人從簡單的語句中，得到豐富的想象，所以駢文在原則上忌用生事，因爲既不叙述，而用生事，則爲人所不能解，不但無從想象，抑且轉生扞格矣。然則用字亦當以熟爲貴，而漢人辭賦，每多喜用生字者，則以其字在當時實並不生，雖罕見，然與語言相合，正如今人用形聲之法的造新字，亦爲人人所能解也。（二）（三）兩者發達過甚，則又生出文與筆的區別來。文是兼具（一）（二）（三）三個條件的，筆則僅具第（一）個條件，其於（二）（三）雖亦在所不免，不過受着些影響而已，而究亦還有限制。所以我們可以說：文是專爲有閑階級服務的，筆則仍係爲大衆服務，不過受着些文之累罷了。然即此一端，已足貽筆以巨創，而使其爲大衆服務不能周到，因爲文字的適用與否，就是看其和語言的離合，而文字和語言的離合，其主要的條件，就在於語調的異同，而所用的辭彙等，倒在其次。南北朝時代，雖有筆與文并行，然其時之人，仍囂然謂文字不切實用，而欲圖改革，至末期尤甚，即由於此。

改革之道，似極容易，文字的不適用，既由於與語言分離，則改革之方，自不外使之復合，然則仍照口語寫下來好了。所以以理言之，此時語體文應大發達，然而事實卻大不然，駢文既敝，繼之而興的是古文，倒把紙上的文字，拉回到比駢文更早的時代去了。這又是什麼理由呢？須知天下無奇事，因而亦無不合理的事，以爲不合理，不可解，只是我們知識的淺短罷了。所以所謂順世外道者，雖爲佛教徒所詆斥，在哲學上，實應有其相當的地位的。閑話休提,言歸正傳,駢文敝而所謂古文者代之而起,到底是什麼理由呢?

　　語言貴乎統一,文字既係語言的代表,自亦以統一爲貴,這是無待於言的。中國在古代,就是一個多民族的國家,自該有多種不同的語言,然而許多小民族的語言,都因其和漢語同化而融合了,所以在很早的時代,所謂語言統一與否,就是一個漢族的語言統一與否的問題。漢族的語言,原始本係一種,只因居地的睽隔而漸次分歧,所以其情形早和現在一樣,即(一),語法統一無問題。(二),所用的辭彙則因地而有不同。觀《方言》可知。(三),而尤爲統一的障礙的,則是語言的歧異。當其彼此隔絶之時,統一與否的問題自無從而生,及其交通便利,往返頻繁,這問題就隨之而起了。當此之時,當務之急,自爲於各種語言之中,擇定其一,作爲標準,此即所謂雅言。雅即夏,當時語音,以楚夏爲兩大別,而以夏爲正,亦猶今日之以北方話爲標準,蓋北方地形平坦,交通便利,其語言之通行本較廣,故其勢力亦較大也。在歷史上,我們所能考見第一次對此運動而作努力的,即爲秦始皇倂天下後的書同文字。這只是我們所能考見的第一次而已。此事從前論者,都以爲是劃一字形,其實不然。在當時,字體怕實無多大異同。自秦至後漢,文字亡佚的,不會很多,秦時當本用小篆,所有異文,亦不過如今《説文》中所有之古、籀而已。秦人所欲統一者,怕反在所用的辭彙上,次則某一字形代表某一字音,如助字之類。如爲亦可作安,也亦可作邪。而文字的寫法,倒是無甚關係的。法令的力量,本來是有限的。何況秦有天下只十五年。所以我們可以設想,此舉並未收到什麼效果。但這本是一種社會的要求,並非政府之事。政府之爲此,倒是受社會的影響。所以其時公衆的努力,還是繼續不斷。《史記・五帝本紀》贊説:“百家言黄帝,其文不雅馴,薦紳先生難言之。”此所謂雅,即雅言之雅,馴即熟,即習見,不雅即不熟,而爲薦紳先生所不解,可見其時著書者,都努力於使用雅言。到漢武帝時,文化的運動,又達到高潮,於是政府又代表人民的此項要求而努力。公孫弘請爲博士置弟子之奏説:“詔書律令下者,文章爾雅,訓辭深厚,小吏淺聞,不能究宣其意,無以明布諭下。”此即謂當時詔令,接近雅言,而小吏則只通方俗之語,譬如今政府法令多用普通話,而下級幹部,卻只懂得蘇白和粵白,那就自己對於法令,尚難瞭解,更無論加以宣傳了。救正之法,自衹有使僅通方俗語者,進而能解普通話,此在當時,實爲一種國語運動。國語運動在今日,須變文言爲語體,在當時,則因言語與文辭,極爲接近。凡文辭之近於語體者,必冗漫。先秦至西漢之世則然。此等文字,多已爲鈔録者所删節,其原文不可得見。如《漢書》襲《史記》處,文字率較《史記》爲簡,論文者多謂班孟堅有意爲之,其實不然,古人著書,用舊文處,均以直録爲原則,《陳勝傳》之“至今血食”等有關事實之處尚不改,豈有删節其虚字之理?《漢書》之較《史記》爲簡,乃因其通行較《史記》爲廣，經鈔録之次數多也。然以今《史記》與《史通・點煩篇》所引《史記》原文較之，則《史通》所引，冗漫更甚，可見《史記》自唐以後，鈔録者又有删節矣。所以不發生簡策和唇吻同異的問題，而祇有簡策上使用方俗語與使用普通語的問題。既如此，自不必更編雅言教本，只要把用雅言所寫的書，作爲大家誦習之具便了。此公孫弘所以請選用"能通一藝已上"者爲官，且請"先用誦多者"。這種辦法，在一時雖不至使語文分離，然（一）雅言所著的書，究不易與口語盡合，（二）語言又時有變遷，文字本不易追上，況乎當時所指定作爲語文標準的書籍，經一次指定之後，又從未變更，於是積之久，語、文就漸漸分離了。我們生當語體文既已盛行之世，要實行葉聖陶先生所謂"寫話"，似乎並不甚難，其實這件事是並不簡單的。我們可試試，不用現在通行的語體寫作，而要純粹用土語寫成一篇文字，就可見得其艱難的情形了。所以駢文既弊之後，欲圖改革，仍祇有求之於紙上，而古文運動，就因之而興起了。

古文運動，並非專寫古話，在其初興之時，確曾有此趨勢，如蘇綽之擬《大誥》便是，這是因改革之法，專求之於紙上，所以有此偏差，然不久，此路即不通了。代之而興的，乃爲至韓愈而大成，至宋代而盛行的所謂古文之法。此法於俗語、俗字，不能不用的，亦無不加以使用。如官名、地名，必依現行的，便是其一例。且有雖係俗義，但用之無傷於統一，亦即加以使用的。如僅字，我們現在使用之法，是意以爲少，唐人使用之法，則意以爲多。僅字的意義，乃接近某數，如九百數十，近乎千，九千數百，近乎萬是。此乃客觀之事實，其或以爲多，或以爲少，則爲我們主觀的觀念。我們可以説：地方經兵燹之後，現在還不過近千户而已。也可以説：地方經兵燹之後，現在已近千户了。前者是現在的用法，後者是唐人的用法。我們所使用的，實在是古義，然如韓愈《張中丞傳後序》之"城中僅萬人"，所使用的亦是唐時俗義，便是其一例。所以所謂古文，並非是專説古話，而是用古人説話之法，即駢文未興起以前，古人説話之法。以説今話，不過其所用辭彙及語法中，古語之成分甚多，而其説話的機杼，篇法多本於此。亦因其人學習此種語言，仍係以最古之書作教本，不期然而然與古人接近，而於當時的語言，有多少違異而已。然即此一端，亦使其爲大衆服務，有不能周到之處，而今日語體文的泉源，仍伏流於其間。

當古文興起之時，儻使就能有一種語體文興起，古文原是不必要的，無如語體文一時不能長成，古文就只得代之而興了。語體文之不能長成，其理由，與我們現在不能用土語寫作同，即有許多字寫不出來，尤其是虛字，儻使勉強寫出來，勢必無人能懂。所以古人文字，盡有其機杼和現在的語體文極相近的，然其虛字都改成文言，又有許多不通行的辭彙，亦都改爲通行的。此亦如我們的改方俗話爲普通話罷了。今試引《舊五代史・趙延壽傳》的一節以爲例：

> 及契丹入汴，時降軍數萬，皆野次於陳橋。契丹主慮有變，欲盡殺之。延壽聞之，遽請見契丹主，曰：臣伏見今日已前，皇帝百戰千征，始收得晉國，不知皇帝自要治之乎？爲他人取乎？契丹主變色，曰：爾何言之過也。朕以晉人負義，舉國南征，五年相殺，方得中原，豈不自要爲主，而爲他人邪？卿有何說，速奏朕來。延壽曰：皇帝嘗知吳、蜀與晉朝相殺否？曰：知。延壽曰：今中原南自安、申，西及秦、鳳，沿邊數千里，并是兩界守戍之所，將來皇帝歸國，時又漸及炎蒸，若吳、蜀二寇，交侵中國，未知許大世界，教甚兵馬禦捍？苟失隄防，豈非爲他人取也？契丹主曰：我弗知也，爲之奈何？延壽曰：臣知上國之兵，當炎暑之時，沿吳、蜀之境，難爲用也。未若以陳橋所聚降軍，併別作軍額，以備邊防。契丹主曰：念在壺關失斷，陽城時亦曾言議，未獲區分，致五年相殺，此時入手，如何更不翦除？延壽曰：晉軍見在之數，如今還似從前，盡在河南，誠爲不可。臣請遷其軍，并其家口於鎮、定、雲、朔間以處之，每歲差伊分番，於河外沿邊防戍。契丹主忻然曰：一取大王商量，由是陳橋之衆，獲免長平之禍焉。

此節文字，但將其虛字改易，即儼然是一篇語體文。現在家弦户誦的《三國演義》，有些地方，實並不較此爲通俗。此等文字，在古書中實不勝枚舉，這不過舉其一例而已。所以有些人以爲語體文未興以前，社會上所通行的，全是深奧謹嚴的古文，爲普通人所不能解，因而使大多數人都成爲文盲，實在是不合事實的。事實上，語體文未興以前，社會上所通行的，亦不過與語體文極爲接近的淺近文言而已，實並不十分難解。但即此一層障壁，亦使語言的神氣，不能盡量表現到紙上，而文字之爲大衆服務，終有遺憾。

要使文字爲大衆服務完全周到，非把口中的言語，一一都寫出來不可，這是一件極艱難的事。其所以然，實因口中的言語，向未到過紙上，要揀一個字寫出來，使人人共喻極難。無論新造或借用舊字。古人在此中，亦曾摸索著作龜步的前進。（一）於俗語之決不能翻成文言的，即逕用俗語，其在名詞，則如《史記》之"夥頤"，《晉書》之"寧馨兒"、"阿堵物"，其在虛字，則如《後漢書・逸民傳》之"公是韓伯高那"。此語今猶存於吾鄉，那字讀如 NO，只須將公字改作你字而已。然此等爲數不多，故不能使語體文長成。（二）更進一步，則爲禪家的語錄,而宋儒沿之,把許多口中所有而向未到過紙上的字,寫了出來。然因其物僅爲少數人所使用,仍不能使語體文長成。看語錄之興起,便知照口語記錄下來,古人早有此習慣,不過因其物不能共喻,所以到發表出來時,都改爲文言罷了。(三)語體文的長成和平話的風行,大有關係,此時口中之言語,多未曾寫出,即等於未曾造字,才把許多從未到過紙上的口語,一一寫到紙上來,尤其是虛字。因此説話的神氣,才能活現出來,而具有文學意味;因其具有文學意味,才能爲大衆所愛好,風行全國,使其成爲大衆用語。於此,可知凡事皆在使用中成長,豫先制定了一套,由一定的機關頒行,使大家遵用,是沒有這回事的。

在古文未興起以前,較高等的實用文字,是靠筆的,及古文興起以後,乃逐漸爲古文及淺近文言的混合物所代替,此即近代的公文。公文以外普通的應用文字,亦都係如此。至此,筆已無所用之,而其形質既成,一時不易消滅,則轉而走向文的路上,此即所謂四六。四六之異於文者,文多以四字成句,四六則四字六字相間,此爲其所保存利於實用之特色,便於宣讀。其餘則與文無異。至此,則可説筆已消亡,而其某一特色,被吸收於文之中,而使文又生一分化。

總括以前之所述,我們可以作一總結:

(一)文之初興,是與語言不相符合的,此即所謂韻文時代,但其時著之簡策的,雖與語言不合,卻仍爲大衆所能解,所以不生言、文分離的問題。

(二)文字依照語言寫出,此即所謂散文時代。

(三)散文時代之初,文字雖與口語相合,及其稍久,則諷誦與説述之腔調漸分,於是語、文可以各別發達,而不合乎語言的駢文發生。包括文筆。

(四)駢文既興,文乃不切實用,欲謀改良,只能在文字上求之,而文字向來以古爲標準,於是古文運動發生。

(五)前一時期,以古書即所謂爾雅之文爲標準,因其與口語極相近,故不生言、文分離的問題。此時之所謂古文,則與口語相去已遠,故古文之興,只能救紙上的語言不切實用之弊,而不能使大衆的語言,悉表現於紙上,於語言爲大衆服務的責任,仍有遺憾;語體文的長成,仍有其必要,且亦在不斷的進行,但其前進甚緩,直至近代,借助於文學之力,而後大成。

歷史既明,我們即可進而談及研究的方法。

於此,我們得首先承認的,即分化爲進化必至之勢,而凡事愈分化則愈複雜,愈複雜則學習愈難,我們不能以此爲國文之病。這在學習上,固然是一個包袱,然包袱有可拋棄的,有不能拋棄的,不能拋棄的,必須努力背起,乃能得到利益,不能見包袱即厭棄。須知各種語言文字,對於學習它的人所給與的利益,是有深淺的不同的,並非一律。從前金世宗極熱心於保存女真文化,他替女真人特設科舉,使其以女真文字應試。有一天,他向他的臣下道:用女真文所作的文字,總不如漢文的精深,此事如之何? 被問的人回答道:這須經過長時間的使用,內容乃能漸次加深。金世宗這一問,很有意思,而其臣下的回答,亦是很有見地的。各種語言文字的深淺,很不容易比較。或者竟無法比較,因爲没有對於兩種文字均能深通,而又不偏不倚的人。但亦有一簡單測定之法,即(一)使用之人數愈多,(二)流行的地區愈廣,(三)經歷的時間愈久,則其內容愈精深。如以此爲標準,則我國之文字,應可稱世界第一,至少亦不落人後。須知在文字的進化上,我國和歐洲,是走了不同的路綫的,歐洲之有希臘、拉丁文,亦如中國古代之有雅言,但在歐洲,希臘、拉丁文都不能吸收各民族語文的精華,使之自同於己,遂分裂而爲近代各國的語文。在中國,則各地方的語文,雖有差殊,而都以雅言爲標準,對之發生向心運動。因此,在空間上,能够漸臻統一,在時間上,則因其以古爲標準之故,雖使言文漸次分離,學習稍覺困難,然亦因此之故,能節制語文的變遷,使其速度不至過大,因之花很少的時間,即能讀二三千年前的書籍,此種利益,亦是别國人所不易得到的。凡事總須觀其會通,不能挾輕躁之見,輕率地在一個簡單標準之下,即行論定其是非。

　　所以文言之在今日,凡受教育年限稍長,程度又能稍達於高深的人,即仍有加以肄習的必要。其理由:(一)所謂文言,係社會上一種較高的言語,並非古文。孟子和莊子,總可認爲同時代的人,然我們現在看起來,《孟子》之文,卻遠較《莊子》之文爲易解。難道作《莊子》的人使用較《孟子》爲古的語言麼? 這決不然。兩者之難易不同,蓋因《孟子》之文,爲雅言所攝取者較多,遂成爲通行之高等語,《莊子》則有一部分未被攝取,遂成爲冷僻語或死語了。所謂馴與不馴,正是如此。一切時代較近的文字,轉較較遠者爲難通,其理亦無不如此。(二)這種比較高等的語言,在今日,固然一大部分只存於紙上而不存於口中,然欲攝取之使其入於口中,完全是可能的,而且已經被攝取了。試看文化程度較高的人,口中無不雜有文言可知。所以文白夾雜,實在是使口語的內容更加精深豐富,正應歡迎,不應列爲禁忌。(三)從學習上説,如有較長的時間,能劃出一部分時間來學習文言,實爲必要而又有益之舉。凡語言內容之精深,及其學習之困難,主要的原因,即在於其辭彙之多。吾鄉孟心史先生,曾於年過五十之後,試行學習英文,他初以爲中國常用之字,不過數千,英文亦不能遠逾於此,自揣力能記憶。及其既學之後,乃覺其辭彙之須記憶者無窮,實爲力所不及,而非能多記,則其程度又不足以語於高深,乃廢然而返。此事很可説明學國文者所以自上而下則易，自下而上則難之理。因爲一切辭彙，都有其根源。如觀察、觀覽、觀看、觀望，都是一個辭彙，而“觀”字、“察”字、“覽”字、“看”字、“望”字，則爲此諸辭彙之根。辭彙之爲數無窮，而其根則有限，能懂得數百千辭彙之根，即於蕃變不窮、滋生無已的辭彙，無不可解。若要就一個一個辭彙去分別瞭解，那就不勝其煩了。自甲午至今，幾六十年，因爲文化的動蕩，新名詞之涌現者何限，中國人從未以不能瞭解爲苦，卻有一個德國人問康有爲道：“我讀了幾十年中國書，爲什麽讀近來的書報，有許多不能瞭解呢?”此無他，中國人的讀中國書，在從前，都是自上而下的，即不研究小學的人，於一個字的根源，亦習熟而能解，外國人的讀中國書，卻是一個個辭彙去瞭解的，所以總不免有些隔膜，而遇見一個較大的變遷，就覺得無所措手足了。此爲能通文言文者，語體文的程度，可以加深，而且總算起來，學習時間，反覺經濟的最重要的理由，其他句法及篇法等，可以類推，不煩覼縷。中國現在的文字，學習起來很困難，我是承認的。但教育須求其普及，亦要望其提高。在目前的情勢之下，固宜側重於普及，然至將來，生活程度增高，受教育的年限，可以加長，教育的方法，亦因環境的變動而可以改良時，國人之於國文，實有更求深造之必要。即在目前，一部分人對於文言的肆習，亦仍覺有其必要的。

說到此，我們即可進而具體地談到研究的方法。

我們重要的觀念，即爲凡事須尋求其根本，而作重點的學習，不能把根本與枝葉并列，而將學習的工夫，分散到各方面去，今試依次加以説明如下：

（一）駢文乃係爲少數人服務的，説已見前。至於韻文，則歌訣之體，久已式微，盛行於後世的，當以詩爲主，而包括詞曲。《詩序》説：“言之不足，故長言之，長言之不足，故嗟嘆之，嗟嘆之不足，故咏歌之。”咏歌之即詩，長言之則爲他種韻文，如賦之類，今之新詩，亦屬長言性質，與古之賦爲同類，而與詩不同物。此原於古代的歌謠，而後來兼採他國之樂曲，加以變化。所以散文是質實的話，駢文是加以修飾的話，而韻文之重要部分，則爲唱歌。人不會説修飾的話，或不會唱歌，是無甚妨礙的，不會説質實的話，就一步不可行了。昔時長於散文的人，不必長於駢儷、詩賦，理即如此。且亦決無不會説質實的話，而反會説修飾的話或唱歌之理。所以散文是語言的基本部分，不能和駢文或韻文平列。

（二）散文之中，又自有其學習的重點，文字中的一種體制，必借文學之力，乃能推行，不能專靠實用方面，觀語體文之借平話而長成。便可明白。語體文如是，文言亦然。故學習文言，必採取有文學性質的作品，以爲材料。

（三）文言之中，哪些具有文學性質，哪些没有呢？這不能以其所説的事物，即文字的内容爲衡，而當以其説話的性質爲斷。雖然有文學趣味的作品，内容亦不能無價值，然決非内容有價值，其作品即有文學價值。

（四）文字的文學價值，於何定之呢？其最重要的條件爲神氣。神氣二字，似乎空洞，然但知分析字法、句法、篇法以求之，而不能領會其神氣，則必致走入歧途。因爲文學是活物。正如説話然，會説話的人，固然字句都有斟酌，次序亦排列得極好，然決非單是如此，話就可以算説得好的，我們要學，必須體會其於此之外，更包括着姿勢、聲調、心理狀態等種種條件的一個總相，此即所謂神氣。説話到神氣能好時，其餘的條件，自然無有不好。所以要學習説話的人，只須在此點上注意，而文字亦然。

（五）古來著名的文人，即所謂名大家，就是文字的神氣特別好的人。神氣亦有多種，如雄壯、沈静、閑適等等。概括言之，則以姚姬傳陽剛陰柔之美之分類爲最善。所謂名大家，必擅長其一。名大家又畧有區別，大概名家祇有一種長處，最爲顯著，大家則可以多包括幾種。而有其獨到之處，遂成爲學習的重心。

（六）許多學習的人，環繞着一個被學習的人。學者若於被學習的人能够瞭解，則其餘學習他的人，自可不煩言而解，若就學習他人的人去用力，就事倍功半了。

（七）所以國文科的教材，和别一科不同。别一科的教材，務求其新，國文科的教材，則非至文學界發生大變動時，此等大變動，多係積漸而至，而非出於一朝，如《左》、《國》、《史》、《漢》的文字，現在還有人模仿，模仿《書經》的就少了，唐、宋詩都有人學，漢賦則學者極少，此乃事勢之自然，非可强爲，故竭力排斥某種文字者，亦爲不達。不能移易。職是故，把看來還好的文字，一概拉來，作爲教材，乃是不適當的事。不但文言如此，語體亦然。《水滸傳》、《紅樓夢》、《儒林外史》若用爲學習的重心，必較雜取多種語體文者爲有益。

（八）因此，學習國文，固不能各種文體并列，如駢文、韻文與散文并列；即學習某一體的文字，如散文，亦不能諸家平列，看得一樣輕重。

（九）觀此，則知近數十年來的學校教育，他科尚可，惟國文一科，則走了錯誤之路。昔時的誦讀“四書”、“五經”，固有其不適當之處，然以肆習國文論，所致力的，尚係根本部分。近來的學校教授，則將各體文字平列，每一體之中，又將諸家平列，意欲使學者先作一鳥瞰，再行自擇所宜，實則不知本源者，於枝流都難瞭解，遂至在鳥瞰之中，一無所得，除天分極高的人外，終身隔膜，不得其門而入。

（十）近來學習國文的錯誤，其真諦如此。所以我建議：在大學的國文系中,加重散文的課程,其所研究不當隨意擷取,而仍當以歷來家弦戶誦之文字爲主。因爲(一)自文學上言之,經過長時間多數人之評定者,自有一種公道,與一時推重,徒囿於風氣者不同。(二)就語言論之,此等家弦戶誦的文字,被採取爲高等語之成分者必較多。

(十一)學習的順序,自上而下,固然最好。因爲後一期的文字,根源都在前一期中,沿流而下,更易瞭解。然青年的學習,與孩稚又有不同。孩稚是一無所知的,死念而已。青年則必求瞭解。質樸的先秦古書,不易引起興趣,似應從唐宋時的散文入手,再上溯先秦、兩漢。

(十二)於此中尋求重點,鄙意宜(一)先蘇,以大蘇爲主。(二)次歐、曾。歐、曾風格亦不同,今姑定爲同一階段。(三)次王,(四)次韓、柳。然後上溯到西漢,以(一)賈、晁,(二)董,(三)司馬,子長(四)匡、劉爲重心,(五)而下及於《漢書》。然後上溯到先秦,取其平易易解者,加以肄習,其深奧難解者則置之。因爲這一部分,未爲高等語所採取,已成爲冷僻語或死語了。

(十三)此項肄習,其所佔的時間,較之現在大學中肄習散文的時間,至少要加重三四倍,時間不足,不妨損他科以益之,因爲這是國文的基本部分,於此致力,獲益必多,根柢既立,其他部分,自然相説以解了。

(十四)我並建議:大學中國文一系,再宜分科。現行大學課程的目的,國文系係培養(一)文藝工作,(二)編輯、記者幹部,(三)中學國文教員。除文藝工作,舊根柢不妨較淺外,編輯、記者所涉及的範圍太廣,中學即不教文言,而文言與語體,並無判然的界限,相關涉處極多,不能不知其根源,所以舊文學都該有相當的深度,此等均宜別定課程。四年的期限,或者不夠,此乃由我國的語文,爲多數人在長時間、大地域中所使用,內容特別豐富,所以如此;此正足以爲榮,而不應以爲愧,足以自豪,而不應以爲病。我們於有益的包袱,必須努力背起,不能生厭棄之心。於鄭重的包袱,更須格外努力背起,不宜以輕心掉之。

(十五)或謂舊文字中,含有封建思想之毒素甚多,勤加肄習,將不免爲思想之累,此乃不必要的顧慮。人的接受教訓,不必都在正面,示以封建時代背謬之思想,安知不更堅其反抗之心?若慮其貽害而盡去之,則舊時豈有超時代的思想?豈復有可讀之書。

此篇爲予在光華大學所講。予棄文事已久,因近來該校國文系主任辭職,偶爾庖代。此篇所講,自知錯誤必多,惟錯誤之説,其足以引起研究,與正確之説,初無以異,庸敢率爾發表,以就正於有道,儻蒙指其疵謬,曷勝感幸。一九五一年十月十九日呂思勉自記。

# 關於中國文字的問題

中國文字,當分爲(一)未有書籍(包括字書)之前,(二)既有書籍之後。有書籍則有傳讀,有字書則有音釋,大體都未失傳。其無之者,祇能將現在已識之字,作爲基本,加以推求。後者最古之書爲《説文解字》。此書爲近數百年來研究文字學者之中心,諸説多附之以存,故極重要。前者以甲骨文爲最古,次之者金石文(金遠多於石)。鑒別真僞,章太炎所舉之法,頗爲扼要,即(一)其物巨大,好事者不能僞造,牟利者不肯僞造。(二)(甲)發見、(乙)流傳有據。推求未識之文字之法,在就已識之文字,加以分析,求出其偏旁。(非向來所謂偏旁。)此爲中國文字之字母,合體之字,皆以此造成。此事鄙人曾就《説文》爲之作《説文解字文考》。甲骨文、金石文亦可如此爲之。此中饒有開拓之餘地。

文字緣起,舊有六書之説。此乃兩漢間人所爲,其説甚粗。所謂"字例之條"者,實當重作。但昔人謙遜,縱有心得,不肯破棄舊説,祇對舊説加以補苴。其中最突出者,爲王菉友之《説文釋例》。此書不易讀,可先讀拙撰《字例略説》,知其概略。鄙見亦有突出之一點,即發明六書中祇象形爲文(前人普通以指字亦爲文),而推廣其例,合於社會學上文字發生之通例。

中國字何故不拼音? 文字由自己産生者,造字時不能爲拼音。與外國接觸後,何故不改爲拼音?因文字不能驟變。文字變遷,當兼(一)增、(二)減、(三)無增減而改變三者言之。普通所謂文字變遷,則指篆、隸、行、草之異。此乃書法之異同,別爲一途。此兩種變遷,均可看拙撰《字例略説》及《中國文字變遷考》。

中國文字的發展,與歐洲異路。歐洲古文字不足供後世之用,各國乃各據其語言而造字。中國則在統一後,語文上出現向心力。即各地方之人,努力采取當時之"雅言",於文字上尤然。此爲兩漢時之"爾雅運動",其事極關重要(看《史記·儒林傳序》)。語言因此漸臻統一,在文字上尤然。(看《方言》中多種方言之廢棄。)"爾雅運動"之中,以古書爲標準,當時與口語並不甚遠。但至後來,因(一),口語變遷之速,(二),(甲)據文字所造之新辭彙、(乙)口語中已變之語法,爲不讀書者所不知;(但讀書者仍知之,且必須用之,故祇是使用者少,而非其文字語言之已死)文、言乃漸覺分離。但隨知識程度之提高,文言之一部分(辭彙幾於全部分)仍可成爲通行之語言。

以文言與語體爲截然異物,乃係誤解。大多數之文言,實與口語相近。其例不勝枚舉。其最突出者,爲《舊五代史·趙延壽傳》延壽與契丹主問答一段,此幾與《三國演義》無異。古人所以略識字者,甚至不識字者,亦能口占書牘作詩等,即由於此。拙撰《秦漢史》、《晉南北朝史》文學一章中,舉出頗多。故大部分文言與語體之異,關鍵實在所用助字之不同。故語體文中助字之製定,爲中國語文史上極重要之事實。其事乃隨平話之發展而長成。故平話之發展,爲中國語文史上一極重要之事實。

故病中國文字之難識,其説亦有偏差。拼音字則既識字母,又知拼法,即能知其讀音,較現行文字讀音必待口傳者爲容易。至於一望即知,則純在於熟練,二者並無異同。而精通一種語文,最要而又最難者,爲所知語彙之多。語彙亦有增有減。但在今日,方言未統一,(當删者未删)智識日提高(當增者不能不增)之情勢下,增恒多於減,此總是難事,祇有奮力以迎之,不能畏難苟安,以痛罵古人解決問題也。至於識單字,則是年齡問題。依時從學,任何文字均易。時過後學,任何文字均難。此爲最重要之因素。其他因素,皆遠較輕微。

通古書者,於後世文字無不能知,其關鍵何在?此當引史達林之説以明之。蓋辭彙日增而無窮,然皆據基本之辭造成,故於基本之辭,能知其意者,於後起之辭彙,即無不能通。如知觀字,看字,察字,望字之義,則於觀看、觀察、觀望等辭,自無不解。後起之辭彙無窮,基本之辭彙有限,故爲以簡馭繁。讀書宜略知訓詁,理亦由此。欲略知中國文字之學,可依次讀下列諸書。(一)段玉裁《説文解字注》,王筠《説文句讀》兩書,同時對讀。(二)拙撰《中國文字變遷考》。(三)拙撰《字例略説》。(四)王引之《經傳釋詞》。(五)俞樾《古書疑義舉例》。(六)拙撰《章句論》。讀時宜仔細,但不解處可聽之,不精熟亦聽之(但不得跳過,讀基本之書皆如此)。訓詁之深通,乃隨讀書而發展,不能單獨向字書中求之也。

寫於一九五一年

# 三反及思想改造學習總結<sup>①</sup>

予生於中法戰爭之時，至甲午中日戰爭，年十歲。

家世讀書仕宦，至予已數百年矣。予年六歲，從先師薛念辛先生讀，至九歲。其間，薛先生因事他適，曾由史幼純先生代館月餘。十歲，薛先生服官揚州，改從魏少泉先生讀。十二歲夏，魏先生赴新疆。予父生平，不贊成人自教子弟。謂非因溺愛，失之寬縱，即因期望太切，失之過嚴；故予自入塾至此，皆延師於家。此時依予父之意，本欲再行延師，惟家庭經濟狀況，頗起變化。予家有田二十餘畝，向不收租，惟俾佃户耕種，照料先塋耳。在城市中，有住宅兩所，市房兩所，除住宅一所自住外，餘皆出租。親丁七口，予之繼祖母父母兩姑一姊及予也。其後兩姑皆出閣，則惟有五口。衣食粗足自給。而在予十歲時，再從伯父朗山君逝世江西。朗山君以官爲家，卒後一無所有，而親丁尚有九口。雖再從，而予家丁口少，已爲最親之一支。先君乃迎之同居。自此食指幾增一倍，生活遂告拮据。故魏先生去後，未能延師，由予父自行教授。予母及姊，皆通文墨，亦相助爲理。此時予已能作文字，予父嘗命予以所作，就正於石小泉先生，後又使從族兄少木先生游；先後凡三年。惟皆未坐塾，但以文字就正耳。薛以莊老先生者，念辛先生之伯父，而予父之師也，予父嘗從之學九年；清末，主蕪湖中江書院。予父又使予以所作文字，郵寄請正。生平就學之經過如此。予自十歲以後，家境即不佳；少時尚無公私立學校，十五後稍有之，然時視外國文及技術，均不甚重；故生平未入學校。於外文，僅能和文漢讀；於新科學，則僅數學、形學，嘗問業於徐點撰、莊伯行兩先生，畧有所知而已。今亦強半遺忘矣。十五歲時，嘗考入陽湖縣學，名義上爲舊式之縣學生。然舊式學校，從無入學讀書之事，實係科舉之初階而已。

至予之學術：則初能讀書時，先父即授以《四庫書目提要》。此爲舊時講

① 曾改題爲《自述》。

究讀書者常用之法，俾於問津之初，作一鳥瞰，署知全體學科之概況及其分類也。此書經史子三部，予皆讀完，惟集部僅讀其半耳。予年九歲時，先母即爲講《綱鑒正史約編》，日數葉。先母無暇時，先姊即代爲講解。故於史部之書，少時頗親。至此，先父又授以《日知錄》、《廿二史札記》及《經世文編》，使之隨意泛濫。雖僅泛濫而已，亦覺甚有興味。至十六歲，始能認真讀書。每讀一書，皆自首訖尾。此時自讀正續《通鑑》及《明紀》。先父授以湯蟄仙之《三通考輯要》。予以之與元本對讀，覺所輯實不完具，乃捨之而讀元本。此爲予能自讀書之始。甲午戰時，予始知讀報，其後則甚好《時務報》。故予此時之所向往者，實爲舊日所謂經濟之學。於政務各門，皆知概署，但皆不深細；至於技術，尤必借他人之輔助；僅能指揮策畫而已。此在今日崇尚技術之時言之，實爲不切實用，但舊時以此種人爲通才，視爲可貴耳。予如欲治新學術，以此時之途轍言之，本應走入政治經濟一路。但予兼讀新舊之書，漸覺居今日而言政治，必須尊崇從科學而產生之新技術，讀舊書用處甚少。初從水利工程悟入，後推諸軍事，尤見爲然；又予論政治利弊，好從發展上推求其所以然；亦且性好考證，故遂逐漸走入史學一路。自二十三歲以後，即專意治史矣。予亦署知經小學。此由在十七歲時受教於丁桂徵先生而然。先生爲予母從姊之夫，於經小學極深沈。但前人虛心，無著述，署有讀書札記，暮年客廣東時，又毀於火耳。予從先生問業後，亦曾泛濫，署有所得。但至後來，僅成爲予治古史之工具耳，不足專門名家，於思想亦無大關係。予於文學，天分頗佳。生平並無師承，皆讀書而自之。文初宗桐城，後頗思突破之，專學先秦兩漢，所作亦能偶至其境。詩少好宋詩，中年後亦好唐詩，但無功力，下筆仍是宋人境界耳。詞所造甚淺，亦宗常州而薄浙派。要之，予可謂古典主義文學之正統派。予於文學，未常用功，然嗜好頗篤；於新文學最無嗜好。讀新文學書，極少極少，因總覺其繁冗而乏味，故不終卷輒棄去也。予對一切學問之頑固而拒不接受，無如對新文學者。此於予亦爲一種損失。然習慣已深，恐不易改矣。此本不必與通知舊文學有關，然予自行檢點，此兩者似有關係。以兩物相形，厚於此，不得不薄於彼也。

予之經歷：一九〇五、一九〇六兩年，始執教於常州之私立溪山小學堂。此時予之家境，尚未大壞，但因設立此校之朱少堂君，於予頗加欽佩，托人來相延，故遂往執教耳。一九〇五年，予父嬰末疾。臥牀几一歲，卒不起。先是予父因食指繁多，收入不給，曾將兩所市房，賣去一所。至是，醫藥喪葬，所費甚巨，多出借貸。乃將先父生平善衣，賣得千三百元，以了債務。家況益壞，乃真不得不藉勞力以自活。而溪山因創辦人逝世停辦。一九〇七年，在蘇州東吳大學教國文歷史。因氣味不相投，至暑假辭去。是冬，在常州府中學堂教歷史地理，至一九〇九年。一九一〇年，至南通國文專修科教授。此國文專修科，爲張季直君所辦，培養辦理公文人才，屬屠敬山先生主持其事。其時求能教作公文者甚難。予雖無經驗，而讀近代奏議較多，下筆尚覺相合，敬山先生故找予幫忙。在南通一年半。辛亥革命起，予往來蘇常滬寧者半年，此時爲予入政界與否之關鍵。如欲入政界，覓一官職之機會甚多。若不樂作官，亦可以學者之資格，加入政黨爲政客。予本不能作官；當時政黨之作風，予亦甚不以爲然；遂於政治卒無所與。一九一二年，教授上海私立甲種商業學校，至一九一四年暑假前。所教者，除應用文字外，商業經濟，商業地理，因無人教，亦無教本，皆由予參考日文書教授。由今思之，甚爲可笑。然在當時，固各校多數如此。因其時此等教師，幾如鳳毛麟角也。此校爲上海商學公會所辦。因會員心力不齊，至此停辦。暑假後，予入中華書局任編輯。予本好弄筆，但在書局，所從事者，均係教科書教授書參考書之類，頗覺乏味。一九一八年秋間，中央在瀋陽設立高等師範學校。予內姊之夫楊星岑君，介予前往教授國文歷史。予其時亦欲遠游，乃辭去中華書局之事。已而該校因草創，人事關係，紛紜不定，遂未行。一九一九年，入商務印書館，助謝利恒君編輯中國醫學辭典。予於醫學，本無所知，而先外王父程柚谷先生，先舅氏均甫先生，先從舅少農先生，皆治漢學而兼知醫，故予於中國醫書之源流派別，畧有所知。謝君本舊友，此時此書亟欲觀成，乃將此一部分屬予襄理，至暑假中事訖。暑假後，吳研因君介紹予至蘇州省立第一師範學校教授國文。是冬，瀋陽高等師範學校仍來相延。予仍樂遠行。一九二〇年，遂至瀋陽。至一九二二年，凡三年。一九二三年，時張作霖對中央獨立，瀋陽高等師範學校亦由其接收，改爲東北大學。教職員中，有若干人視爲不順，辭職而去，予亦其一。時江蘇省立師範學校，有數處辦專修科，招中等師範之畢業生，肄業兩年，後又延長半年，俾畢業後教授中學，第一師範亦其一。校長王飲鶴君相招。一九二三年，予乃復至該校。至一九二五年夏專修科畢業之時，凡兩年半。所教者爲國文歷史。一九二五年暑假後，因朱經農君介紹，至滬江大學教授國文歷史。滬江風氣，遠較從前之東吳爲佳。但予在教會學校中，終覺氣味不甚相投。而其時光華大學初創，氣象甚佳，確有反對帝國主義之意味。國文系主任童伯章君，本係常州府中學同事，再三相招。一九二六年暑假後，予遂入光華。此時光華無歷史系，予雖在國文系，所教實以歷史課程爲多。後歷史系設立，校中遂延予爲主任，予已不能確記其年歲矣。一九三二年，日人犯上海,光華延未開學者數月。其時光華欠薪甚多,予實難支持。適安徽大學開辦,光華舊同事孔肖雲任職其中,該校介之來相延,言明決不欠薪。予向光華辭職,光華相留,改爲請假,由陳守實君代課。予赴安徽,凡三個月,其欠薪亦與光華無異。予嘗有丈夫子四,女子子二,多夭折,存者一女而已,暑假後將讀書上海。予乃去安徽,復返光華。一九三七年,抗日戰爭起,光華遷租界開學。予携一妻一女,亦遁跡租界,仍在光華教授。一九四一年冬,租界亦淪陷,光華停辦。租界中居民,受敵壓迫,亦與內地無異。初常州之陷也,予所自居之住宅,全被炸毀。是時城門由敵兵看守,出入者必向其行禮,予因不願向敵兵行禮,故迄未歸。室中殘餘之物,爲人取携殆盡,惟書百三十六箱,雖經打破拋擲,經親族代爲裒拾,尚得五十七箱而已。此時居滬與居內地,同一麻煩,而敵兵之守城門者已撤。乃由予妻予女,先行回里,視察情形。覺能善自隱晦,尚可勉強居住。而另一所住宅,戰前租賃與人者,尚未滿期,房客不肯出屋。乃裒集殘餘瓦木,加以新買,在廢址蓋屋兩間,勉強暫住。而予於八月一日返里。此時游擊區中,尚有中國人自辦之中學,頗願延致知名之士。聞予還里,湖塘橋之青雲中學,坂上之輔華中學,均來相邀。予曾在該兩校教授一年。因予無法居住鄉間,城鄉來往,總覺不便,於一年後乃均辭去。惟輔華仍於半年中去過三次,與學生隨意談話而已。在城中則深居簡出,信件多由親戚代爲收轉。與開明書店約定,編撰晉南北朝史,借以自活。一九四五年,日人降服,光華復校,予乃再來上海。

予之思想,凡經三大變:成童時,最信康梁之說。予生平不喜訪知名之士,人有願下交者,亦多謝絕之,以汎汎訪問,無益於問學修爲也。故於康梁兩先生,皆不識面。然在思想上,受兩先生之影響實最深,雖父師不逮也。此時所篤信而想望者,爲大同之境及張三世之說。以爲人莫不欲善,世界愈變必愈善;既愈變而愈善,則終必至於大同而後已。至於大同世界,究係如何情狀?當由何途以赴之?爾時年少,不知考慮也。年十七,始識從母兄管達如君,管君爲謝鍾英先生之弟子。鍾英先生者,利恒君之父,予識利恒君,亦在此時也。鍾英先生亦治史學,以考證名,而實好談舊日之經濟。其言治道,信法家及縱橫家之學。予自達如君獲聞其說。惟予與達如,均不信縱橫家,只服膺法家耳。法家之說,細別之,又可分法術兩派,而予所服膺者,尤爲術家。此時循中國舊說,以爲凡事皆當藉政治之力改良之,然政治上之弊病,則皆由於在執者之自利。故非有督責之術,一切政事,皆不能行;強行之,非徒無益,而又有害。蓋此時年事稍長,能就社會情狀,加以觀察,故其見解如此也。此時之見解,今加檢討,實有超階級之思想;而異時信階級及階級鬥爭之説,亦未嘗不於此伏其根原。何者？術家精義,在臣主異利四字。所謂臣者,非指一定之人,但指處一定地位之人耳。故先秦法家所謂朋黨,與後世所謂朋黨者,其義大異。後世所謂朋黨者,皆因一時之利害,有意互相結合,先秦法家書中之朋黨,則其人不必互相知,更不必有意相比,但所處之地位同,故其利害同,利害同,故其行動自然一致耳。此非今日所謂階級之義乎？何以去此階級？在今日,則重被壓迫階級之自行鬥爭,在昔時,則望有一大公無私者,立於最高之地位而制裁之。此大公無私者,何以能大公無私乎？則曰天下自有此一種人耳。故曰有超階級之思想也。予因此信仰,故在政治上,流爲開明專制主義,後雖聞歐美政治家言,此思想亦未曾變。以爲在君主專制之國,改善政治,所希望者爲賢明之君相,在立憲之國,則所希望者爲有賢明之中堅階級耳。予之以中國舊説與西方舊民主主義革命之説互相結合,其畧如此。大同之希望及張三世之説,此時並未放棄,不過不暇作深遠之思考,但以改善政治,爲走向大同之第一步耳。此予第二期之思想也。馬列主義初入中國,予即畧有接觸,但未深究。年四十七,偶與在蘇州之舊同學馬精武君會晤,馬君勸予讀馬列主義之書,爾乃讀之稍多。於此主義,深爲服膺。蓋予夙抱大同之願,然於其可致之道,及其致之之途,未有明確見解,至此乃如獲指針也。予之將馬列主義與予舊見解相結合融化,其重要之點如下:（一）舊説皆以爲智巧日開,則詐欺愈甚。智巧不開,無以戰勝自然,詐欺日甚,亦將無法防治,此爲舊日言大同終可致者根本上最難解決之問題。得今社會學家之説,乃知詐欺之甚,實由於社會組織之變壞,非由於智識之進步;而智識之進步,且於社會之改善,大有裨益;將根本之難題解決。（二）超階級之觀點,希望有一個或一羣賢明之人,其人不可必得;即得之,而以少數人統治多數人,兩力相持,其所能改革者,亦終有一定之限度;此限度且甚小,只及於表面之一層;即其本意所求者,亦不過兩階級可以勉强相安,非真能徹底改革,求底於平;而即此區區,仍有人亡政息之懼。今知社會改進之關鍵,在於階級鬥爭,則只要有此覺悟,善之力量,隨時具足;且其改革可以徹底,世界乃真能走向大同。（三）國家民族之危機,非全體動員,不能挽救,而階級矛盾存在,即無從全體動員。（四）目前非愛國愛民族不可,而舊時之見解,愛國愛民族,易與大同之義相齟齬。得馬列主義,乃可以并行而不悖。（五）求諸中國歷史,則自王巨公以前,言政治者本重改革制度。爾時政治,所包甚廣,改革政治,亦即改革社會也。自巨公失敗後,言改革者,不敢作根本之圖,乃皆欲從改良個人入手,玄學時代已然，承之以佛學而益甚。宋儒雖辟佛，於此見解，亦未改變。然歷史事實證明此路實爲絕路。故今日之社會主義，實使人類之行動，轉變一新方向也。

對政局之見解：在戊戌變法時，贊成變法。政變之後，隨康梁主張保皇。亦知其時無實力推翻滿清政府，希望孝欽后死亡，德宗可以復行其志耳。庚子事變後，輿論對滿清政府，漸行絕望，予之見解，亦隨衆而變。君憲革命之爭起，予在手段上，隨康梁主張君憲，在感情上則主張革命。當時之希望，爲暫時保存滿清政府，以行改革，免致爭亂，而改革成功之後，則用政治之力，或加以僅少軍事之力，一舉將滿清王室推翻。因中國雖藉舊政府之力以行改革，其權必不在滿人。滿洲王室，並無根柢，推翻之必不難也。此見解實同於梁任公先生。因梁先生雖主君憲，然有一次，亦曾言中國戴滿洲人爲君主，即無實權，於政治上無害，於漢人之民族主義，終爲一缺憾也。民國以來，因予所希望者爲開明專制，共和之虛名，予知其無用，故頗希望實際有一能擔當國事之人。此見解，頗與嚴幾道先生相同。後來《學衡》雜志所發表嚴先生與熊純如之書，多與予爾時之意見相合也。予之見解，凡能撥亂反正者，必爲文武兼資之人。文謂在政治上能開明，武謂能統御將帥。政治上不開明，根本不足以言治，然不能統御將帥，則必威權不振，雖有願治之意，亦一事不能行。歷代之開國君主，對此兩條件，在一定限度內，皆能具有。民國在名義上雖易爲共和，實際上仍未脱此局勢，故此種人不能不希望其應運而生也。然袁世凱、段祺瑞、吳佩孚，對此條件，皆顯然不足，故予於北洋軍閥所組織之政府，殊爲絕望。孫中山，予初嫌其武署之不足，國民黨改組以後，氣象一新，予對南方，頗存希望。但自遷寧以後，對國民政府，亦漸次失望。其主要之原因：（一）由其與江浙財閥合流後，日益貪污腐敗。（二）逐漸與反動軍閥合流，既無誠意，又無實力，以收拾壞法亂紀之軍人。（三）政客亦爲民國以來，政局擾攘之一大因素，國民政府亦漸與之合流。國民黨則日益腐敗。（四）施用法西斯高壓手段，予認爲天下無如此可以治理之理。國民黨與共產黨之鬥爭，以及國民黨內自己的鬥爭，當時並不十分明白其真相。但國民黨專對共產黨用兵，雖口稱安內然後攘外，然其意實非如此，則當時亦知之，因國民政府一切所作所爲，皆與人以共見也。予認識共產黨之優良，首由共軍退出江西後，報館通訊員，有游歷其地者，詳述共黨在時政治之優良，及其地之人民對共黨之懷念。次則西安事變後，報館通訊，又有詳述蔣介石之獲釋，皆由共產黨之大公無私，一意抗日者。此兩通訊，大約非見於《大公報》，即見於《申報》。抗戰以前，予剪貼報紙甚多，惜皆因故居之被毀而毀滅矣。此時願望，專在抗日。

西安事變後，以爲兩黨必能合作，不復注意其別一方面，故對共產黨之真相仍無所知。抗戰以後，予亦知日本人政治及軍事之力，皆遠較國民政府爲強，勝利必非易事，但有一中國必不滅亡之信心。以如元清之佔領中國，皆由中國只有一部分人與之抵抗，今既全國之人皆知敵愾，則日本必無力全佔中國；尤其西南地勢之險阻，西北路綫之悠長，日人必無力攻入，終可留爲中國反攻之根據地也。當國民政府退出武漢之際，西人有著論者，謂中國留在山地的軍隊，日人必無力消滅，但恐此等軍隊，苟安山區，不肯力戰。予仔細研究湖北戰事，亦覺其説非誣。但對於蔣介石及國民政府中位置較高之人，則信其必不降敵。共產黨之抗敵，較國民政府爲力，當時亦微有所知。（一）因在江南一帶見聞所及之處，新四軍作戰之力，確較國民政府之軍隊爲強。（二）則國民黨之官員、黨員、軍人，多有降敵者，共產黨則不聞有是。（三）則太行山區之戰績，逖聽使人神王。且國民政府，幾將河北山東放棄，而共產黨仍能進展至其地；最後且進展至灤州；並有少數展至遼吉邊境者。共產黨在東北作戰之事跡，爾時無所聞，此進展至灤州及遼吉邊境之消息，則日人亦不能諱，見於日本之報紙者也。（四）共產黨當時之策畧，什九無所知，惟毛主席《論持久戰》一文，則曾見之，亦深佩其戰畧。職是故，共產黨抗敵之志，更較國民黨爲堅，抗敵之力，更較國民黨爲強，在當時亦知之。但（一）總以爲共產黨正規軍不足，配備亦不如國民黨軍隊之良，欲驅逐日人，必不能不藉兩黨之合作。（二）又其時對於後方之情形，不甚了了。共產黨對於國民黨既合作又防閑之策畧，亦無所知。遇有兩黨磨擦之事，則以爲低級人員之所爲，高級人員，必不如此，特其力未足制止下級人員，使之不相衝突耳；然亦斷不致因此而破壞兩黨合作之局也。當時之見解如此。勝利以後，予對國民政府，轉較抗戰時期爲失望。蓋前此東西遙隔，該政府之劣跡，居於淪陷區者，不甚知之，至此則一一暴露矣。自後方來者，措置之混亂，及其貪污橫暴無論矣。日寇之敗北，國民政府何力焉？僥幸成功，自當下哀痛之令，深自刻責，方足以平民憤而厲民氣。乃每一下令，無不引敵寇之降服爲己功，然則如此惡劣之局面，在政府視之，業已心滿意足，尚何以激厲民氣？當蘇聯出兵之時，予不意其勝利如是之速。予亦知國民黨在河北已無軍隊，而共產黨則有之，私謂國民政府，必以共產黨軍爲前驅，而自發大兵以繼其後，會蘇聯兵共收東北。乃所聞者，則令日本人勿降國民黨以外之軍隊；藉美帝之力，空運軍隊，以據東北要地而已。不亦令人齒冷乎？與蘇聯之條約，身所訂也，而其黨人又攻擊之，然則其訂此條約也，誠悔禍與蘇聯相親善，而承認外蒙民族之自決乎？抑以此爲手段,謀納交蘇聯,以絕共產黨之援,而謀動干戈於邦內也?其肺肝如見矣。然至政治協商會議之開,予心又渴望其成,且以爲議必可成。渴望其成者?冀國共兩黨在議會內作鬥爭,以方新之共產黨,逐漸淘汰腐敗之國民黨,不必再訴諸兵力也。以爲可成者?謂史事不能重複,觀於往事,軍人不肯釋私怨而以身殉之者固多,然在今日,蔣介石當愚不至此也。而孰意其皆出慮外?蔣氏所以敢啓此滔天之釁者,蓋專恃美帝之援?至此則全與帝國主義合流,雖賣國而有所不卹矣。日暮途遠,不得不倒行而逆施,亦勢使然也。故自政治協商會議決裂後,予惟日望共產黨之成功。解放以前,消息皆被封鎖,故予對共產黨之政策,解放以後,方逐漸知之。予對今日之政治,根本上可謂百分之百贊成,何也?走社會主義之路,以達到世界大同,爲予之素志,而循馬列主義及毛澤東思想而行,亦予所認爲正確之路綫也。至於實際之措施,則可謂有百分之九十贊成。政府之政策正確,計劃周詳,且能屬精圖治;幹部亦多數振作清廉;皆與人共見者也。其效驗之可徵者,短期內停止通貨膨脹,統一財經管理,治久不能治之淮水,改革土地,振興工業,調劑貿易與生產,鎮壓反革命分子,三反五反,底定新疆西藏抗美援朝,三年之中,功效卓著,雖敵人亦不能誣也。所不足百分之十者,幹部不盡通知政府之意,奉行政府,或失元意,又宣傳之意太多,反映人民意見不足,屬行批評與自我批評,亦尚有欠闕。此意嘗與附中酈家駒君談及,酈君曰:宣傳太多者,國是初定,人民未盡瞭解,不得不然也。此說予亦謂然。又幹部衆多,自不能期其皆通知法意。古人有言曰:爲治不在多言,顧力行何如耳。予亦曰:爲治不在高論,顧力行何如耳,思慮周密深遠者,實行之力,往往不足,反不如頭腦簡單之人,此理亦予所能知。但糾正偏向,當在其未甚之時,既甚而後圖之,則將尋斧柯非復拔毛之易矣。此則區區憂盛危明之見也。

　　三反中之檢討。貪污之事實,予自問無之,因生平未曾經手過財物也。此次小組討論,認爲有兩件事,可算貪污。(一)在學校闕課不補,而薪水照領。(二)則所編撰之書,有本不願作,徒以稿費遂爲之者。此亦充類至義之盡耳。然貪污之思想,實不可云無。何者?人之所欲不同,而同爲有欲。予受舊教育較深,立身行己,常以古之賢士大夫爲模楷;又生平無甚嗜好;故如三反五反中所發見資產階級用以腐蝕幹部之手段,皆不足以腐蝕予。有行賄者,予必能拒之,使予作官,犧牲習慣上之收入而有利於民,亦必能爲之。此自度能之,不必僞爲謙抑,言其不能者也。然遂可云無欲乎?人之所欲,必有其最大者,最後者,受損害者未及於此,皆能犧牲,至於此則難矣。孟子所謂能讓千乘之國，而簞食豆羹見於色者也。其讓千乘之國，正其貪污也。臨真利害而不渝者，惟真有修養之士能之。故古人言慷慨捐軀易，從容就義難。前者猶或動於客氣，可以襲取，後者則不能也。且如劉蕺山先生，死明之難，不激烈而失之早，亦不因循而失之遲，而自擇一適宜之時，從容就義，絕無勉強，此非真有功夫而能之乎？此真所謂來去自由，數見迷信佛教之淨土宗者，妄言能豫知死期，以爲來去自由，惡矣。設使當此境界，自問能之乎？曰：不能也。或曰：子未至其境，焉知其不能也？此如考試，雖未至其期，而以平時成績，與同考者比較，一切皆不逮焉，至考試時能與之齊乎？且如金正希先生，游黃山，立懸崖上，足三分二分在外，心不動，吾輩今日能之乎？然則敢自詡曰：吾亦能如金先生之守徽州，至死不變乎？故曰：貪污思想不可云無也。設有行賄者來而拒之，正中於拒賄之欲耳，猶爲魏其沾沾自喜也。惟浪費則亦然，予生平未嘗經手公家財物，故亦無所謂浪費。此次檢討，惟在學校考試時，卷紙或有餘剩，不交還發紙處，後遂不知所往，此可以云浪費。亦其細已甚矣。然可云能不浪費乎？不能也，何也？浪費本無一定標準，視客觀環境而定。皖北鄉間，材木缺乏，雖長板凳不能家有，於其地立一機關，布置一辦公室焉，必求靠背椅而坐之，已爲浪費矣。今在上海，有一機關，故多沙發，棄之何義？雖坐之，庸得云浪費乎？然使真有己飢己溺之懷者，坐之，念人之并長板凳而不能具，而己坐沙發，必有戁然反不如坐長板凳之爲安者。使此等人在皖北布置辦公室，必不求靠背椅而坐之矣。今試自問：坐沙發時，有此戁然不安之念乎？亦或有之，能持久而戰勝其相反之念乎？然則使之布置辦公室，能無浪費乎？右所檢討，皆近精微。至於官僚主義，則予徹底皆是，不必立較高之標準而後能見之也。何謂官僚主義？曰：凡事皆有名無實。當作之事，實不曾作，而又能巧立一說以推卸責任者則是矣。始焉巧立一說，乃所以避人督責，習之則心亦誠以爲然，故初爲法律問題者，後遂成爲道德問題，世人而皆如此，則萬事皆隳壞於冥漠之中。晉人清談，正係如此。其人思想雖或高超，其行爲實亦以守禮者爲多，然其詒害於國家社會，則不可諱，亦不可恕也。予自問此習甚深。其所由然，實由予本爲一墮落之世家子弟。昔日富貴之家，其創始之人，必出於艱苦之境。雖或爲鄙夫，或竟刻薄、兇惡，然其人必有能力。至一再傳後，則其子弟生而處於優裕之境，遂懶惰不作事而好享受。即或家道中落，而家庭之積習已成；又其戚族朋友，亦多係此等人；遂墮落而不能自拔矣。此等人中，有縱侈者，有兇暴者，人皆目爲惡人，久之，遂至爲人所不齒。其溫厚謹飭者，人亦不加責備。其中亦有少數，能讀書通知學問者，人并目爲好人。然其腐敗不能奮發有爲、趨事赴功則一也。而予即其人也。予自問，性最懶惰，因懶惰故，凡事皆立於旁觀地位，止於表示贊否而已，不肯身當其任。生平不欲作官，亦不肯加入政黨，此亦其大原因。人有問予：在光華二十餘年，他校相招者甚多，條件多優於光華，何以終不遷改？其大原因，亦在懶惰，憚於遷改而已。雖切身之事，亦多出以敷衍，得過且過。人有以事問予者，答語多模棱，非欲持模棱免過咎，予視事不容己及必不可者本甚少也。所以如此者，以生平不親務，但持論，親務者不能不出於一途，持論者固可列舉多端，任人自擇，故養成此習慣也。世家子弟，在社會上流品本高；又舊時讀書人，有真能讀書者，亦有僅從事於科舉之業者，前者對後者，亦頗輕視；無意中養成自高自大之習，與人不親。與人不親，則自甘孤寂。在學術上不能與人合作，亦不能指導人。不訪人，亦憚人見訪。因與人不接故，凡事不知真相。不知真相則多疑，遇事須多考慮，考慮雖多，仍無真知灼見，則不能堅持一是，而動搖妥協矣。以習於懶惰孤寂故，亦不思縱侈，但樂優閑。今人自行檢討，每云想住洋房，坐汽車，予無此念。予所神往者，龔定庵先生之詩，曰：紅日柴門一丈開，不須逾濟與逾淮。家家飯熟書還熟，羨殺承平好秀才。其所樂者異矣，其所繫戀則同也。以好優閑故，自由散漫之弊，自不能免，而不能服從紀律。又習處安全之境，故好説理而憚鬥爭，以此不能爲革命工作。予之學問，本非如今所謂純技術者流，亦非如今所謂爲學術而學術，遭直世變，本應隨自己之能力及所處之地位而有所靖獻。不能然者？不能自拔於環境之外，夷不自振也。何以自恕，如今人所云防空洞者乎？猶憶亡清捐例將停時，或謂予父：賢郎固能讀書，然今世道艱難，爲子弟計，當多備可走之路，如狡兔之有三窟。君應籌款，爲賢郎捐一職，將來若不需用，自可棄之，多備無患也。予父喟然曰：世變亟矣，予有子，不欲其作官也。因謂予曰：隱居不仕，教授鄉里最佳。予父所謂教授鄉里，非如今之所謂大學教授。如予之所爲，自昔人之有德者視之，已爲鶩聲華而非恬愉之士矣。然予父不欲予作官，亦非謂人不當自效於當世，特謂不當如流俗，以作官爲啖飯之途徑耳。使予能隨才力地位而自靖，固亦予父所深喜，而予遇懶惰而欲有便私圖時，固嘗自恕曰：此非先人之所望於予。是欲自便私圖，而委其責於先人也。在民國元年時，章行嚴君，嘗在《獨立周報》中自道曰：人之有才，如貨物焉。貨物當致之需用之處，人才亦宜自度所宜。有宜實行者，有宜以言論唱道者。予自審不能實行，故遂不躬與革命之役也。此言予頗善之，故嘗自期，與其趨事赴功，寧以言論自見。設遇機會，可作幕僚而不可作官。作幕僚或曰無機會，言論不能云無，而有所懷亦什之九不下筆，此當自咎，不可以咎當世也。且古之強聒不捨者誰乎？

檢討予之思想之來源，何屬乎？曰：屬於資產階級也。予之立身行己，恒以古賢士大夫爲模楷，亦好稱誦其言，故人恒謂予有封建時代之餘習，其實不然，觀人必於其微。人之性質，在深處自有其根柢。所誦習之具體條件，與此根柢無傷害時，皆能行之，及其兩不相容，則爲此根柢所格，棄如敝屣矣。人類之德性，隨社會之發展而發展。封建主義時代曰勇，資本主義時代曰智，社會主義時代曰仁。人之始，與自然相搏鬥而生，非勇無以自存。歷奴隸社會以至封建社會，一部分人，不用其力以與自然爭，而用以剝奪人。勇足用也，而失之暴矣。然但以勇言，其德固有足稱者。此時代之人，厚其所厚而昧兼愛。於其所不愛者，視之如仇，賊之若草芥也。於其所厚者，則盡力以奉之，不復計是非利害。李廣爲衛青所賊，其子敢，又爲霍去病所殺，漢武帝徒芘椒房之親，不能正其誅，而廣孫陵猶爲之以步卒五千絕幕；無援敗降，欲得當報於漢也，而武帝又收族其家，不真視臣如草芥乎？而隴西士大夫，猶以李氏爲愧；是則封建時代之典型人物已。後世猶有之乎？豈無志節之士，視死如歸者？彼自求其心之所安，非效忠於一人也。何也？資本主義興，則人日益智，知個人之不足爲之效忠矣。故所謂封建主義，久絕於中國矣，如死灰之不可復燃矣。今之世，有進於社會主義而滌除其資產階級之積習者，守封建時代之餘習而未達資產階級之思想者，則無有也。何也？舉世皆然，一人不能獨異也。或曰：親美，崇美，恐美，今之大學教授，比比然也，是資產階級思想也，子有之乎？無之則何云資產階級思想也？曰：親美，崇美，恐美，不足以云資產階級思想也，是直奴才耳。資產階級無親，惟利是圖。資產階級，特色在智，智則知人之所至，我亦能之，何足崇焉？惟利是圖，知己知彼，力足敵之，則抗之矣，又何恐焉？故真資產階級，當贊成抗美。其不然者，其利依附美帝，所謂買辦階級也。

曹漢奇君云：子畢生從事教學、著述，當就此兩者，加以檢討。今從之。予於教學，夙反對今人所謂純學術及爲學術而學術等論調。何者？人能作實事者多，擅長理論者少。同一理論，從事實體驗出者多，且較確實，從書本上得來者少，且易錯誤。歷來理論之發明，皆先從事實上體驗到，然後借書本以補經驗之不足，增益佐證而完成之耳。故致力於書本，只是學術中一小部分。專以此爲學術，於學術實未有知也。予之宗旨雖如此，然予之性質，實近於致力書本之人。故歷來教學，亦只能教人讀書。此觀與我親近之舊同學，皆係好讀書之人可知。予雖教人讀書，並不主脱離實際。且恒戒學者：學問在空間，不在紙上。須將經驗與書本，匯合爲一，知書本上之所言，即爲今日目擊之何等事。此點自問不致誤人。然全然破除經生門面，只重知識，而於書本則視如得魚之忘筌，則病未能也。高深之學理，以淺顯之言出之，講授時亦能之。但將所授之内容，減低程度，亦嫌不足。向持中道而立，能者從之之見。此點，實尚未適宜於大多數人也。

予之述作，有下列諸書：（一）《中國文字變遷考》。論篆隸真行草之變遷。其中論漢代所謂古文一段，自謂頗有價值。（二）《字例畧説》。此書論六書之説，爲漢代研究文字之學者所創；字例實當別立；六書中惟象形爲文，指事亦字；及整理舊説，輔以新得材料，以論文字之增減變遷；自問亦足觀覽。（三）《説文解字文考》。文爲單體，其一部分成爲中國之字母，既非説文之部首，亦非普通所謂偏旁。當從現存之字中句求得之，然後用爲識未識文字之基礎。予就《説文》一書試爲之。（四）《章句論》。論章句兩字之本義，即今之標點符號。中國古亦有標點符號，而後鈔寫、印刷時，逐漸失之。今鈎求得若干種，於讀古書時補上，可使意義較明顯。此事前人雖畧引端倪，從未暢論。拙作出版後，亦未見有續論者；至少值得一覽也。（五）《白話本國史》。此書係將予在中學時之講義及所參考之材料，加以增補而成。印行於一九二一或一九二二年，今已不省記矣。此書在當時，有一部分有參考之價值，今則予説亦多改變矣。此書曾爲龔德柏君所訟，謂予詆毀岳飛，乃係危害民國。其實書中僅引《文獻通考·兵考》耳。龔君之意，亦以與商務印書館不快，借此與商務爲難耳。然至今，尚有以此事詆予者。其實欲言民族主義，欲言反抗侵畧，不當重在崇拜戰將。即欲表揚戰將，亦當詳考史事，求其真相，不當禁遏考證也。（六）《中國通史》。予在大學所講，歷年增損，最後大致如是。此書下册僅資聯結。上册農工商、衣食住兩章，自問材料尚嫌貧薄，官制一章，措詞太簡，學生不易明瞭，餘尚足供參考。（七）《先秦史》。此書論古史材料，古史年代，中國民族起原及西遷，古代疆域，宦學制度，自謂甚佳。（八）《秦漢史》。此書自問，叙西漢人主張改革，直至新莽；及漢武帝之尊崇儒術，爲不改革社會制度而轉入觀念論之開端；儒術之興之真相；秦漢時物價及其時富人及工資之數；選舉、刑法、宗教各章節，均有特色。（九）《兩晉南北朝史》。此書自問，總論可看。此外發見魏史之僞造及諱飾；表章抗魏義民；表章陳武帝；鈎考物價工資資産；及論選舉制度皆佳。論五胡時，意在激揚民族主義，稍失其平，因作於日寇入犯時，不自覺也。異日有機會當改正。（十）《中國民族史》。此書考古處有可取，近代材料不完備。論漢族一篇，後來見解已改變。（十一）《先秦學術概論》。近來論先秦學術者，多側重哲學方面，此書獨注重社會政治方面，此點可取。（十二）《理學綱要》。近人論理學之作，語多隔膜，此書自謂能得其真。惟只及哲學，未及理學之政治社會方面爲闕點。（十三）《史通平》。以現代史學觀點，平議，推論，亦附考據辯證。（十四）《經子解題》。論讀古書方法，及考證古籍，推論古代學術派別源流處，可供參考。（十五）《燕石札記》。考證尚可取。論晉人清談數篇，今日觀之，不盡洽意。以上一至五，十二至十五，商務出版。六至九開明出版。十、十一世界出版。三未出版。此外單篇散見報章雜志者，一時不能盡憶，然不多也。詩文附日記中，日記幾全毀於日寇，恐所存已僅，至今未能搜茸也。予所述作，多依附學校講義而行，故中多普通材料。現甚想將其刪去，全留有獨見之處，卷帙可簡什七，即成精湛之作矣。少時讀史，最愛《日知錄》、《廿二史札記》，稍長，亦服膺《十七史商榷》、《癸巳類稿》，今自檢點，於顧先生殊愧望塵，於餘家差可肩隨耳。今人之屑屑考證，非顧先生所不能爲，乃顧先生所不欲爲也。今人自詡搜輯精博，殊不知此等材料，古人既得之而後棄之者多矣，此意予亦老而後知。然後知少無名師，精力之浪費者多也。

今後之希望。道德貴於力行而已，不欲多言。學術上：（一）欲刪定舊作。（二）夙有志於將道藏之書，全讀一過，未能實行。今後如有此日力，仍欲爲之。所謂道教者，包括從古已來雜多之宗教；自亦有哲學思想；與佛教又有犬牙相錯處；與農民豪傑反抗政府之組織，及反動道門，皆有關係，而至今無人研究。使此一部分，成爲中國學術上之黑暗區域；政治史，社會史，宗教史，哲學史，亦咸留一空白。予如研究，不敢望大有成就，必能透出一綫曙光，開後人研究之途徑也。不知此願能償否？馬列主義，愧未深求。近與附中李永圻君談及。李君云：學馬列主義，當分三部分：（一）哲學，（二）經濟，（三）社會主義。近人多侈談其三，而於一二根柢太淺。此言適中予病，當努力補修。

寫於一九五二年

# 日報版式印數諍議

　　民主之世所最冀望者，爲人民之能通知時事，欲通知時事，則必閱報，而尤宜剪裁粘貼，以便保存。何者？整張之報，體積太巨，藏庋爲難，檢閱尤覺不便也。不佞閱報近六十年，少時所見報紙，皆版式一律，印完一事，再及他事，長篇文件及專著，並有別爲一版如書籍然，裁下即可裝訂者，剪裁粘貼，保存檢閱皆甚便利。不記何時改成今日式樣，每排長短不一，一事未終，別易一事，而前記之事，反在其下一排，甚有文字忽而直行，忽而橫行者，又有於一事中間，別爲一方，記一小事者。裁剪粘貼，煩苦孰甚。夫剪裁粘貼便，則能從事於此者多，而有用之材料亡佚不易。猶記丁未（按，即光緒三十三年，公元一九〇七年）之歲，上海《南方報》曾載一美人虐殺菲律賓革命志士之事，係譯自日本報，其殺之也，備極慘酷，務使之求死不得，不徒不知其可恥而秘之也，且公然集衆而觀之。有一菲律賓人哭問此志士有無遺言，此志士尚勉其國人以繼志述事，此真民族精神可歌可泣之事。一日人亦與觀焉，意良不忍，問近己之美國婦人曰：貴國人何殘忍至是？美婦人乃曰：觀此乃大樂事，君不知邪？此真今親美崇美者當頭一棒，抑亦足使日人菲人之匿就美而甘爲之鷹犬者，憬然自思也。又是年《時報》載一瑞典人入山失踪，數年後乃復得之，則遍體生毛，能竄越樹杪，無異猿猱，此又今白毛女一劇之佐證也。此等事予皆曾剪帖保存，遭倭寇入犯而盡毀，寇退後更求是年之《時報》及《南方報》竟不可得，實不能不憮然於報紙之保存者太少也。尋報紙版式之參差，似起於上海所謂小報，本供消遣，無足保存，故其式如此。大報從而效之，則無謂矣。今謹建議改革排法，每排長短皆歸一律，排完一事，再及一事，長篇專件，別爲一版，如昔申、新等報之京報及專著然，以便留心時事而欲剪裁保存者。此等人所取材，不必限於一報，則全國報紙之版式，並宜一律也。自去秋以來，報館改訂章程，閱者皆須先付報費。蓋求豫知消數，以定印數，可免多印而節浪費，意至善也。然零售之數亦不宜過慳，何者？報紙之爲物，不宜補閱。一者消息不宜得之過遲，二則篇幅太長，補閱難以周到也。故踪迹無定的人，不能不資於零買，即居處有定者，亦或不慎失去一紙，又或送報者偶爾漏送。又今報紙皆兩面印，或一事始末，延亙兩面，欲剪帖者，即不能不多買一分。故印數雖宜節約，豫備零售之數，仍不應過少。予爲常州人，旅食於滬，因事返里或他適，必零買報紙，於當日讀訖，數十年如一日。乃今年六月二十一日返里，則報紙已無復一分可以零買，只得逐日借諸親友，留常九日，日須爲借報奔馳里許，已覺不便。然予爲當地人，尚可向親友借閱，設或異鄉之士熟識無多，借不能得，則非一並補閱不可，事冗或羈旅久者，必且不能補閱矣。此亦不能不望報館於自計之外，更爲讀者計者也。

寫於一九五二年十月十日

# 書店宜印行完全書目議

　　昨因中國圖書公司發售特價書籍，前往一觀，至則人山人海，不論何種書籍，皆難得見。乃往問詢處索取書目，問詢處中人舉以相示，言只能在此翻閱，不能携歸。如欲取得一分，又須函索，不能面索，且函索最好由機關行之。以印一特價書目，成本亦須千元，勢難多贈也。予因問以公司發售之書，完全之目錄有否？渠言無之，隨手舉書目一册相示，言若此者，印本即須五千元，人已嫌其貴。如將公司發售之書印一全目，或將再如電話簿，無人願買，亦無從贈閱矣。予聞之有感焉。凡事辦法皆當隨事勢而變，此亦即隨時代而進化。因者易爲功，創者難爲力。故凡治一學，昔人於此已有何書，其書大致如何，必須知其大概。舊時讀書之家，或於兒童自能讀書之初，使讀《四庫書目提要》一過，用意良善。甲午以後，學者初欲讀新書時，則梁任公先生有《西學書目表》之作，粗舉其目，又有《讀西學書法》，略道各書大凡，雖甚粗略，學者亦頗受其益。此後學術日進，新出書籍日多，於此相需實更殷，而反無之。不論何家書店，但年代稍久者，向其索其完全之書目，皆不可得，此實極可怪之事，但今日罔或不然，則習焉而不以爲異耳。然承學者之受其弊，則甚深矣。崑山錢君冕唐，宿儒也。嘗爲予言，有鑽研小學用力甚深，而不出康熙字典之外者，深以其誤用功力爲可惜，然昔時僻陋之地，如此者實甚多，特不爲人所措意耳。英儒貝納爾言之，今日欲治一學，從頭做起，有時反較尋出前人已成之績爲易（《科學與社會主義》第一〇九頁）足見浪費精力中外皆然，可勝浩嘆。此實不可不亟謀改革，而欲圖改革，則有完善之書目，實其先務，而書店新出之書能有一完善之書目，尤先務中之先務。但看書名，不能知其書之宗旨體例及所論述如何，自無從評論其好壞矣。故完善之書目，必有提要，此則亦口口書店之書目皆無之，但一書初出時，有一廣告，略述譯著此書之意及其大凡耳，稍久則去之矣。然讀者之求書於新出之書及稍舊之籍，必須略知其大凡無異也。故完善之書目，不論新出或稍舊之書，皆宜附以提要。書店所以如此，蓋亦習慣相沿。蓋舊日刻書之家所刻，十之九强，皆傳世已久之書籍，人人知之，自無待更加説明，近數十年來，譯著之新書，已非其倫。然猶沿襲不變，則與事勢不合矣。完善之提要，殊不易作，廣告雖不免浮夸，究須説明其體例及所論述，亦於讀者有益。在倭寇入犯之前，予嘗詒書商務印書館，勸其印一詳盡之書目，舉初出時之廣告，悉附其下，分門發售，以便讀者，而該館復書，言各書廣告底稿，多已不存，不善經營，殊堪駭異。此其自窒其營業者害尚小，其詒累於讀者，則害實深矣。今後著譯皆當爲公衆計，非爲一己計，則廣告提要二者可合爲一，人固有所蔽，然相知者，亦或不如自知之深，當一書初出時，著譯者即宜如實作一提要，亦即以爲廣告，出書後得人評論，自亦可附其後。但今日書評多嫌繁重，不妨刪節或撮取其意耳。予謂書店之出新書以及總攬發行如中國圖書公司者，皆宜有一完備之書目，舉所有之書悉載之，舊書能有提要者皆載焉，無則闕。此後所出之書，則一一宜有提要，分門編印，亦即分門發售，售罄之後，即應再印，或爲活頁或裝訂成册，任人選購，售價悉照成本，決無非之者也。芻蕘之見，敬請當世讀書之士評論焉。

寫於一九五二年十月十七日

# 致解放日報再議報紙發行書

解放日報諸先生大鑒：今日接到上海郵局發行處十二月通告，告以推行計劃發行之故，今年報紙雜誌，均須先期豫訂，並須規定豫訂之期，不能如現在之隨時起訂。此法誠可使報紙雜誌豫知所須之數，不致多印，以招浪費。然零售之數，仍有不可不慎爲籌畫者，而報紙爲尤要。蓋留心時事者，其於報紙，非徒閱讀，並須留存，以資覆閱。整張太巨，藏庋檢查，均覺不便，則須裁減粘貼。而現在報紙均係兩面印，設有重要消息，文件正居正反相對之地位者，粘貼之後，必失其一，如此即不能不臨時多買一紙。今日事務繁忙，或居處偏僻者，臨時添買報紙一分，已極爲難。若竟無處可買，則非手鈔一面不可矣。此豈力所能勝邪？又報紙之爲物，不易補閱，勤於讀報者，最好不一日間斷。僕爲常州人，旅食於滬。去年六月二十一至二十九曾因事還里，九日既至，則報紙已無一分可以零買，只得逐日借諸親友，日須爲此奔馳里許，而剪帖仍須待至回滬之後。此於精力時間浪費亦不爲少。然僕尚爲當地人，有處可借，且非極忙之人，有時間可以往借。離常住之處九日，亦不爲久，設此數者，皆與僕相反，又將如何？故報紙雜誌，豫訂之制，誠宜推行，然究應寬印若干分，以備讀者臨時之需，亦宜審慎籌議也。僕於報紙排印之式，發售之法，均有私見。去冬曾草芻議，寄交《大公報》，久未刊出。今謹就發行一端要言之。敬祈登載報尾，以告主持此事者。實紉公誼。呂思勉謹啓。

寫於一九五三年一月十五日

# 致解放日報讀者來信組函

解放日報讀者來信組諸先生大鑒：前奉二月三日函，並轉到上海郵局函，蒙就鄙人所陳意見，賜與答覆，足征重視輿論之意，曷勝欽佩。惟鄙意尚有未能解釋然者，敢再爲諸先生陳之，查現在報紙發行之法，於讀者頗覺不便，實不自去歲始，其實始於前年秋報館之改定章程。故鄙人於去年十月十日，即撰日報版式或印數諍議一文，寄交大公報，至今未能登出。而其後郵電部出版總署，復頒布新章，於讀者之不便彌甚。乃於今年一月十五日，將鄙見上陳貴報。今雖蒙轉郵局，賜與答覆，然於鄙人所懷疑難，似尚未足解釋。而鄙人自謂所懷，頗有關係，故敢再一竭其愚。蓋民主之世，所最冀望者，爲人民之能通知時事，欲通知時事，則必閱報。整張之報，篇幅太巨，藏庋爲難，檢閱尤覺不便，則必不能免於剪裁粘貼。而今報紙皆兩面印，設有重要消息文件，正居兩面相對之地位者，則剪裁粘貼之後，必失其一，豈易手鈔。即不論此，閱報者豈能一紙不失，送報者亦豈能一無遺漏。又報紙之爲物，不易補閱，故勤於閱報者，最好一日不間。鄙人爲常州人，旅食於滬，去年六月二十一至二十九，曾因事還裏九日，至則報紙已無一分可以零買，只得逐日借諸親友，日須爲此奔馳里許。而剪裁粘貼，仍須待至還滬之後，此於精力時間，所損已不爲少。然鄙人爲當地人，尚有親友可以告借。亦非甚忙之人，有時間可以往借。九日亦爲時非久，剪裁粘貼，可以並日程功。設此數者，均與鄙人相反，勢將如何？邇者鄙人又因寒假返裏，爲期自二月十二日至三月一日，按照新章，無法可以定報，只能托在滬友人，逐日代寄，設無友人可托，又將如何？故報紙即經常定閱之人，亦不能不時資零買也。鄙人閱報，固較認真，然即不認真之人，亦不能不事翻閱。且愈不認真之人，愈不便於補閱。在從前，茶坊酒肆之中，輪船火車之內，多有手持報紙，從事披覽者，今則幾於無人矣。此於人民之通知時事，所損寧不大耶？以上皆就報紙之有無零售言之也。抑鄙人尚覺今日報紙排印之式，於剪裁粘貼，實爲不便。此事於讀者亦所關頗巨。故前寄大公報之文兼及此議（元文題爲報版式印數諍議）。今亦不避辭費更一陳之。鄙人閱報近六十年，猶記少時所見報紙，皆版式一律，印完一事，再及他事，長篇文件及專著，並有別爲一版，如書籍然，裁下即可裝訂者，不憶何時改成今日式樣，各排長短不一，一事未終，別易一事，而前述之事，反在其下一排，甚或於一事中間，別爲一方，記一小事，文字忽而直行，忽而橫行，尤爲習見。剪裁粘貼，煩苦熟甚。此等式樣，蓋起於所謂小報，小報本供消遣，無足保存，故其式樣如此。大報亦從而效之，則無謂矣。報紙之於史材相關最切，報紙之剪裁粘貼易，則能剪裁粘貼之人多，而史材之獲存者富，猶記亡清丁未之歲（按：即一九零七年），上海《南方報》曾譯日報，載一美人虐殺菲律賓革命志士之事，其殺之也，備極殘酷，不徒不知其可恥而秘之也。且公然集衆而觀之，有一菲人哭問此志士，有無遺言。此志士尚勉其國人以繼志述事。一日人亦與觀焉，意良不忍，謂一近己之美國婦人曰：貴國人何殘忍至是，美婦乃曰：觀此乃大樂事。君不知邪？此真足以振起民族精神，爲親美崇美者之當頭一棒，抑亦足使日人菲人之昵就美而甘爲之鷹犬者，憬然自思也。又是年《時報》載一瑞典人入山失蹤，數年後乃復得之，則遍體生毛，能竄越樹杪，無異猿猱，此又今白毛女一劇之佐證矣。此等事鄙人皆曾剪貼保存。遭倭寇之亂而盡失，亂後更求是年之《時報》《南方報》竟不可得，未嘗不嘆報紙保存者之少，然則計剪貼保存之便而改革其排印之式，似亦未可以已；抑勤於搜輯者所取必不止一報，則合全國之報紙而盡一其式樣，又善之善者也。今全國縣及比縣之區域二千一百七十有四，凡報紙一縣保存三分，不爲多已，須六千五百二十二分矣。不計所需，貿然多印，誠爲妄費。然苟確有所需，則亦不宜爲出內之吝。今之定章，各報惟在出版市區可以零售，而仍非無限制，恐必不足以應需求。無已則有一策焉，數十年前報販有將報一分，當日送與甲，明白收回又送與乙者，甲本不事保存，乙亦不爭消息之速，皆無所損而皆獲減價之利。當時閱報之人，取此法者頗多。又都會之中，茶肆之內，報販或以報紙租給茶客閱看，取資約當售價五之一，連租給五人，即與售去無異，而報紙仍爲報販所有，故亦樂而爲之，此風則延至最近。今之舊報人多視爲廢紙，以供包裹揩拭之用，妄費孰甚。誠欲圖節省，郵局似可立收回舊報之法，收回之報，分爲兩部，一永遠保存，以備掌故，一則酌自出報之日起至幾年之內，聽人補購，過此乃作廢紙出售，此於節省印數，供給需求，似爲兩全之術，不知可以否？凡事損益其道多端，宜合觀之而權其大小輕重，不宜取一切之法，而合群策而共籌，則利害之端自然易盡，鄙人所陳疑難，似非郵局所能解決，而利害所係，亦非鄙人所能盡知，甚望貴報能以此函載諸簡末，俾全國之閱報者起而共籌之也。

寫於一九五三年三月十三日

# 致中共上海市委學校工作部信

中共上海市委學校工作部大鑒："前奉通知,命參與上海市哲學社會科學學術委員會籌備委員會之成立,並討論開展工作問題,因病體支離,未能遵命出席,負疚至深。旋聞當局領道群倫,擬訂十二年計劃,以期孟晉,而達世界標準,……遠猷,曷勝欣忭。芹曝之獻,承敬一言,竊意今日有一事,可於十二年中畢其功,看似僅募集前人之所爲,然事苟獲成,則其裨益有非千百人刻苦鑽研所能逮者,作集部類編是矣。蓋學問之道,必因前人之已成者而進,而時至今日書籍浩如烟海,不惟不能遍讀,亦且不易遍得,故必有人焉,集衆籍而爲之分類編撰,以助其搜羅之不及,立其披覽之涯涘,從事者乃有所借,時則類書尚矣。吾國之有類書,始於魏文帝時之《皇覽》,歷年已近二千,不可謂之不早,然至今日仍無完備之類書者,則以其事非政府之力不能行,而向來官辦之事,無不敷衍塞責者也。今日政府定計遠大,辦事之認真,均非昔日所及,編撰一完美之大類書,正是其時,然合……無已則先其尤急者,則集部類編是已。蓋書籍按其性質,不外三類,一曰記事,二曰表意,三曰抒情。史部之書記事者也,經子則表達意見者也。經子本同類之物,後人特尊儒學,乃將其書從子部中析出,而稱之爲經,與並時之作,既由合而分,後起之書,自然莫敢依附,於是經部之作一定而不增,後世……子部之書,自當日增月盛,但後人泥於必古所謂專門之學乃謂之子,而自漢以降,子部新增之書,遂亦寥寥,其滋大者則集部,後人泥於愛古薄今之見,遂視集部徒爲……而不知二千年來……人之……悉存其中也。夫變專門爲通學,非學問之後退,而實其前進也。蓋一事必關涉多方面,專其一方面,於事必不獲濟,而於理亦不可通。如荀子譏墨子之尚儉,謂不足非天下之公患,特墨子之私意,過計其説,似辨,然墨子所言者,乃兇荒札喪之變禮,時方……故而出此,原不謂平世亦當如此,今舉而譏之,則當兇荒札喪之日而行豐亨豫大之典可乎? 舉此一事,餘可類推,故後人之學問,看似駁雜(未完)。

寫於一九五六年